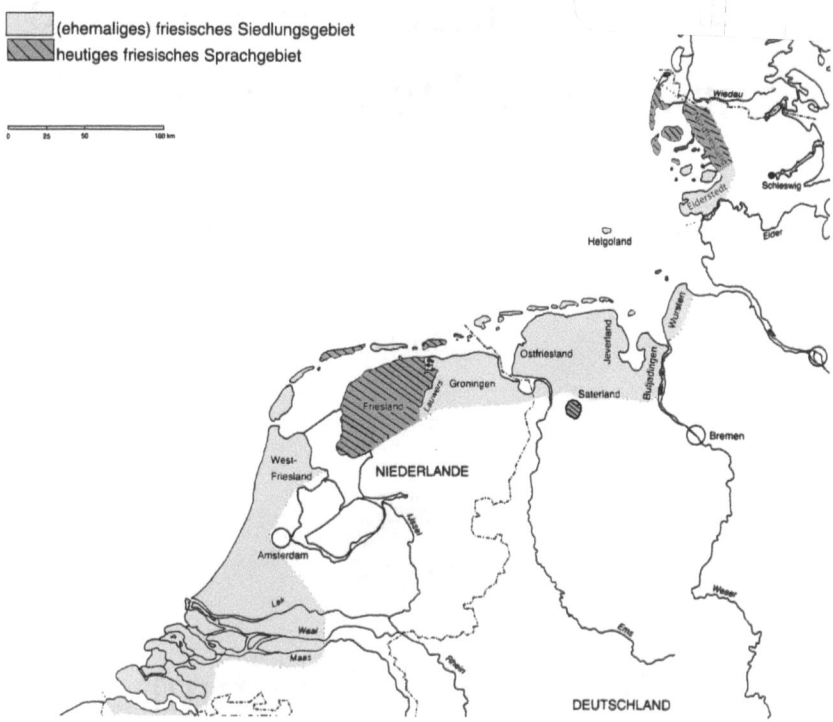

Abb. 1: Der friesische Siedlungsraum

Um 800: Rheinmündung bis Wursten sowie Eiderstedt und nordfriesische Küstenmarschen.

Um 1300: (West-)Friesland bis Wursten einschließlich Saterland sowie Nordfriesland mit Helgoland.

Heute: (West-)Friesland, Ostfriesland mit Saterland sowie Nordfriesland mit Helgoland.

Anmerkung: »Westfriesland« westlich des Ijsselmeers (Zuiderzee) ist die heutige Provinz Noordholland, während die heutige Provinz Friesland im deutschen Sprachraum als »Westfriesland« bezeichnet wird.

Abhandlungen und Vorträge zur Geschichte Ostfrieslands

Herausgegeben von der Ostfriesischen Landschaft
in Verbindung mit dem Niedersächsischen Staatsarchiv Aurich

Band 83

Nordfriisk Instituut

Band 186

Bernd Rieken

»NORDSEE ist MORDSEE«

Sturmfluten und ihre Bedeutung
für die Mentalitätsgeschichte der Friesen

Waxmann Münster / New York
München / Berlin

Bibliografische Informationen Der Deutschen Bibliothek
Die Deutsche Bibliothek verzeichnet diese Publikation in
der Deutschen Nationalbibliografie; detaillierte bibliografische
Daten sind im Internet über http://dnb.ddb.de abrufbar.

Gedruckt mit freundlicher Unterstützung
der Österreichischen Forschungsgemeinschaft.

Diese Publikation wurde als Habilitationsschrift von
der Historisch-Kulturwissenschaftlichen Fakultät
der Universität Wien angenommen.

ISBN 3-8309-1499-0

© Waxmann Verlag GmbH, Münster 2005

http://www.waxmann.com
E-Mail: info@waxmann.com

Umschlaggestaltung: Pleßmann Kommunikationsdesign, Ascheberg
Titelbild: Ausschnitt aus *Die große Welle von Kanagawa* von Katsushika Hokusai
Gedruckt auf alterungsbeständigem Papier, DIN 6738

»Außerdem ersuche ich euch dringendst, mit Blick auf euer Ansehen und das des Ordens sowie aus Achtung vor dem Papst, an den Herrn Bischof von Münster zu schreiben, dass meine Brüder und ich durch die Gnade Gottes bei allen rechtschaffenen Menschen in unserer Gegend als untadelhaft gelten, weswegen er uns erlauben soll, Gott zu dienen, statt uns auf entwürdigende Weise die Exkommunikation anzudrohen. Denn durch die Gnade Gottes sind wir dazu bestimmt, in Friesland in einer so großen Freiheit zu leben, dass der Bischof durch die Seinigen uns kein einziges junges Huhn rauben darf.«

(Emo von Huizenge, nachmaliger Abt des Prämonstratenserklosters Wittewierum, in einem Brief an den Abt von Prémontré, 1224)

»Daß Gott der Herr durch Auslassung der Wasser das Land könne umkehren, solches haben diese Nordfresischen Landschaften nebst allen an der Westsee liegenden Marschländern am Tage Burchardi (so am Sonntage fällig) des 1634sten Jahres besonders müssen erfahren.«

(Anton Heimreich, Nordfresische Chronik, 1668)

»Dieses Elementare erinnert zu Zeiten die Menschheit immer wieder daran, dass ihre Selbstsicherheit auf Grund noch so großartiger zivilisatorischer Taten und damit verbunden ihr Selbstbewusstsein an Grenzen stößt, die Geheimnisse des Unerforschlichen [zu] erschließen.«

(Erklärung der deutschen Bundesregierung zur Sturmflutkatastrophe am 16./17.02.1962)

»Wenn Sie unterhalten werden wollen, auf Actionfilme stehen und gleichzeitig nachdenklich gemacht werden wollen, würde der Bundesumweltminister raten: Gehen Sie in diesen Film!«

(Bundesumweltminister Jürgen Trittin über den Film *The Day After Tomorrow*, 2004)

»Da Menschen isolierte Tatsachen letztlich nicht ertragen können, weil uninterpretierte Tatsachen von ihnen als Bedrohung empfunden werden, haben die Wahrnehmungssubjekte immer eine unaufhebbare Neigung, die ihnen begegnenden Phänomene in Sach- und Entwicklungszusammenhänge einzuordnen, um ihnen dadurch den Stachel der Bedrohlichkeit zu nehmen.« (Wilhelm Köller, Perspektivität und Sprache, 2004, S. 837)

Inhalt

Vorwort

Es gibt Landschaften, die den Rahmen des Üblichen sprengen und besondere Voraussetzungen nötig machen, möchte man in und mit ihnen leben. Dazu zählen etwa Wüsten und polare Gebiete, doch auch in unseren gemäßigten Breiten begegnen wir ihnen zum Beispiel in den Hochgebirgsregionen der Alpen, in Gegenden um aktive Vulkane (Ätna, Stromboli etc.) sowie an der südlichen Nordseeküste. Natürliche Einflüsse spielen dort eine größere Rolle als etwa in Mittelgebirgsregionen und gefährden das Leben der Menschen in einem höheren Ausmaß. Damit prägen sie auch das Denken und Empfinden stärker.

»Ich habe das Mittelmeer leidenschaftlich geliebt«. Das sind die Worte, mit denen Fernand Braudel sein umfangreiches, dreibändiges Werk über *Das Mittelmeer und die mediterrane Welt in der Epoche Philipps II.* einleitet (2001, Bd. 1, 15). Im Rahmen einer wissenschaftlichen Arbeit ist das ein ungewöhnlicher Satz, aber er ist ehrlich und macht deutlich, dass die Liebe zum Gegenstand eine wichtige Motivationsquelle ist und zu dem Postulat, sich um Sachlichkeit und Objektivität zu bemühen, nicht in Gegensatz zu stehen braucht. Denn jede wissenschaftliche Arbeit ist immer auch, vielleicht sogar vorrangig, Ausdruck einer subjektiven Perspektive, und spätestens seit Kant wissen wir, dass das gar nicht anders möglich ist.

Meine Beziehung zu dem Thema ist ebenfalls eine persönliche. Ich liebe auch das Meer, aber nicht das Mittelmeer, sondern die Nordsee, denn ich bin dort aufgewachsen. Allerdings ist meine Liebe von ambivalenter Natur, weil ich mich zu ihr nicht nur hingezogen fühle, sondern sie auch fürchte. Was Sturmfluten betrifft, sind das Mittelmeer und selbst die Ostsee im Vergleich zu ihr ungefährliche und problemlose Gewässer. Ich habe auf See schlimme Stürme erlebt und an Land Sturmfluten, ich weiß, wovon ich spreche. Ich kenne die Sonnenseiten – das Liegen im Strandkorb, das Baden im Meer, den Strandspaziergang –, aber ich kenne die Gegend auch in jener Zeit, da die Touristen fort sind.

Als meine Schulzeit vorbei war, habe ich Friesland den Rücken gekehrt und zunächst im Südwesten der BRD studiert, später in Wien, wo ich heute noch lebe. Irgendwann habe ich den Wunsch verspürt, zumindest geistig zurückzukehren. Daher habe ich diese Arbeit verfasst, einerseits aus dem Gefühl der Verbundenheit, andererseits aus distanzierter Perspektive, mit zeitlich-räumlichen Abstand. Ich glaube, dass meine Sicht der Dinge »objektiv« genug ist, um auch von anderen nachvollzogen werden zu können. Ich habe darüber geschrieben, was die Friesen und andere Küstenbewohner am meisten fürchten: Sturmflutkatastrophen. Die Arbeit beginnt mit einer naturräumlichen Betrachtung und ist chronologisch angeordnet. Ich behandle die verheerendsten Sturmfluten von der Zeit an, da schriftliche Quellen fließen, das heißt vom Mittelalter bis ins 20. Jahrhundert, und ich gehe der Frage nach, welchen Einfluss Sturmfluten auf die Mentalität bzw. Mentalitätsgeschichte der Küsten- und Inselbewohner haben.

Einige formale Bemerkungen zur Zitierweise und zur Handhabung der Quellen: Literatur aus dem Quellenteil ist durch einen hochgestellten kleinen Kreis nach der Jahreszahl kenntlich gemacht (°), um überflüssiges Suchen an der falschen Stelle zu ersparen, denn es ist nicht für jeden Leser immer von vornherein klar, ob es sich bei dem betreffenden Werk um eine Quelle oder eine Darstellung handelt. Die Grenzen zwischen ihnen sind ohnehin fließend, jede Quelle ist gleichzeitig Darstellung und umgekehrt. Dennoch ist eine prinzipielle Unterscheidung meines Erachtens sinnvoll. – Im Haupttext werden fremdsprachige Quellen in deutscher Übersetzung wiedergegeben, abgesehen von wenigen Ausnahmen, die auch ohne Übersetzung verständlich sind. Die Originaltexte befinden sich bei kürzeren Zitaten als Fußnote unten auf der Seite, bei längeren oder mehreren, die eine Einheit bilden, im Anhang. Wenn ich fremdsprachige Quellen selber übersetzt habe, habe ich dies vermerkt. Einige lateinische Texte, von denen Übersetzungen vorhanden sind, habe ich neu übersetzt. Quellen und andere Zitate sind durch das verkleinerte Schriftbild gekennzeichnet. Wörtliche Wiedergaben sind mit Anführungszeichen versehen, eigene Zusammenfassungen ohne Anführungszeichen. – Weniger geläufige Fremdwörter und fachsprachliche Ausdrücke habe ich in den Fußnoten erläutert, teilweise mit etymologischen Hinweisen, denn das Buch richtet sich nicht nur an Wissenschaftler, sondern auch an eine breitere, interessierte Öffentlichkeit.

Herzlich danken möchte ich Konrad Köstlin vom Institut für Europäische Ethnologie der Universität Wien für die zügige und kollegiale Durchführung des Habilitationsverfahrens sowie Olaf Bockhorn und Dieter Kramer, die mich vom ersten Semester meines Volkskundestudiums an begleitet und darüber hinaus die inländischen Habilitationsgutachten verfasst haben. Mein Dank gilt auch Jurjen van der Kooi von der Rijksuniversiteit Groningen für die Zusendung schwer zugänglicher westfriesischer Quellen aus seinem umfangreichen Archiv, Hans-Herbert Henningsen für die vertrauensvolle Überlassung seines Ordners mit den schwierig zu beschaffenden Schriften von Andreas Busch, und Brigitte Grill für diverse naturwissenschaftliche Hinweise. Danken möchte ich darüber hinaus Helmut Fischer, der mich darin bestärkte, das Thema anzugehen. Anerkennung zollen möchte ich aber auch der Österreichischen Nationalbibliothek in Wien, einer sozusagen urösterreichischen Institution, ohne deren Hilfe so manche Literatur kaum zu beschaffen gewesen wäre. Ihr Bestand steht, was ältere Literatur angeht, unübertroffen da und zeigt deutlich, dass sie dereinst die Hofbibliothek eines Weltreiches war. Die *Rerum Frisicarum historia* des Ubbo Emmius von 1616 findet man dort genauso wie die *D'oude Chronijcke ende Historien van Holland* des Wouter van Gouthoeven von 1620. Ein großer Dank geht darüber hinaus an die *Österreichische Forschungsgemeinschaft* in Wien, die – wie bereits bei meinem letzten Buch – die Druckkosten übernommen hat.

Das Manuskript wurde – abgesehen von Kapitel 1.7, dem Nachtrag und kurzen Einfügungen – im Juli 2004 abgeschlossen, später erscheinende Literatur wurde daher in der Regel nicht mehr in den Text eingearbeitet, sondern nur noch ins Literaturverzeichnis aufgenommen.

1 Einführung: methodisches Vorgehen, Literatur, Quellen

1.1 Naturraum und Region

Im Gegensatz zu den Wissenschaften, die sich der Hochkultur widmen, befasst sich die Volkskunde mit dem Leben und Denken, den Interessen und Bedürfnissen breiter Schichten der Bevölkerung, und zwar in Vergangenheit und Gegenwart. Ihr Hauptaugenmerk richtet sie nicht so sehr auf die Gesellschaft – das ist Aufgabe der Soziologie –, sondern auf die Kultur, auf traditionelle Volkskultur ebenso wie auf populäre Gegenwartskultur. »Kultur« impliziert etwas Ganzheitliches, weswegen, ausgesprochen oder unausgesprochen, in wissenschaftstheoretischer Hinsicht die allgemeine Systemtheorie im Hintergrund steht (z.B. Krieger 1998). Zum einen geht es um Merkmale, die von allen oder zumindest der Mehrheit geteilt werden. Zum anderen handelt es sich um einen Begriff, dessen Spannbreite die ganze Palette zwischen materiellen und geistigen Bereichen umfasst, einschließlich ihrer wechselseitigen Einflüsse.

Am Anfang stehen die naturräumlichen Bedingungen, weswegen die Arbeit mit der Entstehung der Nordsee seit der letzten Eiszeit beginnt. Bis zu Beginn der Nacheiszeit vor etwa 10 000 Jahren lag der Meeresspiegel ungefähr 65 Meter tiefer als heute, die Küstenlinie war nördlich der Doggerbank. Seither steigt er fortwährend, unterbrochen nur von einigen Regressionsphasen. Die Veränderungen der Küstenlinien darzustellen, ist Aufgabe der regionalen Geologie bzw. Landschaftsgeschichte (z.B. Küster 1999; Pott 1995; ders. 2003). Die allmähliche Besiedlung und die Herausbildung von politischen, gesellschaftlichen und ökonomischen Strukturen untersuchen Vor-, Früh- und regionale (vgl. aus volkskundlicher Sicht Mohrmann 1987; zur Regionalgeschichte am Beispiel des Ems-Dollart-Gebietes vgl. Knottnerus 1992) bzw. allgemeine Geschichte. Eine Fülle an regionaler bzw. regionalhistorischer Literatur wird insbesondere von den drei friesischen Instituten publiziert, der *Fryske Akademy* in Leeuwarden / Ljouwert (Westfriesland), der *Ostfriesischen Landschaft*[1] in Aurich / Auerk (Ostfriesland) und dem *Nordfriisk Instituut* in Bredstedt / Bräist (Nordfriesland). Erwähnenswert sind in dem Zusammenhang die neueren Gesamtdarstellungen zur Geschichte und Kultur der jeweiligen

---

1 »Landschaft meint Landstände, die sich einst aus gleichberechtigten Kurien der Ritter, Bürger und Bauern Ostfrieslands zusammensetzten. Seit Ausgang des Mittelalters vertrat die *Landschaft* Land und Leute gegenüber den Grafen und späteren Fürsten Ostfrieslands und besaß wesentliche politische Rechte. Ihr wurde vom Kaiser ein eigenes Wappen verliehen. Die moderne *Ostfriesische Landschaft* ist eine demokratisch-parlamentarisch verfasste Körperschaft, heute sind die ostfriesischen Landkreise und die Stadt Emden an die Stelle der Landstände getreten. Sie vertritt noch heute die in Ostfriesland lebende Bevölkerung und erfüllt im Auftrage von Land und Kreisen regionale Aufgaben auf den Gebieten der Kultur, Wissenschaft und Bildung zum Wohle Ostfrieslands und seiner Bewohner« <http://www.ostfriesischelandschaft. de/ol/ritter/ritter.htm> [25.07.2003]).

Region, die für Ostfriesland (Behre und van Lengen 1995), Nordfriesland (Nordfriisk Instituut 1995) und darüber hinaus für Dithmarschen (Verein für Dithmarscher Landeskunde 2000) sowie Oldenburg (Eckhardt 1993) existieren. Für Westfriesland liegt leider nichts Vergleichbares vor, doch deckt das *Handbuch des Friesischen* (Munske 2001) mit seinen insgesamt 79 Beiträgen zur Sprache, Literatur, Geschichte und Kultur der drei Frieslande den westfriesischen Bereich mit ab. Erwähnenswert ist in dem Zusammenhang auch der wissenschaftliche Begleitband zur Ausstellung *Die Friesische Freiheit des Mittelalters*, die im Sommer 2003 in Aurich und Emden gezeigt wurde (van Lengen 2003), denn zwischen diesem einzigartigen Phänomen und unserem Thema sind einige Verbindungslinien vorhanden.

Um einen Brückenschlag zwischen naturräumlichen und kulturellen Gegebenheiten bemüht sich die Kulturraumraumforschung (Cox und Wiegelmann 1984; Zender 1977), doch geht es ihr primär um die Untersuchung regionaler *Unterschiede* (Wiegelmann und Simon 2001), wobei außerdem der Nordseeküstenraum bisher kein Thema war (vgl. Jakubowski-Tiessen 1997, 130) bzw. nur sehr allgemein abgehandelt wird (Lademacher 2001). Dass sie auch heute noch zu brauchbaren Ergebnissen führt, hat Michael Simon mit seiner Habilitationsschrift über die regionale Verbreitung volkmedizinischer Praktiken auf der Grundlage des ADV gezeigt (Simon 2003). Und Johanna Rolshoven bezeichnete kürzlich den Raum als »nahe liegendes, anschauliches und flexibles Vorstellungsmodell«, zumal es ein Zusammendenken individueller und gesellschaftlicher, lokaler und globaler »Ebenen« ermögliche (Rolshoven 2003, 211). – Von sozialgeographischer Seite existieren, abgesehen von einem kürzeren Beitrag über Ostfriesland (Danielzyk und Krüger 1994) keine diesbezüglichen Arbeiten, zumal es ihr primär um das Verhältnis zwischen *Gesellschaft* und Raum geht, weniger um kulturelle Zugänge (Werlen 2000).

Seit den 70er Jahren finden in der Volkskunde regionale Aspekte vermehrt Aufmerksamkeit. Für Ina-Maria Greverus ist der Raum das Gehäuse menschlichen Handelns (1972, 51), und sie spricht vom »territorialen Menschen«, der »seine Identität in einem zu beschreibenden Territorium findet, das ihm Verhaltenssicherheit gewährt« (ebd., 54). Während ihre Perspektive eine kulturanthropologische ist, zielen andere Beiträge eher auf historische und gesellschaftliche Aspekte der Kultur ab. So beschäftigten sich etwa der 22. deutsche Volkskunde-Kongress in Kiel (Bausinger 1980b; Köstlin 1980) sowie ein Symposion in Wien (Köstlin 1996; Schmidbauer 1996; vgl. auch Köstlin 2000) mit Heimat, Region und Identität, wobei der Heimatbegriff differenziert in Hinblick auf seine Problematik genauso wie auf die dahinter stehenden Bedürfnisse untersucht wurde. Regionale Identität macht nur einen Teil der kulturellen Identität aus, weswegen ich mich Konrad Köstlin anschließe, der auf einer Tagung des *Nordfriisk Instituut* von »»kulturelle[n] Identitäten‹ – Plädoyer für einen Plural« gesprochen hat (Köstlin 1991). Die Ambivalenz des Heimat-Begriffes lässt sich tiefenpsychologisch gut begründen, denn die Sehnsucht nach den Ursprüngen der Kindheit ist zugleich verbunden mit den Traumatisierungen, die man erlitten hat. – Identität ist nicht gleichbedeutend mit etwas Statischem, denn sie umfasst Elemente der Kontinuität und der Entwicklung; in der

Entwicklungspsychologie wird Letztere heute als lebenslanger Prozess aufgefasst, und in ähnlicher Weise unterliegen auch Kulturen der Veränderung.

1.2 Natur und Kultur

Die Beziehung zwischen Raum und Identität hängt mit einer allgemeineren Problematik zusammen, die das Thema des 32. Volkskunde-Kongresses in Jena war, nämlich dem Verhältnis zwischen Natur und Kultur (Brednich, Schneider und Werner 2001). »Natur erweist sich immer auch als Teil der Kultur, denn alles, was wir von der Natur wahrnehmen und begreifen, ist kulturell determiniert«, schreibt Brednich im Vorwort zum Tagungsband (2001, XI). Das ist auch der Tenor der weiteren Beiträge (z.B. Köstlin 2001; Hauser-Schäublin 2001; Gerndt 2001), und sie machen deutlich, wie sehr das, was im Alltäglichen als selbstverständlich, gewohnt und »wahr« erscheint, durch die Brille der spezifischen Kultur getönt ist. Wenn allerdings Helge Gerndt der Auffassung ist, dass es »eine eigenständige Natur jenseits des menschlichen Bewusstseins [...] gar nicht« gibt (2001, 58), dann halte ich das für problematisch, denn es fällt zum Beispiel ein Stein unabhängig davon, ob er vom Menschen beobachtet wird oder nicht, mit derselben Geschwindigkeit zur Erde. Nun ist es sicherlich richtig, dass man so genannte Naturgesetze nicht mit dem Wesen der Natur verwechseln sollte. Niemand hat je einen Körper gesehen, der im Zustand »der geraden gleichförmigen Bewegung [verharrt], wenn er nicht durch eine Kraft gezwungen wird, diesen Zustand zu ändern«. Das Newtonsche Trägheitsprinzip gilt nämlich nur dann, wenn man unter anderem vom Luftwiderstand absieht und sich die Masse des Körpers punktförmig denkt. Die Bahn einer geworfenen Gänsefeder hat damit überhaupt nichts zu tun, doch auf der anderen Seite gibt es Körper, die dem Modell der klassischen Physik nahe kommen, etwa die Flugbahn einer Kanonenkugel (vgl. Bammé u.a. 1983, 126–134). Bei aller Notwendigkeit konstruktivistischer Überlegungen ist es meines Erachtens möglich, sich auch als Kulturwissenschaftler zu fragen, ob nicht etwaige »materielle Kerne« existieren, welche sich als weitgehend resistent gegenüber kulturellen Einflüssen erweisen (Rieken 2005a). – Für mich ist die Aussage von Helge Gerndt darüber hinaus deswegen kritisch zu beurteilen, weil sie das Eigene zum Eigentlichen erklärt. Das ist spätestens seit der Subjektphilosophie Immanuel Kants problematisch, da wir durch sie um die Relativität des menschlichen Erkenntnisvermögens wissen, weswegen multikausale Zugänge sich als angemessener erweisen, um der Komplexität des Lebens einigermaßen gerecht zu werden. Wenn »›Leben‹ gemäß dem im Fach erreichten Konsens strikt sozial und kulturell definiert wird, nachdem Bezüge etwa zur ›physischen Anthropologie‹ mit vielen guten Gründen nach 1945 konsequent gekappt wurden« (Beck 2004, 1), dann ist das historisch verständlich und zu einem Gutteil ein Fortschritt. Sollte das aber bedeuten, »materielle Kerne« zur Gänze zu leugnen, wäre das gleichzeitig sehr traditionell gedacht, denn man würde sich damit in die Riege jener Kritiker einreihen, welche seit jeher gegen die von Freud so genannten drei narzisstischen Kränkungen der Neuzeit opponieren,[2] indem man einen allzu strikten Trennungsstrich zwischen Kultur und Natur zieht. Auch würde man sich in Widersprüche verstricken, denn wenn alles zur Gänze kulturell bedingt ist, gilt das auch für eben diese Aussage, womit ein logisches Paradoxon nach Art des Epimenides vorläge.[3]

Angemessener ist es hingegen zu sagen, dass »der Mensch [...] von allem Anfang an – ›von Natur aus‹ – auf Künstlichkeit, auf Kultur und Zivilisation, angewiesen« ist (Köstlin 2001, 3). In dieser Sicht relativiert sich zum Beispiel die Anlage-Umwelt-Debatte, da die jeweiligen Einflussfaktoren nicht trennbar sind, weil der Mensch von Anbeginn in einer spezifischen Umwelt aufwächst, weswegen man zum Beispiel die Frage aufwerfen kann, unter welchen Umweltbedingungen sich bestimmte genetische Dispositionen entfalten können und unter welchen nicht. Bedenken sollte man dabei auch, dass die Gleichsetzung von Natur = unveränderlich und Kultur = veränderlich in dieser einfachen Form nicht haltbar ist, weil sich natürliche Faktoren im Rahmen einer Bandbreite bewegen und kulturelle Einflüsse außerordentlich determinierende Kräfte entwickeln können, etwa die Religion für traditionelle dörfliche Kulturen oder frühkindliche Traumatisierungen für das Subjekt.

Das Verhältnis zwischen Natur und Kultur ist in der Küstenregion besonders brisant, weil diese einerseits Natureinflüssen im besonderen Maß ausgesetzt ist und gleichzeitig anthropogenen Änderungen unterliegt wie kaum eine andere Landschaft.

Aus einer spezifischen Perspektive nähert sich die Umweltpsychologie dem Thema unserer Arbeit, denn sie befasst sich unter anderem mit dem Einfluss des Klimas, Wetters und der Landschaft auf die menschliche Psyche (Hellbrück und Fischer 1999, 238–261). Zu ihren Vorläufern zählt Willy Hellpach, der auch Eingang in die Volkskunde gefunden hat (vgl. Bach 1960) und dessen diesbezügliches Hauptwerk (1977) bis heute immer wieder zitiert wird, sowie der hier zu Lande wenig bekannte japanische Philosoph Watsuji Tetsuro, der ein grundlegendes Werk über den Zusammenhang zwischen Klima und Kultur verfasst hat, zwar in globaler Perspektive, aber heuristisch sehr wertvoll (1997). Es ist vielleicht, um mögliche Missverständnisse zu vermeiden, nicht unwichtig zu betonen, dass ich derartige Fragestellungen nicht aus der Perspektive eines Umweltdeterminismus betrachte (vgl. Pfister 2001, 7ff.), sondern sie als mögliche Bausteine neben vielen anderen ansehe. Zu unserer spezifischen Fragestellung existieren zwar keine Beiträge, doch sehe ich die Umweltpsychologie als einen weiteren Beleg für die Relevanz materieller Faktoren an.

---

2   Der Mensch ist nicht mehr Mittelpunkt des Weltalls (Kopernikus); er stammt aus dem Tierreich ab (Darwin); er ist »nicht einmal Herr [...] im eigenen Hause, sondern auf kärgliche Nachrichten angewiesen [...] von dem, was unbewusst in seinem Seelenleben vorgeht« (Freud 1916–1917, 284).

3   Epimenides, ein aus Kreta stammender Seher und Priester, wurde für seinen Ausspruch berühmt, dass alle Kreter lügen. Wenn die Behauptung wahr ist, lügt Epimenides, die Behauptung muss daher falsch sein.

Von Bedeutung ist in dem Kontext auch die Klimageschichte, eine Disziplin an der Schnittstelle zwischen Historiographie und Meteorologie (Glaser 2001; Pfister 1999; ders. 2001; ders. 2002a; ders. 2002b; vgl. auch Hauser 2002 sowie Braudel 1971, 36ff.; ders. 2001, Bd. 1, 385–398), welche die Witterungsverläufe vor der Errichtung staatlicher Messnetze rekonstruiert und der Frage nachgeht, wie sich Klimaveränderungen und so genannte Naturkatastrophen[4] auf die Gesellschaft auswirken (Pfister 2001, 7). Besondere Aktualität erhält sie durch die zeitgenössische Debatte um den anthropogenen Klimawandel, indem sie zum Beispiel Vergleiche zwischen früheren und heutiger Warmphase ermöglicht. Historisch bedeutsam für mein Thema, da sich auch auf Sturmfluten auswirkend, sind das »mittelalterliche Wärmeoptimum« und die »Kleine Eiszeit« in der Frühen Neuzeit.

1.3 Katastrophenforschung

Aus der Klimageschichte ergeben sich Berührungspunkte mit der historischen Katastrophenforschung, einer jungen Spezialdisziplin, die der Frage nachgeht, welchen Einfluss Katastrophen auf die geschichtliche Entwicklung ausüben. Besonders hervorzuheben ist in dem Zusammenhang Manfred Jakubowski-Tiessen, der zudem mit seiner Habilitationsschrift über die Weihnachtsflut von 1717 ein Thema behandelt, das für diese Arbeit von zentraler Bedeutung ist (Jakubowski-Tiessen 1992a; ders. 2001; vgl. auch ders. 2003a; 2003b; ders. und Lehmann 2003a). Ich bin zwar in einigen Fragen ganz anderer Auffassung als Jakubowski-Tiessen, doch soll das nicht darüber hinwegtäuschen, dass er aus meiner Sicht großartige Pionierarbeit geleistet hat und ich ihm viele Anregungen verdanke. In dem Buch von Kay Peter Jankrift über Katastrophen im Mittelalter ist zwar ein Kapitel den großen Sturmfluten gewidmet (Jankrift 2003, 19–48), doch halte ich dieses in verschiedener Hinsicht für unzulänglich. Die wichtigste und ausführlichste mittelalterliche Quelle, der Bericht des Emo von Wittewierum über die Marcellusflut von 1219, wird zu wenig gewürdigt und ohne Kenntnis der mittelalterlichen Naturphilosophie interpretiert, was zu völligen Fehleinschätzungen führt. Mit der Beschreibung und Deutung verschiedener Naturkatastrophen aus kulturwissenschaftlicher Sicht – von der Antike bis zur Gegenwart – befasst sich ein von Dieter Groh und anderen herausgegebenes Buch (Groh, Kempe und Mauelshagen 2003). Manfred Jakubowski-Tiessen analysiert darin Deutungsmuster von Sturmfluten zwischen dem 16. und 19. Jahrhundert (Jakubowski-Tiessen 2003b) und Jens Ivo Engels die Rezeption von Naturkatastrophen in der BRD, unter anderem dargestellt anhand der Sturmflut von 1962 (Engels 2003). Allerdings ist aus meiner Sicht Engels' Perspektive zu wenig historisch angelegt. Einen interdisziplinären Zugang zur Katastrophen-

---

4   Den Begriff *Naturkatastrophe* verwende ich, weil er eingebürgert ist. Aber er ist problematisch, weil in der Regel außerordentliche Abläufe im Naturgeschehen erst dann zur Katastrophe werden, wenn Menschen oder vom Menschen produzierte Güter betroffen sind. Ein ähnliches Geschehen fernab jeglicher Zivilisation wird, auch wenn Flora und Fauna geschädigt werden, hingegen nicht als Katastrophe empfunden.

forschung bietet darüber hinaus ein lesenswerter Sammelband, der aus natur- und geisteswissenschaftlicher Perspektive nicht nur die negativen Folgelasten von Katastrophen behandelt, sondern auch der Frage nachgeht, ob und inwieweit sie positive Entwicklungen initiieren (H.D. Becker, Domres und von Finck 2001). Das Buch ist für unser Thema auch deswegen von Bedeutung, weil sich einige Aufsätze mit der besonderen Anziehungskraft von Katastrophen beschäftigen, die nicht allein Abscheu und Angst hervorrufen, sondern auch Lust und Neugier (Dombrowsky 2001; Scholl-Latour 2001; Ueding 2001).

Auch die Volkskunde befasst sich, zumindest sporadisch, mit Katastrophen. Eduard Hoffmann-Krayer hat zwar bereits 1902 auf ihre Bedeutung für Kulturgeschichte und Volkskunde hingewiesen (Hoffmann-Krayer 1902), doch eine etwas intensivere Beschäftigung findet erst seit Ende der 80er Jahre statt (vgl. A. Schmidt 1999, 22–28). Zu nennen sind etwa die Arbeiten Helge Gerndts über Tschernobyl (1992, 127–135) und Paul Huggers über Katastrophen in der Schweiz (1990), vor allem aber Andreas Schmidts Habilitationsschrift zur kulturellen Vermittlung von Naturkatastrophen in Deutschland zwischen 1755 und 1855, wobei er als Quellen Schulbücher, Kalender, Zeitungen und Zeitschriften auswertet (1999). Leider hat er sich nicht mit der verheerenden Sturmflut von 1825 auseinander gesetzt, obgleich sie in ganz Deutschland großes Aufsehen erregt hat und ein Kapitel seines Buches von »Überschwemmungen und *Sturmfluten*« handelt.[5] – Eine Skizze der vorliegenden Arbeit wurde im Rahmen einer Erzählforschertagung im Jahre 2001 vorgetragen, die dem Thema »Volksliteratur und kulturelle Identität« gewidmet war (Rieken i.D.a). Eine der Hauptthesen des Buches, es sei eine Struktur von langer Dauer, dass Sturmfluten als vom Menschen verursacht betrachtet werden – früher als Strafe Gottes, heute als Strafe der Natur – wird darin psychologisch betrachtet. Ein weiterer Vortrag aus eigener Feder, gehalten im Jahr 2003 auf einem Symposion zum Thema »Völkerpsychologie«, widmete sich mentalitätsgeschichtlichen Aspekten der Friesischen Freiheit (Rieken i.D.b).

Von aktuellem Interesse ist die Debatte über den anthropogenen Klimawandel (Cubasch und Kasang 2000; Hauser 2002), doch interessieren uns nicht sosehr die naturwissenschaftlichen Fragestellungen, sondern eher das, was sich »in den Köpfen der Menschen« abspielt, kurzum kulturelle Aspekte. In Bezug auf gegenwärtige Fragestellungen können auch Ergebnisse der soziologischen und psychologischen Katastrophenforschung von Nutzen sein (Karger 1996). Darüber hinaus tragen zum tieferen Verständnis dessen, wie eine Katastrophe auf die Menschen wirkt, bis zu einem gewissen Grade psychologische, psychoanalytische und psychiatrische Traumaforschung bei (Freud 1920, 222ff., 244f.; Petzold 1999; Saigh 1995). Zwar befassen sie sich ausschließlich mit jenem Personenkreis, der in auffälliger Weise psychisch erkrankt, und sie sind, was nahe liegend ist, auch nicht historisch ausgerichtet, doch erlauben sie gewisse Rückschlüsse allgemeiner Natur, zumal man aus der Mentalitätsgeschichte um die Ausbildung auffälliger mentaler Strukturen infol-

---

5   Es werden in dem Kapitel (7.4.4) ausschließlich Überschwemmungen behandelt, jedoch keine
     Sturmfluten (Schmidt 1999, 275–287).

ge wiederholter Traumatisierungen weiß (vgl. Jakubowski-Tiessen 1997, 130). Nach meinem Dafürhalten sollte allerdings mit dem Begriff *Trauma* sehr vorsichtig umgegangen und überlegt werden, ob für manche Fälle nicht eher *Belastung, erhöhte Vulnerabilität* oder Ähnliches passender wäre.

Im Zusammenhang mit kollektiven Traumatisierungen bzw. Belastungen werden auch Fragen des kollektiven Gedächtnisses berührt, nämlich welche Rolle die Erinnerung für die kulturelle Identität spielt (Assmann 2002; Halbwachs 1991; vgl. auch Bönisch-Brednich u.a. 1991) und wie weit sie zurückreicht, eine durchaus brisante Fragestellung, mit der wir uns ausführlich befassen werden. Ein wichtiges Stichwort ist in dem Zusammenhang der von Jan Assmann so genannte Bezugsrahmen (2002, 36), denn er erklärt, was in Erinnerung bleibt und was aus ihr gelöscht wird.

1.4 Mentalitätsgeschichte

An dieser Stelle haben wir bereits den Bereich der Mentalitätsgeschichte betreten, denn sie beschäftigt sich – nicht nur, aber auch – mit Strukturen von langer Dauer (*longue durée*), eine Fragestellung, die in der Volkskunde durch die Kontinuitätsdebatte historisch belastet ist (vgl. Bausinger und Brückner 1969) und daher gewisse Ressentiments hervorruft. Während die Geschichtswissenschaft vornehmlich den Übergang zwischen Antike und Mittelalter unter dem Gesichtspunkt der Kontinuität bzw. Diskontinuität behandelt hat – also ein relativ »unverdächtiges« Feld –, ging es, vor allem in der so genannten Wiener Mythologenschule der Volkskunde (Rudolf Much und seine Schüler Otto Höfler, Richard Wolfram, Lilly Weiser-Aal), um den vermeintlichen Nachweis germanischer Kontinuität, und zwar unter enger Bezugnahme auf die nationalsozialistische Ideologie. Das hat das Fach belastet, aber ich denke, es kann heute auch aus volkskundlicher Sicht wieder möglich sein, über Phänomene der *longue durée* nachzudenken. Erstens existieren, vor allem von Seiten der französischen Annales-Schule, seit geraumer Zeit umfangreiche Arbeiten dazu – erinnert sei etwa an die Beiträge von Fernand Braudel, Philippe Ariès, Georges Duby oder Jacques Le Goff (vgl. Erbe 1979; Iggers 1978; Kortüm 1996, 13–33; Schöttler 1985) –, und auch im deutschsprachigen Raum hat sich die Mentalitätsgeschichte mittlerweile etabliert (Dinzelbacher 1993; vgl. z.B. Borst 1979;[6] ders. 1990; Kortüm 1996; Schubert 2002; zur friesischen Mentalitätsgeschichte vgl. Salomon 2000). Zweitens geht es nicht allein um das Vertraute, sondern auch um das Fremde an früheren Epochen, das heißt um Aspekte der Kontinuität *und* Diskontinuität, drittens interessiert weniger die vermeintliche oder tatsächliche Kontinuität zwischen *spezifischen* Gesellschaften der Vergangenheit und Gegenwart, sondern ein *allgemeiner* Grundbestand an Denk-, Empfindungs- und Verhaltensweisen, und viertens ist, bezogen auf unser Thema, das Meer ein Phänomen, welches zumindest in bestimmter Hinsicht eine durch den Menschen nicht beeinfluss-

---

6 Borst spricht zwar von »Lebensformen«, doch deckt sein Buch inhaltlich weite Bereiche der Mentalitätsgeschichte ab.

bare Determinante ist. Damit ist in erster Linie die Bedrohung durch schwere Sturmfluten gemeint, mit denen man jedes Jahr zwischen Herbst und Frühjahr zu rechnen hat und die trotz verbesserten Küstenschutzes bis heute Anlass zur Sorge geben. Überhaupt war das Meer eine permanente Quelle kollektiver Ängste, seien es Stürme auf See, Ungeheuer, welche die Menschen zu verschlingen drohten oder Krankheiten wie die Malaria, »Marschenfieber« genannt, von denen man glaubte, sie kämen vom Meer. Dazu liegen einige mentalitätsgeschichtliche Untersuchungen vor (Corbin 1990, 13–35; Delumeau 1985, Bd. 1, 49–63; Harcken-Junior 2004; Jakubowski-Tiessen 1992a; ders. 1997; Knottnerus 1997; ders. 1999).

Die prononcierteste und ausführlichste Abhandlung zum Meer als kulturellem Raum stammt von Fernand Braudel. Er hat ein monumentales Werk dem Mittelmeer gewidmet (Braudel 2001) und den Einfluss desselben auf die historische Entwicklung in der zweiten Hälfte des 16. Jahrhunderts untersucht. Ärmelkanal, Nordsee und Ostsee bezeichnet er als »nordische Mittelmeere« (ebd., Bd. 2, 282), was im Kontext seiner Überlegungen heißt, dass er auch dort geschichtsprägende Raumfaktoren am Werke sieht. Daran anknüpfend, wurde in jüngerer Zeit auf einem Kongress der Universität Leiden der Versuch unternommen, die Küstengebiete der Nordsee als einheitlichen Kulturraum zu betrachten (Roding und van Voss 1996). Das Konzept ist umstritten (vgl. Gerstenberger 2000; Holm 2000) und braucht hier nicht weiter erörtert zu werden, weil meine Fragestellung viel begrenzter ist. Mir geht es nur um jene Bevölkerungsgruppe, von der feststeht, dass sie seit circa 2000 Jahren das Küsten- und Marschengebiet der südlichen Nordsee besiedelt. Außerdem frage ich ausschließlich nach der kulturellen Wahrnehmung des Bedrohungspotentials des Meeres und nicht, ob die Nordsee eine einheitliche Kultur gefördert hat.

Weniger umstritten ist hingegen ein Konzept, das zwar an die Überlegungen zu einem einheitlichen Kulturraum Nordsee anschließt, ihn aber auf das Wattenmeergebiet (Vollmer u.a. 2001) bzw. die Küstenmarschen zwischen Noordholland und Süddänemark begrenzt (L. Fischer 1997a). In der Einleitung zu dem Buch *Kulturlandschaft Nordseemarschen*, in welchem die Beiträge des vom Nordfriisk Institut veranstalteten Kongress versammelt sind, bezeichnet der Herausgeber Ludwig Fischer »die Marschenregionen an den Küsten der südlichen Nordsee als einen bei allen Unterschieden im Einzelnen doch geologisch, ökologisch, sozial- und kulturgeschichtlich zusammenhängenden Raum« (L. Fischer 1997c, 13). Den interdisziplinären Zugang begründet er damit, dass die Nordseemarschen »wie kaum eine andere mitteleuropäische Landschaft ›anthropogen‹, also von den Menschen gemacht, und zugleich in extremer Weise den ›Natureinflüssen‹ ausgesetzt (gewesen)[7]« seien (ebd.). In einem weiteren, von Fischer geleiteten interdisziplinären Forschungsvorhaben geht es um *Natur im Konflikt. Naturschutz, Naturbegriff und*

---

7   Das in Klammern gesetzte *gewesen* bezieht sich einerseits vor allem auf die moderne Deichbautechnik, andererseits auf die Debatte um den Klimawandel mit ihren zur Zeit nicht abschätzbaren Folgen für den Meeresspiegelanstieg.

Küstenbilder,[8] doch liegen zum Zeitpunkt des Abschlusses meiner Arbeit noch keine Ergebnisse vor.

Einen ähnlichen Ansatz vertritt Norbert Fischer – nicht zu verwechseln mit Ludwig Fischer – in seinem Buch *Wassersnot und Marschengesellschaft*, welches das Land Kehdingen (am linksseitigen Elbufer) aus der Kulturgeschichte seiner Deiche heraus versteht (N. Fischer 2003). »Nur so lassen sich jene Wechselwirkungen zwischen Wasser und landschaftlicher Topographie, Gesellschaft und Politik, Wirtschaft und Technik sowie nicht zuletzt Kultur und Mentalität erfassen« (ebd., 9). In entsprechender Weise hat sich Michael Ehrhardt mit der Geschichte der Deiche im Alten Land (bei Hamburg) befasst (Ehrhardt 2003). Beide Bücher sind Teil eines Projektes der Geschichte der Deiche an Elbe und Weser. Obwohl N. Fischer und Ehrhardt ein ähnliches Anliegen verfolgen wie ich – Deiche bzw. Sturmfluten und Mentalität –, sind die inhaltlichen Schwerpunkte großteils ganz andere. Das ist interessant, macht es doch deutlich, wie sehr der persönliche Zugang den Aufbau einer Arbeit bestimmt.

Ich gehe, um noch einmal auf den Tagungsband *Kulturlandschaft Nordseemarschen* zurückzukommen, mit Ludwig Fischer völlig konform, dass natürliche und kulturelle Einflüsse die Marsch in besonders markanter Weise prägen. Ich kann auch Thomas Steensen zustimmen, der im Vorwort schreibt, dass die Verteidigung gegen das Meer zwar »das klassische friesische Thema schlechthin« sein dürfte, dass es sich bei den Marschen aber nicht nur um eine friesische Landschaft handelt, weil man diese »zum Beispiel auch im südlichen Dänemark, in Dithmarschen, an der Elbmündung, im Oldenburgischen, in nichtfriesischen Regionen der Niederlande und in Großbritannien« findet (Steensen 1997, 8). Und dennoch möchte ich, vor allem mit Blick auf die Geschichte, festhalten, dass die Marschen zum allergrößten Teil zunächst einmal das klassische Besiedlungsgebiet der Friesen waren. Seitdem es schriftliche Quellen gibt, das heißt seit der Römerzeit, wird diese Bevölkerungsgruppe so genannt, und sie tritt zu dem Zeitpunkt in das Licht der Geschichte, als sie beginnt, dem ansteigenden Meeresspiegel durch den Warftenbau zu begegnen. Friesen sind es vor allem, die 1000 Jahre später damit beginnen, den *goldenen Ring*, die geschlossene Deichlinie zwischen dem westlichen und dem nördlichen Endpunkt des Gebietes, zu errichten. Im Mittelalter nahm ihr Siedlungsgebiet den größten Teil der Marschenlandschaft ein, es reichte ohne Unterbrechung vom Ijsselmeer bis zum westlichen Weserufer, fast hinauf zur Elbmündung, auch das Oldenburger Küstenland sowie die Groninger Ommelande gehörten dazu. Das beiderseitige Elbufer und Dithmarschen waren zwar sächsisches Gebiet, doch ab Eiderstedt war es wieder friesisch. Sie hatten eine eigene Sprache, die außerhalb ihres Gebietes niemand verstanden hat, und das Meer, welches sie befuhren, die Nordsee, nannte man seinerzeit Mare Frisium. Das friesische Recht ist ein einmaliges Phänomen in Europa, denn es blieb auch nach der Eingliederung in den Reichsverband gültig und ist nicht in Latein, sondern in der Muttersprache aufgezeichnet worden. Bei der Friesischen Freiheit, die eng mit dem Schutz vor dem Meer ver-

---

8   Vgl. <http://www.pronik.de/ProNiK/Projektbeschreibung/Frame.asp> (23.06.2004).

knüpft ist, handelt es sich um ein einmaliges Phänomen in Kontinentaleuropa, Reste dieser genossenschaftlichen Organisation konnten sich bis weit in die Neuzeit halten, und das Bewusstsein einer Sonderstellung lässt sich bis zur Gegenwart belegen. Die erzählenden Quellen und Chroniken stammen zum überwiegenden Teil aus friesischer Feder. Frisistik ist heute ein eigenes Studienfach, das an verschiedenen Universitäten belegt werden kann, die Friesen sind heute als ethnische Minderheit anerkannt, und die Landesinstitute in Leeuwarden, Aurich und Bredstedt vermitteln Wissenschaft und Kultur auf hohem Niveau, wie ein Blick auf die Publikationen und Aktivitäten belegt.

Es ist richtig, dass man das Marschengebiet nicht ausschließlich mit den Friesen identifizieren kann, und die Geschichte Dithmarschens oder auch Kehdingens zeigt, dass sich unter gleichen geographischen Verhältnissen entsprechende soziale und genossenschaftliche Strukturen entwickelt haben. Wenn aber Gruppenzuschreibungen in erster Linie soziale und kulturelle Konstrukte sind, muss man das auch den Friesen zugestehen, und die überwiegende Mehrzahl der Küsten- und Inselbewohner hat sich und wurde nun einmal so genannt. Daher sollte man sie nicht unter den Tisch fallen lassen, denn wenn man das bei einer historisch ausgerichteten Betrachtung des Marschenraumes tut, ist das ähnlich, als würde man eine Geschichte der Ägäis oder Adria in klassisch-antiker Zeit schreiben, ohne Griechen oder Römer zu erwähnen.

Außerdem lässt sich das Konzept der Marschengesellschaft kaum auf die Mehrzahl der *Inseln* übertragen, die nun wirklich ein wesentlicher Bestandteil der Region sind und, abgesehen von Rømø, Mandø und Fanø im Südwesten Jütlands, allzumal zum friesischen Siedlungsgebiet gehören. Am ehesten könnte man noch ehemaliges Festlandsgebiet zum Bereich der Marschen rechnen, also Nordstrand, Pellworm und die Halligen, aber die anderen Inseln sind Düneninseln mit seeseitigen Sandküsten, sei es, dass es sich um Geestkerninseln (Texel, Sylt, Föhr, Amrum) oder um ehemalige Sandplaten (Vlieland bis Wangerooge) handelt. Die Sozialstruktur ist mit dem festländischen Marschengebiet nicht zu vergleichen; die Menschen waren ärmer, die Männer gingen über Jahrhunderte großteils auf Walfang, das Problem der Sturmfluten war zum Teil brisanter.

Zum Kernbereich des in diesem Buch behandelten Themas gehört auch ein längerer Aufsatz, den Martin Rheinheimer verfasst hat und der den Titel *Mythos Sturmflut* trägt (Rheinheimer 2003), denn er untersucht am Beispiel von Sturmfluten, wie durch gemeinsame Erfahrungen eine gemeinsame Mentalitätsstruktur hervorgebracht wird. Die Frage, »welche Faktoren dabei eine Rolle spielen, ist bislang kaum untersucht worden«, schreibt er (ebd., 10). *Sturmflut* versteht Rheinheimer als einen (materiellen wie immateriellen) Erinnerungsort im Sinne Etienne François' und Hagen Schulzes, und beim Mythos-Begriff lehnt er sich an Kurt Hübner an (ebd., 9). Während in früheren Jahrhunderten die Religion wichtige identitätsbildende Aufgaben gehabt habe, sei für den modernen Menschen die Gewissheit eines Jenseits verloren gegangen, sodass durch den Tod die Person für alle Zeiten ausgelöscht werde. Daher müsse der Mensch »sich nun selbst eine eigene Identität schaffen« (ebd., 11), und in diesen Kontext gehöre auch die Mythisierung der

Sturmfluten. »Der Kampf gegen den Tod (durchaus auch den eigenen) fand im Kampf gegen das Meer einen mythischen Ausdruck« (ebd.). Das ist ein interessanter Ansatz, der bis zu einem gewissen Grad seine Berechtigung hat, nur machen unsere Quellen deutlich, dass die mit Todesgefahren verbundene Bedrohung durch Sturmfluten und der Kampf gegen sie – in alter wie in neuer Zeit – eine höchst reale Seite hat, und zwar bedingt durch den holozänen Meeresspiegelanstieg und extrem verschärft durch den vor 1000 Jahren einsetzenden Deichbau. Darüber hinaus bin ich nicht der Auffassung, dass Sturmfluten als Erinnerungsorte »überhaupt erst das Bewusstsein von Region und Natur« schaffen (ebd., 46). Eine friesische Identität ist nämlich spätestens seit der Karolingerzeit nachweisbar, und die Friesische Freiheit des Mittelalters als Spezifikum dieser Bevölkerungsgruppe wirkt zumindest bis ins 19. Jahrhundert nach. Für bedenkenswert halte ich es jedoch, wenn Rheinheimer schreibt, dass die Zentrierung auf Jahrhundertfluten ein verzerrtes Bild liefere, weil dadurch der Eindruck erweckt werde, als hätten nur diese die Landschaft verändert, nicht aber die kleineren Fluten (ebd., 30). Auf der anderen Seite gilt es zu beachten, dass zum einen jede Geschichtserzählung – zu der ich auch meine Arbeit rechne – bestimmte Wahrnehmungs*perspektiven* konkretisiert und dies auch tun muss, wie es zuletzt Wilhelm Köller in seinem großartigen Werk *Perspektivität und Sprache* deutlich gemacht hat (Köller 2004, 865–878).[9] Zum anderen zeigt nicht zuletzt die geologische Forschung, dass es Jahrhundertfluten tatsächlich gegeben hat (und wohl auch weiterhin geben wird).

Doch kommen wir, anknüpfend an die Bedeutung natürlicher Faktoren für den Küstenraum, noch einmal auf das Konzept Braudels zurück. Er unterteilt den Geschichtsprozess in drei Teile, die durch ihre Beharrung bzw. Veränderungsgeschwindigkeit voneinander unterschieden sind. Der rascheste Wandel finde im Bereich der Ereignisgeschichte, der Geschichte im traditionellen Sinn, statt. In einem mittleren Bereich lasse sich eine Geschichte langsamer Rhythmen ausmachen, und das sei vor allem die Geschichte sozialer Gruppen und ökonomischer sowie politischer Systeme (Braudel 2001, Bd. 1, 20f.). Doch drittens existiert

> »eine gleichsam unbewegte Geschichte [...], die des Menschen in seinen Beziehungen zum umliegenden Milieu; eine träge dahinfließende Geschichte, die nur langsame Wandlungen kennt, in der die Dinge beharrlich wiederkehren und die Kreisläufe immer wieder neu beginnen. Diese fast außer der Zeit liegende, dem Unbelebten benachbarte Geschichte wollte ich weder vernachlässigen noch [...] als nutzlose geographische Einführung an die Schwelle der eigentlichen Darstellung verbannen: jene Geschichte mit ihren mineralischen Landschaften, Äckern und Blumen, die man rasch vorzeigt und von der dann nie mehr die Rede ist, als ob die Blumen nicht in jedem Frühling wiederkämen, als ob die Herden in ihren Wanderungen innehielten, als ob die Schiffe nicht auf einem realen Meer segeln müssten, das sich mit den Jahreszeiten verändert« (ebd., 20).

---

9 Im Übrigen kann man dem Mythischen, ohne diese Problematik nun ausführlicher zu diskutieren, in ähnlicher Weise Rationalität zubilligen wie der Wissenschaft. Das hat der Philosoph Hübner in seinem von Rheinheimer zitierten Buch plausibel gemacht (Hübner 1985, 239–290).

Zu dieser sozusagen »mineralischen Geschichte« auf der Ebene der *longue durée* zählt das Vorhandensein eines Flachmeeres, das durch den bis heute andauernden – und sich möglicherweise durch den gegenwärtigen Klimawandel verstärkenden – nacheiszeitlichen Meeresspiegelanstieg immer mehr Land überflutet hat. Ob sich gleichzeitig die Küste infolge von Ausgleichsbewegungen gegenüber Skandinavien senkt, ist umstritten, aber nicht auszuschließen. Der Gezeitenhub mit seiner steten Sedimentablagerung und -abtragung ist mächtig, die häufigen Starkwinde aus vorwiegend westlicher und nordwestlicher Richtung sind äußerst ungünstig für einen buchtenförmigen Raum, der sich nach Westen und Norden öffnet. Und die Küste ist flach, liegt kaum höher als der Meeresspiegel und kann, im Gegensatz zu Felsküsten, jederzeit überflutet werden. Dem hat sich der Mensch zunächst durch den Bau künstlicher Erdhügel entgegengestemmt und später, seit etwa 1000 Jahren, mit Hilfe von Deichen. Dazu bedarf es ökonomischer Ressourcen, und diese stellte der Boden bereit, äußerst mineralreiches und fruchtbares Land, das ein Geschenk der Nordsee ist, sodass auch in dieser Hinsicht die »unbewegte Geschichte« hineinspielt. Durch Schutzmaßnahmen haben sich die Gefahren, welche von Sturmfluten ausgehen, zwar verringert, aber sie sind nicht verschwunden, genauso wenig wie die Angst vor dem Meer, auch wenn manche Autoren das Gegenteil behaupten (s.u.).

Am Ende des zweiten Teils der Faust-Tragödie treten zu mitternächtlicher Stunde *vier graue Weiber* auf, nämlich *Mangel, Schuld, Not* und *Sorge*. Die drei erstgenannten Allegorien vermögen Faust nicht zu behelligen, indes die *Sorge* bleibt:

> »Würde mich kein Ohr vernehmen,
> Müsst es doch im Herzen dröhnen;
> In verwandelter Gestalt
> Üb ich grimmige Gewalt:
> Auf den Pfaden, auf der Welle
> Ewig ängstlicher Geselle,
> Stets gefunden, nie gesucht,
> So geschmeichelt, wie verflucht. –
> Hast Du die Sorge nie gekannt?«
> (Vers 11424–11432)

Faust mag »solchen Unsinn« nicht hören (Vers 11468), doch dann haucht ihn die *Sorge* an; er erblindet und stirbt bald darauf. Psychologisch formuliert haben Angst und Sorge stets zu tun mit mangelnder Kontrolle über das Geschehen, und das ist bei Naturkatastrophen allenthalben der Fall.

Auf der anderen Seite hat sich die Einstellung zum Meer in den letzten 200 Jahren, im Gefolge von Aufklärung und Romantik, gewandelt. Der Schutz gegen die See in Gestalt des Deichbaues wird in stärkerem Ausmaß als früher unter technischen Gesichtspunkten gesehen, wobei man allerdings nicht sagen kann, im Gefolge der Aufklärung wäre die fatalistische, gottergebene Einstellung zu Gunsten des Machbarkeitsdenkens gewichen (z.B. N. Fischer 2003, 14). Das ist zu schematisch gedacht, es hat immer beide Haltungen gegeben, nur mit unterschiedlichem Gewicht.

Das Meer ist heute kein Ort grauenvoller Geister und Dämonen mehr, es ist nicht mehr verantwortlich für Seuchen, allem voran das »Marschenfieber«, das in den Küstenregionen bis ins 20. Jahrhundert hinein gewütet hat, und vor allem wurde es als Ort der Erholung entdeckt, als Landschaft eigenen Charakters ästhetisiert und für den (Massen-)Tourismus erschlossen (Corbin 1990; L. Fischer 1997b; vgl. auch Bausinger u.a. 1991; Hennig 1997). Das ist ein Aspekt der Diskontinuität in der kulturellen Wahrnehmung des Meeres. Allerdings sind die Touristen die Anderen, die Fremden, die ausschließlich für kurze Zeit der Küste und den Inseln einen Besuch abstatten, und das zumeist dann, wenn das Wetter keine Kapriolen schlägt und keine Sturmfluten zu erwarten sind. Sie kommen in der Regel im Frühjahr und sind im Herbst wieder verschwunden. Das ganze Jahr über sind hingegen die Einheimischen dort wohnhaft, und um diese geht es in der vorliegenden Arbeit. Und sie sind fast jedes Jahrs aufs Neue mit schweren Stürmen und hohen Wasserständen konfrontiert, sodass trotz veränderter Naturwahrnehmung die Möglichkeit einer Katastrophe immer wieder in Erinnerung gerufen wird. Verstärkt wird diese Tendenz gegenwärtig durch die Debatte um den anthropogenen Klimawandel.

Gleichwohl soll nicht der Eindruck erweckt werden, als wären die Küstenbewohner von permanenten Ängsten um ihre leibliche Existenz gequält. Genauso wenig, wie man andauernd an den eigenen Tod denken kann, obwohl er eine Realität ist (»Mors certa, hora incerta«)[10], zerbricht man sich von morgens bis abends den Kopf über mögliche Gefahren, die durch Sturmfluten drohen. Angst ist zwar ein Bestandteil des Lebens, aber die Verdrängung derselben kann bis zu einem gewissen Grad als nützlicher Abwehrmechanismus angesehen werden. Die Quellen zeigen deutlich, dass immer dann, wenn Sturmfluten nach einer langen Ruhephase die Deiche durchbrechen, die Menschen völlig überrascht zu sein scheinen. Das war 1962 nicht anders als 1825 oder 1717. Das hat mit Trägheit und Nachlässigkeit zu tun, und es steht auch die unausgesprochene Hoffnung dahinter, dass es nicht so schlimm kommen werde, und wenn es doch der Fall ist, dass dann die anderen betroffen seien und nicht man selber. Doch all das sind letzten Endes vor allem Umschreibungen für den Mechanismus der Verdrängung, gewissermaßen des »Prinzips Hoffnung« ex negativo.[11] Denn – und da sprechen die Quellen ebenfalls eine deutliche Sprache – die Erinnerung an katastrophale Fluten bleibt im kollektiven Gedächtnis bewahrt. Die Angst vor ihnen ist demnach vorhanden und auch wiederum nicht vorhanden. In logischer Hinsicht mag das irritieren, in psycho*logischer* Hinsicht ist es plausibel.

---

10 »Der Tod ist gewiss, die Todesstunde nicht«.
11 In der empirischen Psychologie als »unrealistischer Optimismus« bekannt. N.D. Weinstein konnte zeigen, dass die Mehrzahl der Befragten das Risiko, von negativen Ereignissen betroffen zu sein, in Bezug auf die eigene Person geringer einschätzen als in Bezug auf andere Personen (Weinstein 1984; vgl. Schütz 2001).

»Nordsee ist Mordsee« heißt ein geflügeltes Wort, und gleichzeitig wird voller Stolz verkündet: »Deus mare, Friso litora fecit«.[12] Dieses Spannungsverhältnis macht einen bedeutenden Teil des bewussten – und unbewussten – Selbstverständnisses der Friesen aus. Wenn unter *historischer Mentalität* »das Ensemble der Weisen und Inhalte des Denkens und Empfindens [verstanden wird], das für ein bestimmtes Kollektiv in einer bestimmten Zeit prägend ist« (Dinzelbacher 1993, XXI), dann verfolgt diese Arbeit weniger und gleichzeitig mehr: *Weniger*, weil es nur um einen bestimmten, aber meines Erachtens bedeutenden Aspekt geht, nämlich die kulturelle Wahrnehmung der Nordsee und ihres Bedrohungspotentials als Bestandteil der Mentalität, und *mehr*, weil der Bogen bis in die Gegenwart gespannt wird, um deutlich zu machen, worin Unterschiede gegenüber früheren Zeiten bestehen und in welcher Hinsicht Gemeinsamkeiten vorhanden sind, die sich als Strukturen von langer Dauer erweisen. Mentalität kann dann als *charakteristische Kombination bestimmter Elemente verstanden werden, die sonst nicht so auftritt* (ebd., XXII). Einige dieser Elemente steuert, wie bereits erwähnt, der Naturraum bei (flaches, buchtenförmige Randmeer; ungünstige Starkwinde; Flachküste). Das sind Faktoren, welche die Nordsee für die Anrainer zu einem der gefährlichsten Gewässer der Welt machen. Insofern ist die See etwas Gegebenes, das man hinnehmen, mit dem man leben muss. Andererseits ermöglichten, wie gesagt, die günstigen Bodenverhältnisse in den Marschen eine reiche Ausbeute, wodurch Ressourcen frei wurden zum Schutz der Küste vor den Fluten, zumal der stete Kampf gegen das Meer wiederum mitgespeist wurde aus religiösen Quellen, bestimmten Elementen des in den Küstenländern vorherrschenden Protestantismus, die Ansporn (zur Tätigkeit) und Belastung (des Gewissens) zugleich sind.

Belassen wir es zunächst bei dieser knappen Skizze, denn das, worum es mir geht, dürfte umrissen sein, nämlich die Angst vor Sturmfluten als Teil der Mentalitätsgeschichte plausibel zu machen. Trotz des spezifischen Blickwinkels sind dabei nur allgemeine Aussagen möglich. Zu unterschiedlich sind die Bedingungen in den drei Frieslanden, und auch innerhalb derselben existieren große Unterschiede. Stavoren ist nicht mit Schiermonnikoog zu vergleichen, das lutherische Harlingerland ist anders als das kalvinistische Emden, und selbst die Nachbarinseln Pellworm und Nordstrand haben sich nach 1634 ganz unterschiedlich entwickelt. Eine »Gesamtschau« des ganzen Gebiets wäre für einen einzelnen kaum leistbar (vgl. Jakubowski-Tiessen 1997, 129f.), und sie ist auch nicht mein Anliegen.

1.5   Tiefenpsychologie; Egozentrismus des Denkens

Mentalitätsgeschichtliche Fragen zu stellen heißt, dem nachzugehen, »was sich in den Köpfen der Menschen abspielt«, schreibt Dinzelbacher (1993, XXVIII). Doch was heißt »in den Köpfen«? Aus meiner Sicht können damit nicht allein bewusste Inhalte gemeint sein. Es ist die Aufgabe der Wissenschaft, einen Blick »hinter die

---

12   »Gott schuf das Meer, der Friese die Küste«.

Kulissen« zu werfen, und man würde ein nützliches Instrumentarium beiseite lassen, wenn man auf tiefenpsychologische Zugänge verzichtet. Kultur befasst sich mit Menschen, die Psychologie mit der individuellen und kollektiven Seele – beides zu verbinden kann Sinn ergeben. Dennoch kann ich es verstehen, wenn insbesondere der Tiefenpsychologie von Seiten der Volkskunde vielfach mit Skepsis begegnet wird, denn Analytiker neigen oftmals dazu, ihre eigene Sichtweise zu verabsolutieren und historische sowie soziokulturelle Einflüsse zu negieren. Sie haben ihre festgefügten Überzeugungen und glauben, den Ödipuskomplex oder bestimmte Archetypen überall anzutreffen, womit sie, um es mit einem Bonmot auszudrücken, »jene Eier finden, die sie selbst ausgelegt haben«. Doch wenn man eine Methode in übertriebener Weise anwendet, sagt das noch nichts über die Qualität derselben aus, sondern eher etwas über den Dogmatismus, der in den analytischen Ausbildungsvereinen herrscht. Diese haben bis heute eher ideologischen als wissenschaftlichen Charakter, weil die dortige Sozialisation den Initiationsriten traditioneller Kulturen ähnelt (Balint 1997a, 317) und die Ausbildung eine Mischung aus »Priesterseminar und Berufsschule« darstellt (Cremerius 1995, 15; ders. 1989; vgl. Rieken 2003c, 347–350; ders. 2004a, 3f.). Es wird der Eindruck vermittelt, als gäbe es *die* Psychoanalyse statt einer Vielzahl tiefenpsychologischer Schulen – was wissenschaftlichem Verständnis entspräche –, und es fällt schwer, abweichende Meinungen zu artikulieren, weil es nicht allein um fachlich-therapeutische Aspekte geht, sondern auch die eigene Psyche auf dem Prüfstand steht. Daher ist der Ausbildungskandidat geneigt, sich anzupassen, sich, wie es Michael Balint formuliert, »mit dem Clan zu identifizieren [...] und aus diesen Identifikationen ein starkes Über-Ich zu errichten, das ihn lebenslang beeinflusst« (Balint 1997a, 317). Man glaubt, da mit den »heiligen Sakramenten der Lehranalyse versehen«, einer besonderen Institution anzugehören, und ist nur allzu leicht geneigt, die erworbenen Fähigkeiten zu verabsolutieren und die eigene Sicht als die primäre und eigentliche anzusehen.

Dennoch sollte man das Kind nicht mit dem Bade ausschütten und die Tiefenpsychologie ignorieren, denn die Entdeckung des Unbewussten durch Freud kann nach wie vor als »dritte kopernikanische Wende« bezeichnet werden (Freud 1916–1917, 283f.), weil vieles von dem, was bis dahin dem Menschen ein Rätsel aufgegeben und ihn massiv beunruhigt hat, verständlicher geworden ist. Der Bogen reicht dabei von den alltäglichen Fehlleistungen (Versprecher, Missgeschicke und ähnliches) über die Deutung von Träumen bis zur Analyse kollektiver Ängste und Aggressionen oder des Strebens nach Macht. Die Tiefenpsychologie ist in weiten Teilen der Gesellschaft Teil des Alltags geworden, denn das Wissen um die fundamentale Bedeutung des Unbewussten und des Trieblebens sowie der Kindheit für das künftige Leben ist mittlerweile Allgemeingut geworden. Außerdem hat sie Eingang in eine Vielzahl von Wissenschaften gefunden, seien es Medizin, Biologie, Literaturwissenschaft oder Geschichte – dafür muss es Gründe geben.

Wenn man etwa ein tieferes Verständnis des *Wassers* anstrebt – was beim Thema Sturmfluten ein sinnvolles Unterfangen ist –, ist es einerseits angemessen, sich mit der Kulturgeschichte der vier Elemente zu befassen (Böhme und Böhme 2004), und andererseits mit der psychoanalytischen Theorie der primären Objekte (Balint 1997b). Sie ergänzen einander auf sinnvolle Weise und stehen keineswegs in Gegensatz zueinander. Entsprechendes gilt für die Frage, wieso die Nationalsozialisten an der Küste überproportional hohe Zustimmung erfahren haben. Dafür gibt es politische, soziale und gesellschaftliche Ursachen, doch es spricht nichts dagegen, sich gleichzeitig bei Klaus Theweleits *Männerphantasien* kundig zu machen, einem Klassiker der Faschismus-Forschung, dessen erster Band den Untertitel *Frauen, Fluten, Körper, Geschichte* trägt (Theweleit 2002; eigene Hervorhebung).

Die Tiefenpsychologie strebt danach, den Menschen als Individuum und Kollektiv besser zu verstehen, sein Leben erträglicher zu machen und die Gesellschaft humaner zu gestalten. Verdrängung heißt stets, unangenehme Affekte aus dem Bewusstsein zu entfernen, sodass sie unter Umständen ein gefährliches Eigenleben entfalten. Insofern ist analytische Selbsterfahrung ein geeignetes Mittel, um nicht nur mit inneren Problemen besser fertig zu werden, sondern auch um mehr über sich und andere zu erfahren. Außerdem eröffnet sie durch die Prinzipien der freien Assoziation und Traumdeutung den Weg für alternative Denk- und Erfahrungsräume. In der westlichen Kultur dominiert das kausalanalytische Denken, was in Anbetracht der Vielfältigkeit des grundlegenden aristotelischen Ursachebegriffes bereits eine Verengung darstellt (vgl. Kap. 1.6). Darüber hinaus sind assoziatives und Analogiedenken in unserem Wissenschaftsbetrieb marginalisiert, obwohl es sich um eigenständige Denkformen handelt, welche gängigen Rationalitätskriterien durchaus genügen (vgl. Gloy 1996, Bd. 2; dies. 2001; dies. und Bachmann 2000). Gerade als Kulturwissenschaftler strebt man danach, scheinbar Selbstverständliches zu hinterfragen, und dazu sollte auch die Einsicht in die Einseitigkeit und historische Bedingtheit des kausalanalytischen Denkens zählen. In der Physik – der naturwissenschaftlichen Grundlagenwissenschaft schlechthin – ist das längst bekannt, zunächst durch die Ergebnisse der Quantenphysik, später auch durch Systemtheorie, Chaostheorie oder Fuzzy Logic.

Sofern die Blickrichtung der Tiefenpsychologie nicht allein auf das Individuum zentriert ist, ergeben sich Berührungspunkte zur Volkskunde und Mentalitätsgeschichte, denn auch sie befassen sich mit dem Unspektakulären, Unauffälligen, Alltäglichen und bisher nicht Hinterfragten sowie mit dem, was unter der Oberfläche das Verhalten mitbeeinflusst. »Die von einem Traum hinterlassene Spur ist nicht weniger ›wirklich‹ als die eines Fußes oder die Furche, die ein Pflug durch die Erde zieht. Ich glaube, dass die Phantasie genauso *wirklich* ist wie das Materielle«, schreibt Georges Duby (Duby und Lardreau 1982, 41).

Darüber hinaus existieren gemeinsame historische Wurzeln zwischen Tiefenpsychologie und Volkskunde. Zum einen die Aufklärung mit ihrem Interesse an Individuum und Gesellschaft, sei es, um diese »vernünftiger« zu machen, sei es, um mehr über sie zu erfahren. Staatlicherseits wurde es, im Zuge des Kameralismus, durch so genannte statistische und topographische Untersuchungen gefördert – bis heute wichtige Quellen für die historische Volkskunde –, allerdings weniger aus Interesse am Volk, sondern um die Staatskassen zu füllen (Sievers 2001, 31ff.). Der aufklärerische Impuls der Tiefenpsychologie besteht ebenfalls in dem Wunsch, mehr über den Einzelnen und die Gesellschaft zu erfahren – um ihn zu heilen, um destruktive Tendenzen zu reduzieren und, ganz allgemein, um mehr »Licht« (*lumen naturale, lumière*) in die Tiefen des Unbewussten zu bringen.

Zum anderen besteht eine gemeinsame bedeutende Wurzel in der Romantik. Mit den Brüdern Grimm und ihren Nachfolgern markiert diese den eigentlichen Beginn der volkskundlichen Fachgeschichte. Trotz des problematischen Ansatzes, der überall heidnisch-germanische Überreste ausfindig zu machen glaubte, und der »Naturpoesie« mit Volksdichtung, schlicht gestalteter Hochdichtung und Nationalpoesie gleichsetzte, ist der romantische Blick aus einem Grunde auch heute noch von Bedeutung:

> »Er bleibt nicht wie der Tatsachen- und der Reiseblick [= aufklärerische Perspektive, B.R.] an der Oberfläche hängen, sondern er geht in die Tiefe hinab, bemüht sich um das Verborgene. Wir sind bescheidener geworden als die Romantiker und fördern nicht mehr nur Gold, aber die Volksseele, als die psychische Struktur, die sich zwischen den Ablagerungen der überlieferten Ordnungen und den Anforderungen der gegenwärtigen gesellschaftlichen Verhältnisse entwickelt, sollte uns nach wie vor interessieren. Mentalitätsforschung begnügt sich nicht mit dem Tagebau, sondern sie muss gleichfalls [...] in tiefe Schächte einfahren, und nicht immer ist der Lohn gülden« (Jeggle 1984a, 19; vgl. Gloy 1996, Bd. 2, 104–107; vgl. grundlegend Zimmermann 2001).

Das ist ebenso das Anliegen der Tiefenpsychologie, sofern sie nicht allein das Individuum betrachtet. Und auch die Mentalitätsgeschichte möchte in die Tiefe vorstoßen, denn sie »konzentriert sich auf die bewussten und *besonders die unbewussten Leitlinien*, nach denen Menschen [...] Vorstellungen entwickeln, nach denen sie empfinden, nach denen sie handeln« (Dinzelbacher 1993, IX; eigene Hervorhebung, B.R.). Allerdings warnt Dinzelbacher vor einer unmittelbaren Übernahme psychoanalytischer Konzepte und rät, sich nicht zu eng an bestimmte psychologische Richtungen anzuschließen, doch andererseits sollte man auch nicht, wie er schreibt, »künstlich naiv auf den gesicherten (auch terminologischen) Fundus verzichten, den die heutige Sozial-, Verhaltens-, Tiefenpsychologie« bietet (ebd., XXVIII). Lässt man es sich nicht angelegen sein, die stets gleichen konkreten Symbole tiefenpsychologischer Theorien überall aufs Neue finden zu wollen, kann man mit ihnen aus meiner Sicht sehr wohl arbeiten.

Zu diesem Zweck erscheint es mir sinnvoll, auf bestimmte anthropologische Gegebenheiten zurückzugreifen, die zwar in ihrer jeweiligen Konkretisierung unterschiedliche Formen annehmen – eben das, was die spezifische Kultur ausmacht –, aber auch Ausdruck von Elementarformen der Weltaneignung sind. Konkret bedeutet das die Bezugnahme auf ethnologische bzw. anthropologische Identitätskonzepte, wie sie von Klaus E. Müller (K.E. Müller 1987) und Rudolf Hernegger (Hernegger 1978, ders. 1982) entwickelt wurden. Es geht dabei, unter Berufung auf die Epistemologie Jean Piagets (Piaget 1973, ders. 1980), um die egozentrische[13] Aufbaustruktur des menschlichen Orientierungsvermögens, die vor allem in vorin-

---

13 Im epistemologischen, nicht moralischen Sinn gemeint.

dustriellen bzw. traditionellen Kulturen Ausdruck findet in der Sympathielehre und den Grundprinzipien magischen Denkens,[14] und das nicht nur im europäischen Volksglauben, sondern weltweit (vgl. Bach 1960, 288–307; Fiedermutz-Laun: 1981, 1312–1316; K.E. Müller 1987, 198–216; Petzoldt 1999a; ders. 1999b; Rieken 2000, 193–203). Es handelt sich dabei keineswegs ausschließlich um abstruse Gedankengänge; vielmehr haben einige dieser Vorstellungen durchaus Bezüge zu wissenschaftlichen Theorien. So findet man die Sympathielehre, nach der Mensch und Natur in einem geheimnisvollen Zusammenhang stehen und alles mit allem verbunden ist, in veränderter Form in der Systemtheorie wieder, weil nach ihr jedes einzelne Element mit allen anderen in Interaktion steht, eine Auffassung, die auch mit Hilfe der Quantenphysik untermauert werden kann.[15]

Orientierung heißt zunächst einmal, auf der Grundlage des Ähnlichkeitsdenkens die Dinge dieser Welt auf sich zu beziehen, um das Unverständliche verständlich zu machen, was eine Vermischung von Subjekt und Objekt bedeutet. Das, was um uns herum geschieht, erhält Zeichencharakter im Sinne des egozentrischen *Es gilt mir*. Ein Gewitter, das für uns Heutige ein auf physikalische Weise hinlänglich erklärbares Phänomen ist, daher mit uns als Subjekt nichts zu tun hat, sondern sich losgelöst von uns abspielt und insofern ein *obiectus*[16] ist, bekommt im Kontext der Sympathielehre, in der alles mit allem verbunden ist, warnende oder strafende Funktionen als Ausdruck göttlichen Zorns oder der Machenschaften dämonischer Wesen: Diese oder Gott haben es auf uns abgesehen, wollen uns schaden bzw. strafen oder wieder auf den rechten Pfad der Tugend führen.

Darum stellt der Volksglaube eine ursprüngliche Form der Weltanschauung dar, darum steht am Anfang der Ontogenese das magische Weltbild des Kindes, und darum sind schwere psychische Erkrankungen, etwa Wahnkrankheiten oder Psychosen, verbunden mit dem Rückzug auf magische Vorstellungen. Psychische Entwicklung ist gleichbedeutend mit Dezentrierung, und in analoger Weise haben

---

14 Ähnlichkeitsregel, Gegensatzregel, Berührungszauber, Analogiezauber und der Grundsatz Pars pro toto.

15 Ähnlich verhält es sich mit den magischen Grundprinzipien (Rieken 2000, 196f.). Die in der traditionellen Volksmedizin verbreitete Auffassung, eine Krankheit entweder nach der Ähnlichkeits- oder der Gegensatzregel zu heilen, korrespondiert in der modernen Heilkunde mit der Vorstellung, entweder das Immunsystem zu aktivieren, indem man mit Hilfe der Förderung schwacher Reize ein *ähnliches* Zustandsbild hervorruft (Homöopathie) bzw. einer Infektion vorbeugt, indem man *gleiche*, aber virulenzabgeschwächte (Virulenz = Infektionskraft eines Krankheitserregers) Erreger zuführt (Prinzip der Schutzimpfung). An der gleichen Idee orientiert sich die spezifische Immuntherapie (SIT) oder Hyposensibilisierung bei allergischen Erkrankungen, indem dem Körper Allergene in steigender Dosierung zugeführt werden, um eine Toleranz gegenüber Allergieauslösern zu erzeugen. Laut Weltgesundheitsorganisation (WHO) handelt es sich um die einzige Behandlungsform, welche den Verlauf allergischer Erkrankungen positiv beeinflussen und in vielen Fällen sogar heilen kann (<http://allergy.edoc.com/1998_archives/pdf/nov_98/401.pdf> [25.07.2003]). – Oder man versucht, im Sinne der so genannten Schulmedizin und im Einklang mit der Gegensatzregel, die Krankheit gezielt zu *bekämpfen* mit Hilfe von Medikamenten, welche *gegen* die Erreger vorgehen, etwa *Anti*biotika, *Anti*mykotika etc.

16 Lat. obiecere = entgegenstellen, entgegentreten. Die Form *obiectus* ist das Partizip Perfekt Passiv.

wissenschaftliche und kulturelle Entwicklung mit ihr zu tun. Deshalb ist es zwar zugespitzt, aber doch treffend formuliert, wenn Jacob Burckhardt über die *Kultur der Renaissance in Italien* schreibt, dass im Italien der Neuzeit »eine *objektive* Betrachtung des Staates und der sämtlichen Dinge dieser Welt überhaupt [erwacht]; daneben aber erhebt sich mit voller Macht das *Subjektive*, der Mensch wird geistiges *Individuum* und erkennt sich als solches« (1976, 123). Gleichwohl gelten diese Sätze primär für die Elitenkultur, weniger für breite Schichten. Das zeigt der fortwährende Kampf der Kirche – bis heute[17] – und später der Aufklärung gegen den so genannten Aberglauben, und auch die Volkskunde, obgleich als Wissenschaft primär dafür zuständig, hat ihre Probleme mit dem Thema (vgl. D.R. Moser 1992, Einleitung 1–9 sowie die entsprechenden Aufsätze ebd.; Rieken 1999, 232f.; ders. 2000, 193–203). Wenn man etwa nachweist, dass es sich beim Volksglauben zum großen Teil um »gesunkenes« Gelehrtenwissen handelt (Harmening 1979; ders. 1987), bleibt nämlich die Frage offen, warum gerade bestimmtes Gedankengut die Jahrhunderte überlebt hat, denn Rezeption ist schließlich kein passiver, sondern ein aktiver Vorgang. Die Antwort darauf lautet aus meiner Sicht: Es werden bevorzugt jene Elemente ins kollektive Gedächtnis übernommen, bei denen es sich um Grundformen menschlicher Orientierung handelt, die mit den magischen Grundprinzipien und der Sympathielehre zusammenhängen. Im Übrigen sind auch gelehrte Theorien nicht isoliert entstanden, sondern fußen einerseits auf schriftlichen Quellen und können andererseits auf Grundprinzipen der Anschauung zurückgehen, wie es etwa bei der antiken Signaturenlehre der Fall ist, die auf der Ähnlichkeitsregel beruht.

Mitunter werden in der Volkskunde geradezu kämpferische Töne angeschlagen, wenn es etwa heißt, dass »›Irrationales‹ der rationalen Klärung zugeführt werden kann und keineswegs im Nebel der Vermutung und kruden Abstrusität belassen werden muss« (Korff 1993, 40), oder man beschwört die kulturelle Evolution, indem man erklärt, »dass der Aufklärung das Verdienst zu[kommt], das geltende Wertesystem von belastenden abergläubischen Vorstellungen befreit zu haben, sodass das Mittelalter endgültig verabschiedet [...] werden konnte« (Sievers 1981, 50). Ich möchte die positiven Wirkungen der Aufklärung keineswegs infrage stellen, nur halte ich es für wenig überzeugend, Rationales gegen Irrationales auszuspielen, weil beides im menschlichen Denken und Fühlen Platz hat, weswegen man stets Funktion und Ziel im Blick haben sollte, das heißt zu *verstehen* versuchen, statt in klassischer Lehrerattitüde zu *verurteilen*. Jeder Psychoanalytiker kennt auf Grund seiner Patientenanalysen die Bedeutung des Irrationalen und magischer Vorstellungen, jeder volkskundliche Erzählforscher, der sich mit modernen Sagen befasst, weiß um den weit verbreiteten Glauben an übernatürliche Geschehnisse, etwa

---

17 So schreibt etwa der Theologe Norbert Brox: »Wo Magie und Aberglaube sich im christlichen Raum zeigen, da ist, wenn überhaupt Christentum, dieses allenfalls in ›Anfängen‹ vorhanden in dem Sinn, dass es in Formen depravierter Religion lebt, die ›sachlich‹ primitiv und unzulänglich und aus Gründen der Selbstidentität des Christentums fragwürdig sind – um welches Jahrhundert es sich auch handelt« (1974, 204).

schwarze Magie, UFOs oder Wiedergänger[18] (vgl. z.B. Brednich 1990, 123–139; H. Fischer 1991, 21–54; Habiger-Tuczay u.a. 1996, 96–113), und auch in der empirischen Psychologie ist die Bedeutung des so genannten Aberglaubens für das Alltagsleben – von *Freitag, dem 13.*, bis zu magischen Praktiken bei Studenten, Spielern oder Sportlern unter Stress (vgl. ausführlich Vyse 1999) – hinlänglich bekannt. Die irrationalen Anteile zu leugnen hieße, sie zu verdrängen, und die Vehemenz, mit welcher der Volksglaube oftmals abgeurteilt wird, ist ein indirekter Hinweis darauf, dass die Kritiker unbewusst damit auch ihre eigenen Irrationalismen zu bekämpfen versuchen – gemäß dem alten Satz, dass uns nichts so sehr störe wie die eigenen »Fehler«, welche wir im anderen entdecken. Denn die magische Phase ist Teil jeder Ontogenese, und wenn man um die Bedeutung frühkindlicher Einflüsse weiß, ist es vollkommen klar, dass derartige Anteile gewissermaßen als Bodensatz in jedem von uns ruhen.

Wenn man das bedenkt, kann man auch die historische Debatte um »heidnische« oder »germanische« Überreste und um angebliche Kontinuitäten in einem anderen Licht betrachten: Manches von dem, was von Romantikern oder Nationalsozialisten so sehr bejubelt und von der offiziellen Kirche oder Aufklärern so sehr bekämpft wurde und wird, ist in dieser Perspektive Ausdruck von elementaren Formen der Weltaneignung und daher weder historisch präzise zu verorten noch positiv oder negativ zu bewerten, da a priori vorhanden.

Anthropologische Identitätskonzepte lassen sich meines Erachtens, wie bereits erwähnt, mit tiefenpsychologischen Theorien verbinden, wobei ich darunter Psychoanalyse (Sigmund Freud), komplexe Psychologie (C.G. Jung) und Individualpsychologie (Alfred Adler) verstehe, um auch als Analytiker von monokausalen Deutungsmustern Abstand zu nehmen. Da wir aus der Individualpsychologie um die Bedeutung des Strebens nach Sicherheit wissen, folgt, dass der Mensch, psychoanalytisch betrachtet, in Zeiten der Bedrohung mitunter auf eine Stufe der Entwicklung regrediert, in der altvertraute Muster des Erlebens an die Oberfläche treten. Auf Grund ihres Bedrohungspotentials bedeutet die Nordsee für die Küsten- und Inselbewohner eine stete Quelle latenter bzw., sofern der Pegelstand wesentlich höher als gewöhnlich steigt, manifester Angst. Dadurch sind magische Vorstellungen – solche des Volksglaubens genauso wie der offiziellen Religion – jederzeit abrufbereit, denn sie sind, wie gesagt, die ursprüngliche Form der Orientierung, bieten Erklärungen an und geben Sinn. Die egozentrische Bezugnahme auf die eigene Person bedeutet daher, Sturmfluten nicht als vom Menschen getrennte Phänomene zu betrachten, sondern als etwas, das ihm gilt oder woran er »Schuld« ist. In dieser Hinsicht soll deutlich gemacht werden, dass bestimmte Kausalitätsvorstellungen – in Bezug auf die Frage nach den Ursachen der Sturmfluten – als Ausdruck der *longue durée* verstanden werden können. Mit anderen Worten: Die Auffassung, dass der Mensch dafür ursächlich verantwortlich ist, zieht sich im Großen und Ganzen wie ein roter Faden durch die Geschichte und ist heute genauso nachweis-

---

18 Wiedergänger sind Untote; in der modernen Sage sind sie etwa als *vanishing hitchhiker* vertreten (vgl. z.B. Brednich 1992, 33ff.).

bar wie vor 500 Jahren. Nur die Art, wie sie sich präsentiert, ist an die Gegebenheiten der modernen technischen Welt angepasst.

In diesem Zusammenhang ist es vielleicht wichtig zu betonen, dass es mir nicht um die Frage nach der »Wahrheit« geht, sondern darum, was und woran die Menschen glauben, was sie für richtig halten. Es geht mir, als Volkskundler genauso wie als Analytiker, darum zu *verstehen*, und ich bin mit vielen anderen der Auffassung, dass so genannte Wirklichkeiten nicht a priori vorhanden sind, sondern konstruiert werden. Damit wird nicht die Existenz der Realität bestritten, wie dem Konstruktivismus mitunter vorgeworfen wird, sondern nur behauptet, dass sie *an sich* nicht erkennbar ist, worauf im Übrigen bereits Kant vor mehr als 200 Jahren hingewiesen hat (Kant 1980; vgl. Glasersfeld 1997; Vaihinger 1911; Watzlawick 1984). Konstruktivismus heißt für mich aber nicht, die Welt nur als kulturell konstruiert zu betrachten. Materielle und psychologische Aspekte haben für mich auch Bedeutung, zumal ich gerade angesichts der Begrenztheit menschlicher Erkenntnis für multikausale Zugänge plädiere.

Auch wenn das Thema, wie wohl deutlich geworden ist, sehr viele Disziplinen berührt, ist es mir aus nahe liegenden Gründen nicht möglich, auf alle genauer einzugehen, zumal aus Nachbardisziplinen wie etwa der Unweltpsychologie, Sozialgeographie oder der Kulturraumforschung keine oder kaum einschlägige Literatur existiert. Ich zentriere mich auf jene Wissenschaften, die meinem Anliegen am nächsten kommen, und das sind Mentalitätsgeschichte, Regionalgeschichte, Erzählforschung (s.u.) und Katastrophenforschung.

1.6   Erzählungen über ungewöhnliches Geschehen – Sagen genannt

Schriftliche Quellen bilden die Grundlage der vorliegenden Arbeit. Neben Annalen sind das vor allem Rechtssammlungen, Chroniken und Predigttexte, und für die Zeit ab circa 1850 Reiseberichte, Heimatromane, Zeitungsberichte, Reportagen, Webseiten und einige wenige Texte der Dichtung. In der Mehrzahl dieser Quellen finden sich auch so genannte Volkssagen, doch werden sie oftmals als solche nicht benannt und wohl auch nicht erkannt.

Bei volkskundlichen Untersuchungen ist die Frage nach den Quellen und ihrem Wert von besonderer Brisanz, weil schriftliche Äußerungen aus vergangenen Zeiten eher dem gelehrten Bereich entstammen (vgl. Schenda 1993). Häufig bleibt einem daher, wenn es keine Äußerungen »des Volkes« gibt, nichts anderes übrig, als auf Texte »für das Volk« bzw. »über das Volk« zurückzugreifen. Zwar ist die »veröffentlichte Meinung« nicht gleichzusetzen mit der »öffentlichen«, aber jene hinterlässt doch ihre Spuren in dieser, weswegen bei vorsichtigem Umgang einige Rückschlüsse möglich sind.

Dennoch ist es notwendig, etwas näher auf den Quellenwert einer bestimmten Gattung einzugehen, nämlich der Volkssage, weil ihr Ertrag aus wissenschaftlicher Sicht zum Teil als problematisch bewertet wird, sie aber für diese Arbeit eine wesentliche mentalitätsgeschichtliche Bedeutung hat, zumal sie aus meiner Sicht die von Historikern aufgestellte Behauptung relativiert, dass sich in breiten Schichten der Bevölkerung bereits im 18. Jahrhundert ein Einstellungswandel gegenüber der Frage, wodurch Sturmfluten verursacht werden, vollzogen hätte (Jakubowski-Tiessen 1997, 133; N. Fischer 2003, 14f.). Es wäre durch das Denken der Aufklärung die theozentrische Erklärung durch die rationale abgelöst worden, eine Auffassung, die meines Erachtens zu sehr auf gelehrten Quellen basiert und diese mit der Meinung der Bevölkerung gleichsetzt. Entsprechendes gilt für die Auffassung Otto Knottnerus', dass die Angst vor dem Meer in den Niederlanden bereits im 17./18. Jahrhundert und in Norddeutschland im 19. Jahrhundert verschwunden wäre (Knottnerus 1997, 145). In zwei weiteren Veröffentlichungen, beide aus dem Jahr 2003, argumentiert Jakubowski-Tiessen allerdings mit, wie ich meine, unterschiedlicher Akzentsetzung. Zum einen heißt es im Einklang mit seiner bisherigen Auffassung, »dass im dritten Jahrzehnt des 19. Jahrhunderts in den Erklärungsmustern für Sturmfluten an die Stelle Gottes inzwischen *weithin die Natur* als deren Urheber getreten war« (Jakubowski-Tiessen 2003b, 118; eigene Hervorhebung, B.R.), während er im anderen Aufsatz vorsichtiger argumentiert, wenn er (gemeinsam mit Hartmut Lehmann) feststellt, »dass religiöse Deutungen von Katastrophen auch dann ihr Gewicht und ihren Rang behielten, als längst Versuche unternommen wurden, bestimmte Katastrophen auf naturwissenschaftliche Weise [...] zu erklären« (Jakubowski-Tiessen und Lehmann 2003b, 12). Das *Weithin* aus dem ersten Zitat lässt sich aus meiner Sicht nur für gelehrte Quellen aufrechterhalten, und auch Jakubowski-Tiessen und Lehmann stellen dann im nächsten Satz eine Überlegung an, die jedem Volkskundler wohl als erste einfallen würde: »*Wie weit diese Beobachtung auch für solche Praktiken und Deutungen gilt, die sich nicht an dem Sinnstiftungsangebot der etablierten Kirchen orientierten, sondern an dem, was aus moderner Sicht unter ›Volksaberglauben‹ zu subsumieren wäre, ist weiterer Untersuchung wert*« (ebd.). Genau darum geht es in dieser Arbeit, sieht man einmal davon ab, dass heutzutage kein Volkskundler mehr das Wort-Unding *Volksaberglaube* in den Mund nimmt, auch nicht in Anführungszeichen.[19]

Doch kehren wir wieder zur Volkssage – als erzähltem Glaubensgut – zurück. Eine extreme Position ihr gegenüber vertreten Klaus Graf (K. Graf 1988) und Andreas Graf (G. Graf 1995), denn sie plädieren für »eine weit gehende Verabschiedung überkommener Gattungsvorstellungen« (A. Graf 1995, 280) bzw. halten »die Verabschiedung der ›historischen Sage‹ als wissenschaftlichen Klassifikationsbegriff« für »überfällig« (K. Graf 1988, 21) – eine Meinung, welche sich nicht durchzusetzen vermochte. Dennoch ist eine kritische Beschäftigung mit der Gattung sinnvoll, wobei es primär um die Frage geht, ob es sich bei ihr um »Fund« oder »Erfindung« handelt. Die eigentlichen Sagensammlungen entstammen dem 19. und beginnenden 20. Jahrhundert und fußen großteils auf den Vorstellungen der Brüder Grimm, wonach sich in den Sagen ein einheitlicher »Volksgeist« manifestiert, der im germanisch-heidnischen Altertum wurzelt. Dazu ist aus heutiger Perspektive

---

19 Weil der korrekte Terminus *Volksglaube* ist, während *Aberglaube* und *Volksaberglaube* umgangssprachliche bzw. wertende Begriffe sind.

jeglicher Kommentar überflüssig, aber es wird damit die Frage aufgeworfen, inwieweit die Texte »manipuliert« sind oder nicht. Unakzeptabel ist bereits der oft anzutreffende Herkunftsnachweis »mündlich« oder »aus mündlicher Quelle«, denn damit möchte man die Ideologie des kollektiven »Volksgeistes« transportieren. Auf der anderen Seite sollte man allerdings auch nicht übersehen, dass mit den heute üblichen Erzählerhinweisen, da in der Regel knapp gehalten, zum Teil nicht allzu viel anzufangen ist, weil sie zu wenig an Information enthalten, um Zusammenhänge zwischen Erzählung und Erzähler herstellen zu können. Ausführlichere Angaben bilden eher die Ausnahme (z.B. bei Haller 2002; Petzoldt 2000–2002; Rieken 2000).

Weitere Kritikpunkte betreffen vor allem die Herkunft der Quellen, die Bearbeitung und, damit verbunden, die Frage nach der Authentizität. Einige Sagen sind nicht »dem Volksmund abgelauscht«, sondern entstammen schriftlichen Quellen der (Frühen) Neuzeit, etwa Gesetzessammlungen, Chroniken, Predigten, Zeitungsmeldungen etc., womit bereits deutlich wird, dass Sagen mehr sein müssen als das Produkt ambitionierter Romantiker. Obgleich solche Texte neben den mündlich ermittelten stehen, kann man sie nicht eigentlich als Volksliteratur bezeichnen. Rudolf Schenda hat sich damit allgemein (Schenda 1983) sowie am Beispiel der Schweizer Sagen im Besonderen auseinandergesetzt (Schenda 1988, 11–90), und in ähnlicher Weise wurden Seemannssagen (Gerndt 1969; ders. 1970; auch in: ders. 1986, 56–63 und 63–70; vgl. auch ders. 1971) Rheinsagen (H. Fischer 2001, 39–83) und Sylter Sagen (Krogmann 1956) der Kritik unterzogen, wobei vor allem auch der lockere Umgang mit der Bearbeitung bemängelt wird, indem etwa verschiedene Texte zu *einem* zusammengefügt bzw. umgeschrieben oder gar neu erfunden wurden. Andererseits sollte man nicht übersehen, dass Sagen, die aus älteren schriftlichen Quellen stammen, wertvoll sind, denn eben diese erzählenden Quellen sind eine wesentliche Grundlage für die Arbeit der Historiker (vgl. Brückner 1981, 1ff.).

Darüber hinaus sollte man sich vor Augen halten, dass nicht alles, was Chronisten aufgezeichnet haben, quasi am Schreibtisch entstanden ist, sondern auch aufs *Hören-Sagen* zurückgehen, das heißt mündlicher Überlieferung entstammen kann. Dazu ein Beispiel: In Zusammenhang mit einer Sage, die von der Teilnahme der Friesen an der Befreiung Roms von den Sarazenen handelt (vgl. Kap. 4.1.2), setzt sich Jancko Douwama in seinem *Boeck der Partijen*[20] ausführlich mit der Fahne auseinander, die dabei von den Friesen getragen wurde. Er schreibt einleitend: »Van de scoenheit ende costelicheit van dese fane daer heb ick foel aff gelesen, *en*

---

20 »Buch der Parteien«: Jancko Douwama (1482–1529) war Politiker und wurde 1523 wegen seines Kampfes für die Friesische Freiheit von Karl V. ins Gefängnis geworfen. In seinem Buch betrachtet er die Geschichte unter dem aus seiner Sicht verderblichen Einfluss einander bekämpfender Parteien (vgl. Kist 1999; als Quelle für die volkskundliche Erzählforschung vgl. van der Kooi und Poortinga 1987, 363; neuniederländische Ausgabe seiner biographischen Schriften: Kist und Wind 2003°). So schreibt er einleitend: »Aldus concludere ick, dat SATHANAS is een anhewer van Partije« (Douwama 1849°, 7).

noch meer van gehoert« (Douwama 1849°, 50; eigene Hervorhebung, B.R.).[21] An einer anderen Stelle, in der er sich mit älteren Chroniken befasst, schreibt er auf ähnliche Weise, er teile das mit, was er »gelesen often *gehoert«* habe (ebd., 22; eigene Hervorhebung, B.R.). Es wird im Folgenden daher immer wieder auf mündliche Spuren in der schriftlichen Überlieferung geachtet werden.

Bearbeitung und Anspruch auf Authentizität waren für die Brüder Grimm und ihre Nachfolger keine Widersprüche. Das hängt mit ihrem Begriff der »Naturpoesie« zusammen, der nicht allein Volksdichtung, sondern auch Kunstdichtung umfasst, sofern sie schlicht und »natürlich« gestaltet ist (vgl. Bausinger 1980a, Kap. I.2.). Beispielhaft stehen dafür die *Kinder- und Hausmärchen*, die vor allem von Wilhelm Grimm stilisiert wurden und daher von Seiten der Wissenschaft als »Buchmärchen« bezeichnet werden. Das braucht man nach meinem Dafürhalten nicht ausschließlich als problematisch zu bewerten, denn man kann dem Konzept durchaus eine gewisse Stimmigkeit zubilligen, da in Anbetracht des weltweiten Erfolges der Sammlung Reoralisierung auf breiter Basis stattgefunden hat. Anders formuliert:

> »Für die Wiedergabe von Erzählungen ›aus dem Volksmund‹ wurde keine authentische Mündlichkeit angestrebt, doch lässt sich der Wunsch nach einer konzeptionellen Mündlichkeit erkennen – einer Mündlichkeit, die eben nicht diejenige der ursprünglich real Erzählenden darstellen sollte, sondern für die lesenden Rezipienten fingiert wurde, also die Belange der Rezeption bei der Textproduktion berücksichtigte« (Köhler-Zülch 1999, 46; vgl. Gerndt 1988, 18ff.).[22]

In der Vorrede zu den *Deutschen Sagen* schreiben die Brüder: »Das Erste, was wir bei der Sammlung der Sagen nicht aus den Augen gelassen haben, ist Treue und Wahrheit« (J. und W. Grimm 1993, 17). Andererseits heißt es bei Jacob Grimm, dass »es höchst unkritisch» wäre, »nicht zu sehen, dass es noch eine Wahrheit gibt außer den Urkunden, Diplomen und Chroniken« (J. Grimm 1879 / 1808, 403). Bereits Helge Gerndt hat darauf hingewiesen, dass das zwar aus streng logischer Sicht paradox sei, jedoch auf einer höheren Ebene, im Sinn der Hegelschen Dialektik, durchaus stimmig sein könne (Gerndt 1988, 20). Allerdings fügt er sogleich hinzu:

> »Das aber kann prinzipiell zu keinen schlüssigen Lösungen führen. Genau in diesem Punkt, meine ich, liegt die Crux der Sagenforschung – und zugleich ihre anziehende und inspirierende Kraft« (ebd.).

Wie kann man also mit ihnen umgehen? Gerndt gibt darauf keine Antwort, denn die beiden zitierten Sätze sind die Schlussworte seines Aufsatzes. Ich denke, dass Sagen zwischen »Dichtung und Wahrheit« stehen, »Fund und Erfindung« zugleich

---

21 Das hoch gesetzte Zeichen (°) bedeutet, dass die Literaturangabe im Quellenteil zu finden ist.

22 Ein typisches Beispiel für diese Haltung findet sich etwa in Ludwig Bechsteins *Deutschem Sagenbuch*, wenn er in der Einleitung schreibt: »Keinen einzigen Gewährsmann habe ich geradezu abgeschrieben [...], denn das erachte ich für eine gar geringe Kunst [...]; außerdem habe ich jede Sage zu meinem Eigentum gemacht und sie nach meiner Eigentümlichkeit wieder neu erzählt [...]. Einfachheit im Ton der Erzählung ist beim Wiedergeben der Sagen unerlässliche Bedingniss« (Bechstein 1853°, VIIf.).

sind, dass sie als stilisierte Erzählform zwar nicht dem Realitätsverständnis des an Fakten orientierten Historikers entsprechen, aber doch dazu dienen können, Auskunft zu geben über Denken, Fühlen und Glauben des Menschen, kurzum Einblick ermöglichen in die Mentalität breiter Bevölkerungsschichten, zumal es sich nur zum Teil um Kompilationen aus älteren Sammlungen handelt und viele Texte tatsächlich mündlich erhoben wurden. Und der Aspekt der Bearbeitung wiegt dann nicht so schwer, wenn man sich vor Augen hält, *dass in den meisten Sagensammlungen immer wieder ähnliche Themen und Motive erscheinen. Das kann kein Zufall sein, und insoweit gestatten sie einen Einblick in kollektive Vorstellungen.*

Noch etwas anderes kommt hinzu: Sie sind eng verbunden mit der konkreten Lebenswelt der Menschen. Während das Märchen in einem imaginären Irgendwann-Irgendwo spielt und in der Regel dem Reich des Imaginären zugeordnet wird, ist die Sage lokalisierbar und die durch sie beschriebene Handlung ein Geschehen, an das geglaubt wird. Sie ereignet sich zu einer bestimmten Zeit an einem bestimmten Ort, und das, was sie beschreibt, ist in das alltägliche Dasein eingebettet oder ihm zumindest benachbart. Das kann der Wald am Rande des Dorfes sein, in dem dämonische Gestalten umgehen, die Nachbarin, welche als Hexe über die Gabe des bösen Blicks verfügt, oder der Brunnen im Garten, in welchem der Brunnenmann den kleinen Kindern auflauert. Die Sage lenkt ihr Augenmerk auf das Merkwürdige, Außergewöhnliche, Übernatürliche, und sie erfasst es in dualistischen Kategorien, teilt die Welt strikt in Gut und Böse, in Behaustheit und Fremde ein (vgl. Bausinger 1958; ders. 1980a, Kap. III.3.; Lüthi 1992; ders. 1998, 57–67; Röhrich, Uther und Brednich i.D., Unterpunkt 2; vgl. auch Petzoldt 1999c). Sie befasst sich mit der Brüchigkeit des Daseins, der Gefährdung des Menschen durch natürliche oder übernatürliche Mächte, und insofern ist ihr Thema auch das der vorliegenden Arbeit, weil es mir vorrangig um die Bedrohung durch das Meer geht, um außergewöhnliche Ereignisse, wie es Sturmfluten nun einmal sind. Daher braucht es nicht zu überraschen, wenn wir in den älteren Chroniken immer wieder auf »sagenhafte« Erzählungen stoßen. *Sie sind keine Erfindung der Romantiker, sondern gehören als Geschichten von ungewöhnlichen Begebenheiten zum Grundbestand des Homo narrans.* – Durch die Nähe zum Alltag können Sagen darüber hinaus Auskunft geben über Arbeitsbedingungen und soziale Verhältnisse, die Arroganz der Mächtigen und die Not der Armen (vgl. Brunold-Bigler 1995; dies. 1997; Hofmann 2000). Das gilt es im Auge zu behalten, wenn es um den Reichtum der Marschenbauern geht.

Die Problematik der Bearbeitung von Sagen wird außerdem relativiert, wenn man Prozesse der Reoralisierung verfolgt, wie am Beispiel der *Kinder- und Hausmärchen* bereits erwähnt wurde. Menschen sind keine passiven Reizempfänger; vielmehr ist Rezeption ein aktiver Vorgang, und wenn etwas im Gedächtnis bleibt, hat das seinen Grund und schafft neue Wirklichkeiten. Während Ekke Nekkepen in der mündlichen Überlieferung Sylts eine Rumpelstilzchengestalt ist, mutiert er in der Bearbeitung Christian Peter Hansens zum Meergott (C.P. Hansen 1858°, 148–162). Das hat Willy Krogmann zu Recht kritisiert (Krogmann 1956; ders. 1966°, 29–64), aber Faktum ist auch, dass die ursprüngliche Fassung weitaus weniger bekannt wurde als die stilisierte, sodass sich diese in der Bevölkerung zu einer »Volkssage« entwickelt hat (vgl. van der Kooi und Poortinga 1987, 363f.). Ein anderes Beispiel: Helmut Fischer hat präzise die »Erfindung« der Rheinsagen nachgezeichnet, kommt aber am Ende seiner Untersuchung zu folgendem Schluss: »Trotz alledem [...]: Was wäre der Rhein ohne seine Sagen und ihre Bedeutung? Ein Fluss, ein Strom, eine Wasserader, ein Schifffahrtsweg, eine Kloake, mehr nicht« (H. Fischer 2001, 68). Der Schweizer Kabarettist und Romancier Franz Hohler schreibt in seiner Erzählung *Der Geisterfahrer*, in der es um einen Wiedergänger geht, der an einer dicht befahrenen Autobahn wegen eines versetzten Grenzsteins sein Unwesen treibt, Folgendes: »Ob nun so etwas tatsächlich passiert oder ob es sich die Betroffenen nur einbilden, ist nebensächlich. Es *wirkt* jedenfalls, und wenn es nicht wahr ist, so ist es doch wirklich« (Hohler 1984, 49). *Und genau das ist der Punkt, an dem volkskundliche Erzählforschung und Mentalitätsgeschichte einander treffen.* Es geht nicht um das, was war oder ist, sondern um das, was geglaubt wird, wodurch man Realität konstruiert. Darauf hat bereits Jacob Grimm hingewiesen, als er meinte, dass alles, was wir in den Volkssagen für unwahr halten, es insofern nicht sei, als »es nach der alten Ansicht des Volkes von der Wunderbarkeit der Natur gerade nur so erscheinen und mit dieser Zunge ausgesprochen werden kann« (J. Grimm 1879, 401). In ähnlicher Weise hat sich auch Josef Dünninger geäußert, als er – freilich etwas zugespitzt, doch nicht unzutreffend – meinte, das Volk halte »kein geschichtliches Wissen fest, aber es bewahrt aus der Geschichte Bilder, aus denen es sein gegenwärtiges Leben speist« (Dünninger 1937, 136; vgl. dazu Seidenspinner 1991).

Die Sage wandelt in der Regel auf einem schmalen Grad, indem sie ein Geschehen thematisiert, das einerseits in der jeweiligen Kultur als glaubwürdig angesehen wird und andererseits die Normen und Gewohnheiten eben dieser Kultur überschreitet oder durchbricht. Damit ist sie geeignet, heftige Emotionen hervorzurufen. Das Gewöhnliche und Alltägliche bedarf zumeist nicht der Erwähnung; es ist selbstverständlich, oftmals auch langweilig. Das, was erzählt wird, ist das Ungewöhnliche; es erweckt Neugier, und es erzeugt Spannung. Die Menschen fühlen sich betroffen, weil das Geschehen zu ihrer Lebenswelt gehört, sie aber gleichzeitig durchbricht, wodurch in der Regel Angst und Teilnahme evoziert werden und darüber hinaus oftmals auch Lust. Dahinter steht der Wunsch, die Repressalien der »überlieferten Ordnung« zu durchbrechen und unterdrückte Triebpotentiale zu befriedigen.

Für Michael Balints Studie *Thrills and Regression* hat sein deutscher Übersetzer den Titel *Angstlust und Regression* vorgeschlagen (Balint 1999, 5). Damit hat er einen Begriff geprägt, der weite Verbreitung erfahren hat, weil er das merkwürdige Miteinander verschiedener, einander scheinbar oder anscheinend widersprechender Gefühlszustände auf den Punkt bringt und darüber hinaus zwei grundlegende Haltungen gegenüber Gefahren thematisiert: Zum einen gibt es die Einstellung derjenigen, welche Wagnisse genießen (»Philobatismus«), zum anderen jener, die ihnen aus dem Weg gehen (»Oknophilie«) (ebd., 22). Beiden aber ist das Vertrauen gegenüber der Welt gemeinsam, denn beide hoffen, dass ihnen nichts zustoßen wird (ebd., 30). Ähnlich verhält es sich mit der Sage, denn sie stellt die »rechte Ordnung« nur deswegen infrage, um sie am Ende bestätigen zu können. Zwar endet sie, im Gegensatz zum Märchen, oftmals tragisch, aber sie bestraft die Täter entweder bereits im Diesseits oder ermöglicht Genugtuung im Jenseits, und selbst, wenn weder das eine noch das andere geschieht, ist sie ein mahnender Zeigefinger, unrechtes Tun zu unterlassen. Insofern ist sie von konservativem Gehalt und verwandt sowohl mit Oknophilen als auch Philobaten, welche die Sicherheit der Welt nicht prinzipiell infrage stellen. In der komfortabelsten Position ist dabei der Zuhörer oder Zuschauer, denn er vermag Angst und Lust in gleicher Weise zu genießen. Das kann das Publikum des Erzählers sein, der Fernsehkonsument – oder der Nordseeurlauber, der einer Sturmflut geschützt hinter den Panoramascheiben eines Hotels beiwohnt. Ist man hingegen als Opfer betroffen und muss um Hab und Gut oder gar das Leben bangen, verschwindet die Lust, und es bleibt nur mehr die Angst zurück, sofern masochistische Anteile nicht dominieren. So gesehen befinden sich die Binnenländer in der angenehmen Situation, nicht eigentlich betroffen zu sein, wenn ein Orkan über der Nordsee wütet, während die Küsten- und Inselbewohner um die existentielle Bedrohung wissen. Hans Blumenbergs Metapher vom *Schiffbruch mit Zuschauer* (Blumenberg 1997), bei der es um das allmähliche Verschwinden der Angst vor dem Meer geht, sollten wir daher für unseren Kontext korrigieren, indem wir vom *Deichbruch mit Zuschauer* sprechen und festhalten, dass die Angst bei den potentiell Betroffenen keineswegs verschwunden ist. Wenngleich immer wieder verdrängt, bleibt die Erinnerung an verheerende Fluten im kollektiven Gedächtnis über Jahrhunderte erhalten, und zwar primär über das Medium der Volkssage. *Als Genre, welches die traditionelle Ordnung erhalten will und von jenen nicht alltäglichen Vorkommnissen berichtet, welche mit dem gewöhnlichen Leben verbunden sind und es gleichzeitig überschreiten, ist es aus volkskundlicher Sicht meines Erachtens die Gattung erster Wahl, wenn es um die kulturelle Wahrnehmung der Bedrohung durch das Meer geht. Das ist auch deswegen gut nachvollziehbar, weil Angst mit dem Gefühl mangelnder Kontrolle zu tun hat und kompensatorisch nach Sicherheit verlangt, die man im Gebiet des Vertrauten und »Bewährten« findet. Für die Erforschung von Mentalitäten kommt der Sage daher als Quelle ein besonderes Gewicht zu.*

Trotz ihrer Stilisierung von Seiten der älteren Sagensammler ermöglicht sie intime Einblicke in die Denk- und Lebensweise der Bevölkerung, zumal in hinlänglicher Anzahl Texte existieren, die mündlich erhoben wurden, und genug Sammlungen vorhanden sind, denen man auch heute Seriosität zuerkennt (für unseren Bereich z.B. Dykstra 1895°–1896°, Müllenhoff 1921°, Strackerjan 1909°; van der Kooi 1998°; ders. 2000°; ders. und Schuster 2003°). Ich werde ausschließlich auf diese bzw. auf mündlich erhobene Texte zurückgreifen. Darüber hinaus haben durchaus auch Sammler, die in der Tradition der Brüder Grimm stehen, darauf verzichtet, ihre Ergebnisse zu stilisieren. So schreibt etwa Johann Wilhelm Wolf im Vorwort zu seinen *Niederländischen Sagen*:

»In Bezug auf den Styl erkennen wir gerne, dass derselbe nicht die mindeste Eben-mäßigkeit hat. Inzwischen glaubten wir uns aufs genaueste an die Worte unserer Quellen halten zu müssen, und darin sündigten wir hoffentlich nicht. Wir halten es im Gegenteile für Pflicht des Sagensammlers, die Treue und Wahrheit, welche über-haupt sein Augenmerk stets sein muss, auch bis auf diesen Punkt auszudehnen« (J.W. Wolf 1843°, XXII).

In der Tat weisen die von Wolf mündlich erhobenen Texte stilistische Unterschiede auf, sodass man seinen Sätzen durchaus Glauben schenken kann. Allerdings sollte generell bedacht werden, dass »Authentizität«, zumal im Rahmen von Erhebungen oder Feldforschungen, zwar ein Ziel ist, das man um der »Treue und Wahrheit« willen anpeilen sollte, aber nicht zu erreichen vermag, weil Wirklichkeiten im For-schungsprozess subjektiv konstituiert werden; »Fund« und »Erfindung« haben demzufolge enge Berührungspunkte (vgl. Goffman 1983; Trilling 1980). Damit wird keineswegs der Beliebigkeit das Wort geredet, sondern nur dem Umstand Rechnung getragen, dass jeder Beobachter nicht nur eigene Interessen und Neigun-gen hat, sondern auch das Beobachtete qua Beobachtung verändert. Letzteres ließe sich nur reduzieren, wenn man Teil des »Feldes« wird, wie es Malinowski in Poly-nesien vorexerziert hat (Devereux 1992; Reichmayr 1995, 186–203; Rieken 2004b), doch dann bliebe immer noch das Problem der Forscherperspektive. Daran ändern auch Tonbandtranskriptionen oder Videoaufzeichnungen nichts.

Ein weiteres Argument, welches für die Auffassung spricht, dass Sagen mehr sind als Produkte ambitionierter Romantiker, ist das Weiterleben derselben als *mo-derne Sage* oder *Urban Legend*. In der Regel befriedigen sie die gleichen Bedürf-nisse, sind zumeist Ausdruck der gleichen Grundprobleme, finden weltweite Verbreitung, sind aber an die kulturellen Standards der technisch-industrialisierten Welt angepasst. Rolf Wilhelm Brednich schreibt:

»Bei der Frage nach der Modernität heutiger Sagen wird man häufig dem Argument begegnen, die Inhalte dieser Erzählungen seien ein Produkt der heutigen Zeit [...]. Das ist sicher richtig, aber bei sorgfältiger Analyse der Texte stößt der Folklorist hinter der modernen Fassade vielfach auf traditionelle Muster. Es zeigt sich auch, dass die aktuellen Erzählstoffe sowohl inhaltlich als auch strukturell starke Ähnlich-keiten mit den historischen Sagenüberlieferungen aufweisen« (Brednich 1990, 14).

Märchen, Sage und Schwank sind nicht nur die drei bedeutendsten Gattungen der traditionellen Volksprosa, sondern bringen auch drei grundlegende Einstellungen des Menschen gegenüber der Welt zum Ausdruck. Das Märchen wird vom »Prinzip Hoffnung« bestimmt und artikuliert den Wunsch nach einem glücklichen Ende, wie es als modernes Medium vor allem der Spielfilm zeigt. Im Schwank und dessen Nachfolger, dem Witz, wird den Widrigkeiten des Daseins mit Humor begegnet, während Sage bzw. moderne Sage etwas von der tragischen Dimension der menschlichen Existenz erzählen, von den Sorgen und Nöten, von den Ängsten ge-genüber der Undurchschaubarkeit und Unerklärbarkeit der Welt, wobei gleichzeitig deutlich wird, dass die dabei angesprochenen Gefühle auch mit Lust verbunden sein können und dergestalt auf destruktive Anteile hinweisen. Brednich schreibt in dem Zusammenhang:

> »An den aktuellen Sagenerzählungen lässt sich verdeutlichen, dass die rationale Welt von Industrie und Technik beim Erzählen durch irrationale Züge durchbrochen wird. Beide Welten existieren nach wie vor nebeneinander, weil die Ergebnisse moderner Wissenschaft und Technik letzten Endes nicht in der Lage waren, den Glauben des Menschen an eine übernatürliche Sphäre zu zerstören [...]. Im Alltäglichen, Durchrationalisierten verbirgt sich immer noch das Andere, das Gefährliche, das wie die berühmte haarige Hand des Anhalters jederzeit in die Alltagsrealität eingreifen und sie auf den Kopf stellen kann. Von da erklärt sich die eigenartige Faszination, die von den modernen Sagen auf Erzähler und Hörer ausgeht. *Die Angstlust gegenüber dem Fremden und Bedrohlichen scheint eine Konstante menschlicher Kultur zu sein*, und deshalb ist damit zu rechnen, dass die zugehörigen Horrorgeschichten auch in Zukunft weiterleben und dass nach den traditionellen Mustern immer neue Erzählinhalte entstehen werden« (ebd., 16f.; vgl. auch Röhrich, Uther und Brednich i.D., Unterpunkt 10; eigene Hervorhebung, B.R.).[23]

Brednich misst demnach Strukturen von langer Dauer, insbesondere was den Bereich des Irrationalen angeht, eine nicht zu unterschätzende Bedeutung bei, ähnlich wie es im vorangegangenen Kapitel skizziert wurde. Ich denke daher, dass volkskundliche Erzählforschung und Mentalitätsgeschichte einander auf sinnvolle Weise ergänzen können, wie es mittlerweile auch verschiedene Publikationen zeigen (zum Beispiel aus volkskundlicher Sicht Lehmann 1999; ders. 2001; Wienker-Piepho 2000; aus historischer Perspektive und zentral für unser Thema Salomon 2000).

Darüber hinaus begreift sich die Arbeit insofern auch literaturwissenschaftlich, als es um das *Verstehen* von schriftlichen Quellen, von Texten geht.[24] Der Germanist Emil Staiger sprach einmal vollmundig von der *Kunst der Interpretation* (Staiger 1963, 9–33). Wenn man das nüchtern aufnimmt, bleibt die Einsicht, dass nicht allein die Vermittlung von Stoff oder der Beleg von Thesen als Ziele zu betrachten sind, sondern auch die *Bedeutung* des jeweiligen Textes. Und diese ist kein Privileg der so genannten Hochkultur, denn man kann – im Gegensatz zur landläufigen Meinung der etablierten Kulturindustrie – populäre Quellen in gleicher Weise zum Sprechen bringen und dergestalt »Schätze« heben wie etwa in einem Drama von Kleist. *Sinn* und *Bedeutung* sind Kategorien, die nicht nur kognitive und emotionale Bedürfnisse befriedigen, sondern auch das wissenschaftliche Denken bereichern. Während Aristoteles noch zwischen vier Aspekten des Begriffs *Ursache* unterschieden hat, wurde diese in der neuzeitlichen Wissenschaftstradition allein auf die *Kausalität* reduziert, die bei Aristoteles *Bewegursache* (*kīnēsis*) heißt und in der scholastischen Rezeption durch Thomas von Aquin *causa efficiens*. Weitgehend vernachlässigt wurde hingegen die *Zweckursache*, das *Worum-Willen* (*tò hoû héne-*

---

23 Zu den Unterschieden und Gemeinsamkeiten zwischen Volkssage und moderner Sage am Beispiel des Spinnenmotivs vgl. Rieken 2003a, 167–223; zum moralischen Gehalt moderner Sagen aus soziologischer Sicht vgl. Stehr 1998.

24 »Literaturwissenschaft« meint hier also einen methodischen Zugang und nicht die Lenkung des Hauptaugenmerks auf Produkte der Hochkultur.

ka) oder die *causa finalis*, der Aristoteles und Thomas eine herausragende Stellung einräumen (Aristoteles 1999, I, 3-4; V, 2; ders. 1997, II, 3 194b; Thomas von A-quin 2001a, 1 I. 4 n. 2 sowie 5 I. 2 n. 1-10; ders. 2001b, I-II q. 1a. 2 co.). Denn sie ist, wie der Philosoph Gregor Schiemann schreibt, »am Vorbild des menschlichen Handelns orientiert. Der Mensch vermag sich Zwecke zu setzen und zu handeln, um diese Zwecke zu erreichen. Sein Handeln wird oftmals erst verstehbar, wenn man um das Ziel weiß, das mit dem erstrebten Endzustand einer Handlung gegeben ist« (Schiemann 1998). In die Psychologie hat die *causa finalis*, erweitert um un-bewusste Zwecke, Eingang durch die Arbeiten Alfred Adlers gefunden (Adler 1987; ders. 1997), wobei er sie allerdings nicht gegen die *causa efficiens* ausspielt, sondern beide Aspekte der Ursache berücksichtigt, eine Auffassung, welcher ich zur Gänze zustimme (Rieken 2004a, 19–23). Wenn man etwa fragt, warum in unse-rer Kultur Sturmfluten als Strafe Gottes oder der Natur betrachtet wurden bzw. werden, kann man (kausal) mit der prägenden Rolle des Christentums und ihres mahnenden Zeigefingers antworten. Man kann aber genauso nach dem (unbewuss-ten) Zweck von Strafen und Schuldgefühlen fragen, die sehr viel mit der Aufrecht-erhaltung von Sicherungstendenzen zu tun haben.

In erster Linie versteht sich die Arbeit als ein Beitrag zur Mentalitätsgeschichte sowie zur Katastrophenforschung und nicht zur Erzählforschung oder Literaturwis-senschaft. Zwar werden ein Großteil der von mir herangezogenen Quellen als Sa-gen bezeichnet, doch wäre es, wie gesagt, ein Irrtum zu glauben, diese wären aus-schließlich ein Produkt der volkskundlichen Sammeltätigkeit seit dem 19. Jahrhun-dert. Vielmehr finden wir sie als geglaubte Erzählungen über außergewöhnliche Ereignisse zuhauf in den älteren Quellen, vor allem in den regionalgeschichtlichen Chroniken, auf die typischerweise auch in den Sagensammlungen immer wieder zurückgegriffen wird. Bei einem derartig einschneidenden Geschehen, wie es eine Sturmflutkatastrophe nun einmal ist, braucht es daher nicht zu überraschen, wenn wir auf eine Fülle »sagenhafter« Erzählungen treffen. Diese stammen großteils von Augenzeugen des Geschehens, und sie verarbeiten in der Regel eigene Erlebnisse und solche vom Hören-Sagen. Und selbst dort, wo keine direkten Aufzeichnungen überliefert sind, wie es vor allem beim Untergang Rungholts der Fall ist, wird oft-mals auf mündliche Überlieferungen zurückgegriffen.

Weil es sich um eine volkskundliche Arbeit handelt, habe ich ein anderes Inte-resse als die Regionalhistoriker. Mich interessiert weniger, ob in den Quellen ein Geschehen zutreffend beschrieben ist oder nicht, sondern vielmehr, was mehrheit-lich von der Bevölkerung geglaubt wurde, wie es geschehen ist. Daher achte ich bei der Analyse der Texte auch stärker darauf, ob bestimmte Informationen schriftli-chen Quellen entnommen sind oder mündlicher Überlieferung. Letzteres ist für einen Volkskundler in der Regel wichtiger als für einen Historiker, und darum ist es auch – ganz abgesehen davon, dass es ohnehin selbstverständlich ist – notwen-dig, sich die Quellen im Original anzuschauen und sich nicht auf Übersetzungen zu stützen. Wenn im Deutschen etwa *berichtet* oder *berichten* steht, kann es sein, dass man im lateinischen Original *scribit* oder *narrunt* findet, und das ist für einen Eth-nologen ein großer Unterschied. Ein anderes Beispiel: Andreas Busch hat in der ersten Hälfte des 20. Jahrhunderts die moderne Rungholtforschung eingeleitet. Historiker sind, wenn sie sich mit ihm befassen, primär daran interessiert, welche seiner Erkenntnisse weiterhin gültig sind und welche mittlerweile veraltet. Ich habe hingegen seine Arbeiten vor allem in Hinblick auf Spuren mündlicher Überlieferung untersucht.

1.7   Volkskunde und Psychologie

In den Habilitationsgutachten und auch gelegentlich des Habilitationskolloquium (20.04.2005) wurden die psychologischen Zugänge, von denen ich Gebrauch mache, als ein Spezifikum dieser Arbeit hervorgehoben. Dadurch wurde mir klar, dass es sinnvoll ist, aus meiner Perspektive zur Frage Stellung zu nehmen, welchen Wert die Psychologie für die Volkskunde haben kann. Meine Antwort fällt anders aus, als es mehrheitlich von Seiten der Fachwissenschaft gesehen wird, da ich in wissenschaftlicher Hinsicht anders sozialisiert bin, als es üblicherweise der Fall ist. Denn ich bin nicht nur Volkskundler, sondern auch Psychoanalytiker, weswegen die (Tiefen-)Psychologie Teil meiner wissenschaftlichen Herkunft und Identität ist.

So habe ich mich in meiner ersten Monographie, einer Feldforschung bei Ungarndeutschen (Rieken 2000), mithilfe der Psychologie um einen Brückenschlag zwischen traditioneller Erzählforschung und autobiographischem Erzählen bemüht, indem ich Lieblingsgeschichten (Sagen und Schwänke) der Interviewpartner unter anderem als symbolische Verdichtung der eigenen Lebensgeschichte interpretiert habe. Und in einem speziellen Kapitel (ebd., Kap. 3.4.2) habe ich nach dem Nutzen der von mir so genannten »Gute-alte-Zeit-Geschichte« gefragt, in welcher die eigene Jugend glorifiziert und die gegenwärtigen Verhältnisse abgewertet werden. Es handelt sich um einen typischen Verarbeitungsmechanismus, der in biographischen Interviews (und nicht nur dort) immer wieder auftaucht. – In meiner zweiten Monographie, einer Kulturgeschichte der Spinne (Rieken 2003a), ist mir unter anderem aufgefallen, dass vor allem in patriarchalischen Kulturen innerhalb und außerhalb Europas unbewusste Ängste des Mannes gegenüber der Frau bestehen, die sich im Symbol der Spinne bzw. Spinnenfrau manifestieren. Dem bin ich unter Zuhilfenahme tiefenpsychologischer Überlegungen etwas genauer nachgegangen. – Und in der vorliegenden Arbeit spielen bei der Frage nach den Motiven und Zielen der anthropozentrischen Deutung von Flutkatastrophen entwicklungs- und tiefenpsychologische Aspekte eine große Rolle. – Ich denke daher, dass für bestimmte Bereiche des Faches die Konsultierung der Psychologie von Nutzen sein kann. Das betrifft zum Beispiel Biographie-, Erzähl- und Feldforschung, mentalitätsgeschichtliche Fragestellungen oder das (heute weitgehend vernachlässigte) Gebiet der Magie und des Volksglaubens.

Auf der anderen Seite bin ich mir als Volkskundler sehr wohl im Klaren über die kulturelle Konstruktion von Wirklichkeiten. Um die Beispiele von oben aufzugreifen: In dem ungarndeutschen Dorf habe ich in Bezug auf bestimmte lokale Überlieferungen (Errichtung einer Friedhofskapelle im 19. Jahrhundert; Deportation von Wehrmachtssoldaten in die Sowjetunion nach 1945) von *jeder* Person, die ich befragt habe, einander widersprechende Versionen mitgeteilt bekommen (Kap. 4 und 5.2). – Ängste gegenüber Spinnen sind ausgerechnet dort am meisten vorhanden, wo es de facto keine lebensgefährlichen Arten gibt, nämlich in Europa. – Sturmflutkatastrophen will immer ein subjektiver Sinn abgerungen werden, der sich auf die betroffenen Individuen beziehen lässt; derartiges Naturgeschehen muss immer mit den Menschen zu tun haben und kann nicht unabhängig von ihnen ablaufen.

Weil ich in meinen volkskundlichen Arbeiten auch psychologische Aspekte zu Rate ziehe, bin ich der Meinung, dass Volkskunde und Psychologie keine Gegensätze zu bedeuten brauchen. Als sich das Fach an den Universitäten etabliert hat, sah man das ähnlich. Adolf Spamer schreibt etwa: »So ist die Arbeit der Volkskunde zustärkst historisch oder auch historisch-philologisch orientiert, ehe sie auf dem Gebiet des Seelischen nach den letzten Triebkräften sucht und die verbindenden Fäden spannt« (Spamer 1935, 83). Und bei Lily Weiser-Aall heißt es bereits auf der ersten Seite ihrer Monographie *Volkskunde und Psychologie* lapidar: »Die Volkskunde ist eine psychologische Wissenschaft« (Weiser-Aall 1937, 1), denn beide Disziplinen hätten »ein Arbeitsgebiet, das sich für weite Strecken deckt. Volkskunde ist die Wissenschaft von geistigen und sachlichen Lebensäußerungen des Volkes. Psychologie ist die Wissenschaft von allen Äußerungen und Anlagen des Seelenlebens« (ebd., 2; zu Weiser-Aall vgl. Niem 1998).[25] Richard Beitl hat in seiner ungedruckten Habilitationsschrift *Untersuchungen zur Mythologie des Kindes* ein ausführliches Kapitel dem Verhältnis von *Volkskunde und Kinderpsychologie* gewidmet und auf Zusammenhänge hingewiesen, die später durch die bahnbrechenden Arbeiten Jean Piagets bestätigt wurden (Beitl 1933, 304–384).[26] Richard Weiss rät in seiner *Volkskunde der Schweiz* zur Abkehr von einer soziologischen Betrachtung des Volkes als »Unterschicht«, weil er diese für diskriminierend hält, und plädiert stattdessen für eine »psychologische Umschreibung des Volkstümlichen« (Weiss 1946, 7), indem er »jeden einzelnen Menschen in zwei verschiedene Bereiche geistig-seelischen Verhaltens [teilt], in einen volkstümlichen Bereich und in einen unvolkstümlichen, individuellen Bereich, der alten Weisheit ent-

---

25 Den Hinweis auf Weiser-Aall verdanke ich Konrad Köstlin.
26 Eine Veröffentlichung dieser Arbeit durch Michael Simon und mich ist in Vorbereitung. Beitl befasst sich mit dem kulturellen Wandel von Kinderschreckgestalten im 19. und 20. Jahrhundert, wobei er einerseits historisch vorgeht, indem er unter anderem den Einfluss literarischer und pädagogischer Schriften – etwa von Schulbüchern – behandelt, andererseits psychologisch argumentiert, indem er die Erkenntnisse der zeitgenössischen Entwicklungspsychologie zum magischen Denken des Kindes aufgreift, das später von Jean Piaget in seinen Arbeiten zum epistemologischen Egozentrismus – bis heute eine wesentliche Grundlage der Entwicklungspsychologie – systematisch untersucht wurde. Beitls Vorgehensweise passte jedoch nicht in das Bild der nationalsozialistischen Volkskunde mit ihren Vorstellungen zur germanischen Kontinuität, sodass die 1933 eingereichte Habilitationsschrift nicht mehr publiziert werden konnte. Nach dem Zweiten Weltkrieg hatte man anscheinend kein Interesse mehr an einer Veröffentlichung, weil das Fach sich neu zu orientieren begann und man glaubte, Beitls Habilitationsschrift wäre historisch belastet.

sprechend, dass der Mensch Einzelwesen und Gemeinschaftswesen zugleich ist« (ebd., 8). Bei Adolf Bach steht neben der historischen, geographischen und soziologischen gleichrangig die »psychologische Betrachtung des kulturellen Gemeinschaftsbesitzes« (Bach 1960, 450). An vielen Stellen in seiner *Deutschen Volkskunde* verweist er auf die Arbeiten Willy Hellpachs, der sich als erster Professor für Sozialpsychologie und Vertreter einer geisteswissenschaftlich orientierten Psychologie immer wieder mit volkskundlichen Fragen befasst hat (vgl. z.B. Hellpach 1952; ders. 1953). – Erinnert sei an dieser Stelle auch daran, dass die *Zeitschrift für Volkskunde* bis 1890 *Zeitschrift für Völkerpsychologie* hieß und auf die Initiative des Philosophen Moritz Lazarus zurückgeht, welcher ein Mitbegründer eben dieser »Völkerpsychologie« war, einer zwischen Volkskunde, Völkerkunde und Psychologie angesiedelten Disziplin (vgl. Eckardt 1997; Hellpach 1954; Lück 2002, 39–42).

Diese wenigen Beispiele mögen genügen, um in Erinnerung zu rufen, dass man in der ersten Hälfte des 20. Jahrhunderts psychologisch fundierte Fragestellungen als sinnvolle Ergänzung für die Volkskunde betrachtet hat. Die damalige Nähe zur Psychologie erklärt sich unter anderem aus verwandten Forschungsinteressen. Psychologie legt nicht das Hauptaugenmerk auf historische Fragen und den Wandel, sondern strebt danach, Aussagen über »den« Menschen zu machen. Die ältere Volkskunde hatte statische Vorstellungen in Bezug auf das »Volk« und die »überlieferte Ordnung«, sodass nicht Fragen der Veränderung, sondern der räumlichen und zeitlichen Kontinuität im Rampenlicht des Interesses standen (vgl. Hengartner 1999, 5–8). Adolf Bach konnte in seiner *Deutschen Volkskunde* von 1960 noch den »deutschen Stammescharakteren« ein umfangreiches Kapitel widmen (Bach 1960, 626–659) und dergestalt ein festgefügtes Bild der »Altstämme« und der »Neustämme« vermitteln – damit dynamische Prozesse und egalisierende Tendenzen infolge von Technisierung und Bürokratisierung negierend. Die moderne Mentalitätsgeschichte befasst sich zwar zum Teil mit ähnlichen Themen, doch argumentiert sie weitaus vorsichtiger, indem sie Fragen der *longue durée* nur als einen Aspekt von mehreren möglichen betrachtet und sich in der Regel mit zeitlich oder räumlich begrenzteren Fragen beschäftigt.

Problematisch an der älteren Volkskunde ist vor allem der Gebrauch von Kontinuitätsvorstellungen, welche durch die Nationalsozialisten politisch instrumentalisiert wurden. Christina Niem hat gezeigt, wie in Lily Weiser-Aalls Habilitationsschrift *Altgermanische Jünglingsweihen und Männerbünde* (1927) durch völkerpsychologische und religionsgeschichtliche Zugänge mögliche Kontinuitäten von indogermanischer Zeit bis in die Gegenwart plausibel gemacht werden sollten, allerdings »nicht als unumstößliche Fakten dargestellt, sondern als Annahmen und Erklärungsmöglichkeiten« (Niem 1998, 37). Ihre neue Sicht wurde jedoch »in der Folge von Otto Höfler aufgegriffen, der dem Weiserschen Germanenbild durch Hinzufügen des Rassegedankens eine neue Dimension verlieh: die nordische Rasse habe dank ihrer Männerbünde staatenbildende Kraft« (ebd.).

In Anbetracht des Missbrauchs von psychologisch untermauerten Fragen der Kontinuität durch die Nationalsozialisten ist es nachvollziehbar, dass man, als sich das Fach neu orientiert hat, es streng kulturwissenschaftlich ausgerichtet und darüber hinaus auf psychologische Zugänge großteils verzichtet hat. Auf der anderen Seite gilt es zu bedenken, dass der Missbrauch einer Methode noch nichts über die Methode als solche aussagt. Friedrich Nietzsche spricht in seinem *Zarathustra* von drei Verwandlungen des Geistes: »wie der Geist zum Kamel wird, und zum Löwen das Kamel, und zum Kinde zuletzt der Löwe« (Nietzsche 1983, 307). Das Kamel symbolisiert die Gebundenheit an die Tradition, der Löwe hingegen das Bemühen, sich davon zu befreien, während erst das Kind einen wirklichen Neubeginn bedeute, »ein aus sich rollendes Rad, eine erste Bewegung, ein heiliges Ja-Sagen« (ebd., 308). Erich Fromm unterscheidet zwischen der »Freiheit von« und der »Freiheit zu« (Fromm 1983); Erstere entspricht dem Zustand des Löwen bei Nietzsche, Letztere dem des Kindes. Mit anderen Worten: Wenn man in der zeitgenössischen Volkskunde großteils auf Fragestellungen verzichtet, weil sie in früherer Zeit eine große Rolle gespielt haben und daher belastet sind, entspricht das der Freiheit von der Tradition, aber sie bedeutet gleichzeitig eine Abhängigkeit ex negativo, weil der Bezugsrahmen der gleiche ist, nämlich die ältere Generation. Eine analoge Situation aus dem Bereich der Entwicklungspsychologie liegt vor, wenn Jugendliche, um sich abzugrenzen und zu sich selbst zu finden, das Gegenteil von dem tun, was die Eltern erwarten (Trotzphase, Pubertät). Diese sind somit in ähnlicher Weise der Bezugsrahmen, als würden die Kinder den Erwartungen der Erzieher Folge leisten. Frei ist man erst dann, wenn man sich fragt, was für einen selbst angemessen ist, unabhängig davon, ob es dem Willen der Eltern entspricht oder nicht. In diesem Fall ist man innengeleitet, in den beiden anderen Fällen – Gehorsam bzw. Opposition – von außen bestimmt, und zwar von denselben Personen.

Auch vor diesem Hintergrund halte ich es nicht für fragwürdig, dass ich mich in der vorliegenden Arbeit unter anderem mit Themen befasse, die heute kaum noch Beachtung in der Volkskunde finden, weil früher mit ihnen Missbrauch getrieben wurde, etwa Einflüsse des Raumes auf die Kultur, Fragen der *longue durée* oder des Volksglaubens, welche tiefen- und entwicklungspsychologisch begründet werden.

Ich möchte sogar noch einen Schritt weitergehen und behaupten, dass eine auf die Spitze getriebene kulturwissenschaftliche Perspektive unter Umständen große Probleme aufwirft. Zunächst behindert sie die Zusammenarbeit mit anderen Disziplinen, die viel beschworene Interdisziplinarität, denn wenn das Eigene zum Eigentlichen erklärt und andere Sichtweisen abgewertet werden, ist kaum ein Gespräch über die eigenen Grenzen hinweg möglich. Als ich im Jahre 2004 auf einer Tagung des *Netzwerk Gesundheit und Kultur in der volkskundlichen Forschung* der Frage nachging, wieso Spinnenseide in den unterschiedlichsten Regionen Europas als Wundverband Anwendung fand, habe ich behauptet, dass dafür nicht allein magische Vorstellungen verantwortlich sein können, sondern auch empirische Erfahrungen eingeflossen sein müssen, die – wie man heute weiß – mit den chemischen und physikalischen Eigenschaften der Spinnweben zu tun haben (Rieken 2005a). Das löste eine intensive Diskussion aus, die in der Behauptung eines namhaften Fachvertreters kulminierte, es wäre nicht Aufgabe der Volkskunde, sich mit derartigen Fragen zu befassen, weil es sich bei ihr um eine Kulturwissenschaft handele. Dem ist entgegenzuhalten, dass es auch zu den Anliegen der Wissenschaft gehört, seinen Gegenstand ernst zu nehmen, was in dem Fall heißt, sich zu fragen, ob sich Handeln stets in konstruktivistischer Beliebigkeit auflöst oder nicht auch empirisch fundiert sein kann. In der Debatte um *lokales Wissen*[27] (vgl. Antweiler 1995, Rossbach de Olmos 2003; Schröder 1995) ist diese Frage längst beantwortet, und das häufig zitierte Beispiel der Verwertung indigener Kenntnisse über seltene Heilpflanzen durch die Pharmaindustrie macht deutlich, dass man möglicherweise Schuld auf sich lädt, wenn man ausschließlich monistisch-kulturwissenschaftlich argumentiert. Ein konstruktivistisches Verständnis ist sinnvoll und notwendig, aber übertrieben angewendet, wirft es ethische Probleme auf, und man läuft Gefahr, seinen Gegenstand nicht mehr ernst zu nehmen. Wenn bei dem Tsunami vom 26.12.2004 die einheimischen Bewohner auf den Andamanen und Nikobaren verhältnismäßig wenig Opfer zu beklagen hatten (vgl. Nachtrag), oder wenn die Insulaner auf Nordstrand über Jahrhunderte hinweg um die Existenz Rungholts, des »friesischen Atlantis«, gewusst haben (vgl. Kap. 6.4), so handelt es sich dabei um eindrucksvolle Beispiele *lokalen Wissens*, die, jenseits von Idealisierung, Respekt verdienen.

Darüber hinaus läuft man bei einer auf die Spitze getriebenen kulturwissenschaftlichen Untersuchung Gefahr, wichtige Aspekte von Phänomenen zu übersehen. Das zeigt das bereits in Kapitel 1.5 erwähnte Beispiel des Volksglaubens, der nicht ausschließlich historisch betrachtet werden kann, weil er auch mit Grundbedingungen des Erkennens zu tun hat. Diesem Betrachtungsansatz kann man, um es mit den Worten des Ethnologen Klaus E. Müller zu formulieren,

> »eine ebenso *elementare* wie *universale* Geltung zusprechen [...], da er *mit Notwendigkeit aus den Grundgegebenheiten des menschlichen Daseins folgt*: den Bedingungen des Orientierungsvermögens, der daraus sich zwingend entfaltenden ego- bzw. ethnozentrischen Optik und der Notwendigkeit, den konstituierenden Orientierungssystemen Stabilität, d.h. der Erscheinungswelt in ihrer Gesamtheit Sinn zu verleihen« (K.E. Müller 1987, 203; vgl. Rieken 2000, 193–203; vgl. in dieser Arbeit Kap. 6.8.4).

Daraus lassen sich die magischen Prinzipien ableiten, insbesondere die »zwei antithetischen Kraftprinzipien« (K.E. Müller 1987, 202), das heißt die Ähnlichkeits- und die Gegensatzregel. Auf diese Zusammenhänge hat mit ähnlichen Worten bereits Adolf Bach hingewiesen, als er »zwei zeitlose Grundsätze magischer Maßnahmen« erwähnte,

> »die bei der Entstehung unseres Brauchtums ihre Rolle gespielt haben: Man wirkt auf einen Gegenstand, eine Krankheit oder was sonst entweder allopathisch (nach dem Grundsatz ›contraria contrariis‹) oder homöopathisch (nach dem Grundsatz ›similia similibus‹). Allopathisch stellt man dem vermeintlichen Urheber des Leidens den Widersacher und Antipoden gegenüber, also der Hitze die Kälte, dem Frost das Feuer, der Schlange oder dem Wurm den Storch, der alles Gewürm ver-

---

27 Diesen Hinweis verdanke ich Dieter Kramer.

tilgt. Durch Homöopathie sucht man Gleiches mit Gleichem abzuwehren, so wie man etwa Schläge durch Schläge zurückweist oder einer Waffe die gleiche Waffe entgegensetzt« (Bach 1960, 301f.).

Es handelt sich dabei um Vorstellungen, die weltweit anzutreffen sind, und begründen lässt sich das primär mit entwicklungspsychologischen Theorien, allem voran der genetischen Epistemologie Jean Piagets, sowie mit psychiatrischen Befunden, die allzumal in die gleiche Richtung weisen (vgl. Kap. 6.8.4).

Wenn in der zeitgenössischen Volkskunde auf psychologische Erklärungsansätze verzichtet wird, weil Begriffe wie »Zeitlosigkeit« in der älteren Forschung überstrapaziert wurden, wird gleichzeitig das Kind mit dem Bade ausgeschüttet, da elementare Aspekte der Orientierung aus dem Blickfeld geraten. Man kann diese zwar leugnen, aber das ist nur möglich, wenn man das seit mehr als einem halben Jahrhundert akzeptierte Basiswissen der Entwicklungspsychologie (und auch der Psychiatrie) vernachlässigt oder leugnet.

Auf noch mehr Vorbehalte treffen wir allerdings, wenn wir den Bereich der Psychodynamik betreten, also jene Theorien aufgreifen, welche davon ausgehen, dass das Unbewusste eine nicht zu unterschätzende Bedeutung auf das Verhalten und Erleben ausübt, und zwar bezogen nicht nur auf das Individuum, sondern auch auf die Gesellschaft bzw. Kultur. Als ich einmal während einer Erzählforschertagung mit einem angesehenen Fachvertreter ins Gespräch kam und er mich fragte, womit ich denn meinen Lebensunterhalt bestreite, wenn ich nicht an der Universität angestellt, sondern externer Lehrbeauftragter bin, antwortete ich, ich sei freiberuflicher Psychoanalytiker. Daraufhin meinte mein Gegenüber, ich dürfe ihm nicht böse sein, aber von Psychoanalyse halte er nun überhaupt nichts.

Man stelle sich einmal vor, ich würde stattdessen als Chemiker oder Archäologe Geld verdienen und mich als solcher vorstellen – dann wäre eine ähnliche Erwiderung kaum denkbar, denn das sind relativ neutrale Tätigkeitsfelder, während »Psychoanalyse« oftmals als Reizwort erlebt wird. Sie wirft nämlich erstens einen Blick auf jene Bereiche, die vielen Menschen nicht recht geheuer sind, weil sie mit Schuld und Scham zu tun haben, und zweitens betritt sie ein Gebiet, welches mit kognitiven Mitteln allein kaum zu bewältigen ist, weil es, um es zu verstehen, auch der Erfahrung bedarf, das heißt des Erlebens, mithilfe assoziativer Techniken und vermöge Traumdeutung an Schichten zu gelangen, die bis dahin verschlossen waren. Nun wird man einwenden, dass Wissenschaft prinzipiell für alle offen zu sein hat, aber das ist kein Gegenargument, weil zum einen analytische Selbsterfahrung jedem offen steht und weil es zum anderen *immer* der Einarbeitung bedarf, wenn man sich mit einem Gegenstand näher befasst. Der einzige Unterschied besteht darin, dass neben der Verstandestätigkeit in diesem Fall auch das Erleben vonnöten ist, aber das gilt für alle Bereiche, in denen Emotionen eine besondere Rolle spielen. Man kann zwar auch dann eine wissenschaftliche Arbeit über das Phänomen Liebe verfassen, wenn man selber die Liebe noch nie erlebt hat, aber ob man sie dann auch in zulänglicher Weise erfasst, ist eine andere Frage.

Darum ist es, sofern man nicht über analytische Selbsterfahrung verfügt, wissenschaftlich betrachtet angemessener, dass man nicht emotional reagiert, sondern sachlich nach dem möglichen Erkenntniswert bzw. Nutzen fragt, wenn es um die Frage nach der Berechtigung analytischer Theorien geht. Diese müssen einen praktischen Wert haben, und wenn sie Phänomene besser erklären als andere Theorien, oder Zugänge schaffen für bisher Unerklärliches, dann muss man ihnen einen Nutzen zuerkennen. Ein »empirischer« Beleg dafür, dass die Tiefenpsychologie heuristisch wertvoll ist, ist für mich, neben dem Genre der Sage, die Dichtung der Neuzeit, weil sie seit der Barockzeit den Menschen weithin als ein tragisches Wesen beschreibt, das nicht nur von Angst und Unsicherheit beeinflusst, sondern auch undurchschaubar, geheimnisvoll und doppelbödig ist.[28] Ein dabei immer wieder auftauchendes Bild ist die Theatrum-Mundi-Metapher, die Klage darüber, dass die Menschen im Inneren ganz anders sind, als sie sich nach außen geben.[29] Und es ist ein Hauptanliegen analytischer Theorien, genau diesen Gegensatz zwischen Sein und Schein zu analysieren, etwa als Widerspiel zwischen Trieb und Vernunft bzw. Moral (Freud) oder zwischen Minderwertigkeitsgefühl und Geltungsstreben (Adler).

In der Praxis ist die Frage nach dem Nutzen der Tiefenpsychologie längst beantwortet, die Krankenkassen zahlen in der BRD neben Verhaltenstherapie nämlich ausschließlich Psychoanalyse, wenn man einen freiberuflichen Therapeuten aufsucht. Aber auch in theoretische Nachbarwissenschaften hat sie längst Einzug gehalten, man denke etwa an die Frankfurter Schule (Adorno, Horkheimer, Fromm etc.), die mit ihrem kritischen Anspruch durchaus Gemeinsamkeiten mit den Anliegen der zeitgenössischen Volkskunde hat, oder an die psychoanalytische Literaturwissenschaft (z.B. von Matt 1972), an Psychohistorie (DeMause 2000) oder Psychogeographie (Jüngst 2000). Problematisch ist mitunter allerdings der Dogmatismus, denn auch und insbesondere Psychoanalytiker erheben gern das Eigene zum Eigentlichen. DeMause etwa stößt mit seiner einseitigen und teilweise schroff vermittelten Perspektive selbst wohl wollende Leser mitunter ab – und dennoch eröffnet sein Zugang durchaus relevante Gesichtspunkte, wenn er etwa im Zusammenhang mit dem ersten Golfkrieg Verbindungen herstellt zwischen der Kriegsbereit-

---

28 Abgesehen von einigen Dichtern der Aufklärung.

29 Zwei Zitate mögen das verdeutlichen: »Gestikulieren, quälen und mühen sich nicht überhaupt alle Menschen ab, die eigentümliche Grundmelodie äußerlich zu gestalten, die jedem in tiefster Seele mitgegeben ist und die der eine mehr, der andere weniger und keiner ganz auszudrücken vermag, wie sie ihm vorschwebt? [...] Aber die meisten fingern wirklich ganz ernsthaft auf Hölzchen ohne Saiten, weil es einmal so hergebracht ist [...], aber das, was das ganze Hantieren eigentlich vorstellen soll [...], haben die närrisch gewordenen Musikanten darüber vergessen und verloren« (Eichendorff, Joseph von 1965: Ahnung und Gegenwart. In: Werke in vier Bänden, Bd. 2. Zürich: Stauffacher, 59f.). – »Wir sollten einmal die Masken abnehmen, wir sähen dann wie in einem Zimmer mit Spiegeln überall nur den einen uralten, zahllosen, unverwüstlichen Schafskopf, nichts mehr, nichts weniger« (Büchner, Georg 1984: Dantons Tod. In: Werke und Briefe. 3. Aufl Darmstadt: Wissenschaftliche Buchgesellschaft, 63f.).

schaft der politischen Entscheidungsträger in Washington und den Sozialisations-
bedingungen ihrer Kindheit (DeMaus 2000, 465–487).[30]

Ein Bereich, in dem tiefenpsychologische Fragen, im Gegensatz zum Vorigen,
seit jeher eine gewisse Rolle spielen, ist die Volkserzählung, vor allem das Märchen. Die volkskundliche Erzählforschung steht tiefenpsychologischen Interpretationen zumeist reserviert gegenüber, und das mit einem gewissen Recht. Kritisiert
wird neben dem Ausschließlichkeitsanspruch vor allem die mangelnde historische
Einbettung, die Überbetonung des Sexuellen, die oftmalige Orientierung an den
Kinder- und Hausmärchen der Brüder Grimm sowie die Nichtbeachtung von Varianten, durch die man zu ganz anderen Deutungen gelangen kann (vgl. Schwibbe
2004, 28f.; vgl. Rieken 2004a). Auf der anderen Seite sollte man bedenken, dass
die Tiefenpsychologie ein anderes Interesse hat als die Erzählforschung, denn diese
ist am Kontext orientiert, jene am Rezipienten. Das kann man nur dann kritisieren,
wenn die eigene Sichtweise alleinige Richtschnur ist; weniger verwerflich erscheint
es dann, wenn man akzeptiert, dass unterschiedliche Interessen nicht von vornherein suspekt sein müssen, sondern legitim sind, sodass etwa Assoziationen, welche
Lesern oder Patienten zu einer bestimmten Erzählung einfallen, als *eine* Möglichkeit des Umgangs mit Volksprosa akzeptierbar sind. In der *Enzyklopädie des Märchens* ist man allerdings anderer Meinung, denn Gudrun Schwibbe, die den Artikel
Psychologie verfasst hat, meint, die Erzählforschung wende sich »gegen die in der
Jungschen Psychologie angewandte Methode der Amplifikation, d.h. der Suche
nach Bedeutungsaspekten von Symbolen mithilfe der freien Assoziation« (ebd.,
29). Das ist nicht nur einseitig, sondern auch falsch, denn Amplifikation und Assoziation lassen sich nicht in einen Topf werfen. *Amplifikation* bedeutet in der Jungschen Psychologie eine gewisse Verdeutlichung, eine »Annäherung an einen mehr
oder weniger allgemeinen Begriff« (Jung 1996c, 259), während *Assoziation* für *alle*
analytischen Schulen ein zentraler Begriff ist, bei dem es nun gerade nicht um Verbindungen zu allgemeinen Vorstellungen geht, sondern um Verbindungen zu persönlichen Vorstellungen und Erlebnissen. Das Prinzip der freien Assoziation hat
sehr viel mit dem Ähnlichkeitsdenken zu tun, das, wie bereits erwähnt, fundamentale Bedeutung für die Orientierung in der Welt hat, jedoch im gängigen Wissen-
schaftssystem marginalisiert ist, obgleich es, wie die Zürcher Philosophin Karen
Gloy nachgewiesen hat, gängigen Rationalitätstypen vollauf gerecht wird (Gloy
2001, 207–276).[31] So zeigen sich an diesem Beispiel aus der *Enzyklopädie des
Märchens* die Grenzen eines rein kognitiv orientierten Zugangs zu analytischen

---

30 Aus meiner Sicht ist der psychologische Faktor allerdings nur einer von mehreren, nicht je-
    doch der einzige oder eigentliche.
31 »Da es sich [...] um ein formales, schematisierbares Verfahren mit allgemein verständlichen
    Gesetzen handelt, das universell applikabel und intersubjektiv kommunikabel ist und genauso
    wie das klassifikatorische Modell den Wissenschaftskriterien der Begreifbarkeit, der semanti-
    schen Klarheit und Präzision, der logischen Folgerichtigkeit – wenngleich einer anderen als
    der der Spezifikation bzw. Klassifikation –, der operativen Handhabung usw. genügt, kann
    ihm der Status eines eigenen Rationalitätstypus nicht abgesprochen werden« (Gloy 2001,
    207f.).

Phänomenen, denn hinreichend verstehen kann man diese Form des Denkens erst dann, wenn man sie erlebt hat. Nachvollziehen lässt sie sich mitunter in der Dichtung, vor allem im Inneren Monolog, etwa bei James Joyce (Ulysses) oder Arthur Schnitzler (Fräulein Else, Leutnant Gustl), aber auch, wenn zum Beispiel Hermann Hesse schreibt:

> »Ein anderes Denken war es, das man suchen und lernen musste. War es überhaupt ein Denken? Es war ein Zustand, eine innere Verfassung, die immer nur Augenblicke dauerte und durch angestrengtes Denkenwollen nur zerstört wurde. In diesem höchst wünschenswerten Zustand hatte man Einfälle, Erinnerungen, Visionen, Phantasien, Einsichten von besonderer Art«.[32]

Das ist nicht als Plädoyer für Irrationalismus zu verstehen; selbst die scheinbar wirren Assoziationen eines Wahnkranken entbehren nicht einer inneren Logik, aber sie ist eben oftmals von assoziativer Natur. Dem kausalanalytischen Denken sind solche Überlegungen fremd, aber wenn man historisch denkt, muss man sehen, dass es nur *eine* Form der theoretischen Durchdringung ist neben vielen anderen. Zu diesen anderen Formen zählen auch, um Gerhard Schulze – Professor für Methoden der empirischen Sozialforschung – zu zitieren, *langjährige Lebenserfahrung* und *Intuition* (Schulze 1996, 25). Er schreibt: »Im Dilemma zwischen den Irrtumsrisiken der Interpretation und der Inhaltsarmut purer Datenbuchhaltung ist die erste Alternative vorzuziehen« (ebd.). Schulze bezieht Letzteres auf quantitative Methoden, doch können wir für uns festhalten, dass die »Kunst der Interpretation« zwar ein mit Risiken verbundenes Wagnis ist, dafür aber auch einen höheren Ertrag ermöglichen kann.

Trotz gewisser Gegensätze zwischen dem Wissenschaftsanspruch der Erzählforschung und psychodynamischer Herangehensweisen existieren auch Beispiele für das Bemühen, beide Bereiche zu verbinden. Allem voran sind die Arbeiten Max Lüthis zu erwähnen, der immer wieder mit psychologischem Feingefühl und auf allgemein verständliche Weise Grundprobleme menschlichen Verhaltens und Erlebens anhand von Volksprosatexten thematisiert (vgl. Lüthi 1990; ders. 1992; ders. 1998). Lutz Röhrich greift mitunter ebenfalls psychologische Fragestellungen auf, auch wenn er vor monokausalen Deutungsmustern und Dogmatismus warnt (Röhrich 2002, 404). Er plädiert »für eine weite Öffnung der volkskundlichen Erzählforschung gegenüber psychologischen Anregungen und Fragestellungen« (ebd.), weil Erzählforscher »nicht nur dazu da [sind], um Typen und Motive zu nummerieren, sondern es gibt etwas Sinnvolleres, nämlich eben den Sinn einer Erzählung zu entdecken« (ebd., 405). In diesem Sinne habe ich beispielsweise die bisher in der Erzählforschung nicht berücksichtigte Individualpsychologie Alfred Adlers herangezogen, um bestimmte Phänomene in Sage, Märchen und Schwank zu interpretieren (Rieken 2004a).

Ein weiterer Bereich, der für die Volkskunde Bedeutung haben kann, ist die Ethnopsychoanalyse. Sie fragt dezidiert nach den subjektiven Interessen des For-

---

32 Hesse, Hermann 1987: Klein und Wagner. In: Gesammelte Werke in zwölf Bänden, Bd. 5. Frankfurt am Main: Suhrkamp, 230.

schers, und sie tut es nicht aus dem Wunsch nach narzisstischer Selbstbespiege-
lung, sondern ganz im Gegenteil, um individuelle Motive und Absichten deutlicher
hervortreten zu lassen. Da Perspektivität als anthropologischer Grundbegriff aufgefasst werden kann, »mit dem man auf fruchtbare Weise eine Universalie menschlichen Wahrnehmens und Objektivierens auf allen Ebenen thematisieren kann« (Köller 2004, 8), wird der Leser einen wissenschaftlichen Text dann besser einschätzen
können, »wenn der Untersucher gewissermaßen in einem Prozess der ›Selbstobjek-
tivierung‹ [...] seinen perspektivischen Standpunkt für andere transparent macht«
(Kutzschenbach 1982, 169).[33] George Devereux hat in eindrucksvoller Weise gezeigt, wie sehr der Forschungsprozess nicht nur von subjektiven, sondern auch von
unbewussten Motiven geleitet ist. Dazu ein Beispiel von vielen:

> »Ein graduate student erfuhr auf seiner ersten Feldexkursion, dass er nach seiner
> Rückkehr nicht zum Dozenten ernannt werden würde, da sich durch den Tod seines
> Professors Veränderungen in der Machtstruktur seiner Fakultät ergeben hatten. Das
> bewirkte, dass er den Problemen von Waisen und anderen ›verlassenen‹ Personen in
> dem Stamm, den er gerade untersuchte, mit außergewöhnlicher Sorgfalt nachging«
> (Devereux 1984, 68).

Darüber hinaus hat Devereux die Macht der Ängste, welche im Forscher durch die
Begegnung mit seinem »Gegenstand« entstehen, thematisiert (Devereux 1984).
Sein Buch ist ein Standardwerk, auf das auch in der Volkskunde zurückgegriffen
wird (vgl. z.B. Schmidt-Lauber 2001, 170f.). So plädiert Utz Jeggle dafür, »das von
Devereux für die Ethnologie beanspruchte Konzept der Psychoanalyse von Übertragung und Gegenübertragung [...] bei jeder Feldforschung unbedingt ernst zu
nehmen« (Jeggle 1984b, 101), und auch Rolf Lindner greift in seinem oftmals zitierten Aufsatz *Die Angst des Forschers vor dem Feld* auf Devereux zurück (Lindner, 1981).

Die Tiefenpsychologie versteht sich als interpretierende Wissenschaft, und sie
trägt dazu bei, ein elementares Bedürfnis zu befriedigen: den Dingen auf den
Grund zu gehen, und zwar auf eine Weise, die nicht allein kausalanalytisch sein
kann. Wenn Gerhard Schulze von Lebenserfahrung und Intuition als Formen der
theoretischen Durchdringung spricht, weist er bereits auf Bereiche hin, die unter
Umständen vom geraden Weg der Vernunft abzweigen und in vor- bzw. unbewusste Regionen münden. Haben wir Entscheidungen zu treffen, so lassen wir uns oft
von Gefühlen oder Assoziationen leiten, die teils gute, teils schlechte Ratgeber
sind, jedenfalls aber anderen Kriterien folgen, als es die Vernunft tut. Das hängt mit
der Logik des Unbewussten zusammen, die oftmals regellos und numinos zugleich
erscheint. Utz Jeggle hat in einem Aufsatz auf ähnliche Aspekte hingewiesen und
Verbindungen zur Volkskunde skizziert, indem er meinte, dass »die ›volkstümlichen Lebensformen‹ große Container bereitstellten, um eine Menge von Skurrilem,

---

33 Daher habe ich bereits im Vorwort einige Beweggründe genannt, welche mich veranlasst ha-
    ben, ein Buch über Sturmflutkatastrophen im Land der Friesen zu verfassen.

Verrücktem loszuwerden und gleichzeitig bergen zu können« (Jeggle 2003, 27).[34]
Daher plädiert er für eine

> »Geschichte und Ethnographie des Umgangs mit dem Schwierigen, Schrägen und
> dem Irresein [...], weil oft das Normale und das Irrationale verwandt, ja deckungsfä-
> hig sind. Aber die Lösung liegt nicht insgesamt in einer verrückt machenden Gesell-
> schaft, es geht vielmehr darum, was in den Alltagsphänomenen an unbewussten
> Triebmengen steckt, die in Differenz und Ambivalenz gebunden werden und uns ei-
> ne Vielfalt an Deutungsmöglichkeiten auferlegen« (ebd., 28).

Im Folgenden verdeutlicht er seine Vorstellungen, indem er sich mit Traum, Wahn,
Aberglauben sowie dem Verlieren und Finden von Gegenständen beschäftigt. So
wird etwa das Verlieren eines Regenschirmes zumeist als Zufall abgetan, aber aus
analytischer Sicht ist das oberflächlich gedacht und ohne Erklärungswert. Vielmehr
sollte man sich fragen, welche *Bedeutung* der Gegenstand hat, und von dieser Frage
ausgehend, gelangt man rasch in tiefere Schichten der Persönlichkeit, von wo aus
man wiederum den Bogen zur Volkskunde spannen kann, indem man zu Überlegungen gelangt, »die über die Kultur des Verlierens Auskunft geben könnten«
(ebd., 40). Das Verlieren kann – so Jeggle, sich auf Freud berufend – zu tun haben
mit einer geheimen Abneigung gegen das verlorene Objekt, mit einer Abneigung
gegenüber einer Person, von welcher der Gegenstand herstammt, aber auch mit
dem unbewussten Wunsch, »dunklen Schicksalsmächten Opfer [zu] bringen«
(ebd.). Für einen Nicht-Analytiker muss gerade Letzteres abstrus klingen, doch
plausibler wird es, wenn man bedenkt, dass das mythologische Denken gewissermaßen als Bodensatz bzw. als Mitgift aus der Kindheit in jedem von uns vorhanden
ist und unter Stresssituationen leicht an die Oberfläche gelangen kann. Schlägt man
dann den Bogen vom Individuum zur Kultur, kann man auf gängige Erziehungs-
praktiken verweisen, durch die im Kind oder Jugendlichen Schuldgefühle hervorgerufen werden, welche gelegentlich einer Abfuhr bedürfen, und diese wird zum
Beispiel durch unbewusste Selbstbestrafung in Gestalt des Verlierens ermöglicht.
   Jeggle weist zurecht darauf hin, dass die Volkskunde »als Wissenschaft vom
Normalen, vom Alltäglichen, vom Selbstverständlichen [...] wenig einbezogen
[hat] von der großen Fülle des unbewussten Materials« (ebd., 27). Allerdings ver-
mittelt er aus meiner Sicht ein zwar durchaus berechtigtes, aber auch einseitiges
Bild von der Psychodynamik, da seine theoretische Grundlage einzig und allein die
Triebpsychologie Freuds ist, sodass er den Eindruck erweckt, als hätte sich die
Psychoanalyse seit ihrem Bestehen nicht weiterentwickelt. Tatsächlich existiert
aber heutzutage eine Vielzahl analytischer Schulen, die ganz unterschiedliche
Schwerpunkte setzen (vgl. Mertens 1997, 15–43). Neben der klassischen Analyse,
die den Menschen weitgehend durch sein Triebe determiniert sieht, gibt es zum
Beispiel die Objektbeziehungstheorien, welche das menschliche Bedürfnis nach

---

34 Den Aufsatz findet man mit einem anderen Titel, geänderter Einleitung und gekürztem
   Schluss, aber ansonsten identisch unter Jeggle 2001.

Beziehung als fundamental einschätzen.[35] Auf diese wird auch in der vorliegenden Arbeit immer wieder Bezug genommen, vor allem auf Michael Balints Theorie der primären Objekte (weil diese viel mit dem Element Wasser zu tun haben), genauso übrigens wie auf die Individualpsychologie Alfred Adlers, des ersten »Dissidenten« der analytischen Bewegung, für den sich das fundamentale Wechselspiel von Minderwertigkeitsgefühl und Geltungsstreben durch den Wunsch nach Beziehung abfedern lässt.

Eine weitere Richtung, welche für die Volkskunde von Belang sein kann, ist die Neopsychoanalyse, auch wenn sie im gegenwärtigen analytischen Diskurs keine große Rolle mehr spielt. Bedeutende Vertreter sind unter anderem Karen Horney und Erich Fromm, und für diese sind soziale und kulturelle Faktoren bestimmender als Einflüsse des Trieblebens. An Freud wird kritisiert, dass er seine Erfahrungen, die er mit einer bestimmten Patientenklientel im Wien der Jahrhundertwende gemacht hat, unberechtigt verallgemeinert habe. So schreibt Horney:

> »Das 19. Jahrhundert wusste wenig über die Unterschiede der Kulturen, und das Bestreben war vorherrschend, Besonderheiten der Kultur des eigenen Landes der allgemein menschlichen Natur zuzuschreiben. In Einklang damit glaubte Freud, dass der Menschentyp, den er sah, und das Bild, das er beobachtete und zu deuten versuchte, Allgemeingültigkeit für die ganze Welt habe« (Horney 1977, 32).

Wenn man neuere tiefenpsychologische Theorien wie die Individualpsychologie oder Objektbeziehungstheorien aufgreift, ist es nicht unbedingt notwendig, sich als Volkskundler ausschließlich oder vorwiegend mit dem »Skurrilen, Verrückten« zu beschäftigen, sondern auch mit »normalen« Phänomenen. Mehr in *diese* Richtung geht ein Aufsatz, den Martin Scharfe unter dem Titel *Bagatellen* in der *Zeitschrift für Volkskunde* publiziert hat (Scharfe 1995). Er befasst sich mit der »Andacht zum Unbedeutenden« als eines Kennzeichen der Moderne, das sowohl die Volkskunde und ihre Geschichte charakterisiere als auch die Psychoanalyse. Scharfe schreibt,

> »es wäre vielleicht nicht die unwitzigste Geschichte unseres Faches, die aus einer Abfolge der Ritterstreiche und Adelungsversuche des Bagatells bestünde: zuerst die kleinen Einzelheiten als nun unscheinbar gewordene Relikte, die auf große Urzeit verweisen, überhaupt die Konstruktion gewaltiger Kontinuitäten im 19. Jahrhundert; dann die kleinen Einzelheiten zu sehen als Verweis auf Volksorganismus oder auf Gemeinschaft und Tradition; schließlich die äußeren Zeichen zu begreifen als Fingerzeige auf sozialen Zusammenhang und auf soziale Probleme seit den siebziger Jahren unseres Jahrhunderts« (ebd., 21f.),

um daran anschließend für die kritische »Revision eines wissenschaftlichen Faches [...] unter der neuen und alten Perspektive einer Pathognomik der Kultur« zu plädieren (ebd., 22f.). Es geht Scharfe um die Würdigung des Details, hinter dem sich

---

35   So befasst sich etwa Peter Jüngst in seiner »Psychogeographie« mit objektbeziehungstheoretischen und ethnopsychoanalytischen Ansätzen (Jüngst 2000, 23–28), mit Fragen der projektiven Identifikation (ebd., 47–51; der Begriff geht auf die Schule Melanie Kleins zurück) oder mit der oknophilen Problematik im Umgang mit der Fremde (ebd., 93–99; dieser Begriff stammt von Michael Balint; vgl. oben Kap. 1.6).

ganze Welten verbergen, wobei er unter Bezugnahme auf Carlo Ginsburg auf den Jäger verweist, der die Fährte des Wildtieres entziffert, auf die Kriminalistik, die aus kleinsten Spuren Fälle rekonstruiert – und auf Freud, der auf der Grundlage scheinbarer Nebensächlichkeiten das Unbewusste entwirrt.

Die Aufsätze von Jeggle und Scharfe sind Ausnahmen im gegenwärtigen Wissenschaftsbetrieb, aber sie machen deutlich, dass die Tiefenpsychologie der Volkskunde hilfreiche Dienste zu leisten vermag. Denn es existieren bedeutende Gemeinsamkeiten, zum einen das Interesse am Abseitigen, Auffälligen, auf das Jeggle hinweist, und zum anderen das Interesse am Normalen, Unauffälligen, für das sich Scharfe stark macht. Sollte die Psychologie in der Volkskunde wieder mehr Beachtung finden, wären aus meiner Perspektive allerdings zwei Voraussetzungen notwendig. Zum einen wäre es sinnvoll, Fragen des Unbewussten nicht von vornherein abzulehnen, und zum anderen sollte es im Sinn der Frommschen »Freiheit zu« wieder statthaft sein, sich mit Aspekten zu beschäftigen, die in unserem Fach durch den Nationalsozialismus in Misskredit geraten sind, zum Beispiel mit gewissen Grundbedingungen menschlichen Orientierungsvermögens (epistemologischer Egozentrismus), ohne die zum Beispiel dem gesamten Komplex des Volksglaubens eine bedeutende Verständnisdimension fehlt.

2 Zur Naturgeschichte des Nordseeküstenraumes

Vor etwa 10 000 Jahren, zu Beginn des Holozäns,[36] lag der Meeresspiegel 65 Meter niedriger als heute, und man konnte England trockenen Fußes sowohl von Jütland als auch von Frankreich erreichen.[37] Die Küstenlinie befand sich nördlich der Doggerbank, deren höchste »Erhebung« heute 13 Meter unterhalb des Meeresspiegels liegt. Wasser, das als Gletschereis gefroren ist, ist dem Meer entzogen: Während des Höhepunktes der letzten Eiszeit vor circa 20 000 Jahren lag der Meeresspiegel sogar um 100 Meter niedriger als heute. Damals war ganz Skandinavien vergletschert sowie Teile des Nordseebeckens und Norddeutschland bis an den Rand der Mittelgebirge. Von Süden her waren die Alpengletscher bis zur Donau vorgedrungen, sodass nur ein Teil Mitteleuropas eisfrei war, dessen spärliche Vegetation jener der Tundra und Steppe glich. Als das Klima im Holozän milder wurde, begann mit einiger zeitlicher Verzögerung der Meeresspiegel zu steigen. Ob sich gleichzeitig die norddeutsche Tiefebene gesenkt hat bzw. senkt, ist in der Forschung umstritten (Behre 1993, 58; Henningsen 2002, 27f.; Köhn 1991, 20; 30; Lamb 1989, 204; Ossing u.a. 2001, 29; Woebcken 1924, 23ff.). Sollte es zutreffen, könnte als mögliche Ursache eine Ausgleichsbewegung angesehen werden, die damit zusammenhängt, dass Skandinavien durch die Eismassen nach unten gedrückt wurde und seit dem Abschmelzen des Eises wieder an Höhe gewinnt.

Um 6500 v.Chr. war mit minus 40 m unter dem heutigen Meeresspiegel die Doggerbank bereits eine Insel und um 6000 v.Chr. Großbritannien vom Festland getrennt. »Der Golfstrom konnte nun sein warmes Wasser, das er aus Mittelamerika herantransportierte, nicht nur um Schottland herum, sondern auf direktem Wege in die Nordsee lenken. Mitteleuropas Klima wurde dadurch sicher ozeanischer, regenreicher, ausgeglichener. Die Winterkälte schwand, ebenso die Sommerhitze« (Küster 1999, 59), zumindest in den vorherrschenden Westwindlagen, denn bei (seltenem) Ostwind, der kontinentale Luftströmungen heranführt, können sich Extremwerte weiterhin einstellen. – Durch die Entstehung des Ärmelkanals hat sich aber nicht allein das Klima geändert, sondern auch die Strömungs- und Gezeitenverhältnisse. Seither existieren zwei Flutwellen – eine um Schottland herum und die englische Ostküste südwärts, die andere durch den Ärmelkanal – welche sich in ihrer Wirkung überlagern, das heißt verstärken oder abschwächen.

Um 6000 v.Chr. war die minus 30 m Marke erreicht, 1000 Jahre später, um 5000 v.Chr., mit minus 15 m in etwa bereits die heutige Küstenlinie, womit die Insel-, Watten- und Marschenbildung beginnen konnte. Unterschieden wird zwi-

---

36 Holozän = Postglazial = Nacheiszeit.
37 Verwendete Literatur in diesem Kapitel: Arnold 2000; Bantelmann 1995, 15–19; Behre 1987; ders. 1993; ders. 1995; ders. 1999; Breuer 1965, 11–19; Feldmann und Birkholz 2002; Flemming u.a. 2002; Grassl 1998; Hillmer 1987; D. Hoffmann 1998; Jensen 1998; Kohlus 1998; Köhn 1991; Küster 1999, 35–68 und 142–146; Mose 1999; Niemeyer und Kaiser 1999; Pott 1995, 13–21; ders. 2003, 31–63; Streif 1993, 83–91; ders. 1999; ders. 2002, 140–146; ders. 2003.

schen der Calais-Transgression im Zeitraum 6000 bis 1800 v.Chr. mit einem durchschnittlichen Meeresspiegelanstieg von 50 cm pro Jahrhundert (Calais I–IV) und der Dünkirchen-Transgression seit circa 1500 v.Chr. mit ungefähr 15 bis 25 cm Anstieg pro Jahrhundert (Dünkirchen I–III) (Köhn 1991, 150). Bei den genannten Zahlen handelt es sich um Durchschnittswerte, die nicht darüber hinwegtäuschen sollten, dass es neben den Phasen der Transgression immer wieder auch regressive Phasen gegeben hat, in denen der Meeresspiegel kurzfristig gesunken ist.

Die transgredierende Nordsee schob, unter der Wirkung von Seegang, Brandung und Gezeiten, einen Saum von Strand-, Watt- und Brackwasserablagerungen bzw. Mooren vor sich her. Diese Barrierezone bildete das Material für Sandplaten, aus denen später die Barriere-Inseln entstanden. Dazu zählen in Westfriesland Vlieland, Terschelling, Ameland sowie Schiermonnikoog und alle ostfriesischen Inseln, nämlich Borkum, Juist, Norderney, Baltrum, Langeoog, Spiekeroog und Wangerooge. Das nordholländische Texel und die nordfriesischen Inseln Sylt, Föhr, Amrum sind hingegen Geestkerninseln, die aus pleistozänen und tertiären Schichten bestehen, also weitaus älter sind. Die Halligen in Nordfriesland sowie die Inseln Nordstrand und Pellworm sind Reste ehemaliger Marschen und vom Festland während der verheerenden Sturmfluten des Mittelalters und der Frühen Neuzeit getrennt bzw. verkleinert worden. Das gleiche soll für die vor Cuxhaven liegende Marscheninsel Neuwerk gelten (Mose 1999, 14), doch existieren auch anders lautende Stimmen, nach denen sie durch Sandanflug und Sedimentanspülung entstanden ist (Nationalparkverwaltung Hamburgisches Wattenmeer 2001, 22). Eine Sonderstellung nimmt die Felseninsel Helgoland ein. Erdgeschichtlich betrachtet ist sie am ältesten, und sie ist entstanden, indem ein bis in 700 m Tiefe reichendes Salzkissen[38] die sie überlagernden Gesteine angehoben hat, wovon heute noch die markanten Buntsandsteinfelsen zeugen, die auch deswegen besonders augenfällig sind, weil das Küstenland flach ist und auf den anderen Inseln außer Dünen keine Erhebungen anzutreffen sind.

Den Übergang zwischen Festland und offenem Meer bzw. Inseln bilden die *Watten*.[39] Es handelt sich dabei um ebene Sand- und Schlickflächen[40], die, von Wellengang und Strömung geprägt, annähernd zweimal täglich im Wechsel der Gezeiten bei auflaufendem Wasser überströmt werden und bei ablaufendem trocken fallen. Sie erstrecken sich heute[41] über eine Entfernung von knapp 500 km zwischen Den Helder in Noordholland und Skallingen in Jütland (Dänemark). Ihre Entstehung ist an besondere Bedingungen geknüpft, sie sind nur dort zu finden, wo

---

38 Entstanden aus Meerwasser, das im trocken-heißen Klima der Perm-Zeit verdunstete.

39 *Watt* geht auf das gleichbedeutende mnd. *wat* zurück, niederl. *wad*; entsprechend ahd. *wat* = *Furt*, aengl. *wæd* = *Furt, Wasser, See*. Das altgerm. Wort gehört zu *waten* und bedeutet eigentlich eine *Stelle, die sich durchwaten lässt*.

40 *Schlick* = schlammartige Ablagerung im Meer, in Seen und im Überschwemmungsbereich, dem Feinsand, Kalk oder organische Stoffe beigemengt sind. *Schlick* = mnddt. *slick*, mhd. *slich*. – Ist der Schlick entwässert, heißt er *Klei* = *zäher Ton*, aus mnddt. *klei*, mndl. *cleie*; als Wurzel liegt *kleben* zugrunde.

41 Vor mehreren tausend Jahren erstreckten sie sich südwärts bis nach Calais (Flemming u.a. 2002, 150).

Flachküsten mit hinreichend großem Tidenhub existieren. Unter ähnlichen Bedingungen entstehen an tropischen Küsten Mangroven und an den Küsten arider[42] Gebiete vegetationslose Salztonebenen. Zwar gibt es auf der Erde circa 100 Flachküsten mit Wattenbildung, zum Beispiel in Ostengland, Nordostkanada, Mauretanien, Westkorea oder Nordostaustralien (vgl. Höpner 2000, 614f.), doch ist das hiesige Wattenmeer mit 9300 km^2 das größte seiner Art und wurde Ende des 20. Jahrhunderts zumindest auf deutscher Seite zum Nationalpark erklärt.[43]

Eine wesentliche Voraussetzung zur Bildung des niederländisch-deutsch-dänischen Wattenmeeres sind die bereits erwähnten Strandwälle, denn sie wirkten als Wellenbrecher, sodass die schwachen Meeresströmungen ausschließliches feines Material dorthin beförderten, in Sonderheit toniges Sediment. Neben dem flach einfallenden Küstenvorland und einem reichen Angebot an Lockersedimenten war darüber hinaus ein spezifisches Zusammenwirken von Gezeiten[44] und Seegang vonnöten, dass im Verein mit der allmählichen Transgression und kurzfristigen regressiven Phasen die Voraussetzung dafür bot, dass sich das Watt bildete. – Ein weiterer Faktor waren die Flüsse, etwa Ems, Weser und Elbe, denn auch sie führen feine Sand- und Tonpartikel heran, welche durch die Flut abgelagert werden.

Das Meer nimmt, aber es gibt auch: Der allmählich an Höhe gewinnende Boden der Watten wurde mit der Zeit von Pflanzen besiedelt und nur noch bei Spring- oder Sturmfluten überschwemmt, wodurch er weiter gewachsen ist. So entstand allmählich durch natürliche Verlandung die *Marsch*[45], der bedeutendste Landschaftstyp des Küstenlandes, der sich zwischen Watt und Geest erstreckt. Bei der *Geest*[46] handelt es sich um einen Landschaftstyp, der gegenüber der Marsch durch eine höhere Lage und sandige, wenig fruchtbare Böden definiert ist und vor allem im niedersächsischen und schleswig-holsteinischen Küstengebiet anzutreffen ist. Die Geest ist das Produkt vergangener Eiszeiten, nämlich von Altmoränen, indem die Gewalt der Schmelzwassermengen Schutt aus den Gletschern mit sich riss und Flächen aus Schotter und Sand ablagerte. Hinzukommen Talsandflächen, die von den Flüssen aufgeschwemmt wurden, sowie Dünen- und Flugsanddecken, die während der windintensiven Kaltzeiten aus den Moränen und Schmelzwasserablagerungen aus- und an anderer Stelle aufgeweht wurden.

Auch wenn die Marsch niedriger gelegen ist als die Geest und sich kaum über den mittleren Meeresspiegel erhebt, ist sie nicht vollkommen eben. So kann man fast überall an der Nordseeküste zwischen »Hochland« und »Sietland« unterscheiden, wobei das am Meer gelegene Hochland, die junge Marsch, zumeist zwei Me-

---

42 Arid = trocken, dürr.
43 Schleswig-Holstein: 1985; Niedersachsen: 1986; Hamburg (= Insel Neuwerk mit Scharhörn): 1990.
44 Notwendig ist ein mittlerer Tidenhub zwischen 1,35 m und 2,90 m. Bei einem Tidenhub über 2,90 m können sich keine Barriere-Inseln ausbilden, und an deren Stelle tritt ein Bereich mit offenen Wattflächen, die zur See hin zum Teil durch lageinstabile Sandbänke begrenzt sind (Nationalparkverwaltung Hamburgisches Wattenmeer 2001, 22).
45 Das aus dem Mittelniederdeutschen stammende Substantiv gehört zur Wortgruppe *Meer*; vgl. lat. *mare* und russ. *mòre* = *Meer*.
46 Aus nddt. *güst = unfruchtbares Land* sowie ggf. fries. *gast = hoch gelegenes Land*.

ter höher gelegen ist als die weiter binnenwärts befindliche alte Marsch, das Siet-land. Das hängt mit Unterschieden in der Sedimentation zusammen. Bei Spring- und Sturmfluten werden seewärts größere Sedimente abgelagert, während zum Land hin ein Sedimentationsdefizit mit feinerem Material zu verzeichnen ist. So kommt es zu einer stärkeren Aufhöhung des Küstensaumes in Form des Hochlan-des, während das Sietland auf Grund von Setzung und Verdichtung der Sedimente mancherorts unter den Meeresspiegel absackt. Es entstehen ausgedehnte Niederun-gen, an deren Rändern zur Geest sich Moore entwickeln. Deren Entwicklung wurde zusätzlich gefördert durch Zustrom aus den Geestflüssen bzw. durch die Hinderung ihres freien Wasserablaufs ins Meer.

Die Marsch ist ein fruchtbares Land, doch sind auch hier Differenzierungen notwendig. Wenn aus der anfänglichen *Salzmarsch* durch Niederschläge die leicht löslichen Salze – für die meisten Pflanzen ein tödliches Gift – ausgewaschen sind, entsteht die besonders fruchtbare *Kalkmarsch*. Sie besteht aus nährstoff- und hu-musreichen, in der Regel leicht anmoorigen[47] Böden mit einem hohen Anteil an Calciumkarbonat, vor allem aus Muschel- und Schneckenschalen. Im Laufe der Zeit verliert sie infolge Entkalkung, Verdichtung und anderer Vorgänge an Wert und wird zur *Kleimarsch*. Vor allem im Sietland kann es durch Tonverlagerung noch zur Bildung tonreicher, dichter Bodenhorizonte (»Knicke«) kommen, bei de-nen man von *Knickmarsch* spricht. Im Vergleich zur Geest sind diese Böden immer noch fruchtbar, aber nicht so fruchtbar wie die Kalkmarsch.

Damit sind die für unsere Betrachtung wichtigsten Elemente des im Holozän durch die transgredierende Nordsee entstandenen Landschaftsraumes genannt, nämlich Inseln, Sandbänke, Wattenmeer, Marsch, Geest und Moor. – Der Küsten-raum ist ein Gebiet, das für den Menschen zunächst schwer zugänglich und schwie-rig zu besiedeln war: Seewärts war die Landschaft vom Meer bedroht, landseitig wurde der Zugang durch ausgedehnte Moorflächen erschwert, im Inneren beein-trächtigten ausgedehnte Flusssysteme die Fortbewegung, sofern kein schiffbarer Untersatz zur Verfügung stand, und es bedurfte darüber hinaus gewaltiger Anstren-gungen, um den feuchten Boden in brauchbares Acker- oder Grünland zu verwan-deln. Wollte man das Land besiedeln und sich von ihm ernähren, waren demzufol-ge weit gehende Eingriffe in das Landschaftssystem vonnöten, von der Trockenle-gung der Moore über die Entwässerung der Anbauflächen bis zum künstlichen Schutz der Gehöfte und Ländereien vor der Flut. So präsentiert sich der Küsten-raum heute einerseits als ein Gebiet, das weiterhin von natürlichen Prozessen be-einflusst ist wie kaum ein anderes, doch hat ihm andererseits der Mensch in beson-derer Weise seinen Stempel aufgeprägt, weswegen dort die wechselseitige Beein-flussung von Natur und Kultur als hervorstechendes Merkmal gilt (vgl. Borger 1997). Doch das ist bereits das Thema des nächsten Kapitels.

---

47 Anmoor ist eine Humusform nährstoffreicher Mineralböden, das von Stau- oder Grundwasser beeinflusst wird.

3 Zur Besiedlungsgeschichte der südlichen Nordseeküste

3.1 Ur- und Frühgeschichte

Mit der beginnenden Erwärmung im Spätglazial breiteten sich Tiere und Pflanzen so weit aus, dass eine zeitweilige Besiedlung durch den Menschen ermöglicht wurde. Wohnplätze errichtete er vorzugsweise auf den Kuppen der Geest, welche einen guten Überblick über die benachbarten Niederungen boten. Um in dem Klima zu überleben, spezialisierte er sich auf die Großwildjagd und folgte wahrscheinlich den Rentierherden während ihrer jahreszeitlichen Wanderungen durch das noch nicht überflutete Nordseebecken bis nach England und über die Doggerbank nach Jütland (Schwarz 1995a, 19f.).[48] Das belegen Stein- und Knochenwerkzeuge aus dem Mesolithikum und Neolithikum[49], die vom Meeresboden aufgefischt wurden (Streif 2002, 146).

Als im Holozän der Meeresspiegel anstieg, waren die Menschen gezwungen, landeinwärts auszuweichen, wobei sich »die Verschiebung der Küstenlinien [...] in Anbetracht der errechneten Mittelwerte von sechs bis acht Kilometer pro Jahrhundert so rasch [vollzog], dass sie im Verlaufe eines Menschenlebens durchaus wahrgenommen und als einschneidende Veränderungen des Lebensraumes empfunden wurde« (ebd.). Gleichzeitig hatte das wärmere Klima eine reichere Pflanzen- und Tierwelt zur Folge, wodurch der Mensch seine unstete Lebensweise aufgeben und stattdessen von den Hauptwohnplätzen aus Streifzüge unternehmen konnte, um an Nahrung heranzukommen (Schwarz 1995a, 35).

Die älteste nachgewiesene Marschensiedlung befindet sich auf holländischem Boden, genauer in Ostflevoland, und sie wird auf die Zeit um 4000 v.Chr. datiert. Untersuchungen von Pflanzenresten haben ergeben, dass das Gebiet zur Zeit der Besiedlung vollkommen ausgesüßt war und auf den Uferwällen sogar Ackerbau betrieben wurde. Sie fällt in die Zeit zwischen der Calais-II- und Calais-III-Transgression, als der Meeresspiegelanstieg zeitweilig zum Stillstand gekommen war. Erst als es durch die Calais-III-Transgression zu neuen Überflutungen kam, musste die Siedlung aufgegeben werden.

Im deutschen Küstenraum stammen die ältesten Siedlungen aus dem 10. bis 9. Jahrhundert v.Chr. Sie befinden sich in der Nähe von Rodenkirchen an der Unterweser, und zwar auf den Uferwällen derselben. Anscheinend boten diese hinreichenden Schutz vor den Fluten. Weitere so genannte Flachsiedlungen sind aus der Zeit um 700 bis 600 v.Chr. auf den Uferwällen der Unterems und Unterweser belegt, doch wurden sie allzumal während der Dünkirchen-I-Transgression zwischen

---

48 Verwendete Literatur in diesem Kapitel: Arnold 2000; Bantelmann 1995; Behre 1987, 9–17; ders. 1993; Bos 2001, 487f.; Knottnerus 2001, 29ff.; Schwarz 1995a; ders. 1995b; Streif 2002, 146f.; ders. 2003, 24ff.

49 9000 v.Chr. bis 2100 v.Chr.

800 und 400 v.Chr. überflutet. Allgemein gilt, dass die Menschen zwischen 1000 v.Chr. und der Zeitenwende im Hochland der Marschen und auf den Uferwällen der Flüsse gesiedelt haben und rasch auf den sich verändernden Meeresspiegel reagieren mussten, indem sie bei Überflutungen zurückwichen und in Regressionsphasen in die nutzbar gewordenen Räume vordrangen. *Sie waren den natürlichen Einflüssen ausgeliefert und vermochten auf sie nur passiv zu reagieren* (Behre 1993, 66–69; Streif 2002, 146f.; ders. 2003, 26). Das änderte sich erst nach der Zeitenwende.

3.2 Von den ersten Warften bis zum Beginn des Deichbaus

Als im ersten vorchristlichen Jahrhundert die Dünkirchen-I-Transgression zum Stillstand gekommen war, wurde sie von einer augenfälligen Regressionsphase abgelöst, durch die eine erneute Besiedlung des Küstenraumes ermöglicht wurde, und zwar nun in großflächigem Stil als Flachsiedlungen mit kleinen Gehöftgruppen. Daran wird deutlich, dass selbst bei Sturmfluten der Tidehöchststand offensichtlich keine Bedrohung war. Und der Meeresspiegel war so weit abgesackt, dass die Marschen großflächig austrockneten und bearbeitet werden konnten. Bereits im ersten Jahrhundert n.Chr. begannen jedoch der Meeres- und Sturmflutspiegel erneut zu steigen (Dünkirchen-II-Transgression), aber diesmal verließen die Menschen ihre Wohnstätten nicht mehr, sondern begannen sich zu wehren, indem sie die Siedlungsplätze erhöhten, das heißt Erdhügel aufschütteten, auf denen sie ihre Häuser und Stallungen bauten. Diese künstlichen Siedlungshügel aus Erde, Schutt und Stallmist nennt man – je nach Region – Warf(t), Wurt, Werf(t), Wierde, Wührd oder Terp.[50] Ihre Lage war nicht willkürlich gewählt, denn überwiegend waren sie wie Perlen an einer Schnur aufgereiht, längs dem Ufer eines Flusses oder Meerbusens (Ahlrichs 1990; Behre 1993, 70ff.; ders. 1999, 14; Küster 1999, 150; Streif 2002, 147; Woebcken 1924, 5–11). Dort war der Boden leicht erhöht, und die Siedlungen waren per Schiff erreichbar, im Hinblick auf Fischfang, Handel und kleinräumliche Mobilität eine glückliche Wahl.

Wenn wir nach den Gründen fragen, wieso die Marschenbewohner der ersten nachchristlichen Jahrhunderte nicht mehr vor den Fluten zurückwichen, sondern ihnen durch die Anlegung von Warften trotzten, sind wir auf Vermutungen angewiesen, denn die von mir gesichtete natur- sowie vor- und frühgeschichtliche Literatur gibt darauf keine Auskunft, bestenfalls indirekte Hinweise. Grundsätzlich kann man davon ausgehen, dass »Standhaftigkeit« gegenüber Widrigkeiten ein höheres Ausmaß an persönlicher und kollektiver Kraft voraussetzt denn passives Zurückweichen. Doch fällt diese Stärke nicht gleichsam vom Himmel; vielmehr

---

50 Die erstgenannten Begriffe hängen etymologisch mit *werfen* zusammen und machen deutlich, dass es sich um künstliche, weil *aufgeworfene* Hügel handelt. *Terp* ist in den niederländischen Provinzen Holland und Friesland verbreitet und bedeutet *Dorf*. *Wierde* bzw. *Wührd* meint *Insel* (aus *weert, werder*), was möglicherweise heißt, dass die Flut die Warften umspülte (vgl. Woebcken 1924, 5ff.).

bedarf es dazu neben individuellen Potenzen materieller Ressourcen, und diese liegen zum einen im fruchtbaren Marschboden begründet, zum anderen in der offenen Lage zum Meer, wodurch Handel erleichtert wurde, der seinerseits voraussetzt, dass man nicht »von der Hand in den Mund« lebte, sondern Überschüsse produzierte.

Im wintermilden ozeanischen Klima bleibt die Vegetation länger grün als im Binnenland, was bedeutet, dass die Marschwiesen sehr lange beweidet werden konnten und Stallfutter nur dann gefüttert werden musste, wenn es sehr stark fror, wenn Schnee lag oder es zu Überflutungen kam. Neben der Weidewirtschaft ist Getreideanbau nachgewiesen, und zwar vor allem Sommergerste, die den Vorteil hat, sehr schnell zu wachsen und toleranter gegenüber Bodenversalzung zu sein als andere Getreidearten. Daher genügte es, wenn der Acker von Mai bis August flutfrei war (Küster 1999, 147ff.; Woebcken 1924, 11f.). Darüber hinaus baute man auf Feldern, die selten überflutet wurden, Ackerbohne, Lein und Färberwaid[51] an. »Alle wichtigen Bestandteile pflanzlicher Nahrung standen also auch den Marschbauern zur Verfügung: Kohlehydrate der Gerste, Eiweiß der Ackerbohne und Fett der Leinsamen« (Küster 1999, 149), wobei Lein auch und Färberwaid ausschließlich für die Herstellung bzw. Färbung von Textilien verwendet wurde.

Die Marsch bot also bereits damals günstige Voraussetzungen, sich nicht nur hinreichend ernähren, sondern auch Überschüsse erwirtschaften zu können, um Handel zu treiben. Von den Römern erhielten die Einheimischen etwa Waffen, Töpferware, Glasprodukte und Schmuck. Im Gegenzug lieferten sie Rinderhäute, Schafwolle, Textilien, handwerkliche Erzeugnisse aus Knochen und wahrscheinlich auch Sklaven (Knottnerus 2001, 31; vgl. Schwarz 1995b, 70f.). Vermutlich war es so, dass zu jener Zeit einerseits die Regressionsphase des Meeres lang genug andauerte, um fruchtbare Marschen hervorzubringen, und andererseits die Menschen hinreichende Fähigkeiten entwickelt hatten, um diese effizient zu bearbeiten und Überschüsse zu erwirtschaften. Dergestalt konnten sie auf Ressourcen zurückgreifen, um die mächtigen Warften aufzuschütten – in Anbetracht der damaligen technischen Möglichkeiten eine außergewöhnliche Leistung. Sie hatten begonnen, ihr Land, das ihnen Wohlstand brachte, zu schätzen, und wollten es daher nicht mehr verlassen.

Indes wurden im 4. und 5. Jahrhundert n.Chr. die meisten Warften aufgegeben, und es entstand eine Siedlungslücke, die bis etwa 700 n.Chr. andauerte. Auch wenn man sich in der Literatur uneinig über die Ursachen ist und längst nicht alle Fragen geklärt sind, wird ein bedeutender Faktor der erneute Anstieg des Meeresspiegels oder möglicherweise eine verstärkte Sturmfluttätigkeit während der Dünkirchen-II-Transgression gewesen sein. Köhn vermutet, dass darüber hinaus »die Schutzfunktion der Küstenbarriere so weit eingeschränkt [war], dass die Meeresvorstöße weit ins Hinterland vordringen konnten« (Köhn 1991, 146). Wegen des in der Marsch

---

51 Färberwaid ist die einzige einheimische Art der Kreuzblütlergattung Waid. Es handelt sich dabei um ein gelb blühendes Kraut mit pfeilförmigen Blättern, das früher oftmals angebaut wurde, um aus den blauen Blättern den Farbstoff Indigo zu gewinnen.

nachgewiesenen Getreideanbaus waren die Folgen der Fluten gravierender als bei reiner Grünland- und Weidewirtschaft, wie sie bis in die Gegenwart auf den Halligen[52] Nordfrieslands betrieben wird. Das, was Köhn äußert, kann man in Beziehung setzen zur Auffassung Carl Woebckens, der in seinem klugen Buch über die Geschichte der *Deiche und Sturmfluten* schreibt, dass nicht nur der Wasserstand gestiegen ist, sondern auch der Unterschied zwischen Ebbe und Flut größer geworden ist und die Geschwindigkeit der Flutwelle zugenommen hat. Er rekonstruiert das anhand von geographischen Angaben in antiken Quellen, die sich mit dem damaligen Bestand und der Lage von Inseln befassen, sowie mit dem Versiegen der Bernsteinfunde um Christi Geburt (Woebcken 1924, 37–45).

Allerdings ging zur selben Zeit auch auf der höher gelegenen Geest die Besiedlung zurück, woraus Streif den Schluss zieht, es sei wenig wahrscheinlich, »dass die Ursache für die Siedlungslücke in der Marsch in einer Häufung von Sturmfluten oder einem allgemeinem Anstieg des Meeresspiegels zu suchen ist« (Streif 2002, 147; ders. 2003, 27). Das halte ich nicht für überzeugend, denn zum einen sind die erneute Transgression und der gegenüber Salzwasser sensible Fruchtanbau Tatsachen, zum anderen lässt sich logisch aus der Entsiedelung der Geest nicht folgern, dass die Marschbewohner *nicht* unter steigenden Fluten gelitten hätten. Daher ist es sinnvoll anzunehmen, dass verschiedene Ursachen zusammengewirkt haben. Neben den natürlichen Einflüssen zählt dazu wahrscheinlich das Erlöschen des Handels mit den Römern im Zuge des Niederganges ihres Reiches, vor allem aber die Völkerwanderung, während der die meisten ortsfesten Siedlungen Mitteleuropas aufgegeben worden und aus dem Küstenraum der südlichen Nordsee große Teile der Bevölkerung – Sachsen, Angeln und Jüten – nach England übersiedelt sind. Die Frage nach den *Ursachen* der Völkerwanderung lässt sich indes bis heute nicht befriedigend beantworten (vgl. Döring 1996, 16ff.; Schwarz 1995b, 72). Küster weist allerdings darauf hin, dass die Wanderung von Völkern »in Wirklichkeit etwas ganz Normales im Siedelverhalten von prähistorischen Menschen gewesen ist«, weswegen man »vielleicht [...] gar keine äußeren Einflüsse für dieses Verhalten suchen [muss]; vielleicht gehörte das ›Wandern‹ zu den Charakteristika prähistorischer Siedelweisen« (Küster 1999, 163). Das ist ein interessanter Gesichtspunkt, doch schließt er nach meinem Dafürhalten äußere Einflüsse nicht aus, da die Erklärung »Charakteristika« ihrerseits insofern erklärungsbedürftig ist, als sie ein Phänomen bezeichnet, das durch räumliche Veränderung *und* zeitweilige Ortsfestigkeit gleichzeitig gekennzeichnet ist, sodass man vor der Notwendigkeit steht, für *beides* nach Erklärungen zu suchen.

Um 700 n.Chr. wurden die Marschen erneut besiedelt, und zwar zunächst in Form von Flachsiedlungen, also zu ebener Erde, ein deutlicher Hinweis auf die Regressionsphase zwischen Dünkirchen II und Dünkirchen III. Auch die alten

---

52 Halligen sind kleine, ebene Inseln – Reste des ehemaligen Festlandes – im nordfriesischen Wattenmeer, die nicht durch Dünen oder Deiche geschützt sind (abgesehen vom niederen Ringdeich der Hallig Hooge). Die Häuser stehen daher auf Warften, um gegen Spring- und Sturmfluten gesichert zu sein. – Nordfries. *hallig = nicht eingedeichtes niederes Land, das von der Flut überspült werden kann.*

Warften wurden in Beschlag genommen, und darüber hinaus setzte eine zweite Phase des Warftenbaus ein, indem neue Erdhügel aufgeschüttet und besiedelt wurden. – Als jedoch um die Jahrtausendwende die Dünkirchen-III-Transgression einsetzte und das Wasser seither unaufhörlich – bis in die Gegenwart – steigt, musste man sich Alternativen zum Warftenbau überlegen, wollte man nicht erneut abwandern oder zumindest auf Getreideanbau verzichten (Behre 1987, 24–32; ders. 1993, 72; Döring 1996, 18–22; Pott 1995, 169; Schwarz 1995c, 75; Streif 2002, 147; ders. 2003, 26f.). Und die einzige Alternative konnte nur lauten: Man muss dem Meer einen Riegel vorschieben, indem man Deiche baut, und damit begannen die Marschenbewohner aller kontinentalen Nordseeanlieger ungefähr zur gleichen Zeit, nämlich im 11. Jahrhundert (Kühn 1995, 14). – »Deich ist nichts anderes als Damm. Dämme hat es immer gegeben. Eine Erfindung war dazu nicht nötig« (Woebcken 1924, 46), aber hinreichende materielle Ressourcen, denn »in ganz Europa gibt es kein von Menschenhand aus Erde und Holz errichtetes Bauwerk, das sich nach Größe und Arbeitsleistung mit den Deichen der Küstenländer messen könnte« (Kühn 1995, 11).

3.3 Entwicklung seit dem Deichbau

Ursprünglich war nur ein passives Reagieren auf den ansteigenden Meeresspiegel möglich, indem die Menschen vor den Fluten zurückwichen. Der Warftenbau seit der Zeitenwende war der erste Versuch der Marschenbewohner, sich den Naturgewalten entgegenzustemmen. Obwohl ein anthropogener Faktor, hatte er keinen Einfluss auf die Küstenlinie. Das änderte sich erst mit dem Deichbau, denn dieser bedeutete nicht nur einen ungeheuren Eingriff in die Vegetation und Oberflächengestaltung, sondern beeinflusste auch die Höhe des Wasserstandes, der seinerseits größte Auswirkungen auf die Gestalt der Küste zur Folge hatte.

Der Deichbau begann im 11. Jahrhundert und beschränkte sich zunächst auf den Schutz der Ackerflur. Man war nicht mehr bereit, zur extensiven Weidewirtschaft zurückzukehren, und die Gehöfte waren auf den Warften noch sicher. Der Schutz der Äcker als anfängliches Ziel des Deichbaus unterstützt meines Erachtens die im letzten Kapitel gegebene Begründung dafür, dass die Bewohner während der Dünkirchen-II-Transgression zum ersten Mal nicht mehr vor den Fluten zurückwichen, sondern Warften bauten: weil sie ihr fruchtbares Ackerland, das ihnen Wohlstand brachte, nicht mehr aufgeben wollten. Vermutlich wurden die Warften erst dann verlassen, als im 4. und 5. Jahrhundert nicht nur der rege Handel mit den Römern einschlief und viele Menschen nach England auswanderten, sondern auch der Ackerbau wegen der anhaltenden Transgression der Nordsee unmöglich wurde.

Zunächst also legte man niedrige, ringförmige Dämme an (»Ringdeiche«), welche die inselartig verteilten Wirtschaftsflächen als Sommerdeiche schützten. Später wurden sie schrittweise miteinander verbunden und erhöht, sodass im 13. Jahrhundert ein zusammenhängender Seedeich entstanden war, der das Hinterland auch gegen die Winterfluten schützen sollte. – Bereits im 11. Jahrhundert findet die

Deichbautätigkeit ihren Niederschlag in Urkunden. Die berühmteste Stelle steht im *Rüstringer Recht* und handelt vom *goldenen Ring*. Sie lautet:

> »Das ist auch Landrecht, dass wir Friesen eine Seeburg stiften und stärken müssen, einen *goldenen Reif*, der um ganz Friesland liegt; an dem soll jede Rute ebenso hoch wie die andere sein dort, wo die salzene See sowohl bei Tag als bei Nacht anschwillt [...]. Zur See hin sollen wir Friesen unser Land schützen mit drei Geräten, mit dem Spaten und mit der Tragbahre[53] und mit der Gabel[54] [...]. So sollen wir Friesen unser Land vom Binnenland bis zum Meere schützen, wenn uns Gott und St. Peter helfen wollen« (Buma und Ebel 1963°, X, 10; → Anhang, Text 1; eigene Hervorhebung, B.R.).

Der Ausdruck *goldener Reif* ist ein Euphemismus, wenn man an die Rückschläge im Kampf gegen das Meer denkt, und doch zugleich ein schönes Sinnbild in Anbetracht der Erfolge im Deichbau. Die Friesen vertrauen auf ihrer eigenen Hände Arbeit und hoffen zusätzlich auf die Hilfe Gottes und des Apostels Petrus, des Patrons der Fischer und Schiffer, der im Volksglauben auch als Wettermacher gilt (vgl. Sartori 1935, 1537ff.; Wimmer 2002, 808). – Zum Ring gehört definitionsgemäß die Form des geschlossenen Kreises, der weder einen Anfang noch ein Ende hat und dergestalt ein Symbol für Ewigkeit ist. Es charakterisiert den Kreis aber nicht nur *Geschlossenheit*, sondern auch *Abgeschlossenheit*, indem er eine Zweiteilung des Raumes in ein Innen und Außen vornimmt, in Schutz und Schutzlosigkeit, in Geborgenheit (»See-burg«) und Gefährdung, weswegen es nicht wunderzunehmen braucht, dass ihm im Volksglauben besondere magische Qualitäten zugesprochen werden (vgl. Straberger-Schusser 1933). Und nicht zuletzt weist die Bezeichnung *goldener* Reif auf den besonderen Wert des Deiches hin, da Gold wegen seiner Kostbarkeit und Unzerstörbarkeit »schon sehr früh mit königlichen, heiligen und göttlichen Werten in Beziehung gesetzt« wurde (Horn 1987, 1357) und in der Volksmedizin als besonderes Heilmittel gilt (vgl. Olbrich 1927, 918–922). Wertvoll ist der Deich in zweierlei Hinsicht: Er schützt das Land, und gleichzeitig sind Bau und Instandhaltung desselben mit hohen Kosten und viel Zeitaufwand verbunden.

Der Deichbau ist von der allgemeinen wirtschaftlichen Entwicklung nicht zu trennen. Als im Mittelalter immer mehr Städte entstanden und ihre Märkte stetig an Bedeutung gewannen, war es nicht nur notwendig, dass die Landwirtschaft zunehmend Überschüsse produzierte, sondern auch ein Handelsnetz bereitgestellt wurde, das den Warenverkehr zu bewältigen vermochte. Die kleinen friesischen Boote, welche die auf Langwarften gelegenen Handelsorte noch ansteuern konnten (vgl. Schmid 2001a, 496f.), waren den Warenströmen nicht mehr gewachsen, während die größeren Schiffe des Hochmittelalters nur dort anlegen konnten, wo tiefere Gewässer vorhanden waren, etwa in Medemblik, Emden, Bremen oder Hamburg. Es war daher auf Dauer nicht mehr notwendig, die kleineren Handelszentren vom

---

53 Ahd. *bāra* = Bahre, Trage; zum Befördern des Materials.
54 Im Originaltext *forke* = Forke, Mistgabel, aus nddt. *forke*, lat. *furca* = Gabel, *Mistgabel*, ahd. *furka*.

offenen Meer her über die Priele[55] zugänglich zu halten, weswegen man damit beginnen konnte, die Küste komplett einzudeichen. – So griff eines ins andere: Die höhere Nachfrage aus den Städten erforderte eine Intensivierung der landwirtschaftlichen Produktion; diese setzte einen besseren Schutz der Ländereien vor dem Meer voraus; die kleineren Handelsorte wurden von der Nordsee abgeschnitten, dafür konnten die größeren Schiffe ein Vielfaches an Ladung transportieren, und die höheren Erlöse ermöglichten den Marschenbewohnern, immer mehr Geld, Menschenkraft und Baustoffe in den Deichbau zu investieren. Gleichzeitig wurde damit ein neues Wegenetz geschaffen, denn die Deichkronen konnte man für den Überlandverkehr verwenden (vgl. Borger 1997, 31; Küster 1999, 213f. Schmid 2001b, 56).

Mit dem Bau der Deiche war es allerdings nicht getan, denn wegen der hohen Niederschlagstätigkeit und des von der Geest abströmenden Oberflächenwassers war es notwendig, das Land über die Priele zu entwässern. Daher legte man Gräben an und führte das Wasser zu den *Sielen*[56] – Deichschleusen, deren Tore sich mit der Flut schließen und der Ebbe öffnen und so das aufgestaute Wasser aus dem Binnenland hinauslassen. Die Austrocknung des Landes führte allerdings dazu, dass es sich senkte. Außerdem wurde es nun nicht mehr regelmäßig vom Meerwasser überschlickt, weswegen es nicht mehr »wachsen« konnte und sich der Schlick stattdessen im Vorland der Deiche ablagerte. Sobald dieses nun eine gewisse Höhe erreicht hatte, wurde es ebenfalls eingedeicht – ein Vorgang, der immer wieder stattfand und die so genannten Poldertreppen[57] entstehen ließ: Die niedrigste Oberfläche befindet sich am weitesten von der Küste entfernt, die höchste hingegen direkt am Wasser. »Somit ist heute die junge Marsch seewärts liegender Polder das trockenste Land mit den Ackerflächen, während die niedrigen Polder weiter landeinwärts als Viehweide genutzt und mit Pumpen entwässert werden müssen [...]. Daher ist die Oberfläche des Landes wieder grundsätzlich ähnlich gestaltet wie vor dem Beginn des Deichbaus« (Küster 1999, 216). Bis weit ins 19. Jahrhundert war allerdings die Entwässerung der Sietlande so unzulänglich, dass sie im Winter oft wochenlang unter Wasser standen und man nur per Boot von Hof zu Hof gelangen konnte (Behre 1987, 35).

Weitere anthropogene Faktoren, durch die das Land sich senkte, waren die Urbarmachung der Moore sowie der Torf- bzw. Salztorfabbau in den Sietländern. Torf wurde nicht nur abgebaut, um den Marschboden zu kultivieren; er diente darüber hinaus als Brennstoff für die Bewohner der weitgehend baumlosen Marsch und war insbesondere auch Salzlieferant, da ja immer wieder salziges Meerwasser in das Küstenland eingedrungen war. Der Salztorf wurde verbrannt, die Rückstände

---

55 Wasserrinne im Wattenmeer, die sich landeinwärts verästelt. *Priel* ist ein niederdeutsches Wort, dessen Herkunft ungewiss ist.

56 *Siel* kommt von *seihen*, das auf mhd. *sihen = tröpfeld durch etwas sickern, fließen* zurückgeht.

57 *Polder* = eingedeichtes Marschland, aus nndl. *Polder*. Auch *Groden* genannt, aus nddt. *groden = angeschwemmtes, bewachsenes Vorland von Deichen*. Das mnddt. *grode, grude* bedeutet auch *Wachstum*.

in Wasser aufgelöst und die Sole anschließend eingedampft. Obgleich das Salz Bitterstoffe enthielt, die man nicht entfernen konnte, war es eine wichtige Handelsware und wurde vor allem nach Jütland exportiert, um Fische zu konservieren (Küster 1999, 218; Meier 2003b, 99ff.).

Ein anschauliches Bild der Landschaft – in diesem Fall Nordfrieslands – entwirft bereits um 1180 der dänische Chronist Saxo Grammaticus in seinen *Gesta Danorum*. Er schreibt:

>»Frisia minor (= Nordfriesland) ist ein Gebiet mit fruchtbaren Äckern und prächtigem Vieh. Im Übrigen steht es dem angrenzenden Meer offen, weil es niedrig liegt, sodass es zuweilen vom Wasser überflutet wird. Damit es nicht einbricht, ist das ganze Ufer mit einem Wall umgürtet. Falls es ihn doch einmal durchbricht, so überschwemmt es die Äcker, vernichtet Dörfer und Saaten. Es gibt nämlich keinen Ort, der durch seine natürliche Beschaffenheit höher als ein anderer wäre [...]. Fruchtbarkeit begleitet die Überschwemmung, und der Boden bietet Gras im Überfluss. Aus getrockneten Erdschollen wird Salz gekocht. Im Winter ist das Land fortwährend vom Wasser bedeckt, und während die Felder dem preisgegeben sind, haben sie das Aussehen eines Teiches, weshalb es die Natur gänzlich unsicher gemacht hat, zu welchem Teil der Natur sie gehören, denn im einen Abschnitt des Jahres erdulden sie die Schifffahrt, im anderen tauchen sie empor und eignen sich zum Pflügen« (Saxo Grammaticus 1886, 14.7.1, 1–5 und 7–9; → Anhang, Text 2; eigene Übersetzung).

Saxo zeichnet ein durchaus realistisches Bild, wenn er von der flachen Landschaft spricht, die fruchtbar ist und in der lohnende Viehwirtschaft betrieben wird. Auch geht er auf die Gefahren und Schäden ein, die sich bei Dammbrüchen ergeben, und auf die Probleme, wenn im Winter das Wasser nicht abfließt. Vom Zusammenhang zwischen Überflutung und Landsenkung auf Grund der Trockenlegung der Marschen und des von ihm erwähnten Salztorfabbaues kann er allerdings noch nichts wissen, doch stellt er bereits Verbindungen zwischen Überflutung und Fruchtbarkeit der Äcker her.

»Das Erste steht uns frei, beim Zweiten sind wir Knechte«, sagt Mephisto zu Faust im ersten Teil der Tragödie (Vers 1413). Man muss nicht eindeichen, wenn man gewillt ist zu weichen,[58] aber wenn man es tut, gerät man unter Zugzwang, weil sich das Land senkt und die Deiche unbedingt halten müssen, soll eine Katastrophe vermieden werden. Doch damit nicht genug, denn der »goldene Ring« hatte einen weiteren Nachteil. Vor allem im Bereich der Buchten und Ästuare[59] sowie an den Unterläufen der Flüsse erhöhte sich der Sturmflutspiegel, weil zum einen die Küstenlinie begradigt wurde und zum anderen Überflutungsgebiete nicht mehr zur Verfügung standen, welche die Fluthöhe hätten abfedern können, ein Problem, das auch immer wieder bei Überschwemmungskatastrophen entlang der Flüsse akut

---

58 »Wer nicht will deichen, der muss weichen«, heißt es in Friesland.
59 Trichterförmige Flussmündung – im Gegensatz zur geteilten Deltamündung – mit Tideeinfluss. Weil bei Flut (auf der Nordhalbkugel) das Wasser auf der linken Seite ein- und auf der rechten wieder ausströmt, erweitert sich die Flussmündung trichterförmig. Beispiele sind Elbe- und Wesermündung sowie Dollart und Jadebusen.

wird. Das zwang zu immer intensiver werdenden Deichbaumaßnahmen, die allerdings in Anbetracht der bescheidenen technischen Möglichkeiten mit dem –
anthropogen und natürlich bedingten – Anstieg des Meeresspiegels nicht Schritt zu
halten vermochten. Als Folge wirkten sich einige schwere Sturmfluten des Mittelalters und der frühen Neuzeit verheerend aus. Verstärkt wurden sie durch eine Klimaerwärmung, das so genannte mittelalterliche Klimaoptimum, welches durch Abschmelzen von Gletschereis und Ausdehnung infolge Erwärmung den Meeresspiegelanstieg beschleunigt haben dürfte (siehe nächstes Kap.). Brachen die Deiche, so
rutschten sie in die nahen Materialentnahmegruben, und das Wasser riss bis zu
zehn Meter tiefe Kolke[60] in den Marschboden. Je weiter die Flut vordrang, umso
verheerender wirkte sie sich aus, weil das Land im Inneren niedriger liegt als direkt
an der Küstenlinie. Das lässt sich zum Beispiel anhand der Topographie des Jadebusens gut ablesen. Der nördliche Teil gleicht einem Flaschenhals, weil dort hohes,
junges Polderland vorhanden ist, während es sich beim südlichen »Bauch« um
ehemaliges Sietland handelt, wobei das Wasser dort sogar bis an den Rand der
Geest vorgedrungen ist (Behre 1987, 36–40; Küster 1999, 218; Woebcken 1934).[61]

Seit dem 11. Jahrhundert veränderte sich die Küstenlinie auf Grund der Bedeichung sowie der Landverluste infolge immer höher auflaufender Sturmfluten. Große Verwüstungen bewirkten vor allem die Julianenflut[62] vom 17.02.1164, die Erste
Marcellusflut vom 16.01.1219, die erste Weihnachtsflut vom 24.–26.12.1277, die
Zweite Marcellusflut vom 16.01.1362 (erste Groote Manndränke)[63], die Elisabeth-
flut (18.11.1421), Cosmas- und Damianflut (1509), Antoniusflut (16.01.1511), Allerheiligenflut vom 02.11.1532, Allerheiligenflut vom 01.11.1570, Fastnachtsflut
(26.02.1625), die zweite Groote Manndränke (11.10.1634), die zweite Weihnachtsflut (24.12.1717), die Februarflut vom 03.02.1825, die Hollandflut vom 01.02.1953
– welche allerdings unser Gebiet unbehelligt ließ, aber in den westlichen Niederlanden verheerend wütete –, und die Februarflut vom 16./17.02.1962, bei der in
Hamburg über 300 Menschen ertranken. Weitere Fluten in der zweiten Hälfte des
20. Jahrhunderts verursachten keine größeren Schäden mehr, weil die Deiche mittlerweile erhöht und in ihrer Substanz verbessert worden waren.

Besonders verheerend wirkten sich frühere Sturmfluten in Nordfriesland aus.
Die heutigen Inseln sind größtenteils Reste ehemaligen Festlandes, die Küstenlinie
verlief früher von Nord nach Süd auf der Höhe zwischen Sylt, Amrum und St. Peter-Ording, und zwar ungefähr entlang der heute noch bestehenden Sandbänke (vgl.

---

60 Durch Wasserwirbel oder -strömung entstandene Austiefung.
61 Und zwar in Dangast bei Varel (Oldenburg).
62 Benannt nach dem Schutzheiligen des Tages; gilt auch für die folgenden Sturmfluten. Die
    genauen Datumsangaben im Mittelalter sind allerdings mit Vorsicht zu genießen, da die Chro-
    nisten zum Teil unterschiedliche Daten angeben, einzelne Fluten verwechseln und manche
    Fluten mehrere Tage lang andauerten. Auch die in verschiedenen Publikationen genannten ho-
    hen Opferzahlen darf man nicht unbedingt wörtlich nehmen, weil zum einen der Überblick
    fehlte und zum anderen Übertreibung ein beliebtes Stilmittel war, um den Schrecken beson-
    ders anschaulich zu machen.
63 Wörtlich: *Erstes großes Menschenertrinken*.

Sönnichsen und Moseberg 1994, 10).[64] Durch die beiden großen Manndränken (1362, 1634) wurde der größte Teil Nordfrieslands vernichtet und die Küstenlinie bis an die Geest zurückgedrängt. Es entstanden große Buchten, Priele wurden zu Meeresarmen, das sagenhafte Rungholt versank 1362 in den Fluten, und die Großinsel Strand wurde 1634 auseinander gerissen, deren Reste heute Pellworm, Nordstrand und einige Halligen bilden.

In Ost- und Westfriesland gab es auch verheerende Katastrophen, doch waren die Landeinbußen nicht so massiv wie in Nordfriesland. Das Ijsselmeer (Zuiderzee, Flevomeer, Almere) ist kein ehemaliges Festland, sondern ein Binnenmeer, das bereits im Holozän entstanden war. Allerdings vergrößerte es sich im Mittelalter, weil schwere Sturmfluten den Dünenwall durchbrachen. Auch die Lauwerszee, an der Grenze zwischen den Provinzen (West-)Friesland und Groningen gelegen, stammt aus älterer Zeit und erreichte ihre maximale Ausdehnung ebenfalls erst auf Grund mittelalterlicher Sturmfluten, wurde später nur teilweise trockengelegt, ist heute gleichfalls durch Deiche geschützt und heißt nun Lauwers*meer*.[65]

Die Niederlande unterscheiden sich von Niedersachsen und Schleswig-Holstein dadurch, dass die Bedrohung nicht allein vom Meer ausgeht, sondern auch von den Flüssen, insbesondere Rhein, Maas und Schelde, sowie deren Mündungen. Die schützende Dünenkette wurde sowohl vom Meer als auch von den Flussmündungen durchbrochen, in deren Folge die Ästuare die Provinzen Seeland und Südholland in zahlreiche Inseln aufgelöst haben. Daher wurde im 20. Jahrhundert das bisher aufwendigste und teuerste Wasserbauprojekt der Welt durchgeführt, der Deltaplan, in dessen Folge nicht nur die Deiche entlang der Küste erhöht wurden, sondern auch und vor allem die zerlappte Küstenlinie im südwestlichen Landesteil um 700 Kilometer verkürzt wurde. Zwar hat dieses Gebiet geographisch gesehen nichts mit unserem Thema zu tun, das Bewusstsein oder Gefühl der Bedrohung des *ganzen* Landes aber sehr wohl, wie etwa ein Blick in Simon Schamas Kultur- und Mentalitätsgeschichte des *Goldenen Zeitalters* (1988) deutlich macht (vgl. Kap. 6.5.3).

Im Gegensatz zu den Niederlanden haben sich die beiden heute noch existierenden Ästuare zur Gänze erst im Mittelalter durch den Einbruch der Nordsee gebildet: Jadebusen ab 1164, Dollart ab 1277 bzw. 1362. Die ebenfalls durch Sturmfluten entstandene Leybucht (Krummhörn bei Greetsiel) wurde hingegen großteils und die Harlebucht (Harlingerland) vollständig im Laufe der Neuzeit wieder eingedeicht (vgl. Pajonk 2003). Die Entstehung beider Buchten gibt einen Hinweis darauf, wieso es in West- und Ostfriesland nicht zu so großen Schäden gekommen ist wie in Nordfriesland: weil Inseln als Wellenbrecher vorgelagert sind, während in Nordfriesland die damalige Marschenküste allmählich ins Wattenmeer überging. So ist die Leybucht entstanden, nachdem die ihr vorgelagerte Halliginsel Bant un-

---

64 Japsand, Norderoogsand und Süderoogsand.

65 In Nord-, Ost- und Westfriesland heißen die Binnenseen *Meere*, während man das offene Meer als *See* bezeichnet; daher die Bezeichnung Nord*see* und auch der in alten nordfriesischen Chroniken geläufige Name West*see* für Nordsee. Entsprechend daher in den Niederlanden Zuider*zee*, aber seit 1932, dem Jahr der Fertigstellung des Abschlussdeiches, Ijssel*meer*.

tergegangen war. Und die Harlebucht riss ein, nachdem die bis ins 19. Jahrhundert lageinstabile Insel Wangerooge soweit nach Osten gewandert war, dass die von Nordwesten kommende Flutwelle zwischen Spiekeroog und Wangerooge ungehemmt an die Küste prallen konnte (Behre 1987, 40; Woebcken 1924, 133–138).

Während bis ins 16. Jahrhundert die Landverluste überwogen, ermöglicht seither, von Ausnahmen abgesehen (1634), die Entwicklung der Deichbautechnik Landgewinne. Zum geringeren Teil handelt es sich um Neuland, und das, bedingt durch die Technisierung, im großen Stil auch erst seit dem 20. Jahrhundert. Allem voran gilt das für den Noord-Oost-Polder und Flevoland, die in den 30er bzw. 60er Jahren trockengelegt wurden, nachdem 1932 der Afsluitdijk[66] die Zuiderzee von der Nordsee abgetrennt und zum Ijsselmeer gemacht hatte (vgl. Scholten o.J.). Es handelt sich dabei um das größte Landgewinnungsunternehmen an Küsten, das bisher in der Welt durchgeführt wurde. Weitere Trockenlegungen, wie etwa die des Markerwaardpolders[67] sind dort trotz technischer Machbarkeit aus Gründen des Naturschutzes nicht vorgesehen, und auch der aus den 60er Jahren stammende Plan, die westfriesischen Inseln vollständig durch Deiche zu verbinden (!) und zusätzlich zu jeder Insel einen Damm vom Festland zu bauen, wurde längst fallen gelassen (vgl. Abb. in Keller 1966, 111). Ähnliche Diskussionen bewirkten, dass die 1987 erfolgte Eindeichung der Nordstrander Bucht auf Grund des Widerstandes von Seiten der Naturschützer nur in reduzierter Form durchgesetzt werden konnte (Steensen 1995, 422ff.).

Durchweg handelt es sich bei Eindeichungen allerdings nicht um Neulandgewinnung, sondern um die Rückeroberung verlorenen Landes, das nun weitaus wertvoller ist als zuvor. Das Meer hat es erst zerstört, »und dann seine Senkstoffe, den schweren Ton, den feinkörnigen Sand darauf abgesetzt, ihn aufgehöht und ihn zehnmal fruchtbarer den Menschen zurückgegeben [...]. Jeder Einbruch der Flut ist für die späteren Geschlechter allemal der größte Segen gewesen«, schreibt Carl Woebcken (1924, 164f.) – eine bemerkenswerte Dialektik des »Bösen«, wie sie bereits Goethe im *Faust* formuliert, wenn er Mephisto sagen lässt, er sei »ein Teil von jener Kraft, die stets das Böse will und stets das Gute schafft« (Vers 1336f.). Das ist zwar in Anbetracht des unsäglichen Leides, das die Fluten gebracht haben, ein Euphemismus, doch andererseits auch nicht völlig unberechtigt, wie das Zitat von Woebcken deutlich macht. In diesem Sinn sagt *Der Herr* im *Prolog im Himmel*:

> »Des Menschen Tätigkeit kann allzu leicht erschlaffen,
> Er liebt sich bald die unbedingte Ruh;
> Drum geb' ich gern ihm den Gesellen [= Mephisto] zu,
> Der reizt und wirkt und muss als Teufel schaffen« (Vers 340–343).

Salopp formuliert hielt die ständige Bedrohung durch das Meer die Menschen auf Trapp. Nachdem sie begonnen hatten, Deiche zu bauen, setzten die oben erwähnten Rückkoppelungsprozesse ein und erforderten einen immer größeren Aufwand zum

---

66 *Abschlussdeich.*
67 Zwischen Flevoland und Noordholland.

Schutz des Küstenlandes. Erwirtschaftet wurden die Deichbaumaßnahmen durch das, was die Nordsee bereitgestellt hatte: in erster Linie den fruchtbaren Boden für Ackerbau und Viehzucht, in zweiter Linie regionalen und überregionalen Warenverkehr mit Schiffen sowie Fischerei. Somit ermöglichte das Meer den Schutz vor dem Meer.

4   Wie Sturmfluten entstehen

Wie hoch eine Sturmflut ausfällt, hängt von verschiedenen Faktoren ab (zum Folgenden vgl. Endres und Schad 1997, 33–43; Hagel 1962, 22–24; 34–42; Krug 1993; Pott 1995, 3f.; Quedens 1978, 14–18; Sönnichsen und Moseberg 1994, 8ff.). Einer davon ist die Tide, der Gezeitenwechsel, der alle sechs Stunden und zwölf Minuten auftritt. Der Tidenhub, das heißt der Unterschied zwischen Ebbe und Flut, beträgt im deutsch-niederländischen Küstenraum zwei bis vier Meter. Er ergibt sich aus der Differenz zwischen dem durchschnittlichen Höchststand des Wassers, das mittleres Tidehochwasser (MThw) genannt wird, und dem durchschnittlichen Tiefststand, dem mittleren Tideniedrigwasser (MTnw). Erzeugt werden die Gezeiten durch das Zusammenwirken der Anziehungskräfte zwischen Erde, Mond und Sonne sowie der Fliehkräfte, welche mit den Bewegungen der drei Himmelskörper verbunden sind. Da die Nordsee täglich nur 20 Minuten unter dem Mond liegt, können sich in ihr keine selbstständigen Gezeiten entwickeln. Sie werden daher fast ausschließlich durch die atlantische Gezeitenwelle erzeugt, die zum einen über Schottland und die Ostküste Englands kommt, zum anderen, wenngleich schwächer, durch den Ärmelkanal.

Ein bis zwei Tage nach Neu- und Vollmond addieren sich die Gezeiten erzeugenden Einflüsse von Mond und Sonne. Die Flut läuft dann ungefähr einen halben Meter höher als normal auf, es herrscht *Springtide*. Ungefähr 7,5 Tage später heben einander die Einflüsse von Sonne und Mond teilweise auf; dann sind die Gezeiten besonders schwach, und es ist *Nipptide*. Der Unterschied zwischen Hoch- und Niedrigwasser ist also eine Zeit lang besonders groß, verringert sich dann (= Tidenfall), bis er sein Minimum erreicht, um daraufhin wieder anzusteigen (= Tidenstieg).[68] – Ein wesentlicher Faktor, wie hoch eine Sturmflut aufläuft, sind daher die Gezeiten, und zwar in doppelter Hinsicht: Sie läuft bei Springtide höher auf als bei Nipptide, und tobt der Sturm am heftigsten bei Flut, ist sie höher als bei Ebbe. Beispielsweise wurden am 23.02.1967 – jenem Tag, an dem der Seenotrettungskreuzer *Adolph Bermpohl* vor Helgoland verunglückte[69] – die bisher höchsten Windgeschwindigkeiten mit Spitzen von 158 Stundenkilometern gemessen, doch waren die Wasserstände um einen Meter niedriger als 1976, weil der Sturm am stärksten bei Niedrigwasser wütete (Sönnichsen und Moseberg 1994, 9).

---

68 Der Tidenhub ist daher das Mittel aus Tidenstieg und Tidenfall einer Tide.
69 Jene Tragödie erschütterte den Glauben an die Beherrschbarkeit der Natur, denn bis dahin galten im fortschrittsgläubigen Nachkriegsdeutschland Seenotrettungskreuzer als hundertprozentig sicher. Die *Adolph Bermpohl* war von Helgoland aus in schwerer See ausgerückt, um einem in Seenot geratenen Fischkutter zu helfen. Irgendwann riss der Funkkontakt ab, und der Rettungskreuzer wurde anderentags in der Nordsee treibend gefunden. Von der Besatzung fehlte jede Spur, und man vermutet, dass eine schwere Grundsee (= Überstürzen der Wellenkämme infolge Reibung am Meeresboden) sie über Bord gespült hatte (vgl. <http://www.m scb.ch/elektro/bermpohl/bermpohl.htm> [25.07.2003]).

Damit ist bereits eine weitere und gleichzeitig die bedeutendste Einflussgröße genannt, nämlich die Windverhältnisse. Von Bedeutung sind dabei Sturmdauer, Windstärke, Windrichtung und die Ausdehnung des Windfeldes. Wind aus Nordost bis Südost hält das Wasser zurück, aber westliche Winde treiben es in die Deutsche Bucht. Für jeden Ort gibt es eine besonders ungünstige Windrichtung im Hinblick auf den Höchstwasserstand, etwa für Nordfriesland Südwest bis Westsüdwest, für Ostfriesland Nordwest bis Nordnordwest. Darum trifft nicht jede Sturmflut alle Orte gleich. So wütete die St. Martinsflut in der Nacht vom 12.11. auf den 13.11.1686 vor allem in Westfriesland, die zweite Groote Manndränke von 1634, bei der die Großinsel Alt-Nordstrand unterging, hingegen in Nordfriesland, während die Februarflut von 1962 neben Ost- und Nordfriesland insbesondere Hamburg traf, weil der Wind aus nordwestlicher Richtung kam und das Wasser der Elbe wie in einen Trichter in die Millionenstadt trieb. Die Weihnachtsflut von 1717 hatte wiederum auf alle drei Frieslande verheerende Auswirkungen, was in Zusammenhang mit einem spezifischen Wechsel der Windrichtung steht. Die höchsten Wasserstände ergeben sich nämlich gewöhnlich dann, wenn der Wind zunächst, was relativ häufig vorkommt, aus Südwest weht und dann auf Nordwest dreht, da besonders viel Wasser zunächst durch den Ärmelkanal einströmt und dann zusätzlich mit der zweiten Gezeitenwelle über Ostengland südwärts fließt, sodass sich beide Ströme addieren (Hagel 1962, 23f.; Jakubowski-Tiessen 1992a, 15; Quedens 1978, 16). Das wird uns im Zusammenhang mit einer alten Volkssage etwas näher beschäftigen, welche sich mit dem Durchbruch des Ärmelkanals befasst (Kap. 6.1).

Die Höhe der Sturmflut hängt nicht nur von den Wind- und Tideverhältnissen ab, sondern auch von Küstenform und -lage sowie von der Wassertiefe und der Richtung der Wattströme. Wegen des geringeren Querschnitts und der größeren Reibung des zurückfließenden Wassers ist der Aufstau im flachen Gebiet gravierender als im tiefen. Kommt die Flutwelle im rechten Winkel zur Küste, ist sie höher, als wenn sie diese im spitzen Winkel erreicht. Auch ist der Stau im Inneren von Buchten und in Flussmündungen größer als an geraden Küsten usw. – Würden nun alle Faktoren, welche eine Sturmflut hervorrufen können, Extremwerte annehmen und auf einmal zusammentreffen, dann ließe sich »auch mit den besten Deichen [...] eine Katastrophe für unsere Küsten nicht vermeiden« (Sönnichsen und Moseberg 1994, 10).

Was die Einteilung der Sturmfluten angeht, so unterscheidet man leichte, schwere und sehr schwere. Leichte Sturmfluten erreichen Wasserstände von ein bis zwei Meter über MThw und treten zwischen einmal in zwei Jahren und zehnmal in einem Jahr auf. Schwere Sturmfluten liegen zwei bis drei Meter über MThw und kommen alle zwei bis 20 Jahre einmal vor, während sehr schwere Sturmfluten mit mehr als drei Meter über MThw ein einziges Mal in 20 Jahren auftreten. Die Höhenangaben über MThw gelten für die Deutsche Bucht bis Eiderstedt; nördlich davon und in Westfriesland liegen sie niedriger.

Möglicherweise werden die aktuellen Faktoren, welche eine Sturmflut hervorrufen, von längerfristigen Entwicklungen in der Klimavariabilität überlagert, wobei es in erster Linie um die Unterscheidung zwischen wärmeren und kälteren Epochen geht. In die Zeit zwischen etwa 800 und 1300 fällt eine wärmere Periode, die als *mittelalterliches Klimaoptimum* bezeichnet wird. In Norddeutschland und England wurde Wein angebaut, Feigen und Oliven breiteten sich aus, die südnorwegischen Gebirgsübergänge waren auch im Winter passierbar, Getreide wurde bis Nordnorwegen angebaut, und in Grönland, dem »grünen Land«, war Weidewirtschaft möglich. Die Landwirtschaft konnte ihre Erträge steigern, die Bevölkerung wuchs in Europa von 61 auf 73 Millionen, Städte blühten auf, es war die Zeit des Baus der großen Kathedralen.

Es folgte im 14. Jahrhundert abrupt eine Kälteperiode, die in die *Kleine Eiszeit* überleitete, welche man zwischen 1500 und 1750 ansetzt (vgl. dazu Behringer u.a. 2005). In Anbetracht der gegenüber heute weitaus stärkeren Abhängigkeit vom Wetter waren die Folgen gravierend: Die Wachstumsperiode verkürzte sich um einen Monat, es fiel mehr Regen, im Gebirge verringerte sich die Anbauhöhe von Getreide um circa 200 Meter, Hungersnöte und Seuchen waren an der Tagesordnung (Brüggemeier 2002; Pfister 1999, 52; ders. 2000). – In den Sagensammlungen des 19. Jahrhunderts stößt man immer wieder auf Erzählungen vom Typus *übergossene Alm*. Darin geht es um den verschwenderischen Umgang vor allem mit Milchprodukten – was auf hohe Erträge im Gefolge des Wärmeoptimums hindeutet –, der dann von Gott bestraft wird, indem er die Alm im Schnee versinken lässt – ein Spiegelbild der Temperaturabnahme während der Kleinen Eiszeit. In die gleiche Richtung weist die Häufung von Winterszenen mit Schlittschuhläufern auf zugefrorenen Flüssen oder Seen in der holländischen Landschaftsmalerei des 17. Jahrhunderts (Budde 2001). Gewässer, die in den Jahrzehnten davor kaum zur Eisbildung neigten, waren nun über einen längeren Zeitraum zugefroren.

Das 18. und 19. Jahrhundert ist eine Übergangsphase mit Temperaturextremen in beiden Richtungen. Ihm schließt sich ab dem beginnenden 20. Jahrhundert ein kontinuierlicher Temperaturanstieg an, dessen Höhepunkt in die 90er Jahre des 20. Jahrhunderts und in die ersten Jahre des 21. Jahrhunderts fällt und der die Werte des mittelalterlichen Klimaoptimums noch zu übertreffen scheint. Auf jeden Fall war es das wärmste Jahrzehnt in den letzten 500 Jahren, in der nördlichen Hemisphäre sogar im gesamten letzten Jahrtausend (Glaser 2001, 181f.; Pfister 1999, 77; 212; ders. 2000).

Die Frage, welche sich nun stellt, ist, ob Zusammenhänge zwischen der Klimavariabilität und der Häufigkeit oder Höhe von Sturmfluten existieren.[70] In der Forschung wird die Auffassung vertreten, dass als Nachwirkung des mittelalterlichen Wärmeoptimums der Meeresspiegel angestiegen ist, woraus sich die Vielzahl an Sturmfluten zwischen dem 12. und 16. Jahrhundert erklärt (Knottnerus 2001, 28; Lamb 1989, 212; Thiede und Arendt 2000, 21). Gleichzeitig wird aber auch die Kleine Eiszeit der Neuzeit bzw. die ihr vorausgehende Kälteperiode des Spätmittelalters in Verbindung mit einer verstärkten Sturmfluttätigkeit gebracht, und zwar

---

70 Die Frage nach der Bedeutung anthropogener Faktoren auf das aktuelle Klima braucht an dieser Stelle nicht zu interessieren, weil es hier nicht um die Frage nach den Ursachen von Klimaveränderungen geht, sondern um ihre Auswirkungen.

auf Grund der Zunahme von Starkwinden, die mit einer Abkühlung in der Arktis zusammenhängen, durch welche der Temperaturgradient verstärkt wurde (Knotterus 2001, 28; Lamb 1989, 212f.; Negendank u.a. 2001, 62; Scheurle i.V.). Damit überlappen sich zeitlich gesehen die Folgen des mittelalterlichen Wärmeoptimums mit der beginnenden Kälteperiode des ausgehenden Mittelalters, was bedeutet, dass sie einander verstärkt haben dürften.

Aus der gegenwärtigen Diskussion wissen wir, dass ein Anstieg der Temperaturen Abschmelzungsprozesse an Gletschern und Polkappen in Gang setzt, die im Verein mit der Wärmeausdehnung des Wassers zu einem Anstieg des Meeresspiegels führen. Das belegt auch, wie bereits dargelegt, die naturgeschichtliche Entwicklung der Nordsee im Holozän, als das in den Gletschern gespeicherte Wasser zu schmelzen begann. Diese Überlegungen lassen sich auf das mittelalterliche Wärmeoptimum und die ihm nachfolgende spätmittelalterliche Kälteperiode übertragen. Und tatsächlich fällt das Maximum der Sturmfluten in das 13. Jahrhundert (Lamb 1989, 212).

Auf die Kleine Eiszeit der Neuzeit kann man die Anhebung des Meeresspiegels natürlich nicht beziehen, sehr wohl aber die Zunahme von Starkwinden. Wesentlich für eine Sturmflut – das sagt bereits der Name – ist eine außergewöhnliche Sturmtätigkeit. Sturmfluten sind im Sommer ganz selten; sie treten vor allem im Herbst und Winter auf mit Spitzen im November (circa 24% aller Fluten) sowie Ende Februar, Anfang März (circa 16%). Der Grund dafür sind die meteorologischen Verhältnisse, das heißt die Temperaturunterschiede zwischen Islandtief und Azorenhoch: Je größer sie sind, desto kräftiger weht der Wind (Hagel 1962, 56f.). Das könnte man als Beleg dafür werten, dass in Perioden größerer Temperaturabweichungen, das heißt sowohl in Warm- als auch in Kaltzeiten, verstärkt mit Sturmfluten zu rechnen ist, weil der Temperaturgegensatz zwischen arktischer Luft und Azorenhoch besonders ausgeprägt ist.

Bei all dem sollte allerdings beachtet werden, dass globale Trends nur bedingte Aussagekraft für lokale Ereignisse haben und dass *mittelalterliches Wärmeoptimum* und *Kleine Eiszeit* Begriffe sind, die zwar auf allgemeine Tendenzen hinweisen, aber nicht ausschließen, dass jederzeit momentane Temperaturabweichungen nach oben oder unten möglich sind, sodass schwere Sturmfluten unabhängig von den allgemeinen Trends kurzfristig erzeugt werden können. Außerdem sei betont, dass die klimageschichtliche Entwicklung nur *ein* Aspekt von vielen ist bzw. indirekt bestimmte Tendenzen stärkt, die von sozialer, wirtschaftlicher und auch medizinischer Bedeutung sind. Wenn man etwa die erste Groote Manndränke von 1362 im Kontext der Klimageschichte sieht, kann man sie in Zusammenhang mit dem Meeresspiegelanstieg betrachten, welcher dem mittelalterlichen Wärmeoptimum folgte. Gleichzeitig kündigte sich in der ersten Hälfte des 14. Jahrhunderts die Kleine Eiszeit durch eine Kälteperiode mit nassen, kühlen Sommern an, die zu Hungersnöten und Seuchen führten. Es herrschte allgemeines Elend, die Menschen waren geschwächt, ihre Anzahl dezimiert, sodass es schwierig war, die durchnässten Deiche in hinlänglicher Weise in Stand zu halten (Panten 1995, 70f.; Thiede und Arendt 2000, 21).

5 Zur Geschichte der Friesen und Sachsen

5.1 Friesische Bevölkerungsgruppe

5.1.1 Herkunft und Verbreitung

Über den Ursprung der Friesen gibt eine auf mittelalterliche Überlieferungen zurückgehende Volkssage eine klare, wenngleich falsche Antwort:

> Einst lebte in Indien ein König, der ein Nachkomme von Sem war, dem ältesten Sohn Noahs. Dieser König hatte drei Söhne, die in den Diensten Alexanders des Großen standen und auf ihren Fahrten auch in die Nordsee kamen, an deren südlichen Gestaden sie sich niederließen. Einer von ihnen hieß Friso, und von dem haben die Friesen ihren Namen. Die beiden anderen waren Saxo und Bruno, und von ihnen stammen die Sachsen und Braunschweiger ab (z.B. Beninga 1961°, 113f.; Danckwerth 1652°; Dykstra 1895°–1896°, 3ff.; Lemego 1887°, 4ff.; Lübbing 1928°, 11; Wolf 1843°, 3f.; zum Teil Varianten; vgl. ausführlich zu der Sage Halbertsma 1957).

Auf den ersten Blick ist die orientalische Herkunft des friesischen Urahnen auffällig, galten die Friesen doch, wie man es in der ersten Hälfte des 20. Jahrhunderts noch formulieren konnte, als »ein Stamm, der zu den [...] wertvollsten und interessantesten Bestandteilen der Bevölkerung des niederdeutschen Wohnraumes gehört« (Jessen 1931, 19). Der Widerspruch löst sich auf, wenn man an den christlichen Kontext denkt, in dem der Text entstanden ist, denn dann wird die Herkunft aus der direkten Linie Noahs gleichsam zu einem Adelsprädikat, auf Grund dessen die behauptete Sonderstellung der Friesen verständlich wird. Der Text bietet einen weiteren Vorteil, nämlich eine volksetymologische Deutung des Namens der Bevölkerungsgruppe, wobei ein in Alltag und Wissenschaft verbreitetes Denkmodell zugrunde liegt, nämlich der Schluss vom Bekannten auf Unbekanntes in Gestalt des Ähnlichkeitsprinzips (Friso – Friesen; vgl. auch Salomon 2000, 13f.). Bis heute weiß man zwar nicht, was *Friesen* wirklich bedeutet (Köbler 2003, Vorwort XV; Seebold 2001, 485f.), doch dafür befriedigt die Sage das Neugierverhalten bzw. das Bedürfnis, den Dingen und auch den Namen auf den Grund zu gehen. Letztere sind nicht »Schall und Rauch«, wie es im Faust heißt (1. Teil, Vers 3457), sondern geben nach verbreiteter Auffassung Auskunft über das Woher und das Wesen der Dinge, und tatsächlich kann die Etymologie ein heuristisch wertvolles Instrument sein.

Das ist sie in diesem Fall allerdings nicht, und auch über die Herkunft der Friesen wissen wir heute nur ungefähr Bescheid. Dennoch und gerade deswegen hat es immer wieder Versuche gegeben, ihren Ursprung eindeutig zu klären. Eines der unrühmlichsten Beispiele ist die *Ura-Linda-Chronik*, eine Fälschung aus dem 19. Jahrhundert, die angeblich im Mittelalter von einer Familie Over de Linden (daher Ura Linda) auf Friesisch verfasst wurde (kritische Neuausgabe: Jensma 2005°; vgl. Jensma 2004). Darin wird die friesische Vorgeschichte mit der vermeintlichen

Hochkultur der Germanen in Verbindung gebracht und diese wiederum mit Atlantis. Die Ura-Linda-Chronik wurde 1933 von dem Niederländer Herman Wirth neu herausgegeben, der Volkskundler, Rassentheoretiker und treibende Kraft des SS-Ahnenerbes war – jener Institution, die sich aus nationalsozialistischer Perspektive der germanischen Vorgeschichte und deutschen Volkskunde widmete und darüber hinaus als Sammelbecken für Esoteriker und Mythologen fungierte (vgl. Mandl 2000).[71]

Die Sage über den Ursprung der Friesen und die einstige Begeisterung für die Ura-Linda-Chronik machen deutlich, dass einer Bevölkerungsgruppe, der besondere Eigenschaften zugeschrieben werden, prinzipiell von zwei Seiten ideologische Untermauerung zuteil werden kann, nämlich einmal durch Rückgriff auf die biblische Tradition und zum anderen aus nationalistischer, in diesem Fall »germanophiler« Richtung. Wir wollen uns stattdessen im Folgenden mit den wenigen Fakten begnügen, welche uns für die Frühzeit zur Verfügung stehen.

Anhand archäologischer Quellen lässt sich nicht exakt feststellen, wo sich der Ursprung der Friesen befindet. Einzelne frühe Siedlungsgebiete sind bekannt, etwa Rheindelta oder Emsgebiet, doch woher die ersten Siedler stammen, kann man nur vermuten: wahrscheinlich aus Nordwestniedersachsen, Drenthe[72] und Noordholland. Die diesbezüglichen Keramikfunde gehören zwar alle zur gleichen Kulturgruppe, die sich von der westlichen Küste der Niederlande bis zur Weser erstreckte, doch zeigen ihre geometrischen Muster starke Stileinflüsse aus der Hallstatt-Kultur, die ihren Ursprung im österreichischen Salzkammergut hat. Als typisch friesisches Merkmal gilt erst die mit Streifenbändern verzierte Keramik[73] aus dem 1. Jahrhundert v.Chr. Diese ist für das gesamte Gebiet nachgewiesen, welches etwas später von den Römern in schriftlichen Quellen als *friesisch* bezeichnet wird (Bos 2001, 487f.; Döring 1996, 13f.; Schmid 2001a, 493; ders. 2001b, 50f.).

Die früheste Erwähnung findet man im 1. Jahrhundert n.Chr. bei Plinius Secundus dem Älteren (23–77 n.Chr.) in seiner *Naturgeschichte*. Im Abschnitt über die Beschreibung Germaniens zählt er die Friesen zwar nicht zu den Hauptstämmen, erwähnt aber verschiedene Inseln, und zwar »die sehr berühmte Insel der Bataver und die der Kannenefaten sowie andere [Inseln] der *Frisier*, Chauker, *Frisiavonen*, Sturier und Marsaker«[74] (Plinius 1988°, IV., 101). Unklar ist, worin sich Frisier und Frisiavonen unterscheiden sollen, und auch, wieso Plinius die Friesen nicht zu den Germanen zählt (vgl. Köbler 2003, Vorwort XV; Seebold 2001, 480f.). Das ist umso erstaunlicher, als Plinius der einzige antike Autor ist, der die Gebiete, welche

---

71 In der 1954 von ihm gegründeten *Ur-Europa e.V. Gemeinnützige Gesellschaft für Europäische Urgeschichte* wird er bis heute als großer Gelehrter gefeiert.

72 Provinz im Nordosten der Niederlande, südlich der Provinz Groningen und westlich des Emslandes, mit der Hauptstadt Assen.

73 »Das aus zwei bis vier Rillen bestehende Ornament wurde mit einem Spatel zwischen Hals und Rundung der Gefäße angebracht. Diese Keramik zeigt oft eine ockergelbe bis orangefarbige Tönung und unterscheidet sich damit deutlich von der dunklen Tonware der vorausgehenden Jahrhunderte« (Döring 1996, 13).

74 »In Rheno autem ipso, prope C in longitudinem, nobilissima Batavorum insula et Cannenefatium et aliae *Frisiorum*, Chaucorum, *Frisiavonum*, Sturiorum, Marsacorum«.

er beschreibt, selber besucht hat, da er als Reiteroffizier an den Germanenkriegen teilgenommen hat. Bei den Schriften anderer Verfasser handelt es sich ausschließlich um Sekundärquellen, weil sie sich auf Berichte und Befragungen von Beamten, Händlern oder Kriegern stützen (Kellermann 1966, 16ff.).

Die bekannteste antike Textstelle, die auch in einer Vielzahl populärer Veröffentlichungen zitiert wird, stammt ebenfalls von Plinius und beschreibt ein »armseliges Volk«, das auf Erdhügeln sein Dasein fristen muss, weil dauernd die Flut das Land überschwemmt, weswegen es kein Vieh halten kann und sich von Fischen und Regenwasser ernährt (Plinius 1991°, I., 3f.). Auf diesen erstaunlichen Befund werden wir jedoch etwas genauer erst im Kapitel 6.2 eingehen und zu klären versuchen, was Plinius tatsächlich gesehen haben dürfte.

Der nächstfolgende Schriftsteller ist Tacitus, der in seiner *Germania* zu den Völkern, die am Rhein leben, auch die Friesen (»Frisii«) zählt (Tacitus 1980°, Kap. 34). Und in den *Annalen* berichtet er von Abgaben, welche »die Friesen, ein rechtsrheinischer Volksstamm« an die Römer zu leisten hatten:

> »Der Tribut, den ihnen Drusus[75] auferlegt hatte, war mäßig angesichts ihrer ärmlichen Verhältnisse; sie sollten für den Kriegsbedarf Ochsenhäute liefern, ohne dass irgendjemand genau darauf achtete, welche Stärke und welche Größe sie hatten, bis Olennius, ein Primipilar,[76] der zur Verwaltung des Friesenlandes eingesetzt war, die Felle von Auerochsen als Größenmaß für die Annahme der Häute festlegte« (Tacitus 1982°, IV, 72).[77]

Tacitus bezeichnet das Verhalten seiner Landsleute als habgierig (*avaritia*), da das Hausvieh der Friesen zu klein sei, um an die Größe von Auerochsen heranzureichen. – Folgerichtig eskalierte die Situation, und es kam zu kriegerischen Auseinandersetzungen, auf Grund deren sich die Römer geschlagen geben und zurückziehen mussten. »Von da an war der Name der Friesen bei den Germanen berühmt«,[78] schreibt Tacitus (1982°, IV, 72). Es braucht nicht wunderzunehmen, dass diese Episode Eingang in Chronistik und Sage gefunden hat (z.B. Beninga 1961°, 123ff.; Lübbing 1928°, 18f.), scheint sie doch ein früher Beleg für die Friesische Freiheit zu sein, von der im nächsten Kapitel die Rede sein wird. So lautet etwa die Überschrift des betreffenden Kapitels bei Eggerik Beninga: »Van krich und bloetvorgetent (= Blutvergießen) der Fresen umme ore *vryheyden* und wo se de Romer geslagen hebben« (ebd., 123).

---

75 Drusus Maior führte als Statthalter der gallischen Provinzen 12 bis 9 v.Chr. Krieg mit den rechtsrheinischen Germanen. Im Jahre 9 erreichte er die Elbe, starb aber, als er auf dem Rückmarsch vom Pferd stürzte.

76 Rangältester Hauptmann.

77 »(Eodem anno Frisii, transrhenanus populus, pacem exuere, nostra magis avaritia quam obsequii inpatientes,) tributum iis Drusus iusserat modicum pro angustia rerum, ut in usus militares coria boum penderent, non intenta cuiusquam cura quae firmitudo, quae mensura, donec Olennius e primipilaribus, regendis Frisiis inpositus, terga urorum delegit, quorum ad formam accipenrentur«.

78 »Clarum inde inter Germanos Frisium nomen«.

Cassius Dio (vor 230 n.Chr.) erwähnt in seiner *Römischen Geschichte* hingegen eine freundliche Begegnung zwischen Römern und Friesen, und zwar mit dem bereits von Tacitus als gemäßigt charakterisierten Drusus: Als er im Jahre 12 v.Chr. mit seinen Schiffen die Nordsee befährt, um gegen die Chauken zu kämpfen, gerät er in flaches Wasser, sodass bei Ebbe die gesamte Flotte trocken liegt, doch helfen ihm die Friesen, seine Schiffe wieder fahrtüchtig zu machen (Cassius Dio 1986°, 54, 32, 2f.). Anscheinend waren die Römer ins Wattenmeergebiet geraten und mussten auf die nächste Flut warten.

Die folgenden Jahrhunderte waren geprägt vom Zerfall des Römischen Reiches, der Völkerwanderung – die allerdings in erster Linie Angeln, Jüten und Sachsen betraf (zur Rolle der Friesen vgl. Hines 2001) –, dem Warftenbau infolge der Dünkirchen-II-Transgression, der Aufgabe der Warften im 4./5. Jahrhundert wegen des weiterhin steigenden Meeresspiegels und der Neubesiedlung um 700 auf Grund der Regressionsphase zwischen Dünkirchen II und III. Dennoch lassen archäologische und naturwissenschaftliche Befunde den Schluss zu, dass eine Restbevölkerung in den friesischen Kerngebieten zwischen Niederrhein und Ems weiterhin bestanden hat (Schmid 2001b, 53). Als im 7. und 8. Jahrhundert der Meeresspiegel fiel, wurden die weitgehend entvölkerten Gebiete des deutschen Küstenraumes wahrscheinlich vom westerlauwersschen Friesland[79] aus besiedelt, denn dort hatte sich die Dünkirchen-II-Transgression verheerender ausgewirkt als in den östlicher gelegenen Gebieten (Döring 1996, 20f.).

Um 800 reichte Friesland von der Rheinmündung bis zur Weser (vgl. Abb. 1). Obgleich das Gebiet zwischen Lauwers – der Grenze zwischen den heutigen Provinzen (West-)Friesland und Groningen – und Weser politisch nie eine Einheit bildete, gab es enge politische, wirtschaftliche und kulturelle Bindungen, die sich auch in einer eigenen Mundart zeigten, dem osterlauwersschen Friesisch. Erst ab dem späten 16. Jahrhundert begann sich die Grenze zwischen dem »niederländischen« Friesland sowie Groningen und Umland einerseits und dem »deutschen« Ostfriesland andererseits abzuzeichnen, und das »großfriesische« Zusammengehörigkeitsgefühl ebbte allmählich ab (Niebaum 2001; Vries 2001a).

Im 8. Jahrhundert gelangten Friesen erstmals an die Westküste Schleswig-Holsteins und ließen sich auf den nordfriesischen Inseln einschließlich Helgoland sowie auf den höher gelegenen Teilen Eiderstedts und in den nordfriesischen Küstenmarschen nieder. Eine mögliche Restbevölkerung, die trotz Aderlasses infolge des Meeresspiegelanstiegs und der Völkerwanderung nach Britannien ausgeharrt hatte, wurde ethnisch und sprachlich assimiliert. Im 11. Jahrhundert erfolgte dann die zweite friesische Landnahme, in der die vermoorten Küstenmarschen und der Geestrand in Besitz genommen wurde, und zwar zum Großteil von Friesen aus dem Gebiet der Emsmündung (Århammar 1995; ders. 2001; Kühn 2001; Panten 2001).

Für die Zeit zwischen dem Untergang des Römischen Reiches und dem Hochmittelalter existieren nur wenige schriftliche Quellen (vgl. Page 2001; Seebold

---

79 Zwischen Fliestrom (heute zwischen Texel und Vlieland) und Laubach (Lauwers). Weitgehend identisch mit der heutigen Provinz (West-)Friesland.

2001, 484f.), weswegen man vorwiegend auf sprachgeschichtliche, archäologische und naturwissenschaftliche Befunde angewiesen ist. Einigermaßen gesichert sind die großen Linien, wie sie hier in groben Zügen skizziert wurden, während in Detailfragen Unsicherheit besteht und oftmals einander widersprechende Meinungen vorhanden sind.[80]

5.1.2 Friesische Freiheit

In einer dem Westerlauwersschen Recht entnommenen Sage, welche die Eingliederung Frieslands in das Fränkische Reich reflektiert, treffen Karl der Große und sein friesischer Gegenspieler Redbad, den die Franken Radbod nannten, aufeinander.

> Da sie sich nicht einigen können, wem das Land gehört, beschließen sie, eine Art Zweikampf zu veranstalten: Wer den anderen im Stillstehen übertrifft, hat das Land gewonnen. Nachdem sie einen Tag und eine Nacht lang gestanden sind, lässt Karl seinen Handschuh fallen, woraufhin Redbad diesen aufhebt und somit die Wette verloren hat. (Buma und Ebel 1977°, 126 = IV, 1).

Die Erzählung vom Stehwettstreit zwischen den beiden Herrschern wird nun unmittelbar mit der Sage vom göttlichen Ursprung des friesischen Rechts verknüpft:

> Karl lädt die Friesen vor das Gericht, doch berufen sie sich solange auf gesetzliche Verhinderungsgründe, bis seine Geduld erschöpft ist. Da sie nicht im Stande seien, ihr Recht zu küren,[81] stelle er sie vor die Wahl, entweder getötet oder leibeigen zu werden – oder sich in ein steuer- und ruderloses Schiff zu setzen. Die Friesen bevorzugen natürlich Letzteres, doch als sie bei Ebbe soweit hinausgetrieben sind, dass sie kein Land mehr sehen können, wird »ihnen sehr traurig zumute«. Da sagt einer: »›Ich habe gehört, dass unser Herrgott, als er auf Erden war, zwölf Jünger hatte und er selbst der dreizehnte war, und er bei verschlossenen Türen zu ihnen kam und sie tröstete und belehrte. Warum beten wir nicht zu ihm, dass er uns einen dreizehnten sende, der uns das Recht lehre und wieder zu Lande führe?‹ Da fielen sie alle auf ihre Knie und beteten inbrünstig. Als sie das Gebet verrichtet hatten, standen sie auf. Da sahen sie einen dreizehnten am Steuer sitzen und eine goldene Axt aus seiner Achsel, mit der er gegen Strom und Wind ans Land steuerte. Als sie an Land kamen, da schlug er mit der Axt auf die Erde und warf ein Rasenstück auf. Da entsprang dort eine Quelle, deshalb heißt es dort zu Axenhowe, und zu Eswei kamen sie an

---

80 Ein Grund für die mangelhafte Quellenlage dürfte in den materiellen Gegebenheiten bestehen, das heißt im Fehlen bestimmter Beschreibstoffe sowie in klimatischen Bedingungen. Es ist kein Zufall, dass aus dem Altertum vorwiegend schriftliche Quellen der Griechen und Römer existieren. Neben der kulturellen Entwicklung spielen geeignete Beschreibstoffe eine Rolle, zum einen das aus dem Mark der Papyruspflanze gewonnene Papyrus, das hauptsächlich ägyptischer Herkunft war, sowie Pergament, welches allerdings, da aus Tierhäuten bestehend, relativ teuer und darüber hinaus wegen der einfachen Radierbarkeit nicht fälschungssicher war (Brandt 1974, 66–70). Ein weiterer Faktor sind die klimatischen Verhältnisse, da sich im trockenen und warmen Klima des Mittelmeerraumes die Beschreibstoffe besser gehalten haben als im feuchten Klima des Nordseeküstenraumes.

81 Gemeint ist, auf Befehl Karls des Großen das eigene Recht aufgeben und das fränkische anzunehmen (vgl. ausführlich Salomon 2000, 29ff.).

Land und saßen um die Quelle. Und was der dreizehnte sie lehrte, das kürten sie als Recht; doch niemand im Volke wusste, wer der dreizehnte sei, der zu ihnen gekommen war, so sehr glich er jedem von ihnen. Als er ihnen das Landrecht gewiesen hatte, waren da nicht mehr als zwölf. Deshalb sollen da im Lande dreizehn Asegen[82] sein und ihre Urteile sollen sie zu Axenhowe und zu Eswei fällen. Und wenn sie uneinig sind, so sollen sieben (von ihnen) über die (anderen) sechs obsiegen. So ist es Landrecht aller Friesen« (Buma und Ebel 1977°, 126–130 = IV, 1–3; dgl. Douwama 1849°, 43ff.; Dykstra 1895°–1896°, 24ff.; Grimm 1999°, 492ff.; van der Kooi 1994°, 279f.; Lübbing 1928°, 33f.; Richthofen 1840°, 439f.; Wolf 1843°, 26ff.; → Anhang, Text 4).

Der Hinweis auf die *Asegen* lässt es möglich erscheinen, dass die Überlieferung in die vorchristliche Zeit zurückreicht (Salomon 2000, 28 und Fußnote 77; vgl. auch Krogmann 1967). Die Erzählung dürfte im Mittelalter christlich umgeformt worden sein, erfuhr weite Verbreitung und wurde, wie Almuth Salomon darlegt, »zum Bestandteil der gemeinsamen historischen Erinnerung [...], auf die sich die gegenwärtige Lebensordnung gründete« (ebd., 34). Die Erzählung soll *prodesse et delectare*, nützlich sein und erfreuen, und diesen Zweck erfüllt sie zur Gänze, denn sie ist populär und lehrreich zugleich. Am Anfang steht der Schwank um den Wettstreit der beiden Antipoden, den König Karl mit Hilfe einer *List* gewinnt, welcher im Mittelalter nichts Ehrenrühriges anhaftete, sondern Ausdruck von Klugheit war (vgl. ebd. 32). Streng genommen hätte er allerdings verlieren müssen, denn um den Handschuh auf den Boden fallen zu lassen, bedarf es zumindest einer geringfügigen Bewegung der Gliedmaßen, doch augenfälliger ist gewiss die »Verbeugung« Redbads, und da es dem Schwank weniger auf die Feinheiten denn das Grobe ankommt, ist es klar, wer am Ende den Sieg davonträgt.

Der ernste zweite Teil der Erzählung erklärt den göttlichen Ursprung des friesischen Rechts. Einer der hilflos im Boot treibenden Gesetzeshüter stellt den Vergleich zwischen ihrer Situation und der der zwölf Jünger her, weswegen sie inbrünstig beten, damit Jesus ihnen helfen möge. Als sie dann des »Steuermannes« ansichtig werden, ist die größte Not überstanden. Die Quelle, die mit der goldenen Axt zum Fließen gebracht wird, ist ein schönes Symbol für das Recht, das nun über die Vermittlung der dreizehn Protagonisten zu wirken beginnt, zumal die *Axt* mit Stärke und Durchsetzungsfähigkeit assoziiert werden kann und das Attribut *golden* auf himmlische Qualitäten hinweist. Interessanterweise ähnelt der göttliche Dreizehnte den Zwölfen sosehr, dass für die Bevölkerung keinerlei Unterschied zwischen ihnen vorhanden ist. Ähnlich wie in der Ringparabel aus *Nathan der Weise* gleichen »Original« und »Kopie« auf vollkommene Weise, weswegen qualitative Ununterscheidbarkeit zwischen ihnen besteht.

Die Erzählung vom göttlichen Ursprung des Rechts ist von großer Bedeutung, weil das eigene Recht für die Friesen eine herausragende Stellung hatte. *Sie vermochten es auch nach der Eingliederung in das fränkische Reich gegenüber dem fremden Recht zu behaupten, sodass die Bevölkerungsgruppe als Rechtsgemein-*

---

82 In der germanischen Mythologie Hüter des Gesetzes.

schaft erhalten blieb. Insofern spiegelt diese Sage nicht allein Geschichten, sondern auch Geschichte wider. *Während nahezu alle anderen frühen Rechtsquellen des westeuropäischen Festlands nur als Übersetzungen in das Mittellateinische vorhanden sind, sind die friesischen Texte in der Muttersprache abgefasst, wobei kaum eine andere Landschaft in Europa existiert, in der die Überlieferung so dicht ist wie hier, und das, obgleich es sehr schwierig ist, das Friesische im lateinischen Alphabet zu fixieren* (Algra 2001, 556; Fort 2001a, 22; Salomon 2000, 27; Schubert 2001, 62).

Über die Bestätigung des friesischen Rechtes geben die Quellen unterschiedliche Auskünfte. Zum Teil wird an obige Erzählung angeknüpft, indem die Friesen König Karl aufsuchen, der ihnen, da wohlbehalten von ihrer Meerfahrt zurückgekehrt, die Küren bestätigt (Lübbing 1928°, 34), oder er bekräftigt bzw. verleiht sie als Lohn dafür, dass sie ihn im Kampfe gegen feindliche Mächte unterstützt haben. Nach dem Huinzingoer Recht schlagen sie die Sachsen unter deren angeblichen Herzog Luidinger vernichtend, nachdem er Karls Herrschaft nicht anerkennen und überdies die Friesen unterwerfen wollte (Buma und Ebel 1969°, 110–118).[83] Und laut dem Westerlauwersschen Recht sollen sie für Kaiser Karl und Papst Leo IV. Rom erobert haben. Die vom weltlichen und geistlichen Oberhaupt angebotene Belohnung – »Gold und feine Gewänder« – lehnt der friesische Fahnenträger Magnus allerdings ab und verlangt stattdessen,

> »dass alle Friesen Vollfreie sein sollten, der Geborene und der Ungeborene, solange der Wind von den Wolken wehen und die Welt bestehen würde, und dass sie aus freier Wahl des Königs edle Heergenossen sein wollten [...]. Danach wählte Magnus die fünfte Küre, und alle Friesen stimmten seiner Wahl zu, (nämlich) dass sie auf keiner Heerfahrt weiter ziehen wollten als ostwärts bis zur Weser und westwärts bis zum Fli, landeinwärts zur Flutzeit und zurück zur Ebbezeit, weil sie bei Tag und bei Nacht das Meeresufer vor dem nordischen König und der Flut der wilden Wikinger mit fünf Waffen: mit Schwert und mit Schild, mit Spaten und mit Gabel und mit der Speerspitze schützen.« (Buma und Ebel 1977°, 132; vgl. dazu Salomon 2000, 78–121).[84]

In den für ganz Friesland – das heißt zu jener Zeit: vom Vlie bis zur Weser – geltenden gemeinfriesischen *Siebzehn Küren* wird ein weiterer Grund genannt, weswegen sie an keiner umfangreichen königlichen Heerfahrt teilzunehmen brauchen:

---

83 Laut Salomon spiegelt die Sage die Kämpfe Heinrichs IV. und Heinrichs V. gegen die Sachsen unter Lothar von Supplingenburg wider (*Lothar* für ndd. *Liuder*), wobei zwar Lothar 1114 geschlagen wurde, er aber bereits 1115 Heinrich V. in der Schlacht am Welfesholz eine Niederlage bereitete, was jedoch von Friesen und anderen Feinden der Sachsen in der Überlieferung verdrängt wurde (Salomon 2000, 123).

84 »Dae kaes Magnus den aersta kerre, dat alle Fresen were friheren, di berna ende di oenberna, alsoe langhe als di wijnd fan wolkenem waide ende dio wrald stoede, eide wollet wessa mey dae kerre des konyngis haga heranaten [...] Dae kaes Magnus den fyfta kerre ende alle Fresen oen zijn kerre iechten, dat hia nen hereferd ferra fara ne wolde dan aester toe dir Wisere ende wester toe dae Fle op mey dae floede ende wt mey dae ebba, omdat dat se den ower wariath deis ende nachtis iens den noerdkoning ende iens den wilda witzenges sees floed mey dae fyf wepenum: mey swirde ende mey sciolde, mey spada ende mey furka ende mey etekeris orde«.

»So können (wir) unser Land und unser Volk vor dem Meere [...] schützen, wenn uns Gott helfen will« (Buma und Ebel 1963°, 38).[85]

Der historische Hintergrund der Erzählung ist die Bedrohung Roms durch die Sarazenen unter Papst Leo IV. (847–855) und der Sieg der päpstlichen Truppen 849 bei Ostia mit Unterstützung Kaiser Lothars I. (840–855), wobei sich in Rom niedergelassene germanische Völker, namentlich auch Friesen, an den Kämpfen beteiligten und die Sarazenen bis nach Apulien verfolgten (Buijtenen 1953; Salomon 2000, 78–121).[86] Weil der im Text genannte Kaiser Karl bereits 814 gestorben war, ist das Karlsprivileg zwar eine Fälschung, wird aber im Mittelalter als Faktum gewertet und findet sich daher auch in den anderen friesischen Rechtssammlungen – dem Emsiger, Fivelgoer, Huinzingoer und Rüstringer Recht (Buma und Ebel 1967°, diess. 1972°, 26; diess. 1969°, 22; diess. 1963°, 32) – sowie in Chroniken, etwa in Eggerik Beningas *Chronica der Fresen* aus der Mitte des 16. Jahrhunderts (Beninga 1961°, 168–173).

Die Kenntnis des Karlsprivilegs war keineswegs auf gelehrte Kreise beschränkt. Vielmehr wussten darum breite Bevölkerungsschichten. In einer niederdeutschen, aus dem (ehemals friesischen) Lande Wursten stammenden Sammlung von Rechtsquellen des 16. Jahrhunderts wird dem Text des Karlsprivilegs die Bemerkung hinzugefügt, dass man früher bei Hochzeiten oder anderen geselligen Anlässen ein *old ledt der Fresen* gesungen habe, in welchem dieses »freigh volck« gepriesen wird, dem bereits »Carll de konink« seine Freiheitsrechte garantiert habe (Salomon 2000, 132ff.; Liedtext: 131). – Ein anderes Beispiel: Die Erzählung vom Sieg der Friesen über die Sachsen, auf Grund dessen Karl ihnen die Privilegien bestätigt habe, wird im Huizingoer Recht in *Strophenform* mitgeteilt (ebd., 135; Buma und Ebel 1969°, 110–118), was im Mittelalter ein wichtiger Hinweis auf mündliche Verbreitung ist, wenn man etwa an die mittelhochdeutsche Heldendichtung denkt (vgl. W. Hoffmann 1974, 53–59). Auch der Satz: »Nun habt ihr also *gehört*, wie es dem starken Friesen da wider den Sachsen ergangen ist«[87] (Buma und Ebel 1969°, 114), deutet auf mündliche Tradierung hin (Salomon 2000, 135). Salomon liefert eine Fülle an Beispielen dafür, dass bis zum Ende des 16. Jahrhunderts in rechtlichen Fragen die Berufung auf das Karlsprivileg eine große Rolle gespielt hat, zum Beispiel bei den Auseinandersetzungen mit den Grafen von Holland westlich der Ems oder im Ostfriesischen mit erstarkten Häuptlingen, etwa Edo

---

85 »Sa mugu wi behalda use lond and usa liode with thet hef [...], ief vs God helpa wili«.

86 An die Teilnahme der Friesen erinnert bis heute eine lateinische Inschrift auf einer Marmortafel der Kirche S. Michele in Rom (Text in: Salomon 2000, 78).

In einer anderen, ganz ähnlichen Sage, die von der Teilnahme friesischer Bauern an der Eroberung Roms durch Kaiser Friedrich I. Barbarossa (1166/67) zu berichten weiß, gibt man sich noch selbstbewusster: »Und in Rom brach eine Verschwörung gegen sein [= des Kaisers] Leben aus, den treuen Friesen aber verdankte er allein seine Rettung. Da wollte er sie alle zu Rittern schlagen. Stolz jedoch lehnten sie ab und sprachen: ›Lasse das, Du ehrst uns nimmer damit. Halten wir uns doch schon höher an Rang und Ruhm als Deine Ritter, sintemal wir unser Land schon dem Meer abgerungen und in Besitz hatten, ehe einem von jenen eins zum Lehen gegeben war‹« (Allmers 1902°, 216; ähnlich: Diederichs und Hinze 1993°, 262f.).

87 »Aldus dus hebbi ursten, huta sterka Fresa hiss witthene Saxa tha forgen«.

Wiemken d.J. Die Glaubwürdigkeit der friesischen Überlieferung wurde erst in Zweifel gezogen, als im 17. Jahrhundert Historiker begannen, sich kritisch mit den Quellen zu befassen (ebd., 128–132; 141).

Wenn Papst Leo IV. und Kaiser Karl der Große den Friesen als Belohnung für ihren Einsatz gegen die Sarazenen ihre Freiheiten garantieren, verbinden sich regionales Selbstbewusstsein und mittelalterlicher Universalismus auf bemerkenswerte Weise. In den Rechtsquellen wird nicht nur die Freiheit von persönlicher Dienstbarkeit fixiert, sondern auch der Anspruch auf Reichsunmittelbarkeit, der sich in der Praxis darin zeigte, dass sich in Friesland keine Ministerialität herausbilden konnte, weil es weder größere Grundherrschaften gab noch – mit Ausnahme des westerlauwersschen Gebietes – Grafengewalt sich behaupten konnte, sodass es nicht möglich war, militärische Gefolgsleute mit Landbesitz auszustatten. Die Unterwerfungsversuche, etwa der Grafen von Werl oder der sächsischen Billunger, scheiterten allzumal, und die Siege der friesischen Bauern im ausgehenden 11. Jahrhundert erregten allgemeines Aufsehen – Empörung beim Adel, Achtung bei den ländlichen Nachbarn (Hucker 1997b, 86ff.; van Lengen 1995, 115–118; Schubert 2001, 62; Vries 2001a, 541–544).

Was sind die Gründe für diese Sonderentwicklung? Ich hätte sie nicht so ausführlich dargestellt, wenn ich der Meinung wäre, dass sie nichts mit den naturräumlichen Gegebenheiten im Allgemeinen und der Nordsee im Besonderen zu tun hätten. Die oben zitierte Textstelle aus dem Westerlauwersschen Recht spricht von dem »nordischen König und der Flut der wilden Wikinger«, die Friesland bedrohen. Es geht mit anderen Worten um die Normanneneinfälle, die seit dem Überfall des Dänenkönigs Gottfried (Göttrik) im Jahre 810, als Teile Frieslands verwüstet und mit Tributzahlungen belastet wurden, ein Gefühl ständiger Bedrohung von der Seeseite her nach sich zogen, wobei das Substantiv *Flut* die damit verbundenen Gefühle auf treffende Weise wiedergibt: Ähnlich wie man von Sturmfluten überschwemmt wird, droht Gefahr von den Kriegern des düsteren Nordens, dem *grimma herna*, dem »schrecklichen Lande«, wie es in der siebten der gemeinfriesischen *Siebzehn Küren* im Huinzingoer Recht heißt (Buma und Ebel 1969°, 24). Daher sei es besser, sich dem *suthera kenenge*, dem »südlichen König« Karl anzuschließen (ebd.) und damit jener Sphäre, die »Sonne, Wärme, Leben spendet« (H. Schmidt 2001, 75) – weil sie die Friesische Freiheit garantiert.[88] Im Rüstringer Recht wird Redbad, der eingangs erwähnte Gegenspieler Karls des Großen und Heerkönig der Friesen, in der siebten Küre, das heißt im selben Kontext, als *unfrethmonne*, als

---

88 (7) »Thet is thiu sogende kest, thet alle Fresa a fria stole sitte; tlhet ief him thi keneng Kerl, thruch thet hia cristen urde end tha *suthera kenenge* henzeg en berec urde and clipscelde urtege end huslotha gulde bi asega dome and thermithe capade hira etheldom and hira fria halsar, wande alle Fresan north herden an tha *grimma herna*«. *Übersetzung*: (7) »Das ist die siebente Küre, dass alle Friesen auf freiem Stuhle sitzen (dürfen); das verlieh ihnen König Karl, damit sie Christen würden und dem *südlichen König* untergeben und gehorsam würden und die Abgabe in klingender Münze verweigerten und Haussteuer bezahlten nach dem Spruch des Asega und damit ihren Adel und ihre Freiheit erkauften; denn alle Friesen gehörten (ehedem) nach Norden zu dem *schrecklichen Lande*«.

»Unfriedensmanne« aus dem Norden bezeichnet und somit zu einem dänischen König gemacht (Buma und Ebel 1963°, 36),[89] woran sich deutlich die Umorientierung im Geschichtsbild der Friesen, das heißt die Hinwendung zum christlich-fränkischen bzw. -deutschen Reich, ablesen lässt. Durch diese Umdeutung war es außerdem möglich, »die unangenehme und das Selbstgefühl beleidigende Erinnerung an die eigene Niederlage und Unterwerfung durch die Karolinger« zu verdrängen, »da auf diese Weise nicht der friesische König [...] besiegt worden war, sondern ein fremder Tyrann« (Salomon 2000, 76).

Auf Grund des Normanneneinfalls im Jahre 810 wurde von Karl dem Großen eine Küstenwache eingerichtet, die sich auf die waffenfähigen Friesen stützte. Als Entschädigung für die Landesverteidigung wurden sie von der Heerespflicht außerhalb Frieslands, jenseits von Vlie und Weser, befreit, wie wir aus den gemeinfriesischen *Siebzehn Küren* wissen (Buma und Ebel 1963°, 38). Allerdings war die Gruppe der solchermaßen Privilegierten zunächst noch relativ klein, weil Karl vielen Friesen die Erbgüter genommen hatte, um Fehden zu reduzieren.[90] Diese Maßnahme wurde von seinem Sohn Ludwig dem Frommen 814 rückgängig gemacht, um die Normannenabwehr effektiver zu gestalten: Die Rückgabe von Freiheitsrechten diente als Anreiz, das Land seeseitig zu verteidigen, sodass fränkisches Reichs- und friesisches Eigeninteresse Hand in Hand gingen.[91] Langfristig entwickelten sich daraus autonome, genossenschaftlich organisierte Territorialverbände, die auch dann nicht zu bestehen aufhörten, als die Normanneneinfälle zurückgingen. Der Grund dafür war, dass es nun galt, – statt der »Flut der wilden Wikinger« – die seit der ersten Jahrtausendwende stetig steigenden »Fluten der wilden Nordsee« zu bekämpfen, welche die Dünkirchen-III-Transgression mit sich brachte (vgl. Algra 2001, 561; van Lengen 1995, 113ff.). Darum heißt es in der zehnten Küre, die Freiheiten seien verliehen worden, um die Nordmänner *und* die Nordsee abzuwehren (Buma und Ebel 1963°, 38).

Darüber hinaus wurden die Autonomiebestrebungen durch weitere naturräumliche Gegebenheiten begünstigt. Um das Land fruchtbar machen und bewirtschaften zu können, musste es mittels besonderer Techniken entwässert werden, wozu Spe-

---

89 (7) »Thit is thiv sivgunde liodkest, thet alle Frisa an fria stole bisitte and hebbe fria spreka and fri ondwarde; thet urief us thi kinig Kerl, til thiv thet wi Frisa suther nigi and clipskelde urtege and wrthe tha *suthera kininge* hanzoch and heroch alles riuchtes tinzes and tegotha, and huslotha urgulde bi asiga dome and bi lioda londriuchte, al with thet wi er *north herdon Redbate tha unfrethmonne*, al thet Frisona was«. *Übersetzung:* (7) »Dies ist die siebente Volksküre, dass alle Friesen einen freien Stuhl besitzen und freie Sprache und Antwort haben sollen; das verlieh uns König Karl, auf dass wir Friesen uns südwärts neigten und die Abgabe in klingender Münze verweigerten und dem *südlichen König* untergeben und hörig würden in Bezug auf jeden rechtmäßigen Zins und Zehnten, und Haussteuer bezahlten nach dem Spruch des Asega und dem Landrecht des Volkes, alles dafür, dass wir ehedem *nordwärts Redbad, dem Unfriedensmanne*, unterstanden, alle, die wir Friesen waren«.

90 Die Anführer von Fehden waren nämlich verpflichtet, ihrer Gefolgschaft die Kosten zu ersetzen, was durch die Entziehung der Domänen nicht länger möglich war (Algra 2001, 561).

91 Insofern irrt die Sage von der Verleihung der friesischen Freiheit durch Karl den Großen. Wahrscheinlich sind die rechtlichen Maßnahmen Ludwigs des Frommen auf seinen weitaus berühmteren Vater übertragen worden, um ihnen dadurch mehr Gewicht zu verleihen.

zialisten notwendig waren. Diese kamen großenteils aus Holland und wurden mit Besitzrechten sowie Freiheiten auch in der lokalen Selbstverwaltung angelockt. »So erwuchsen schon aus den Bedingtheiten der Kolonisation lokale und regionale Strukturen, in denen – auch unter herrschaftlicher Glocke – bäuerliche Freiheit und die Gewöhnung an genossenschaftlichen Zusammenhalt einander bestätigten« (H. Schmidt 2001, 81). Das ist auch ein Grund dafür, dass sich in Friesland keine größeren Städte entwickelt haben: Es fehlte an Ortsherrschaften, die sie hätten fördern können (Ehbrecht 2003, 167).

Umgekehrt sorgte die Landesnatur dafür, dass gewaltsame Übergriffe auswärtiger Grafen erschwert wurden. Als Heinrich der Fette von Nordheim sich im Jahre 1101 Ostfrieslands bemächtigen wollte, wurde er, in Richtung Meer fliehend, »von gemeinen Friesen, denen das Joch seiner Herrschaft drückend war«, ertränkt, während seine Reitertruppen bei Norden[92] im Sumpf untergingen (Hucker 1997b, 88; Zitat ebd.). Mit anderen Worten: In nördlicher Richtung bot das Meer Schutz, nachdem die Gefahr aus dem *grimma herna* gebannt war, und aus südlicher Richtung erschwerten die Moore Zugriffsmöglichkeiten für schwere Reiter, die zudem von den Einheimischen leicht in die Irre geführt werden konnten.

Die Landesgemeinden waren zwar autonom, doch wollten sie gleichzeitig ihrer Zusammengehörigkeit zu einer friesischen Einheit Ausdruck verleihen, und zwar in Form eines gesamtfriesischen Landfriedensbundes. In den ersten zwei *Allgemeinen Überküren* des Emsiger Rechts heißt es dazu:

> »Erstens, dass sie [= die Friesen] einmal im Jahre am Dienstag in der Pfingstwoche zu Upstalsboom zusammenkämen und dass man dort alle Rechte bespräche, die die Friesen halten sollten [...]. Die zweite Küre: Wenn irgendeines der sieben Seelande entweder von den im Süden gerüsteten Rittern oder von nordischen Kriegern verheert würde, so sollten die sechs dem siebenten helfen, damit es ebenso stark bliebe wie jedes der sechs« (Buma und Ebel 1967°, 96;).[93]

Der Upstalsboom[94] ist ein frühmittelalterlicher Grabhügel westlich von Aurich und liegt ungefähr in der Mitte der Sieben Seelande, das heißt Frieslands zwischen Vlie und Weser (vgl. dazu Kuppers 2003; Parisius 2003; Schwarz 2003; Tielke 2003). Die Zahl Sieben ist nicht wörtlich zu nehmen,[95] sondern steht für Vielzahl im Sinne vieler kleinräumiger Siedlungsgebiete. Diese gab es zwar auch anderswo, doch war und ist der friesische Küstenraum darüber hinaus durch die diversen Ästuare bzw. Einschnitte – als Folge von Meereseinbrüchen – gegliedert.

Die Siebenzahl hatte in der Volksmedizin einen hohen Stellenwert. So sprach man etwa von den 77 Fiebern, um dadurch die Vielzahl – in dem Fall wegen der Verdoppelung: die Überfülle – an fiebrigen Erkrankungen zum Ausdruck zu brin-

---

92 Kleinstadt im nordwestlichen Ostfriesland, heute Landkreis Aurich.
93 »Theth forme, theth hia gaderkome enes a iera to *Upstelesbame* a tyesdey anda there pinxstera wika und ma ther eratte alle tha riucht, ther Fresa halda skolde [...]. Thiu othere kere: ief there *soghen selonda* aeng vrherath vrde auder fon tha suther sareda ridderum jeftha fon northeska wigandum, thet tha sex tha soghenda hulpe, theth hit alsa wel machte sa there sexa hoc«.
94 Wörtlich: *aufgestellter Baum.*
95 Etwa noch bei Jancko Douwama, der sie einzeln benennt (Douwama 1849°, 27ff.).

gen (vgl. E. Grabner 1997, 18–27). Oder man appellierte an die Siebenschläfer – an jene sieben Heiligen, die vor der Verfolgung durch Kaiser Decius im Jahre 251 in eine Höhle flüchteten und erst knapp 200 Jahre später, am 27. Juni 446, wieder erwachten –, um Kindern einen ruhigen Schlaf zu ermöglichen (ebd., 69f.). Überhaupt spielt die Sieben in der biblischen Tradition eine große Rolle und gilt als heilige Zahl schlechthin, wenn man an den siebenarmigen Leuchter der Hebräer denkt, an die sieben Gaben des Heiligen Geistes, die sieben Bitten des Vaterunsers, die sieben Sakramente, die sieben Tugenden oder die 14 Nothelfer als doppelte Sieben. Außerdem ist sie im Volksglauben von Bedeutung, etwa im Zusammenhang mit dem Siebenschläfertag, dem 27. Juni, der nicht nur an das Wiedererwachen der sieben Heiligen erinnert, sondern auch und insbesondere ein Lostag[96] für das künftige Wettergeschehen ist. Ihm liegt die Erfahrung zugrunde, »dass sich in Mitteleuropa Ende Juni der Charakter des Sommers als regnerisch oder regenarm entscheidet« (BE, Bd. 20, 1993, 246).[97] Darüber hinaus existiert der Siebenschläfer auch als zoologische Art (Glis glis). Er gehört zur Familie der Bilche und trägt seien Namen, weil er einen sehr langen Winterschlaf hält, in der Regel von Oktober bis Anfang Mai, und zudem tagsüber schläft, da er nachtaktiv ist.

Wenn also von den *Sieben* Seelanden die Rede ist, wird damit gleichzeitig etwas Besonderes, nämlich die Fülle in der Einheit angesprochen, deren Besonderheit dadurch unterstrichen wird, dass die Sieben sowohl im Volksglauben und der Volksmedizin als auch im christlichen Kontext eine große Rolle spielt, da sie dort die heilige Zahl par excellence ist. Der Zeitpunkt des Zusammentreffens, die Pfingstwoche, fügt sich ebenfalls in den Zusammenhang ein, handelt es sich doch um das Fest der »Ausgießung des Heiligen Geistes« über die Jünger Jesu (Apostelgeschichte 2) und ist mit dem Beginn des öffentlichen Wirkens der Kirche verbunden. Darüber hinaus wird es allerdings wohl auch praktische Gründe für den Termin gegeben haben, denn um diese Zeit ist die Aussaat beendet und die Ernte noch nicht reif. Außerdem drohen im Spätfrühling in der Regel keine Sturmfluten mehr, sodass die Deiche nicht geschützt werden müssen.

---

96 Lostage sind jene Tage des Jahres, welche im Volksglauben als besonders bedeutsam für das Wettergeschehen gelten, neben Siebenschläfer etwa Lichtmess (2.2.), die Eisheiligen (11.5.–15.5.) oder Allerheiligen (1.11.).

97 »Im Zeitraum Juli / August beruhigt sich die Wetterlage meist über Mitteleuropa, die westöstlichen Zugbahnen der Hoch- und Tiefdruckgebiete bleiben dann über Wochen relativ konstant, es gibt nicht den schnellen Wechsel, der zum Beispiel das unbeständige Aprilwetter ausmacht. Nun können sich Hochdruckgebiete länger über Europa stabilisieren und damit für trockene, warme Luft und einen Himmel mit wenig Wolken sorgen. Bezieht man die Siebenschläferregel auf Anfang Juli (= wegen der Gregorianischen Kalenderreform im Jahre 1582 müsste man den Siebenschläfertag auf den 7. Juli verlegen; B.R.), dann trifft sie in zwei von drei Sommern tatsächlich zu und ist damit eine der treffsichersten Bauernregeln« (<http://www w.discovery.de/de/pub/specials/wetterextrem/meteo/bauernregeln/siebenschlaefer.htm> [25.07.2003]). – Die Wetterregeln für den Siebenschläfertag lauten zum Beispiel: »Das Wetter am Siebenschläfertag sieben Wochen bleiben mag«, oder: »Ist der Siebenschläfer nass, regnet's ohne Unterlass«.

Die Bemühungen um einen gesamtfriesischen Landfriedensbund machen deutlich, dass trotz der schwierigen geographischen Lage an der von tiefen Einschnitten geprägten Nordseeküste *ein* verbindendes Element von großer Bedeutung war, nämlich das deutliche Wissen darum, ein Friese zu sein.

> »Im Grenzgebiet, im Begegnungsraum verschiedener Kulturen und Völker, pflegt das Bewusstsein von der eigenen Eigenart [...] besonders ausgeprägt zu sein. Die weiträumige Handelstätigkeit der Friesen im frühen Mittelalter führte für große Bevölkerungsteile immer wieder zur Berührung mit anderen Stämmen, wodurch ihnen stets aufs Neue zum Bewusstsein gebracht wurde, was sie selber waren – Friesen. Schon durch diese Besonderheit war das ethnische Gefühl vermutlich bei den Friesen in weiteren Kreisen als bei anderen Stämmen verbreitet und gefestigt« (Salomon 2000, 27).

Auf der anderen Seite darf jedoch nicht übersehen werden, dass die besondere Betonung von Stärken immer zu tun hat mit der Abwehr von Unsicherheit. Hajo van Lengen argumentiert ganz im Sinn der Adlerschen Individualpsychologie, wenn er schreibt, dass »hinter dem übersteigerten Geltungs- und Rechtfertigungsbedürfnis [...] sich wohl ein tief sitzendes Minderwertigkeits- und Unsicherheitsgefühl« verbarg, das mit der »Erkenntnis und Erfahrung der Friesen [zu tun hatte], selbstständiger und vermögender zu sein als die meisten Ritter, aber trotzdem als Bauern angesehen zu werden« (van Lengen 1995, 117; siehe Adler 1987, 71–89). Das ist der eine Aspekt, der andere ist das Gefühl potentieller oder realer Bedrohung durch die, wie es im Emsiger Recht heißt, *nordischen Krieger* und die *gerüsteten Ritter im Süden*, das heißt die binnenländischen Grafengeschlechter. Drittens waren die Friesen über ein weites, unwegsames Gebiet verstreut, und viertens bestand – bedingt durch die Dünkirchen-III-Transgression, die Zunahme der schadbringenden Sturmfluten, die negativen Folgen des Deichbaus wie Wasserstau und Landsenkung – fortwährende Gefahr durch die Nordsee, die das fruchtbare Land zu überfluten drohte und tiefe Wunden in Form großflächiger Ästuare zu reißen begann.

Daher braucht es nicht wunderzunehmen, dass hinter der Beschwörung des friesischen Elements eine mehr oder weniger bewusste Angst stand. Diese bedurfte der Kompensation, und das geschah, indem man das gemeinsame, verbindende Element hervorkehrte in Gestalt des friesischen Landfriedensbundes. In der Sprache der Individualpsychologie formuliert heißt das: Das Minderwertigkeitsgefühl wurde durch das *Geltungsstreben* und das *Gemeinschaftsgefühl* (Adler 1987, 75; 150–154) kompensiert – beides Vorgänge, die zur normalen psychischen Entwicklung gehören, jedoch nicht auf die Psyche des Einzelnen reduzierbar sind, da sie Bezug nehmen auf die »Fragen des Gemeinschaftslebens, im selben Sinn deshalb *Sozialpsychologie*« (Adler 1973b, 121) und mithin auch für kulturwissenschaftliche Fragestellungen von Bedeutung sind.

Wie der weitere Verlauf der historischen Entwicklung zeigt, waren die Ängste nicht unbegründet. Die mittelalterlichen Sturmfluten zerstörten den goldenen Ring an vielen Stellen, rissen tiefe Löcher in die Küstenlinie und verschlangen ganze Landstriche. Die Krieger aus dem *grimma herna* kamen zwar nicht mehr, doch die *südlichen Ritter* waren umso erfolgreicher, und auch aus den eigenen Reihen drohte Gefahr. Im 14. und 15. Jahrhundert trat eine Schicht so genannter Häuptlinge hervor, welche die Herrschaft auf der ostfriesischen Halbinsel an sich riss, was zum Zusammenbruch der autonomen Gemeinden führte. In Butjadingen und Stadland, das heißt im Bereich zwischen Jade und Unterweser, konnten sich die Landesgemeinden zwar der Häuptlingsherrschaft erwehren, doch zu Beginn des 16. Jahrhunderts fielen sie schließlich der Grafschaft Oldenburg zu. Zwischen Ems und Lauwers erreichte die sächsisch gewordene Stadt Groningen eine Vormachtstellung in den so genannten Ommelanden (= Umland), während es in Friesland zwischen Lauwers und Vlie zwar nicht zur Auflösung der Dorf- und Landesgemeinden kam, doch litt das Gebiet durch massive Fehden zwischen verfeindeten Parteien und konnte erst durch das Eingreifen des Grafen von Holland beruhigt werden. Schlusspunkt der Entwicklung war 1498 die Ernennung Herzog Albrechts von Sachsen-Meißen zum Reichsstatthalter von ganz Friesland (van Lengen 1995, 124–133; H. Schmidt 2001, 82–100; Vries 2001a, 542–548).

Allerdings blieb die Idee der Friesischen Freiheit weiterhin lebendig und hatte, wenngleich eingeschränkt, eine reale Grundlage in den Landständen. Diese repräsentierten das eigentliche Land gegenüber dem Landesherrn, der durch Erbschaft oder Heirat mehrere Länder beherrschte. Landstände gab es zwar in ganz West- und Mitteleuropa, doch in ihnen hatten ausschließlich Adel, Geistlichkeit und Bürger Sitz und Stimme. Anders verhielt es sich hingegen in den Frieslanden. In Ostfriesland bildeten seit dem 16. Jahrhundert neben Adel und Städten bäuerliche Eigentümer und Erbpächter den dritten Stand im Regionalparlament, wobei der Klerus nicht einbezogen war (Deeters 1995, 140). »In den Ommelanden waren alle Eigentümer landtagsberechtigt [...]. In der Groninger Provinzverwaltung hatten Stadt und Land je eine Stimme. In den Elbmarschen und an der schleswig-holsteinischen Westküste entstanden ebenfalls privilegierte Landschaften, deren wohlhabenden Einwohnern weitgehende Selbstverwaltungsrechte gestattet wurden« (Knottnerus 2003, 393). Neben dem eigenen Landrecht zählten dazu Mitsprache in Fragen der Deichwirtschaft, Steuer- und Kirchenverwaltung sowie der niederen Gerichtsbarkeit (ebd., 396). Was die Idee der Freiheit betrifft, wurde bis ins 17. Jahrhundert hinein mit der angeblichen Verleihung der Rechte durch Karl den Großen argumentiert (ebd.). Das war später nicht mehr möglich, weil die Historiographie das als Irrtum entlarvt hatte, doch der Gedanke der Friesischen Freiheit lässt sich bis ins 20. Jahrhundert hinein verfolgen, zumal er durch die im 19. Jahrhundert aufkommende Heimatbewegung neuen Auftrieb erhielt (ebd., 397–402; vgl. Exkurs nach Kap. 6.8.4).

Oftmals wird, wenn man nach ähnlichen Entwicklungen Ausschau hält, ein Vergleich zwischen friesischer und eidgenössischer Freiheit angestellt, doch weist nur die anfängliche Entwicklung in der Schweiz Ähnlichkeiten mit Friesland auf: Zunächst waren es genossenschaftlich strukturierte Talgemeinden, die den Kampf mit den Fürsten aufnahmen. Später ist ein Vergleich nicht mehr möglich, weil die Eidgenossenschaft expansive Ziele verfolgte und sich mit großen Städten wie Bern und Zürich verbündete, die eine außerordentliche Schlagkraft entwickelten. Im Gegensatz dazu hegte man in Friesland weder expansive Gelüste noch wollte man mit größeren Städten zusammengehen, was am Beispiel Groningens deutlich zutage tritt, dessen Einfluss auf die Ommelande mit großer Skepsis betrachtet wurde (Schubert 2001, 69ff; Vries 2001a, 548).

Dennoch dürfte auf friesischer Seite ein gewisses Interesse an der Entwicklung der Eidgenossenschaft bestanden haben, eben weil die Abwehr der Fürstenmacht dort Erfolg hatte. Ein Indiz dafür ist, dass im kollektiven Gedächtnis beider Gebiete Sagen bewahrt wurden, welche einen direkten Bezug zwischen Friesland und der geographisch weit entfernten Innerschweiz herstellen. Einige dieser Erzählungen werden mit der Hilfeleistung der Friesen für Karl den Großen und Papst Leo IV. während des Abwehrkampfes gegen die Sarazenen verknüpft, andere existieren unabhängig davon:

> Nachdem die Friesen aus Rom zurückgekehrt sind, stellen sie fest, dass während ihrer Abwesendheit Ehebruch gang und gäbe war, woraufhin die Treulosen in die Schweiz verbannt werden. – Oder es wollen sich Friesen in Italien festsetzen, werden jedoch von Einheimischen vertrieben und ziehen in die Schweiz (Buijtenen 1963, 141f.). – In anderen Erzählungen ist es eine Hungersnot, welche Friesen und Schweden aus ihrer Heimat vertreibt. Unter ihrem gewählten Anführer Switer, von dem die Eidgenossen den Namen hätten, lassen sie sich in der Schweiz nieder (Grimm 1999°, 571f.; Wolf 1843°, 10f.; vgl. auch Bechstein 1853°, 1f.).[98]

In einer anderen Sage ist es ein abgelegenes Hochgebirgstal im Berner Oberland, das Oberhaslital zwischen Meiringen und Guttannen, das von Friesen besiedelt wird. Die Erzählung wurde im späten 15. Jahrhundert möglicherweise von Heinrich von Gundelfingen, dem unehelichen Sohn des Generalvikars des Bistums Konstanz, aufgezeichnet (Bruckner 1961°, 44–51; Buijtenen 1963, 140f.; Krogmann 1962/63, 98ff. bezweifelt das) und trägt den Namen *Herkommen der Schwyzer und Oberhasler*.

> Auf Grund einer außergewöhnlich großen Hungersnot in Friesland und Schweden wird von Seiten der Herrscher entschieden, dass per Los diverse Einwohner das Land verlassen müssen, insgesamt 6000 Schweden und 1200 Friesen. Sie ziehen den Rhein entlang flussaufwärts und kämpfen gegen die Franken. Danach kommen sie in ein unbewohntes Land und siedeln sich mit Erlaubnis des Grafen von Habsburg dort an, wobei sich die Schweden in Schwyz niederlassen und die Friesen im Oberhaslital. Etwas später, um 400 n.Chr., ziehen sie gen Rom, helfen Kaiser und Papst gegen die heidnisch gewordenen Römer und erhalten daraufhin Freiheit von jeder Herr-

---

98 Die Erzählung findet sich auch in Schillers *Wilhelm Tell* (2. Akt, 2. Szene [Werke in drei Bänden, Bd. III. München: Hanser 1981, 589]). Sie beginnt mit den folgenden Worten:
»Hört, was die alten Hirten sich erzählen.
Es war ein großes Volk, hinten im Lande
Nach Mitternacht, das litt von schwerer Teurung.
In dieser Not beschloss die Landsgemeinde,
Dass je der zehnte Bürger nach dem Los
Der Väter Land verlasse – das geschah...«.

schaft außer der kaiserlichen sowie ein rotes Banner mit weißem Kreuz, die spätere Nationalflagge (Bruckner 1961°, 92–151).

Obgleich umstritten, haben bereits ältere Autoren vermutet, dass den Erzählungen ein wahrer Kern zu Grunde liegen könnte. Ferdinand Vetter hält die Auswanderung auf Grund einer Hungersnot für plausibel (Vetter 1877°), J. Schoo erwähnt motivgleiche Kirchenbausagen in Friesland und im Berner Oberland (Schoo 1934), die es in dieser Form nur dort gibt,[99] und der Rechtshistoriker Rudolf His verzeichnet, unter Bezugnahme auf Julius Ficker, eine Vielzahl auffallender Übereinstimmungen zwischen dem friesischen und dem Oberländer Recht (His 1931, 119).[100] Maria Petrus van Buijtenen, der sich in seiner Dissertation ausführlich mit dem Kampf der Friesen gegen die Sarazenen in Rom befasst hat (Buijtenen 1953), weist darauf hin, dass jene Kirchen, welche mit dieser Sage verknüpft sind, dem hl. Michael geweiht sind, nämlich in Rom, im westfriesischen Almenum bei Harlingen – und in Meiringen am Eingang des Oberhaslitals (Buijtenen 1963, 143f.).[101] Auffällig ist darüber hinaus, dass der einköpfige schwarze Reichsadler – das Wappen der Kaiser des Heiligen Römischen Reiches auf ostfränkischem Boden bis 1433 – sich auch im Wappen der Hasler und Friesen findet.

Die Sage verbindet zwei Handlungen, nämlich die Auswanderung der Friesen sowie ihre Beteiligung an der Abwehr der Sarazenen. Letzteres ist historisch sehr wahrscheinlich, wie bereits dargelegt, und für die Besiedlung des Berner Oberlandes sprechen zwar keine eindeutigen Beweise, aber doch einige Indizien, die allzumal in dieselbe Richtung weisen. Der Auszug aus Friesland könnte in Zusammenhang stehen mit der Nordsüdvölkerwanderung ab dem 3. Jahrhundert. Ich weiß nicht, ob es sich tatsächlich um *Schweden* handelt (so Schneider 1976, 1–93), die gemeinsam mit den Friesen gen Süden gezogen sein sollen. Ich vermute eher, dass *Sueben* gemeint sind, eine Gruppe germanischer Völker, die ursprünglich im Bereich der Elbe (»Elbgermanen«) nördlich der Mittelgebirge wohnte, im 3. bis 5. Jahrhundert nach Südwestdeutschland vordrang und ethnisch die Grundlage der Alemannen bildet.[102] Es wäre meines Erachtens plausibler, wenn sich Friesen den geographisch näheren Sueben angeschlossen hätten, zumal dann auch der im Text genannte Grund für die Auswanderung, nämlich die Hungersnot, an Plausibilität gewänne, die ich, weil es zeitlich zusammenpasst, im Kontext der Dünkirchen-II-

---

99 Ein Gespann weißer Ochsen findet den richtigen Bauplatz.

100 Zum Beispiel ähnliche Regelungen bei kinderlosen Ehen und Ehen mit Kindern oder Gleichstellung von Sohn und Tochter im Erbrecht.

101 Die Verbindung mit der Sage erfolgt über den hl. Magnus: Dessen Reliquien befanden sich in der römischen Michaelskirche, und in dieser erinnert eine Marmortafel an die Beteiligung der Friesen gegen die Sarazenen. Auch in der Michaelskirche von Almenum soll sich eine Reliquie des hl. Magnus, nämlich ein Arm, befunden haben, den die Friesen aus Rom mitgebracht haben sollen (vgl. Salomon 2000, 78–121). Bemerkenswert ist, dass das größte Gotteshaus in Ostfriesland, die lutherische Kirche in Esens, dem hl. Magnus gewidmet ist.

102 *Suevia* ist der lateinische Name für *Schwaben*.

Transgression sehen würde.[103] Überflutungen hatten ja immer wieder Abwande-rungen zur Folge, zumal in Zeiten, als es noch keine Deiche gab. Als Bestätigung für die gemeinsame Auswanderung von Friesen und Sueben könnte gelten, dass dort, wo Letztere sich niedergelassen haben, gleich lautende Ortsnamen vorkom-men. So gibt es neben dem heute niederländischen *Groningen* ein *Grüningen* in der Schweiz[104] und neben *Zürich* ein kleines Dorf namens *Zurich*, das dort liegt, wo heute der östliche Ausgangspunkt des Afsluitdijk ist (vgl. Woebcken 1932, 8f.).

Die Erzählungen über die Beteiligung der Friesen an der Gründung der Eidge-nossenschaft, die sowohl hier wie dort vorhanden sind, erfüllen eine wichtige Funktion für beide Seiten, nämlich die Bekräftigung der antifeudalistischen Einstel-lung. Was das Hasli angeht, dürfte dort eine Protesthaltung gegenüber der Verbin-dung mit den Großstädten mitgespielt haben, denn die Talgemeinde war zunächst genossenschaftlich organisiert, wurde aber 1334 an die Stadt Bern verpfändet (Schubert 2001, 76). So braucht es nicht zu wundern, dass die behauptete Herkunft der Schweizer aus Schweden bzw. Friesland in der Folgezeit weite Verbreitung gefunden hat. Petermann Etterlin erzählt davon in seiner *Kronica von der loblichen Eydtgnoschaft* aus dem Jahre 1507, der viel beachteten, weil ersten gedruckten Geschichte der Schweiz (abgedruckt in Bruckner 1961°, 90f.; vgl. Willi 1885°, 29–35), doch auch in der populären Überlieferung erinnerte man sich an die vermeint-liche Herkunft aus dem Norden. So wurde seit dem 16. Jahrhundert in Schwyz der Vertreibung der Schweden aus ihrer Heimat gedacht, indem an jedem Ostermontag »alle Landsleute um die Mittagszeit fünf Paternoster und Ave Maria sowie ein Cre-do sprechen sollten« (Krogmann 1962/63, 101), während im Hasli Volksfeste zur Erinnerung an die Herkunft aus Ostfriesland gefeiert wurden (ebd.). Darüber hinaus wurde das Thema bis ins 19. Jahrhundert in Volksliedern aufgegriffen (ebd., 102–106), unter anderem im *Fassnachtslied der Frutiger und Oberhasler* (Willi 1885°, 51–58) und im *Ostfriesenlied der Oberhasler*, dessen erste vier Zeilen der vierten Strophe folgendermaßen lauten:

»Die Thewrung hat gewehrt so lang,
Das man in Schweden kein Nahrung fand
Vnd in dem Land Ost-Friesen:
Da hand sie glitten grosse Noht«
(Vetter 1877°, 37; gesamter Liedtext: 37–43).

Außerdem hat die Herkunftssage Eingang in die Volkssage und den Volksglauben des Berner Oberlandes gefunden. In Melchior Sooders ausschließlich auf mündli-chen Quellen beruhender Sammlung *Zelleni [= Erzählungen] us em Haslital* heißt es:

»De erschte-l-Liit wiit um bräit siin an dr Alp Gumme gsiin, und das sii Freese gsiin« (Sooder 1943°, 183).

---

103 Der wohl einzige Anknüpfungspunkt an die »Schweden-Hypothese« wären die Langobarden als Teil der Elbgermanen, denn sie sollen angeblich aus Skandinavien stammen, doch dafür existieren keine archäologischen Belege.
104 Circa 30 Kilometer südöstlich von Zürich.

»Us säid alls und o dee Alten häi's genge gsäid, meer Hasler chemen us Schweden u Freesland. Dee Freesen u Schweden siin uber em Briinig [= Brünigpass] uberha chun und nid vun unnen üüse« (ebd.).

Darüber hinaus wurde die Herkunftssage mit Erzählungen um das Nachtvolk verbunden, einen Sagenbereich besonders aus Vorarlberg und der Schweiz, in denen es um Begegnungen eines Menschen mit einer Schar Toter geht. »Er hört Jauchzen, Menschenstimmen, Brüllen, Meckern von Tieren, Peitschenknall und Pferdegewieher« (Petzoldt 1990, 134; zum Nachtvolk in der Schweiz vgl. Lussi 2002, 33–70). Bei Sooder heißt es dazu:

»Mengsmal häin dee Alten o wellen han, si häige rra gheere singen old holäien und häi vum Fridhofschräi gsäid old vum Freesevolch, wa singi« (Sooder 1943°, 46).

Immer wieder, so Andreas Willi, zieht das Nachtvolk auf genau jenem Weg, den es einst nahm, als es aus Friesland auszog. Auf diesem Weg darf kein Haus gebaut werden, und wenn es doch geschieht, dann wird es zerstört (Willi 1885°, 155f.).[105]

Die Herkunftssagen findet man auch in der friesischen Überlieferung, sowohl in Sage (s.o.) als auch Chronistik. Nach dem Scheitern der dörflichen Selbstverwaltung dürfte Interesse daran bestanden haben, die Friesische Freiheit in der Schweiz gewissermaßen weitergeführt zu sehen. Während Jancko Douwama die Erzählungen zwar aus der Literatur kennt, aber ihren Wahrheitsgehalt bezweifelt (1849°, 52),[106] nimmt Eggerik Beninga sie für bare Münze und verfährt dabei recht unbescheiden, denn er beschränkt sich nicht etwa auf das Berner Oberland oder gar das Haslital als Wirkungsstätte der Friesen, sondern auf die gesamte Eidgenossenschaft, die von ihnen allein gegründet worden sei. So ist es auch kein schwedischer Anführer, von dem die Schweizer ihren Namen hätten, sondern der von den Friesen gewählte Landsmann Switert, »wardorch se sick sulvest und de lande den namen gegeven« (Beninga 1961°, 152; zu Beninga vgl. Rinzema 1992, 158–161).

Eine interessante Erweiterung des Stoffes steuert der ehemalige Sylter Lehrer Christian Jensen bei, wenn er in der Festschrift für den Föhrer Arzt und Heimatforscher Karl Häberlin schreibt:

»Auf den nordfriesischen Inseln gibt es eine ähnliche Sage. Nach ihr wären einst durch eine große Überschwemmung und durch Hungersnot viele Friesen veranlasst

---

105 Krogmanns Auffassung, dass der Sagenkomplex nichts mit den Friesen zu tun habe, da in Wirklichkeit Riesen gemeint seien (Krogmann 1962/63, 112), halte ich nicht für überzeugend. Sie beruht auf einem einzigen Beleg, nämlich einer Sage über die wilde Jagd, in der es um Riesen geht, die das wilde Heer anführen und »Westfriesen« genannt werden (ebd.; abgedruckt auch in Willi 1885°, 153). Auch wenn es Berührungspunkte zwischen dem Sagenkomplex der wilden Jagd und des Nachtvolks gibt, darf man sie nicht gleichsetzen (vgl. Petzoldt 1990, 134f. und 186ff.). Dann wäre das Nachtvolk in all jenen Erzählungen, in welchen es als *Friesen* bezeichnet wird, ein Volk von Riesen, und das lässt sich den Texten nicht entnehmen. Im Übrigen könnte man, wenn Krogmann meint, *Riesen* sei zu *Friesen* umgebildet worden, genauso argumentieren, dass in seinem einzigen Beleg *Friesen* zu *Riesen* umgebildet worden sei.

106 »Dan ick holde dit niet anders dan foer boeseling«. Er habe nämlich in einer Schweizer Chronik gelesen, »datse vth Pannonijen gecomen sint« (ebd.).

worden, auszuwandern und *eine höhere Gegend, die keine Überschwemmung errei-*
chen konnte, aufzusuchen, um sich daselbst anzusiedeln und eine neue Heimat zu
gründen. Sie zogen unter Anführung eines gewissen Schwenn oder Schwyn nach
Süden durch ganz Deutschland, *bis sie eine hohe Gegend fanden, die ihnen voll-*
kommen Schutz gegen die Fluten des Meeres zu geben schien. Sie fanden die Gegend bewaldet und voll schöner Wiesen, aber von Menschen wenig bewohnt. Sie
bauten einen Ort, den sie nach ihrem Anführer Schwyz und das umliegende Land
Schwyns- oder Schwyzerland nannten« (C. Jensen 1927, 43; eigene Hervorhebung,
B.R.).

Jensen fügt in einer Fußnote hinzu, dass es »noch jetzt Schwennen-, Schwyns- oder
Schweinsgeschlechter in Dithmarschen wie auf Sylt« gebe (ebd., Fußnote 2). Willy
Krogmann, der diesem Sagenbereich sehr kritisch gegenübersteht, ist der Meinung,
dass Jensen die Geschichte von Christian Peter Hansen gehört habe – von jenem
Hansen, dem Krogmann die Erfindung diverser Sagen nachgewiesen hat (Krogmann 1956) und der auch in diesem Fall vermutet, dass Hansen sich die Geschichte
aus den Fingern gesogen und offenbar Jensen weitererzählt habe (Krogmann
1962/63, 88f.). Er begründet seine Auffassung damit, dass Jensen Hansen kennen
gelernt haben müsse, »als er 1878 als junger Lehrer nach Keitum auf Sylt kam, wo
jener vorher Lehrer gewesen war und noch bis zum 9. Dezember 1879 lebte« (ebd.,
88). Denn dieser habe die Geschichte auf jeden Fall gekannt bzw. sich ausgedacht,
weil Jensen schreibt, dass Hansen sie dem Basler Professor Wilhelm Vischer erzählt habe (ebd.; C. Jensen 1927, 48). Kroogmanns Argumentation setzt voraus,
dass Jensen Hansen tatsächlich getroffen, ihm die Sage erzählt – theoretisch könnte
er sie auch von Vischer erfahren haben – und diese vielleicht selbst erfunden hat.
All das ist möglich, aber nicht sicher, und selbst wenn Hansen die Geschichte Jensen mitgeteilt hat, ist nicht auszuschließen, dass sie schon vorher im mündlichem
Umlauf war. Doch selbst wenn Kroogmann in allen Punkten Recht hätte, bliebe die
Tatsache bestehen, dass Jensen ihm geglaubt und so wiederum einen Prozess der
mündlichen Tradierung in Gang gesetzt hätte, was nicht geschehen wäre, hätte diese Version nicht bestimmte Saiten im Rezipienten zum Klingen gebracht. Schließlich liegt Jensens Publikation ein Festvortrag zu Grunde und war somit öffentlich
wirksam.

Die Friesen wandern wegen einer Hungersnot und einer großen Überschwemmung aus, heißt es bei Jensen, und daher wollen sie in eine Gegend ziehen, *die ih-*
nen vollkommenen Schutz gegen die Fluten des Meeres bietet. Das *Nie wieder,*
welches hier mitschwingt, erscheint mir stimmig, da Katastrophen traumatisierende
Wirkungen zeitigen können, die mitunter so weit gehen, dass man alle denkbaren
und undenkbaren Sicherungsmechanismen in Gang setzt, um künftig derartige Vorfälle zur Gänze auszuschließen. Und insofern hat die Schweiz Symbolcharakter
nicht nur für die Friesische Freiheit, sondern auch, als Land mit den höchsten Bergen in Europa, für die Sehnsucht nach absoluter Sicherheit vor den Fluten.

Die Sagen, welche in diesem Kapitel behandelt werden, haben allzumal mit der
Friesischen Freiheit zu tun, sei es, dass ihr Zustandekommen erklärt wird, sei es,
dass das Augenmerk auf die Schweiz als ein Land gerichtet wird, das erfolgreicher

war im Kampf gegen die Adelsherrschaft. Gleichzeitig existiert ein Zusammenhang mit dem Meer, denn die weitgehende Freiheit von Heerfolge und das Recht auf genossenschaftliche Organisation des Gemeinwesens hängen, neben der Normannenabwehr, mit der Notwendigkeit zusammen, die Deiche zu schützen, zumal in einer Zeit zunehmender Sturmfluttätigkeit. Die Erzählungen über die Besiedlung der Schweiz als eines sicheren Zufluchtsorts können ebenfalls unter dieser Perspektive betrachtet werden.

Im volkskundlichen Sinn bedeutet *Sage* keineswegs etwas von vornherein Irreales, Erfundenes. Vielmehr geht es um das, was *man sagt*, was die Menschen einander erzählen und glauben. Es handelt sich um geglaubte Lebenswirklichkeit, das Geschehen gilt als wahr, weil es durch eine Autorität – sei es ein vertrauenswürdiger Freund, eine anerkannte Chronik oder ein seriös erscheinendes Sachbuch – verbürgt ist (Rieken 2000, 71–75). Darum braucht es auch nicht zu überraschen, wenn in einer Sammlung verbindlicher Rechtstexte Sagen vorkommen. Den Glauben an das Geschehen teilt die traditionelle Volkssage mit den Urban Legends der Gegenwart; das war früher nicht anders als heute. Erst wenn widersprechende Informationen auftauchen oder die Erzählung eindeutig als *Sage* im populären Sinn definiert wird, indem sie in einer einschlägigen Sammlung, als Buch oder im Internet, erscheint, wird ihr Wahrheitsgehalt bezweifelt; dann gilt sie nur noch als *sagenhafte* Geschichte. Beides sind einseitige, populäre Positionen, die nicht haltbar sind, weil Realitäten konstruiert, das heißt einmal mehr und einmal weniger genau erfasst werden. Die Verleihung der Freiheitsrechte durch Karl den Großen dürfte eine Erfindung sein, aber ihre Gewährung durch seinen Sohn Ludwig den Frommen – zur Abwehr der Normannen und der Fluten – Realität. Die Gründung der Schweiz durch Friesen ist eine aus Wunschdenken geborene Sicht der Dinge, die unrichtig ist, doch die Abwanderung friesischer Küstenbewohner auf Grund von Hungersnöten oder Überflutungen im Zuge der Nordsüdvölkerwanderung ist wahrscheinlich und ihre Ansiedlung im Oberhaslital durchaus möglich, wie die ausführliche Beschäftigung mit dem Thema deutlich machen sollte. *Es handelt sich daher um Erzählungen, welche im kollektiven Gedächtnis aufbewahrt wurden und Auskunft geben können über Fragen der Mentalität. Sie erzählen uns zwar nicht, wie es war, aber sie erzählen uns, wie die Menschen glaubten, dass es war, und das taten sie auch, um sich selber zu definieren, um sich ihrer Identität zu vergewissern.*

Wunschdenken spielt dabei durchaus eine gewisse Rolle. Trotz genossenschaftlicher Organisation handelte es sich nicht um eine Gesellschaft der Gleichen. Auch in den Sieben Seelanden existierten Arme, auch dort gab es Gesinde, Dienstleute und Tagelöhner, die von reichen Marschenbauern drangsaliert und geknechtet wurden. Und trotzdem beinhaltete die Friesische Freiheit des Mittelalters mehr als nur ein Körnchen Wahrheit, weil die Zahl vermögender Bauern nicht auf eine kleine Oberschicht begrenzt, sondern weitaus größer war als anderswo, und weil weder Adel noch Kirche es zustande brachten, das Land der Bauern unter ihre Kontrolle zu bringen, zumal nicht nur Besitzer, sondern auch Pächter in den Genuss der Freiheitsrechte kamen (vgl. Knottnerus 2003; van Lengen 1995, 118–122; H. Schmidt 2001, 82f.; ders. 2003a; ders. 2003b).

5.1.3 Friesische und niederdeutsche Sprache

Die Sonderstellung der Friesen hängt nicht allein mit kulturellen oder geschichtlichen Faktoren zusammen, sondern auch mit der Sprache, die dort gesprochen wird bzw. wurde, dem Friesischen und Niederdeutschen. Wer einen Blick auf die friesischsprachigen Texte in den Anmerkungen oder im Anhang wirft, wird feststellen, dass es sich dabei nicht etwa um eine deutsche Mundart handelt, sondern um eine eigenständige Sprache (zum Folgenden vgl. Fort 2001a; Janzing 1999; Winkler 1874 sowie die entsprechenden Aufsätze in Munske 2001). Diese gehört zum nordseegermanischen Zweig des Westgermanischen und unterscheidet sich, trotz einiger Gemeinsamkeiten, vom Niederländischen und Niederdeutschen. Es teilt gewisse Merkmale mit dem Dänischen und Schwedischen, lässt aber vor allem eine sprachgeschichtlich enge Verwandtschaft mit dem Englischen erkennen. Charakteristisch ist etwa die Vokalisierung von g nach a oder e. Während englisch *day* im Hochdeutschen *Tag* und im Niederdeutschen *Dag* heißt, sagt man in Westfriesland *dei*, im Saterland *dai* und auf Föhr sowie Amrum *dâi*. Daran wird bereits deutlich, dass es nicht *das* Friesische gibt, sondern verschiedene friesische Dialekte, wobei die Verständigung untereinander nur bedingt möglich ist.

Vereinfacht wird das Friesische in West-, Ost- und Nordfriesisch unterteilt, gemäß den drei Frieslanden. Das westerlauwerssche Friesisch, das in Deutschland *Westfriesisch* genannt wird und in den Niederlanden *Frysk* – weil die Provinz *Fryslân* heißt und nicht »Westfryslân« –, gliedert sich in vier Festlandsdialekte, das Klaaifrysk, Wâldfrysk, Noardeasthoeksk und Südwesthoeksk sowie die Inseldialekte Skylge auf Terschelling[107] und Skiermûntseach auf Schiermonnikoog (van der Veen 2001, 98f.). In einigen Städten Frieslands wird allerdings eine Mischsprache aus Niederländisch und Friesisch gesprochen, das so genannte Stadtfriesisch oder Stedsk (van Bree 2001).[108] Das Friesische, dessen Verbreitung geographisch gesehen weitgehend identisch mit der Provinz Friesland ist, hat sich bis heute als lebende Sprache erhalten. 94 Prozent der einheimischen Bevölkerung verstehen Friesisch, 60 Prozent sprechen es nach eigenen Angaben besser als Niederländisch, für fast genauso viele (55 Prozent) ist es die Muttersprache (Gorter 2001, 74f.; Jonkman 1998, 18; vgl. Feitsma 1998, Gorter 1998), und es existiert, bedingt durch geringe dialektale Unterschiede,[109] eine normierte Schriftsprache (vgl. Breuker 2001; Feitsma 2001). Die Provinz Friesland ist seit den 70er Jahren des 20. Jahrhunderts als zweisprachige Provinz von der niederländischen Zentralregierung anerkannt.

Ganz anders sieht die Situation im Bereich des osterlauwersschen Friesisch (zwischen Lauwers und Weser) aus, denn dort ist es weitgehend ausgestorben. Dieses Gebiet, das im Mittelalter *ein* Sprachraum war, unterlag in der Folgezeit nämlich einem zweifachen Sprachwechsel: 1.) dem vom Friesischen zum Niederdeutschen (um 1400) und 2.) vom Niederdeutschen zum a.) Niederländischen westlich

---

107 In dem Ort Midsland auf Terschelling wird hingegen ein niederländischer Dialekt gesprochen.
108 In Leeuwarden, Dokkum, Franeker, Harlingen, Sneek, Bolsward und Stavoren.
109 Größere Abweichungen nur auf Terschelling, Schiermonnikoog und in Hindeloopen (an der Nordostküste des Ijsselmeeres).

der Ems und b.) Hochdeutschen östlich der Ems (Fort o.J., 497f.; Niebaum 2001, 430). Während mit der »Entfriesung«[110] bzw. »Verniederdeutschung« in Groningen und den Ommelanden ein Verlust der friesischen Identität einherging, haben die (deutschen) Ostfriesen »nicht nur an ihrem alten Namen festgehalten, sondern sie fühlen sich ganz augenscheinlich auch noch immer als Friesen« (Niebaum 2001, 435).

Das osterlauwerssche Friesisch, bei dem man zwischen Emsfriesisch (Provinz Groningen und Ostfriesland) und Weserfriesisch (Jade- und Wesermündungsbereich) unterscheidet, hat sich nur in Randgebieten länger als bis zum Anbruch der Neuzeit halten können: im Harlingerland und im Lande Wursten (südlich von Cuxhaven) bis ins 17./18. Jahrhundert, wovon spärliche Überlieferungen zeugen,[111] auf der Insel Wangerooge, aus der verhältnismäßig viele Texte erhalten sind, immerhin bis Anfang des 20. Jahrhunderts[112] (Ehrentraut 1849°/1854°; ders. 1996°; Niebaum 2001, 431–437; B.E. Siebs 1928°, 67–75; 103f.; Versloot 1996; ders. 2001a; ders. 2001b; ders. 2001c). Einzig das Saterfriesische, das von etwa 2000 Sprechern beherrscht wird, hat bis heute überlebt. Das Saterland liegt zwar nicht im protestantischen Ostfriesland, sondern im äußersten Nordwesten des katholischen Landkreises Cloppenburg, doch erfolgte um 1100 die Landnahme durch Friesen. Möglicherweise waren sie infolge heftiger Sturmfluten genötigt, die Küste zu verlassen, oder auf Grund kriegerischer Auseinandersetzungen.[113] Die aus Westfalen stammende Urbevölkerung übernahm die Sprache der Neuankömmlinge, die viele Ähnlichkeiten mit den Mundarten des Harlingerlandes und Wangerooges aufweist. Sie konnte sich bis heute erhalten, weil das Saterland bis zum Beginn des 19. Jahrhunderts wegen der es umgebenden Moore auf dem Landweg kaum zu erreichen und daher weitgehend isoliert war (Fort 1980, 15f.; 45ff.; ders. 2000, VIII–IX; ders. 2001b, 409; Terheyden 2001; zu Fort vgl. Raubold 1995). Mit anderen Worten: Gerade weil das Saterland keine Verbindung zu Ostfriesland hatte und die Saterländer wegen der geographischen Lage und der unterschiedlichen Konfession sich nicht als Friesen fühlten, konnte sich dort ihre friesische Mundart erhalten.

---

110 Den Begriff dürfte der berühmte Kulturhistoriker Johan Huizinga in die Wissenschaft eingeführt haben, und zwar in seiner Schrift *Hoe verloren de Groningsche Ommelanden hun oorspronkelijk Friesch karakter?*, in der er von *de ontfriesching der Ommelanden* spricht (Huizinga 1914; vgl. Niebaum 2001, 432).

111 Neben den Rechtsquellen wie dem Rüstringer Recht sind vom osterlauwersschen Friesisch nur folgende Texte überliefert: ein aus dem Jahr 1632 stammendes Hochzeitsgedicht des Rentmeisters Imel Agena aus Upgant-Schott im ostfriesischen Brokmerland; das als Manuskript überlieferte *Memoriale Linguae Frisicae* des Stedesdorfer Pastors Johannes Cadovius Müller sowie zwei um 1700 entstandene Wörterverzeichnisse des Friesischen im Lande Wursten. Urkunden in Friesisch fehlen, weil die Urkundensprache zuerst Latein, dann Mittelniederdeutsch war (vgl. Fort o.J., 516f.; Versloot 2001b; ders. 2001c).

112 Die letzten beiden Sprecher verstarben 1950 in Varel (B.E. Siebs 1928°, 103f.).

113 Letzteres meint zumindest Ubbo Emmius in seiner geographischen Beschreibung Ostfrieslands von 1616 (Emmius 1982°, 24).

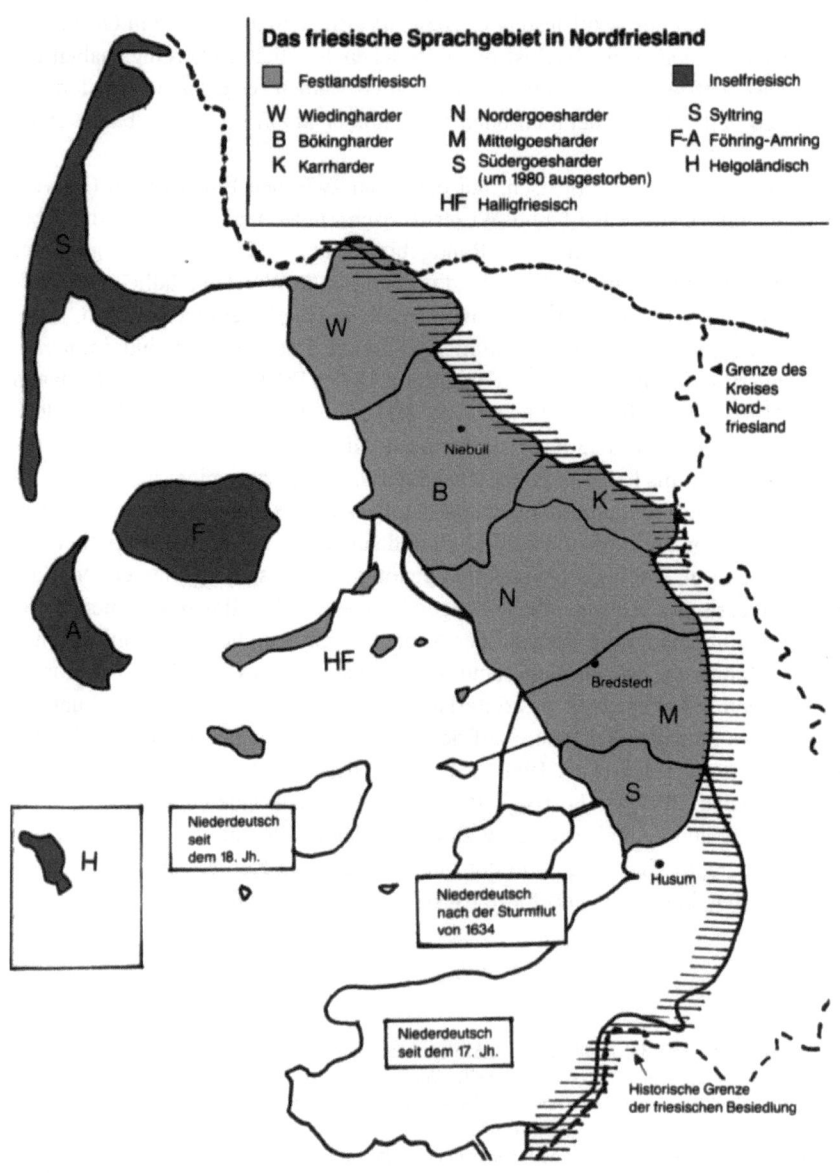

Abb. 2: Die nordfriesischen Mundarten zu Beginn des 20. Jahrhunderts

Immerhin vermochte das ostfriesische Niederdeutsch einige friesische Reliktwörter zu erhalten, etwa *Demat* (= Größenbezeichnung für ein Stück Land, das ein Mann binnen eines Tages bearbeiten kann), *Heller* (= Außendeichsland), *Kuus* (= Backenzahn) oder *Tuun* (= Garten) (vgl. Spenter 1983; Scheuermann 2001). Auch einige Orts- und Personennamen sind als friesische Relikte einzustufen, etwa die Endung *um* in Ortsnamen wie *Borkum* oder *Dorum*, die auf altfriesisch *ham, hem* = *Hausstätte, Dorf* zurückgeht (vgl. Ebeling 2001a; ders. 2001b).

Anders als in Ostfriesland sieht die Situation in Nordfriesland aus, denn es beherrschen heute noch ungefähr 10 000 Menschen die Sprache, doch ist die Lage dort sehr kompliziert, weil eine Vielzahl von Dialekten besteht, die zwischen weniger als 50 und maximal 2500 Sprechern umfasst (zum Folgenden: Steensen 1995, 403; Walker 2001; Walker und Wilts 2001, 284ff.). Das Sprachgebiet reicht von der deutsch-dänischen Grenze bis südlich von Bredstedt und lässt sich zunächst in insel- und festlandsfriesische Mundarten einteilen, die heute neun Hauptmundarten bilden.[114] Die Inselmundarten werden auf Sylt, Föhr, Amrum und Helgoland gesprochen, wobei die Mundarten von Föhr und Amrum eine Einheit bilden und die Sprache der Halligbewohner, da ehemaliges Festland, zu den Festlandsmundarten zählt. Kaum eine andere europäische Region ist dialektal so aufgespalten wie Nordfriesland. So heißt *Tisch* auf Sylt *Staal*,[115] auf Föhr und Amrum *boosel*, auf Helgoland *Taffel*, in der Wiedingharde *skiuw* und in der Bökingharde *scheew*. Trotz der Zersplitterung existieren jedoch zahlreiche Gemeinsamkeiten, auf Grund deren das Nordfriesische als Einheit angesehen und von den benachbarten Sprachen abgegrenzt werden kann. Dazu zählt etwa die Senkung von *i* zu *a* im zentralen nordfriesischen Bereich: *Fisch* heißt im Westfriesischen sowie im Saterland und auf Alt-Wangerooge *fisk*, auf Föhr und Amrum hingegen *fask*, auf den Halligen *faske* und in der Bökingharde *fasch*. Entsprechend heißt *Sinn* im West- und Saterfriesischen *sin*, auf Föhr und Amrum, der Bökingharde, Nordergoesharde und den Hallingen *san*, während die Senkung in den Randmundarten nur bis *e* bzw. *ä* gelangt ist: auf Sylt und Helgoland *Sen*, in der Mittelgoesharde *sän*.

Für die dialektale Aufsplitterung gibt es verschiedene Gründe. Die Unterschiede zwischen Insel- und Festlandsmundarten dürften mit den unterschiedlichen Einwanderungswellen aus West- bzw. Ostfriesland zusammenhängen: Im 8. Jahrhundert wurden zunächst die Geestinseln sowie die höher gelegenen Teile der Halbinsel Eiderstedt – das dortige Friesisch ist bereits im 17. Jahrhundert ausgestorben – und der Wiedingharde besiedelt, das übrige Festland erst während der zweiten Einwanderungswelle im 11. Jahrhundert durch deichbaukundige Emsfriesen. Darüber hinaus wurden die Mundarten von den benachbarten Sprachen beeinflusst, die nördlichen einschließlich Syltring und Föhring-Amring vom Jütischen – einer däni-

---

114 Inselnordfriesisch: Syltring, Föhring-Amring, Helgoländisch. – Festlandsnordfriesisch: Wiedingharder, Bökingharder, Karrharder, Nordergoesharder, Mittelgoesharder, Halligfriesisch. Das Südergoesharder Friesisch ist mit dem Tod der letzten Sprecherin 1981 ausgestorben (nach Walker und Wilts 2001, 284f.). Vom Aussterben akut bedroht sind heute das Mittelgoesharder, Karrharder und Halligfriesisch.

115 Substantive werden im Allgemeinen klein geschrieben, auf Helgoland und Sylt jedoch groß.

schen Mundart –, die südlichen und das Helgoländische vom Niederdeutschen. Wegen der Isoliertheit einzelner Gebiete und schwieriger Verkehrsverhältnisse kam es nur bedingt zu gegenseitigen Beeinflussungen, zumal auch kein zentraler Ort existierte, der normgebend hätte wirken können (Walker und Wilts 2001, 284; 286; vgl. auch Århammar 2001a).

Die Mannigfaltigkeit des Friesischen hängt zusammen mit geographischen sowie politischen und wirtschaftlichen Gegebenheiten. Die Eigenart des Nordfriesischen gegenüber dem West- und Ostfriesischen ist weitgehend das Ergebnis des nordfriesisch-dänischen Sprachkontaktes (Århammar 2001a, 314) und darüber hinaus wohl auch bedingt durch die große Entfernung von den Sieben Seelanden. Doch auch in kleinräumlicher Hinsicht spielt die Geographie eine Rolle, wie es etwa die Grenzlinie zwischen den nordfriesischen Festlands- und Inselmundarten deutlich macht oder die Dialektgrenzen bildenden Flüsse und Ästuare, zum Beispiel Lauwers, Weser und wohl auch die Harlebucht.

Die »Entfriesung« im osterlauwersschen Raum und insbesondere in den Ommelanden hat mit der Machtstellung der »sächsischen« Stadt Groningen zu tun, da sie, wie auch die anderen Hansestädte, vor allem Emden und Bremen, die dörflich und kleinstädtisch strukturierten Frieslande wirtschaftlich dominierten, wodurch das Niederdeutsche als überregionale Sprache der Hanse Einzug hielt (dazu Sanders 1982, 126–153). Ein weiterer Grund für das Verschwinden der friesischen Sprache dürfte in den umfänglichen Deichbaumaßnahmen zu sehen sein, weil nichtfriesische Arbeitskräfte und Neusiedler, etwa aus Overijssel und Westfalen, rekrutiert wurden (Niebaum 2001, 433; vgl. auch Knottnerus 1992b, 35f.).

Ohne die Komplexität sprachgeschichtlicher Zusammenhänge leugnen zu wollen, gilt, dass das Meer auch bei diesem Themenbereich eine gewisse Rolle spielt, und zwar in zweifacher Hinsicht: zum einen bezüglich der dialektalen Mannigfaltigkeit, welche mit der geographischen Zersplitterung zu tun hat, zum anderen in Hinblick auf die »Entfriesung« vor allem im osterlauwersschen Sprachraum mit dem Einfluss der Hanse und der Ansiedlung fremder Arbeitskräfte zum Zweck des Deichbaus. – Darüber hinaus verursachten auch vereinzelt Sturmfluten das Erlöschen der friesischen Sprache, wenn die einheimische Bevölkerung großteils abwanderte und sich später Fremde wieder ansiedelten, so nach 1634 auf Nordstrand oder nach 1855 auf Wangerooge (Århammar 2001a, 314; Versloot 2001a, 423).

5.2   Sächsische Bevölkerungsgruppe

Der Erste, der die Sachsen erwähnt, ist der Naturforscher Ptolemäus (um 150 n.Chr.). Er lokalisiert sie östlich der Chauken, die nach seinen Angaben bis an die Elbe siedelten.[116] Wahrscheinlich schlossen sie sich mit verwandten Bevölkerungs-

---

116 »Das Land am Ozean bewohnen oberhalb der Brukterer [= germanischer Volksstamm, um Christi Geburt zwischen Ems und Lippe ansässig] die Friesen bis zum Ems-Fluss, nach ihnen die kleinen Chauken bis zum Fluss Weser, dann die größeren Chauken bis zum Elbe-Strom,

gruppen, etwa Chauken und Angrivariern, zusammen und bildeten seit dem 3. Jahrhundert den Großstamm der Sachsen, wobei spätestens im 4. Jahrhundert das Elbe-Weser-Dreieck zum sächsischen Kernland wurde, abgesehen vom friesischen Lande Wursten am rechten Weserufer. Seit der Mitte des 6. Jahrhunderts beherrschten sie weite Teile Nordwestdeutschlands. In der Folge kam es zu kriegerischen Auseinandersetzungen mit dem entstehenden Großreich der Franken, die ihren Höhepunkt in den Sachsenkriegen Karls des Großen hatten (772–804), welche mit der Unterwerfung der heidnischen Sachsen endeten (Döring und Fansa 1996; Hucker 1997a).

Ein Großteil der Bevölkerung wanderte seit Anfang des 5. Jahrhunderts zusammen mit anderen Bevölkerungsgruppen, vorwiegend Angeln und Jüten, nach England aus, nachdem die Römer sich von dort zurückgezogen hatten, wobei, wie bereits erwähnt, die Entsiedelung des Küstenraumes auch mit der Dünkirchen-II-Transgression zusammenhängt. Es braucht wohl kaum angeführt zu werden, dass die natürlichen Einflüsse gleich oder ähnlich waren wie im Siedlungsgebiet der Friesen. Als der Meeresspiegelanstieg in den darauf folgenden Jahrhunderten zum Stillstand kam, zogen die Sachsen gen Norden und siedelten sich unter anderem in Dithmarschen, zwischen der Elbmündung und der Halbinsel Eiderstedt gelegen, an, womit sie ziemlich genau den Küstenraum zwischen der Ostgrenze des osterlauwersschen Frieslands (Land Wursten) und der Südgrenze Nordfrieslands (Eiderstedt) in Beschlag nahmen (Arnold 2000, 61; Meier 2000, 83–89). Adam von Bremen spricht von drei nordalbingischen sächsischen Gauen, von denen einer entlang der Nordsee mit Meldorf als Hauptort gelegen sei, eben Dithmarschen.[117]

Ähnlich wie in Friesland zwischen Vlie und Weser bedingte der um 1000 einsetzende Deichbau dort eine verfassungsmäßige Sonderentwicklung, da er als Gemeinschaftsaufgabe in genossenschaftlicher Organisation durchgeführt wurde. Diese Institutionen vermochten sich gegenüber den herrschaftlichen Vögten als Vertretern des Adels zu behaupten. Als politische Organisationen entwickelten sich zunächst die Geschlechterverbände angesehener Bauern und darüber hinaus die Kirchengemeinden oder Kirchspiele, die im Laufe der Zeit immer mehr Entscheidungsbefugnisse an sich zogen und sich 1434/35 schließlich durchzusetzen vermochten. Höchste Instanz in der Republik Dithmarschen war seit 1447 ein Gremium von 48 Vertretern der Kirchspiele, die diesem lebenslang angehörten und sich aus der führenden Bauernschicht rekrutierten. Darüber hinaus gab es gewählte Vertreter, und zwar in jedem Kirchspiel vier so genannte Schlüter (»Schließer« = Geldverwalter) und 20 Iurati (= Geschworene). Unter deren Führung vermochte sich Dithmarschen lange Zeit der Herrschaftsansprüche der dänischen Könige zu erwehren, wobei die Auseinandersetzungen in der legendären Schlacht bei Hemmingstedt vom 11.02.–17.02.1500 kulminierten, in welcher das Bauernheer gegen-

---

dann bis zur Enge der Kimbrischen [zu den Kimbern vgl. Kap. 5] Halbinsel die Sachsen« (Goetz und Welwei 1995°, Teil 1, 181; griechischer Originaltext: 180).

117 »Transalbianorum Saxonum populi sunt tres: primi ad occeanum sunt *Tedmarsgoi*, et eorum ecclesia mater in *Melindorp*« (Adam von Bremen 1999°, Kap. 15; eigene Hervorhebung).

über dem kriegerischen Angriff der Dänen und Holsteiner siegte. 1559 kam es allerdings zu einem erneuten Aufmarsch, bei dem die Dithmarscher unterlagen. Ihr Land wurde zunächst zwischen den Dänen und den mit ihnen verbündeten Gottorper Herzögen aufgeteilt, bis es 1773 zur Gänze an Dänemark fiel, wobei die Selbstverwaltung allerdings in vielen Bereichen erhalten blieb (BE, Bd. 5, 1988, 556; Mißfeldt 2000; Opitz 2000; Witt 2000).

Freies Dithmarschen bedeutete, ähnlich wie in Friesland, nicht individuelle Freiheit für jedermann, sondern zunächst die Freiheit der Kirchspielsgemeinde von Adelsherrschaft. Tonangebend waren die »großen Bauernfamilien, deren Männer Erfahrungen in der Führung größerer Betriebe besaßen, die aber auch Zeit genug aufwenden konnten für die Ausübung ihrer öffentlichen Tätigkeiten. Sie gewannen sie dadurch, dass die schweren zeitraubenden Arbeiten von Arbeitskräften ihres Hofes ausgeführt wurden, von Lohnabhängigen, die nirgends mitzureden hatten« (Nissen 2000, 116).

Die Entwicklung in Dithmarschen hängt eng mit der geographischen Lage der Region zusammen und ist daher nicht repräsentativ für die Sachsen. Das unterscheidet die sächsische Bevölkerungsgruppe von den Friesen, die stets in Küstennähe siedelten und mehrheitlich mit dem Meer verbunden waren bzw. sind. Die Friesische Freiheit war eng mit dem Schutz der Deiche verknüpft, weswegen die Rechtssatzungen der Allgemeinen Überküren für die Gesamtheit der Sieben Seelande galten, während der rechtliche Sonderstatus in Dithmarschen eben nur dort Wirksamkeit hatte.

6 Sturmfluten und Überschwemmungen im Spiegel der populären und chronikalischen Überlieferung

6.1 Der Durchbruch des Ärmelkanals

In älteren und neueren Sagensammlungen existiert eine Erzählung, welche die Entstehung der Nordsee auf einen menschlichen Eingriff zurückführt:

> Um 600 n.Chr. hat ein König aus Dänemark der englischen Königin namens Garhören die Ehe versprochen, doch später will er davon nichts mehr wissen. Daraufhin rächt sich die Verschmähte bitter, indem sie die landfeste Verbindung zwischen England und Frankreich durchstoßen lässt, um sämtliche Ländereien des dänischen Königs unter Wasser zu setzen, was ihr auch großteils gelingt (van der Kooi 1998°, 131; Lübbing 1928°, 2; Müllenhoff 1921°, 135).

Die Sammlungen führen allzumal Anton Heimreichs *Nordfresische Chronik* aus dem 17. Jahrhundert als Quelle an, wobei allerdings unerwähnt bleibt, dass dieser sich von seinem Bericht distanziert, weil er dessen Wahrheitsgehalt anzweifelt. Er schreibt:

> »Wie nun außer allem Zweifel durch die Ergießung der Wasser diese niedrigen Oerter zu solchem Zustande gerathen, als ist ganz zweifelhaftig und ungewiß, wenn und wie dasselbe von Zeiten zu Zeiten geschehen und zugegangen. Und irren diejenigen außer Zweifel, die dessen Anfang in das 600. Jahr nach Christi Geburt wollen setzen. Inmaßen sie denn berichten, dass A.C. 600 eine Englische Königin, Garhören geheißen, aus Ursachen, dass ein König aus Dänemark sich versprochen, sie zu heyrathen, und sie nachmahls habe sitzen lassen, die Höveden[118] zwischen England und Frankreich, auf 7 Meilen sich erstreckende, durch 700 Mann, so ganzer 7 Jahre daran sollen gearbeitet haben, lassen durchhauen, in Meinung, alle, dem Könige in Dännemark zugehörigen Länder, auf solche Weise zu ertränken und zu versenken. Daher durch Einstürzung der Westsee[119] diesen Ländern ein merklicher Schade sey zugewachsen, daß zwischen der Elbe und Riperfurt[120] in die 100.000 Menschen sollen ersäufet seyn« (Heimreich 1809°, Bd. 1, 82f.).

Heimreich hegt als Gelehrter – er war von 1652 bis 1685 Pastor auf der Hallig Nordstrandischmoor – Zweifel an der Geschichte, weil er aus dem Studium antiker Quellen weiß, dass England bereits zur Hochblüte des Römischen Reiches eine Insel war (ebd., 84f.), weswegen um 600 n.Chr. keine Landverbindung mehr vorhanden gewesen sein kann. Andere Quellen sprechen in dem Zusammenhang von

---

118 Mndt. *hovet*, *höft*, fachsprachl. *natürlicher Ufervorsprung*, *Vorsprung der Kaimauer*, *kurze Buhne*, zu altfries. *haved*, asächs. *hôvid*, altniederfränk. *hovid* = *Haupt*. Es geht um die Straße von Calais, *Höveden* meint entweder die Steilküste beiderseits der Straße von Dover (im Sinne von *Haupt* als *Erhebung*) oder einen sich dort befindenden markanten Vorsprung mit diesen Namen.

119 Früher in Schleswig-Holstein gebräuchlicher Name für *Nordsee*.

120 *Ribe*, dt. *Ripen*, Stadt in Jütland zwischen Esbjerg und Tønder.

der Cymbrischen Flut, bei der sich der Kanal geöffnet haben soll, datieren sie aber in die ersten Jahrhunderte vor Christi Geburt (vgl. dazu Arends 1833°, Bd. 2, 39–43, der ebenfalls an der Existenz der Flut zweifelt). Historisch gesichert ist nur, dass die Kimbern, ein germanischer Stamm in Nord-Jütland, Ende des 2. Jahrhunderts v.Chr. ihre Wohnsitze verließen und über Böhmen zunächst in die Ostalpen zogen. Die Annahme einer Sturmflut als Grund für die Abwanderung ist hingegen geschichtlich nicht belegbar, da die Quellen einander widersprechen (abgedruckt in Goetz und Welwei 1995°, Teil 1, 204–211). Die Transgression der Nordsee kann dabei keine Rolle gespielt haben, weil jene Zeit in die Stillstandsphase zwischen Dünkirchen-I und Dünkirchen-II fällt.

Interessant wäre es zu wissen, aus welchen Quellen Heimreich in diesem Fall geschöpft hat, denn er nennt ganz allgemein nur *diejenigen*, welche von dem Geschehen *berichten*. Damit können mündliche genauso wie schriftliche Quellen gemeint sein. Wäre Letzteres der Fall, und wir hätten Kenntnis von ihnen, würden sich ihre Spuren allerdings, geht man nur weit genug zurück, irgendwann im Dunkeln des frühen Mittelalters verlieren. Man könnte sich damit begnügen und die Kausalitätskette dergestalt zu einem Ende führen, doch würde es sich dabei um einen »Abbruch des Verfahrens« im Sinn Hans Alberts handeln,[121] sofern man nicht nachweisen kann, dass die Sage eindeutig auf einen bestimmten Autor zurückzuführen ist, der sie kraft Imagination erfunden und auf keine anderen Informationen zurückgegriffen hat. Das halte ich in diesem Fall jedoch für nicht wahrscheinlich, weil Hinweise auf mündliche Tradierung existieren, unter anderem im zweiten Teil der Heimreichschen Chronik, genauer in den *Silter Antiquitäten* des Sylter Chronisten Hans Kielholt aus der Mitte des 15. Jahrhunderts, die als Anhang dem Werk hinzugefügt sind. Kielholt berichtet, dass ihm in jungen Jahren »etlike seltsamen Tidungen[122] van de Tostand disses Landes Silt und andern byliggende Lande« zu Ohren gekommen seien. »Dat disse Lande also mit Water undergelopen und undergesunken« seien, habe er zunächst gar nicht glauben wollen, doch dann habe er am Westrand der Insel einen seltsamen Gegenstand gefunden, der braun und hart wie Eisen sei, mithin kein Produkt des Meeres sein könne (Kielholt 1809°, 345). Und bereits im nächsten Satz kommt er auf die Erzählung von der Überflutung der Nordsee zu sprechen:

> »Aber vom König von Dänemark *hört man sagen*, dass die Königin in England dieses Wasserland mit Wasser hat volllaufen lassen, weil sie den dänischen König nicht als Ehemann bekommen konnte, obgleich sie einander die Ehe versprochen und zugesagt hatten, und *man sagt*, dass der König mittels Giftes von seinem eigenen Adel getötet worden ist, und darüber hinaus soll sein Name danach ganz vertilgt und vernichtet worden sein von seinem Adel oder Edelleuten. Darum ist es hier nicht not-

---

121 Im *kritischen Rationalismus* Albertscher Prägung gelangt man, wenn man für alles eine Begründung fordert, in das *Münchhausen-Trilemma*, indem man nur die Wahl hat zwischen *infinitem Regress* (= Begründung der Begründung der...), *logischem Zirkel* in der Deduktion (= Zirkelschluss) oder *Abbruch des Verfahrens* (Albert 1991, 15).

122 *Zeitungen* im Sinne von *Mitteilungen, Nachrichten*.

wendig, mehr darüber zu schreiben« (ebd.; eigene Übersetzung; eigene Hervorhebungen, B.R.).[123]

Hans Kielholts Geschichte beruht unzweifelhaft auf mündlicher Überlieferung (*hört man sagen, man sagt*), zumal der Kontext, in dem sie steht, die *seltsamen Tidungen* sind, die er in seinen Jugendjahren gehört hat. Als Kind bzw. Jugendlicher habe er es gar nicht glauben können, dass der Meeresboden jenseits der Insel einmal festes Land gewesen sein soll, doch Gegenstände, die man am Rand der Insel bzw. am Meeresboden bei Ebbe finde, ließen keinen anderen Schluss zu. Für einen Menschen der beginnenden Neuzeit, der noch nichts von der modernen Geologie wissen konnte, muss das phantastisch geklungen haben, zumal in Anbetracht des statischen Weltbildes jener Zeit, das von einer Schöpfung ausging, die das Vorhandensein und nicht das Werden als Tatsache ansah. In dem Zusammenhang ist die Sage vom Durchbruch des Ärmelkanals genauso glaubwürdig wie der Untergang weiter Landstriche Nordfrieslands durch die verheerenden Sturmfluten des Mittelalters. Akzeptiert man in diesem Kontext die eine Erzählung, so akzeptiert man auch die andere, zumal handgreifliche Beweise für die ehemalige Besiedlung des Meeresbodens in Gestalt alter Kulturspuren vorhanden waren. Daher bin ich der Auffassung, dass die Geschichte nicht isoliert gestanden haben und einzig und allein auf Heimreich oder andere gedruckte Quellen zurückgeführt werden kann, wie van der Kooi meint (1998°, 131). Vorindustrielle Kulturen sind reich an mündlichen Erzählungen, und die in Chroniken hin und wieder eingestreuten Bemerkungen auf orale Tradierung können als Belege dafür aufgefasst werden, zumal die schriftliche Überlieferung, mit der wir uns befassen, wahrscheinlich nur ein Bruchteil dessen ist, was tatsächlich aufgeschrieben wurde.

Einen Nachklang der Heimreichen bzw. Kieltholtschen Sage bildet eine kurze Erzählung, die Ende des 19. Jahrhunderts nach mündlicher Überlieferung aufgezeichnet wurde:

> »In England regierte einst eine Königin, – ihren Namen weiß ich nicht mehr – die wollte alle Bewohner unseres Landes ertränken. Sie durchstach die Landenge, die England und Frankreich miteinander verband. Da brach eine gewaltige Flut über unser Land herein und brachte unsägliches Unglück« (van der Kooi 1998°, 131).

Diese Kurzfassung ist, wie es häufig der Fall ist, wenn Geschichten mehrfach »von Mund zu Ohr« wandern (Schenda 1993), auf die »nackten Tatsachen« reduziert und erwähnt nicht einmal mehr das Motiv der Königin für den Durchbruch. Ähnlich ist es in einer dänischen Variante, die Evald Tang Kristensen Ende des 19. Jahrhunderts erhoben hat (zu Kristensen vgl. Kofod 1996). Dort heißt es nur, dass die Regentin zornig auf Dänemark gewesen sei und aus Rache den Kanal geöffnet

---

123 »Averst vom Konink van Dennemarken *hoeret man seggen*, dat de Koninginne in Englandt hebbe disse Waterlande mit Water underlopen laten, wieln se den Konink to Dennemarken nicht tot Echte bekamen konnde, wo wol se sick sodahne Echtschop under een andern gelauet, und to gesecht hedden, und *man secht* de Konink schole mit Vergifft gadadet fηu van sin egen Adel und ock schall sin Name darna ganz voerdelget und vornichtet sin van sinen Adel edder Eddellüde. Darumme is hier nich nödig mehr van tho schriven«.

habe (Kristensen 1895°, 404 [Nr. 2077]; → Anhang, Text 5d). Vielleicht spricht die Herrschaftsbezeichnung für sich, da sich Regenten aus der Sicht des Volkes alles erlauben können, ohne Rücksicht auf Verluste, zumal man ihre Motive oft genug nicht nachvollziehen kann. Die herrschaftskritische Seite der Erzählung, die hier möglicherweise anklingt, steht im Kontext der althergebrachten Ordnung, welche die Sage immer wieder einfordert. In Heimreichs Version zeigt sich das deutlich an der mehrfachen Nennung der Siebenzahl, die hier für Fülle im Sinne von Maßlosigkeit steht. Sie ist eine ambivalente Zahl, wobei von ihrer positiven Seite bereits im vorletzten Kapitel, im Zusammenhang mit den *Sieben Seelanden*, die Rede war. So gibt es nicht nur die sieben Tugenden, sondern auch die sieben Hauptsünden – Maßlosigkeit ist eine davon –, ähnlich wie die *sieben fetten* und *sieben mageren Kühe* in Josephs Traum. Eindeutig negativ ist sie als *Böse Sieben*, eine Dämonengruppe in der babylonischen Religion, oder in der populären Redensart vom *verflixten siebten Jahr*, das oftmals zur Scheidung führen soll.

Die Königin rächt sich, weil der dänische Herrscher das Heiratsversprechen nicht eingelöst hat, heißt es bei Heimreich und Kielholt übereinstimmend. Dass sie ob der verschmähten Liebe erzürnt ist, ist einleuchtend, doch dass sie die Straße von Calais öffnen lässt und damit Tausende in den sicheren Tod treibt, sprengt jegliches Maß. Ihr eigentliches Ziel, am König grausame Rache zu üben, tritt aber nur bei Kielholt deutlicher zu Tage, was vielleicht damit zusammenhängt, dass Heimreich sich mit der Geschichte nicht allzu lang aufhalten wollte, weil er ihren Wahrheitsgehalt bezweifelt. Dafür ist er in anderer Hinsicht präziser, indem er den Namen der englischen Königin nennt,[124] während der dänische Herrscher in beiden Fassungen anonym bleibt, was gut zur Intention der Königin passt: Sie möchte den Untreuen mit Stumpf und Stil ausrotten, und dazu gehört auch sein Name. Das wirkt auch auf Kielholt, denn er stellt im nächsten Satz lakonisch und abschließend fest, dass es nicht nötig sei, mehr darüber zu schreiben, weil sogar der Name »ganz voerdelget und vornichtet« sei.

Hinsichtlich des ersten Teils stimmen Heimreich und Kielholt überein, doch im zweiten Teil ist die Perspektive eine unterschiedliche, da Heimreichs Erzählung mit der Feststellung endet, dass durch die *Einstürzung der Westsee* 100 000 Menschen ertrunken seien, während Kielholt die Überflutung nur kurz erwähnt und dann vom weiteren Fortgang berichtet, nämlich von der Ermordung des Königs durch seine adligen Gefolgsleute. Es wäre allerdings ein Irrtum zu glauben, dass Letzterer eher an der »großen« Geschichte interessiert wäre, denn ein Blick in die *Silter Antiquitäten* zeigt, dass er vorwiegend von eigenen Erlebnissen berichtet und von dem, was die Menschen, zumeist »de Buren«, also die Bauern, ihm erzählt haben. Auch von daher halte ich es für weniger wahrscheinlich, dass beide Autoren aus derselben schriftlichen Quelle schöpfen, und stattdessen für plausibler, dass das Geschehen in mündlicher Überlieferung verbreitet war, die oftmals bruchstückhafter ist als die schriftliche.

---

124 Dass er bei Kielholt fehlt, könnte ein weiteres Indiz für Mündlichkeit sein und dafür, dass der 200 Jahre später lebende Heimreich *auch* aus schriftlichen Quellen geschöpft haben dürfte.

Auffällig an Kielholts Text ist das lakonische Element: In aller Kürze erwähnt er die Überflutung der Nordsee, nennt sogleich den indirekt Schuldigen – den dänischen König, der sein Heiratsversprechen zurückgezogen hat –, berichtet ohne Umschweife von dessen Ermordung durch die eigenen Leute nebst Auslöschung seines Namens, um mit der Feststellung zu enden, es sei nicht nötig, mehr darüber zu schreiben. Die eigentümliche Stilistik klingt nach bemühter Distanz, so als möchte der Autor das Geschehen nicht allzu nah an sich heranlassen. Einen möglichen Beleg für diese Vermutung finden wir einige Zeilen später, denn er erzählt, dass die Kirche, in der sein Vater als Pastor gedient habe, allmählich in der Nordsee versinke, sie stehe »nu daglik 2 Faden deep mit Water up den Mühren« (Kielholt 1809°, 346). Außerdem seien die Ländereien desselben, der einst ein vermögender Mann gewesen sei, mittlerweile ebenfalls »verwüstet und mit Water versunken« (ebd.). Deswegen und weil andere sein Hab und Gut an sich gerissen hätten, habe er auch nichts geerbt, außer »een Holle und een Paar Handschen«[125] (ebd.)! – Dass das innere Wunden zurücklässt, dürfte nachvollziehbar sein, weswegen es zumindest erwägenswert ist zu vermuten, dass Kielholt auf das Thema Überflutung sensibel reagiert und es mit Distanz zu betrachten versucht. Sollte diese Vermutung richtig sein, wäre das ein früher Beleg für den inneren, psychisch bestimmten Zusammenhang zwischen *Geschichten*, die zum Repertoire eines Autors gehören, und *persönlicher Lebensgeschichte*.[126]

Betrachtet man die Fassungen von Heimreich und Kielholt gemeinsam, so ergibt sich ein Bild der Königin, das von kalter Präzision und Konsequenz zeugt, so als wären alle Handelnden nichts anderes als Marionetten in ihrem Kalkül: Zunächst beschließt sie, die Länder des Königs unter Wasser zu setzen. Dann ertrinken Abertausende, woraufhin die Bevölkerung so erzürnt ist, dass dieser vom Adel vergiftet wird und sein Name auf ewig vergessen ist. Ihre Rachegelüste sprengen menschliche Maßstäbe, zumal sie ihr Ziel auch auf andere Art hätte erreichen können, indem sie »einfach nur« den Auftrag dazu gegeben hätte, den König zu töten, sodass zumindest Land und Leute verschont worden wären.

Vielleicht wird dadurch verständlich, dass der dänische Herrscher sie schlussendlich doch nicht geheiratet hat: Möglicherweise hat er ihren maßlosen und übersteigerten Charakter erkannt und es mit der Angst zu tun bekommen! Das spricht für Unterlegenheitsgefühle, die von anderer Seite Bestätigung erfahren. Zum einen dürfte er ein *passiver* Regent sein, weil er nichts gegen den immerhin »sieben« Jahre beanspruchenden Durchbruch des Ärmelkanals unternimmt, zum anderen ein *schwacher* Regent, da er der Verschwörung des Adels nicht Einhalt gebietet. Demnach dürfte wohl seine anfängliche Faszination gegenüber der englischen Königin in ihrem gegensätzlichen Charakter bzw. ihrer gegensätzlichen Antriebsstärke begründet gewesen sein.

Unter Umständen beinhalten diese Überlegungen jedoch ein Zuviel an Psychologie, ein Zuviel an Gedanken, die für den Menschen der Neuzeit zutreffen mögen,

---

125 »...einer Kopfbedeckung [mniederd. *hulle*; vgl. *verhüllen*] und einem Paar Handschuhen«.
126 Ausführlicher habe ich mich damit im Rahmen einer Feldforschung befasst (Rieken 2000).

aber nicht unbedingt für ältere Zeiten. Mich erinnert das Verhalten der englischen Königin an Kriemhilds Vorgehen im *Nibelungenlied*, die ebenfalls eine präzis geplante Maschinerie in Gang setzt, um Rache zu üben an der Ermordung Siegfrieds. Damit sie Hagen töten kann, zieht sie von Worms weg und heiratet den Hunnenkönig Etzel. Das Kind, welches sie von ihm bekommt, ist für sie ohne Bedeutung, denn sie hat nur ein Ziel: Nachdem sie zehn Jahre gewartet hat, lädt sie die Burgunder ins Hunnenland, lässt dort den ganzen Hof töten, vernichtet in ihrem Blutrausch die eigene Sippe und erschlägt Hagen.

Die Anpassung an die ritterlich-höfische Formenwelt der Stauferzeit ist äußerlich, genauso wie das Bekenntnis zum Christentum. Die »geduldig den ›kairos‹[127] abwartende Rache« ist eine spezifische Form »der germanisch-heroischen Epik« (Ehrismann 2002, 4), in gleicher Weise wie der Glaube an ein unerbittliches Schicksal, dem man unterworfen ist. »Welaga nu, waltant got [...], wewurt skihit«,[128] heißt es stabreimend im Hildebrandslied, als Vater und Sohn gegeneinander zu kämpfen beginnen (Schlosser 1976°, 266). Ähnlich verhält es sich im Nibelungenlied, beginnend bereits mit den düsteren Vorausdeutungen zu Beginn der ersten Aventiure sowie mit Kriemhilds Traum, in welchem sie einen prächtigen Falken aufzieht (= Siegfried), der dann von zwei Adlern getötet wird (Brackert 1976°, 6/7–8/9 [Strophe 2; 6; 13]), und endend mit der Feststellung am Schluss der 39. Aventiure, dass nun alle tot sind, denen bestimmt war zu sterben (Brackert 1975°, 262/263 [Strophe 2377]).

Ich möchte es daher nicht ausschließen, dass die Erzählung vom Durchbruch des Ärmelkanals auf eine vorchristliche Schicht zurückgeht. Trifft es zu, kann sie in Verbindung gebracht werden mit dem Schicksalsglauben sowie der hohen Bedeutung von Rache und Ehre in der so genannten germanisch-heroischen Epik. Konkret heißt das, dass der dänische König und ein Großteil seines Reiches dem Untergang geweiht sind, während die englische Königin sosehr in ihrer Ehre verletzt ist, dass ihre Rache unermesslich ist. – Im christlichen Kontext verfällt sie hingegen der Maßlosigkeit – in der griechischen Antike würde man von *hybris* sprechen –, im modernen politischen Sinn geht es um Herrschaftskritik bzw. Machtmissbrauch, in verhaltenspsychologischer Perspektive um das Nacheinander von Frustration und Aggression, in individualpsychologischer Sicht um die Überkompensation des Minderwertigkeitsgefühls, nämlich des als besonders drückend empfundenen Gefühls, vom König verschmäht worden zu sein, das zu übertriebenen Reaktionen führt, etwa zum »Streben nach Überwältigung des anderen um jeden Preis« (Adler 1987, 77). Selbst mit der psychiatrischen Diagnostik der Gegenwart gäbe es möglicherweise Berührungspunkte in Gestalt der antisozialen Persönlichkeitsstörung.[129] Und damit nicht genug, denn man könnte dem Text auch aus

---

127 In der griechischen Philosophie der *günstige Augenblick* oder *richtige Moment*. Als subjektiver Zeitbegriff im Gegensatz stehend zum *Chronos*, der gleichförmig fließenden Zeit.

128 »Wohlan nun, waltender Gott, das Schicksal will seinen Lauf«.

129 Auf Grund folgender diagnostischer Kriterien: (1) Unvermögen zur Einhaltung sozialer Normen, insbesondere durch rechtsverletzende Handlungen; (3) Impulsivität; (4) Reizbarkeit und Aggressivität; (7) fehlende Gewissensbisse, nach DSM-IV (vgl. Fiedler 1995, 197).

ökologischer Sicht einen Sinn abgewinnen, indem man argumentiert, dass man nicht unbedacht in den Ablauf der Natur eingreifen darf, weil das zu nicht absehbaren Folgen führen könnte, wie es etwa die gegenwärtige Diskussion um den anthropogenen Klimawandel deutlich macht.

Lassen wir es dabei bewenden. Die möglichen Deutungsangebote, die man sicher noch um einige andere vermehren könnte, sollten in erster Linie deutlich machen, dass Rezeption, da von subjektiver Natur, zu den mannigfachsten Überlegungen führen kann, die allzumal legitim sind, sofern sie nicht im offensichtlichen Gegensatz zum Text stehen. Die zuvor aufgeworfene Frage, ob das Aufspüren möglicher Motive der handelnden Protagonisten nicht zu sehr auf psychologischen Kriterien der Gegenwart beruht, lässt sich aus dieser Sicht verneinen, weil es vertretbar ist, Texte aus vergangener Zeit zu sich selbst in Beziehung zu setzen. Ist man hingegen an einer historischen Deutung interessiert, sollte man vorsichtiger argumentieren, weil wir nicht bzw. nur sehr ungenau wissen, wie die Menschen früher gedacht und empfunden haben. Auf der einen Seite könnte man argumentieren, dass bestimmte Gesetzmäßigkeiten, um die wir heute aus der Wissenschaft wissen, Kulturen und Zeiten übergreifende Gültigkeit beanspruchen. Dem stimme ich bedingt zu, und zwar mit Blick auf grundlegende Zusammenhänge, was zum Beispiel bedeutet, der Königin ein hohes Potential an Aggressivität zu unterstellen, die der Abfuhr bedarf.[130] Auf der anderen Seite unterscheidet sich das neuzeitliche Europa von früheren Epochen etwa hinsichtlich des Ausmaßes an Individualität und Subjektivität, denn ältere Kulturen sind stärker von kollektiven Orientierungs- und Handlungsmustern durchdrungen (vgl. Burckhardt 1976, 123; Hernegger 1978). Dazu zählen, wenn man dem Text Einflüsse aus vorchristlichen Schichten zugesteht, die Rolle des Schicksalsglaubens und der Ehre, denn beides bedeutet, von außen gelenkt zu werden, entweder durch eine unpersönliche und unbegreifliche Macht oder durch das Urteil der Anderen, das über Wert und Unwert entscheidet.

Für einen unbefangenen Leser dürfte die Erzählung unter anderem deswegen von Interesse sein, weil man sie zu einem realen Sachverhalt aus der Naturgeschichte in Bezug setzen kann, dem Durchbruch des Ärmelkanals um ungefähr 6000 v.Chr. (vgl. Kap. 2). Haben wir also mit der Sage einen »Nachklang aus uralten Zeiten« in unseren Händen? Wollte man diese Frage beantworten, dann würde man den Boden der Wissenschaft verlassen und den Raum des Glaubens betreten. Doch selbst wenn unsere Sage, was durchaus möglich ist, in vorchristliche Zeiten zurückreicht, fehlen immer noch mindestens 6000 Jahre, die es zu überbrücken gälte. Gewiss, besiedelt war der Raum seit jeher, bereits die Jäger und Sammler des Mesolithikums haben ihre Spuren am Boden der damals noch trockenen Nordsee hinterlassen. Um 5000 v.Chr. näherte sich die Küstenlinie der heutigen Position, die erste nachgewiesene Marschensiedlung stammt aus der Zeit um 4000 v.Chr. Die Völkerwanderung im ersten nachchristlichen Jahrtausend hat zwar zu einem Austausch der Siedler geführt, aber die Wissenschaft geht davon aus, dass eine

---

130 Hinsichtlich dessen besteht, von unterschiedlicher Terminologie abgesehen, Übereinstimmung vom Behaviorismus bis zur Ethologie (vgl. Rieken 2000, 140ff.).

Restbevölkerung erhalten geblieben ist (vgl. Kap. 3.1). Doch selbst wenn kontinuierliche Besiedlung einschließlich der Weitergabe überlieferten Wissens gegeben wären, woran man glauben kann oder auch nicht, weil keine Belege dafür existieren, ergäbe sich ein weiteres Problem.

Um nämlich im kollektiven Gedächtnis bewahrt zu bleiben, hätte es der Institutionalisierung der Überlieferung mittels Riten bedurft, und es wäre notwendig gewesen, dass die Erzählung die Identität der sie tragenden Gruppe festigt (vgl. Assmann 2002, 90f.). Für Ersteres fehlen jegliche Belege, etwa mögliche Hinweise aus dem Quellenbestand der Römerzeit – zumindest habe ich nichts Diesbezügliches gefunden –, und was Letzteres angeht, bietet die Sage kaum Identifikationsmöglichkeiten. Anders wäre es, wenn etwa zwei Oberhäupter lokaler Gruppen einander bekämpft hätten und die Auseinandersetzungen derart kulminiert wären, dass einer von ihnen ganze Landstriche unter Wasser gesetzt hätte, denn dann hätte man zum Beispiel den mahnenden Schluss ziehen können, friedlich zusammenzuleben. Wenn wir die Frage nach dem *Wozu* stellen, geht es in den Flutsagen zumeist um die Bestrafung unmoralischen Verhaltens; es sind Sintfluten, das heißt Sündfluten, durch die das Übel hinweggeschwemmt werden soll. Das gilt für die Beschreibung der großen Flut bei den Sumerern (Schmökel 1992°, 11. Tafel) genauso wie für die biblische Erzählung (1. Mos. 6–9) oder die antike Variante (Ovidius Naso 1992°, Buch I, 151–415). Stets sollen die Menschen für ihre Sündhaftigkeit bestraft werden, und stets kommt ein Auserwählter mit dem Leben davon, sei es Gilgamesch, Noah oder Deukalion (vgl. Vitaliano 1975, 153–160; Anderson 1937). Insofern unterscheidet sich die Sage vom Durchbruch des Ärmelkanals von den klassischen Sintfluterzählungen. Verursacher der Überschwemmung ist kein Gott, sondern eine gekränkte Königin, die allerdings Gott spielt, und betroffen sind, neben einem mehr oder weniger Schuldigen, lauter Unschuldige. Was diese Sage mit den Sintflutmythen hingegen teilt, ist das ungeheure Ausmaß der Verwüstung. Daher kann ich weder Anderson (1937, 7) noch Vitaliano (1975, 160) zustimmen, wenn sie unisono behaupten, dass in Europa keine Flutsagen existieren.

Da die Erzählung mit Dänemark zu tun hat, braucht es nicht zu überraschen, dass sie auch Eingang in die dänische Volksüberlieferung gefunden hat. Evald Tang Kristensen hat in seiner umfangreichen Sagensammlung, die in der zweiten Hälfte des 19. Jahrhundert entstanden ist, insgesamt vier Varianten erhoben, die allzumal im Anhang abgedruckt sind (Nr. 5a–5d).

> »Die englische Königin wurde einmal zornig auf den dänischen König, ich glaube, weil er sie nicht haben wollte. Deswegen machte sie einen Kanal vom Spanischen Meer[131] bis zur Westsee, damit Dänemark untergeht. Das hat sie nicht erreicht, doch seither ist das Meer unruhiger, und es gab auch keine Ebbe und Flut vor dieser Zeit« (Kristensen 1895°, 346; eigene Übersetzung; → Anhang, Text 5a).

Die Erzählung (5a) ist auf das Wesentliche reduziert, unterscheidet sich aber von den älteren Fassungen dadurch, dass nicht die Nordsee überflutet wird, sondern

---

131 Gemeint ist der Atlantik.

Dänemark vernichtet werden soll, was allerdings misslingt. Interessant ist der Hinweis, dass es erst seit diesem Zeitpunkt Ebbe und Flut an der Westküste gebe und zudem das Meer nun unruhiger sei. Da der touristische Blick – welcher Stürme und Gezeitenwechsel vorrangig als ästhetische Phänomene bewundert – zur Zeit der Erhebung noch auf eine Minderheit beschränkt war, werden die Folgen des Durchbruches von Seiten des Erzählers als eine negative Begleiterscheinung gewertet worden sein, denn sowohl vermehrte Sturmtätigkeit als auch Tidenhub erschweren die Schifffahrt. In einer anderen Variante (5d) wird als weitere Auswirkung das Auftreten von Flugsand genannt, der ebenfalls eine Folge stürmischer Witterung ist, wobei in der Vergangenheit tatsächlich an der Westküste, von Sylt bis Nordjütland, ganze Dörfer von Wanderdünen begraben wurden.

Durch die Nennung weiterer Folgelasten, die sich aus der Öffnung des Ärmelkanals ergeben, wird die Maßlosigkeit und Bösartigkeit der englischen Königin noch einmal gesteigert, denn es sind nicht allein ihre Zeitgenossen, die unter ihrer Tat zu leiden haben, sondern auch die folgenden Generationen – in der Sprache zeitgenössischen ökologischen Denkens ein irreparabler Eingriff in das Naturgeschehen mit überregionalen Auswirkungen. Während in den bisherigen Versionen das Verhalten der Königin ungesühnt bleibt, folgt in zwei weiteren Varianten aus Kristensens Sammlung die Strafe auf den Fuß. In der einen Fassung möchte sich die Regentin die Öffnung des Kanals aus direkter Nähe anschauen, wird aber, da zu nahe am Wasser stehend, samt ihrem Volk von den Fluten fortgerissen (5c), während die andere Variante (5b) das Geschehen in die Nähe von Højer (dt. Hoyer) verlegt, einem kleinen Hafenort nördlich der heutigen deutsch-dänischen Grenze, welcher bis zum Bau des Hindenburgdamms als Fährhafen nach Munkmarsch auf Sylt eine gewisse Bekanntheit hatte. Den Priel, der sich südlich von Højer ins Land hineinerstreckt, soll eine englische Prinzessin gegraben haben, um von dort aus das ganze Land unter Wasser zu setzen:

>»Sie stand, als die Flut kam, auf einer kleinen Insel, welche außerhalb des Kanals gelegen war, um von dort Dänemark untergehen zu sehen, aber das war ein Fehler von ihr, denn als die Flut kam, überströmte sie die kleine Insel oder den Werder [= Flussinsel], und, so ist es nun, die Prinzessin ertrank« (Kristensen 1895°, 346; eigene Übersetzung; → Anhang, Text 5b).

Volkssagen sind in der Regel ein schwer entwirrbares Konglomerat aus Fakten und Glauben. Das jütländische Marschengebiet durch den Bau eines Kanals – wohl eher ein natürlich entstandener Priel – unter Wasser setzen zu wollen, mag mit etwas Phantasie noch vorstellbar sein, aber etwa die sich östlich anschließenden Altmoränen der Saale-Eiszeit ebenfalls untergehen zu lassen, zeugt von beträchtlicher Naivität. In ähnlicher Weise lässt sich die Überflutung der Nordsee nicht auf den Durchbruch des Ärmelkanals reduzieren und noch viel weniger auf die Tat eines Einzelnen; das bedarf gar nicht der Erwähnung. Ursache ist, wie bereits in Kapitel 2 skizziert, der allgemeine Meeresspiegelanstieg während des Holozäns, wodurch das Wasser sowohl vom Nordatlantik als auch von Westen, durch die Straße von Calais, allmählich an die Deutsche Bucht heranrückte.

Und doch: Völlig falsch liegt die Erzählung nicht, denn da die Straße von Calais nicht allzu tief ist, drang die Nordsee erst dann an die heutige Küstenlinie vor, als die Landverbindung mit England durchbrochen war. Um 6500 v.Chr. existierte diese noch, während gleichzeitig die Jütlandbank weit in die Nordsee hineinragte. 500 Jahre später war der Ärmelkanal offen und um 5000 v.Chr. ungefähr die heutige Küstenlinie erreicht (Pott 1995, 13–17). Ich möchte damit, wie bereits erwähnt, nicht behaupten, dass in der Sage »uraltes« Wissen über Jahrtausende bewahrt worden wäre, aber ich denke, dass man zu jener Zeit, als dieser Sagenkomplex entstanden ist, bereits gewusst haben könnte, dass das Meer nördlich der Doggerbank sehr viel tiefer ist als südlich davon und im Kanal. Und dann brauchte man nur noch eins und eins zusammenzuzählen, um zu erkennen, dass die Überflutung der südlichen Nordsee ungefähr mit der Entstehung der Straße von Calais zusammenfällt.[132] Sollten diese Überlegungen richtig sein, dann enthielte die Sage durchaus ein Wissen, das sich vor dem der Wissenschaft jener Zeit nicht verstecken müsste. So schreibt etwa Fridrich Arends in dem seinerzeit anerkannten Standardwerk *Physische Geschichte der Nordsee-Küste* aus dem Jahre 1833:

> »Es wird ziemlich allgemein angenommen, dass die Nordsee einst ein würklicher Meerbusen und England und Frankreich in der Gegend von Calais und Dover zusammen gehangen haben, so wie Schweden und Dänemark. Weder griechische noch römische Schriftsteller machen davon Erwähnung, auch lässt sich keine Sage darüber hören; manche Gründe aber sprechen dafür [...]: 1) Die große Ähnlichkeit der gegenseitigen Küsten in Masse und Form [...]. 2) die abgebrochene steile Form der Felsenufer auf beiden Seiten. 3) die geringe Tiefe des Wassers in der Meerenge« (Arends 1833°, Bd. 1, 15f.).

Arends listet noch einige andere Gründe auf, aber für uns ist wesentlich, dass die einstmalige landfeste Verbindung zwischen England und Frankreich damals noch kein Faktenwissen war, sondern auf Vermutungen beruhte. Mit der Auffassung, es gäbe keine Sagen dazu, irrt Arends zwar, doch die Tatsache, dass er sie in einem Atemzug mit antiken Texten nennt, macht deutlich, dass er sie als Quelle ernst nimmt, und das, obgleich es sich bei ihm um einen Autor handelt, der stark von der Aufklärung beeinflusst und metaphysischen Spekulationen abhold ist.

Noch mehr beeindruckt von der Sage zeigt sich Johann Georg Kohl, Ethnograph und Geograph aus der Mitte des 19. Jahrhunderts, der gleichfalls im Geist der Aufklärung schreibt. Es sei zwar kaum zu glauben, dass die historische Überlieferung eines Ereignisses existiere, »dessen Zeitpunkt unsere Naturforscher nicht im Entferntesten zu bestimmen wagen«, doch sei es andererseits »merkwürdig, dass

---

132 Es ist sehr wahrscheinlich, dass die Menschen des Mittelalters und der Frühen Neuzeit trotz ihres christlich geprägten statischen Weltbildes gewusst haben, dass der Meeresspiegel sukzessive ansteigt (Dünkirchen-III-Transgression): Erst kam der Warftenbau, dann der Deichbau, dann die Meereseinbrüche. Dieses Wissen wurde sicher überliefert. Anhand der Rungholtsage werden wir sehen, dass der Mythos vom Untergang dieser Stadt mindestens über 500 Jahre im kollektiven Gedächtnis bewahrt wurde, obwohl erst im 20. Jahrhundert die Wissenschaft die Existenz Rungholts beweisen konnte.

diese Sage so gleichmäßig überall in Friesland ausgebildet und selbst bei den holländischen Friesen verbreitet ist« (Kohl 1846°, Bd. 2, 261).

Um eine rationale Erklärung bemüht sich hingegen der Sagensammler und Heimatforscher Rudolf Muuss, wenn er schreibt:

>»Und doch kann die Sage halbwegs Recht haben: Wir wissen seit kurzem, dass die französisch-belgische Küste sich in der Karolingerzeit sehr stark verändert hat, die ›Höfden‹ scheinen damals sehr viel schwächer geworden zu sein, als sie vorher waren. Klingen diese Veränderungen in der Sage von Garhören nach? Dass das Durchgraben schützender Sande verhängnisvoll werden kann, zeigt ja das Wasser zwischen Helgoland und seiner Düne« (Muuss 1933°, 7).[133]

Fragen wir nun nach dem faktischen Gehalt eines anderen Aspektes, nämlich der Behauptung aus der ersten Sage (Nr. 5a) Kristensens, dass die Nordsee seit dem Durchbruch des Ärmelkanals unruhiger geworden sei. In der geologischen Literatur herrscht hinsichtlich der Frage, welche Wirkung die Gezeitenwelle durch den Ärmelkanal zeitigt, Uneinigkeit, wie die folgenden Zitate deutlich machen. Endres und Schad schreiben:

>»Die nördlich vorbeiziehende ›schottische‹ Gezeitenwelle wird kaum gebremst und zieht mit 80 bis 100 km/h in die Nordsee ein, deren Gezeitengeschehen sie wesentlich speist. Die Kanalwelle jedoch wird durch das Festland stark eingeengt und ruft dort die zum Teil kräftigen Tidenhübe hervor. Nach ihrem Austritt in die viel breitere Nordsee hat sie keine nennenswerte Bedeutung mehr. Die Nordsee empfängt ihre Gezeitenimpulse also vom nördlichen Atlantik« (Endres und Schad 1997, 42f.).

In ähnlicher Weise äußert sich Frerk Jensen im *Umweltatlas Wattenmeer*:

>»Ihren wesentlichen Gezeitenimpuls empfängt die nach Norden offene Nordsee vom Atlantischen Ozean, dessen breites Randmeer sie ist. Dagegen sind der Einfluss des Englischen Kanals und der Eigenschwingung der Nordsee gering« (F. Jensen 1998, 54).

Indessen schreibt der Ozeanograph Joachim Krug:

>»Die Nordsee hat mit dem Ärmelkanal einen ziemlich schmalen und im Norden einen sehr weiten Zugang zum Atlantik. Vor beiden Zugängen liegen [...] Schwingungsbäuche, das heißt Regionen mit großem Gezeitenhub. Somit werden die Gezeiten der Nordsee von beiden Atlantikzugängen aus kräftig angeregt« (Krug 1993, 13).

Im gleichen Tenor behandelt das Thema Hubert Breuer in einer Arbeit zur Geomorphologie und Hydrodynamik des Emsstroms:

>»Gleichzeitig mit diesem Vorgang [= Anstieg des Meeresspiegels im Holozän] wurde nun mehr und mehr die in der Nordsee kreisende Gezeitenwelle wirksam, die sich

---

133 Bis zu Beginn des 18. Jahrhunderts war Helgoland mit der *Düne* – einer 1,5 km östlich gelegenen Sandinsel – durch das *Witte Kliff* verbunden, einen weißen Felsen aus Muschelkalkgesteinen, der als Steinbruch verwendet wurde. Nachdem es weitgehend abgetragen war, ließ eine an sich unbedeutende Sturmflut am 01.11.1711 den letzten Rest verschwinden (vgl. Woebcken 1924, 93; ausführlich Vahlendieck 1992).

infolge der Bildung des Ärmelkanals entwickelt hatte und als starke Strömung unmittelbar vor ihren Küsten entlang lief [...]. Es ist einleuchtend, dass seit dem Auftreten des Küstenstromes im Postglazial der Strand ständig abgetragen wurde und die Küstenlinie langsam aber stetig vor dem vordringenden Meer zurückweichen musste. Durch das Ansteigen des Nordseespiegels wurde dieser Zerstörungsvorgang noch beschleunigt und verstärkt (Breuer 1965, 18).

Hingegen äußert sich Richard Pott zurückhaltender, denn er konstatiert nur, dass der Durchbruch des Ärmelkanals »eine erhebliche Änderung der Strömungs- und Gezeitenverhältnisse bewirkt haben« dürfte (Pott 1995, 15).

Naiverweise wird oft angenommen, dass die Naturwissenschaften auf sichereren Boden fußen denn die Geistes- und Kulturwissenschaften, aber das dürfte, wenn überhaupt, nur bedingt gelten (vgl. dazu etwa Hübner 1986). Beim Studium der Literatur ist mir des Öfteren aufgefallen, dass mitunter große Uneinigkeit in Bezug auf so genannte harte Fakten besteht, und das ist auch in diesem Fall so. Dennoch wollen wir es wagen, aus den vorliegenden Informationen einen vorsichtigen Schluss zu ziehen. Von Bedeutung sind für unser Anliegen in erster Linie Starkwindverhältnisse. Wenn der Sturm aus westlicher Richtung über den Atlantik bläst, ist es einsichtig, dass vermehrt Wasser in den Kanal hineinläuft. Verständlich ist wegen des immensen Tidenhubes von maximal 11,5 Meter (im Golf von Saint Malo) auch, dass dort viel Wasser aufgestaut wird, aber daraus folgt nicht, dass überhaupt kein Wasser durch den an seiner engsten Stelle immerhin 32 Kilometer breiten Kanal strömt. Im Gegenteil: Die Gezeiten fließen dort mit der sehr hohen Geschwindigkeit von 2,5 Meter pro Sekunde (BE, Bd. 2, 1987, 124). Hinweise dafür, dass das Einfluss auf die niederländisch-deutsche Küste hat, könnten die von Breuer genannten Sandverfrachtungen sein, die fast überall ein Problem darstellen. Bestätigung erfährt unsere Behauptung aber vor allem dadurch, dass verheerende Sturmfluten oftmals dann auftreten, wenn der Wind zunächst aus Südwest weht – mithin viel Wasser in den Kanal gedrückt wird – und dann auf Nordwest dreht, wodurch zusätzlich Wasser aus dem Nordatlantik in erhöhtem Ausmaß zugeführt wird, sodass sich beide Flutwellen addieren. Dieser Sturmflutverlauf wird als *Skagerraktyp* bezeichnet und tritt weitaus am häufigsten auf (dazu Hagel 1962, 23f.; vgl. auch Quedens 1978, 16).

Daher dürfte die in der Sage aufgestellte Behauptung, die See sei seit der Öffnung des Ärmelkanals unruhiger geworden, zumindest ein Körnchen Wahrheit beinhalten. Dass dadurch, wie es ebenfalls heißt, Ebbe und Flut entstanden wären, entbehrt zwar jeglicher Grundlage, doch könnte man sich zumindest fragen, ob der Tidenhub nicht vielleicht zugenommen hat, wenn sich die beiden Gezeitenwellen addieren.

Ich gebe zu, dass vieles von dem, was in diesem Kapitel geschrieben wurde, spekulativ ist, aber das hängt großteils mit dem Thema zusammen, dessen naturgeschichtliche Wurzeln weit zurückreichen. Ich habe mich daher mit Bedacht um vorsichtige Interpretationen bemüht, möchte aber gleichzeitig hinzufügen, dass die Vorläufigkeit der Ergebnisse, da auf Vermutungen und Annahmen beruhend, kein »Privileg« der so genannten weichen Wissenschaften ist, sondern auch für Naturwissenschaften gilt, wie die einander widersprechenden Zitate aus der geologischen Literatur deutlich machen.

Auf sichererem Boden bewegen wir uns hingegen, wenn wir aus der – in mannigfachen mündlichen Varianten vorliegenden – Sage den Schluss ziehen, dass die Angst vor dem Meer zu tun haben kann mit der Unberechenbarkeit und Uneinsichtigkeit von Herrschern, die auf völlig fahrlässige Weise in den Naturablauf eingreifen. Da Sagen Auskunft über grundlegende Probleme zu geben vermögen, welche die Menschen bewegen, braucht es nicht zu überraschen, dass hier ein Argumentationsmuster vorliegt, das auch in der Gegenwart eine Rolle spielt. So übt etwa Uwe Sönnichsen, der unter anderem ein Buch über die Sturmfluten an der schleswig-holsteinischen Westküste verfasst hat (Sönnichsen und Moseberg 1994), in einem Interview mit der Tageszeitung *Die Welt* heftige Kritik am mangelnden ökologischen Bewusstsein von Politikern:

> »›Mein großes Anliegen ist der Küstenschutz. Deshalb ist die Klimaveränderung für uns das wichtigste Thema. Wenn wir nicht handeln, gibt es eine Katastrophe‹, so Sönnichsen. Das bloße Stichwort ›Klimakonferenz‹ lässt ihn schäumen wie die See in einem Herbststurm. ›Nach dem Kompromiss von Bonn wird der Ausstoß der Treibhausgase vermutlich nicht einmal um zwei Prozent gesenkt, das ist viel zu wenig‹,[134] erregt sich der Friese. ›Am schlimmsten ist George Bush. Wann kommt der endlich zur Vernunft?‹ Doch Sönnichsen teilt nicht nur nach Washington aus, sondern auch in Richtung Kiel und Berlin. ›Mindestens ein Sechstel der 1200 Deichkilometer in Schleswig-Holstein muss erhöht werden. Doch es fließt noch immer viel zu wenig Geld an die Küste.‹ Eine wirksame Sicherung der Küsten aber sei lebensnotwendig. ›Die Nordsee kennt keine Haushaltssperre‹« (Iken 2001).

Auf den ersten Blick unterscheiden sich zwar die Sage vom Durchbruch des Ärmelkanals und Sönnichsens Äußerungen dahingehend, dass es in jener um einen gewaltsamen Eingriff in das Naturgeschehen geht, in diesem hingegen um den Schutz der Umwelt, doch laufen die Folgen auf das gleiche hinaus, da aus der Sicht des Umweltschützers der Verzicht auf hinreichende Schadstoffreduktion zu einem ähnlichen Unheil führt, nämlich zur Klimakatastrophe, die, träte sie ein, weite Landstriche der norddeutschen Tiefebene unter Wasser setzen würde. Gemeinsam ist beiden Texten darüber hinaus die Rolle politischer Verantwortungsträger für das Geschehen, denn in der Sage ist die englische Königin allein verantwortlich, während bei Sönnichsen George W. Bush als am schlimmsten bezeichnet wird, weil sich die USA geweigert haben, die Klima-Rahmenkonvention zu unterschreiben.

---

134 Im Juni 2001 einigten sich die Vertragsstaaten der Klima-Rahmenkonvention ohne die Mitwirkung der USA auf die Umsetzung des so genannten Kyoto-Protokolls. Dieses sah die Reduktion von Treibhausgasen bis zum Jahr 2010 um fünf Prozent vor, geeinigt hat man sich in Bonn auf zwei Prozent, allerdings ohne die Möglichkeit rechtlicher Sanktionen vorzusehen, wobei sich die USA unter dem Präsidenten George W. Bush geweigert haben, selbst diesem Kompromiss zuzustimmen. (Zur Bewertung des Klimagipfels vgl. die gegensätzlichen Stellungnahmen des deutschen Umweltministers Jürgen Trittin [<http://www.solarserver.de/solarmagazin/standpunkt_trittin.html#punkt>] und des Journalisten Franz Alt [http://www.solarserver.de/solarmagazin/standpunkt_franzalt_klimagipfel.html, jeweils 11.08.2003]).

Doch auch Politiker der deutschen Bundes- und schleswig-holsteinischen Landes-
regierung werden kritisiert, da sie sich nach Meinung des Autors weigern, Finanz-
mittel für den Küstenschutz in hinlänglichem Ausmaß zur Verfügung zu stellen.
Das Bedürfnis, Probleme anhand von Personen bzw. Institutionen dingfest zu machen – um dessen Berechtigung es hier nicht geht –, wird auch daran deutlich, dass
gerade jenen Umweltorganisationen Sympathien von breiten Teilen der Bevölkerung entgegengebracht wird, die dezidiert gegen politische Verantwortungsträger
und ihre Maßnahmen Stellung beziehen.

6.2 Eine Sturmflut im 1. Jahrhundert nach Christi

6.2.1 Der Bericht des Plinius

Im 16. Buch seiner *Naturkunde* behandelt Plinius Secundus der Ältere *Waldbäume*.
Bevor er jedoch mit seinem eigentlichen Thema beginnt, berichtet er darüber, »wie
und von welcher Art das Leben derer ist, die ohne irgendeinen Baum oder Strauch
ihr Dasein fristen« (Plinius 1991°, I 1).

>»Wir haben zwar auch bei der Behandlung des Orients von mehreren Völkern am
>Ozean gesprochen, die unter solchem Mangel leben müssen. Doch auch im Norden
>haben wir selbst (solche Völkerschaften, nämlich) die Chauken[135] gesehen, welche
>die ›Größeren‹ und die ›Kleineren‹ genannt werden. Mit ungeheurer Wucht überflu-
>tet der Ozean dort zweimal im Zeitraum von Tag und Nacht ein unermesslich weites
>Land; er bedeckt eine mit der Natur ewig im Widerstreit liegende Fläche, und es ist
>zweifelhaft, ob diese zum Festland gehört oder ein Teil des Meeres ist. Dort wohnen
>sie, ein armseliges Volk, auf hohen Halligen oder auf künstlichen, der erfahrungs-
>gemäß höchsten Flut angemessenen Dämmen, auf denen ihre Hütten stehen, Seefah-
>rern ähnlich, wenn die Wassermassen ringsumher alles bedecken, Schiffbrüchigen
>aber ähnlich, wenn die Flut zurückgetreten ist; sie machen in der Umgebung ihrer
>Behausungen Jagd auf Fische, die mit dem Meer entweichen wollen. Vieh können
>sie keines halten, sich nicht wie ihre Nachbarn von Milch nähren, nicht einmal mit
>wilden Tieren kämpfen, denn jeder Strauch ist weit entfernt. Aus Riedgras und
>Sumpfbinse knüpfen sie Stricke zusammen, um daraus Netze für den Fischfang her-
>zustellen; mit bloßen Händen sammeln sie den Schlamm, lassen ihn mehr durch die
>Winde als durch die Sonne trocknen und wärmen mit dieser Erde die Speisen und
>ihre eigenen, durch das Wehen des Nordwindes erstarrten Körper. Sie haben kein
>anderes Getränk als Regenwasser, das sie in Gruben vor dem Eingang ihres Hauses
>aufbewahren. Und doch reden diese Völker, sollten sie heute vom römischen Volk

---

135 Germanische Bevölkerungsgruppe, welche im 1.–3. Jahrhundert zwischen Ems- und Elbmündung bezeugt ist und wahrscheinlich im Stammesverband der Sachsen aufging (vgl. Kap. 5.2).
Zwischen dem ersten nachchristlichen Jahrhundert und ungefähr 400 existieren über die Friesen praktisch keine schriftlichen Quellen. Als dann wieder über sie berichtet wird, sind die
Chauken verschwunden. Allerdings kann nicht zur Gänze ausgeschlossen werden, dass einige
von ihnen von den sich nach Osten ausdehnenden Friesen unterworfen oder assimiliert wurden. Dennoch kann man, und darauf kommt es im Folgenden an, Friesen und Chauken nicht in
eins setzen, weil in den Quellen zwischen ihnen unterschieden wird.

besiegt werden, von Sklaverei! So ist es in der Tat: Das Schicksal schont viele zu ihrer Bestrafung!

Ein anderes Wunder (zeigen) die Wälder: Sie bedecken das ganze übrige Germanien und vergrößern die Kälte durch Schatten; die tiefsten finden sich indessen nicht weit von den oben genannten Chauken, vor allem in der Nähe von zwei Seen. An der Küste selbst wachsen mit größter Üppigkeit Eichen; werden sie von den Fluten unterspült oder von Stürmen fortgetrieben, so führen sie durch den Umfang ihrer Wurzelstöcke riesige Inseln mit sich fort und segeln so, im Gleichgewicht stehend, dahin« (Plinius 1991°, I 2 – II 5; → Anhang, Text 6; auch abgedruckt in Goetz und Welwei 1995°, Teil 1, 115/117 bzw. im Original 114/116).

Plinius gilt als ernst zu nehmender Autor, zumal er als einziger römischer Schriftsteller jene Gegenden Germaniens wirklich besucht hat, die er beschreibt. Umso merkwürdiger mutet das Bild an, welches er von den Chauken entwirft, weil es nicht zu dem passt, was wir von den Marschenbewohnern in den ersten nachchristlichen Jahrhunderten wissen. Vor dem Bau der Deiche züchteten sie bereits Vieh – vorwiegend Rinder, aber auch Schweine, Schafe und Pferde – und gingen in den nahen Wäldern der Geest auf Jagd. Sie betrieben auf leicht erhöhten Flächen Ackerbau zumeist mit Sommergerste, die resistenter gegenüber Salz ist als andere Getreidesorten.

Es ist kaum anzunehmen, dass die Chauken ein gänzlich anderes Leben führten als die Friesen, zumal sich diverse Details aus Plinius' Bericht in das allseits bekannte Bild der Küstenbewohner und ihres Landes fügen, etwa das Wechselspiel von Ebbe und Flut, das er mit recht beeindruckenden Worten beschreibt; die Errichtung der Häuser auf Warften; der Fischfang mit speziellen Netzen, welche am Wattboden befestigt werden, damit sich darin bei ablaufendem Wasser Fische verfangen; die Brennstoffgewinnung durch Trocknung von Schlamm, womit wahrscheinlich der Torf gemeint ist; oder das Sammeln von Regenwasser in Auffanggruben, wie es früher auf den Warften allgemein und auf den Halligen bis in die Gegenwart üblich gewesen ist, die dort Fething[136] heißen (Woebcken 1924, 12f.).

Wahrscheinlich wollte Plinius ein Gegenbild zu der aus seiner Sicht hoch stehenden römischen Zivilisation entwerfen und damit auch die Expansionspolitik seines Reiches rechtfertigen, denn er nimmt, wie dem Text zu entnehmen ist, Anstoß daran, dass die unterworfenen Völker von Sklaverei sprechen, während es aus seiner Sicht in Wirklichkeit eine größere Bürde sei, nicht dem römischen Staatsverband anzugehören (*Das Schicksal schont viele zu ihrer Bestrafung!*). Das beweise doch der Zustand dieser armseligen Chauken zur Genüge, die, da unberührt von den Errungenschaften des Römischen Reiches, bar jeglicher Zivilisation leben und sich nur von Regenwasser und Fischen ernähren würden! Man muss, wenn man den Text liest, wohl auch in Rechnung stellen, dass Plinius »sein Augenmerk in der Masse des Wissensstoffes mit Vorliebe auf Außergewöhnliches, Wunderbares, ja Wunderliches« lenkt (Köves-Zulauf 2002, 1080). Auf der anderen Seite

---

136 Vielleicht aus ahd. *fadam* und afries. *fethem* = *Umarmung, Busen*, im Altengl. auch *Schutz, Inneres, Schoß*.

kann man ihn jedoch nicht auf die Rolle eines reinen Propagandisten oder eines Verfassers von Kuriositäten reduzieren, da vieles von dem, was er berichtet, sich als stichhaltig erwiesen hat.

Wenn der Inhalt eines Textes zweifelhaft erscheint, weil er, aufs Ganze gesehen, nicht stimmen kann, aber gleichzeitig nicht auszuschließen ist, dass korrekt beschrieben wird, sollte man sich der Frage zuwenden, inwieweit er überhaupt repräsentativ ist, das heißt ob er nur auf einen Teilaspekt zutrifft, auf andere hingegen nicht. Das hat in jüngerer Zeit als Erster Carl Woebcken getan[137] und meines Erachtens eine überzeugende Antwort gefunden. Sie lautet: Plinius beschreibt nicht den Normalzustand, sondern die Situation nach einer Sturmflut (Woebcken 1924, 12ff.). Woebcken vergleicht den Bericht des Römers mit Heimreichs Beschreibung Nordstrands nach der verheerenden Sturmflut von 1634, in der es heißt:

> »Es seyn aber gleichwohl ein Theil der übergebliebenen Leute annoch in ihren nachstehenden Häusern bewohnen geblieben, und haben dieselben bestermaßen durch Aufführung der Werfte [= Warften], darauf sie wohnen, vor dem Wasser beschützet. Ein Theil aber derselben hat sich auf dem hohen Moor (darauf vormals niemand gewohnet, und welches auch vormals weder Gras noch Korn getragen) niedergelassen, und haben sie sich an beiden Oertern von dem herrlichen Fischsegen, welchen der grundgütige Gott nach ergangener Fluth zum Unterhalt der armen Leute mildiglich bescheret, und den salzen Gräsungen in kümmerlichen Zeiten erhalten, worüber die Einwohner auf dem Moor ihre Nahrung mit Torfgraben gesuchet, auch ein wenig Land, so viel sie mit dem Spaten haben können umwenden, auf der wüsten Heide zu Baufeld zugerichtet« (Heimreich 1819°, Bd. 2, 155f.).

Das Bild, das Heimreich entwirft, ähnelt dem des Plinius: Weidewirtschaft, Viehzucht oder Getreideanbau werden mit keiner Silbe erwähnt, obgleich die alte Insel Strand bekannt dafür war und auch für den darauf beruhenden Reichtum. Stattdessen gehen die Einwohner, welche nach der Katastrophe auf Nordstrand ausharren, auf Fischfang und graben nach Torf. Sie haben sich auf Warften niedergelassen, die Schutz vor weiteren Sturmfluten ermöglichen. – Ein weiteres Indiz für die Vermutung, Plinius beschreibe den Zustand nach einer Sturmflut, ist die Beobachtung, dass Eichen von Fluten oder Stürmen fortgerissen werden und wie Inseln dahintreiben, die *durch den Umfang ihrer Wurzelstöcke* außergewöhnlich groß erscheinen. Dazu schreibt Woebcken:

> »Dass Erdschollen auf moorigem Untergrund mit Bäumen und Häusern losgerissen und fortgetrieben sind, wird fast bei allen größeren Sturmfluten, aber auch nur bei Sturmfluten, erzählt [...]. Diese treibenden Erdschollen mit Eichen darauf nehmen uns den letzten Zweifel, dass Plinius bei seiner Schilderung die Marsch nicht im Alltagsgewand vor Augen hatte, sondern nach einer schweren Sturmflut, und es ist nicht ausgeschlossen, dass diese Flut das Wohnen in dem betreffenden Küstenabschnitt auf die Dauer unmöglich gemacht hat und dass die Warfen, die Plinius sah,

---

137 Bereits 1719 hat der Auricher Pastor Christian Funck in seiner Arbeit über die Allerheiligenflut von 1570 den Bericht des Plinius als Beschreibung einer Sturmflut aufgefasst (Funck 1719°, 156f.).

bald darauf verlassen und vom Meer verschlungen sind. Im Land der Chauken, vor der Weser und Jade, ist auch später viel Land verloren gegangen« (Woebcken 1924, 14).

Soweit Carl Woebcken. Seine Auffassung wird, auch wenn die betreffende Textpassage nicht immer genannt wird, von der heutigen Wissenschaft zumeist geteilt. Ich habe nur noch einen einzigen wissenschaftlichen Autor gefunden (Meier 2000), der den Bericht des Plinius zur Gänze mit dem Hinweis infragestellt, dass der Römer ein repräsentatives Bild der Marsch habe entwerfen wollen, das aus heutiger Sicht unzutreffend sei.[138]

6.2.2   Plinius und das populäre Bild der Friesen

In der populären Überlieferung der Gegenwart wird Plinius' Schilderung hingegen weiterhin für bare Münze genommen. So unterscheidet der Sachbuchautor Franz Kurowski unter Bezugnahme auf die entsprechenden Textpassagen des Römers zwischen zwei Gruppen von Friesen: Die einen seien die »im Watt lebenden Sippen« (Kurowski 1987°, 18), welche zum einen Fische fangen, indem sie Wände aus Schilfrohr errichten, und zum anderen Salztorf graben, um daraus das Mineral zu gewinnen. Im nächsten Absatz nennt er dann die, wie er meint, zweite Gruppe der Friesen:

> »Im Hinterland dieser Wattbewohner, die Plinius beschrieb, lebten bereits zur Zeit
> dieses Kriegsberichterstatters Bauern und Viehzüchter in der Marsch. Dies ist aus
> Knochenfunden erhärtet. Dort baute man bereits Gerste und Hafer, Raps und Boh-
> nen an, züchtete man Pferde und Rinder, Ziegen und Schafe [...]. Über diese Be-
> wohner der Marsch hat Plinius soviel wie nichts berichtet. Schon damals gab man
> den Sensationsmeldungen den Vorzug.
> Dennoch hat der Bericht des Plinius, so einseitig er auch ist, das karge Leben der
> Wattbewohner Frieslands und insbesondere Ostfrieslands dramatisch genau überlie-
> fert und uns das karge Leben dieser Menschen im Meer, ihre Sitten und Gebräuche
> dargestellt« (Kurowski 1987°, 18).

Abgesehen davon, dass Plinius in diesem Zusammenhang nicht von Friesen, sondern von Chauken spricht, liegt der Fehler des Autors in der von ihm behaupteten Zweiteilung der Bevölkerungsgruppe in *Watt-* und *Marschbewohner*. Von Letzteren, schreibt Kurowski, habe der Römer kaum etwas berichtet, weil seit jeher Sensationsmeldungen bevorzugt würden, das heißt diejenigen, welchen es in materieller Hinsicht gut geht und die sich nicht mit den Unbilden des Meeres abplagen müssen, seien uninteressant für ihn gewesen. Doch letztlich interessiert sich auch Kurowski mehr für die *Sensationsmeldung*, denn durch diese sei das karge Leben

---

138 Meier schreibt: »Fast 2000 Jahre nach diesem Bericht des Römers Plinius über die Bewohner
der Nordseemarschen, ihre Siedlungs- und Wirtschaftsweise scheinen nach den Ergebnissen
der archäologischen Ausgrabungen Zweifel an diesem Bericht durchaus begründet« (Meier
2000, 75).

insbesondere der ostfriesischen *Wattbewohner* »dramatisch genau überliefert« worden.

Das Dramatische und Sensationelle ist dem Sagenhaften verwandt, und so ist es nicht übertrieben zu behaupten, dass Kurowski, Plinius rezipierend, eine *Sage* erfunden hat, nämlich die von den friesischen Wattbewohnern, welche ihr Dasein fristen, indem sie im Wattenmeer Fische fangen und dort auch Salztorf stechen. Rezeption ist immer Interpretation, und Kommunikation ist vor allem dann gestört, wenn man um ihre Störanfälligkeit nicht weiß. Darum ist Rezeption ein idealer Humus für Sagenbildungen aller Art.

Kurowski erliegt klischeehaften Vorstellungen, indem er einer Bevölkerungsgruppe, der man bis heute spezifische Eigenschaften zuschreibt, durch die sie sich von anderen unterscheidet, eine Anfangsgeschichte andichtet, welche durch schlimmste Verhältnisse charakterisiert ist. Es wird jener Geist beschworen, durch den man *von der Dunkelheit zu den Sternen* gelangt, *per aspera ad astra* auf Friesisch, die immer wieder beschworene Erfolgsstory, die beim Tellerwäscher beginnt und beim Millionär endet. In ähnlichem Tenor ist auch der Klappentext auf der letzten Umschlagseite des Buches gehalten. Er lautet:

> »Die Geschichte der Friesen ist in ihrer Dramatik und faktenreichen Fülle ein erregendes Dokument deutscher Geschichte. Von den Römern geachtet und gefürchtet, lebten sie an der südlichen Nordseeküste. Sie verteidigten ihr Land gegen alle fremden Eindringlinge. Zuerst gegen die Römer, dann gegen die Franken und schließlich gegen die Normannen. Ihrem größten Feind – der ewig wütenden See – rangen sie ihr meernahes Dasein ab. ›Gott schuf das Meer – der Friese die Küste!‹ Ein wahres Wort, das ihr Ringen um den Erhalt ihres Landes gegen den ›Blanken Hans‹ aufzeigt [...]. Friesische Häuptlinge versammelten sich unter dem Upstalsboom, die Theelacht, nunmehr 1100 Jahre alt, ist heute noch eine funktionierende Gemeinschaft der Friesen. In diesem Buch wird sie lebendig, die 2000-jährige Geschichte eines Volkes, das von jeher seine Eigenständigkeit bewahren konnte« (Kurowski 1987°, Klappentext).

Das ist eine Perspektive, die nicht vollkommen falsch, aber doch zumindest teilweise unrichtig sowie einseitig ist, weil bestimmte Fakten geschönt werden. Zwar haben die Friesen sich gegen die Römer zur Wehr gesetzt, allerdings haben sie auch versucht, sich mit ihnen zu arrangieren, wie die Episode mit den Rinderhäuten als Tributzahlung deutlich gemacht hat (vgl. Kap. 5.1.1). Unter den Franken konnten sie ihre Selbstständigkeit wahren, wurden jedoch in den Reichsverband eingegliedert und christianisiert, was zur Änderung des Geschichtsbildes führte, indem etwa Redbad vom Friesen- zum Normannenkönig mutierte (vgl. Kap. 5.1.2). Und für die Abwehr der nördlichen Bedrohung gab es nicht nur innere Motive, sondern auch äußere Anreize, indem von Ludwig dem Frommen bestimmte Freiheiten in Aussicht gestellt wurden. Die Deiche hat man in der Tat zunächst aus eigener Kraft errichtet, was eine außergewöhnliche Leistung ist, doch kamen im Laufe der Neuzeit Fremdarbeiter in hoher Anzahl hinzu, ohne die der Küstenschutz nicht mehr möglich gewesen wäre (Jakubowski-Tiessen 1992a, 242–262; Uphoff 1995; ders. 2001), und es wurde darüber hinaus die Autonomie der Deichverbände durch staatliche Eingriffe mehr und mehr eingeschränkt (Jakubowski-Tiessen 1992a, 268f.). Der Upstalsboom-Gedanke wurde nun gerade durch die Herrschaftsansprüche der Häuptlinge unterminiert, und die im selben Atemzug genannte Theelacht im ost-friesischen Norden existiert zwar tatsächlich seit dem Ende des 9. Jahrhunderts als genossenschaftlicher Verband – in der Tat ein einmaliges Phänomen –,[139] ist aber eine Organisation mit nur wenigen Mitgliedern (vgl. Folkerts 1986).

Kurowskis Buch über die Geschichte der (Ost-)Friesen ist erstmals 1984 er-schienen und seither mehrfach nachgedruckt worden, zuletzt 1996 bei Bechtermünz in Augsburg. Da es in den meisten Buchhandlungen an der Küste und auf den In-seln zu finden ist bzw. war, könnte es das populäre Bild der Friesen durchaus be-einflusst und die Sagenbildung angeregt haben, vor allem was die verzerrte Darstel-lung des Berichtes von Plinius angeht. Dass dessen Schilderung auf fruchtbaren Boden fällt, machen auch die folgenden Beispiele aus dem Internet deutlich.

Auf einer privaten westfriesischen Webseite, die sich recht ambitioniert mit Ge-schichte, Kultur, Sprache und Eigenständigkeit der Bevölkerungsgruppe befasst, wird im allgemeinen Teil auch auf die Beschreibung des Plinius eingegangen, in-dem entsprechende Textpassagen auf Westfriesisch und Niederländisch zitiert wer-den, denen einige Sachinformationen vorangestellt sind, um die es im Folgenden geht. Zunächst wird die Besiedlungsgeschichte bis zum Bau der Deiche in groben Zügen skizziert:

»Seit Tausenden von Jahren leben Menschen in Friesland; zunächst waren es um-herziehende Rentierjäger, die mit Waffen aus Feuerstein Jagd auf Braunbären, Ren-tiere und Urpferde machten. Sie aßen ihr Fleisch, stellten aus den Häuten Kleidung und Zelte her. Sie hatten keine feste Wohnstätte. Um das Jahr Null blieben die Men-schen länger auf einer Stelle. Das waren Bauern und Fischer. Sie errichteten ihre Häuser auf Hügeln, weil ihr Land so sumpfig war. Die Menschen bauten ihre Warf-ten immer höher mittels Erdreich, Schilf, Mist und Abfall. Die Häuser wurden ge-baut aus Weidenruten und Klei. Kühe, Schafe, Pferde, Hühner, Hunde und Katzen lebten mit den Warftenbewohnern im selben Raum zusammen. Dadurch, dass die Warftbewohner so isoliert waren, stellten sie selber Kleidung, Werkzeug / Gerät-schaften und Spielzeug her. Sie lebten von ihrem Vieh, von Landbau, Fischerei und Jagd. Um 1000 n.Chr. bauten die Friesen Deiche, brauchten die Warften nicht mehr zu erhöhen und konnten somit beginnen, niedriger zu wohnen. Es gab eine Zeit, als in Friesland mehr als 1000 Warften vorhanden waren! Die höchste Warft mit neun Metern ist die Hegebeintumer Warft« (Rondje Friesland 2002° → Wonen in Fries-land; eigene Übersetzung; → Anhang Text 7a[140]).

Direkt im Anschluss an diese Textpassage folgt eine fett gedruckte Überschrift, nämlich: »Wat Gaius Plinius Secundus zei over de bewoners van de terpen [= Warften] op zijn reis door Friesland in het jaar 50« (ebd.), und dann folgen auf

---

139 Nddt. *delen* = teilen. – Als Dank für die erfolgreiche Normannenabwehr erhielten die an der Schlacht beteiligten Bauern Landflächen in der heute eingedeichten Hilgenrieder Bucht nörd-lich von Norden. Das Eigentumsrecht oblag der Theelacht als Gemeinschaft, die Anteile konn-ten verpachtet und vererbt werden.

140 Aus Platzgründen mit verringertem Zeilenabstand.

Westfriesisch und Niederländisch jene bekannten Zeilen, in welchen er das »armselige Volk« skizziert, das bei Hochwasser Seefahrern ähneln würde und bei Niedrigwasser Schiffbrüchigen.[141] Damit aber wird suggeriert, dass das Land jener Bauern und Fischer, die um das Jahr Null Warften errichteten, »weil ihr Land so sumpfig war«, bei jeder Flut von der Nordsee überspült wurde, was natürlich nicht stimmt. Doch legt das auch die Zeichnung nahe, die den Text optisch teilt: ein Haus auf einer Warft mitten im Meer sowie im Anschluss an das Plinius-Zitat ein Arbeiter mit Schaufel, der wohl das Aufschütten der Warft symbolisiert (→ Anhang, Text 7a). Das Gemeinsame beider Texte ist die vom Wasser beherrschte Umgebung, nämlich auf der westfriesischen Webseite die Sümpfe und bei Plinius das tägliche Überflutet-Werden. Diese Gleichsetzung ist nur möglich, weil ein bestimmtes Zitat aus Plinius' Text herausgegriffen wird und andere unberücksichtigt gelassen werden, denn bereits sein nächster Satz[142] wäre in offensichtlichem Widerspruch zu den eigenen Ausführungen gestanden, da es dort heißt, dass die Chauken mit ihrem Vieh unter einem Dach leben.

Das nächste Kapitel auf der Webseite befasst sich mit dem Seengebiet:

> »Es existiert keine Provinz in den Niederlanden, die so viele Seen aufweist wie Friesland. Wenn man genau hinschaut, sieht man, dass alle Seen ungefähr auf einer Linie zwischen Stavoren und Burgum liegen, wo Moorgebiet ist. An der Ostseite dieser Linie gibt es Geestboden und Moore, an der Westseite Kleiboden. Die Seen sind entstanden durch Senkung des Bodens und durch Abgraben. Wir als Friesen können somit angenehm nahe an unsere Häuser heranfahren, Segeln, Schwimmen und Surfen. Aber natürlich kommen jedes Jahr Tausende von Touristen, um genau das gleiche zu machen« (Rondje Friesland 2002° → Meren gebied; eigene Übersetzung; → Anhang Text 7b).

Wiederum folgt in direktem Anschluss ein Zitat von Plinius, nämlich die Beschreibung des Gezeitenwechsels,[143] wobei daran zu erinnern ist, dass genau davor das erstgenannte Zitat steht, das die Chauken mit Seefahrern bzw. Schiffbrüchigen vergleicht. Dadurch wird der Eindruck erweckt, als hätte sich in Friesland seit den Zeiten der Römer hinsichtlich der Topographie kaum etwas geändert: Bereits um das Jahr Null konnte man mühelos mit Schiffen an den Warften anlegen, da ihre Bewohner bei Hochwasser Seefahrern vergleichbar waren, und heute ist es ähnlich, weil die Friesen mit ihren Booten nahe an ihre Häuser heranfahren können! Diese Schlussfolgerung wird ebenfalls durch eine Zeichnung nahe gelegt, welche inner-

---

141 Der Übersichtlichkeit halber seien die entsprechenden Zitate hier noch einmal wiedergegeben: »Dort wohnen sie, ein armseliges Volk, auf hohen Halligen oder auf künstlichen, der erfahrungsgemäß höchsten Flut angemessenen Dämmen, auf denen ihre Hütten stehen, Seefahrern ähnlich, wenn die Wassermassen ringsumher alles bedecken, Schiffbrüchigen aber ähnlich, wenn die Flut zurückgetreten ist«.

142 »Vieh können sie keines halten, sich nicht wie ihre Nachbarn von Milch nähren, nicht einmal mit wilden Tieren kämpfen, denn jeder Strauch ist weit entfernt«.

143 »Mit ungeheurer Wucht überflutet der Ozean dort zweimal im Zeitraum von Tag und Nacht ein unermesslich weites Land; er bedeckt eine mit der Natur ewig im Widerstreit liegende Fläche, und es ist zweifelhaft, ob diese zum Festland gehört oder ein Teil des Meeres ist«.

halb des niederländischen Textes eingefügt ist: ein Segelboot im Wasser (→ Anhang, Text 7b). Die spezifische Situation eines Großteils der Niederlande – und nicht nur Westfrieslands! –, von einer Unzahl Kanälen und Seen geprägt zu sein, die eifrig zu privaten Zwecken genutzt werden, wird in Verbindung gebracht mit der Beschreibung des Plinius über die dominierende Rolle des Meeres.

Wenn Kurowski aus dem Text des römischen Autors den Schluss zieht, dass es neben den Küstenbewohnern auch »Wattfriesen« gegeben hätte, ist das auf unfreiwillige Art durchaus komisch. Ähnlich verhält es sich mit der westfriesischen Webseite, wenn die Vorliebe der Niederländer bzw. Westfriesen für das Bootfahren und die Erreichbarkeit vieler Häuser auf dem Wasserweg in Verbindung gebracht wird mit Plinius' Beschreibung des »armseligen Volkes« der Chauken, das auf vom Meer umgebenen Hügeln sein Dasein fristen muss. Aus einer distanzierten Perspektive dürfte der Bericht des Römers potenziell komisch sein, und so braucht es nicht zu überraschen, dass er in einem entsprechenden Kontext gewissermaßen als *Kuriositätenliteratur* verwendet wird (vgl. zu dem Begriff Schenda 1996). Zum Beispiel findet man auf den historischen Webseiten des privaten ostfriesischen *Nordwestreisemagazins* die zentralen Passagen zitiert, und zwar umrahmt von den folgenden, natürlich ironisch zu verstehenden Worten: »Schmeichelhafter Bericht von Plinius dem Älteren, römischer Offizier und Schriftsteller« – heißt es am Anfang, während am Ende: »Motto: Die Ostfriesen, die spinnen«, steht (Meyer 2003°). Letzteres nimmt Bezug auf die *Asterix*-Comics der Franzosen Uderzo und Goscinny, in denen es an verschiedenen Stellen heißt, die Römer würden spinnen. Der antike Text taucht im Zusammenhang mit den französischen Comics auch auf einer anderen populären Webseite auf, die allgemeine Informationen über Ostfriesland vermittelt. Plinius' Zitat beginnt mit der Nennung der Chauken und endet mit dem Satz: »Viele verschont das Schicksal zu ihrer Strafe«. Daran schließt sich die folgende Bemerkung an:

> »(Nein, nein, nicht etwa ein neuer ›Asterix und die Friesen‹, sondern Plinius der Ältere im 16. Buch Kapitel 1). Wir Ostfriesen würden sagen: ›Lever Dood As Slav‹« (Wibben 2003°).

Der altbekannte Spruch, dass ein Friese lieber tot als versklavt wäre, nimmt Bezug auf die Friesische Freiheit und wendet sich gegen die hochmütige Äußerung des Plinius, es sei eine Strafe, nicht dem römischen Staatsverband anzugehören. Bemerkenswert ist in unserem Zusammenhang aber vor allem die Bezugnahme beider Webseiten auf die *Asterix*-Comics, was sicher kein Zufall ist, da »historische« Gemeinsamkeiten existieren. Während das kleine Dorf, in dem Asterix und Obelix leben, sich als einziger Ort in Gallien mit Vehemenz und Erfolg gegen die Römer zur Wehr setzt, kämpften die Friesen nicht allein gegen diese, sondern auch gegen Franken, Normannen, deutsche Fürsten und das Meer. Es ist eine schwer entwirrbare Mischung aus Spiel und Ernst, aus Distanz und Identifikation, mit der der Text des Plinius betrachtet wird. Kurowskis Darlegungen sollen seriös sein, sind aber unfreiwillig komisch, die westfriesische Webseite stellt historische Erläuterungen und antikes Zitat einander gegenüber und impliziert damit Gemeinsamkeiten, die ebenfalls durchaus ernst gemeint sind, aber bei näherer Betrachtung kurios wirken, während die zuletzt genannten Webseiten das Ganze aus einer ironischen Perspektive betrachten. Diese fügt sich zwar in das skurille Bild, das man in der BRD von den Ostfriesen hat, doch gehört zu diesem aus friesischer Sicht auch das Bewusstsein um die eigene Besonderheit, das Wissen, sich vom »Rest« der Deutschen zu unterscheiden: Mögen die Vorfahren auf Warften dahinvegetiert sein und sich von Fisch und Regenwasser ernährt haben, sie haben doch den Kampf gegen die See gewonnen, konnten über Jahrhunderte ihre Freiheit bewahren und sind heute sogar als stolze Minderheit anerkannt! Damals wie heute also das gleiche Bild: belächelt oder herabgesetzt von hegemonialen Kulturen, die sich etwas Besseres zu sein dünken, konnten und können die Friesen ihre Eigenständigkeit erhalten!

Ich denke, dass solche Überlegungen durchaus eine Rolle spielen, sowohl bei den Produzenten der Webseiten als auch bei den Lesern. Die facettenreiche, um nicht zu sagen ambivalente Einstellung gegenüber der eigenen Bevölkerungsgruppe zeigen die Bemerkungen beider Webseiten zum Text des Plinius deutlich: einmal der (wenig) »schmeichelhafte Bericht« über die Chauken bzw. Friesen nebst dem »Motto«, dass sie spinnen würden, andererseits der Hinweis auf das *Lever dood as Slav,* bei dem unüberhörbar Stolz und Selbstbewusstsein mitschwingen.

In der so genannten Hochliteratur finden wir noch weitaus gegensätzlichere Einschätzungen. In Christopher Marlowes *Tragischer Historie vom Doktor Faustus* kämpfen zunächst der gute und der böse Engel um Fausts Seele. Jener rät ihm, an »Gott und Himmel« zu denken, dieser hingegen versucht ihn mit »Ehre, Macht und Reichtum« zu betören. Nachdem beide verschwunden sind, sagt Faust:

> »An Macht und Ehr'! Ei wohl, *mein soll die Herrschaft Emden werden!*
> Was kann, wenn Mephistopheles mir beisteht,
> ein Gott mir schaden? Fort mit allem Zweifel!« (Marlowe 1985°, 20 [2. Akt, 5. Szene]; eigene Hervorhebung).

Als am Ende des 16. Jahrhunderts Marlowes Drama erschien, war Emden eine der führenden Seehandelsstädte Europas, Hochburg des Kalvinismus und anscheinend so bekannt, dass der bedeutendste englische Dramatiker vor Shakespeare sie für würdig befand, als Gegenstand für Fausts Sehnsüchte genannt zu werden (vgl. Raveling 1993, 22f.). Ganz anders hingegen die Einschätzung der Ostfriesen in Heinrich Heines *Reisebildern* über die *Nordsee,* welche auf Norderney verfasst wurden:

> »Die Eingeborenen sind meistens blutarm und leben vom Fischfang [...]. Sind sie auch auf ihren Schiffen sogar nach jenen südlichen Ländern gekommen, wo die Sonne blühender und der Mond romantischer leuchtet [...], sehnen sie sich [doch] wieder zurück nach ihrer Sandinsel, nach ihren kleinen Hütten, nach dem flackernden Herde, wo die Ihrigen, wohlverwahrt in wollenen Jacken, herumkauern und einen Tee trinken, der sich von gekochtem Seewasser nur durch den Namen unterscheidet, und eine Sprache schwatzen, wovon kaum begreiflich scheint, wie es ihnen selber möglich ist, sie zu verstehen« (Heine 1985°, 134).

Der Dialekt, den sie sprechen, ist das ostfriesische Niederdeutsch, das mittlerweile, neben dem Friesischen, als schützenswerte Regionalsprache von Seiten der EU

Anerkennung gefunden hat, und der Tee ist *das* Nationalgetränk schlechthin, liegt doch der jährliche Pro-Kopf-Verbrauch gegenwärtig bei 2,5–3 kg, während der Durchschnittsverbrauch in der BRD 240 g beträgt (Raveling 1993, 9f.; vgl. Rast 1993, 112–117). Das, was Heine noch als geringschätzig aburteilen konnte, wird heute als regionales Spezifikum mit hohem Wert angesehen.

Einer Minderheit anzugehören oder Außenseiter zu sein, hat Vor- und Nachteile, und was davon überwiegt, hängt nicht allein vom Urteil der anderen ab, sondern auch vom Selbstwert. Das macht etwa die Geschichte der Ostfriesenwitze deutlich, welche in den 70er Jahren aufgekommen sind und ein Bild der Ostfriesen zeichnen, das von Rückständigkeit, Einfalt und Dummheit charakterisiert ist (vgl. Raveling 1993). Das steht in Zusammenhang mit der geographischen Randlage im Nordwesten, der verhältnismäßig hohen Bedeutung des Agrarsektors bei gleichzeitiger Untergewichtung des industriellen Sektors sowie mit der geringen Bevölkerungszahl, womit die Ostfriesen als periphere Gruppe zur idealen Projektionsfläche für unbewusste Minderwertigkeitsgefühle der Majorität geworden sind, die durch die Egalisierungstendenzen der Industriegesellschaft mit Identitätseinbußen zu kämpfen haben. Anders formuliert: »Der Erfolg [der Ostfriesenwitze] entstand möglicherweise gerade dadurch, dass die Konturen der deutschen Stämme in der Nachkriegszeit immer undeutlicher wurden« (Bausinger 1992, 13). Bereits das Volksmärchen lässt erkennen, dass der so genannte Dummling oftmals derjenige ist, welcher am Ende den Sieg davonträgt, und zwar unter anderem deswegen, weil Marginalisierung als Motor der Entwicklung wirken kann, sofern das Minderwertigkeitsgefühl nicht als zu drückend empfunden wird (vgl. Lüthi 1981; Rieken 2004a). Hier verhält es sich ähnlich, denn die Witze haben bewirkt, dass Ostfriesland in der BRD bekannt geworden ist und vermehrt Touristen ins Land strömen. Gleichzeitig fasste man in Ostfriesland – statt sich in den Schmollwinkel zurückzuziehen – die Gelegenheit beim Schopf und bedient die gängigen Vorurteile, indem man »Jux-Events« wie das Wittmunder *Ostfriesenabitur* aus der Taufe gehoben hat, um die Fremden bei Laune zu halten.[144] Ich denke, dass ein kollektives Selbstwertgefühl hinreichend entwickelt sein muss, um nicht nur Spott und Dünkel von Seiten der Majorität relativ gelassen zu ertragen, sondern auch um derartige Klischeevorstellungen für touristische Zwecke zu instrumentalisieren. Dieses Gefühl wird unter anderem gespeist aus dem Wissen um die Vergangenheit, darum, dass die Friesen über mehrere Jahrhunderte ihre *Freiheit* wahren konnten, dass ihre Handelsschiffe bis zum Aufkommen der Hanse einen Großteil des Warenverkehrs auf dem *Mare Frisium* – wie die Nordsee lange Zeit genannt wurde – beherrschten und dass sie es waren, die den *goldenen Ring* errichtet haben. Es bedarf nicht der Glorifizierung, wie es etwa in dem Buch von Kurowski geschieht, um zu akzeptieren, dass sie eine Sonderstellung hatten bzw. haben. Vor diesem Hintergrund ist es möglich, abschätzige

---

144 Die »Prüfung« besteht unter anderem aus Boßeln (= traditionelles Wurfspiel, bei dem mit Hartholz- oder Hartgummikugeln eine möglichst weite Strecke geworfen werden soll; nddt. Wort, aus mhd. *bozen = stoßen*), Melken einer künstlichen Kuh, Teetrinken, Krabbenpulen, Plattdeutsch (vgl. Rast 1993, 12f.; Raveling 1993, 75ff.).

Urteile, wie sie in den Ostfriesenwitzen zu Tage treten, eher mit Gelassenheit denn mit Ärger hinzunehmen, und aus dieser Perspektive ist es nachzuvollziehen, wenn das Zitat des Plinius in einen ironischen Kontext gestellt werden kann, etwa in dem Sinn, dass die Friesen bereits zu Zeiten der Römer ein skurriles Volk waren. Gleichzeitig kann man das auch als »heroische« Anfangsgeschichte lesen, als *per aspera ad astra* auf Friesisch, wie bereits im Zusammenhang mit Kurowski erwähnt wurde.

Es handelt sich dabei allerdings um ein doppeltes Missverständnis, weil Plinius zum einen die Chauken statt der Friesen beschrieben hat und er zum anderen die Zeit nach einer Sturmflut vor Augen gehabt haben muss und keinesfalls den Normalzustand, wie er aus archäologischen und historischen Quellen belegt ist. Selbst wenn wir, was die Chauken angeht, nicht kleinlich sein wollen, weil sich die Lebensverhältnisse westlich und östlich der Ems wohl nicht sehr voneinander unterschieden haben, bleibt das Faktum bestehen, dass eine unbekannte Sturmflut in die Geschichte eingegangen ist, die als solche nicht erkannt wurde und auch in der populären Überlieferung der Gegenwart nicht als solche erkannt wird, zumal sie sich in das klischeehafte Bild einfügt, das man sich von den Friesen macht. Das wiederum ist aus wissenschaftlicher Sicht skurril – und zugleich aufschlussreich für unseren Zugang, der die Mentalität *sub specie maris* betrachtet, weil das Bedrohungspotential des Meeres, zumindest in diesem Beispiel, sogar dann vorhanden ist, wenn es nicht einmal erkannt wird!

6.3   Die erste Marcellusflut vom 16. Januar 1219

6.3.1   Der Bericht des Emo von Wittewierum und die Julianenflut von 1164

Die erste Marcellusflut dürfte vor allem das Gebiet der *Sieben Seelande* heimgesucht haben, wobei nicht ganz klar ist, inwieweit auch die Westküste von Dithmarschen bis Nordfriesland betroffen war. Der Eiderstedter Chronist Peter Sax spricht zwar von einer großen Flut, bei der 36 000 Menschen – eine Zahl, die immer wieder durch Quellen und Literatur geistert – »in dießen Nordlanden« umgekommen seien, aber er datiert sie auf 1218 und erwähnt weitere gewaltige Fluten für 1204, welche »nach der Sündtfluth [...] die allergrößeste Fluth« gewesen sein soll, und für 1216, bei der »in hisce maritimis locis über 10000. Menschen versoffen« seien (Sax 1985, Bd. 2, 32f.). Das sind Angaben, die mit großer Vorsicht zu genießen sind, denn sie existieren nur aus zweiter Hand – die *Annales Eyderstadiensium* sind 1637 erschienen –, und oftmals werden lokale Überschwemmungen zu Katastrophen mit Zigtausend Toten aufgebauscht, wobei die Zahlenangaben in der Regel übertrieben sind, um die Dramatik des Geschehens zu steigern. Außerdem bestand vor der Existenz des modernen Staates gar nicht die Möglichkeit, über exakte Statistiken zu verfügen. Insofern ist Eggerik Beninga präziser, wenn er sich in seiner Chronik der Friesen aus der Mitte des 16. Jahrhunderts gar nicht erst auf genaue Zahlen festlegt, sondern nur konstatiert, dass 1219 »vele dusent menschen vordruncken, karcken und cloesteren vornichtet« worden seien (Beninga 1961°, Bd. 1, 193).

Würden keine genaueren Aufzeichnungen existieren, brauchten wir uns mit der Marcellusflut nicht weiter zu beschäftigen, doch sie ist als erste Sturmflut in die Geschichte eingegangen, von der ein ausführlicher Augenzeugenbericht vorliegt.[145] Er stammt von Emo von Huizinge, dem ersten Propst und späteren Abt des 1208/1209 gegründeten Prämonstratenserklosters *Floridus hortus* (»Blühender Garten«), das 1214 nach Wittewierum[146] verlegt wurde, einen Ort, der ungefähr auf halber Strecke zwischen Groningen und Delfzijl liegt. Die *Chronik des Emo und Menko von Wittewierum*, wie sie in der Literatur genannt wird – Menko ist Emos Nachfolger als Abt und Chronist –, ist nicht nur eine bedeutende Quelle für die Regional- und Mentalitätsgeschichte des 13. Jahrhunderts, sondern auch für die historische und volkskundliche Katastrophenforschung. Neben der Marcellusflut wird ausführlich über weitere Sturmfluten berichtet (1249, 1287), über ein angebliches Erdbeben im Jahre 1225 (vgl. dazu de Roo 2003), und wir erfahren darüber hinaus von einer Viehseuche im selben Jahr, von Missernten oder den großen Brand, der 1218, ein Jahr vor der Marcellusflut, im Kloster wütete (zu Emo vgl. Jansen 1983; Jansen 1984; Jansen und Janse 1991; Rieken i.V.; Rinzema 1992, 143). Über die Marcellusflut heißt es nun:

»39. Im Jahr der Gnade 1219, im 55. Jahr nach der Julianenflut, im dritten Amtsjahr des Papstes Honorius, im Monat Januar, am 16. Tag des Monats, als der Mond 27 Tage alt war, als Ostern auf den 7. April fiel, an einem Sonntag im Lesejahr F, da hatte der Südwestwind [Africus] bereits einige Tage geweht – allerdings nicht übermäßig – und hub am nämlichen Tag von morgens bis abends mehr als gewöhnlich an, doch besonders, wie es scheint, wurde er ab der neunten Stunde des Tages [circa 13.20 Uhr] heftiger. Dieser Wind entsteht, wie man sagt, aus den aus Westen und Osten zurückfließenden Wassern des Ozeans [= Ebbströme], die sich nach Süden neigen und dort zusammenströmen, wobei der östliche Ebbstrom vorauseilt und rasch einen Ort erobert, welcher dem Zephyr [= Westwind] im Westen benachbart ist.

Gemäß der Zeit war es kalt und trocken, laut den Philosophen, die den Tag in vier Abschnitte einteilen. Von der neunten Stunde der Nacht [ca. 02.40 Uhr] bis zur dritten des Tages [ca. 09.20 Uhr] war es warm und feucht. Von der dritten [ca. 09.20 Uhr] bis zur neunten Stunde des Tages [ca. 13.20 Uhr] war es warm und trocken, von der neunten Stunde des Tages [ca. 13.20] bis zur dritten der Nacht [ca. 18.40] kalt und trocken und von der dritten [ca. 18.40 Uhr] bis zur neunten Stunde der Nacht (ca. 02.40 Uhr] kalt und feucht.[147]

---

145 Im Bericht des Plinius werden die Zustände unmittelbar *nach* einer Sturmflut geschildert.

146 Ursprünglich *Wierum*, dann wegen der weißen Ordenstracht der Prämonstratenser *Witte*wierum (Jansen und Janse 1991, XI).

147 Diese Unterteilung beruht auf der antiken römischen Einteilung des Tages und der Nacht in zwei Abschnitte zu jeweils zwölf Stunden, welche aber nur zur Tag- und Nachtgleiche bzw. am Äquator gleich lang sind, ansonsten unterschiedlich lang (so genannte *hore diei et noctis* bzw. *hore inequales*). So dauerte eine Tagstunde im Dezember 30 Minuten, im Juni hingegen 90 Minuten. Die im Text in Klammern angegebenen Uhrzeiten ergeben sich, bezogen auf den

Zeitweilig aber kam Hagel mit gewaltiger Härte, weil die Glut der Sonne, auf dem Höchststand befindlich, die Tropfen an sich zog und durch Kälte wie zusammengeschnürt in Hagel verwandelte. Und mit diesen Wurfgeschossen gewappnet, riss jener blutdürstige Südwestwind die elenden Sterblichen auf dem Meer wie am Land grausam ins Verderben.

Als sich die Menschen, um ihre Häuser zu verteidigen, bis zum Sonnenuntergang und darüber hinaus abgemüht und das Wüten des Meeres keineswegs gefürchtet hatten – die Schlafenszeit schien eine wie auch immer beschaffene Sicherheit zu versprechen –, wich auf der Stelle mit seiner gänzlich blutgierigen Schar der grausame Südwestwind [jenem Wind], der von Norden [= Septemtrio][148] dem Westen angrenzend ist [= die Windrichtung änderte sich von SW auf NW]. Und weil das Meer durch den Südwestwind bis auf den Grund in Bewegung war, floss es mit überströmender Schar heraus [= überströmte es die Deiche], ergoss sich, kochendem Wasser ähnlich, mit gewaltigem Umfang sowie in ständiger Zunahme begriffen, und überschwemmte das friesische Küstenland, das wie durch einen plötzlichen Tod überfallen wurde. Er nahm sich die Wohnstätten der Armen, und er überfiel ungebändigt die Häuser der Reichen, gemäß dem Wort: ›Der Tod klopft gleichermaßen bei den Hütten der Armen wie den Schlössern der Reichen an‹. Jedes Mal, wenn etwas Widerstand leistete, schärfte die Raserei ihre schädlichen Waffen umso mehr, lief, als hätte sie menschlichen Verstand, zurück, um heranzustürmen, und flüchtete, um zurückzukommen – solange bis durch zahlreiche wütende Angriffe die Stützbalken der Häuser durch Unterspülen und Brechen herausgerissen waren.

Als doch, wie gesagt, die Stunde der Nachtruhe Sicherheit versprechen sollte, [aber] plötzlich das Toben des Meeres stärker zugenommen hatte und es ungefähr im Verlauf einer nächtlichen Stunde [ca. 80 Minuten][149] gestiegen war, begannen die armen Sterblichen zu fliehen und auf die Dächer der Häuser emporzusteigen, und sie betraten die Balken an Stelle festen Grundes, und sie machten Öffnungen in die Dächer, denn sie hielten es für das sicherste Refugium, sich auf den Dächern und nicht darunter aufzuhalten. Allerdings gingen viele, die sich dem Unwetter widersetzen wollten, es aber nicht vermochten und im Begriff waren, ihr Hab und Gut zu retten, unter, weil die Gewalt des fließenden Wassers es nicht erlaubte, festen Boden unter den Füßen zu bekommen. O Kummer und Betrübnis: zu sehen, wie die Menschen in den Fluten hin- und hergeworfen wurden, als wären sie Meeresgetier; zu sehen, wie die Gewalt des Meeres die Elenden auf einigen zusammengefügten Pfählen oder auf Heu und Stroh hin- und herzerrte, ohne wie ein Schiff navigieren zu können. Bei dieser Sintflut sind Tausende Männer, Frauen und Kinder untergegangen, und auch Kirchen sind zerstört worden« (Emo von Wittewierum 1991°, 110.39–114.39; eigene Übersetzung; → Anhang Text 9a).

Monat Januar, aus der entsprechenden Tabelle im »Großen Grotefend«, wobei allerdings mit geringen Abweichungen von wenigen Minuten zu rechnen ist, weil sich die Tabelle auf den 50. Grad nördlicher Breite bezieht, während Wittewierum ungefähr auf dem 53. Breitengrad liegt (Grotefend 2003 → S → Stunde). – Für wichtige Hinweise danke ich Mag. Sonja Reisner vom Institut für Klassische Philologie, Mittel- und Neulatein, der Universität Wien.
148 *Siebengestirn*, Sternbild des *Großen Bären*.
149 Vgl. Fußnote 147.

Dass es sich bei der Textstelle um einen Augenzeugenbericht handelt, merkt man ihr auf Grund der persönlichen Betroffenheit des Autors an. Sie äußert sich in der präzisen Schilderung des Geschehens, in der bildreichen Sprache mit ihren Metaphern und Vergleichen, welche dem Ausgeliefertsein an die elementare Gewalt Ausdruck verleihen soll, und an Ausrufen (*O Kummer und Betrübnis*). Für die emotionale Färbung des Berichts existiert allerdings noch ein weiteres, tieferes Motiv, auf das wir erst weiter unten eingehen werden, denn zunächst wollen wir uns den vorliegenden Text etwas genauer anschauen.

Am Beginn steht die präzise Datierung der Katastrophe mit ihrer Bezugnahme auf kirchliche Fixpunkte, nämlich die Jahreszahl nach Christi Geburt, das Amtsjahr des damaligen Papstes, die Datierung des Osterfestes und der Sonntagsbuchstabe oder das Lesejahr, das heißt die Leseordnung für die verschiedenen Teile der Bibel in der römisch-katholischen Liturgie.[150] Neben der Einbettung des Geschehens in den christlichen Kosmos existiert ein weiterer Hinweis, der gleichberechtigt neben den anderen steht, oder genauer zwischen dem Jahr nach Christi Geburt und dem nach der Amtseinführung des Papstes: *das 55. Jahr nach der Julianenflut*, die auf den 17. Februar 1164 fällt und benannt ist nach der Kalenderheiligen des vorhergehenden Tages (dazu und zu weiteren Sturmfluten des 12. Jahrhunderts vgl. Jankrift 2003, 33–40). Helmold von Bosau spricht in seiner *Chronik der Slawen* in Bezug auf die Julianenflut von einer

> »Ueberschwemmung des Meeres, wie man seit alten Zeiten nicht gehabt hatte. Diese überflutete die ganze Küste von Friesland, Hadeln[151] und das ganze Marschland an der Elbe und Wirra [= Weser] und an allen den Flüssen, welche in den Ocean münden, und viele tausend Menschen und eine unzählige Menge Vieh ertranken. Wie viele Reiche und Vornehme saßen noch am Abend da und schwelgten in Ueberfülle des Vergnügens, keines Leides sich versehend: plötzlich aber kam das Unglück und stürzte sie mitten in die Fluth!« (Helmold von Bosau 1999°, 2. Buch, Kap. 1).[152]

---

150 Heute sind die Sonntage in drei Jahreszyklen eingeteilt, zum Beispiel 2005 = Lesejahr A, 2006 = Lesejahr B, 2007 = Lesejahr C, 2008 = Lesejahr A usw. Früher war die Anzahl der Lesejahre hingegen höher (A–G), weswegen Emo vom Lesejahr F für 1219 spricht (vgl. auch Grotefend 1991, 134).

»Man bezeichnete die 365 Tage des Jahres so [= als Sonntagsbuchstabe oder litera dominicalis] mit je einem der 7 Buchstaben A bis G, dass man vom 1. Jan. mit A beginnend, den zweiten mit B, den dritten mit C und so fort, den siebten mit G, den achten wieder mit A bezeichnete. Die den einzelnen Tagen fest zugewiesenen Buchstaben sind die Tagesbuchstaben. Derjenige dieser 7 Buchstaben, auf welchen der erste Sonntag des Jahres fällt, ist der Sonntagsbuchstabe des betreffenden Jahres, d.h. wenn man weiterzählend alle Tage des Jahres mit den Buchstaben A bis G bezeichnet, so sind alle Tage, auf welche der bestimmte Jahresbuchstabe trifft, Sonntage« (Grotefend 2003 → S → Sonntagsbuchstabe).

151 Nördliches Teilgebiet des heutigen Kreises Cuxhaven, entlang der Elbe an dessen südlichen Ufer gelegen.

152 »Insuper tanta maris exundacio oborta est, quanta non est audita a diebus antiquis, quae involvit omnem terram maritimam Fresiae, Hathelen et omnem terram palustrem Albiae et Wirrae et omnium fluminum, qui descendunt in occeanum mare, et submersa sunt multa milia hominum et iumentorum, quorum non est numerus. Quanti divites, quanti potentes vespere sede-

Die letztgenannte Bemerkung dient dazu, die Dramatik des Geschehens zu steigern und die zunächst unbegreifliche Katastrophe als ein Strafgericht Gottes verständlich zu machen, eine Deutung, der wir im Folgenden immer wieder begegnen werden. – Wenn der Chronist Recht hat, dürften die Sieben Seelande in ihrer Gesamtheit und darüber hinaus das Elbe-Weser-Dreieck betroffen gewesen sein. Auch andere Quellen, sprechen – wenngleich wie Helmold ebenfalls nur vom Hören-Sagen – von ungeheuren Überschwemmungen und einer Unzahl an Toten. In der *Kölner Königschronik* wird berichtet, dass die Nordsee »fast 12 Meilen« über die Ufer getreten sei, und sie nennt »viele tausend Menschen verschiedenen Geschlechts und Alters, besonders in der Gegend des Wiseraflusses [= Weser]«, die der Flut zum Opfer gefallen seien (Kölner Königschronik 1999°, Regierungsjahre des Königs Friderich, 1164).[153] Und der Annalist von Pöhlde weiß zu berichten, dass »drei Tage lang [...] die bis zur unergründlichen Tiefe aufgewühlten Wasser« anschwollen. »Alle Flüsse in den Küstengebieten traten in Folge der Einströmung aus ihren Betten und haben viele Inseln [...] elendiglich ertränkt« (Annalen von Pöhlde 1999°, Jahrbücher von Pöhlde, 1164; → Anhang, Text 8). Ähnlich wie Helmold spricht der Annalist von einem Strafgericht Gottes, erwähnt jedoch gleichzeitig dessen Barmherzigkeit, auf Grund deren »Säuglinge in ihren Wiegen aus den Strömungen gerissen und viele, welche auf dem Holze der Häuser schwammen oder in Gefäßen sich befanden, durch die Gewalt der Winde und der Fluthen lebend zu anderen Gegenden getragen wurden« (ebd.; → Anhang, Text 8). Wundersame Rettungen vorzugsweise unschuldiger Kleinkinder gehören zu den Standardthemen der Fluterzählungen und dienen unter anderem dazu, dem Verständnis der Katastrophe als Strafgericht Gottes eine höhere Plausibilität zu verleihen, da es die »Richtigen« trifft, während diejenigen, welche nicht gesündigt haben, verschont bleiben. Das Motiv ist langlebig und findet sich auch noch in den Sagensammlungen des 19. und 20. Jahrhunderts.

Wenn in Emos Bericht das Kalenderjahr nicht nur in Beziehung gesetzt wird zu den Eckdaten des christlichen Weltverständnisses, sondern in einem Atemzug auch das Jahr der letzten großen Sturmflut genannt wird, bedeutet das, dass sogar im Kontext offiziöser kirchlicher Verlautbarungen, zu denen man die Chronik von Wittewierum durchaus zählen kann, Flutkatastrophen den gleichen Stellenwert haben wie die Einsetzung des amtierenden Papstes oder die Geburt Christi. Somit liegt ein bedeutendes Indiz dafür vor, dass das Bedrohungspotential des Meeres als ein entscheidendes Element der friesischen Mentalität bzw. Mentalitätsgeschichte zu bewerten und Teil des kollektiven Gedächtnisses ist. – Auch Emos Nachfolger Menko datiert nach Sturmfluten. Seine annalistischen Aufzeichnungen beginnen im Jahre 1237, und an dieser Stelle notiert er eine Fülle an Daten, doch am Anfang seiner Aufzählung nennt er 1237 als das 74. Jahr nach der Julianenflut, das 42.

---

bant et deliciis affluebant omni timore malorum sublato, sed veniens repentina calamitas involvit eos in mediis fluctibus!« (Helmoldus 1999°, Liber II, Cap. XCVII).

153 »Occeanus limitem suum 12 pene miliariis 14. Kal. Marcii egressus, multa milia hominum diversi sexus et etatis maxime circa fluvium Wiseram submersit« (Chronica regia Coloniensis 1999°, Pars Tertia, Anno Domini 1164).

nach der Nikolausflut, das 19. nach der Marcellusflut und bemerkenswerterweise das 45. nach der Errichtung einer festen Schleuse (Menko von Wittewierum 1991°, 326.19; ähnlich für 1249: ebd., 372.33; für 1268: ebd., 412.51).

Der Tag der Flut ist der 16. Januar, »als der Mond 27 Tage alt war«, wie es bei Emo heißt.[154] Mithin ist Vollmond, also Springtide, wodurch das Wasser bereits höher aufläuft als normal. Der Wind weht seit einigen Tagen aus Südwesten, nimmt in der Früh zu und wird ab 9 Uhr vormittags zum Starkwind. Später dreht er auf Nordwest, und die Katastrophe nimmt ihren Lauf. Damit fügt sich die Marcellusflut in das für Sturmfluten häufigste Windmuster ein, wie bereits an anderer Stelle erwähnt wurde (Kap. 4). Zunächst drückt der Südwestwind verstärkt Wasser durch den Ärmelkanal, um sich später mit dem Wellenberg, der entlang der schottisch-englischen Ostküste aus Norden kommt, zu vereinigen.

6.3.2 Naturphilosophische Erklärung: Analogiedenken und Viererschema

Die im Text nun folgenden, nicht ganz klaren Ausführungen über den Zusammenhang zwischen Windrichtung und Ebbstrom beruhen auf Literaturkenntnissen, wobei in dem Fall wahrscheinlich Wilhelm von Conches, ein Philosoph der Schule von Chartres aus der ersten Hälfte des 12. Jahrhunderts, herangezogen wurde. In seiner Abhandlung *De philosophia mundi* versucht er nachzuweisen, dass aus den Ebbströmen die Winde entstehen (vgl. Jansen und Janse 1991, XIII; Wilhelm von Conches 1968°, 1163f.; über die Winde vgl. auch Beda Venerabilis 1977°, 217ff.).[155] Das brauchte uns, da es sich um einen Elitendiskurs handelt, nicht weiter zu interessieren, wenn dahinter nicht eine Lehre stünde, die sowohl das wissenschaftliche Denken von der Antike bis zur Neuzeit als auch populäre Vorstellungen bis in die Gegenwart prägte bzw. prägt, nämlich das Analogiedenken als Elementarform magischen Weltverständnisses sowie die damit in engem Bezug stehende Mikrokosmos-Makrokosmos-Theorie.

Sich zu fragen, wie die Welt funktioniert, heißt auf einer ursprünglichen Ebene, sie zu sich selbst in Beziehung zu setzen, um dergestalt von bekannte in unbekannte Bereiche vorzustoßen. Die im epistemologischen Sinn egozentrische Perspektive, welche wir im magischen Weltverständnis des traditionellen Volksglaubens oder der so genannten Naturvölker, aber auch im Weltbild des Kindes oder bei bestimmten Wahnkrankheiten in ähnlicher Weise antreffen, führt zwangsläufig zu panrelationalistischen Vorstellungen, das heißt zu solchen, nach denen alles mit allem in Beziehung zueinander steht (vgl. Bach 1960, 472–499; K.E. Müller 1987, 203 u.ö.; Piaget 1980; Rieken 2000, 195–203; Tölle 1994, 172–181). In der gelehrten Rezeption des Mittelalters wurde, fußend auf diesen elementaren Gedanken und

---

154 In den älteren Ausgaben (1866°, 1874°) steht »XVII« statt »XXVII«, aber das ist falsch, tatsächlich handelt es sich um den 27. Tag der Mondphase, wie sich anhand des »Grotefend« errechnen lässt (Grotefend 1991).

155 Sein Text findet sich in der Werkausgabe des Beda Venerabilis, ohne dass ersichtlich ist, dass die Ausführungen nicht von Beda stammen, sondern von ihm.

unter Zuhilfenahme antiker sowie neuplatonischer Ideen, ein in sich geschlossenes System entwickelt, nach welchem eine Analogiebeziehung zwischen der Welt als Ganzem und ihren einzelnen Teilen, insbesondere dem Menschen, besteht. Erkennt man einen Teil der Welt, so erhält man eine entsprechende Erkenntnis des Ganzen, und umgekehrt hat jede Vorstellung über das Ganze ihre Entsprechung in den Teilen. Der Mensch als Mikrokosmos wird zum Spiegel oder Abbild des Makrokosmos (vgl. Petzoldt 1999b).

Die Auffassung, dass die Dinge dieser Welt miteinander verbunden sind, zeigt sich zunächst daran, dass Emo schreibt, der Südwestwind (Africus) entstehe aus dem Ebbstrom, der angeblich in Richtung Süden fließt. Möglicherweise liegen dem, wie so oft bei scheinbar oder anscheinend abstrusen panrelationalistischen Auffassungen, alltägliche Erfahrungen zu Grunde, etwa die, dass scheinbar aus entgegengesetzter Richtung Wind bläst, wenn man sich entsprechend rasch bewegt (»Fahrtwind«). Diese Auffassung übersieht zwar die Unterscheidung zwischen Relativ-Winden und wahren Winden, wie es in der Meteorologie heißt, aber aus egozentrischer Perspektive ist wirklicher Wind vorhanden, auch wenn sich rundherum kein Lüftchen regt, ähnlich wie das Kind glaubt, die Sonne oder der Mond würden ihm folgen, wenn es sich bewegt. Die Vorstellung, dass Wind als Folge des Ausgleichs von Luftdruckunterschieden in der Atmosphäre entsteht, vor allem durch ungleichmäßige Erwärmung der Erdoberfläche durch Sonneneinstrahlung, ist neuzeitlichen Ursprungs und stammt aus der zweiten Hälfte des 19. Jahrhunderts (BE, Bd. 14, 1991, 528), kann also im Mittelalter nicht als Wissen vorausgesetzt werden. Das, worauf man sich stützen konnte, waren antike Schriftsteller sowie spätere Enzyklopädistik und Patristik. Man baute mangels Alternativen auf dem auf, was vorhanden war, und das umso mehr, als der mittelalterliche Wahrheitsbegriff ein anderer war als heute, denn während in der modernen Wissenschaft das Entwickeln eigenständiger Gedanken üblich ist und logische Prinzipien sowie das Empiriekriterium einzuhalten sind, galt in früherer Zeit etwas als wahr, wenn es durch Autoritäten verbürgt wurde, vor allem – so bei Thomas von Aquin – die Bibel, das Werk des Aristoteles und die Schriften der Kirchenväter. Wenn uns daher verschiedene Behauptungen aus der Überlieferung wunderlich erscheinen, sollte man darüber weder befremdet sein noch die Nase rümpfen, sondern das aus der Zeit heraus zu verstehen versuchen. Außerdem ist das Autoritätskriterium keineswegs aus unserem Leben verschwunden. Zwar ist es kein wissenschaftliches Prinzip mehr, doch im alltäglichen Erzählen hat es weiterhin eine große Bedeutung, wie etwa die weite Verbreitung der Sage zeigt, welche in ihrer modernen Variante auch als FOAF-Tale bezeichnet wird, womit auf die indirekte Form der Vermittlung angespielt wird: »A *f*riend *o*f *a f*riend (has it told)«. Im Alltag bleibt uns oftmals gar nichts anderes übrig, als das zu glauben, was uns jemand, dem wir Vertrauen entgegenbringen, erzählt, zumal Vertrauen ein wichtiger Grundstein zwischenmenschlicher Beziehungen ist.

Doch kommen wir wieder auf Emos Bericht zurück. Im zweiten Abschnitt wird auf jene Tageszeit des 16. Januar Bezug genommen, in welcher der Südwestwind, der bereits ab der Früh mehr als gewöhnlich geweht hat, zum Sturm wird. Das ist ab circa 13.20 Uhr der Fall, und in dieser Zeit sei es, wie es im Text heißt, kalt und trocken, und zwar gemäß der Einteilung in vier Tagesabschnitte durch die Philosophen. Abends (ab circa 18.40 Uhr) sei es hingegen kalt und feucht, ab circa 02.40 Uhr warm und feucht, ab ungefähr 09.20 Uhr warm und trocken. Dahinter steht das so genannte Viererschema der Qualitäten, welches seit Hippokrates (circa 460–370 v.Chr.) die abendländische Naturphilosophie und insbesondere das medizinische Denken beeinflusste. Daran anknüpfend, verband der griechische Arzt Galenus von Pergamon (130–200) die Qualitäten- mit der Elementenlehre. In seinem medizinischen Konzept der Humoralpathologie oder Säftelehre ist das ungleiche Mischungsverhältnis der Körpersäfte – Blut, gelbe Galle, schwarze Galle, Schleim – Ursache aller Krankheitserscheinungen,[156] wobei in seine therapeutischen Überlegungen die *Qualitäten*, das heißt die Eigenschaften der vier *Elemente* Luft (= trocken), Wasser (= feucht), Feuer (= warm) und Erde (= kalt) einzubeziehen sind, darüber hinaus die vier Jahreszeiten Frühling, Sommer, Herbst und Winter – und die vier Tageszeiten morgens, mittags, nachmittags und abends (vgl. Böhme und Böhme 2004, 164–169; Eckart 1998, 71; Schöner 1964, 86–93 sowie Abb. nach 114; vgl. E. Grabner 1997, 132 u.ö.; Meetz 2003, 16–21; I.W. Müller 1993; Rothschuh 1978, 185–199).[157] Das bei Galen noch relativ offene Viererschema wird im Mittelalter jedoch zum »wirklichkeitsfernen Schematismus« (Schöner 1964, 102), der zusätzlich mit Tonarten, Planeten, Himmelsrichtungen und mit einer Charakterlehre verknüpft wird. Diese bis heute im populären Denken verankerte Typologie – Choleriker, Melancholiker, Sanguiniker und Phlegmatiker – erklärt die jeweilige Persönlichkeitsstruktur aus einer spezifischen Mischung der Körpersäfte, wobei das Überwiegen eines derselben mit bestimmten Wesenszügen in Verbindung gebracht wird.[158]

Die Zuordnungen waren in der Überlieferung nicht immer einheitlich, sondern variierten zum Teil. Wenn Emo *Africus* mit *Südwestwind* übersetzt, folgt er dem ursprünglichen Gebrauch bei den Römern, die damit jenen Wind bezeichneten, der

---

156 Da es bis ins hohe Mittelalter nicht üblich war, Körper zu sezieren und Kenntnisse über den inneren Aufbau des Organismus zu gewinnen, war man auf das Äußere und Sichtbare als Diagnoseinstrument angewiesen. So lenkte man das Augenmerk auf Ausscheidungen, die man beobachten konnte, etwa, mit Blick auf den *Schleim*, auf Speichel, Nasensekret, Ausgehustetes oder Eiter. Die *gelbe Galle* erblickte man in Erbrochenem oder im Stuhl, *Blut* in Wunden, Aderlass, Menstruationsblut etc. Bei der *schwarzen Galle* könnten Gerinnungsvorgänge des Blutes, dunkler Stuhl oder das Krankheitsbild der schwarzen Malaria (Schwarzwasserfieber) eine Rolle gespielt haben, das einen dunklen Harn zur Folge hat (Schöner 1964, 27; 55f.; vgl. auch Fußnote 158).

157 Vgl. als Beispiel für die mittelalterliche Rezeption aus dem Handschriftenbestand der Dombibliothek zu Köln das Diagramm des Universums aus der Zeit um 900, das die vier Himmelsrichtungen nebst den dazugehörigen zwölf Winden zeigt und die vier Elemente, Körpersäfte, Jahreszeiten sowie Texte zu den Jahres- und Tageszeiten (Köln Dombibliothek 2003°; vgl. dazu Thaller 2003).

158 Choleriker = aufbrausendes Wesen wegen Dominanz der gelben Galle; Melancholiker = getrübte Stimmung wegen Dominanz der schwarzen Galle; Sanguiniker = Überreiztheit und Heiterkeit wegen Dominanz des Blutes; Phlegmatiker = langsames, zähflüssiges Wesen wegen Dominanz des Schleims (Eckart 1998, 72).

nach seinem Ursprungsland Afrika bzw. Libyen benannt ist und in Italien heute noch, zumindest in der Literatursprache, *Africo* heißt.[159] Da er allerdings vom Sonnenuntergangspunkt am Tag der Wintersonnenwende weht, entspräche er genauer dem Westsüdwest unserer Windrose (Wissowa 1893, 716). Als solchen findet man ihn etwa in der um 1200 entstandenen Weltbeschreibung des Gervasius von Tilbury (Gervasius 2002°, 1, cap. 6), während er in der aus der ersten Hälfte des 9. Jahrhunderts stammenden Enzyklopädie des Hrabanus Maurus[160] oder in Fußnote 157 erwähnten Kölner Handschrift als Südostwind verstanden wird.

Das Viererschema mit seiner Inbezugsetzung der vier Elemente, Qualitäten, Körpersäfte, Temperamente, Jahreszeiten, Windrichtungen und anderer Phänomene ist nicht allein antikes und mittelalterliches Gedankengut, sondern hat auch elementare Bedeutung.[161] In der Psychologie C.G. Jungs ist die Vierzahl ein Symbol der Einheit, ein »Archetypus der Ganzheit«, wie er sich unter anderem in der Redensart »Quadratur des Kreises« äußere (Jung 1996b, 412). Sie ist die kleinste ganze Quadratzahl, in der Geometrie entspricht ihr das Quadrat, und sie gliedert den Raum nach dem Koordinatensystem durch Vierteilung der Fläche mittels rechtwinkliger Kreuzung zweier Geraden. Wahrscheinlich liegt dem eine elementare Orientierung im Raum zu Grunde: vorn und hinten, rechts und links. In der christlich-europäischen Kultur gibt es die Vorstellung der vier Paradiesesflüsse, welche die vier Bereiche der Erde bewässern (1. Mose 2, 10ff.). Vier Buchstaben sind es, die den Namen Adams, des Menschen schlechthin, ausmachen. Man zählt vier Kardinaltugenden, vier Evangelisten und vier große Propheten (Jesaja, Jeremia, Ezechiel, Daniel), im byzantinischen Kirchenbau ist der Grundriss ein Kreuz mit vier gleich langen Armen. Und wenn es um die Einteilung bebauter Gebiete geht, nennen wir sie Stadt*viertel* oder Wohn*viertel*. Darüber hinaus finden wir die Vierzahl in der Mythologie verschiedener traditioneller außereuropäischer Kulturen. Quetzalcoatl, mythischer Herrscher über die Winde bei den Tolteken, trägt auf seinem Umhang vierarmige Kreuze, welche seine Schützlinge symbolisieren. Bei den Hopi-Indianern ist die Vier die heilige Zahl schlechthin, bei den Hindu symbolisiert das Quadrat die Aufrechterhaltung der Ordnung, und in Ägypten bedeutet es Vollendung. Wahrscheinlich geht die besondere Wertschätzung der Vierzahl auf die spezifische Organisation des Alltags zurück, da Felder, Äcker, Wohnhäuser, Innen-

---

159 »Wind, der aus Südwesten kommt« bzw. »allgemein für warmer Wind« (Il grande dizionario Garzanti della lingua italiana. Milano: Garzanti 1991, 44).

160 »Constant autem hunc ab ea parte qua *Eurus uel Affricus* flat habere speluncas plenas sulphuris...« (Rabanus Maurus 2000°, Buch 13.1).

161 Nicht im ausschließlichen Sinn gemeint, denn gerade in der europäischen Kultur spielt auch die Dreizahl eine große Rolle, etwa in der Theologie (Trinität), der psychologischen und philosophischen Anthropologie (Körper – Seele – Geist) und auch in der Volkserzählung (Dreigliedrigkeit der Episoden im Märchen). Umgekehrt entbehrt die Vierteilung etwa des Tages nicht einer gewissen Willkür, denn man könnte ihn genauso zweiteilen (Tag – Nacht) oder in sechs Abschnitte (Morgen – Vormittag – Mittag – Nachmittag – Abend – Nacht) gliedern. Und in der Humoralmedizin dürfte die Unterteilung in gelbe und schwarze Galle weniger empirischer Notwendigkeit entsprungen sein, als dem Bedürfnis, einen vierten Saft, eben die schwarze Galle, ausfindig zu machen, um das Viererschema zu komplettieren.

räume und Möbel in den meisten Kulturen von rechteckiger oder quadratischer Form sind. Darüber hinaus sind es auch natürliche Phänomene, die mit der Vier verbunden werden, allem voran die vier Extremitäten des menschlichen Körpers und die vier Beine der meisten Säugetiere (vgl. BE, Bd. 23, 1994, 326; Fielding 1988, 180f.; Heinz-Mohr 1998, 337f.; Gibson 2000, 81f., 86; Rieken 2003a, 57f.).

Die Anwendung des Viererschemas auf die Einteilung des Tages ist, wie bereits erwähnt, auch bei Emo vorhanden. Ab etwa 13.20 Uhr herrscht Starkwind, und das ist die Zeitspanne, ab der es kalt und trocken ist, und zwar bis circa 18.40 Uhr. Doch nicht nur der Sturm macht den Menschen zu schaffen, denn es tritt zu allem Unglück auch noch »Hagel mit gewaltiger Härte [auf], weil die Glut der Sonne, auf dem Höchststand befindlich, die Tropfen an sich zog und durch Kälte wie zusammengeschnürt in Hagel verwandelte«. In meteorologischer Sicht ist Hagel ein fester Niederschlag in Form von Eiskörnern oder Eisklumpen von 5–50 mm, im Extremfall von über 10 cm. Hagel entsteht, indem Niederschlagspartikel, das heißt feuchte Luft, in große Höhen emporgetragen werden und dort vereisen. Das ist nur bei Cumolonimbuswolken (Gewitterwolken) möglich, weil sie weit hinauf reichen sowie durch starke Auf- und Abwinde charakterisiert sind. Die einzelnen Teilchen werden nämlich, nachdem sie infolge Vereisung schwerer geworden sind und herabfallen, unter Umständen mehrmals durch die Aufwinde nach oben transportiert und nehmen dergestalt an Größe zu. Sind die Eiskugeln schließlich zu schwer, oder lassen die Aufwinde nach, fallen sie aus der Wolke, wobei ihre Größe jedoch verhindert, dass sie auf dem Weg nach unten zur Gänze schmelzen, sodass sie dann auf der Erde als Hagel auftreffen.

Wenn es nun bei Emo sinngemäß heißt, dass die Glut der Mittagssonne die Niederschlagspartikel an sich zieht und durch Kälte in Hagel verwandelt, ist das für die damalige Zeit eine erstaunlich präzise Erklärung. Fällt Sonnenlicht auf die Erde, ist es kurzwellig und wird beim Aufprall in langwellige Wärmestrahlen verwandelt. Da warme Luft nach oben steigt, werden die Niederschlagspartikel in die Höhe gerissen, wo sich an die Wassertröpfchen Eiskristalle anlegen. Je stärker dabei die Erwärmung ist, desto höher steigen die Partikel auf, weswegen schadbringender Hagelschlag im Hochsommer am häufigsten auftritt. Emo sieht also deutlich den Zusammenhang zwischen Wärmeeinwirkung und Hagelbildung. Das, was seine Deutung allerdings von der heutigen unterscheidet, ist die kausale Beziehung sowie die Einordnung in das Viererschema. Aus moderner Sicht bewirkt bzw. verursacht die Sonne das Aufsteigen der Partikel, steht also am Beginn einer kausalen Relation, während in der mittelalterlichen Chronik die Teilchen von der Sonne angezogen werden und diese gleichsam den Schlusspunkt des Vorgangs bildet. Wahrscheinlich steht dabei ein anderer Aspekt der Ursache im Hintergrund, nämlich statt der *causa efficiens* die *causa finalis*.

Die für die Zeit präzise Beschreibung der meteorologischen Zusammenhänge ist bemerkenswert, doch die nächste und für unseren Kontext interessantere Frage ist, was das Skizzierte aus der Perspektive des Viererschemas, das heißt der vier Qualitäten bedeutet. Eckdaten sind dabei das Auftreten des Starkwindes ab der »neunten Stunde« (= 13.20 Uhr) und der beginnende Hagelschlag zur Zeit des Sonnenhöchststandes. Nicht ganz klar ist allerdings, ob der tatsächliche Höchststand um circa 12.00 Uhr gemeint ist oder die intensivste Erwärmung, welche erst ein bis zwei Stunden nach demselben auftritt. Das könnte deswegen von Bedeutung sein, weil um 13.20 Uhr der Wechsel von *warm und trocken* auf *kalt und trocken* erfolgt. Bevor wir dem weiter nachgehen, erscheint es mir sinnvoll, die Beziehung zwischen Qualitäten und Tageszeiten in Form einer Tabelle zu verdeutlichen.

T/N	T a g												N a c h t											
Std.	1	2	3	4	5	6	7	8	9	10	11	12	1	2	3	4	5	6	7	8	9	10	11	12
U/Ja	08	08	09	10	10	11	12	12	13	14	14	15	16	17	18	20	21	22	24	01	02	04	05	06
	00	40	20	00	40	20	00	40	20	00	40	20	00	20	40	00	20	40	00	20	40	00	20	40
W/K	w a r m												k a l t								w a r m			
T/F	feucht	t r o c k e n											f e u c h t										

Abkürzungen:

T/N und Std: zwölf Tagstunden und zwölf Nachtstunden.

U/Ja: Uhrzeit heutiger Zeitrechnung im Monat Januar (die Stunden stehen aus Platzgründen in der oberen, die Minuten in der unteren Spalte).

W/K: warm und kalt.

T/F: trocken und feucht.

Wie bereits in Fußnote 147 erwähnt, beruhte die kirchliche Einteilung des Tages auf der römischen, nach welcher der lichte Tag und die Nacht in jeweils zwölf Stunden unterteilt wurden (Grotefend 2003 → S → Stunde). Das wird anhand der ersten zwei Zeilen der Tabelle deutlich, und es wäre ein Missverständnis zu glauben, es handelte sich um die Zeit zwischen 00.00 Uhr und 24.00 Uhr. Die erste Stunde des Tages begann ungefähr mit der Dämmerung, was für unsere Breiten im Dezember 09.00 Uhr heißt, im Januar, dem Monat der Marcellusflut, 08.00 Uhr und im Juni 03.00 Uhr (ebd., Tabelle der ungleichen Stunden). Gleich lang waren die Stunden nur zweimal im Jahr, zur Tagundnachtgleiche, sowie ganzjährig am Äquator. Die Länge der Tagstunden betrug im Dezember 30 Minuten, im Januar und November 40 Minuten und im Juni 90 Minuten. Umgekehrt dauerte eine Nachtstunde im Januar 80 Minuten, im Juni hingegen 30 Minuten (ebd.). Die zwölf Tagstunden im Januar erstreckten sich daher nur über acht Stunden unserer Zeitrechnung, die zwölf Nachtstunden hingegen waren sechzehn Stunden unserer Zeit lang.

Was nun die Qualitäten angeht, lässt sich der Tabelle entnehmen, dass es jeweils zwölf (römische) Stunden lang warm ist und zwölf Stunden lang kalt sowie zwölf Stunden trocken und zwölf Stunden feucht. Die Qualitäten überlappen sich jeweils für die Dauer von sechs Stunden in der Weise, dass die bekannten vier Kombinationen warm/trocken, kalt/trocken, kalt/feucht und warm/feucht auftreten, nicht jedoch die Verbindungen warm/kalt und trocken/feucht.

Acht (römische) Stunden lang ist es am Tage warm und sogar zehn Stunden lang trocken, während es in der Nacht acht Stunden kalt und zehn Stunden feucht ist. Das entspricht zunächst alltäglicher Wahrnehmung; tagsüber ist es wegen der Sonneneinstrahlung wärmer, nachts kälter und zudem feuchter, da Oberflächen bei Temperaturrückgang rascher abkühlen und mehr Luftfeuchtigkeit kondensiert. Betrachtet man die Tabelle jedoch etwas genauer, dann zeigt sich, dass es ausgerechnet um die Mittagszeit (9. Tagstunde) kalt wird und tief in der Nacht (9. Nachtstunde) wiederum warm. – Wie ist das zu erklären? Man könnte sich auf die Gegensatzregel (contraria contrariis) beziehen, die in der Philosophie des Viererschemas und in der Humoralpathologie eine besondere Rolle spielen: Wärme wird durch Kälte kuriert, etwa heißes Fieber durch kalte Umschläge; wer zu viel Wasser im Körper hat, muss Gebiete mit trockener Luft aufsuchen, und wer durch Anstrengung große Mengen an Flüssigkeit verloren hat und zu »trocken« wird, muss trinken. All das entspricht mehr oder weniger alltäglicher Erfahrung, und in ähnlicher Weise könnte man argumentieren, dass es auf der Erde, um zu einem Ausgleich bzw. Gleichmaß zu kommen, dann kalt werden muss, wenn die Sonne am intensivsten scheint, und das ist ab Mittag der Fall. Und dann, so könnte man argumentieren, ist es auch logisch, wenn es in der Nacht warm wird, denn dann ist das Fehlen der Sonne zu kompensieren. Und um der Sache noch mehr gerecht zu werden, könnte man im Sinne der *causa finalis* sagen, dass die Sonne das Ziel verfolgt, die ab Mittag kalte Erde zu wärmen, um dann wieder zu verschwinden, wenn die Erde des Nachts warm wird.

Das klingt zwar schlüssig, doch sprechen gegen diese Argumentation zwei Gründe. Zum einen ist es bis zum Ende der achten Nachtstunde kalt, also zwei Drittel der Nacht, während der die Sonne nicht mehr scheint. Man könnte zwar argumentieren, dass Phänomene in der Regel erst mit zeitlicher Verzögerung in Erscheinung treten. Erst muss die Sonne eine Zeit lang geschienen haben, dann wird es warm, und tatsächlich ist es erst einige Zeit nach Sonnenhöchststand am wärmsten, weswegen die Erde ihre Kälte auch erst mit zeitlicher Verzögerung in Gang zu setzen braucht. Aber acht Stunden der Nacht? Das scheint mir eine zu reichlich bemessene Zeitspanne zu sein. Doch selbst wenn dieses Argument Bestand hätte, existiert ein weiteres, das die Erklärung durch die Gegensatzregel hinfällig werden lässt: Die Sonne ist nicht nur warm, sie ist auch trocken, aber den ganzen Tag über, ab der dritten Tagstunde, ist es eben nicht feucht, sondern trocken.

Daher bleibt uns nichts anderes übrig, als nach einer anderen Erklärung Ausschau zu halten. Der Elementen- und Qualitätenlehre liegt mehr oder weniger alltägliche Erfahrung zu Grunde, wie anhand einiger Beispiele deutlich gemacht wurde. Und in der Tat passen die Qualitäten einigermaßen auf die Tag- und Nachtzeiten, etwa die überwiegende Wärme auf den Tag, die überwiegende Feuchtigkeit auf die Nacht. Doch der Fehler liegt darin begründet, dass all jenes, was in irgendeiner Weise Analogien zulässt, in das Viererschema gepresst wurde. Bei Hippokrates erhalten Kindheit und Frühling die Qualitäten warm und feucht, Jugend und Sommer warm und trocken, Mannesalter und Herbst kalt und trocken, Greisenalter und Winter kalt und feucht. Und in Analogie dazu werden bei Galen die Tageszeiten – Morgen, Mittag, Nachmittag und Abend – in das Schema eingefügt (vgl. Schöner 1964, Abb. nach 114;), weswegen sich der merkwürdige Umstand ergibt, dass es um die Mittagszeit (= Mannesalter = Herbst) kalt wird und mitten in der Nacht (= Kindheit = Frühling) warm.

Als Schematismus entfernt sich die Qualitätenlehre vom Leben und wird so zu reinem Gelehrtenwissen, bei dem aus unserer Sicht Bezeichnendes und Bezeichnetes kaum noch Gemeinsamkeiten aufweisen. Man mag das für ein reichlich abstruses Theoriegebäude halten, aber man sollte nicht vergessen, dass dahinter eine Lehre steht, die sich zu Emos Zeiten bereits mehr als 1500 Jahre bewährt hatte und immerfort ausgebaut wurde, und das nicht nur als Naturphilosophie, sondern auch als Heilmethode, denn die Humoralpathologie war bis weit in die Neuzeit als die »Schulmedizin« schlechthin anerkannt. Außerdem galt damals wie heute, dass es Aufgabe der Wissenschaft ist, einen Blick hinter die Kulissen zu werfen und Verborgenes ans Tageslicht zu befördern, das auf den ersten Blick nicht unbedingt plausibel erscheint. Dass es am Nachmittag kalt ist und mitten in der Nacht warm, ist für einen Außenstehenden wahrscheinlich nicht verwirrender als die Behauptung der Tiefenpsychologen, dass durch moralisches Gehabe Triebimpulse niedergehalten werden oder dass sich hinter Geltungstreben ein Minderwertigkeitsgefühl verbirgt. Für Analytiker einschließlich meiner Person ist das evident, aber das war das Viererschema im Mittelalter auch. Dennoch existiert ein Unterschied: In der modernen Wissenschaft weiß man um die Perspektivität der Erkenntnis und ihren konstruktivistischen Gehalt, weswegen man sich bemüht, die Welt nicht mehr mit dem Bild, das man von der Welt hat, zu verwechseln. Für die Zeit davor gilt das hingegen nicht und schon gar nicht für das Viererschema, weil es

> »im Verlauf der Jahrhunderte eine so unwiderstehliche Selbstverständlichkeit gewonnen [hatte], dass die konstruktive Idealität mit dem Wesen der Sache zu koinzidieren schien: Die symbolische Form der Natur bestimmte nicht nur, als was diese erfahren wurde, sondern was sie ist. Natur und das Denken der Natur fielen in eins. Genau darin liegt die kulturprägende Kraft des tetradischen Schemas im Kreis. Solange es gilt, kann medizinisch wie naturphilosophisch, ästhetisch wie selbst theologisch niemand dem Sog entkommen, sodass dieses Schema gewissermaßen zur Natur des Menschen geworden ist« (Böhme und Böhme 2004, 168)

Und daher ist es kaum überzeugend, wenn für Kay Peter Jankrift – seines Zeichens Medizinhistoriker und Autor eines Buches über Katastrophen im Mittelalter – Emos Aussagen zur Qualität der Tageszeiten sowie die davor stehenden über die Ebbströme Belege für einen genauen Augenzeugenbericht sind:

> »Exakt schildert er die weitere Entwicklung. Der Wind wuchs seinen Worten zufolge aus dem sich senkenden Rückfluss des Meeres aus dem Westen und Osten sowie dem Zusammenfluss auf der Südseite. Kalt und trocken sei es zunächst gewesen. Zwischen der neunten Stunde der Nacht und der dritten des ersten Tages sei jedoch diese Situation umgeschlagen. Plötzlich war es warm und feucht geworden, in den Stunden danach warm und trocken. Von der neunten Stunde des Tages bis zur drit-

ten der Nacht änderte sich die hygrometrische Lage ein weiteres Mal. Es wurde nun kalt und trocken, danach wieder kalt und feucht« (Jankrift 2003, 40f.).[162]

Jankrift geht fehl, wenn er Emos Angaben als hygrometrische Daten bezeichnet, denn es handelt sich um traditionelle Naturphilosophie, nicht um moderne naturwissenschaftliche Angaben. Entsprechendes gilt für die vermeintliche Entstehung des *africus* aus den beiden Ebbströmen. Im geozentrischen Weltbild des Mittelalters stellte man sich die Erde als eine Scheibe vor, an deren äußeren Grenzen sich die Ozeane befinden (vgl. auch Borst 1979, 138–143). Emo nimmt, wenn er von den beiden Ebbströmen spricht, welche im Süden zusammenfließen und derart die Winde entstehen lassen, wahrscheinlich Bezug auf Wilhelm von Conches Abhandlung *De philosophia mundi*, in der unter Einbeziehung neuer naturwissenschaftlicher Quellen eine christlich inspirierte Kosmologie entworfen wird, die sich an Platons *Timaios* anlehnt. Dem Auszug aus der Handschrift, welcher im Anhang zu finden ist (→ Abb. 10a und Text 10b), ist eine mittelalterliche Weltkarte beigegeben, in der auch die Gezeitenströme eingezeichnet sind. Die Erde ist, wie man der Abbildung entnehmen kann, in zwei Hälften unterteilt, wobei die eine Hälfte leer bleibt und auf der anderen Europa, das Mittelmeer und Afrika zu sehen sind, für heutige Betrachter allerdings sehr ungenau. Danach existiert längs des Äquators ein Ozean, der im Westen und Osten in das große »Randmeer« mündet, welches die Kontinente umgibt. Die Erläuterungen, die man in der Abbildung längs der äußeren Grenzen der Ozeane aufgeschrieben findet, erklären die Gezeitenverhältnisse. Danach existieren *vier* Ebbströme, die dadurch zu Stande kommen, dass es im äquatorialen Ozean zwei Fließrichtungen gibt, eine nach Westen und eine nach Osten, die sich nach Süden und Norden an jener Stelle verzweigen, wo äquatorialer Ozean und »Randmeer« zusammentreffen. Das Wasser, welches von den äußeren Punkten der Welt nach Norden oder Süden abfließt, trifft an den Polen zusammen. Somit sind vier Eckpunkte vorhanden, an denen sich die Winde entweder teilen (im Westen und im Osten) oder zusammenkommen (im Norden und im Süden), und dadurch werden an diesen Stellen die vier Kardinalwinde erzeugt (vgl. Fielding 1988, 26; Wright 1925, 172f.).[163]

---

162 Außerdem ist die Textwiedergabe ungenau, wenn es heißt, »kalt und trocken sei es zunächst gewesen« und am Ende »wieder kalt und feucht«. Das »wieder« hätte sich der Autor sparen können, genauso wie das »zunächst«, denn kalt und trocken bezieht sich auf die im ersten Absatz genannte Zeit des beginnenden Orkans, nämlich die neunte Tagstunde (ca. 13.20 Uhr). Danach folgt die schematische Auflistung der Tageseinteilung, wobei jeder der vier Abschnitte nur einmal genannt wird, nicht öfter.

163 »Das war falsch, aber neu«, schreibt Fielding kurz und bündig (ebd.), was allerdings auch nur bedingt richtig ist, da seit dem 9. Jahrhundert in verschiedenen Abschriften des *Commentarii in Somnium Scipionis* von Ambrosius Theodosius Macrobius (Anfang 5. Jahrhundert) Weltkarten wie die im Anhang unter 10 angegebenen zu finden sind (Chekin 2002). Der oben erwähnte Verlauf der Ebbströme dürfte auf Macrobius zurückgehen (Wright 1925, 192). Bereits Gervasius von Tilbury, Zeitgenosse Emos und Verfasser des weithin bekannten Werkes *Otia imperialia* hat die Behauptung aufgestellt, Berge und Wasser würden Winde erzeugen. Als Beispiel führt er die hohe Fließgeschwindigkeit der Rhone an, welche angeblich den Mistral hervorruft (Wright 1925, 172f.). Die Behauptung eines Zusammenhanges zwischen fließen-

Emo kann man also nicht als exakten Beobachter der Windverhältnisse im Groninger Umland loben, sondern nur als gewissenhaften Rezipienten neuerer naturphilosophischer Literatur, in der zwar auch die Gezeiten erklärt werden, aber das in allgemeiner und globaler Perspektive und nicht zugeschnitten auf die Verhältnisse in der südlichen Nordsee.

Wahrscheinlich möchte Emo mit seinen gelehrten Diskursen auch sein Wissen demonstrieren, zeigen, dass er viel gelernt hat und auf der Höhe seiner Zeit ist, er, der in Paris, Oxford und Orléans studiert hat und nun Abt eines Klosters in der tiefsten Provinz des friesischen Küstenlandes ist, fernab von den geistigen Zentren des Mittelalters.

Wilhelm von Conches' Theorie mag an den Haaren herbeigezogen erscheinen, aber damals wusste man weder etwas über die tatsächliche Gestalt der Erde noch über den Zusammenhang zwischen Wärmeeinstrahlung und Windentstehung. Zur Verfügung standen, wie bereits erwähnt, antike sowie traditionelle christliche Texte und später einige arabische Autoren, etwa Avicenna oder Averroës, weswegen man als Gelehrter die Welt sozusagen nur durch diese wenigen Brillen betrachten konnte. Wissenschaft erlaubt einen tieferen Einblick in das Geschehen, aber sie kann auch fehlgehen. Das gilt jedoch nicht nur für das Mittelalter, sondern trotz differenzierter Theorien und Zugangsweisen auch für die Gegenwart. Wäre es anders, dann gäbe es, mit Blick auf unser Thema, eine einhellige Meinung hinsichtlich der Ursachen der Erderwärmung und des Meeresspiegelanstiegs. Oder es würde zumindest Einigkeit darin bestehen, wie sich der Durchbruch des Ärmelkanals auf die Gezeiten- und Strömungsverhältnisse in der südlichen Nordsee ausgewirkt hat (vgl. Kap. 6.1). Das aber ist nicht der Fall, weswegen, um es vorsichtig zu formulieren, nicht alle naturwissenschaftlichen Überlegungen in gleicher Weise zutreffend sein können.

Wenn es, um auf Emos Bericht zurückzukommen, nur um »blinde« Theorien und den Nachweis der Gelehrsamkeit eines ehrgeizigen Theologen ginge, hätten wir uns nicht so ausführlich mit dem Text zu beschäftigen brauchen. Es hat seinen Grund, wenn am Beginn des Berichtes die Einbettung des Tages in die Qualitätenlehre steht. Alles hängt mit allem zusammen, überall existieren Analogien oder Gemeinsamkeiten. Mit anderen Worten: *Die Marcellusflut steht für Emo im Kontext der Qualitätenlehre und kann auf diese Weise interpretiert werden.*

Den Schlüssel dazu liefern Mond und Sterne. Dass der Sturm tagsüber losgebrochen und es in der Nacht zur Katastrophe gekommen ist, sei, so Emo, sonderbar, weil der Mond am vierten Tag der Woche (= Mittwoch) die 2., 9., 16. und 23. Stunde beherrsche und dergestalt das Meer in Bewegung setze.[164] Eigentlich müsse

---

dem Wasser und Wind war daher nicht neu. Was hingegen auf Conches zurückgeht, ist die Entstehung der Winde aus der Teilung und dem Zusammenfließen der Ebbströme (ebd., 172).

164 Es war im Mittelalter eine allgemein bekannte Auffassuung, dass der Mond bestimmte Stunden des Tages und damit die Höhe des Meeresspiegels beeinflusst (Emo von Wittewierum 1991°, 115, Fußnote 122). – Da der Abstand zwischen den vier Stunden des Tages, die der Mond beherrscht, jeweils sieben Stunden beträgt, ist es möglich, dass eine Analogie vorliegt zu den vier mal sieben Tagen des vierwöchigen Mondzyklus. Vielleicht wurde aber auch ein Zusammenhang hergestellt mit dem Gezeitenwechsel, der ungefähr alle 6,5 Stunden erfolgt.

genau zu *diesen* Stunden das Wasser steigen, aber Neptun habe, mit Zustimmung Gottes, all seine Gesetze vergessen und *quasi confusus, quasi in medio horarum suarum irruit cataclismus*, das heißt die Sintflut sei gewissermaßen völlig durcheinander, sozusagen mitten in die Stunden hineingestürzt (Emo von Wittewierum 1991°, 114. 40). Doch brauche man sich deswegen keine Sorgen zu machen; selbst die Philosophen könnten nicht alles wissen, und für einen Christen sei es hinreichend, an die Güte Gottes zu glauben (ebd., 116. 40).

> »41. Sodann vergisst der Allerhöchste, der über die Winde und das Meer herrscht, nicht die Barmherzigkeit, da er Menschen schonte und unversehrt erhielt, als er in der vierten Woche des Mondzyklus jener Gewalt erlaubte, das Land zu überschwemmen. Denn am ersten Tag des zunehmenden Mondes der ersten Woche scheint das Meer umfangreicher zu sein, *weil die Luft, da der Mond keine Wärme hat, in wässrige Substanz übergeht* [= kalt und feucht entspricht Wasser]. Während er zunimmt, nimmt auch die Wärme zu, und das Meer wird verringert, *weil durch die Wärme des zunehmenden Mondes die Feuchtigkeit der Luft austrocknet*, und zwar bis zum siebten Tag. Nach demselben Tag sprudelt das Meer allmählich heraus und wächst, und die Wärme scheint so viel zu machen, wie [zuvor] die Feuchtigkeit zu machen schien. Und die dritte Woche ist wegen der Verringerung [= des Wassers] der ersten ähnlich, während die vierte wegen der Zunahme [= des Wassers] der zweiten ähnlich ist« (ebd., 116.41; eigene Hervorhebungen; eigene Übersetzung; → Anhang Text 9b).

Wenn der Mond zu Beginn des vierwöchigen Zyklus sozusagen keinen Umfang hat, hat er auch keine Wärme. Somit verfügt er nicht über trocknende Eigenschaften, weswegen die Luft wässrig wird und damit das Meer vergrößert. Sobald er in der ersten Woche zunimmt, verfügt er über mehr Wärme, sodass die Luft austrocknet und der Meeresspiegel sinkt. Wahrscheinlich hat man den Mond analog zur Aufgabe der Sonne zu sehen: Diese wärmt den Tag, jener die Nacht, und das kann er umso besser, je mehr von ihm vorhanden ist.[165]

In der zweiten Woche steigt der Wasserstand, aber nun bewirkt nicht Kälte, sondern die Wärme des Mondes – er nimmt ja weiter zu – das Ansteigen des Meeresspiegels: Die Wärme hat jetzt die Rolle des Feuchten übernommen! Das lässt sich logisch nicht mehr erklären – und auch Emo gibt ab diesem Punkt keine logische Erklärung mehr –, sondern nur noch durch die schematische Anwendung des Viererschemas.

1. Woche	2. Woche	3. Woche	4. Woche
Zunehmender Mond	Zunehmender Mond	Abnehmender Mond	Abnehmender Mond
Mond wärmt	Mond wärmt	Mond kühlt ab	Mond kühlt ab
Bewirkt Trockenheit	Bewirkt Feuchtigkeit	Bewirkt Trockenheit	Bewirkt Feuchtigkeit
Dadurch niedriger Wasserstand	Dadurch hoher Wasserstand	Dadurch niedriger Wasserstand	Dadurch hoher Wasserstand

---

165 Das ist noch die egozentrische Perspektive des geozentrischen Weltbildes: Nicht das subjektive Bild des Mondes verändert sich, sondern der Mond selbst.

Die Theorie kommt ins Lot, indem postuliert wird, dass die Wärme der zweiten Mondwoche nicht Trockenheit, sondern Feuchtigkeit produziert (...*die Wärme scheint so viel zu machen, wie [zuvor] die Feuchtigkeit zu machen schien*). Bemerkenswerterweise ist das Alternieren des Wasserstandes im Zuge des vierwöchigen Mondzyklus insofern zutreffend, als es tatsächlich alle sieben Tage entweder zu einem höheren (Springtide) oder zu einem niederen Wasserstand (Nipptide) kommt.[166] Und auch der Mond hat damit zu tun, allerdings nicht seine vermeintliche Wärme, sondern das Wechselspiel der Anziehungskräfte zwischen Erde, Sonne und Mond:

Erstes Viertel	Vollmond	Letztes Viertel	Neumond
Sonne, Erde und Mond bilden rechten Winkel	Sonne, Erde und Mond befinden sich auf einer Linie	Sonne, Erde und Mond bilden rechten Winkel	Sonne, Erde und Mond befinden sich auf einer Linie
Dadurch niedriger Wasserstand	Dadurch hoher Wasserstand	Dadurch niedriger Wasserstand	Dadurch hoher Wasserstand

Als die Marcellusflut kommt, ist Vollmond, also Springtide. Der dadurch erhöhte Wasserstand begünstigt zwar eine gleichzeitig eintreffende Sturmflut, erklärt sie aber noch nicht. Wie beantwortet Emo diese Frage?

>>Gemäß der Auffassung der Philosophen wird eine Sintflut durch das Auf- und Untergehen der Sterne verursacht. Wenn alle Planeten gleichzeitig emporgehoben und dabei mehr als üblich [von der Erde] entfernt werden, *verbrauchen sie weniger Feuchtigkeit. Dadurch ergießt sich die zunehmende Feuchtigkeit über die Erde, und es entsteht eine Sintflut. Doch wenn nur ein oder zwei Sterne emporgehoben werden, dann nimmt die Feuchtigkeit nicht so stark zu.* Was nämlich durch das Aufgehen dieser [Sterne] wächst [= an Feuchtigkeit zunimmt], wird durch die Nähe der anderen getrocknet, und es entsteht eine partielle Sintflut. Wenn aber alle [Sterne] gleichzeitig hinabgesenkt werden, versengen sie durch ihre Nähe die Erde. Und wegen dieser Ungleichheit war es die allgemeine Auffassung der Philosophen, dass das irdische Leben entweder durch eine Sintflut oder durch Feuerbrand beendet wird<< (ebd., 116.42–118.42; eigene Hervorhebung; eigene Übersetzung; → Anhang Text 9c).

Je weiter die Planeten von der Erde entfernt sind, desto weniger Feuchtigkeit können sie ihr entnehmen; diese bleibt daher erhalten, der Wasserspiegel steigt, es kommt zu Sturmfluten, und das zu umso schwereren, je mehr Planeten sich entfernen. Je näher sie hingegen der Erde sind, desto mehr trocknen sie sie aus, und desto größere Flächen werden verbrannt, und zwar je nach Anzahl der erdnahen Planeten. Auch hier liegt wiederum eine streng schematische Sicht im Kontext der Qualitätenlehre vor, und zwar im Zusammenhang mit der Diade trocken/feucht. Das geht teilweise konform mit den Aussagen zum Mond, und zwar mit seiner Eigen-

---

166 Allerdings nicht allmählich während der Woche ansteigend, sondern kurzfristig über drei Tage mit einem Höchstwert am ersten Tag.

schaft, Wasser aufzunehmen, wenn viel von ihm vorhanden ist, sodass die Erde trockener wird, während bei geringem Vorhandensein desselben Hochwasser droht. – Jedenfalls folgert Emo, dass ein oder zwei Planeten sich zu weit von der Erde entfernt und eine partielle Sturmflut ausgelöst haben.

Nach seiner Auffassung trifft daher eine ungünstige Planetenkonstellation mit einem regelmäßig alle 14 Tage durch den Mond erhöhten Wasserspiegel zusammen, das heißt beide Phänomene addieren sich in ihrer Wirkung. Nicht erklären kann er hingegen den Zeitpunkt der Überflutung, denn der müsste, ebenfalls wegen des Mondeinflusses, auf die 2., 9., 16. oder 23. Stunde fallen. Das geschieht nicht, was in Anbetracht der mittelalterlichen Vorliebe für strenge Schematisierungen außerordentlich verunsichernd gewirkt haben muss. In der Sprache der modernen Psychologie formuliert, ist das eingetreten, was der zwanghafte Persönlichkeitstyp am meisten fürchtet: den Einbruch des Unberechenbaren und Chaotischen. Emo greift daher zu einer Standarderklärung, die Trost und Beruhigung verspricht: Selbst die Philosophen können nicht alles erklären, Gottes Wege sind bisweilen unerforschlich.

Es bleibt noch die Frage zu beantworten, ob die Qualität der Tageszeit Einfluss auf den Verlauf der Katastrophe nimmt. Emo gibt darauf keine Antwort, weswegen es für ihn entweder evident ist und keiner weiteren Erläuterung bedarf, dass die nun folgenden Turbulenzen im Wettergeschehen dergestalt zu deuten sind. Oder es dient die Einteilung des Tages »gemäß den Philosophen« primär der Demonstration des gelehrten Wissens und steht somit isoliert da, ohne Bezug zu dem, was nun kommt. Doch selbst wenn Letzteres der Fall ist, wird die Frage dadurch nicht überflüssig. Zunächst dient die Qualitätenlehre als »Positivfolie« gegenüber dem folgenden Geschehen. Die gesamte Natur kann gemäß dem Viererschema eingeordnet und gedeutet werden; das verspricht Regelmäßigkeit, Übersichtlichkeit und Beruhigung. Doch was dann kommt, ist das krasse Gegenteil, nämlich heftigster Hagelschlag mitten im Winter, der auf für die Jahreszeit extrem milde Temperaturen hindeutet, sowie plötzliches Drehen des Windes von Südwest auf Nordwest.

Was bedeutet nun das Aufeinandertreffen der Gegensätze? Dort, wo es besonders warm ist, nämlich in der Nähe der Sonne, muss, um nicht zerstört zu werden, als Gegengewicht etwas besonders Kaltes vorhanden sein bzw. entstehen, und daher verwandeln sich die Tropfen in den beständigeren Hagel, sodass einander extreme Hitze und Kälte begegnen. Gegensätze sind an sich ein dynamisches Element im Viererschema und in der Humoralpathologie, doch andererseits müssen die Qualitäten zusammenstimmen, eine Harmonie bilden und ein passendes Mischungsverhältnis aufweisen.

> »Überall sollte ein ausgewogenes Gleichmaß herrschen: im Schlafen und Wachen, im Arbeiten und Ruhen, im Essen und Trinken, im Liebesleben und in der Enthaltsamkeit, in der intellektuellen Beanspruchung und in der Muße« (Eckart 2003).

Ein gleichmäßiges Temperament liegt vor, wenn alle vier Kräfte in gleichen Teilen vorkommen, doch wenn das nicht der Fall ist und eine Qualität die anderen zu dominieren beginnt, dann erkrankt der Organismus (I.W. Müller 1993, 33f.; Rothschuh 1978, 192). Da es sich mit dem Wetter ähnlich verhält wie mit dem menschlichen Organismus (Böhme und Böhme 2004, 171), »erkrankt« auch dieses, wenn gegensätzliche Qualitäten in extremer Weise aufeinanderprallen. Das entspricht durchaus alltäglicher Erfahrung: Ist man außerordentlich erhitzt, empfiehlt sich ein kühlendes Getränk, oder man benetzt sich mit Wasser, doch wenn man unvermittelt in einen kalten Fluss springt, kommt es möglicherweise zur Schockreaktion. Entsprechendes gilt für die Winde, wenn sie, wie es bei der Marcellusflut der Fall ist, aufeinanderprallen. Der Wechsel kalter und warmer Winde galt unter anderem als Ursache für die Epilepsie (Niehues-Pröbsting 1994, 10; vgl. I.W. Müller 1993, 253ff.).

Bei Emo heißt es über die Wirkung des Hagels: »Und mit diesen Wurfgeschossen gewappnet, riss jener blutdürstige Südwestwind die elenden Sterblichen [...] ins Verderben«. *Blutdürstiger Südwestwind* ist die wörtliche Übersetzung von *cruentus affricus*, und ich denke, dass es auch an dieser Stelle um extreme Gegensätze geht, weil es sich beim *af[f]ricus* ursprünglich um einen Wind handelt, der aus Afrika kommt und daher als warm gilt (vgl. Schöner 1964, 98f.), dieser aber den kalten Hagel bringt. Das Adjektiv blutdürstig dient einerseits der Verdeutlichung des Schreckens, könnte aber andererseits auch im Kontext des Viererschemas gelesen werden, weil in diesem das Blut zum Bereich der Wärme und oftmals auch des Südens gezählt wird. Da es aber nicht nur warm ist, sondern auch feucht (I.W. Müller 1993, 36), steht es, ähnlich dem *af[f]ricus*, wiederum im Gegensatz zur kalt-trockenen Tageszeit, während der der Hagelschlag wiederholt auftritt.

Die Welt um das Kloster Wittewierum ist damit in allergrößte Unordnung geraten, nachgerade schwer erkrankt. Daher sollte man sich nicht auf den äußeren Schein verlassen und glauben, dass das Ende des Tages *eine wie auch immer beschaffene Sicherheit zu versprechen* scheint, wie es in der Chronik heißt, denn kaum haben sich die Menschen niedergelegt, springt der Wind von Südwest auf Nordwest, peitscht die Wellen vor sich her, überschwemmt das friesische Küstenland und reißt Tausende in den Tod. Was ist geschehen? Aus heutiger Sicht ist das Tiefdruckgebiet wahrscheinlich weiter nach Süden gezogen, sodass auf Grund der konstanten Drehrichtung des Tiefdruckwirbels der Südwest auf Nordwest gedreht ist und dadurch die ostenglische Gezeitenwelle verstärkt hat. Im Kontext des Viererschemas prallen hingegen konkurrierende Winde aufeinander, die sich anscheinend einen regelrechten Kampf liefern, denn im Text heißt es, der Nordwestwind habe sich dem tobenden Südwest widersetzt (Emo von Wittewierum 1991, 114. 40) und ihn dann sozusagen vertrieben. Das geht anscheinend nur mit brachialer Gewalt, in dessen Folge das Meer derart aufgewühlt wird, dass die Katastrophe eintritt. Hinzukommt, dass mit diesen gegenläufigen Winden auch zwei Qualitäten aufeinanderprallen, nämlich warm (SW) und kalt (NW). Im Menschen kann dadurch nach humoralpathologischer Auffassung, wie bereits erwähnt, Epilepsie ausgelöst werden, also jene geheimnisumwitterte Krankheit, die mit Bewusstseinsstörungen einhergeht, von abnormen Bewegungsabläufen begleitet ist und mitunter auch von Krämpfen und Zuckungen, wobei es zum Auftreten von Schaum vor dem

Mund kommen kann sowie zum Abgang von Kot und Urin. Der »große Krampfanfall« des Wettergeschehens ist demnach die Marcellusflut.

6.3.3 Die Ambivalenz des Wassers als primäres Objekt

Die Humoralpathologie betrachtet den Menschen im Zusammenhang mit den vier Elementen und ist insofern ein »ökologisches« Medizinkonzept (Böhme und Böhme 2004, 169). Im Corpus Hippocraticum

> »finden wir eine sorgfältige Berücksichtigung umgebungsräumlicher und zeitlicher Faktoren. Was ein jeder jeweils hier und jetzt in Gesundheit und Krankheit, in Geist, Seele und Körper ist: das hängt von seiner Verortung in Region, Klima und Wetter, im Lebens-, Tages- und Jahreszyklus, hängt aber auch vom individuellen und kollektiven Ethos, von der Lebens- und Ernährungsweise der Ethnie in der jeweiligen Polis ab. Die Schwäche der antiken Medizin, nämlich ihre Unkenntnis von endogenen Krankheitsursachen, ist ihre Stärke: der Wanderarzt kann nicht anders, als den Körper semiotisch abzutasten auf Hinweise, die das ganzheitliche Environment des Kranken betreffen« (ebd., 169f.).

Die Medizin ist immer auch ein Spiegelbild ihrer Zeit. Das dominierende Konzept des 19. und 20. Jahrhunderts, von Karl Rothschuh *Iatrotechnik* genannt und landläufig mit *Schulmedizin* übersetzt, ist nach technischen Prinzipien ausgerichtet, indem es physikalisch-chemische Verfahren zur Verwirklichung praktischer Zielsetzungen anwendet und eine strikte Grenzziehung zwischen Subjekt und Objekt, Arzt und Patient, vornimmt (Rothschuh 1978, 417ff.). Zwar führt die Abstraktion vom ganzen Organismus zu einem reduktionistischen Menschenbild, doch bedeutet es gleichzeitig »Zuverlässigkeit in der Wahl der Mittel, wo es um Diagnose und Therapie von Krankheiten geht« (ebd., 418). Die Iatrotechnik steht damit auch im Banne des Machbarkeitsglauben der Industriegesellschaft, während die Humoralpathologie die medizinische Antwort auf eine Kultur ist, in der Subjekt und Objekt, Mensch und Natur aufs Engste miteinander verzahnt sind, und das im Guten wie im Schlechten.

Ich weiß nicht, ob im Menschen der Antike und des Mittelalters größere Ängste entfacht wurden als im modernen Menschen, wenn sie der Gewalt der Elemente ausgeliefert waren. Jean Delumeau ist der Auffassung, dass durch den Individualisierungsprozess der Neuzeit die Vielfalt der Bedrohungen bewusster geworden sei (Delumeau, Bd. 1, 1985, 17), und das klingt durchaus plausibel. Außerdem löst die Konfrontation mit der Todesgefahr umso größere Ängste aus, je mehr sie verdrängt wird. Das ist in modernen Kulturen in der Tat der Fall und nur scheinbar ein Gegensatz zum Vorigen, denn zum einen entfremden Mechanisierung und Technisierung von natürlichen Einflüssen, und zum anderen findet der Glaube an Machbarkeit und Effizienz von Schutzsystemen aller Art weite Verbreitung. Doch auch die Vormoderne hatte ihre Sicherungsmechanismen, neben der Religion – auf die wir in den nächsten beiden Kapiteln zu sprechen kommen werden – die fast zwanghafte Einteilung der Welt gemäß dem Viererschema. Emo ist ja deswegen so entsetzt, weil die Elemente gewissermaßen verrückt spielen, *quasi confusus, quasi in medio horarum* einbrechen, indem sich die viermal täglich abspielende Beeinflussung des Meeres durch den Mond nicht an die Uhrzeit hält, darüber hinaus Hagelschlag mitten im Januar auftritt, den man in dieser Heftigkeit sonst nur im Sommer erwartet, und konkurrierende Winde sich eine regelrechte Schlacht liefern.

Angst ist ein ubiquitäres Phänomen, das man in traditionellen Gesellschaften ebenso wie in modernen antrifft. Am intensivsten wird sie erfahren, wenn der Mensch in extremer Weise mit den Elementen der Natur konfrontiert ist, denn in dem Fall ist der eigene Leib am unmittelbarsten betroffen. Kommt es dann zur Katastrophe, brechen nicht nur leibliche, sondern auch kulturelle Abgrenzungen zusammen, indem Häuser oder Deiche verwüstet werden (H. Böhme 1996, 30ff.). Der Mensch ist gleichsam jeglicher Kultur »entkleidet«, den Elementen schutzlos preisgegeben und nur noch ein Spielball derselben, wodurch das spezifisch Menschliche völlig verloren zu gehen droht. So vergleicht Emo die um ihr Leben Kämpfenden mit *Meeresgetier*, das in den Fluten hin- und hergeworfen wird, und von denjenigen, welche sich noch an Pfählen oder ähnlichem festzuklammern vermögen, heißt es, dass die Gewalt des Meeres sie hin- und herzerrt, *ohne wie ein Schiff navigieren zu können*.

Um das Gefühl äußerster Bedrohung auch der Nachwelt zu vermitteln, greifen Katastrophenberichte oftmals auf Begriffe aus dem Bereich des Lebendigen zurück und stilisieren die Naturgewalt dergestalt zu einer Art mythischem Ungeheuer, das es bewusst auf die Menschen abgesehen hat. Emo spricht vom *blutdürstigen* und *grausamen* Südwestwind, der mit *Wurfgeschossen gewappnet* ist und die Menschen ins Verderben reißt. Nachdem die Flut über die Deiche getreten ist, *überfällt* sie *ungebändigt* die Wohnhäuser, doch wenn etwas Widerstand leistet, *schärft die Raserei ihre schädlichen Waffen umso mehr [...], als hätte sie menschlichen Verstand*. Es wäre ein Irrtum zu glauben, dass derart stilisierte Berichte ein Relikt der Vergangenheit wären. Auch moderne Beschreibungen greifen ähnliche Ausdrücke auf. So heißt es etwa in einem 1990 erschienenen Buch über die Sturmflut vom 17. Februar 1962 an Ems und Dollart, dass sich »am 15. Februar im Nordmeer mit einem großen Tief ein neuer *Sturmangriff* an[bahnte]«, dessen *Stoßrichtung* auf die Deutsche Bucht zielte (Kirchhoff 1990, 28; eigene Hervorhebung). An einer anderen Stelle wird vom »*Angriffspfeil* der heranstürmenden Wassermassen gesprochen« (ebd., 74; eigene Hervorhebung) Über die eigentlichen Stunden der Katastrophe heißt es dann:

> »Die Nordsee *züngelte* in diesen Augenblicken in das noch halbwegs ahnungs- und sorglose Rheiderland[167] [...]. Draußen am Deich *riss sie die Grasnarbe auf, rollte sie auf* und davon wie einen Riesenteppich. Dann *fraß sie sich* in die Steinpflasterung hinein (ebd., 30; eigene Hervorhebungen)«.

Auffällig ist zum einen das Vokabular aus der Militärsprache, so als handelte es sich bei den »drohenden« Wassermassen um eine feindliche Macht, die dem fried-

---

167 Gebiet im Dreieck Ems – Dollart – niederländische Grenze.

lichen Ostfriesland den Krieg erklärt hätte. Zum anderen sind jene Verben bemerkenswert, welche der Sturmflut theriomorphe[168] Züge verleihen und sie solchermaßen zu einem dämonischen Ungeheuer machen. Dass nicht allein Anleihen bei der Mythologie gemacht werden, sondern auch die Sprache des Krieges Anwendung findet, ist sicher nicht zufällig, weil dieser kulturelle und leibliche Grenzen in gleicher Weise verletzt wie elementare Naturkatastrophen.

Die Verwendung theriomorpher Begriffe findet sich in vielen Berichten über verheerende Sturmfluten, und in mentalitätsgeschichtlicher Hinsicht belegt sie die Existenz einer spezifischen Struktur von langer Dauer: In Situationen elementarer Bedrohung wird oftmals auf mythologische Bestände zurückgegriffen, die am Boden der menschlichen Seele schlummern. Das ist psychologisch leicht nachzuvollziehen, denn überwältigende Angst hat in der Regel regressive Tendenzen zur Folge, weil man, um die verlorene Sicherheit wiederzuerlangen, auf alte und somit festere, stabilere Schichten zurückgreift, und der älteste Bestand sowohl im Individuum als auch in der Kultur ist der des Mythischen und Magischen.

Dass sich daran trotz Aufklärung und Industrialisierung nicht allzu viel geändert hat, ist auch aus psychoanalytischer Perspektive erklärbar. Die Bedrohung der leiblichen Existenz, wie es bei Naturkatastrophen der Fall ist, entspricht der frühkindlichen Situation, in welcher eine Mutter versagt, obzwar der Säugling am stärksten auf ihren Schutz angewiesen, ihr auf Gedeih und Verderb ausgeliefert ist. Dann treten nämlich archaische Gefühle der Bedrohung und des Ausgesetztseins mit ungeheurer Vehemenz auf und führen zu Todesängsten, die im Fall oftmaliger Wiederholung schwere psychische Schädigungen zur Folge haben können, die man dem Bereich der so genannten *Grundstörung* zuordnet (vgl. Balint 1997b). Dazu zählen schwere Persönlichkeitsstörungen wie das Borderlinesyndrom, aber auch Suchtkrankheiten. In ihrem Erscheinungsbild, das von chronischer innerer Leere und Verzweiflung geprägt ist, macht diese Patientengruppe den inneren Zwiespalt deutlich, von dem sie beherrscht wird: dem Leiden an einem als extrem unwirtlich empfundenen Dasein und dem Wunsch, in eine Welt zu flüchten, in der alle Probleme gelöst sind und Harmonie regiert. Das ermöglichen scheinbar der Alkohol- bzw. Drogenrausch oder Beziehungen, von denen erwartet wird, dass das Gegenüber sich zur Gänze auf die Bedürfnisse des von Grund auf Gestörten einlässt. Das aber ist unmöglich, weswegen der Wunsch nach dem Paradies auf Erden immer wieder wie eine Seifenblase zerplatzt, sodass Aggressionen und Frustrationen zumeist die Oberhand gewinnen und ein Zusammenleben mit Grundgestörten kaum möglich ist.

Mit dieser psychologischen Skizze haben wir uns nur scheinbar vom Thema entfernt, denn mit dem Meer verhält es sich ähnlich wie mit einer Mutter, auf die man zwar angewiesen ist und von der man genährt werden möchte, die in ihrer Schutzfunktion jedoch versagt und darüber hinaus zu aggressiven Durchbrüchen neigt: Man erhofft sich durch sie die Stillung elementarer Bedürfnisse, wird aber immer wieder gleichsam in ein schwarzes Loch gestoßen. Ähnlich hat C.G. Jung

---

168 Theriomorph = die Gestalt von Tieren habend.

den *Mutterarchetypus* mit seinen ambivalenten, gegensätzlichen Eigenschaften beschrieben:

> »Das Gütige, Hegende, Tragende, Wachstum-, Fruchtbarkeit- und Nahrungsspenden-de; die Stätte der magischen Verwandlung, der Wiedergeburt; der hilfreiche Instinkt oder Impuls; das Geheime, Verborgene, das Finstere, der Abgrund, die Totenwelt, das Verschlingende, Verführende und Vergiftende, das Angsterregende und Unent-rinnbare« (Jung 1996a, 97).

In analoger Weise ernährt das Meer die Menschen, trägt sie, wenn sie mit einem Schiff unterwegs sind, und hat die Marsch mit einem außergewöhnlich fruchtbaren Boden gesegnet. Doch ist es aufgewühlt, droht es die Küsten- und Inselbewohner zu verschlingen und reißt sie in den finsteren Abgrund. Bezeichnenderweise spricht Emo davon, dass durch die Marcellusflut die Menschen in einem allegorischen Sinn vom Licht in die Düsternis gestürzt worden seien, weil der Sturm im Laufe des Tages zum Orkan geworden und die Deiche erst in der Nacht gebrochen seien (Emo von Wittewierum 1991, 114.40)

Das Meer bzw. das Wasser hat, ähnlich wie pathologische zwischenmenschli-che Beziehungen, extrem ambivalenten Charakter. Bereits in der Bibel ist es einer-seits mit der Drohung verbunden, die Erde mittels der Sintflut im Chaos ver-schwinden zu lassen (Genesis 6, 1 – 9, 17), doch anderseits erhält es eine ungebro-chen positive Bewertung etwa in Form der vier Paradiesesströme[169] (Genesis 2, 10–14), welche die Menschen reinigen, ihren Durst stillen und das Land fruchtbar ma-chen. Am Schluss der Bibel, in der Offenbarung des Johannes, steht es ganz im Kontext des Göttlichen: »Und er zeigte mir einen Strom, das *Wasser des Lebens*, klar wie ein Kristall; er geht vom Thron Gottes und des Lammes aus« (Offenba-rung 22, 1; eigene Hervorhebung). Der evangelische Theologe und Philosoph Paul Tillich schreibt in dem Zusammenhang:

> »Eine besondere Vertiefung erfährt diese Bedeutung des Wassers durch die Tatsa-che, dass der Mensch wie viele andere Lebewesen im Mutterleib vom Fruchtwasser eingehüllt ist, sodass seine Geburt im eigentlichsten Sinne aus dem Wasser erfolgt. Darauf spielt das Nikodemusgespräch[170] an, die Frage ob jemand in den Mutterleib zurückkehren kann und die Antwort, dass man aus Wasser und Geist (aus Chaos und Form) wiedergeboren werden muss« (Tillich 1932).

Im Fruchtwasser ist der Mensch geborgen und aufgehoben, und wenn er geboren wird, ist das zunächst ein »Hinausgeworfensein« in die Welt, das gelingen kann oder auch nicht. Wesentlich ist dabei die Einstellung der Mutter gegenüber ihrem Kind, ob sie in hinlänglicher Weise eine tragende, nährende und schützende Funk-

---

169 Eufrat, Tigris, Gihon und Pischon. »Ein Strom entspringt in Eden, der den Garten bewässert; dort teilt er sich und wird zu vier Hauptflüssen« (Genesis 2, 10; vgl. dazu Wright 1925, 71 f.; 264 f.).

170 Der Pharisäer Nikodemus fragt Jesus, wieso jemand, der schon alt sei, noch einmal geboren werden könne. Es sei doch nicht möglich, in den Schoß der Mutter zurückzukehren, woraufhin Jesus antwortet: »Wenn jemand nicht aus Wasser und Geist geboren wird, kann er nicht in das Reich Gottes kommen« (Johannes 3, 5).

tion auszuüben vermag oder ob sie versagt. Michael Balint, der als Erster die Theorie und Therapie der Grundstörung systematisch beschrieben und der Psychoanalyse damit völlig neue Dimensionen eröffnet hat, bezeichnet die Tendenz, »eine allumfassende Harmonie mit der Umwelt herzustellen oder besser: sie zu erneuern, um so in Frieden leben zu können«, als *primäre Liebe* und die Ziele derselben als *primäre Objekte* (Balint 1997b, 80). Bei diesen handele es sich in erster Linie um die Mutter »und für viele Leute bemerkenswerterweise [um] einige der ›vier Elemente‹« (ebd., 84), deren Hauptkennzeichen ihre Unzerstörbarkeit sei (ebd., 167). In bestimmten regressiven Phasen der analytischen Therapie sei es, insbesondere bei Grundgestörten, notwendig, den Patienten

> »zu stützen und zu tragen, wie die Erde oder das Wasser einen Menschen trägt, der sich mit seinem Gewicht ihnen anvertraut. Im Gegensatz zu gewöhnlichen Objekten, vor allem normalen menschlichen Objekten, wird von diesen primären Objekten oder Substanzen keine Handlung erwartet; sie müssen nur da sein und müssen – stillschweigend oder explizit – erlauben, sie zu gebrauchen, sonst kann der Patient sich nicht ändern: Ohne Wasser kann man nicht schwimmen, ohne Erde kann man nicht vorwärts schreiten. Die Substanz, der Analytiker, darf nicht widerstreben, muss einwilligen, muss keinen Anlass zu starker Reibung geben, muss den Patienten für eine Weile annehmen und tragen, muss sich als mehr oder weniger unzerstörbar erweisen, muss nicht auf starren Grenzen bestehen, sondern muss die Entwicklung einer Art von Vermischung zwischen ihm und dem Patienten zulassen« (ebd., 177).

Dann kann er nachreifen, und seelische Wunden können vernarben. Elemente wie Wasser und Sand haben die Eigenschaft, dass man sie verwenden kann, ohne sie zu zerstören, dass sie sich darüber hinaus dem Körper anschmiegen und man sich von ihnen tragen lassen kann. Im realen Leben, jenseits der Analyse auf der Couch, zeigt sich ihre Bedeutung als primäre Objekte darin, dass sie im Urlaub – der »schönsten Zeit des Jahres« – für viele Menschen zum unverzichtbaren Bestand gehören:

> »Zwei Drittel des Welttourismus konzentrieren sich auf die großen Sonnenküsten: auf Mittelmeer, Karibik, Chinesisches Meer. Allein die Mittelmeerländer empfangen rund 35% der internationalen Reiseströme« (Hennig 1997, 27).

Am Badestrand können die vier Elemente Erde (Sand), Wasser, Luft und Feuer (Sonne) am intensivsten erlebt und derart regressive Bedürfnisse befriedigt werden, die einerseits mit der teils bewussten, teils unbewussten Sehnsucht nach dem ontogenetischen Ursprung des Lebens zusammenhängen und andererseits mit den alltäglichen Anforderungen in der technisierten Welt.

Wasser hat eine ähnliche *element*are Bedeutung für das Individuum wie die Mutter für das Kind. Beides sind primäre Objekte, wobei sogar im Fall des mütterlichen Fruchtwassers eine direkte Identität vorhanden ist. Es können primäre Bedürfnisse gestillt und Sehnsüchte befriedigt werden, doch kommt es zu pathologischen Entgleisungen im Verhalten, wird aus dem Paradies die Hölle. Denn mit aggressiven Triebdurchbrüchen der Mutter verhält es sich wie mit den Durchbrüchen des Deiches im Fall einer Sturmflut: *Die Opfer werden unter Umständen traumati-*

siert, weil aus dem guten Primärobjekt ein absolut böses geworden ist. Eine weitere Gemeinsamkeit besteht im mehr oder weniger bewussten Nachdenkprozess über
die Ursachen der Gewalt, welche einem zugefügt wurde: Das primäre Objekt ist
wahrscheinlich deswegen wütend geworden, weil man sich nicht so verhalten hat,
wie es wünschenswert ist – man ist selber Schuld, ist böse gewesen, hat Unrecht
getan, gesündigt. Das ist ein typischer Mechanismus, der bei Grundgestörten genauso anzutreffen ist wie etwa in der Traumatherapie und Notfallpsychologie (vgl.
Lasogga und Gasch 2002, 39; Rahn und Mahnkopf 1999, 529f.), und in gleicher
Weise finden wir ihn als Erklärungsansatz in jenen Quellen, welche den Ursachen
von Sturmfluten nachgehen. Auch unser Chronist stellt sich dieser Frage, und davon handeln die nächsten zwei Kapitel.

6.3.4 Theologische Deutung: Die Sündhaftigkeit der Friesen

Im Anschluss an die naturphilosophische Analyse der Marcellusflut schreibt Emo:

> »44. Eine Sintflut ereignet sich auch wegen unserer Verbrechen, weil es heißt, dass
> zur Zeit Noahs die Söhne des Kain die Frauen ihrer Brüder über die Maßen unzüch-
> tig missbrauchten, weswegen Der Herr, erzürnt über die Sünden der Menschen,
> sprach: Ich bereue es, dass ich den Menschen erschaffen habe. Ich werde den Men-
> schen zerstören, welchen ich erschaffen habe. Ich werde ihn nebst der Erde zu
> Grunde richten, das heißt mitsamt der Fruchtbarkeit der Erde.[171] – Die Erde hat näm-
> lich ihre Lebenskraft und ihre Fruchtbarkeit durch die Sintflut verloren.
>
> 45. Diese und ähnliche Dinge schrieb er [= Emo] in seinen Aufzeichnungen nie-
> der, um beständig die großen Taten Gottes, sowohl die wunderbaren als auch die
> Schrecken erregenden, zu betrachten. Aber [er macht das] auch für dich, o Leser,
> damit jedermann ermahnt werde, auf einem Felsen und in der Höhe ein Haus mit
> Verstand zu errichten und etwas Festes zu machen als Gebälk für sein Haus. Als der
> Herr der himmlischen Heerscharen einst beschloss, das friesische Küstenland gewis-
> sermaßen als seinen Sklaven zu geißeln und er den heftigen Winden erlaubte zu
> stürmen – den sicheren Boten des Untergangs: Africus und seine Schar –, hielt jeder
> sein Herz in die Höhe, ließ die eigenen Sünden vor seine Augen treten und stieg von
> da ab auf sicherere und höhere Plätze, nachdem die zurückgelassenen Dinge verlo-
> ren gegangen waren, welche zu verlieren er nach dem gerechten Urteil Gottes, ob-
> zwar mit Schmerz, verdiente, so als würden die Sterblichen wie Gefäße in einem
> Töpferofen gedreht werden.
>
> Siehe, welch große Verwüstung der rasende Ozean bereitete, ähnlich wie es Toti-
> la und Theoderich taten, welche die Kirche Gottes verfolgten;[172] das machten die
> Sünden der Menschen erforderlich. Aber Gott war immer noch erzürnt, und daher
> geißelte er mit Hunger und Pestilenz, was das Meer zurückgelassen hatte – gemäß
> den Drohungen der Propheten, die immer das rebellische Volk in Schrecken versetz-

---

171 Vgl. Genesis 6.
172 Totila: König der Ostgoten 541–552; Theoderich der Große: König der Ostgoten 474–526. Als
   ein germanisches Volk, das in das Römische Reich eindrang, waren die Ostgoten Anhänger
   des Arianismus und daher konfessionell von den Römern geschieden.

ten, damit sie nicht sündigen oder im Angesicht des [göttlichen] Schwertes – Hunger und Pestilenz – zu Grunde gehen [...].

46. Gewiss waren es Gotteslästerer, welche nicht die Mühsal der Sterblichen kennen, [nicht geplagt sind wie andere Menschen],[173] namentlich die Bewohner der Warftdörfer und die Bauern bei den bewaldeten Gebieten, wohin das Wasser ungefähr eine Stunde lang geströmt ist. Es war nämlich nichts anderes als ein einmaliger Einbruch des Meeres – obgleich gefördert durch viele Flutwellen –, durch welchen der wütende Ozean viele tausend Bürger niederstreckte, um sich danach besänftigt zurückzuziehen. Und darum hatten jene die Flut: [Sie weigerten sich,] den Armen Brot und den Reichen Getreide zu geben, so wie einst die Edomiter den Israeliten das Wasser verweigerten.[174] Und jene da rafften fremdes Eigentum aus den Fluten an sich und verehrten es mit Freude, so als wäre es ihr Eigentum. Und statt das Recht wiederherzustellen und das Eigentum zurückzugeben, verheimlichten es die Gottlosen« (Emo von Wittewierum 1991°, 118.44–120.46; eigene Übersetzung; → Anhang Text 9d).

Zunächst hat Emo die Naturphilosophie zu Rate gezogen, um das Zustandekommen der Marcellusflut zu erklären. Anscheinend haben sich ein oder zwei Planeten zu weit von der Erde entfernt, konnten dadurch weniger Feuchtigkeit als gewöhnlich aufnehmen und haben so die partielle Sturmflut ausgelöst. Außerdem ist es die Zeit des Vollmondes gewesen, das heißt die Mondwärme der geraden Woche hat Feuchtigkeit statt Trockenheit bewirkt. Andererseits ist die Katastrophe sozusagen mitten in die Stunden hineingeplatzt, sodass die dritte Erklärung, dass das Meer viermal am Tag genau zu einer bestimmten Zeit unruhiger wird, hinfällig geworden ist.

Letzteres beunruhigt ihn, während die beiden anderen Erklärungen ihn nicht befriedigen, zumal auch er gewusst haben dürfte, dass beileibe nicht jede Springtide eine Gefahr bedeutet. Also greift er auf das biblische Deutungsmuster zurück, indem er schreibt, dass Gott die erste und wichtigste Ursache von allem Geschehen sei und nicht die Sterne, wie die Heiden irrtümlich geglaubt hätten (ebd., 118.43). Gott habe, als er die Sintflut hervorgerufen hat, allen Grund gehabt, die Menschen zu vernichten, weil sie, abgesehen von Noah, allzumal der Sündhaftigkeit verfallen gewesen seien. Daher sei auch die Marcellusflut als göttliche Strafe anzusehen, als Strafe für *unsere Verbrechen*, wie Emo schreibt. Zwar heißt es in der Bibel, der Regenbogen sei das Garantiezeichen Gottes, dass es eine die ganze Welt erfassende Sintflut nicht mehr geben werde (Genesis 9, 11–17), aber – so die mittelalterliche Lehrmeinung – partielle Sturmfluten sind dadurch nicht ausgeschlossen, sofern es gilt, gezielt sündhafte Bevölkerungsgruppen zu vernichten. Gott wird dabei, ganz im Sinn des Alten Testaments, in erster Linie als unerbittlich strafende Instanz

---

173 Im Text steht: »Erant quidam blasfemi, qui *in labore hominum non fuerunt*«. Laut Anmerkung 140 (Emo von Wittewierum 1991°, 121) eine Anspielung auf Psalm 73, 5 (nicht 72, 5, wie es in Anmerkung 140 heißt): »*In labore hominum non sunt* et cum hominibus non flagellabuntur« (»*Sie kennen nicht die Mühsal der Sterblichen*, sind nicht geplagt wie andere Menschen«).

174 Nach dem Auszug aus Ägypten wollten die Israeliten durch das Land Edoms ziehen und gegen Bezahlung dort auch ihren Durst stillen, was jedoch abgelehnt wurde (4. Mose 20, 14–21).

angesehen, zumal die direkten Folgen der Marcellusflut noch nicht ausreichen, um seinen Zorn zu besänftigen. Er muss auch noch, im Anschluss an die Naturkatastrophe, Hunger und Seuchen hervorrufen, was im rationalen Kontext aus den Ernteeinbrüchen und den zurückgelassenen Kadavern erklärbar ist.

Auffällig ist Emos Interpretation des biblischen Flutmythos, da er schreibt, Gott habe die Erde mitsamt ihrer Fruchtbarkeit zerstören wollen, um dann auch noch bestärkend hinzuzufügen, dass sie seither ihre Lebenskraft und Fruchtbarkeit verloren habe (*terra enim vigorem suum et fertilitatem perdidit per diluvium*). Das steht nämlich im Gegensatz zum biblischen Text, denn als Noah nach überstandener Sintflut die Taube zum zweiten Mal ausschickt, bringt sie einen frischen Olivenzweig mit (Genesis 8, 11). Vor allem aber sagt Gott zu Noah: »Solange die Erde besteht, sollen nicht aufhören Aussaat und Ernte« (Genesis 8, 22).

Emos Auffassung geht wahrscheinlich auf Petrus Comestor zurück, der in seinem viel gelesenen Hauptwerk *Historia scholastica* die erste historische Gesamtdarstellung des biblischen Stoffes nach dem Alten und Neuen Testament veröffentlicht hat. Darin heißt es:

> »Es wird überliefert, dass die Kraft der Erde und ihre Fruchtbarkeit künftig geringer sein sollen als vor der Sintflut, und daher ist dem Menschen das Essen von Fleisch erlaubt, weil er sich vorher von den Früchten der Erde ernährt hat« (Petrus Comestor 1995°, 1082; eigene Übersetzung).[175]

Dass nach der Sintflut Gott den Verzehr von Fleisch gestattet, wird in der Genesis ausdrücklich erwähnt (Genesis 9, 3), aber nicht, dass die Erde an Fruchtbarkeit eingebüßt hat. Das ist vielmehr eine nachträgliche Interpretation, die einerseits die Erlaubnis, Fleisch zu essen, plausibel machen soll und andererseits Bezug nimmt auf die Verhältnisse im Garten Eden, an dessen Fruchtbarkeit und Fülle die Erde nach der Sintflut nicht mehr heranreicht. Bei Petrus Comestor steht allerdings nur, dass die Erde künftig *weniger* fruchtbar ist, aber nicht, wie Emo schreibt, *zur Gänze* fruchtlos. Das ist, wie gesagt, eine höchst ungewöhnliche Auffassung, doch hat Emo möglicherweise an die Erfahrungen gedacht, welche seine Landsleute mit Sturmfluten gemacht haben, nämlich dass durch Salzwasser die Äcker für lange Zeit verdorben sind. Das ist möglich, aber er wird auch gewusst haben, dass sich das Land einmal wieder erholt, zumal er von der 55 Jahre zurückliegende Julianenflut Kenntnis hatte, die er ganz zu Beginn als ein wichtiges Datum erwähnt (Kap. 6.3.1). Darüber hinaus wird ihm ebenfalls nicht entgangen sein, dass er und seine Landsleute in einer Gegend wohnen, welche durch eine bemerkenswerte Fruchtbarkeit des Bodens ausgezeichnet ist. Wie aber ist sein Text dann zu verstehen? Vielleicht hängt die Zentrierung auf den Zerstörungsaspekt mit etwas ganz anderem zusammen, nämlich mit seiner spezifischen Situation als zölibatär lebender Geistlicher, was im Übrigen auch für Petrus Comestor gilt. Das bedarf allerdings einer genaueren Erläuterung.

---

175 »Tradunt quoque vigorem terrae, et fecunditatem longe inferiorem esse post diluvium, quam ante, unde esus carnium homini concessus est, cum antea fructibus terrae victitaret«.

Im letzten Kapitel wurde behauptet, dass Wasser für den Menschen eine besondere Bedeutung hat, weil es ein Primärobjekt ist und jenes Medium, in welchem er die ersten neun Monate seines Lebens verbringt. Alan Dundes argumentiert in einer Arbeit über die weltweite Verbreitung von Flutmythen ähnlich wie Paul Tillich, indem er die Bedeutung des Fruchtwassers psychoanalytisch zu deuten versucht, doch geht seine Argumentation in eine andere Richtung: 1.) Das bemerkenswerteste Detail der Geburt sei, dass der Mensch in einer »Fruchtwasserflut« geboren werde. 2.) Bei Männern rufe die Tatsache, dass sie selber nicht gebärfähig seien, Neid gegenüber dem weiblichen Geschlecht hervor. Das zeige kompensatorisch etwa die Genesis, indem Eva aus Adams Rippe entstanden sei. 3.) In den meisten Flutmythen seien es männliche Götter, welche die Welt zerstören, und gleichzeitig Männer, welche die Erde erneut besiedeln. Flutmythen seien demzufolge männliche Schöpfungsmythen, das heißt Männer imitieren das weibliche Gebärvermögen (Dundes 1988b, insbesondere 170f.; dgl. Einleitung, 1).

Mir erscheint das insofern plausibel, als Zerstörungsphantasien oftmals mit dem Wunsch verbunden sind, etwas völlig Neues entstehen zu lassen, wobei die Protagonisten in der Regel männlichen Geschlechts sind. Das ist auch in der Genesis so, und tatsächlich werden Noahs Frau bzw. die Frauen seiner Söhne nur beiläufig erwähnt. Als die Katastrophe überstanden ist, heißt es bezeichnenderweise: »Dann segnete Gott Noah und seine Söhne und sprach zu ihnen: Seid fruchtbar, vermehrt euch, und bevölkert die Erde« (Genesis 9, 1). Das allerdings ist Emo auf Grund seines Keuschheitsgelübdes verwehrt, und das könnte eine Erklärung dafür sein, dass er einzig und allein die zerstörerische Seite der Sintflut sieht, nicht die Möglichkeit des Neuanfangs durch Fruchtbarkeit und Vermehrung. Das mag dem einen oder anderen möglicherweise spekulativ erscheinen, doch das Unbewusste wandelt mitunter auf verschlungenen Pfaden. Emo kann nämlich nicht primär von der Vernunft geleitet sein, wenn er behauptet, durch die Sintflut sei der Erde die Fruchtbarkeit abhanden gekommen, denn das ist eine Aussage, die objektiv betrachtet – was für die damalige Zeit heißt: verbürgt durch die Bibel – falsch ist. Wenn aber der klare Blick getrübt ist, müssen andere Antriebe als die Vernunft im Spiel sein, und darauf deutet auch die nochmalige Bekräftigung der Aussage sowie ihre Verstärkung durch die Verwendung eines zweiten Substantivs hin (*vigorem [...] et fertilitatem*), denn dadurch wird deutlich, dass Emo diese Aussage für besonders wichtig hält und ihr Nachdruck verleihen will. Oder er zweifelt insgeheim an ihrer Richtigkeit und möchte das durch den wiederholenden und verstärkenden Nachsatz überdecken. Wie dem auch sei, das Motiv dafür dürfte in jedem Fall in einer hohen Affektivität begründet sein, welche wiederum großteils aus dem Unbewussten gespeist wird.

Die Verknüpfung mit Affekten zeigt sich auch in der für heutige Verhältnisse geradezu sadistisch anmutenden Bezugnahme des durch die Flut gestraften Menschen auf die Töpferware im Brennofen (*...so als würden die Sterblichen wie Gefäße in einem Töpferofen gedreht werden*). Wahrscheinlich geht der Satz auf das

Buch Jesus Sirach zurück,[176] in welchem es heißt: »Töpferware wird nach der Brennhitze des Ofens eingeschätzt, ebenso der Mensch nach dem Urteil, das man über ihn fällt« (Sirach 27,5). Das ist aber eine weitaus mildere Formulierung, da es sich um eine Parallelsetzung handelt, nicht um eine Symbolbildung mit Gleichsetzung wie bei Emo. Daran wird deutlich, wie sehr er über seine Landsleute aufgebracht sein muss, und er gibt dann auch eine nähere Begründung für seine Emotionen. Der Vergleich mit dem Töpferofen bezieht sich auf den Verlust des Hab und Gut derjenigen, welche sich auf *sicherere und höhere Plätze* zu retten vermochten. Die materielle Einbuße sei notwendig, weil die Menschen es nicht anders verdient hätten. Diese Zeilen sollten symbolisch gelesen werden, denn wenn Gott die erste Ursache allen Geschehens ist, möchte er damit etwas bezwecken: Man soll sein Augenmerk nicht, wie es die Friesen getan haben, auf die irdischen Dinge lenken, weil diese dem Untergang geweiht sind, sondern sich auf höher gelegene Plätze retten, wo man dem göttlichen Heil näher ist und nicht ertrinken muss.

Was mit denjenigen geschieht, welche sich nicht daran halten, zeigt das Schicksal jener *Gotteslästerer*, welche in bestimmten *Warftdörfern* und bei den *bewaldeten Gegenden* leben, womit wahrscheinlich, da Baumbestand vorhanden ist, das Grenzgebiet zwischen Marsch und Geest gemeint ist.[177] Obwohl der *Ozean* nur ein einziges Mal und nur für kurze Zeit, nämlich für die Dauer von etwa einer (nächtlichen) Stunde, dorthin gelangt ist, hat er *viele tausend Bürger niedergestreckt, um sich danach besänftigt zurückzuziehen.* In symbolischer Hinsicht dürfte damit gemeint sein, dass Gott durchaus im Stande ist, mit einem raschen Federstrich für Gerechtigkeit zu sorgen. Er braucht sich nicht allzu lang damit zu beschäftigen und will es wohl auch gar nicht, weil diese Leute sich besonders schimpflich verhalten haben und er mit ihnen darum nichts weiter zu tun haben möchte. Obwohl sie die *Mühsal der Sterblichen* nicht kennen, mithin wohlhabend sind, waren sie nämlich nicht bereit, das Brot mit den Armen zu teilen und ihr Getreide zur weiteren Verarbeitung zur Verfügung zu stellen. Der besonders schändliche Charakter dieser Leute zeigt sich auch daran, dass die Überlebenden sich am fremden Eigentum vergriffen und ihre Untaten verheimlicht haben – in der Tat ein Verhalten, über das auch in anderen Quellen immer wieder geklagt wird.

Die Marsch war und ist, wie bereits ausgeführt (Kap. 3.2 und 3.3) ein besonders fruchtbarer Landstrich, der das Vieh gut gedeihen lässt und hohe Ernteerträge ermöglicht. Die Bauern waren in der Mehrzahl vermögend und keiner Herrschaft untertan, damit aber auch anfällig für Sündhaftigkeit, vor allem Habgier und Geiz. Darauf weist unser Autor im folgenden Absatz hin:

---

176 Wird heute von Katholiken und Griechisch-Orthodoxen als Teil der Bibel angesehen, nicht jedoch von Protestanten.

177 Jansen und Janse übersetzen *silvarum accole* mit *boeren in de Wolden* (Emo von Wittewierum 1991°, 121.46). »Unter Wolden versteht man niedriges, geringwertiges Marschland, wie es sich mehr landeinwärts, abseits der Küste und am Rande der Geest findet. Da der Untergrund hier von mooriger Beschaffenheit ist, konnte die Flut hier ganze Erdschollen loslösen und hochheben« (Woebcken 1924, 73). Das erklärt vielleicht die große Vernichtungskraft der Flut in kurzer Zeit, von der Emo spricht.

»48. Emo zog für die Heftigkeit der gewaltsamen Besitzergreifung des Landes durch den plötzlichen Einbruch des Meeres viele Gründe in Betracht. Kennzeichnend für Friesland ist die Fülle an religiösen Gemeinschaften, welche in frommem Streben unablässig für dieses Land beten. Weil es durch eine große Zahl an Menschen und durch die [Friesische] Freiheit ausgezeichnet ist – welche ein unschätzbares Gut sowie für Arm und Reich etwas außergewöhnlich Wertvolles ist –, darüber hinaus Reichtum an Vieh [aufweist], durch Weideland sowie durch den Ertrag an Feldfrüchten wohlhabend ist und ein angenehmes Leben verspricht, musste es wohl in den Augen des Höchsten zurechtgewiesen werden, [und zwar] durch die Verurteilung [in Gestalt] der Sintflut, des Hungers und der Pest – wegen der Undankbarkeit über so viele und so große Wohltaten, damit man sich selbst nicht für unschuldig halten kann, sondern seine Freveltaten und Unmenschlichkeiten erkennt. – Vornehmlich gilt das für diejenigen, welche das Salz der Erde sein müssten, aber den Wohlgeschmack der Weisheit und das Licht der Erkenntnis in Salzwasser und Finsternis verwandeln. Daher wurde das Land durch die Bösartigkeit seiner Bewohner mit Salzwasser überschüttet« (Emo von Wittewierum 1991°, 122.48–124.48; eigene Übersetzung; → Anhang Text 9e).

Die Friesen sind in doppelter Weise ungerecht: Zum einen wird von Seiten des Klerus ohne Unterlass für ihr Wohlergehen gebetet, und das, wie am Reichtum des Landes abzulesen ist, mit Erfolg. Zum anderen sind sie durch die Friesische Freiheit gesegnet sowie durch die Fruchtbarkeit der Äcker und Wiesen. Dennoch sind sie undankbar, nehmen all das als selbstverständlich hin und sind somit dem Hochmut verfallen. In Anbetracht ihrer privilegierten Situation müssten sie hingegen das *Salz der Erde* sein, wie es Jesus in der Bergpredigt gefordert hat.[178]

Dem Salz ist seit jeher eine besondere Symbolkraft eigen. Zunächst ist es als wichtiger Mineralstoff für Mensch und Tier unentbehrlich, zudem als Würzmittel dienlich. Es wurde bereits in prähistorischer Zeit gewonnen, anfangs durch Eindampfen von Meerwasser oder von Wasser aus Salzquellen, später auch durch bergmännischen Abbau. Nach alttestamentlichen Vorstellungen ist es Bestandteil jeder Opfergabe (3. Moses, 2, 13), in der katholischen Liturgie findet es Anwendung im Exorzismus sowie bei Prozessionen im Zusammenhang mit Weihwasser, dem Salz zugesetzt ist. Dieses wird an bestimmten Tagen geweiht, vor allem zu Dreikönig. Im Volksglauben ist es ein Abwehrmittel gegen Schadenzauber, in magischen Vorstellungen aus dem Bereich der Volksmedizin hilft es Krankheiten vertreiben. Bis heute hat sich mancherorts der Brauch erhalten, frisch Vermählten oder in ein neues Haus Einziehenden Salz zu geben. Auch die Meinung, Salz zu verschütten, bedeute Unglück, trifft man gegenwärtig noch an (vgl. BE, Bd. 19, 1992, 115; Olbrich 1936).

Ein weiterer Grund, wieso es gerade im Kontext der Bergpredigt – als einer moralischen Schrift – Erwähnung findet, dürfte sein, dass es nicht in reiner Form genießbar ist, sondern nur in Verbindung mit etwas anderem zur Anwendung kommt.

---

178 »Ihr seid das Salz der Erde. Wenn das Salz seinen Geschmack verliert, womit kann man es wieder salzig machen? Es taugt zu nichts mehr; es wird weggeworfen und von den Leuten zertreten« (Matthäus 5, 13).

Als Würzmittel verfeinert es Speisen, die ohne es weitaus weniger gut schmecken würden. Symbolisch heißt das: Nur für sich stehend und ohne mit anderen verbunden zu sein, ist man »ungenießbar«, weil eigensüchtig. Doch geht man Beziehungen zu Mitmenschen ein, indem man etwa Arme unterstützt, wird man selber »genießbar« und gibt dem Leben »Würze«. – Das allerdings haben die egoistischen Friesen nicht getan, und daher wurde das *Salz der Erde* in *Salzwasser* verwandelt, mithin *das Land durch die Bösartigkeit seiner Bewohner mit Salzwasser überschüttet*. Meines Erachtens ist das eine sehr kreative Symbolbildung unseres Autors: Wenn seine Landsleute ihr »Salz« für sich behalten und immer mehr wollen, dann sollen sie gleichsam daran ersticken, dann werden sie damit gewissermaßen zugeschüttet.

Und wenn sie in gleicher Weise nicht bereit sind, ihre Sünden zu erkennen und sich der göttlichen Sphäre des Lichtes zuzuwenden, sondern stattdessen in der Dunkelheit der materialistischen Gesinnung verharren, dann werden sie doppelt mit Finsternis gestraft, und zwar in Form eines Überraschungsangriffs: Der Südwestwind, der *tagsüber* tobte, ist zunächst überstanden, doch dann kommt die *Nacht* und mit ihr der Sturmangriff des Nordwestwindes, der das Meer über die Deiche peitscht, sodass der Friese *mistice a luce in tenebras cecidit*, »symbolisch vom Licht in die Finsternis gefallen ist« (Emo von Wittewierum 1991°, 114.40). Die Forderung der Bergpredigt lautet dagegen:

> »Ihr seid das Licht der Welt. Eine Stadt, die auf einem Berg liegt, kann nicht verborgen bleiben. Man zündet auch nicht ein Licht an und stülpt ein Gefäß darüber, sondern man stellt es auf den Leuchter; dann leuchtet es allen im Haus. So soll euer Licht vor den Menschen leuchten, damit sie eure guten Werke sehen und euren Vater im Himmel preisen« (Matthäus 5, 14–16).

Diese Sätze stehen in der Bibel im Anschluss an die Metapher vom Salz der Erde, und auch bei Emo werden sie in einem Atemzug genannt. Gerade weil die Friesen materiell privilegiert sind, mithin höher stehen als andere, wären sie verpflichtet, auch in ideeller Hinsicht höheren Anforderungen gerecht zu werden. Doch ist das Gegenteil der Fall; statt als *Leuchter* für die Menschen zu dienen, *stülpen sie ein Gefäß über das Licht* – mit der Folge, dass es erlischt.

Dass Gott die Bewohner eines bestimmten Küstenabschnitts besonders gestraft hat, und das kurzerhand, nämlich binnen einer Nachtstunde, dürfte in Emos Augen einen weiteren, konkreten Grund haben, der überdies seine Empörung verständlich macht. Drei Jahre vor der Marcellusflut hat das Kloster Wittewierum am westlichen Emsufer ein Vorwerk gegründet (Emo von Wittewierum 1991°, 50.22),[179] wobei die Wahl des Ortes damit zusammengehangen haben dürfte, dass weite Bereiche des Landes brach lagen, da deren Bewohner verarmt weggezogen waren (ebd., 120.47–122.47; → Anhang, Text 9f). Weil aber jedem Bauern, wie überall in Friesland, ein bestimmter Abschnitt zur Unterhaltung des Deiches zugewiesen war, entstanden Lücken in der Deichpflege, da sich niemand für jene Bereiche zuständig

---

179 Laut Jansen wahrscheinlich *Klein Wierum* nördlich von Delfzijl (Emo von Wittewierum 1991°, 51, Fußnote 210).

fühlte, welche die ehemaligen Anwohner in Stand zu halten hatten. In dieser Situation, schreibt Emo, hätten die Bewohner der umliegenden Dörfer, welche selber nicht zur Deichunterhaltung verpflichtet gewesen seien, eine Klage gegen das Kloster eingebracht, damit dieses gezwungen werde, sich um die Deiche zu kümmern. Das Urteil, welches gefällt wurde, habe gelautet, dass das Kloster nicht übermäßig in die Pflicht genommen werden dürfe und dass sich stattdessen alle Anlieger um die verwaisten Deichpartien zu kümmern hätten (ebd., 122.47).

»Daraufhin bedrohten die Bewohner die Klosterbrüder auf das heftigste – weil sie sahen, dass diese für sie ein Hindernis sind – und versuchten, ihnen das öffentliche Wegerecht zu entziehen. Weil die Brüder sich einer so großen Gefahr ausgesetzt hatten, geschah es auf wunderbare Weise, dass die Vornehmsten aus sieben dem Meer angrenzenden Dörfern beschlossen zusammenzukommen, und aus diesen unverzüglich Geschworene wählten, damit sie in Anbetracht der drängenden Gefahr zum Nutzen [aller] und verbindlich [für alle] ein gerechtes Urteil fällen. Denn die Redger[180] dieses Jahres ignorierten die Angelegenheit und trafen keine wie auch immer beschaffene Entscheidung. Nachdem die [gegnerischen] Parteien zusammengerufen worden waren, wurde folgendes Urteil gefällt: Alle Landstücke müssen insgesamt gleich belastet werden, weil die Notwendigkeit besteht, den Deich auszubessern. Sie wollten, dass das Urteil Wirksamkeit erhält, doch weil die gegnerische Partei noch nicht übereinstimmte, bekämpften sich die versammelten Aufrührerischen gegenseitig. In der Folge verwundeten sie jemanden tödlich, dabei Sünden zur Verdammnis anhäufend. Und so siegten die Brüder durch Gottes Gnade mit den Siegreichen« (ebd.; eigene Übersetzung; → Anhang Text 9f).

Das ist eine interessante Textstelle, weil sie einen intimen Einblick in die Probleme der damaligen Zeit erlaubt. Emo relativiert die Vorstellung von den reichen friesischen Bauern, denn offenkundig hat es auch Arme gegeben, die gezwungen waren wegzuziehen, weil ihr Boden sie nicht mehr ernähren konnte. Wahrscheinlich spielt dabei die Pflicht zur Instandhaltung der Deiche eine Rolle – gemäß dem Satz, *Wer nicht will deichen, der muss weichen* –, welche eine aufwändige und anstrengende Tätigkeit war. Es ist die Zeit des ausklingenden mittelalterlichen Wärmeoptimums, das nicht nur den Meeresspiegel ansteigen lässt, sondern auch vermehrt Starkwinde produziert und dergestalt die Anzahl der Sturmfluten emporschnellen lässt (vgl. Kap. 4). Aus dem Text spricht die existentielle Bedrohung, wenn es heißt, dass *in Anbetracht der drängenden Gefahr* rasch entschieden werden müsse, wer für die Deiche zuständig sei.

Emos Lobgesang auf die Friesische Freiheit im vorletzten Zitat ist keineswegs unbegründet, denn die genossenschaftliche Organisation fußt unter anderem auf einem funktionsfähigen Konfliktmanagement, und das ist hier offenkundig der Fall, weil das Urteil, welches gefällt wird, die Lasten gleichmäßig auf alle Parteien verteilt. Darüber, weswegen die Redger keine Entscheidung getroffen haben, lässt sich nur spekulieren, aber möglich ist, dass sie in einen Interessenskonflikt verstrickt

---

180 »Ein jährlich gewählter Beamter mit verwaltenden und richterlichen Aufgaben in Friesland« (Niermeyer und Kieft 2002, Bd. 1, 343).

waren, nämlich einerseits die Dringlichkeit der Deicherhaltung zu sehen, andererseits die Leute aus den eigenen Dörfern nicht dazu verpflichten zu wollen. Dennoch greift auch hier die Selbstorganisation des friesischen Gemeinwesens, indem schließlich angesehene Personen aus den benachbarten Ortschaften eine Zusammenkunft organisieren, um eine Entscheidung zu treffen. Auf der anderen Seite sollte allerdings nicht übersehen werden, dass sich die betroffenen Bauern kaum am Gemeinwohl orientieren, denn nach dem ersten Urteil bedrohen sie die Mönche und verweigern ihnen zudem das Wegerecht, während im Anschluss an die zweite Entscheidung die Gewalt untereinander derart eskaliert, dass einer von ihnen zu Tode kommt. Kein Wunder also, dass Gott sie kurz und bündig mit der Flut bestraft!

Wahrscheinlich spielen dabei auch Animositäten gegenüber dem Kloster eine Rolle, welches Land in seinen Besitz nimmt, das die ansässigen Bauern möglicherweise selber gern zugekauft hätten. Warum sie es nicht getan haben, lässt sich kaum erklären, weil dazu der Text nicht genügend Informationen enthält. Verfügten sie nicht über genügend Geld für den Ankauf oder über eine hinreichende Zahl an Arbeitskräften, um das Land zu bearbeiten? Machte die Bearbeitung des Bodens zu große Schwierigkeiten, indem er etwa zu niedrig lag und daher zu oft unter Wasser stand? Oder wurde die mit dem Ankauf verbundene Pflicht, den Deich in Stand zu halten, als zu große Bürde angesehen? Wir wissen es nicht, aber wir wissen auch nicht, inwieweit die Klosterbrüder selber etwas dazu beigetragen haben, den Konflikt anzustacheln. Das kann man dem Text nicht entnehmen, und es wäre möglich, dass sie zunächst nicht bereit waren, ihren Anteil zur Deichpflege beizutragen, denn wenn sie es gewesen wären, hätte es Emo sicherlich erwähnt. Andererseits ist nicht auszuschließen, dass sie zugestimmt hätten, ihren Beitrag zu leisten, wenn sich auch die Bauern dazu verpflichtet hätten. Dem könnte man entgegnen, dass diese es vorher auch nicht waren, aber um das gerecht beurteilen zu können, müsste man wiederum wissen, ob die Deichpflicht vorher überhaupt gerecht verteilt war, denn das zweimal gleich lautende Urteil scheint darauf hinzudeuten, dass es angemessener war, die Last auf Kloster und ansässige Bauern gleichmäßig zu verteilen.

Emo ist, wenn wir dieses Kapitel Revue passieren lassen, keineswegs auf die Rolle eines bloßen Rezipienten traditioneller und anerkannter Literatur zu reduzieren. Vielmehr verwendet er sein Wissen dazu, um dem Geschehen, das sich um ihn herum ereignet, durch eigene Überlegungen theologisch fundierte Tiefe zu geben. Er sieht in allem die göttliche Kraft wirken und verleiht den Ereignissen demzufolge symbolische Bedeutung. Dass er darüber hinaus auch im Stande ist, völlig neue Wege zu beschreiten, wird anhand des folgenden Kapitels deutlich.

6.3.5 Theologisch-psychologische Deutung: Emos Selbstzweifel

Wenn man Kay Peter Jankrift Glauben schenkt, sind die in den Chroniken des 13. Jahrhunderts

»gezeichneten Bilder der Katastrophe [...] stereotyp: Das Meer steigt, ertränkt Menschen und Vieh, einige können sich bisweilen auf ihren Häusern in Sicherheit bringen. Über die individuelle Auseinandersetzung mit dem Tod von Verwandten, Freunden oder Nachbarn und dem Verlust der kompletten Habe ist in den Chroniken nichts zu erfahren« (Jankrift 2003, 42).

Das gilt in der Tat für die übrigen annalistischen und chronikalischen Werke, aber das braucht auch nicht zu überraschen, weil es sich allzumal um Berichte aus zweiter Hand handelt, da von Autoren aus dem Binnenland verfasst. Was jedoch Emos Teil der *Chronik von Wittewierum* angeht, urteilt Jankrift, den wir bereits als unvorsichtigen Interpreten kennen gelernt haben, reichlich vorschnell. Hätte er den ganzen Text berücksichtigt, der sich mit der Marcellusflut beschäftigt, so hätte sein Urteil anders ausfallen müssen.

Jansen ist der Auffassung, dass die Marcellusflut für Emo der Anlass war, seine Chronik zu verfassen (Jansen 1983, 374; ders. 1984, 20), und die Lebendigkeit seiner Schilderung sowie die darin zum Ausdruck kommende Betroffenheit lassen vermuten, dass er bereits kurze Zeit nach der Katastrophe zur Feder gegriffen hat. Dabei dürfte sein eigenes Kloster von der Flut gar nicht berührt gewesen sein, denn von etwaigen Schäden an demselben ist keine Rede. Wohl aber heißt es vom dazugehörigen Nonnenkloster im nahe gelegenen Romerswerf, dass Schafe, Rinder und alles übrige Vieh nebst den gesamten Vorräten weggespült worden seien. Die Frauen hätten hingegen überlebt, indem sie sich, Psalme singend und betend, auf die Dächer gerettet hätten. Indes sei die Flut durch ein Vorzeichen angekündigt worden, denn als die Nonnen sich eines Abends im Speisesaal zur Vesper versammelt hätten, seien sie durch ein dreimaliges, heftiges Klopfen aufgeschreckt worden (Emo von Wittewierum 1991°, 106.37–108.37).

Dennoch oder auch deswegen befürchtet Emo, dass Gott ihn ebenfalls habe strafen wollen für etwaige Sünden. Zunächst hält er fest, dass unrechtes Tun, welches bei normalen Menschen als lässliche Sünde angesehen werden könne, für Priester eine Todsünde sei (ebd., 124.48), um dann einige Zeilen später mit den folgenden Worten – die aufhorchen lassen – fortzufahren:

»Emo klagte sich selber an, und er fürchtete, [sein Seelenheil] aufs Spiel zu setzen durch die Teilnahme – [wenngleich] erlaubt – an erworbenen Dingen, welche diejenigen mitbringen, die auf ein weltliches Leben verzichten, um ins Kloster einzutreten. Und er prüfte auf beiden Seiten, ob die Intention für ihn als Empfänger und für den anderen als Anbieter [dazu führte], aufs Gröbste durch die Sünde der Simonie verdorben zu werden« (ebd., 128.49; → Anhang Text 9g).

Simonie ist der vorsätzliche Austausch geistlichen oder geistlich-weltlichen Gutes gegen Vermögenswerte und nach katholischem Kirchenrecht ungültig bzw. strafbar. Der Begriff geht auf die Apostelgeschichte zurück, in welcher im achten Kapitel ein Zauberer namens Simon erwähnt wird, der mit magischen Praktiken die Menschen betört und sie glauben macht, dahinter stehe die göttliche Kraft (Apostelgeschichte 8, 9–11).

»Als Simon sah, dass durch die Handauflegung der Apostel der [Heilige] Geist verliehen wurde, brachte er ihnen Geld und sagte: Gebt auch mir diese Macht, damit jeder, dem ich die Hände auflege, den Heiligen Geist empfängt. Petrus aber sagte zu
ihm: Dein Silber fahre mit dir ins Verderben, wenn du meinst, die Gabe Gottes lasse
sich für Geld kaufen« (Apostelgeschichte 8, 18–20).

Im Früh- und Hochmittelalter nahmen simonistische Missbräuche überhand, und
auch im Kloster Wittewierum war es zunächst gang und gäbe, von Novizen Geld
oder Güter bzw. Ländereien anzunehmen. Pragmatisch betrachtet war das eine
schlichte Notwendigkeit, weil das junge Kloster einerseits händeringend nach neu-
en Mitgliedern Ausschau hielt, andererseits noch viel zu arm war, um alle ernähren
zu können (Jansen 1983, 390; Jansen und Janse 1991, XVIIf.).

Emo war jedoch in seiner Funktion als Klostervorsteher nicht nur Empfänger
weltlicher Gaben, sondern hatte zuvor selber Geld gegeben, um ein Amt zu erwerben. Im Jahre 1211 hatte die Kirchengemeinde von Wierum mittels eines Mehr-
heitsbeschlusses ihr Gotteshaus dem Kloster vermacht, wobei indes eine Minderheit dagegen protestierte. Ihr Anführer war ein gewisser Ernestus, dessen Sohn zuvor Priester in dieser Kirche war, nun aber gehen musste, weil die Schenkung mit
dem Priesteramt verknüpft war, sodass Emo diese Stelle bekam. Ernestus be-
schwerte sich beim Bischof von Münster, woraufhin Emo nach Rom reiste, um sein
Recht durchzusetzen, doch trotz einer päpstlichen Aussprache musste er einen
Kompromiss eingehen, indem er jährlich eine bestimmte Summe Geldes an Ernestus' Sohn zahlte, streng genommen also ein geistliches Amt gegen Geld erhalten
hatte (Jansen 1984, 18f.; Jansen und Janse 1991, XVIII).

Ein weiterer Punkt, der mit der Klostergründung zusammenhängt, dürfte Emos
Gewissen ebenfalls belastet haben. Die Ehe seines Onkels, der ebenfalls Emo hieß
und zur besseren Unterscheidung *Emo von Romerswerf* genannt wird, blieb kinder-
los, weswegen er sein Vermögen dazu verwendete, ein Kloster zu gründen, und
zwar in Romerswerf. Dieses nahm jedoch keinen rechten Aufschwung, weswegen
unser Chronist, der zur damaligen Zeit bereits Pfarrer in Huizinge war, danach
trachtete, selbst die Leitung zu übernehmen. Zwar stammte das Geld für die Stif-
tung von seinem Onkel, doch hatte dieser weder ein Studium absolviert noch war er
Geistlicher, und überdies dürfte er ein nicht allzu umgänglicher und auch unge-
schickter Mensch gewesen sein. Als es etwa darum ging, das Prämonstratenserkloster Mariëngaarde dazu zu bewegen, die Paternität für Wierum zu übernehmen, wurde Emo von Romerswerf im schwarzen Ordenskleid der Benediktiner
vorstellig, weswegen das Ansuchen abgelehnt wurde (Jansen 1984, 17). Es kam
immer wieder zu heftigen Auseinandersetzungen zwischen Onkel und Neffe, und
das Ergebnis war, dass Emo von Romerswerf zurücktrat und seinem Neffen nolens
volens die Leitung des Klosters überließ (Jansen 1983, 388f.; ders. 1984, 10–17).

Bereits 1059 hatte Papst Nikolaus II. darauf hingewiesen, dass niemand das
Mönchsgewand anlegen dürfe in der Absicht, einmal Abt zu werden (Jansen 1984,
42), und auch Emo schreibt, dass Mönche »nicht nach einer hohen Position streben

sollen, sondern nach dem Kerker« (Emo von Wittewierum 1991°, 128.50).[181] Doch aus dem, was wir bisher gehört haben, wird deutlich, dass er ein ehrgeiziger Mensch war, der sich zu Höherem berufen fühlte. Und tatsächlich legte er den Grundstein dafür, dass Wittewierum aus den armseligsten Anfängen zu einem prosperierenden Kloster wurde, das sehr bald zu den größten und reichsten seines Landes gehören sollte. Bereits der Name ist Programm: Während viele andere Prämonstratenserkloster auf Grund der Marienverehrung nach Maria benannt waren, wählte Emo *Floridus hortus* für das Männerkloster. Die Niederländer übersetzen das mit *Bloemhof*, also *Blumengarten*, aber da *floridus* ein Adjektiv ist, können wir es genauso mit *blühendem Garten* übersetzen. Ich denke, das hat durchaus symbolische Bedeutung in dem Sinn, dass Emo den Traum von einer Art *Garten Eden* inmitten seiner friesischen Heimat verwirklichen wollte. Auch für das Frauenkloster wählte er einen sprechenden Namen, nämlich *Campus rosarum*, also *Rosenfeld* oder auf Niederländisch *Rozenkamp*. Auch hier begegnet uns eine schöne Sinnbildlichkeit, weil die Rose für die Frau steht und darüber hinaus im christlichen Sinn auch das Paradies symbolisiert.

Wie sehr er sich mit dem Kloster identifiziert und es als sein Werk betrachtet, zeigt sich auch darin, dass er nicht nur, wie allgemein üblich, die Jahreszahlen nach Christi Geburt datiert, sondern auch nach dem Jahr seines Eintritts. Zumindest tut er das bis einschließlich 1230 (ebd., 224.80); erst ab 1231 verzichtet er darauf und nennt ab dem Zeitpunkt allein das jeweilige Kalenderjahr (ebd., 228.81). Möglicherweise hat er nun, wie Jansen vermutet, endlich inneren Frieden gefunden (Jansen 1984, 21), vielleicht bemerkt er auch, dass seine Arbeit Früchte trägt und das Kloster auf sichererem Grund steht als zu Anfang.

Emo wollte etwas Gutes schaffen und musste dafür zu Beginn einige Kompromisse eingehen. Er hatte Erfolg; das Kloster wurde größer, es konnten im Laufe der Zeit Vorwerke gegründet werden, und 1217 wurde es schließlich unter die Schirmherrschaft der Prämonstratenser gestellt. Auch war das Schicksal gnädig, weil 1215 sein lästiger Onkel starb und 1218 Ernestus' Sohn jegliches Ansehen verlor, da durch seine Schuld die Kirche zu Loppersum in Brand geriet (Jansen 1984, 19). Es hätte ohne größere Probleme weiter bergauf gehen können – wenn nicht im Januar 1219 das friesische Küstenland durch die Marcellusflut verwüstet worden wäre. Emo wurde durch sie in seinem Innersten erschüttert, und sie dürfte der Anlass gewesen sein – wir erwähnten es bereits – mit seiner Chronik zu beginnen: Hat er die Katastrophe mit hervorgerufen, ist er zu viele Kompromisse eingegangen, die vor den Augen des Herrn nicht Bestand haben? Nun, er klagt sich selber an und befürchtet, das Seelenheil zu verlieren, wie zuvor zitiert (Emo von Wittewierum 1991°, 128.49). Auf den folgenden Seiten setzt er sich mit Hilfe der Bibel und gelehrter Autoren ausführlich mit dem, was er getan hat, auseinander (ebd., 128.49–142.56) und kommt zu dem Ergebnis, dass er lautere Absichten gehabt und nie daran gedacht habe, sich selber zu bereichern. Dennoch ist er sich seiner Sache nicht ganz sicher:

---

181 »...non ambientes celsitudinem sed carcerem«.

»Sodann stellte Emo durch das Bekenntnis seines Gewissens fest, dass er überhaupt nichts dergleichen [= Eigennutz] beabsichtigt hatte, und deswegen *hoffte und vermutete er*, vor jenem, der in uns hineinschaut, nicht gesündigt zu haben« (ebd., 130.51; eigene Hervorhebung; eigene Übersetzung).[182]

Sicher ist er sich also keineswegs, und das zeigt sich auch daran, dass er mit einem ganzen Arsenal an Literatur aufwarten muss, um seinen Standpunkt zu rechtfertigen, denn wäre er im Innersten tatsächlich zur Gänze von seinem Handeln überzeugt, bedürfte er der Schützenhilfe von Seiten kirchlicher Autoritäten nicht so sehr. Um es einmal modern zu formulieren: Wer Selbst-Verwirklichung anstrebt, weil in seinem Inneren große Potenzen vorhanden sind, aber gleichzeitig in eine Institution eingebettet ist, für die jegliche Form persönlichen Ehrgeizes verdächtig ist, muss zwangsläufig in einen inneren Konflikt geraten, da aus psychologischer Sicht stets das eigene Ich mit profitiert, wenn man sich erfolgreich für das Wohl der anderen engagiert, weil man Ansehen, Bewunderung und Dankbarkeit erfährt. Wer Positives sät, wird Positives ernten und damit auch zur Erhöhung der eigenen Persönlichkeit beitragen. Aus heutiger Sicht ist daran nichts Verwerfliches, aber damals galt das als Sünde.

Und leicht hat es Emo wirklich nicht, denn es sollte zunächst noch schlimmer kommen. Bereits im nächsten Jahr (1220) folgt eine weitere Sturmflut, die zwar weniger hoch aufläuft als die Marcellusflut, aber dennoch bedrohliche Ausmaße annimmt und nur deswegen viel weniger Opfer fordert, weil die Menschen es noch nicht gewagt haben, die Wohnplätze in unmittelbarer Nähe der See wieder zu besiedeln (ebd., 142.57). Auch 1221 »durchbricht Neptun die Deiche« und breitet sich weit ins Land aus, sodass es lange Zeit nass bleibt. Sind die Äcker dadurch bereits beeinträchtigt, folgt im Laufe des Jahres auch noch eine große Trockenheit, weswegen die Getreideernte ganz kümmerlich ist (ebd., 144.58). Ein ähnliches Bild auch 1222: Wiederum gibt es im Januar eine Sturmflut, wiederum folgt eine Dürreperiode, sodass bereits das dritte Jahr eine große Hungersnot herrscht (ebd., 144.59–146.59). Im Oktober versetzt eine Mondfinsternis das Land in Angst und Schrecken, und bereits zuvor, Ende August, ist ein Komet am nördlichen Himmel erschienen, der nächtelang zu sehen ist und Flammen sprühend seine Bahnen zieht (ebd., 148.59). Emo ist beunruhigt, denn »man sagt, dass [Kometen] Vorzeichen sind für eine Veränderung der Regierung oder für Pest, auch für Krieg oder Sturmfluten mit Starkwinden« (ebd.).[183] Kometen und Finsternisse als Anzeichen künftigen Unheils haben eine lange Tradition, weil sie mit Vernichtung (Feuer) bzw. Dunkelheit assoziiert werden oder als göttliches Warnzeichen gelten. Die Angst davor ist alt, wir begegnen ihr in Antike und Mittelalter genauso wie im Volksglauben der Neuzeit (vgl. Beyer 2002; Stegemann 1927; ders. 1933).

---

182 »Porro ipse testimonio conscientiae suae fixum habuit nichil prorsus horum unquam intendisse, et ob hoc *sperabat et presumebat* de illo inspectore desuper reatum non habere«.

183 »...que [= cometa], ut dicitur, regni mutationem aut pestilentiam sive bellum vel estus ventosve portendit«.

Im Anschluss an die chronikalischen Aufzeichnungen macht sich Emo wiederum Gedanken über seinen persönlichen Zustand:

>>Er beschuldigte sich, meistens unruhig zu sein und auf Grund eitler Neugier zwischen angenehmen und unangenehmen [Gefühlen hin- und herzuschwanken]. Demgemäß wurde er auf zweifache Art bewegt, nämlich durch Begierde und Furcht<< (Emo von Wittewierum 1991°, 150.60; eigene Übersetzung).[184]

Auch hier offenbart sich wieder der innere Konflikt zwischen persönlichen Ambitionen und restriktiver Moral, darüber hinaus aber auch zwischen Triebansprüchen und moralischen Bedenken. Diesbezüglich äußert er sich auch an einer anderen Stelle seiner Chronik, indem er schreibt, dass seine Keuschheit zwar durch Gottes Gnade nicht gefährdet werde, wenn er Frauen anblickt oder sie gar berührt, dass aber des Nachts mitunter fleischliche Begierden durch den >>alten Feind<< (>>hostis antiquus<<) geweckt würden (ebd., 82.30). Dennoch schaffe er es immer wieder, mit Hilfe ihn bestärkender Literatur und vermöge Selbstreflektion seine sündigen Anteile in Schach zu halten.

Dem Leser wird bereits deutlich geworden sein, dass es sich bei Emos Werk um keine normale Chronik handelt, sondern um eine außergewöhnliche Arbeit, welche im 13. Jahrhundert vergeblich ihresgleichen sucht. Dem wollen wir im nächsten Kapitel ein wenig genauer nachgehen.

6.3.6 Zur Bedeutung von Emos Chronik

Emos Leben ist geprägt durch Angst und Zweifel. Immer wieder ereilen ihn Rückschläge, unliebsame Menschen machen ihm das Leben schwer, und auch seine Landsleute versuchen bisweilen, dem aufstrebenden Orden Steine in den Weg zu legen. Zudem ist seine Position als Klostervorsteher auf lange Zeit formal nicht gesichert, denn der zuständige Bischof von Münster, mit dem er zeitlebens über Kreuz ist (s.u.), weiht ihn erst 1225 zum Abt. Und über allem schwebt die Frage, ob Gott ihn schätzt und liebt (ebd., 150.60)[185], das heißt ob er auserwählt ist im Sinne der Prädestination oder zur ewigen Verdammnis bestimmt (vgl. Jansen 1983, 386). Hubertus Jansen und Antheūn Janse, die verdienstvollen Herausgeber der Neuausgabe der Chronik, schreiben:

>>De historische, theologische en canonistische passages worden vrijwel [= fast] steeds beheerst door de emoties van de auteur zelf. Deze profileert zich als een onzekere, scrupuleuze persoonlijkheid die innerlijk voortdurend heen en weer geslingerd wordt tussen hoop en vrees<< (Jansen und Janse 1991, XX).

Zweifelsohne haben die Autoren Recht, wenn sie Emo als unsichere und skrupulöse Persönlichkeit bezeichnen, die hin- und hergeworfen ist zwischen Hoffnung und Furcht, doch das ist nur die eine Seite seiner Persönlichkeit, denn wenn jemand zu

---

184 >>Arguebat se plerumque inquietum curiositate vanitatis inter prospera et adversa. Circa que dupliciter movebatur, appetitu et metu<<.

185 >>...ut Deum gratis diligeret<<.

einer derart schonungslosen Selbstanalyse fähig ist, – wie wir es auf den letzten Seiten gesehen haben –, muss darin auch eine Stärke gesehen werden. Wirklich stark ist nicht derjenige, welcher seine Schwächen verleugnet oder verdrängt, sondern jener, der ihnen in die Augen zu blicken im Stande ist. Und Stärke hat Emo immer wieder bewiesen. Er wollte das Kloster, welchem er den Namen *Floridus hortus* gegeben hat, in einen blühenden Garten verwandeln und ist damit trotz anfänglicher Widrigkeiten sehr weit gekommen. Er hat aber nicht nur seiner geistlichen Gemeinschaft gedient, sondern auch seinen Landsleuten, denn als die Bauern nach der Marcellusflut sich außer Stande sahen, aus eigener Kraft die Deiche wieder in Ordnung zu bringen, hat Emo die Angelegenheit in die Hand genommen und eine Art Sielacht initiiert, durch welche die Lasten gleichmäßig auf alle Betroffenen verteilt wurden (Jansen 1984, 27).[186]

Geholfen hat ihm dabei sicher auch sein friesisches Selbstbewusstsein. Ich erinnere nur an jene Passage aus der Chronik, in welcher er seine Landsleute kritisiert, weil sie die Erträge aus dem fruchtbaren Boden und die Errungenschaft der Friesischen Freiheit nicht zu schätzen wüssten, weswegen Gott sie habe bestrafen müssen. In die gleiche Kerbe schlägt er bei den fortwährenden Auseinandersetzungen mit dem Bischof von Münster, denn diese resultieren vorwiegend daraus, dass Emo als gebürtiger Friese nicht einzusehen vermag, wieso jemand aus dem fernen Münsterland sich erdreistet, Abgaben von einer Klostergemeinschaft zu verlangen, die im Land der Friesischen Freiheit beheimatet ist (Jansen 1983, 397f.; ders. 1984, 26f.). So schreibt er in einem offiziellen Brief an den Abt des Hauptklosters in Prémontré:

> »Außerdem ersuche ich Euch dringendst, mit Blick auf euer Ansehen und das des Ordens sowie aus Achtung vor dem Papst, an den Herrn Bischof von Münster zu schreiben, dass meine Brüder und ich durch die Gnade Gottes bei allen rechtschaffenen Menschen in unserer Gegend als untadelhaft gelten, weswegen er uns erlauben soll, Gott zu dienen, statt uns auf entwürdigende Weise die Exkommunikation anzudrohen. *Denn durch die Gnade Gottes sind wir dazu bestimmt, in Friesland in einer so großen Freiheit zu leben, dass der Bischof durch die Seinigen uns kein einziges junges Huhn rauben darf*« (Emo von Wittewierum 1991°, 178.66–180.66; eigene Übersetzung; eigene Hervorhebung; → Anhang, Text 9h).

Der Brief dürfte nur die Spitze eines Eisberges sein, da der Bischof von Münster bereits die Exkommunikation angedroht (und zeitweilig auch ausgesprochen) hat. Doch trotz der Repressalien ist Emo in keiner Weise gewillt, sich von einem Fremden Vorschriften machen zu lassen in Bezug auf mögliche Abgaben – nicht einmal ein einziges junges Huhn wolle er dem fernen Bischof überlassen. Ob das eine geschickte Wortwahl ist, weiß ich nicht, doch sie ist zumindest originell und entbehrt

---

186 Als auf den Tag genau 49 Jahre nach der Marcellusflut Friesland wiederum durch eine Sturmflut bedroht wurde, sei, wie Emos Nachfolger Menko schreibt, einzig und allein der Fivelgau – Emos Heimat – verschont geblieben, weil dessen Deiche höher gewesen seien als die der anderen Gaue (Menko von Wittewierum 1991°, 412.51–414.51). Möglicherweise waren das unter anderem die Früchte von Emos Bemühungen (zur Rolle der Klöster bei der Eindeichung Frieslands westlich der Ems vgl. Mol 1992, 46–49).

nicht eines gewissen Witzes, zeigt aber auch, dass Emo keinesfalls vor durchaus aggressiven Formulierungen zurückschreckt. Dahinter dürfte wiederum Angst stehen, die zwar unter ungünstigen Verhältnissen lähmend wirkt, in günstigen hingegen, wie es hier der Fall ist, aktivierend, und das in einem weiten Sinn gefasst, denn das lateinische Verbum deponens *aggredi* bedeutet nicht allein *angreifen*, sondern auch *unternehmen, beginnen, herangehen*. So gesehen ist Aggression, gespeist aus Angst, ein Motor der individuellen Entwicklung. Dementsprechend schreibt Emo:

> »Wenn aber alles vermischt und verwirrt ist, dann soll man, wie es im Evangelium heißt,[187] eine Wurfschaufel zu Hilfe nehmen und den Bereich des Versteckten sowie des Gewissens säubern, um die Geschenke des Wucherers und Räubers zurückzuweisen, und [stattdessen] klarerweise das reine und saubere Korn annehmen. Sollte das allerdings nicht möglich sein, weil man nicht weiß, was der Weizen und was die Spreu ist, soll man das tun, was auf Grund von Mutmaßung möglich ist, und nichts, soweit es geht, außer Acht lassen, was dazu in Beziehung [stehen könnte]. *Wenn aber jemand in dieser Angelegenheit völlig allein dasteht und nirgendwo Halt finden kann, soll er seinem Gewissen folgen*« (Emo von Wittewierum 1991°, 136.54; eigene Übersetzung; eigene Hervorhebung; → Anhang, Text 9i).

Hubertus Jansen vertritt die Meinung, dass man Emo mit einem gewissen Recht bereits als Protestanten bezeichnen könne, und er bezieht sich dabei auf dessen Vorstellung von der Prädestination, auf die geringe Beachtung des Heiligenglaubens in seiner Chronik – was auch darin zum Ausdruck kommt, dass er für seine beiden Klöster neutrale Namen gewählt hat – und vor allem auf sein Vermögen zu tief gehender Introspektion (Jansen 1983, 387). Das Zitat bringt darüber hinaus und damit zusammenhängend einen weiteren Aspekt zum Ausdruck, der die Kluft zwischen evangelischer und katholischer Kirche bis heute prägt, nämlich den Bezug auf das individuelle Gewissen, für das sich Emo einsetzt. Während der Glaube in der katholischen Kirche gebunden ist an den Papst als letzte Instanz und daher Mit-Glauben und Gehorsam bedeutet, werden in den evangelischen Kirchen mehr der Glaube des Einzelnen und die persönliche Zwiesprache mit Gott betont, weswegen dort auch kein Anspruch auf absolute Wahrheit existiert und ebenso keine irdische Instanz, welche »unfehlbar« im Namen Gottes Dogmen verkündet (vgl. Frieling 1999, 12–15).

Die Betonung der individuellen Auseinandersetzung erklärt auch den ungewöhnlichen Aufbau der Chronik. Im ersten Teil hat Emo die Klostergeschichte notiert, während im umfangreicheren zweiten Teil, beginnend mit dem Jahr der Marcellusflut (1219), chronikalische Aufzeichnungen und so genannte *Soliloquia* oder *Selbstgespräche* einander abwechseln (vgl. Übersicht bei Jansen und Janse 1991,

---

187 Johannes der Täufer sagt: »Ich taufe euch nur mit Wasser (zum Zeichen) der Umkehr. Der aber, der nach mir kommt, ist stärker als ich, und ich bin es nicht wert, ihm die Schuhe auszuziehen. Er wird euch mit dem Heiligen Geist und mit Feuer taufen. Schon hält er die Schaufel in der Hand; er wird die Spreu vom Weizen trennen und den Weizen in seine Scheune bringen; die Spreu aber wird er in nie erlöschendem Feuer verbrennen« (Matthäus 3, 11f.; vgl. Lukas 3, 16f.).

XXIV). *Soliloquium* ist ein Begriff, den Emo selber verwendet (vgl. Emo von Wittewierum 1991°, 252 u. 284) und der auf Augustinus zurückgeht, nach dessen Regeln sich der Prämonstratenserorden richtet. Bei Augustinus sind es Gespräche zwischen Sinnlichkeit und Vernunft, doch handelt es sich dabei weniger um eine autobiographische Selbstdarstellung als um einen religiös-philosophischen Traktat (Augustinus 2002°; vgl. Wagner-Egelhaaf 2000, 107f.). Eher kann man, worauf auch Hubertus Jansen hinweist (1983, 386; ders. 1984, 40), Emos *Soliloqiua* mit den *Confessiones* oder *Bekenntnissen* des Augustinus vergleichen (Augustinus 1987°). Ausführlich berichtet er darin von seiner durch Sinnlichkeit und Eitelkeit geprägten Jugend, aber auch von seinem Interesse an Religion und Philosophie, wodurch er der christlichen Erleuchtung allmählich näher kommt. Den Höhepunkt der Erzählung bildet die Bekehrungsszene im Mailänder Garten, als er die Stimme eines Kindes hört, das »Nimm es, lies es!« sagt (ebd., 415), woraufhin er zur Heiligen Schrift greift und »alle Nacht des Zweifelns hin und her verschwand« (ebd., 417). Damit ist ein Schema ausgebildet, welches für die weitere christliche Autobiographie wegweisend wurde: »Die Erzählung einer Lebensgeschichte, die [...] auf den *Wendepunkt der Bekehrung* hinsteuert und dann abbricht, weil das Leben des oder der Betroffenen damit sozusagen seine Erfüllung gefunden hat« (Wagner-Egelhaaf 2000, 109).

Zwar ist er auch nach der Konversion verschiedenen Anfechtungen ausgesetzt, etwa sexuellen Begierden, indem des Nachts Bilder aus seinem ausschweifenden Jugendleben in seine Erinnerung zurückkehren (Augustinus 1987°, 550), doch insgesamt befindet er sich sozusagen auf der sicheren Seite des Lebens. Die Schwächemomente sind Prüfsteine, »und gewisser ist mir das Gefühl, dass meine Wunden fort und fort von Dir geheilt [...] werden« (ebd., 591).

Das ist ein Unterschied gegenüber Emo, der sich zwar beredt zu verteidigen weiß, aber letztlich zu keiner Gewissheit gelangt, sondern nur *hofft und vermutet* (Emo von Wittewierum 1991°, 130.51), dass er von Gott auserwählt ist. So gesehen ist er der modernere, weil in die Neuzeit weisende, tragischere Mensch, der stärker auf sich allein gestellt ist und damit zwar hohe individuelle Potenzen verwirklicht, doch gleichzeitig vermehrt der Unsicherheit preisgegeben ist.

Die wechselseitige Beziehung von Stärke und Schwäche zeigt sich auch an einem anderen Punkt, den er freilich mit vielen seiner Zeitgenossen und auch mit späteren Generationen teilt: der anthropozentrischen Deutung der Sturmflut, das heißt der Auffassung, sie sei eine Strafe Gottes für menschliches Fehlverhalten. In einem augenfälligen Sinn ist Gott als höchster Richter auch das stärkste Wesen, aber vollkommen machtlos sind die Menschen deswegen nicht. *Wenn wir individualpsychologisch und im Sinn der Finalursache nach dem Nutzen von Schuldgefühlen fragen, lautet die Antwort: Schuld sein bedeutet Ursache sein, und Ursache sein heißt, über Macht zu verfügen. Diese ist unter anderem als Kompensation des Minderwertigkeitsgefühls zu verstehen, das sich aus dem an der Nordsee – im buchstäblichen Sinn – zutiefst wetterwendischen Charakter des Primärobjektes Wasser ergibt, das den Menschen zwar ernährt, dem er aber auch hilflos ausgeliefert ist, wenn in Gestalt einer Sturmflut die kulturellen Abgrenzungssysteme ge-*

sprengt werden. Das ist eine Struktur von langer Dauer, die, wie wir noch sehen werden, in verwandelter Form bis in die Gegenwart reicht.

Vielleicht ist deutlich geworden, warum wir uns so ausführlich mit Emos *Chronik von Wittewierum* befasst haben. Sie ist nicht nur der erste – und bis weit in die Neuzeit einzige – zeitgenössische Bericht eines Betroffenen, sie ist auch eine bedeutende Quelle für die friesische Mentalitätsgeschichte. Wir erfahren vom Stolz auf die autonomen Organisationsstrukturen, welche keine Fremdherrschaft dulden, gleichzeitig aber auch von der Verantwortung gegenüber der Gemeinschaft, welche den Friesen auf Grund ihrer privilegierten Situation auferlegt ist. Diese ist abhängig vom Meer, und das in einem doppelten Sinn. Zum einen bezieht sie sich auf die Fruchtbarkeit des von der Nordsee geschaffenen Marschenbodens sowie auf die Friesische Freiheit, welche unmittelbar mit der Notwendigkeit der Deichpflege verknüpft ist. Zum anderen auf die Gefahren, welche in Form von Sturmfluten drohen, Menschen, Tiere, Haus und Hof vernichten, den Boden durch Salzeinwirkung beeinträchtigen und nicht wenige Menschen dazu veranlassen, ihrer Heimat für immer den Rücken zu kehren. Daneben hören wir von Dürrezeiten, Hungersnöten und Seuchen, aber auch von Unheil verkündenden Vorzeichen am Sternenhimmel. Es ist ein Leben in beständiger Angst, durch das sich die Mehrzahl der Menschen gleichwohl nicht entmutigen lässt.

Deutlich ist Emo seine Betroffenheit anzumerken, wenn er vom elementaren Ausgeliefertsein des Menschen an die Gewalt der überschäumenden Nordsee berichtet und die um ihr Leben Kämpfenden mit *Meeresgetier* vergleicht, das in den Fluten hin- und hergeworfen wird. Die tiefe existentielle Erschütterung findet eine mögliche Erklärung durch die psychoanalytische Perspektive im Verein mit der naturphilosophischen Elementenlehre: Indem Häuser und Deiche vernichtet werden, brechen leibliche *und* kulturelle Abgrenzungssysteme zusammen, die den Menschen auf die Stufe frühkindlichen Ausgeliefertseins an ein primäres Objekt zurückwerfen, das als gute Instanz zwar schützende und versorgende Funktionen übernimmt, aber sich nun als wütende, rasende Kraft entpuppt, der man vollkommen machtlos ausgeliefert ist. In Gestalt des Fruchtwassers haben Wasser und gute Mutter als primäre Objekte überdies etwas Gemeinsames, und umso traumatisierender muss es wirken, wenn sie sich in ihr absolutes Gegenteil verwandeln.

Es ist nicht selbstverständlich, dass Angst zum Motor der Entwicklung wird, denn sie kann die Kräfte des Einzelnen und der Gesellschaft auch lähmen. Das ist hier nicht der Fall, denn die Friesen errichten mit den goldenen Ring ein kulturelles Abgrenzungssystem, das sich der Nordsee entgegenstemmt. Hubertus Jansen bezeichnet Emo zurecht als einen Vorläufer protestantischer Gesinnung, da er sich trotz widrigster Umstände von seinem einmal eingeschlagenen Weg nicht abbringen lässt und das persönliche Gewissen als letzte Instanz bezeichnet, der man zu folgen hat. Und er wird bestätigt in dem, was er tut, das Kloster mit dem schönen Namen *Floridus hortus* beginnt allmählich zu »blühen« und wird auch in wirtschaftlicher Hinsicht erfolgreich. Einige Jahrhunderte später werden Luther, vor allem aber Calvin verkündigen, dass der weltliche Beruf eine von Gott dem Individuum zugeteilte Verpflichtung zum sittlichen Wirken in der Welt ist, und von daher ist es kein Zufall, dass die Reformation in den Frieslanden flächendeckend Erfolg hatte.

Auch in anderer Hinsicht dürfte Emo eine gewisse Repräsentativität für breitere Bevölkerungsschichten beanspruchen. Damit meine ich seine theologischen und auch seine wissenschaftlichen Erläuterungen, wenngleich nicht in der elaborierten Weise, wie sie uns der Autor vermittelt. Denn die Mehrzahl der Leute wird wohl der Auffassung (gewesen) sein, dass die Sterne »irgendwie« das irdische Leben und damit auch die Sturmfluten beeinflussen. Was den Mond betrifft, ist das tatsächlich erwiesen, in Verein mit der Sonne ist er für den Gezeitenhub verantwortlich sowie für Nipp- und Springtide. Noch verbreiteter ist die theologische Deutung der Flut als Strafe Gottes, die sich wie ein roter Faden durch die Geschichte zieht und ihren Ursprung in der Genesis hat. Und ähnlich wie Emo werden sich auch andere gefragt haben, worin ihr persönlicher Anteil an der Katastrophe begründet ist, zumal das auch immer wieder ein Thema in den Predigten gewesen sein dürfte. Dieses Muster treffen wir unter anderem auch in der psychiatrischen Traumaliteratur wieder, und eine aus meiner Sicht plausible Erklärung ist dafür bereits gegeben worden, nämlich das Bedürfnis, das Gefühl des Ausgeliefertseins und damit der Minderwertigkeit durch Schuld- und somit unbewusste Machtgefühle zu kompensieren.

Darüber hinaus sind Emos *Soliloquia* ein berührendes menschliches Dokument, indem er eine schonungslose Selbstanalyse betreibt, die mitunter durchaus tiefenpsychologische Qualitäten erreicht und damit auf ein Reflektionsniveau gelangt, das auch heute keinesfalls selbstverständlich ist. Denn in der Regel versucht man auf der bewussten und kognitiven Ebene, *externe* Ursachen für missliche Umstände zu suchen und sich selber reinzuwaschen. Es ist einfacher, die Frage nach dem eigenen Anteil, nach Schuld und persönlicher Verantwortung, in den Hintergrund zu schieben und dort stehen zu lassen, statt sich damit auseinander zu setzen. Jansen schreibt, durch die Offenlegung seiner tiefsten Gefühle werde Emo nicht unbedingt sympathischer, doch andererseits habe er auf Grund seiner Ehrlichkeit auch heutigen Menschen etwas mitzuteilen, und in verschiedener Hinsicht könne er mit Emo mitfühlen (Jansen 1984, 50). Letzterem stimme ich zur Gänze zu, doch hinsichtlich der Frage, ob unser Chronist durch seine Selbstanalyse an Sympathie verliere, bin ich gegenteiliger Auffassung, weil aus meiner Sicht in jedem Menschen egoistische und altruistische, positive und negative Anteile vorhanden sind, woran ich nichts Verwerfliches sehe. Ganz im Gegenteil hat aus meiner Perspektive derjenige ein qualitativ höheres menschliches Niveau erreicht, der seinen vermeintlichen oder tatsächlichen Fehlern ungetrübt ins Auge zu schauen vermag, denn nur dann kann man an ihnen arbeiten und sich weiterentwickeln.

In dem Zusammenhang gilt es einen Umstand genauer zu betrachten, der auf den ersten Blick durchaus befremdlich zu wirken vermag, nämlich dass Emo im Rahmen der *Soliloquia* von sich stets in der dritten Person spricht. Dadurch gewinnt er aber Distanz gegenüber sich selbst, und das in doppelter Hinsicht. Zum einen wird er, wenn er danach strebt, sich gewissermaßen objektiv, das heißt als ein Objekt zu betrachten, weniger mit ihn bedrängenden Gefühlen, Affekten und Trieben konfrontiert, indem er sozusagen als bremsende Instanz seine kognitiven Fähigkeiten einsetzt, und zum anderen gewinnt er einen klareren Blick in Bezug auf die Befindlichkeiten und den Zustand seiner Person. Der Rückgriff auf die *dritte Person* schützt ihn und nützt ihm hinsichtlich klarerer Erkenntnisse, ähnlich wie ein Dritter vermittelnd eingreifen kann, wenn zwei Personen miteinander verstrickt sind und keinen Ausweg mehr finden.

Die *Chronik von Wittewierum* hat bisher leider zu wenig Beachtung gefunden, und das ist ein weiterer Grund, wieso ich mich ausführlich mit ihr beschäftigt habe. Als psychologisches Dokument steht sie im 13. Jahrhundert nahezu einzigartig da, als Quelle für die friesische Mentalitätsgeschichte und auch für die volkskundliche bzw. historische Katastrophenforschung erweist sie sich als sehr ergiebig. Aber unser Chronist hat leider selber dazu beigetragen, dass der Zugang zu ihm erschwert wird, denn das Latein, welches er schreibt, ist zwar sehr bildreich und geeignet, die Gemüter zu bewegen, doch gleichzeitig sehr schwierig zu lesen (vgl. Jansen und Janse 1991, XI). Mitunter lässt er Wörter aus, vor allem im Zusammenhang mit seinen vielen Partizipialkonstruktionen, und oftmals sind seine Formulierungen vage, sodass man sehr aufpassen muss, um den Text nicht völlig falsch zu verstehen, zumal eine Vielzahl lateinischer Wörter ganz unterschiedliche Bedeutungen haben. Nach meinem Dafürhalten spiegelt indes die Neigung zu Regelverstößen, welche er sich im Alltag geleistet hat, um das Kloster in Schwung zu bringen, und die ihn als sehr individualistisches Wesen charakterisieren, sich auch in seiner Sprache wider.

Immerhin leistet die ausgezeichnete niederländische Übersetzung (nebst instruktivem Vorwort [Jansen und Janse 1991]) von Jansen und Janse gute Dienste, und jener ist es auch, dem wir die einzigen Arbeiten aus neuerer Zeit zu verdanken haben, welche sich mit Emo genauer befassen: eine schmale Biographie (Jansen 1984) sowie ein Aufsatz in einem Themenheft der *Bijdragen en mededelingen betreffende de geschiedenis der Nederlanden*, welches der Mentalitätsgeschichte gewidmet ist (Jansen 1983). Eine eher allgemeine Einführung bieten dagegen die Beiträge zu dem Groninger Ausstellungskatalog *Hel en Hemel. De Middeleeuwen in het Noorden* (Knol, Hermans und Driebergen 2001).[188]

6.4 Die zweite Marcellusflut oder erste Groote Manndränke vom 16. Januar 1362

6.4.1 Zur Quellenlage

»Keine Flut hat sich so tief in das Gedächtnis der Menschen eingegraben, keine, soweit wir sehen, solche Landverluste zur Folge gehabt wie die Marcellusflut vom 16. Januar 1362«, schreibt Carl Woebcken (Woebcken 1924, 75). Wahrscheinlich

---

188 »Hölle und Himmel. Das Mittelalter im Norden«. – Die Ausstellung, in der auch die Originalausgabe der *Chronik von Wittewierum* zu sehen war, wurde von dem Regisseur Peter Greenaway künstlerisch betreut.

steht sie in Zusammenhang mit dem mittelalterlichen Wärmeoptimum, das eine Erhöhung des Meeresspiegels zur Folge hatte. Gleichzeitig zeigten sich in der zweiten Hälfte des 14. Jahrhunderts bereits erste Vorboten der Kleinen Eiszeit, wodurch auf Grund der Abkühlung in der Arktis der Temperaturgradient verstärkt wurde, was im Gebiet der Nordsee heftige Stürme zur Folge hatte (DeBlieu 2000, 74; Lamb 1989, 212).

In den 60er Jahren des 14. Jahrhunderts war es in der Küstenregion sehr feucht (s.u., Kap. 6.4.2). Die Krankheitsanfälligkeit bei Mensch und Tier stieg, Epidemien waren die Folge, die Deichunterhaltung mangelhaft (vgl. ebd., 217f.; Thiede und Arendt 2000, 21). Beispielsweise spricht die *Chronik von Jever* für das Jahr 1350 von »eine[r] große[n] Pestilenz in Friesland, auf Grund deren nicht einmal jeder zwanzigste Mensch am Leben blieb und die Rinder auf der Weide zu Grunde gingen« (Springer 1896°, 32).[189] Allerdings sind chronikalische Aufzeichnungen über diesen Zeitraum mit Vorsicht zu genießen, da sie allzumal aus der Frühen Neuzeit stammen und zeitgenössische Berichte fehlen. Auch in dieser Hinsicht stellt die – um einiges ältere – *Chronik von Wittewierum* eine große Ausnahme dar und ist als ein wirklicher Glücksfall zu bewerten.

Jan DeBlie fasst die Folgen des Klimawandels im Spätmittelalter so zusammen:

> »Der extreme Temperaturrückgang im Europa des 14. Jahrhunderts setzte so plötzlich ein, dass die mittelalterliche Gesellschaft in ihren Grundfesten erschüttert wurde [...]. Bei katastrophalen Überschwemmungen starben an den Küsten Dänemarks, Deutschlands und Hollands Tausende von Menschen [...]. 1315 konnte in ganz Europa die Getreideernte nicht reifen. Das war der Beginn einer 175 Jahre anhaltenden Periode feuchtkalten Wetters. Auf die fehlgeschlagene Getreideernte folgte Hungersnot. Ganze Rinder- und Schafherden starben durch Epidemien, die sich in den überfluteten Landstrichen ausbreiteten. Eine giftige Pflanzenfäule schwärzte die Roggenkörner. Schon der Verzehr eines einzigen verfärbten Getreidekorns rief eine schlimme Krankheit hervor, die Mutterkornvergiftung, bei der die Gliedmaßen austrockneten und sich schwarz färbten. 1348 trat schließlich die Beulenpest auf [...].
>
> Die Temperaturen wurden um 1500 wieder gemäßigter, doch schon nach 50 Jahren hielt die nächste Kälteperiode Einzug [...]. Damit setzte die Kleine Eiszeit ein, die etwa von 1550 bis 1850 andauerte« (DeBlieu 2000, 72f.).

Auf Grund des Fehlens zeitgenössischer Aufzeichnungen ist es sehr schwierig – sofern es überhaupt möglich ist – zu ermitteln, was bestimmte Sturmfluten im Einzelnen angerichtet haben. So ist etwa bis heute nicht geklärt, wann die Bildung des Dollart eingeleitet worden ist. In der älteren Literatur liest man zum Beispiel, das sei durch die zweite Marcellusflut geschehen (Woebcken 1928; Breuer 1965, 27), während es heute heißt, der erste Einbruch sei vielleicht Ende des 13. Jahrhunderts erfolgt (Behre 1999b, 14)[190] oder möglicherweise erst im 15. Jahrhundert (Haartsen und Marrewijk 2001, 239).

---

189 »Anno 1350. Was eine grote Pestilentie Inn Freslandt, dat de Twintigeste Minsche nicht leuendich bleuen, De Beeste gingenn ynn der Weide woste...«.

190 Behre schreibt unter Berufung auf eine eigene Arbeit aus dem Jahr 1970, dass archäobotanische Funde für einen ersten Einbruch bereits im 13. Jahrhundert sprechen, sodass die *Sturmflut*

Aus der unsicheren Quellenlage zieht Dirk Meier den Schluss, dass man hinsichtlich des »älteren Zeitraum[es] [...] fast ausschließlich auf archäologische und geowissenschaftliche Untersuchungen angewiesen« ist (Meier 2003a, 30). Diese Aussage wird im Großen und Ganzen berechtigt sein, doch sollte man auf der anderen Seite nicht übersehen, dass durchaus auch einige schriftliche Quellen vorhanden sind, vor allem die *Chronik von Wittewierum* oder päpstliche Urkunden, die sich mit unbesetzten Pfarrstellen befassen. So hat Carl Woebcken bereits 1924 deutlich gemacht, dass mit ihrer Hilfe die Entstehung des Jadebusens schrittweise verfolgt werden kann (Woebcken 1924, 77).

Nicht nur naturwissenschaftliche Befunde, sondern auch die im kollektiven Gedächtnis bewahrten Erinnerungen legen nahe, dass die Marcellusflut eine der größten Katastrophen gewesen ist, die vor allem Nordfriesland je erlebt hat.

>»Das Jahr wurde vergessen, der Tag, St. Marcellus, blieb in Erinnerung. Gerade dieser Tag, der 16. Januar, ist zu wiederholten Malen ein Unglückstag für Friesland gewesen. Durch Emos lebendige Schilderung kannten die späteren Forscher am besten die Flut von 1219 [...]. Dem gemeinen Mann kümmerte weniger das Jahr, aber der Tag hat sich ihm unauslöschlich eingeprägt. Alles, was der Volksmund von einer Marcellusflut weiß, bezieht sich auf die Flut von 1362, die größte und schrecklichste von allen, die nach diesem Tage benannt sind. Auf sie passt wirklich das Wort, das Arends[191] aus einer holländischen Quelle anführt und das angeblich bei jeder späteren Sturmflut gefallen ist: it het by Marcellus nie[192] lijken, sie lässt sich mit der Marcellusflut nicht vergleichen« (Woebcken 1924, 78).

In erster Linie verbindet man die Marcellusflut mit dem Untergang *Rungholts*, des legendären Hafenortes in der Edomsharde[193] auf der alten nordfriesischen Insel Strand,[194] der nach dem 16. Januar 1362 schlechtweg nicht mehr vorhanden war. Lange Zeit war unklar, ob Rungholt, ähnlich wie andere versunkene Orte, eine bloße Erfindung kollektiver Phantasien, sozusagen ein friesisches Atlantis ist oder ob es tatsächlich existiert hat, denn es gab keine gesicherten Quellen, die darüber Auskunft erteilen konnten. Wirft man einen Blick in die Standardwerke der ethnographischen bzw. geologischen Literatur des 19. Jahrhunderts, so fällt das beredte

---

von 1287 »wieder wahrscheinlicher für den Beginn der Dollartbildung« wird (Behre 1999b, 14), wobei er aber gleichzeitig betont, dass »der genaue Zeitpunkt des ersten Dollart-Einbruchs unsicher ist« (ebd.). – In einer anderen Arbeit schreibt Behre allerdings, der Einbruch des Dollart sei erst 1362 erfolgt (Behre 1995, 24). Dirk Meier verlegt – unter Berufung auf Behre 1999b, 14 – den Einbruch des Dollart auf die *erste Hälfte* des 13. Jahrhunderts (Meier 2003a, 31)!

191 Arends 1833°, Bd. 2, 55.

192 Bei Arends steht *nin*, nicht *nie*.

193 Als *Harde* bezeichnete man Verwaltungs- und Gerichtsbezirke im Herzogtum Schleswig. Heute ist der Ausdruck noch lebendig in nordfriesischen Landschaftsbezeichnungen wie Wiedingharde, Karrharde und Nordergoesharde.

194 Insel großen Ausmaßes, die ehemals mit dem Festland verbunden war, 1362 verkleinert und 1634 auseinandergerissen wurde. Heutige Überreste sind die Inseln Nordstrand und Pellworm sowie die Hamburger Hallig und die Hallig Nordstrandischmoor. Der Name *Strand* dürfte auf den Küstenwall zurückgehen, der einst den nordfriesischen Inseln vorgelagert war und Eiderstedt mit Sylt verband.

Schweigen zu Rungholt auf: Der Ort wird mit keiner Silbe erwähnt, nicht einmal in der *Chronik der friesischen Uthlande* des Sylter Chronisten und Sagensammlers Christian Peter Hansen (C.P. Hansen 1877°, 48–64), während er in heutigen Arbeiten zur Geschichte der Sturmfluten stets an prominenter Stelle zu finden ist. Johann Georg Kohl, in dessen dickleibiges Werk aus dem Jahre 1846 viele Gespräche mit Einheimischen eingeflossen sind und der auch immer wieder aus alten Chroniken schöpft, erwähnt zwar im Kapitel über die Chronologie der Sturmfluten auch das Jahr 1362, aber nicht Rungholt, was sicher damit zu tun hat, dass er als »aufgeklärter« Zeitgenosse die mit dem Untergang der Stadt verknüpften Sagen ins Reich der Phantasie verlegt – und damit auch das Faktum des Unterganges selbst (Kohl 1846°, Bd. 1, 44–57; zu Kohl vgl. Regin 2001). Und das, obwohl er immer wieder aus Heimreichs *Nordfresischer Chronik* schöpft (Heimreich 1819°), von dem eine der bekanntesten Fassungen der Rungholtsage stammt. Aber genauso greifen Fridrich Arends und Hermann Allmers auf Heimreich zurück, und auch bei ihnen steht kein Wort über den Untergang des legendären Ortes (Arends 1833°, Bd. 2, 70; Allmers 1902°, 44). Bei Kohl taucht Rungholt typischerweise an jener Stelle seines Buches auf, in welchem er über abergläubische Äußerungen berichtet, die sich auf untergegangene Orte beziehen:

> »Von manchen dieser untergegangenen Orte wird noch *gefabelt,* dass man zu Zeiten ihre Glocken unter der See ertönen höre, oder dass man bei klarem Wasser noch ihre Häuser und Straßen in der Tiefe erkenne. Ja es giebt Orte, deren Ruinen sogar noch über dem Meere erscheinen sollen, wenn lange anhaltende Ostwinde das Wasser in die hohe See hinaustrieben und weite Strecken Meeresboden bloß legten.
>
> Dieß Letztere klingt allerdings glaublicher als die Mähr vom Glockengeläut, die übrigens eine hübsche poetische Idee ist [...]. *Hier erzählt man sich diesen Umstand von verschiedenen Stellen, so z.B. von dem Orte Rongholt, der bei Nordstrand, ich glaube in der Fluth von 1634,* versank und dessen Glocken nun, obgleich sie sicherlich nie einen Ton von sich geben, hier im Munde der Insulaner sowohl, als auch in den Novellen und Romanen der Schriftsteller viel Lärmen machen« (Kohl 1846°, Bd. 1, 307f.; eigene Hervorhebungen).

Die läutenden Glocken aus den Kirchen untergegangener Orte sind ein sattsam bekanntes Motiv der Volkssage und gehören in das Reich der Phantasie, womit auch der gesamte Rungholt-Komplex dorthin verwiesen wird. Kohl macht sich über den Aberglauben der Leute lustig und verlegt zudem, obgleich er im Allgemeinen ein gründlicher Ethnograph ist, den Untergang der Stadt auf das Datum der zweiten Grooten Manndränke von 1634, bei der die Insel Strand auseinandergebrochen ist. Das ist interessant, denn die Chroniken, welche er verwendet, sprechen zumeist eine deutliche Sprache und geben das 14. Jahrhundert als Zeitraum des Unterganges an (in der Regel zwischen 1300 und 1364), keinesfalls aber das 17. Jahrhundert. Wie ist das zu erklären? Wahrscheinlich möchte er durch seine Fehlleistung deutlich machen, dass man als »vernünftiger« Mensch dem Thema Rungholt keinerlei Aufmerksamkeit widmen sollte. Andererseits jedoch *erzählt man sich diesen Umstand* allenthalben – nebenbei bemerkt ein Hinweis auf mündliche Überlieferung –, das heißt es sprechen nicht nur die Chroniken vom Untergang Rungholts, sondern auch die Einheimischen. Die sind für Kohl zwar in dieser Hinsicht keine zuverlässigen Zeugen, doch werden sie, weil sie Ähnliches erzählen wie die schriftlichen Quellen, durchaus Eindruck auf ihn gemacht haben. Also muss er verdrängen und den gesamten Themenkomplex beiseite stoßen. Rungholt war zu sehr mit sagenhaften Motiven angereichert, als dass man es in der gelehrten Welt hätte ernst nehmen können.

6.4.2 Die Wissenschaft beweist Rungholts Existenz

Alles änderte sich, als in der ersten Hälfte des 20. Jahrhunderts der Nordstrander Landwirt und Autodidakt Andreas Busch im nordfriesischen Wattenmeer auf alte Besiedlungsspuren traf und sie mit großer Wahrscheinlichkeit als Überreste Rungholts identifizieren konnte. Als Rudolf Muuss 1933 seine *Nordfriesischen Sagen* veröffentlichte, notierte er im Zusammenhang mit den Erzählungen über Rungholt, dass die mittlerweile gefundenen Überreste »im Watt um Südfall höchstwahrscheinlich Rungholts Trümmer« seien, doch fügte er einschränkend hinzu, dass der Ort in Urkunden nicht aufscheine (Muuss 1933°, 10). Es fehlte also noch ein schriftliches Dokument, und das fand vor einigen Jahren der Niebüller Historiker Albert Panten im Hamburger Staatsarchiv: eine Notiz im Hamburgischen Urkundenbuch aus dem Jahre 1345, welche die Existenz Rungholts beweist. Sie lautet übersetzt: »Edomsharde Kirchspiel Rungholt Richter, Ratsleute, Geschworene Thedo Bonisson samt Erben« (Panten 1980, 8)[195] und steht auf der Rückseite eines Testaments, das ein Hamburger Bürger verfasst hat. Die Notiz bezieht sich auf jene Personen, welche Nachricht von dem Testament erhalten sollen (Henningsen 2000, 85). – So ist nun weitgehend gesichert, was früher in Chronistik und mündlicher Überlieferung behauptet wurde, aber nicht belegt werden konnte.

Als im Laufe des 19. Jahrhunderts die Hallig Südfall – welche zwischen den Inseln Nordstrand und Pellworm gelegen ist – wegen mangelnden Uferschutzes immer kleiner geworden war, nahm die Zahl der Sichtungen von Kulturspuren im Wattenmeer rund um die Hallig zu. Man sah Holzreste aus dem Schlamm ragen; Mauersteine, alte Töpfe und Scherben wurden gefunden, sogar menschliche Schädel. Auch konnten Spuren historischer Äcker ausgemacht werden sowie die Reste eines alten Deiches (vgl. Busch 1938a; Hagemeister 1980, 19f.; Henningsen 2002, 89ff.). Dies alles beobachtete Andreas Busch mit wachsendem Interesse. Er lebte als Bauer auf seiner Heimatinsel Nordstrand und war seit seiner Jugend an landwirtschaftlichen sowie historischen Fragestellungen interessiert und publizierte bereits im Alter von 20 Jahren erste Aufsätze.

> »Als im Frühjahr 1921 mit der Eindeichung des Pohnshalligkooges begonnen wurde und die Arbeiter die Baugrube für die Entwässerungsschleuse herstellten, wurden dabei Mauersteine, rote Dachziegel sowie menschliche Gebeine und sogar ein Schädel gefunden [...]. Als ich hierfür Interesse zeigte, erzählten mir Arbeiter, ich müsse

---

195 »Edemizherde parrochia Rungheholte judices consiliarij iurati Thedo bonisß cum heredibus« (ebd., 7; auch abgebildet in: Henningsen 2000, 89; Bölling 2001 → Rungholt taucht auf).

mal nach Südfall gehen, dort wäre vor der Hallig im Watt viel mehr zu sehen, nämlich mehrere Warfen mit sauber freigespülten Sodringen, wie auch Äcker und Grüp-
peln« (Busch 1934, 287).

Damit begann für Busch ein wissenschaftliches Lebenswerk, das ihn nicht mehr
loslassen sollte. Obzwar Autodidakt, eignete er sich umfängliches Wissen an, sodass es ihm gelang, »den Mythos Rungholt mit Fakten zu untermauern. Busch entdeckte eine ganze Reihe von Warften und Brunnenresten – sein spektakulärster
Fund waren aber sicherlich die Rungholtschleusen, die er bereits 1921 entdeckte«
(Bölling 2001 → Andreas Busch und die Spurensucher; vgl. ausführlich Hagemeister 1980, 29–51; Henningsen 2002, 91–100). Er hatte das Glück, genau in jenen Jahren forschen zu können, als durch Sedimentabtrag eine Fülle an Überresten
im Wattenmeer um Südfall aufgetaucht, aber durch die fortschreitende geodynami-
sche Entwicklung im Wattenmeer noch nicht wieder verschwunden war. Während
etwa die 1921 gesichteten acht Warften zu jener Zeit »zum Teil 80 Zentimeter bis 1
Meter aus dem Watt herausragten«, waren sie 1933 bereits fast zur Gänze weggespült (Busch 1933, 216).

Von den späteren Forschern, welche sich mit Rungholt befassen, ist zunächst
Hans Peter Duerr zu nennen. Er hat zwar in der Tagespresse viel Staub aufgewir-
belt und das Thema dadurch einer breiteren Öffentlichkeit bekannt gemacht, doch
haben sich seine Thesen in der Fachwelt nicht durchgesetzt, zumal er durch seine
schroffe Art Widerstände geradezu heraufbeschworen hat und sich dadurch, gemäß
der Logik selbst erfüllender Prophezeiungen, bestätigt sah. Er verwirft Buschs Ergebnisse großenteils und vermutet Rungholt nicht um oder unter der heutigen Hallig Südfall, sondern nordwestlich davon, doch dürfte es sich bei den von ihm gefundenen Überresten um nicht mehr als eine Randsiedlung gehandelt haben (Duerr
1999, 28–50; 60f.; 62–80; vgl. zu Duerr: Henningsen 2002, 103–108 und 122–124;
H.J. Hansen 1994)[196]. Auf Anerkennung gestoßen sind hingegen die Arbeiten des
gelernten Juristen Hans-Herbert Henningsen, der seine Dissertation über höhere
Gewalt im Seerecht verfasst hat (Henningsen 2002, 9). Durch jahrelange Sammel-
arbeit vor Ort und durch vertieftes Quellenstudium konnte er ein zweibändiges
Werk vorlegen, das im Großen und Ganzen die Ergebnisse von Andreas Busch bestätigt (Henningsen 2000; ders. 2002), ohne ihn jedoch zu glorifizieren, und durchaus auch Kritik an ihm übt (vgl. Henningsen 2002, 130).

---

196 Duerrs neueste Arbeit zu Rungholt (Duerr 2005) konnte leider nicht mehr berücksichtigt werden, weil sie erst nach Drucklegung meines Buches erschienen ist. – In der Vorankündigung
des Insel-Verlages heißt es: »Von Rungholt stand bis zum Beginn der Forschungen des Ethnologen Hans Peter Duerr nicht viel mehr fest, als dass es in einer Sturmflut des Jahres 1362 versunken war. Der Ethnologe erzählt in diesem Buch, wie er Rungholt lokalisierte und zu welch
unglaublicher Entdeckung seine Studenten und er gelangten: Mitten im nordfriesischen Wattenmeer liegen die Überreste einer vorgeschichtlichen Stadt, die später unter dem Namen
Rungholt zu einem Handelszentrum des Nordens aufstieg, bis sie in der Marcellusflut 1362
unterging« (<http://www.suhrkamp.de/autoren/index.htm> Autoren → Duerr → Rungholt
[11.08.2005]). Dadurch wird der Eindruck erweckt, als hätte die wissenschaftliche Beschäftigung mit Rungholt erst mit Duerr eingesetzt, womit die bisherigen Forscher – insbesondere
Busch, Henningsen und Panten – für bedeutungslos erklärt werden.

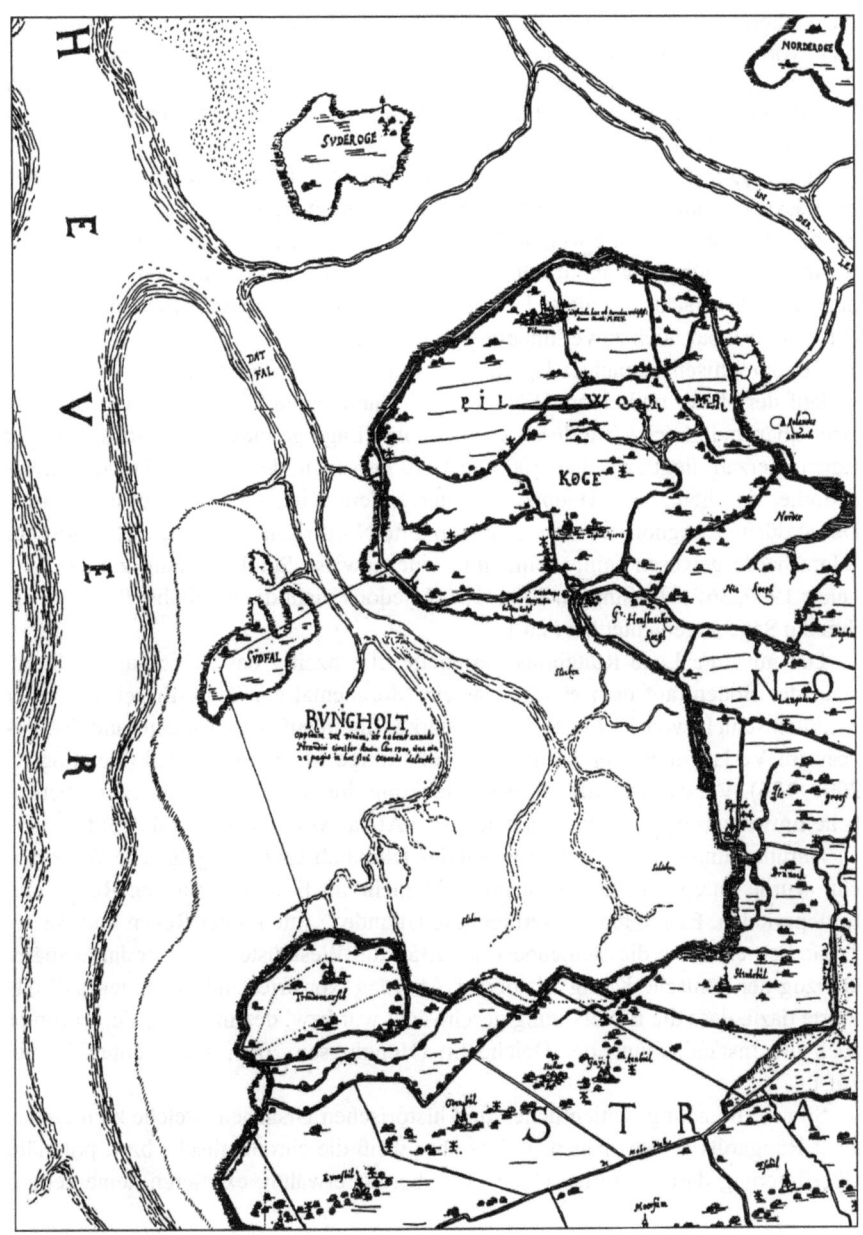

Abb. 3: Rungholt, Hallig Südfall und Alt-Nordstrand

Es ist bemerkenswert, dass die augenfälligsten Impulse zur Rungholtforschung nicht von engeren Fachvertretern kommen, sondern von zunächst Außenstehenden. Andreas Busch war Landwirt auf Nordstrand, Albert Panten Gymnasiallehrer für Mathematik und Physik in Niebüll, Henningsen Jurist, und auch Duerr ist kein Archäologe, sondern Kulturwissenschaftler.

Henningsen hat sich in seiner Dissertation mit dem Grenzbereich zwischen Fahrlässigkeit und höherer Gewalt beschäftigt, und in ähnlicher Weise gehe es, wie er schreibt, auch im Falle Rungholts großteils »um die Abgrenzung zwischen vorwerfbarer Gleichgültigkeit der Bewohner gegenüber todbringenden Sturmfluten und ihrer Ohnmacht gegenüber [...] Ereignissen, die mit menschlicher Einsicht weder vorhersehbar noch zu verhindern waren« (ebd., 9).

Topographisch betrachtet lag Rungholt günstig, nämlich zwischen dem Flussverlauf der Hever und einem Wäldchen mit Sandhügeln,[197] das heißt mit Schiffen erreichbar und gleichzeitig durch seine erhöhte Lage geschützt. Die Schätzung der Einwohnerzahl liegt zwischen 500 und 1200 Personen, der Ort besaß eine Kollegiatkirche, das heißt eine Hauptkirche, der andere Kirchspiele zugeordnet waren. Damit dürfte Rungholt einer der größeren Orte Nordfrieslands und ein Hauptort der Edomsharde gewesen sein, womit ihm eine gewisse Sonderstellung zukam (vgl. Duerr 1999, 36f.; Henningsen 2002, 124f.), jedoch nicht die überhöhte Position, die ihm die Sage angedichtet hat (s.u.).

Die günstige Lage Rungholts besiegelte gleichzeitig das Schicksal der Stadt, denn der Boden, auf dem es lag, war ein Moränental der Saale-Eiszeit mit einer Sedimentschicht von 13 bis 16 Meter Stärke, die unaufhörlich sackte und das Niveau im Verlauf mehrerer Jahrhunderte um einige Meter sinken ließ (Henningsen 2000, 136). Verstärkt wurde die Bodensenkung durch die auch anderenorts betriebene Entwässerung des Bodens sowie durch Abbau von Salztorf (ebd., 136f.).

Darüber hinaus verschlechterte sich das Klima ab 1300, der jährliche Wetterablauf wurde unregelmäßig und stand nicht mehr im Einklang mit den Reife- und Ernteperioden. Es folgten Missernten, die Utlande[198] litten unter Regen und Nässe. Zusätzlich erreichte die Beulenpest um 1350 die Westküste, und vier Jahre später überzog der dänische König Waldemar Atterdag Nordfriesland mit Krieg. All das führte dazu, dass die Bevölkerung geschwächt war bzw. dezimiert wurde, worunter auch die Instandhaltung der Deiche litt (Henningsen 2000, 138; Panten 1995b, 70f.).

Soweit die naturgeschichtlichen und historischen Ursachen, welche zum Untergang Rungholts geführt haben. – Was aber weiß die chronikalische bzw. populäre Überlieferung darüber zu berichten? Wie bereits erwähnt, existieren keine zeitge-

---

197 Der Name soll auf mittelndd. *runge* = fachsprachlich *Stützstrebe am Wagen* (heute noch in *Rungenwagen*, ein Güterwagen des Schienenverkehrs, z.B. für Langholztransporte) zurückgehen, dem germ. **hrungōn* = *Stab, Leitersprosse, Runge* zu Grunde liegt. *Holt* = altsächs. *Holz, Wald, Gehölz*. – *Rungholt* also *Gehölz oder Wald mit Bäumen von dünnem Durchmesser*, das heißt *Krüppelwald* o.ä.

198 Als *Utlande* = *Außenlande* wurden im mittelalterlichen Nordfriesland die Marsch- und Inselharden bezeichnet. Heute versteht man darunter die nordfriesische Insel- und Halligwelt.

nössischen Aufzeichnungen, weswegen wir uns auf indirektem Wege in die zeitliche Nähe der ersten Grooten Manndränke herantasten wollen.

6.4.3 Der Untergang Rungholts im Spiegel der Sage

Wer sich mit der Geschichte der Utlande befasst, ist zunächst erstaunt über die Fülle an Geschichtswerken des 16. und 17. Jahrhunderts, welche nicht nur für Historiker, sondern auch für Volkskundler zum Teil höchst ergiebig sind. Dazu zählen vor allem die Arbeiten von Johannes Petreus (um 1540–1603), Matthias Boetius (um 1580–1625), Peter Sax (1597–1662) und Anton Heimreich (1626–1685), von denen einige bereits erwähnt wurden.[199] Rolf Kuschert schreibt, es sei bemerkenswert,

> »dass diese chronistischen Arbeiten nur an der Westküste des Landes [...] geleistet worden sind. Vergleichbar sind sie allenfalls mit der Geschichtsschreibung in den Hansestädten. Es musste offenbar ein besonderes Umfeld gegeben sein, das Menschen dazu veranlasste, über Vergangenheit und Gegenwart nachzudenken und zu schreiben. Ein solches Umfeld ist immer da vorhanden, wo die Lebensumstände genossenschaftliches Handeln zum Wohle eines Gemeinwesens und seiner Menschen erforderlich machen, und das war an der Westküste in vielfacher Weise der Fall: Deichbau und Deichunterhaltung, Sturmfluten und ihre verheerenden Folgen, Selbstverwaltung und ihre Sicherung gegen wachsenden landesherrlichen Einfluss verlangten den Einsatz der Gemeinschaft. Sie bildeten den Hintergrund der überlieferten Werke« (Kuschert 1995, 166; vgl. dazu ebd., 166ff.; vgl. auch Nickelsen 1965).

Man kann dieses Zitat, das aus *dem* Standardwerk des Noordfriisk Instituut zur Geschichte Nordfrieslands stammt, nicht nur als Darstellung, sondern durchaus auch als Quelle lesen, weil es Auskunft darüber gibt, wie Regionalhistoriker des ausgehenden 20. Jahrhunderts die Geschichte ihrer eigenen Bevölkerungsgruppe sehen. Es ist nicht falsch, was Kuschert schreibt, aber es ist einseitig, weil er die Auseinandersetzung der Friesen mit Nordsee und landesherrlicher Gewalt zu sehr glorifiziert. Denn man braucht nur einen Blick etwa in das Werk des Matthias Boetius zu werfen, um zu erkennen, dass die Kehrseite genossenschaftlicher Verwaltung die innere Zerrüttung und mangelnde Fähigkeit zur gemeinsamen Instandhaltung der Deiche war (Boetius 1940°, 175–183 u.ö.). Insofern kann man die chronistischen Werke des 16. und 17. Jahrhunderts auch als einen Appell an den Gemeinsinn verstehen – nicht weil er vorhanden war, sondern weil es an ihm fehlte. Selbstverwaltete Organisationen waren im Mittelalter und der Neuzeit zwar etwas Besonderes, aber unter Umständen auch fragil. Beides reizte Chronisten dazu, sich mit der eigenen Bevölkerungsgruppe zu befassen. Insofern hat Kuschert Recht, doch würde ich den Hauptakzent auf einen anderen Punkt legen, nämlich auf die gemeinsam erleb-

---

199 Das berühmte Werk von Caspar Danckwerth (1652°) hat für unser Gebiet kaum einen Quellenwert, weil er sich auf nur vier Seiten mit Nordfriesland befasst (89–93) und den Sturmfluten nur wenige Zeilen widmet (92f.), dabei nichts Originäres bietend.

te Bedrohung, welche gemeinsame Verteidigung notwendig machte, das heißt es handelte sich wohl eher um eine Gemeinschaft, die aus der Not heraus geboren war, und nicht um eine, die von vornherein den Gemeinsinn an ihre Stirne geheftet hatte. Ich erinnere nur an jene Passage aus Emos Chronik, in der er die Auseinandersetzungen der Klosterbrüder seines Vorwerks mit den einheimischen Bauern um die Instandhaltung der Deiche schildert. Zunächst gibt es starre Fronten, doch in Anbetracht weiterer drohender Fluten schaffen es die Friesen zähneknirschend und mit großem Widerwillen, einen Kompromiss zu finden (Emo von Wittewierum 1991°, 122.47).

Die heute bekannteste und in vielen Sagensammlungen des 19. und 20. Jahrhunderts zu findende Fassung der Rungholt-Erzählung ist zunächst bei Karl Müllenhoff zu finden, der auf Anton Heimreich zurückgreift[200] (Heimreich 1819°, Bd. 1, 250ff.; → Anhang, Text 11b), welcher seinerseits verschiedene Vorlagen verwendet und für seine Chronik vor allem aus Sax, Boetius und Petreus kompiliert hat. Die Entstehungsgeschichte der Sage ist äußerst verwickelt, wobei der Kern der Erzählung – die Episode mit dem Priester und dem Schwein (s.u.) – auf eine Sturmflut von 1532 zurückgehen soll, nicht auf 1362 (Henningsen 2002, 14–21; Panten: Einleitung. In: Peter Sax, Bd. 3, 1984°, XIff.). Peter Sax, der vor allem aus schriftlichen Quellen schöpft und sich als seriöser Chronist präsentiert, schweigt bezeichnenderweise über Rungholts Untergang, während die anderen Autoren ihn in satten Farben ausmalen,[201] was allerdings nicht heißt, dass sie alles, was sie darüber in Erfahrung bringen konnten, für bare Münze nehmen. So mokiert sich Heimreich über die »alten abergläubischen Leute«, welche behaupten, sie würden zuweilen die Rungholter Kirchenglocke läuten hören, oder der Meinung sind, der Ort werde einst wieder auferstehen (Heimreich 1819°, 252f.).

Wichtig sind für unsere Betrachtung nicht die Abhängigkeiten der einzelnen Quellen voneinander, sondern die Frage, inwieweit die Autoren auch aus mündli-

---

200 Die Verbreitung dürfte wohl neben anderem damit zusammenhängen, dass das Werk bereits sehr früh (Erstausgabe 1666, Zweitausgabe 1668) in Druck gegangen ist. – Der bekannte Germanist Karl Müllenhoff hat die Heimreichsche Version in seine erstmals 1845 erschienene Sammlung *Sagen, Märchen und Lieder der Herzogtümer Schleswig, Holstein und Lauenburg* weitgehend wortgetreu aufgenommen, abgesehen vom den ersten Zeilen und davon, dass er Heimreichs Frühneuhochdeutsch ins Neuhochdeutsche des 19. Jahrhunderts übertragen hat. Müllenhoffs Buch fand regen Zuspruch und erlebte bis 1921 vier Auflagen. Auf ihn greifen wiederum andere Herausgeber aus den ersten Jahrzehnten des 20. Jahrhunderts zurück, die für weitere Verbreitung gesorgt haben, vor allem Hermann Lübbing (1928°, 8ff.) und Rudolf Muuss (1933°, 9). Ebenfalls auf Heimreich dürfte Ludwig Bechstein zurückgegriffen haben, der die Erzählung in stark geraffter Form in sein *Deutsches Sagenbuch* von 1853 aufgenommen und sie, gemäß seinen eigenen Vorstellungen, in »Volkspoesie« verwandelt hat (1853°, 175f.). In jüngerer Zeit hat Gundula Hubrich-Messow die Müllenhoffsche Fassung herangezogen (1998°, 118ff.), während Jurjen van der Kooi auf eine Kopenhagener Handschrift zurückgreift (1994°, 259ff.), die Otto Hartz abgedruckt hat (1933, 81f.), sowie auf Paysen – der auch von mir im Folgenden verwendet wird – und eine Fassung des Christian Johansen (1998°, 115ff.).

201 Vgl. neben Heimreich und Paysen die Fassung in den *Annales Strandenses* (abgedruckt in Henningsen 2002, 137) und in der *Panurgia Lamiarum* des Samuel Meier (abgedruckt in: Henningsen 2002, 137f.; Panten: Einleitung. In: Peter Sax, Bd. 3, 1984°, XIf.).

chen Quellen geschöpft haben. Das trifft weniger auf Heimreich und Sax zu, mehr hingegen auf Boetius, Petreus und Paysen. Da Letzterer außerdem eine ausführliche Beschreibung des Geschehens beisteuert, wollen wir im Folgenden seinen Text wiedergeben und noch einmal daran erinnern, dass es für unser Anliegen weniger um das geht, *was war*, sondern um das, was Chronisten und Bevölkerung *für wahr* hielten.

Matz Paysen dürfte jedenfalls ein lebhaftes Interesse an der Erzählung gehabt haben, weil in der zweiten Grooten Manndränke von 1634 die gesamten Marschländereien seiner Familie dem Wasser zum Opfer fielen. Damit war er gleich zweifach geschlagen, denn sein Stiefvater beanspruchte nun das Haus seines Vaters, der bereits ein Jahr nach der Geburt des Sohnes gestorben war, für sich selbst (Paysen 1938°; vgl. Henningsen 2002, 15). – Seine Version, die er lateinisch verfasst hat, lautet übersetzt folgendermaßen:

»Einst war Rungholt eine kleine Stadt auf [der Insel] Strand bei Pellworm, wo heute Südfall ist. In diesem Flecken wollten einige betrunkene Bauern, dass der Priester in ein öffentliches Wirtshaus geholt wird, um an einem Kranken die letzte Ölung vorzunehmen. Der Wirt erinnerte jene daran, dass er eine große Sau habe, welche man durch Verabreichen von Bier, gleich einen Menschen, volltrunken machen könne, und dass ihr Grunzen wie die Stimme eines Kranken klinge, lege man sie auf ein Bett. Die Taugenichtse grinsten einander an und träumten auf ruchlose Weise davon, dass sie bei ihren Mitbürgern durch diese große Schandtat Ansehen erwürben, wenn sie dergestalt die Frömmigkeit des Priesters sowie Gott verhöhnen. Der Priester, welcher glaubte, dass nichts Übles geschehen werde – obzwar er nicht unwissend war in Bezug auf die Halsstarrigkeit, Rohheit und grenzenlose Gottlosigkeit seiner Pfarrgemeinde –, eilte mit dem heiligen Abendmahlskelch spätabends herbei, ... [wollte] ... mit seiner Handlung ... beginnen, und man führte ihn ... zu dem Bett, in welchem die vom Bier betäubte Sau grunzte. Sie sagten, ihn dabei verachtend, er solle nun seine geistlichen Pflichten am Kranken erledigen. Der Mann erbebte, als er das Tier erblickte, und nachdem er die Saufkumpane aufs Heftigste beschimpft hatte und gehen wollte, zerrten ihn die Teuflischen in die beheizte Wirtsstube [oder: zur Ofenbank][202] und befahlen ihm, ob er nun wolle oder nicht, mit ihnen zu zechen. Als er sich weigerte und alle Heiligen anrief, versetzten sie dem Priester Schläge, entrissen ihm den heiligen Abendmahlskelch und schleuderten ihn auf den Boden, um ihn anschließend wieder aufzuklauben und für ihr gottloses Saufgelage zu missbrauchen. Endlich, mitten in der Nacht, schickten sie den Priester, nachdem sie ihn mit Fäusten traktiert hatten, fort. Er war zutiefst verletzt wegen der Frevelhaftigkeit seiner Gemeinde und des Unrechtes, welches ihm zugefügt worden war, und da er die Hoffnung auf menschliche Unterstützung aufgegeben hatte, rief er alsbald göttliche Hilfe an. Nachdem er sich in der Kirche eingeschlossen und gebetet hatte, ließ es Gott an rascher Bestrafung nicht mangeln. Noch in tiefer Nacht vernahm der Betende nämlich, gemeinsam mit drei Jungfrauen, eine Stimme, [die ihm Folgendes mitteilte]: Zieht euch sofort mit den Eurigen auf die Hügel zurück, denn bald wird

---

202 Im lateinischen Text steht *hypocaustum = Heizraum.* – *Ofenbank* ist aus der Übersetzung in Busch 1938b, 26 übernommen. Aus dem Text geht nicht hervor, ob die Sau in der Gaststube liegt oder in einem anderen Raum.

Rungholt untergehen. Daher gingen jene mit den Ihrigen von dort weg, wo heute Südfall ist. Deswegen also ist Rungholt nebst den umliegenden Kirchspielen in dunkler Nacht durch eine Sintflut untergegangen.

Es ist nicht, wie die Leute bei uns sagen, durch die sich öffnende Erde verschlungen worden – weil bisweilen Türme gesehen und Glockengeläute von den Vorübersegelnden gehört würden. Vielmehr bezeugen alte Furchen [oder: Gräben], dass Rungholt durch eine Überschwemmung vernichtet wurde, auch wenn sie meistens mit Schlamm bedeckt sind. Bei ablaufendem Wasser sind das [untrügliche] Anzeichen, die ich selbst, da diese Geschichte bei uns sehr verbreitet ist, mit eigenen Augen anschauen [wörtlich: in Besitz nehmen] wollte, und zwar im Jahre 1635« (Paysen 1861°; → Anhang, Text 11a; eigene Übersetzung).

Das ist, zumal aus christlicher Sicht, eine ungeheuerliche Geschichte, weil die Bauern Sünde auf Sünde häufen. Sie sind der Trunksucht verfallen und verbringen ihre Zeit im Wirtshaus, sie misshandeln einen Priester, und vor allem entweihen sie das heilige Sakrament, und das in zweifacher Hinsicht. Sie geben die Sau für einen Menschen aus, und sie missbrauchen den heiligen Kelch für ihr Saufgelage, nachdem sie ihn zunächst zu Boden geworfen haben.

Mit dem Kelch ist sicher nicht das Aufbewahrungsgefäß für das Öl gemeint, welches für die Krankensalbung verwendet wird, sondern jenes liturgische Gefäß, das beim Abendmahl der Aufnahme des Weines dient. Demnach wollte der Priester wohl zwei Sakramente verabreichen, nämlich Krankensalbung und Abendmahl. Während jene »als ein Hinüberwirken des übernatürlichen Friedens der Seele auf den Leib« (Hörmann 1969) zu verstehen ist, wird dieses als Gedächtnis des Todes und der Auferstehung Christi gefeiert. Es findet Gemeinschaft mit Gott statt, er wird verherrlicht, und Jesus Christus wird als wirklich gegenwärtig angesehen (vgl. Frieling 1999, 26f.). Gemeinsam ist allen Sakramenten,[203] dass sie als Gnade vermittelnde Handlungen betrachtet werden, welche für den Empfangenden heilsam sind und deren Einsetzung auf Jesus Christus zurückgeführt wird.

Wir befinden uns damit in einem besonders sensiblen Bereich des christlichen Glaubens, und eben dieser wird zur Gänze entweiht. Daher braucht es nicht zu überraschen, dass der quasi traumatisierte Priester von seiner Gemeinde keinerlei Unterstützung mehr erwartet, sondern auf die Hilfe Gottes hofft. Diese lässt nicht lange auf sich warten, denn eine Stimme rät ihm, Rungholt sofort zu verlassen und einen höher gelegenen Ort aufzusuchen, weil die Stadt durch eine Sintflut vernichtet werden soll. Derartige Sündhaftigkeit gehört bestraft, womit das gleiche Argumentationsschema vorliegt wie bei Emo. Gott ist dabei keinesfalls ungerecht, denn zum einen sind offenkundig die meisten Menschen in Rungholt verdorben, da die Trunkenbolde sich erhoffen, *bei ihren Mitbürgern durch diese große Schandtat Ansehen* zu erwerben. Zum anderen werden Unbescholtene gewarnt, denn ähnlich wie Noah »Gnade vor dem Herrn« (Genesis 6–9) findet, sind es hier drei Jungfrauen, die ebenfalls die Stimme hören und sich auf und davon machen.

---

203 Die katholische Kirche kennt sieben Sakramente (Taufe, Abendmahl, Firmung, Buße, Priesterweihe, Ehe und Krankensalbung), die evangelische Kirche zwei (Taufe, Abendmahl).

Während bei Paysen vom *Abendmahlskelch*[204] die Rede ist, spricht Heimreich in seiner Version von der *Büchse*, »darin das Sacrament gewesen, welche sie voll Biers gegossen, und gotteslästerlich gesprochen, daß so Gott darinnen sey, so müsse er auch mit ihnen sauffen« (Heimreich, Bd. 1, 1819°, 251). Auf diesen Unterschied hat als Erster Andreas Busch hingewiesen (1938b, 27f.) und darauf aufmerksam gemacht, dass die Version Paysens insofern nicht den historischen Gegebenheiten gerecht wird, als vor der Reformation nicht der Kelch verwendet wurde, sondern ein Behältnis zur Aufbewahrung der Oblaten. Während die katholische Kirche meint, Christus sei in der Gestalt des Brotes zur Gänze gegenwärtig, weswegen es hinreiche, Brot auszuteilen, fordert Luther auch die Austeilung des Kelches an die Laien (vgl. Frieling 1999, 26).

Ein weiterer Unterschied zwischen den beiden Fassungen besteht darin, dass bei Heimreich die Übeltäter nicht ausdrücklich als Betrunkene bezeichnet werden und dass die Misshandlungen des Priesters nur knapp erwähnt, nicht so ausführlich geschildert werden wie bei Paysen. Warum legt dieser das Schwergewicht anders? Weil er, wie Busch meint, ein Vergnügen an ausschmückender Darstellung hätte? (1938b, 28). Ich glaube, Paysen identifiziert sich auf Grund erlittenen Unrechts und eigener Schicksalsschläge mit dem Priester. Sein Vater stirbt bereits 1623, ein Jahr nach seiner Geburt; mit seinem Stiefvater versteht er sich überhaupt nicht und wird von ihm zu seiner »Tante mütterlicherseits verstoßen« (Paysen 1938°, 31). 1628 gehen Ländereien durch eine Überschwemmung zu Grunde, nach der zweiten Grooten Manndränke von 1634 ist, wie bereits erwähnt, der Familienbesitz vernichtet, weswegen der Stiefvater sein Elternhaus in Beschlag nimmt und ihn vertreibt. 1646 verliert er »durch eine schlimme Teilhaberschaft« eine große Summe Geldes (ebd., 32). Als er 1648 unter hohem Kostenaufwand dem König ein Gedicht widmet und kein Honorar erhält, ist er schließlich am Ende seiner Kräfte und wird depressiv:[205] »Von Schwermut niedergedrückt, ging ich hierauf in die Fremde und irrte wie der Erdplanet unter Verheimlichung meiner Person umher« (ebd.). 1649 fängt er sich wieder, er wird Schulrektor in Oldesloe, heiratet 1654. »Die Ehe war unfruchtbar, aber in allem nicht unruhevoll. Im Amt hatte ich vieles zu erdulden, Gott weiß es« (ebd.). Er stirbt 1660.

Ich denke, die Fakten und Zitate sprechen für sich: Paysen war ein unglücklicher, zur Depression neigender Mensch, der *vieles zu erdulden* hatte. Darum interessiert er sich mehr als andere Autoren für das persönliche Schicksal des Protagonisten aus der Rungholtsage, und er schildert ausführlicher als sie die Missetäter,

---

204 Paysen verwendet das mittellateinische Wort *calix* = *Kelch* (Niermeyer und Kieft, Bd. 1, 2002, 153) bzw. *Abendmahlskelch* (Habel und Gröbel 1989, 43). Gemeint ist dasselbe, denn *Kelch* ist definiert als »das bei Abendmahl und Kommunion zur Aufnahme des Weines verwendete liturgische Gefäß« (BE, Bd. 11, 1990, 578), wozu auch die Patene, die Schale für die Hostien, gehört.

205 Die sonderbare Reaktion lässt sich meines Erachtens am ehesten psychologisch erklären: Da sein Vater früh gestorben ist und sein Stiefvater ihn nicht nur fortgeschickt, sondern auch den Besitz weggenommen hat, dürfte er unbewusst zeitlebens auf der Suche nach einer positiven männlichen Identifikations- und Vaterfigur gewesen sein, wofür sich der König angeboten hat, der ihn dann jedoch ebenfalls enttäuscht hat.

skizziert sie als Trunksüchtige. Wer zu viel trinkt, sich *voll laufen* lässt, wird unberechenbar – ähnlich wie es sich mit der See verhält, wenn sie *überläuft* und die eigenen Ländereien *ersäuft*. Wasser ist ein unberechenbares Element, wenn man zu viel davon abbekommt. Deswegen sehe ich einen Zusammenhang zwischen Paysens Schicksal – Verlust von Ländereien und Vaterhaus infolge von Überflutungen – und der ausführlichen Schilderung der Trunkenbolde.

Er stellt persönliche Begegnungen dar, weil er sich persönlich betroffen fühlt, und er verzichtet auf allgemeine Klagen über das Verhalten der Menschen. Das tun hingegen andere Quellen; Heimreich etwa spricht davon, dass die den Rungholtern »verliehenen Güter zur Hoffahrt, Ueppigkeit und andern Sünden missbrauchet« werden. Er beklagt »Pracht und Uebermuth« der Leute, »durch welche und andere Sünden der gerechte Gott [...] ist bewogen worden, die Winde toben zu lassen« (Heimreich, Bd. 1819°, 253f.). Karl Müllenhoff nimmt in den *Sagen, Märchen und Liedern der Herzogtümer Schleswig, Holstein und Lauenburg* auf diese Vermutungen Bezug und schmiedet daraus die folgende Einleitung zu seiner Fassung:

> »In Rungholt auf Nordstrand wohnten weiland reiche Leute; sie bauten große Deiche, und wenn sie einmal darauf standen, sprachen sie: ›Trotz nu, blanke Hans!‹. – Ihr Reichtum verleitete sie zu allerlei Übermut. Am Weihnachtsabend des Jahres 1300 machten in einem Wirtshause die Bauern eine Sau betrunken...« (Müllenhoff 1921°, 136).

Wie die Geschichte weitergeht, wissen wir; Müllenhoff hat sich eng an die Heimreichsche Vorlage gehalten, die der von Paysen hinsichtlich des Handlungsablaufes sehr ähnlich ist. Müllenhoff gilt als gewissenhafter Sammler, und er ändert die Geschichte als solche auch nicht, überträgt sie nur aus dem Frühneuhochdeutschen ins Deutsche seiner Zeit. Was allerdings die Einleitung betrifft, geht er recht freizügig mit seiner Vorlage um. So ist von *großen Deichen* bei Heimreich keine Rede; ganz im Gegenteil spricht er davon, dass »die Deiche zu der Zeit gar niedrig und gering gewesen, und die Leute sich nicht sowohl wie jetzunder auf dem Deichwesen verstanden« (Heimreich 1819°, 254; → Anhang, Text 11b). Doch passen die *großen Deiche* zum Reichtum der Menschen, den Müllenhoff ihnen unterstellt. Auch der *Weihnachtsabend* ist seine Erfindung, und dieser fügt sich ebenfalls in das Bild, das der Autor zu zeichnen beabsichtigt, denn wenn man den Tag der Geburt Jesu im Wirtshaus verbringt, ist das ein weiteres Kennzeichen der Gottesferne. Nicht erfunden, sondern aus einem anderen Kontext stammt hingegen der Ausruf *Trotz nu, blanke Hans!* (dazu: s.u.), denn der wird von Heimreich auf die Zeit kurz vor der zweiten Grooten Manndränke – also etwa 200 Jahre später – datiert und steht nicht, wie die Rungholt-Geschichte, im ersten Band seiner Chronik, sondern im zweiten (Heimreich, Bd. 2, 1819°, 134).

Wer der Meinung ist, dass Sagen nicht gefunden, sondern erfunden werden, wird sich in dem freizügigen Umgang Müllenhoffs mit seiner Vorlage bestätigt sehen. Trotz seines »kreativen« Umgangs mit dem Ausgangstext bleibt allerdings die Intention gewahrt, nämlich die Sündhaftigkeit und den Hochmut der Menschen an den Pranger zu stellen, die eine Folge ihres Reichtums sind. Seine Erfindungen

– der Weihnachtsabend, die hohen Deiche, der Ausspruch *Trutz nu, blanke Hans!* –
gehen zwar konform mit der Hauptaussage, sind jedoch aus geschichtswissen-
schaftlicher Sicht unhaltbar, während sich für den Reichtum der Menschen durchaus Hinweise in anderen Quellen aufspüren lassen. Paysen schreibt zwar nichts
Diesbezügliches, da er vor allem am Schicksal des Priesters interessiert gewesen
sein dürfte, sehr wohl aber Heimreich, und auch die *Annales Strandenses* sprechen
davon, dass von den untergegangenen Kirchspielen »Rungholt dat Vernehmste«
gewesen sein soll (abgedruckt in Henningsen 2002, 137). Wenn in der Mitte des
19. Jahrhunderts der friesische Sprachforscher Christian Johansen meint: »Sie waren meistens reiche Leute, die an allem, was des Leibes Leben angenehm macht,
Überfluss hatten«, (van der Kooi 1998°, 116), dann ist das zwar übertrieben, aber
nicht völlig aus der Luft gegriffen. So schreibt Henningsen,

> »dass Rungholt ein bedeutender Ort, vielleicht ein Flecken, sicher aber keine Stadt
> oder Städtchen war. Rungholt hatte aber durch seine Handelsbeziehungen über das
> Meer größere Bedeutung als die Marschdörfer seiner Umgebung. Darauf weisen die
> Handelsverträge der Edomsharde mit Bremen, Hamburg und Flandern genauso hin
> wie die Keramikware aus dem rheinländischen Bereich und von der Iberischen
> Halbinsel« (Henningsen 2002, 125).

Auch wenn in der Müllenhoffschen Sage einiges erfunden ist und der Reichtum der
Rungholter übertrieben wird, lässt sich nicht abstreiten, dass der Ort auf Grund seiner Handelsbeziehungen, die mit der direkten Lage am Meer zusammenhängen,
eine gewisse Sonderstellung hatte und insgesamt wohlhabender gewesen sein dürfte als die umliegenden Orte. Insofern ist die Erzählung nicht allein erfunden, sondern wurde auch gefunden, zumal nicht nur Anton Heimreich, Müllenhoffs Quelle,
in dieselbe Richtung weist, sondern auch die *Annales Strandenses*.

Beeindruckend ist die Geschichte auf jeden Fall, und das liegt vor allem am
Motiv des mit Hilfe eines Schweins missbrauchten Sakraments. Der Priester *erbebte, als er das Tier erblickte*, heißt es bei Paysen, und das ist nicht nur aus religiöser
Perspektive nachvollziehbar, sondern auch aus kulturgeschichtlicher und psychologischer. Der europäische Mensch hat ein besonderes, weil ambivalentes Verhältnis
zum Schwein. Bei vielen orientalischen Völkern gilt es als unrein, was sich über
jüdische Einflüsse in den Evangelien niedergeschlagen hat. Jesus heilt den Beses-
senen von Gerasa, indem er die in diesem sich befindenden Dämonen in eine
Schweineherde zwingt, die daraufhin über einen Abhang in einen See stürzt und
ertrinkt (Markus 5, 11; Lukas 8, 26ff.). Daher braucht es nicht zu überraschen, dass
in der christlichen Symbolik Teufel und Dämonen oftmals in Gestalt eines Schweines erscheinen. Im Volksglauben erscheint der Teufel als grunzendes, oftmals
schwarzes Schwein mit feurigen Augen und glühendem Kopf (Herold 1936, 1476).
Weil Schweine suhlen müssen, gelten sie als dreckige Tiere, weswegen das Fleisch
des im Schlamm wühlenden Schweins den Juden tabu ist (3. Mose, 11, 17).[206] Das

---

206 Schweine haben keine Schweißdrüsen und müssen sich durch Verdunstung von Wasser ab-
    kühlen. Der Dreck schützt die Haut vor der Sonne und reinigt sie außerdem. Ist der Schlamm
    angetrocknet, wird er abgerieben, und lästige Parasiten fallen von der Haut ab.

schlägt sich auch in Redewendungen nieder, etwa *Schweinigel* oder *Drecksau* sowie in der Titulierung als *Schwein*, wenn man jemanden für niederträchtig, hinterhältig oder bösartig hält. Die Aufforderung, *den inneren Schweinehund zu überwinden*, geht ebenfalls in eine ähnliche Richtung.

Auf der anderen Seite ist das Schwein ein wichtiges Haustier und wird als Fleisch-, Fett-, Leder- und Borstenlieferant geschätzt. Es bildete die Grundlage für mannigfache Produkte in Alltag und Haushalt, etwa Kleidung, Taschen oder Bürsten, vor allem aber war es Nahrungslieferant für die harte körperliche Arbeit der Vormoderne. Das jährlich zur Winterszeit »mit hohem handwerklichem und rituellem Aufwand zu schlachtende Schwein besaß als ein auf mannigfache Weisen zubereitetes und konservierbares Nahrungsmittel unschätzbaren Wert« (Schenda 1995, 332). Darüber hinaus wird das Tier mit Glück und Reichtum verbunden, wenn man an das *Sparschwein* denkt oder an die Redewendung *Schwein haben*.[207]

Physiologisch betrachtet ist es dem Menschen sehr ähnlich. Seine Organe sind in etwa gleich groß und ähnlich aufgebaut. Daher dient es als »Ersatzteillager«, indem etwa Herzklappen des Schweins transplantiert werden oder Schweinehaut als Übergangshaut bei größeren Verbrennungen Verwendung findet (Goldbeck u.a. 2003, 13). Es erträgt Stress nicht allzu gut, und unter ungünstigen Bedingungen kann es zum Herzinfarkt kommen. Der geschlechtliche Verkehr, welcher im Tierreich oftmals von nur kurzer Dauer ist, kann bei Schweinen bis zu 20 Minuten anhalten, und ähnlich wie der Mensch vermag es bis weit über seine Sättigungsgrenze hinaus zu essen (ebd., 1f.). Insofern ist es ein Spiegel für menschliches Verhalten, was sich auch in Redewendungen ausdrückt, zum Beispiel *die Sau rauslassen*, *fressen wie ein Schwein* oder *schweinische Anteile* haben. Vor allem der Zusammenhang mit oralen und sexuellen Bedürfnissen dürfte Abscheu und Faszination zugleich hervorrufen und dergestalt an verdrängte Wünsche erinnern.

Wenn es daher ein Schwein ist, welchem in der Sage das heilige Sakrament verabreicht werden soll, handelt es sich nicht nur deswegen um etwas so Skandalöses, weil sensible Bereiche des christlichen Glaubens mit Hilfe eines dämonisierten Tieres in den Dreck gezogen werden, sondern auch, weil es einen spezifischen Ekel hervorruft, indem es den Menschen an die eigenen verdrängten, weil *schweinischen* Anteile erinnert. Somit kann sich der Zuhörer oder Leser entrüstet abwenden und zu dem Schluss gelangen, dass recht eigentlich die gotteslästerlichen Wirtshausbesucher Schweine sind, die sosehr gesündigt haben, dass Gott sie mittels einer Sintflut vernichten muss.

Die Erzählung dürfte daher große Aufmerksamkeit auf sich gezogen haben, und immerhin war sie der Anlass dafür, dass Matz Paysen, wie er am Ende seiner Geschichte schreibt, sich selbst ein Bild von den Überresten Rungholts machen wollte. An die Türme, welche man im Wasser sieht, und die Glocken, die der Vorübersegelnde vernimmt, mag er nicht so recht glauben, weswegen in ihm vielleicht Zweifel an der gesamten Geschichte aufgestiegen sind, wie es bei seinen Nachfol-

---

207 Ursprünglich soll damit ein Trostpreis bei Schützenfesten gemeint gewesen sein, nämlich das Schwein als Gewinn für den Letzten (Röhrich 1994, Bd. 4, 1441).

gern im 19. Jahrhundert der Fall war. Allein er lässt sich eines Besseren belehren, denn alte Furchen bzw. Gräben, die bei Ebbe sichtbar werden, sind ihm Beweis genug, *dass Rungholt durch eine Überschwemmung vernichtet wurde* und nicht durch die sich öffnende Erde. Paysen stützt sich, wenn er dem Wahrheitsgehalt der Rungholtsage nachgeht, auf zwei wichtige Quellen, nämlich die Erzählungen der Einheimischen und die archäologischen Überreste im Watt. Damit wollen wir uns im folgenden Kapitel näher befassen.

6.4.4 Was Einheimische über Rungholt erzählt haben

Wiewohl in den Sagensammlungen aus der zweiten Hälfte des 19. und des beginnenden 20. Jahrhunderts zumeist auf chronikalische Texte zurückgegriffen wird, treffen wir vereinzelt auch auf Spuren mündlicher Überlieferung. So hat Rudolf Muus aus Gesprächen erfahren, dass

> »die Kirchtür von Rungholt [...] nach Uelvesbüll gekommen sein und heute bei einer Schaftränke im Vorland liegen [soll]. Der Altar von Rungholt soll die Soholmer Au hinaufgetrieben sein und jetzt in der Kirche von Enge (Karrhade) stehen« (Muuss 1933°, 11; auch in van der Kooi 1998°, 117).

Karl Müllenhoff schreibt in seiner erstmalig 1845 erschienenen Sammlung, dass die Rungholtsage nach Heimreich seinem Gewährsmann Christian Peter Hansen »auf Sylt nach noch während, fast völlig einstimmender Überlieferung« berichtet worden sei (Müllenhoff 1921°, 137).

Auch in den chronikalischen Aufzeichnungen des 17. Jahrhunderts wird immer wieder von Überresten im Watt berichtet, die auf frühere Besiedlungen hindeuten (s.u.). Ob in den darauffolgenden 250 Jahren von Sichtungen etwaiger Kulturspuren im Watt nichts überliefert ist, wie Busch und Henningsen schreiben (Busch 1938a, 13; Henningsen 2002, 89), möchte ich bezweifeln. Immerhin erwähnt Johann Georg Kohl (im Zusammenhang mit seinen Ausführungen zu Rungholt)

> »die Sagen und zum Theil auch noch die historischen Erinnerungen der Menschen, die bald auf diese, bald auf jene Stelle im Meer deuten und dabei von der traulichen Herdesflamme sprechen, welche dort vor Kurzem oder Langem im Wasser erloschen sein soll« (Kohl 1846°, Bd. 1, 307).

Kohl hat, wie wir bereits in Kapitel 6.4.1 gesehen haben, große Zweifel am gesamten Rungholt-Komplex, und auch an dieser Stelle ist er skeptisch, weil er »die Knochen, die hier bleichen, und [...] die Häuser und Steintrümmer, die noch im Sande versteckt sein mögen« (ebd.), nicht mit eigenen Augen gesehen hat.

Doch selbst wenn Lücken in der schriftlichen Überlieferung existierten, gäbe es keinen Grund anzunehmen, dass es sich mit der mündlichen Überlieferung genauso verhält. In Anlehnung an Jan Assmann möchte ich vom kulturellen Rahmen sprechen, durch den sich das kollektive Gedächtnis großteils konstituiert. Man erinnert sich an das, »was als Vergangenheit innerhalb der Bezugsrahmen einer jeweiligen Gegenwart rekonstruierbar ist« (Assmann 2002, 36), und das sind, bezogen auf unser Thema, verschiedene Phänomene: zum einen die ständige Wiederkehr mehr oder weniger Schaden bringender Sturmfluten; ich erinnere nur an Emo von Wittewierum, der die erste Marcellusflut unter anderem nach der über ein halbes Jahrhundert zurückliegenden Julianenflut datiert. Da Sturmfluten nicht vorhersehbar sind, der Mensch aber dazu neigt, Fixpunkte zu suchen, um die Angst in den Griff zu bekommen, hat sich an verschiedenen Orten die Vorstellung gebildet, dass sie nach Ablauf einer gewissen Zeitspanne erneut »zuschlagen«. So schreibt etwa Matthias Boetius, es sei »im Volk von Nordstrand beinahe schon eingewurzelter Glaube oder Aberglaube [...], dass die Insel nach Ablauf einer Periode von 40 Jahren fast immer von einer Überschwemmung betroffen würde«, wobei er hinzufügt, diese Auffassung komme »der Wahrheit recht nahe« (Boetius 1940°, 6). Im Übrigen reicht bereits eine kleine Sturmflut, um sich die vernichtende Kraft des Meeres wieder in Erinnerung zu rufen.

Der zweite Aspekt, durch den das Bedrohungspotential der See dem kollektiven Gedächtnis erhalten bleibt, sind die Überreste im Wattenmeer, an die Johann Georg Kohl nicht so recht zu glauben vermag, weil er sie nicht selbst gesehen hat, die aber, wenn sie freigespült werden, bei niedrigem Wasserstand »emportauchen«. Umgekehrt stößt man im wieder eingedeichten Land mitunter auf Muschelreste und ähnliches, die daran erinnern, dass dort einst Meer war. Drittens spielen die bleibenden und damit sichtbaren Schäden eine Rolle, welche die Nordsee am Lande anrichtet. So schreibt Boetius – zu Beginn des 17. Jahrhunderts –, dass man auf Pellworm die Folgen der Flut von 1483 noch deutlich vor Augen habe, weil sich bei Walthusen[208] ein tiefer Einschnitt ins Land hineingefressen habe, der »noch jetzt zu sehen [ist], da das Wasser zwischen den Feldern flutet« (ebd., 8).

In dem Zusammenhang sollte auch daran erinnert werden, dass das Meer erst im Zuge der Romantik – und dabei vorerst auch nur von wenigen Protagonisten – positive Wertschätzung fand, während es zuvor fast ausschließlich ein Ort des Schreckens war, ein, wie Alain Corbin es ausdrückt, »abgrundtiefes Sammelbecken sintflutlicher Reste« (Corbin 1990, 15–23; das Zitat ist die Kapitelüberschrift). Diese nun wurden im Wattenmeer von den Einheimischen gesichtet und als Ausdruck göttlichen Zornes gedeutet. »Wir sollten einmal darüber nachdenken«, schreibt Corbin weiter, »welche Gefühle das Schauspiel des Wattenmeers, der ›entsetzlichen‹ Trostlosigkeit des von der Ebbe bloßgelegten Meeresgrunds bei den Menschen der damaligen Zeit ausgelöst haben mag« (ebd., 23). Die Überreste gemahnen an die Vergänglichkeit des Küsten- und Insellandes, und ihre Sichtung steht in Verbindung mit lebensbedrohlichen Ängsten, zumal die Inseln und Halligen bis zum 19. bzw. 20. Jahrhundert weitgehend ungeschützt waren und Jahr für Jahr Teile von ihnen abgetragen wurden. Es ist daher kaum wahrscheinlich, dass das kollektive Gedächtnis die Überreste auch nur einen Moment aus den Augen verloren hat. Zwar werden Ängste verdrängt, was bis zu einem gewissen Grade ein nützlicher und sinnvoller Abwehrmechanismus ist, aber sie sind jederzeit abrufbar.

---

208 Ort an der Nordküste Pellworms.

Der bereits mehrfach zitierte Boetius ist eine Quelle ersten Ranges für unsere Belange. Sein Werk *De Cataclysmo Norstrandico* ist zwar erst 1623 – also mehr als 250 Jahre nach der zweiten Marcellusflut – erschienen, doch hat er eine Menge an Informationen aus mündlicher Überlieferung zusammentragen können. Er selbst beklagt zwar, dass »unsere Vorfahren keine Mühe und Lust gezeigt haben«, der Nachwelt den geschichtlichen Verlauf der Manndränke genau zu übermitteln (Boetius 1940°, 66),[209] doch was er dann erfahren hat, kann sich durchaus sehen lassen:

> »Sie *berichten*,[210] 1300 sei eine sehr schwere Überschwemmung gewesen, die einige Ellen über alle Deiche gestiegen und hinausgegangen sei und 28 Kirchdörfer, unter ihnen auch Rungholt, in diesen Gegenden vernichtet habe. Wenn man nämlich in einigen Berichten das Jahr 1200 für den wundersamen Untergang findet, so halten wir das für falsch [...]. Außerdem *berichten mehrere, von denen einige bezeugen, sie hätten das bestimmt von ihren Vorfahren gehört*,[211] im Jahre 1354 habe die allergrößte Wasserflut stattgefunden, die sie Mandrankels geheißen haben. Diese habe nicht nur in diesen flachen Küstenländern an 200 000 Menschen vernichtet, sondern auch alle Deiche so niedergeschlagen und fortgeschwemmt, dass die Dämme innerhalb 50 Jahren nicht haben wiederhergestellt werden und sich auch die Leute nicht haben von dem Unglück und den Verlusten erholen können. Denn jedes Jahr sei das Meer über die Länder geflutet, und noch andere schlimme Übel und Unglücksfälle seien dazugekommen. Daher seien auch außerordentlich viele Dörfer verwüstet und Landstrecken auseinandergerissen, auch die Sunde überall bedeutend erweitert [...].[212] Wenn das alles auch nur allgemeine Berichte sind, die keine Einzelheiten mitteilen, ja sogar bis zu einem gewissen Grade offenbar Widersprüche enthalten ...« (Boetius 1940°, 68; eigene Hervorhebungen; → Anhang, Text 11c).

---

209 »Ceterum ut de modo non est dubitandum, tam quo pagi illi perierint quam quo insula ab oris divulga sit conterminis, ita et operae esset tempus causasque scire et historias rerum gestarum conoscere, quas ad posteros exacte transmittere maioribus nostris nec curae fuit nec studio« (Boetius 1940°, 67).
210 »Narrant...« (lat. *narrare = erzählen*).
211 »Tradunt praeterea complures, quorum et nonnulli certo a maioribus se id accepisse testantur...«.
212 In der Auslassung stehen die folgenden Zeilen:
»Endlich sei, so berichten sie, um 1338 drei Jahre lang so nasses Wasser gewesen, auch hätten Regen und Unwetter so ununterbrochen angehalten, dass man die Felder nicht habe gehörig bestellen und die Ernte nicht trocken in die Scheunen einfahren können, sondern es seien fast alle Bodenfrüchte unter freiem Himmel verdorben. Daraus sei eine unglaubliche Teuerung des Getreides und Hungersnot entstanden und jämmerliches Aussehen der Länder selbst. Denn das sich auf dem Festlande und den höheren Stellen massenhaft sammelnde Regenwasser habe bei seinem Ablauf zu den Niederungen neue Betten aufgewühlt, durch seine reißende Strömung ins Meer die alten Sunde noch erweitert und so die Zerreißung dieses Landes stark gefördert«.
Dieser Passus kann im Hinblick auf mündliche Überlieferung jedoch nicht herangezogen werden, weil im lateinischen Originaltext zu Beginn *scribunt* steht. Otto Hartz übersetzt das Verb zwar mit *berichten*, so wie er es mit *narrunt* und *tradunt* tut, doch für unsere Belange muss zwischen mündlicher und schriftlicher Überlieferung unterschieden werden. Vorenthalten wollte ich dem Leser diese Pasage dennoch nicht wegen der Hinweise auf die Klimaverschlechterung vor der ersten Grooten Manndränke.

Den Rest können wir uns sparen, weil Boetius im Folgenden versucht, die widersprüchlichen Zahlenangaben zu erklären. Es gilt das, was bereits Carl Woebcken festgestellt hat: »Das Jahr wurde vergessen, der Tag, St. Marcellus, blieb in Erinnerung« (Woebcken 1924, 78). Die unterschiedlichen Datierungen erklären sich demnach nicht allein aus voneinander abweichenden Angaben in den schriftlichen Quellen, sondern auch daraus, dass in der mündlichen Überlieferung, wie jeder aus eigener Erfahrung weiß, die richtigen Jahreszahlen oftmals vergessen, verschiedene Ereignisse verwechselt werden, mitunter auch ein und dasselbe Geschehen unterschiedlich datiert wird. Für orale Tradierung spricht auch, dass, wie Boetius schreibt, nur allgemeine Berichte vorhanden sind, welche keine Einzelheiten enthalten, denn im Laufe der Jahrhunderte verblassen diese zu einem bloßen Ungefähr, während das Faktum der Katastrophe im kollektiven Gedächtnis erhalten bleibt. Aber immerhin: Seit Rungholts Untergang sind mehr als 250 Jahre vergangen, und dennoch wissen die Leute, dass *damals die allergrößte Wasserflut stattgefunden [hat], die sie Mandrankels geheißen haben.* Zumindest bezeugen das einige, die das von ihren Vorfahren gehört haben. Diese wissen auch, dass neben Rungholt eine Vielzahl anderer Kirchspiele untergegangen ist und großflächig Land aufgegeben werden musste, weil man es nicht mehr schaffte, die zerstörten Deiche erneut zu bauen und die durch Wassereinbruch vergrößerten Einschnitte in den Griff zu bekommen, wodurch auch ehemals zusammenhängendes Land getrennt worden ist. Das sind die wesentlichen Fakten, und ich denke, dass man nach einem Vierteljahrtausend auch nicht mehr erwarten kann, wenn man aus mündlicher Überlieferung schöpft.

Im Gegenteil: Das ist bereits sehr viel und darüber hinaus für unsere Belange besonders interessant, denn seit der Kontinuitätsdebatte in der Volkskunde steht man vermeintlich langlebigen Überlieferungssträngen skeptisch gegenüber (vgl. Bausinger und Brückner 1969; Wienker-Piepho 2002, 337ff.). Auch mir ist nicht daran gelegen, »uralte Kontinuitäten«, gar über Jahrtausende, zu reaktivieren. Vielmehr bin auch ich der Auffassung, dass Wissen, welches aus Erinnerungen schöpft, in der Regel nicht länger als drei Generationen im Gedächtnis aufbewahrt wird. *Dass es sich hier jedoch anders verhält, ist für mich ein Hinweis auf die Spezifik der friesischen Mentalität und ihrer Geschichte: Das Bedrohungspotential der See ist stets aktuell und veraltet nicht.*

Das hat allerdings einen weiteren Grund, nämlich die immer wieder sichtbaren Überreste versunkenen Landes, die als Vergangenheit zum Bezugsrahmen der jeweiligen Gegenwart gehören. Boetius schreibt, es sei allgemeiner Glaube,[213] dass Nordstrand in früherer Zeit mehrere fruchtbare Dörfer verloren habe. Diese Auffassung sei realistisch, weil das Wattenmeer sehr flach sei und man bei ablaufendem Wasser zu den umliegenden Inseln wandern könne (Boetius 1940°, 56–59).

> »Hier entlang gehende Leute stoßen im Schlick auf Brunnen und beobachten Spuren von Wegen und Gräben. Ja, sie finden nicht selten Töpfe, Kessel und Schüsseln und anderes Hausgerät [...]. Darum ist es auch nicht nur wahrscheinlich, sondern ver-

---

213 »Vulgo quoque creditur...«

dient vollen Glauben, wenn die *Berichte erzählen*,[214] dass beinahe diese ganzen Ufer einmal mit Pflanzenwuchs bedeckt gewesen sind, dass sie als Felder und Weiden bestanden haben, mit Dörfern besetzt und mit festen Deichen umschlossen gewesen sind« (ebd., 58; eigene Hervorhebung; → Anhang, Text 11d).

Von Spuren versunkenen Landes berichtet auch Johannes Petreus, der zu Beginn des 17. Jahrhunderts gestorben ist und Pastor in Odenbüll auf Nordstrand war. Breite und dicke Wurzeln von Eichen habe man gefunden, die schwarz und steinhart gewesen seien (Petreus 1901°, 77). Doch man treffe nicht nur auf Kulturspuren im Watt, sondern auch auf natürliche Überreste im Kulturland. Wenn man Gräben aushebe und Brunnen baue, kämen überall Muscheln, Austern[215] und Schneckenhäuser zum Vorschein (ebd., 81). – Es ist schon beunruhigend, wenn man dort, wo heute Wasser ist, auf Beweise ehemaligen Landes trifft, doch noch beunruhigender ist es, dass man auch auf festem Boden mit dem Meer konfrontiert ist.

Interessanterweise stellt Petreus diese Funde in den Kontext der Sage vom Durchbruch des Ärmelkanals und flicht daraus einen roten Faden, der bis in die Gegenwart reicht. Vor etlichen hundert Jahren habe eine englische Königin aus strategischen Gründen »de hoveden twischen Engellandt und Frankricken dorchhauwen lathen« (ebd., 78) und dadurch eine große Überschwemmung verursacht. Um zumindest Teile des untergegangenen Landes wieder in Besitz zu nehmen, seien die Friesen von Karl dem Großen mit Freiheiten ausgestattet worden, um Deiche bauen und diese schützen zu können (ebd.). Das ist eine neue Variante, welche mehrere Sagenkomplexe auf zwar historisch falsche, aber durchaus plausible Weise miteinander verknüpft.

Petreus weiß als Gelehrter zwar aus antiken Quellen, dass zur Zeit der Römer England bereits eine Insel gewesen ist, was im Widerspruch zur Sage steht, nach der *vor etlichen hundert Jahren* der Durchbruch des Ärmelkanals erfolgt sein soll. Doch im Gegensatz zu anderen Autoren, welche aus diesem Grund den Wahrheitsgehalt der Erzählung bezweifeln, bemüht sich Petreus um eine Auflösung des offensichtlichen Widerspruches. Er schreibt, man finde vielerorts Felsformationen – was in der Tat für die englische und französische Küste auf der Höhe der Straße von Calais gilt –, und so könne es sein, dass es eine felsige, aber für den Menschen unzugängliche Verbindung zwischen den beiden Küsten gegeben habe, weswegen England quasi eine Insel gewesen sei, gleichzeitig aber die Verbindung zu Frankreich habe durchstochen werden können (ebd., 80). – Man braucht ob dieser Spekulationen nicht die Nase zu rümpfen. Auf Grund unseres heutigen Wissens haben wir einen anderen Kenntnisstand, doch auf der Basis der damaligen Informationen handelt es sich um durchaus kreative Überlegungen, die jede Wissenschaft benötigt, um sich weiterzuentwickeln.

---

214 »Narrant...«.

215 Tatsächlich gab es in Nordfriesland bis zu Beginn des 20. Jahrhunderts Austernbänke. Die Europäische Auster ist dort wegen Übernutzung praktisch ausgestorben, stattdessen wurde später die Pazifische Auster angesiedelt (vgl. Kowarik 2003, 295; Reise 1998a; ders. 1998b).

Petreus erwähnt Kulturspuren im Watt und Spuren des Meeres im Kulturland, die an die Allgegenwart desselben und seine Gefahren erinnern. Mitunter sind diese materiellen Dinge aber gar nicht notwendig, um sich die Bedrohung wieder ins Gedächtnis zu rufen, denn oftmals reicht schon die bloße Erinnerung an etwas Gewesenes, beruht also auf einer geistigen Leistung, die eines materiellen Bezugsrahmens nicht bedarf. So berichtet Petreus von Deichbauarbeiten am *Nyen Syll* im Jahre 1577, die das Ziel hatten, Neuland zu gewinnen. Doch als das Wasser wider Erwarten zu hoch aufläuft, werden alle Anstrengungen zunichte gemacht. Gottselige Leute, schreibt er weiter, hätten schon immer gewusst, dass an dieser Stelle der Kampf gegen das Meer vergeblich sei, denn das Land, welches man habe eindeichen wollen, habe ehemals zu Rungholt gehört, und darum »wurde men umme sonst arbeiden. Also is dat werck verhindert« worden und wurde nie fertig gestellt (ebd., 182). Rungholt ist also auch 200 Jahre nach seinem Untergang ein symbolträchtiger und bedeutungsschwerer Ort, der nachgerade mit mythologischen Vorstellungen verknüpft ist: In Anbetracht der Sündhaftigkeit seiner damaligen Bewohner wird dort auch heute noch alles menschliche Streben zunichte gemacht. Gott hat das Land untergehen lassen, und deshalb wird in dieser Gegend auch zukünftig kein Grashalm wachsen.

Es wäre ein Irrtum zu glauben, dass in den folgenden Jahrhunderten durch Aufklärung und Industrialisierung der Rungholt-Komplex seines sagenhaften Charakters beraubt worden wäre. Zu diesem Schluss kann nur gelangen, wer die Äußerungen von Gelehrten wie Kohl oder Arends, welche die Existenz des Ortes zur Gänze bezweifeln, eins zu eins auf die Bevölkerung überträgt. Das machen vor allem die Publikationen von Andreas Busch deutlich, der darin nicht nur von seinen archäologischen Arbeiten und Quellenstudien berichtet, sondern immer wieder auch Bemerkungen über Gespräche einstreut, die er mit den Einheimischen geführt hat. Zunächst einmal liefert er ein ähnliches Bild wie die Chronisten des 17. Jahrhunderts: Einheimische, in diesem Fall Arbeiter, erzählen ihm, dass sie materielle Überreste im Watt gefunden haben, und fügen hinzu, dass um Südfall noch viel mehr davon existiere. Er macht sich auf die Suche und redet mit den Leuten. Die meisten vermuten Rungholt allerdings dort, wo der Rungholtsand liegt, der denn auch kurz und bündig einfach *Rungholt* genannt wird (Busch 1951, 79). Es handelt sich dabei um einen Wattrücken, der sich heute nordwestlich von Nordstrand befindet, früher jedoch weiter südwestlich gelegen ist, da er im Laufe der Jahrhunderte seine Lage verändert hat und von West nach Nordost gewandert ist. Henningsen hat an Hand alter Seekarten errechnet, dass der Rungholtsand mit ungefähr zehn Meter pro Jahr wandert und im 14. Jahrhundert dort gelegen haben muss, wo heute der sagenumwobene Ort lokalisiert wird, nämlich in der Gegend von Südfall. Da alle bekannten Sände nach Fixpunkten wie Inseln oder Halligen benannt sind, ist es sehr wahrscheinlich, dass es sich mit dem Rungholtsand genauso verhält. Die Menschen haben ihn auch weiterhin nach jenem Ort benannt, zumal er zunächst noch mit Krüppelkiefern bewachsen und deutlich sichtbar war. Trotz mangelnder Ortsfestigkeit wurde er weiterhin mit der ehemaligen Hafenstadt in Verbindung gebracht (Henningsen 2002, 49ff.; Bölling 2001 → Der Rungholtsand). Damit ist auch der Rungholtsand Teil eines Bezugsrahmens, der das kollektive Gedächtnis speist.

Dass Rungholt nicht dort liegt, wohin der Rungholtsand gewandert ist, ahnte bereits Andreas Busch, und es ist ihm auch von anderer Seite bestätigt worden.

>>So soll, wie ich erfahren habe, mein Großvater Bahne Thomas Michelsen, der in der Trendermarsch[216] gewohnt hat, vor etwa 40 Jahren gesagt haben, dass Rungholt nicht dort gelegen habe, wo es meistens angenommen würde [= bei Rungholtsand; B.R.], sondern bei Südfall.

Der frühere Besitzer von Südfall, Wilhelm Carstensen, hat im Sommer 1903 dem jetzigen Hofpächter Ludwig Brauer von dem Herrendeich,[217] wie dieser Schuljunge war, am Strande einen Teil eines tief liegenden Hausfundaments von großen Ziegelsteinen sowie einen umgeschlagenen Baum gezeigt und hat dabei gesagt, dass dort einstmals Leute gewohnt hätten und noch ausdrücklich erwähnt, dass dies Rungholt sei<< (Busch 1938b, 30; ähnlich ders. 1938a, 16; ders. 1966, 354f.).

Es ist nahe liegend zu glauben, dass die Lage des Ortes mit dem Rungholtsand identisch ist, weil er nur langsam und allmählich wandert. Umso bemerkenswerter erscheint es mir, wenn einige Gewährspersonen von der tatsächlichen Lage um Südfall Bescheid wissen, denn das sind Informationen, die sich möglicherweise über einen Zeitraum von fast 550 Jahren gehalten haben. Zumindest kann man das als Hypothese gelten lassen, denn einen Beweis in Form lückenloser Überlieferung vermag ich nicht anzutreten, zumal es hier um mündliche Tradierung geht. Ich kann nur darauf hinweisen, dass etwa Matz Paysen, der sich 1635 vor Ort umgehört hat, Rungholt ebenfalls bei Südfall lokalisiert hat (Paysen 1861°, 148 und 149). Vor allem aber möchte ich an den *Bezugsrahmen* erinnern, durch den das kollektive Gedächtnis Geschehnisse wach hält, und das sind in dem Fall primär die Überreste. Diese stechen jedem ins Auge, der dort wohnt, und es ist klar, dass die Frage nach ihrer Herkunft auf lebhaftes Interesse stößt, zumal sie in Zusammenhang stehen mit den fast jährlich sich wiederholenden Sturmfluten. Und gerade weil die Mehrzahl der Bevölkerung den Ort auf dem Rungholtsand lokalisiert, werden jene, die in Südfall oder Westnordstrand gewohnt haben, auf ihrer Meinung beharrt haben: Wir wissen es besser als die Majorität!

Noch erstaunlicher scheint ein anderes Phänomen zu sein, das Andreas Busch in einer kurzen Mitteilung notiert hat, welche den Titel *Das Riper Steg-Rätsel* trägt (Busch 1937). Auf der Suche nach einem bestimmten Moordeich ist er auf eine Nordstrander Erzählung gestoßen, nach der es einstmals einen Weg gegeben habe, der, entlang des einstigen Küstenwalls, von dort nach Ribe in Jütland geführt haben soll. An der Nordküste seiner Heimatinsel, nahe der Ortschaft Oben, findet er schließlich Spuren im Watt.

>>Tatsächlich war hier ein Weg wahrzunehmen, den auch die älteren Einwohner von Oben kannten. Ich wandte mich zuerst an den inzwischen verstorbenen Arbeiter August Andresen, der dort in nächster Nähe des Außendeiches wohnte, um zu erfahren,

---

216 Im Westteil Nordstrands gelegen.
217 Ortschaft östlich des Trendermarschkooges.

ob er etwas davon wisse. Zu meiner größten Überraschung sprach nun Andresen davon, dass dieser Weg einst bis nach Ripen[218] geführt habe« (Busch 1937).

Busch forscht weiter und findet insgesamt drei Stellen in Nordfriesland, die zwar weit voneinander entfernt liegen, aber die gleiche Benennung tragen, wobei zwei davon mit der alten Erzählung über den durchgehenden Weg nach Ribe verknüpft sind (ebd.). Auch in Eiderstedt wird er fündig, und in einem Leserbrief zu Buschs Mitteilung wird zudem auf gleich lautende Wege auf Sylt und Amrum hingewiesen (ebd.).[219] Busch vermutet daher, dass es ehemals einen landfesten Verbindungsweg zwischen der Halbinsel Eiderstedt und Ribe gegeben hat, was mehr als 1000 Jahre her sein muss, da dessen Existenz voraussetzt, dass die Utlande noch nicht auseinander gerissen waren. Henningsen hält das hingegen für unwahrscheinlich, weil der Name Riper-Weg nicht unbedingt etwas mit der Stadt in Jütland zu tun haben muss, weil dieser Name in den Frieslanden häufig vorkommt (Henningsen 2000, 63) und Ribe eine jütische Ansiedlung ist, keine friesische (Woebcken 1932, 278). Er leitet sich aus dem lat. *ripa* = *Ufer* ab und findet sich etwa im ostfriesischen Niederdeutsch in *Riepe* = *Rand*, *Uferrand*, wobei anzumerken ist, dass es bei Aurich einen Ort gleichen Namens gibt, der sich am *Rande* der Geest befindet (Stürenburg 1857, 200). Henningsen ist an geschichtlichen Zusammenhängen interessiert und widerlegt Buschs Annahme. Für mich als Volkskundler geht es hingegen weniger um historische Wahrheit als um subjektive Gewissheit. *Ufer-* und *Randwege* existieren vielerorts, aber die Tatsache, dass einige davon mit dem weit entfernten Ribe in Zusammenhang gebracht wurden, belegt einmal mehr den Glauben an die Existenz eines früher zusammenhängenden Ganzen. Und insofern gehen die Aussagen auch historisch nicht völlig fehl.

Spuren mündlicher Überlieferung finden wir bei Busch nicht nur in Bezug auf die faktische Existenz Rungholts oder die ehemalige Größe Nordfrieslands, sondern auch hinsichtlich der »sagenhaften« Bestandteile der Erzählung. Busch hatte einen Schulfreund namens Bahne Christiansen, dessen Großvater 1827 auf Hallig Südfall geboren wurde und dort aufgewachsen ist. In den 60er Jahren des 20. Jahrhundert bittet Busch ihn, ihm in schriftlicher Form mitzuteilen, was er von seinem Großvater über Südfall und Rungholt gehört hat:

> »Auch hat Großvater mir von Rungholt erzählt, dass es zu Süden und Westen der Hallig [...] gelegen haben soll und dass dort im Watt noch Überreste lägen. Er hat

---

218 Deutscher Name für Ribe.

219 Busch wendet sich am Ende seiner Mitteilung an die Leser mit der Frage, ob sie weitere Informationen über den Riper-Steg hätten, woraufhin Gustav Fr. Meyer Folgendes mitteilt: »Im handschriftlichen Nachlass Karl Müllenhoffs (Germ. Seminar der Univ. Berlin) fand ich folgende Aufzeichnung C.P. Hansens: ›Ein Weg auf Sylt im Westen von Kampen heißt noch heutiges Tages Riverstig und wird bezeichnet als ein Heerweg, auf welchem man in alten Zeiten von Föhr und Amrum über Sylt nach Ripen reiste. Ebenso zeigt man noch die gewöhnliche Lagerstätte solcher Reisenden auf diesem Wege in einer Niederung der Kamperheide samt einer durch einen Wall, Föhringwall genannt, abgedämmten Wasserstelle. Auch auf Amrum sollen Spuren eines nach Ripen weiland führenden Weges noch vorhanden sein‹« (ebd.).

auch allerhand gefunden und auch mitgenommen, was heil war, aber nicht viel Wert darauf gelegt, wenn es nicht gebraucht werden konnte [...]. *Von den Sagen über Rungholt hat Großvater mir auch erzählt und dass die Bewohner reich gewesen sind.* Ich interessierte mich aber mehr für sein Leben als Halligbauer als für Rungholt. Du hättest von ihm noch vieles mehr zu wissen bekommen, wenn Du dabei gewesen wärest, als er mir das alles erzählte« (Busch 1966, 354f.; eigene Hervorhebung).

Großvater und Enkel dürften eher eine pragmatische Einstellung gehabt haben, denn jener interessiert sich ausschließlich für den materiellen Wert der Funde und dieser mehr für das Leben als Halligbauer denn über alte Erzählungen, was auch nicht zu überrasen braucht in Anbetracht der schwierigen Lebensverhältnisse auf einem derartig ungeschützten Flecken Erde. Umso bemerkenswerter ist der Hinweis auf die Sagen und den Reichtum der ehemaligen Rungholter, der als Kontrastfolie zum eigenen Dasein fungiert. Ob der Ausdruck *Sage* im heutigen umgangssprachlichen Sinn als erfundene Geschichte zu verstehen ist, möchte ich bezweifeln, weil der Reichtum als Faktum hingestellt wird, nämlich in Form eines Aussagesatzes. Vielleicht ist es auch so, dass der Enkel, der diese Sätze 1964 geschrieben hat, mittlerweile das bezweifelt, was für den Großvater noch selbstverständliche Gewissheit war, aber ziemlich sicher ist, dass er dem Großvater damals Glauben geschenkt hat, als er die Geschichten von ihm hörte, denn das Wahrheitskriterium im alltäglichen Erzählen ist die Verbürgung durch eine Autorität (Rieken 2000, 72ff.). Nur hat ihn mehr der damalige Alltag interessiert, weswegen er auch nicht mehr zu berichten weiß und Busch damit tröstet (oder frustriert), dass dieser viel mehr hätte erfahren können, wenn er dabei gewesen wäre.

Ein weiterer Aspekt sagenhafter Ausschmückung sind die Glocken der Kirche, die noch irgendwo vorhanden sein sollen. Es handelt sich dabei um ein gängiges Volksprosamotiv im Zusammenhang mit untergegangenen Orten, und auch Busch hat von jemandem gehört, der auf die Suche nach Rungholts Glocken gegangen sein soll.

»Dieser Mann war der bekannte frühere Schiffer und Rentner Ludolf Jacobsen von Norderhafen auf Nordstrand. Von ihm erzählte mir der Schiffer Richard Jensen von Morsumhafen, der am Norderhafen geboren ist und dort auch seine Jugend verlebt hat, dass, wie er Junge war, um die Zeit seiner Konfirmation 1888/89, Ludolf Jacobsen es sich was kosten ließ, im Watt Funde auszugraben *und um eventuell, wie die Leute sagten, die Glocke von Rungholt zu finden.* Jacobsen hatte ein größeres Boot. Damit fuhr er verschiedene Male (Jensen meint 5–6-mal), wenn es mit den Ebbzeiten gut passte, mit 5 bis 6 Arbeitern vom Norden und vom Kiewhuk vor Norderhafen aus nach Rungholt-Sand zum Suchen und Graben. Zur Flutzeit kamen sie dann nach Norderhafen zurück. Bei Ankunft des Bootes liefen die Leute zum Hafen in der Erwartung, dass die Grabungen von Erfolg sein könnten« (Busch 1951, 79; eigene Hervorhebung).

Jensen erinnert sich noch genau an die Namen der mitfahrenden Arbeiter, aber ob Jacobsen tatsächlich etwas gefunden hat, weiß er nicht mehr mit Bestimmtheit zu sagen (ebd.). Das braucht nicht weiter wunderzunehmen, da der Rungholtsand nicht dort liegt, wo Rungholt war.

Ein weiterer Bereich ist der Glaube an das Wiederauferstehen eines versunkenen Ortes. Wir finden das Motiv auch bei Boetius, der es aber für *Altweiberträume* oder *Fabeln* hält (1940°, 66).

> »Und die abergläubischen Leute meinen, sie [= die Stadt Rungholt] werde so, wie sie war, wieder auftauchen und an ihre alte Stelle zurückkehren, noch vor dem Ende der Welt. Sie erzählen dazu auch noch von Erscheinungen und Truggestalten: mit allen unversehrten Häusern stehe diese Stadt *im Bauche der Erde*,[220] und es tauche, wenn auch nicht immer, so doch dann und wann, der Kirchturm aus dem Wasser oder dem Ufer auf, und man sähe ihn bei klarer Luft ganz deutlich, sogar Glockenklang werde von Vorübergehenden gehört; und andere ähnliche Dinge« (ebd.; → Anhang, Text 11e).

Die »entschärfte« Version des zu hörenden Glockenklanges ist die vergrabene Glocke, an deren Existenz Ende des 19. Jahrhunderts noch geglaubt wird, wie wir von Busch erfahren haben. Den Untergang Rungholts *im Bauche der Erde* hat bereits Matz Paysen zu Gunsten der Sturmfluthypothese verworfen. Aber an das wieder auftauchende Rungholt glauben die Leute auch zu Buschs Zeiten noch, wie die folgenden Zeilen deutlich machen, und er hält gleichzeitig eine plausible naturwissenschaftliche Erklärung bereit, warum das der Fall ist.

> »Viel seltener in unseren Breiten, aber außerordentlich eindrucksvoll ist die eigentliche der Wüstenerscheinung entsprechende Fata morgana, die Hochspiegelung von Gegenständen in den Himmel hinauf. Diese Spiegelung entsteht, wenn dichtere, kühlere Luftschichten von dünneren, wärmeren überlagert werden [...]. So können sogar unter dem Horizont liegende Gegenstände von weit her in das Blickfeld gespiegelt werden. *Nur auf diese Weise können wir uns solche Bilder erklären, wie sie zum Beispiel auf Nordstrand, wo die Sage von dem untergegangenen und wieder erstehenden Rungholt noch lebendig ist, in den letzten fünfzig Jahren mehrfach, von zuverlässigen Leuten gut beglaubigt, beobachtet worden sind: Rungholt mit Höfen, Warften und Kirche am Himmel stehend.* Es kann kein Zweifel an der Richtigkeit der Beobachtung sein, aber es waren Pellwormer oder vielleicht gar Föhrer Gehöfte, die hier die Doppelspiegelung über den Horizont ins Blickfeld gehoben hat« (Busch 1940, 332f.; eigene Hervorhebung [kursiv]).

Wer einmal am Meer eine Luftspiegelung gesehen hat, ist beeindruckt von der Schärfe und Klarheit des Phänomens. Ich selbst habe im Laufe der Jahre mehrfach von Wangerooge aus das vergrößerte Helgoland erblicken können, obwohl es mit circa 40 Kilometer Entfernung weit hinter dem Horizont liegt. Dass im kollektiven

---

220 Wahrscheinlich in Anlehnung an das erste Buch der Metamorphosen des Ovid (Ovidius 1992°), in dem es heißt: »Sed itum est in viscera terrae« = »Man drang in der Erde Geweide« (Vers 138), das mitunter auch frei übersetzt wird mit »Man ging in den Bauch der Erde«. Die Anspielung passt gut zu Rungholt, weil es bei Ovid am Beginn des ersten Buches um die vier Weltzeitalter geht, von denen das erste paradiesisch geprägt ist, es dann aber abwärts geht, bis im vierten nur noch Bosheit und rohe Gewalt herrschen und die Gier die Menschen soweit treibt, dass sie *in der Erde Geweide* eindringen, um von dort Schätze hervorzuholen.

Bewusstsein zu Beginn des 20. Jahrhunderts die Luftspiegelungen mit Rungholt, nicht aber mit den Nachbarinseln verbunden werden, zeigt, wie sehr der gesamte Komplex um den untergegangenen Ort lebendig geblieben ist. Die Schilderungen bei Boetius und Busch gleichen einander fast aufs Wort: *unversehrte Häuser* und *Kirchturm* heißt es bei jenem, *Rungholt mit Höfen, Warften und Kirche am Himmel stehend* bei diesem.

Ähnliches gilt für die klingenden Glocken des sagenumwobenen Ortes, welche Vorübersegelnde immer wieder gehört haben wollen. Auch dabei kann die Physik als Erklärungshilfe dienlich sein, (ohne das Phänomen darauf reduzieren zu wollen). Hans-Herbert Henningsen hat mir nämlich Folgendes mitgeteilt:

> »Jetzt werden Sie lachen! Meine Frau und ich haben die Glocken von Rungholt auch schon gehört! Ganz deutlich! An einem frühen Morgen bei wunderschönem ruhigem Wetter und leichtem Landwind schaukeln wir mit unserem Boot auf der Nordsee, ganz weit draußen. Es ist kein Land mehr zu sehen. Wir dümpeln so in der Gegend westlich von Pellworm und Eiderstedt, etwa dazwischen – und da hören wir ganz deutlich Kirchenglocken. Nun sagen Sie bitte, dass das nicht die Glocken von Rungholt waren! (Die Erklärung brauche ich Ihnen nicht zu sagen: Über das Wasser trägt ja der Schall sehr weit. Es war ein Sonntagmorgen um 7.00 Uhr)« (schriftliche Mitteilung per Fax am 03.03.2004).[221]

Neben der Erinnerung an das Geschehen als einer kognitiven Leistung und den Überresten im Watt und an Land gehören also auch die physikalischen Phänomene der Luftspiegelung und der Schallübertragung zu jenen Elementen, welche das kollektive Gedächtnis speisen. Dass das zu Beginn und in der ersten Hälfte des 20. Jahrhunderts nicht anders war als im 17. Jahrhundert, da friesische Chronisten die Geschichte ihrer Bevölkerungsgruppe niedergeschrieben haben, dürfte in hinlänglicher Weise deutlich geworden sein, wobei die Erinnerungen von Andreas Buschs Gewährspersonen bis weit ins 19. Jahrhundert zurückreichen. Daher besteht aus meiner Sicht kein Anlass, daran zu zweifeln, dass das auch für die Zeit dazwischen, das 18. Jahrhundert, gilt. Würde man sich der Mühe unterziehen, in Archiven und alten Druckschriften nach weiteren Belegen zu forschen, so würde man sicher fündig werden, doch das wäre das Thema einer eigenen Arbeit und würde für unsere Belange zu weit führen. Als *ein* Beleg aus dem 18. Jahrhundert sei nur der ostfriesische Pastor Christian Funck erwähnt, der anlässlich der Weihnachtsflut von 1717 auf den Untergang des geographisch weit entfernten Rungholt in der Manndränke von 1362 verwies (Funck 1719°, 151).

6.4.5 Detlev von Liliencron, *Trutz, Blanke Hans*

Eine Quelle ganz anderer Art, die in fast jeder umfänglicheren Arbeit zu Rungholt zitiert wird, ist das Gedicht *Trutz, Blanke Hans* Detlev von Liliencrons (1844–1909). Der Autor stammte aus einer verarmten Adelsfamilie, wurde Berufssoldat

---

221 Im Kontext eines Kommentars zum Rungholt-Kapitel, das ich Herrn Henningsen vorab zum Lesen gemailt hatte.

und trat anschließend in den preußischen Verwaltungsdienst ein, bevor er sich ganz der Schriftstellerei widmete. Im Rahmen seiner Beamtentätigkeit wurde er im März 1882 Hardesvogt auf Pellworm, blieb dort aber nur anderthalb Jahre, weil ihm das Leben auf dem Eiland nicht behagte. In Briefen spricht er vom »Scheißdienst«, den er zu ertragen habe, (Liliencron 1927°, 154; Brief vom 15.01.1883 an seine Frau Helene) und hofft von »dieser schändlichen Insel« möglichst bald »erlöst« zu werden (ebd., 150; Brief vom 17.12.1883 an Eduard Engel). Wie viele andere Schriftsteller der Jahrhundertwende kritisiert er zwar die Moderne und flieht in eine imaginierte Naturidylle, doch ist die erhoffte Harmonie immer nur von kurzer Dauer. Daraus resultiert eine melancholische Grundstimmung, welche zu einer kulturpessimistischen Haltung führt. Die zerstörerische Seite der Natur zeigt sich ihm unter anderem in der Gewalt der Sturmfluten. Weniger bekannt ist seine Erzählung *Der Blanke Hans* aus dem Novellenband *Letzte Ernte*, in der es um die Sturmflut von 1825 geht und die mit dem Tod der Hauptpersonen endet (Liliencron 1912°), während sein Gedicht *Trutz, Blanke Hans*, wohl auch bedingt durch Andreas Buschs Entdeckung von Rungholt, einige Berühmtheit erlangt hat (Liliencron 1977°, 130f.; → Anhang, Text 11f).

Der Titel des Gedichtes geht auf Anton Heimreich zurück, der im zweiten Band seiner *Nordfresischen Chronik* berichtet, dass kurz vor der zweiten Grooten Manndränke 1634 der »Deichgraf in Risummohr, nach verfertigtem Deiche den Spaten auf den Deich gesetzet, und vermessentlich gesaget: T r o t z n u n b l a n k e H a n s !« (Heimreich 1819°, Bd. 2, 134). Die Szenerie ähnelt einer magischen, beschwörenden Handlung, um die Gewalt der Nordsee gleichsam in Schach zu halten. *Blank* kann auch *entblößt* bzw. *nackt* bedeuten, während *Hans*, die Kurzform von *Johannes*, vom 14. bis zum 17. Jahrhundert der häufigste Name war und in Ausdrücken wie *Hanswurst, Prahlhans, Schmalhans, Hansdampf in allen Gassen* (vgl. BE, Bd. 9, 1989, 468; Röhrich 1994, Bd. 1, 202f; Bd. 2, 660–663) verwendet wurde. Die Bezeichnung *Blanker Hans* ist demnach abwertend gemeint, etwas Nacktes und gänzlich Durchschnittliches. – Der Deichgraf hat Angst, und er möchte nicht, dass all sein Bemühen vergeblich ist, weswegen er die zerstörerische und unberechenbare Kraft der Nordsee durch seinen Ausspruch zu verkleinern sucht. Doch hat er es *vermessentlich gesaget*, denn nach der Katastrophe von 1634 ist *er* sozusagen blank und sein Werk zur Bedeutungslosigkeit degradiert.

Liliencrons Gedicht beginnt mit den Worten:

> »Heut bin ich über Rungholt gefahren,
> Die Stadt ging unter vor sechshundert Jahren« (Liliencron 1977°, 130; → Anhang, Text 11f).

Henningsen nimmt in seiner sachlichen Art an diesen Zeilen Anstoß, indem er schreibt, dass die Fähre, welche Liliencron benutzte, um von Husum nach Pellworm zu gelangen, nördlich von Nordstrand vorbeifuhr, während Rungholt südwestlich der Insel gelegen ist (Henningsen 2002, 12; vgl. Zeichnung ebd.; vgl. auch Busch 1962). Das ist richtig, aber immerhin hat Liliencron in einer Fahrrinne den *Rungholtsand* durchschifft, von dem, wie bereits erwähnt, seinerzeit die meisten

Leute angenommen haben, er wäre identisch mit der Position des untergegangenen Ortes.

Der Dichter entwirft ein Bild von Rungholt, neben dem die alten Sagen geradezu verblassen, wenn er schreibt:

> »Rungholt ist reich und wird immer reicher,
> Kein Korn mehr fasst selbst der größeste Speicher.
> Wie zur Blütezeit im alten Rom,
> Staut hier täglich der Menschenstrom.
> Die Sänften tragen Syrer und Mohren,
> Mit Goldblech und Flitter in Nasen und Ohren«
> (Liliencron 1977°, 130f.; → Anhang, Text 11f)

Das ist maßlos übertrieben, hat aber sicher das Bild mitgeprägt, welches man sich um 1900 von Rungholt gemacht hat. Liliencron dürfte während seiner Amtszeit auf Pellworm von den Sagen gehört haben und davon beeindruckt gewesen sein, zumal sie Nahrung für sein pessimistisches Weltbild waren. Sein Gedicht steht daher »im Spannungsfeld von Mündlichkeit und Schriftlichkeit« (Wienker-Piepho 2002, 338), denn es hat seinerseits sicher Einfluss auf die orale Tradition gehabt und darüber hinaus das Thema einer breiteren Öffentlichkeit bekannt gemacht. Das gilt bis heute, denn sowohl in der einschlägigen wissenschaftlichen Literatur (Hagemeister 1980, 17f.; Henningsen 2002, 10–13) als auch in populären Medien wird in dem Zusammenhang immer wieder auf Liliencron verwiesen. So zitiert die Webseite zu dem Spielfilm *Der Untergang von Rungholt* den Balladentext (Schwartz und Hirthe 2001° → Sage), wobei der Ort als »das Sodom und Gomorrha des Nordens« bezeichnet wird (Schwartz und Hirthe 2001°). Auf der offiziellen Webseite *Ferienland Schleswig-Holstein* finden wir den Hinweis, dass nach der Schilderung Liliencrons Rungholt »reich und mächtig« gewesen sein soll (Ferienland Schleswig-Holstein 2003° → Rungholt). Im davor stehenden Absatz wird auf die *Pellwormer Rungholttage* aufmerksam gemacht, welche jedes Jahr um Himmelfahrt stattfinden:

> »Im Mittelpunkt der Exkursionen ins Watt steht die Suche nach Spuren des in der Nordsee versunkenen, sagenumwobenen Hafenortes Rungholt. Die im Jahre 1362 untergegangene Siedlung hinterließ zahlreiche Kulturspuren im Watt. Aufmerksame Wattwanderer finden dort heute noch Scherben von alten Töpfen oder Krügen aus Rungholter Zeit« (Ferienland Schleswig-Holstein 2003° → Rungholttage).

Doch auch rührige Restaurantbesitzer nehmen sich des Ortes an, um ihre Speisekarte damit zu zieren. So kann man im *Likedeeler*, einem Lokal auf der Nachbarinsel Amrum, *Kabeljau Rungholt* bestellen, ein »Kabeljaufilet sanft pochiert, auf gebackenen Rote-Beete-Scheiben mit Sesam-Honig-Vinaigrette, dazu feine Heidesandkartoffeln«.[222] Demnach dürfte Rungholt auch heute nichts von seiner Faszination verloren haben. Tourismusmanager und Gewerbetreibende haben sich des sagenumwobenen Ortes angenommen und vermarkten ihn nach besten Kräften.

---

222 <http://www.likedeeler-amrum.de/Neue%20Seiten/auszug.html> (07.02.2004).

Liliencron bezieht sich auf den zu seiner Zeit nach wie vor lebendigen Volksglauben, wenn er vom Reichtum des Ortes spricht und die Manndränke als Strafe für die Vermessenheit seiner Bewohner hinstellt. Zum einen fordert der unglaubliche Reichtum geradezu Vergeltung, zum anderen die Provokation »Wir trotzen dir, Blanker Hans, Nordseeteich!« (Liliencron 1977°, 131). Die *Mordsee* als *Teich* zu bezeichnen, ist äußerst verwegen, denn schon in den folgenden Versen wird das bevorstehende Unheil angekündigt:

> »Und wie sie [= die Einwohner] drohend die Fäuste ballen,
> Zieht leis aus dem Schlamm der Krake die Krallen« (ebd.).

Mit diesen Worten verlässt Liliencron den traditionellen Volksglauben, denn er nimmt damit Bezug auf ein altes mythologisches Motiv, welches das Zustandekommen von Ebbe und Flut durch das Ein- und Ausatmen eines riesigen Meeresungeheuers erklärt. Auch die vernichtende Kraft der Sturmfluten wird in diesem Kontext gedeutet:

> »Doch einmal in jedem Jahrhundert entlassen
> Die Kiemen gewaltige Wassermassen.
> Dann holt das Untier tiefer Atem ein,
> Und peitscht die Wellen und schläft wieder ein.
> Viel tausend Menschen im Nordland ertrinken,
> Viel reiche Länder und Städte versinken.
> Trutz, Blanke Hans« (ebd., 130).

Das Meer als Wohnort entsetzlicher Monstren ist aus der Kulturgeschichte hinlänglich bekannt (vgl. Corbin 1990, 13–35; Delumeau 1985, Bd. 1, 49–63), und auch der Atem eines Seeungeheuers als Ursache für Ebbe und Flut findet sich zumindest sporadisch. Im *Motif-Index*, dem »Linné« der Volkserzählung, kommt es als eigenständiges Motiv vor (A913.2), allerdings nur mit einem Beleg, und zwar von den Maori (Thompson, Bd. 1, 1955, 169). In Europa soll es ähnliche Vorstellungen bei den Küstenbewohnern Frankreichs gegeben haben (Hünnerkopf 1927, 515), und selbst in der mittelalterlichen Naturphilosophie wird man fündig. So glaubt der 1173 verstorbene Prior des Klosters St. Victor in Paris, Richard, die Gezeiten würden »durch das Atmen einiger großer Seeungeheuer oder Geister erzeugt« (Wright 1925, 190). Das ist allerdings die große Ausnahme, denn es ist in der gelehrten Welt des Mittelalters verbreitete Auffassung, dass der Mond etwas mit der Tide zu tun hat bzw. die Strömungen der Weltozeane, wovon bereits in Zusammenhang mit Wilhelm von Conches die Rede war (ebd., 190–196; vgl. Kap. 6.3.2). – Ich weiß nicht, woher Liliencron das Motiv hat, aber festhalten können wir zumindest, dass es, obzwar gelegentlich auftretend, zumindest in der europäischen Kultur wenig verbreitet und bei den Friesen überhaupt nicht vorhanden war.

Die Literatur der Jahrhundertwende ist ein Schmelztiegel ganz unterschiedlicher Strömungen wie Impressionismus, Symbolismus und Jugendstil, die ihrerseits keineswegs einheitlich sind. Auch im Leben und Werk Liliencrons, der im Spannungsfeld zwischen Naturalismus und so genannter Neuromantik steht, findet man eine Fülle gegensätzlicher Strebungen, etwa die Sehnsucht nach der unberührten

Natur und die Abneigung gegen das Bürgertum neben dem Bekenntnis zu Kaiser und »Vaterland« oder seiner aktiven Teilnahme an den Kriegen gegen Österreich (1866) und Frankreich (1870/71). Insofern kann man ihn durchaus als eklektizistisch bezeichnen, und das wird auch in der Ballade deutlich, in die neben traditioneller Volksüberlieferung auch das untypische Motiv der durch das Atmen eines Ungeheuers hervorgerufenen Tide eingeflossen ist. Dass es nicht stört, sondern stimmig ist und das ganze Gedicht wie aus einem Guss erscheint, macht seine Qualität und wohl auch seinen Erfolg aus.

6.5 »Rungholt« gab es auch anderswo

6.5.1 Motivgleiche Sagen

Ein Priester wird gerufen, um angeblich einer kranken oder sterbenden Person die letzte Ölung zu verabreichen. Stattdessen findet er ein betrunkenes Schwein vor und weigert sich, das Sakrament zu entweihen. Weil es aber geschändet und er selbst geschlagen wird, ruft der Geistliche Gott an und bittet ihn, die Sünder zu bestrafen, woraufhin dieser den verruchten Ort durch eine Sturmflut vernichtet. Das ist kein häufiger Motivkomplex, und in dieser Form existiert er weder im *Motif-Index*[223] noch sonst wo. Im Gegenteil: Wir finden ihn meines Wissens nur in den Frieslanden, dort aber recht oft und in verschiedenen Varianten.

Nach Auffassung Albert Pantens stammt die Urfassung von Samuel Meier, die 1587 in Hamburg veröffentlicht worden ist. Aus den Ergänzungen zur zweiten Auflage von Heimreichs *Nordfresischer Chronik*, welche in dieser nicht abgedruckt sind, geht hervor, dass die Erzählung sich in einem kleinen, bei Rungholt gelegenen Ort namens Vedderingerip zugetragen haben soll, der bei der Sturmflut von 1532 endgültig untergegangen ist (Panten, Einleitung. In: Sax, Bd. 3, 1984°, XIf.), aber bereits 1362 großteils überflutet worden sein dürfte (Henningsen, 2002, 18; vgl. auch Hartz 1933).

Noch älter ist allerdings eine Erzählung aus dem zwischen 1219 und 1223 entstandenen *Dialogus miraculorum* des Caesarius von Heisterbach (1180–1240). Caesarius war Prior im ehemaligen Zisterzienserkloster Heisterbach bei Bonn und hat in seinem Werk – großteils nach mündlicher Überlieferung – eine Fülle an mysteriösen und wunderbaren Geschichten aufgezeichnet, die das Wirken Gottes deutlich machen sollen (vgl. Wagner 1979, 1131–1136). Im siebten Buch des *Dialogus* finden wir die folgende Erzählung über *Die Heimsuchung Frieslands wegen eines Sakrilegs am Leibe des Herrn*:

> »Bald nachher, nämlich im Jahre des Heils 1218, trat in Friesland das Meer über seine Ufer, überschwemmte vielerorts das Land, zerstörte Dörfer, warf steinerne Kirchen um und vernichtete so viele Menschen, dass die Zahl die Hunderttausend

---

223 Stichworte *Deluge*, *Sacrament* und *Pig*. Nur in allgemeinerer Form vorhanden unter A1010 *Deluge* (insbesondere A1018 *Flood as punishment*) und A1020 *Escape from deluge* (Thompson, Bd. 1, 1955, 184–189).

überstieg. Derart schwollen die Fluten an, dass sie die Höhe der Türme zu bedecken schienen, Sturm entfachte Sturm, eine allgemeine Überschwemmung drohte den Landen. Und wie man unserm Abt sagte, der im selben Jahr zur Visitation nach Friesland kam, wären die wütenden Wasser bis Köln gelangt, hätte nicht Er, der sie erregt, sie wieder gebändigt, und zwar auf Bitten seiner Mutter, wie sich nachher zeigen wird«.

Es wohnte dort ein friesischer Fechter,[224] der oftmals betrunken aus dem Wirtshaus kam und seine Frau schlug. Um ihren Peinigungen zu entgehen, stellte sie sich krank und verlangte nach dem Sakrament. Als der Priester eintraf, forderte der Mann ihn auf, Bier zu trinken, doch weil er sich weigerte, »zerschlug der erzürnte Friese mit dem Becher die Büchse und warf alle Hostien, die darin waren, heraus, dass sie über den Estrich gestreut wurden. Die Frauen aber, die zur Tröstung gekommen waren, sahen über jeder Hostie einen glänzenden Stern. Der Priester sammelte sie seufzend und jammernd wieder in die Büchse und ging von dannen«. Der Friese wurde verurteilt, das Kreuz zu nehmen und gemeinsam mit dem Priester nach Rom zu pilgern, wo der Papst ihm auferlegte, drei Jahre lang übers Meer zu fahren, doch starb er bald darauf gemeinsam mit dem Priester auf See und kam in die Hölle. Unterdessen erschien einer frommen Frau die Mutter Gottes, welche ihr mitteilte, dass Friesland wegen der Schändung des Sakraments überschwemmt worden sei, zumal auch das übrige Volk gesündigt habe. Solange nicht Buße getan sei, würden weitere Sturmfluten folgen. Die fromme Frau erblickte daraufhin die im Meer schwimmende Oblatenbüchse, und die Mutter Gottes trug ihr auf, dort eine Kirche zu bauen, wo die Entweihung des Sakraments stattgefunden hatte. Dietrich, der Bischof von Münster, befahl dem Land die feierliche Buße, doch sie genügte noch nicht, weil eine weitere Sturmflut folgte. Erst danach wurde auf Veranlassung einer reichen Frau die Kirche an der Stelle des Fechterhauses errichtet (Caesarius von Heisterbach 1992°, 187ff.; → Anhang, Text 12).

Es ist unschwer zu erkennen, dass es um die erste Marcellusflut vom 16.01.1219 geht, von der wir durch Emo von Wittewierum genaueste Kunde haben. Auch er berichtet von nachfolgenden Fluten, und der erwähnte Bischof von Münster ist ebenfalls derselbe, nämlich jener, mit dem Emo immer wieder Auseinandersetzun-

---

224 Person minderen Ansehens, die für andere Zweikämpfe austrägt (Caesarius von Heisterbach 1925°, 125, Anmerkung zu Seite 40). Nach Meinung von J.J. van Moolenbroek könnte mit *pugil* auch ein Gerichtsdiener gemeint sein, mithin eine Person, die sozial nicht deklassiert ist, was er unter anderem damit begründet, dass jene angesehene Dame, welche die Kirche errichtet, aus dem Haus dieses Mannes stamme (Moolenbroek 1985, 534). Das ist nicht sicher, weil die Textstelle nicht eindeutig übersetzbar ist. Sie heißt: »Matrona quaedam praedicti *pugilis domo* ecclesiam aedificavit« (Caesarius von Heisterbach 1861°, Bd. 2, 5; eigene Hervorhebung). *Domo* ist im klassischen Latein eine Adverbialform mit der Bedeutung *vom Hause*, wobei im Mittellatein anscheinend auch Substantivformen in der O-Deklination gebräuchlich waren (vgl. Niermeyer und Kieft, Bd. 1, 2002, 466), obgleich *domus* im klassischen Latein nach der U-Deklination gebeugt wird. Jedenfalls sind damit beide Übersetzungen, *am Ort des Fechterhauses* und *aus dem Haus des Fechters*, möglich. Ich neige zur erstgenannten Möglichkeit, weil Maria zuvor aufgetragen hat, *an der Stelle des Hauses* die Kirche zu errichten (»In loco enim ubi dispersum est, aedificanda est ecclesia« [Caesarius von Heisterbach 1861°, Bd. 2, 5]). Außerdem habe ich nirgendwo *pugil* in der Bedeutung *Gerichtsdiener* gefunden; *Fechter* ist zumindest die gebräuchliche Übersetzung.

gen hatte.[225] Die bei Caesarius angeführte Jahreszahl 1218 erklärt sich daraus, dass die Zisterzienser nach dem Annuntiationsstil datierten (Moolenbroek 1985, 514; vgl. Grotefend 1991, 11f.), eine im Mittelalter und der Frühen Neuzeit gebräuchliche Zeitbestimmung mit dem Jahresanfang am Fest Mariä Verkündigung (25.März; lat. *Annuntiatio Mariae*).[226]

Bis auf die Episode mit dem Schwein, dem das Sakrament verabreicht werden soll, gleicht die Erzählung des Caesarius der Rungholtsage in den wichtigsten Elementen: Ein Priester wird zum Bett einer vermeintlich Kranken gerufen, die Hostie wird durch einen Betrunkenen geschändet, und Gott straft daraufhin das Land durch eine Sturmflut, zumal auch andere Landsleute gesündigt haben.

Aus dem Text geht nicht hervor, wie das Verhalten der Frau des Fechters zu bewerten ist: Wiegt die Vortäuschung einer Krankheit schwerer, oder sollte man mildernde Umstände ob des trunksüchtigen Ehemannes gelten lassen? Sicher dürfte hingegen sein, dass in diesem Fall die Täuschung eine geringere Sünde ist als in der Rungholtsage. Auch ist sie psychologisch plausibel, denn der Priester, nach dem sie ruft, kann als positive männliche Bezugsperson verstanden werden, von dem sie, allerdings vergeblich, Zuwendung erhofft, nachdem sie von ihrem Mann ständig misshandelt worden ist. Ein weiterer Unterschied besteht im Verhalten und Schicksal des Geistlichen, denn weder bittet er Gott um Bestrafung, noch hat er ein glückliches Ende. Er stirbt zwar nicht durch die Marcellusflut, geht aber gemeinsam mit dem Fechter auf See unter. Der aktive Part kommt hingegen dem weiblichen Geschlecht zu, zum einen der frommen Frau, die durch ihre Vision den Schlüssel zum Verständnis der Marcellusflut und damit auch Abhilfe ermöglicht, zum anderen der Gottesmutter, welche deutlich macht, was zu geschehen hat, und zum dritten den tröstenden Frauen, indem sie über jeder Hostie einen glänzenden Stern erblicken. Eigentlich hätten diese dem Priester auffallen müssen, und *er* hätte daraus Konsequenzen ziehen sollen. Und viertens geht die Initiative zur Errichtung

---

225 Es wäre interessant zu wissen, warum Emo diese sich in den Groninger Ommelanden abspielende Geschichte (s.u.) nicht wiedergibt. Moolenbroek glaubt daraus schließen zu können, dass sie nur regional verbreitet gewesen sei (Moolenbroek 1985, 534), aber andererseits schreibt er selber, sie habe in der Historiographie einige Bekanntheit genossen (ebd.). Und wenn sie tatsächlich mit der Rungholtsage in Verbindung steht, muss sie sich herumgesprochen haben, aber das kann zugegebenermaßen auch nach Emos Zeit geschehen sein. Sollte sie ihm aber doch zu Ohren gekommen sein, dann wäre es möglich, dass er sie nicht erwähnt, weil er erstens keinen rechten Bezug zum Marienglauben gehabt haben dürfte und es ihm zweitens vorrangig darum gegangen ist, die Fehler seines Volkes herauszustreichen und die Flut nicht allein auf die Tat eines Einzelnen zurückzuführen. Es heißt zwar bei Caesarius, dass nicht nur der Fechter, sondern Friesland insgesamt getroffen werden sollte, doch dieser knappe Hinweis verblasst in Anbetracht der breit geschilderten Episode mit dem frevelhaften Protagonisten (ausführliche Behandlung der Erzählung bei Moolenbroek 1985, 532–537).

226 Die im Neuen Testament (Lukas 1, 26–38) berichtete Mitteilung des Engels Gabriel an Maria über die Empfängnis Jesu. – Selbst wenn Caesarius 1218 gemeint hätte, die exaktere Quelle ist Emo, denn er nennt nicht nur das Jahr, sondern auch Lesejahr, Mondstand, zeitlichen Abstand zur Julianenflut und andere Hinweise, durch die evident wird, dass es sich nur um 1219 handeln kann. Außerdem ist er Augenzeuge, während Caesarius die Erzählung nur vom Hörensagen kennt.

der Kirche ebenfalls von einer Frau aus, während die vom Bischof von Münster den Friesen auferlegte Buße nichts genützt hat, da eine Folgeflut weitere große Schäden angerichtet hat.

Wenn man sich das alles vor Augen hält, könnte man fast geneigt sein, die Erzählung als feministische Literatur zu betrachten, wäre das nicht ein ahistorischer Zugang. Zumindest aber ist die aktive Rolle der Frauen und das Versagen der Männer nicht zu übersehen. Möglicherweise stoßen wir hier auf eine archaische Schicht, wenn wir uns vor Augen halten, dass dem Meer in tiefenpsychologischer Hinsicht, das heißt als primäres Objekt, weibliche Qualitäten zugesprochen werden können (vgl. Kap. 6.4.3), was bedeutet, dass hier nach der Simileregel vorgegangen wird: Ähnlichem wird durch Ähnliches Einhalt geboten.

So phantastisch die Erzählung auch klingt, es handelt sich um mündliches Erzählgut, an dessen Realität geglaubt wurde. Caesarius hat sie von seinem Abt gehört, dem sie wiederum in Friesland zu Ohren gekommen ist, als er dort zur Visitation weilte. Weitere Hinweise auf Mündlichkeit sind, dass der Prior von Jesse – jenem Kloster, in das der Fechter vorgeladen wurde –, erzählt hat, dass dieser Reue gezeigt habe.[227] Und dass der Bischof von Münster den Friesen die Buße auferlegt hat, ist ihm durch den Gutsverwalter der Zisterzienserabtei Sankt Bernhard zu Ohren gekommen. Die Erzählung dürfte demnach tatsächlich im Zusammenhang mit der Marcellusflut entstanden und nicht älter sein.

Die Geschichte wird sich irgendwo im osterlauwersschen Friesland abgespielt haben, genauer in den Ommelanden, denn das Zisterzienserkloster Jesse befand sich südöstlich und Sankt Bernhard nordöstlich von Groningen (vgl. Karte in Jansen 1984, 25).[228] Rungholt aber lag weit entfernt, und so stellt sich die Frage, ob es irgendwelche Verbindungen zwischen den Erzählungen gibt, das heißt ob das Geschehen, von welchem Caesarius berichtet, allmählich nach Nordfriesland gewandert ist oder ob es nichts mit der Rungholtsage zu tun hat. Nach Meinung Albert Pantens besteht Letztere aus zwei Teilen, der Erzählung des Caesarius und der des Samuel Meier, und zusammengefügt worden sei sie von einem Pastor anlässlich der Hochzeit einer Tochter des Backe Boysen im Jahre 1594 (Panten: Einleitung, in: Sax, Bd. 6, 1983°, XXIX),[229] um dann Eingang in die Chroniken der nordfriesischen Geschichtsschreiber zu finden (Henningsen 2002, 17).[230] Jener Backe Boysen soll, wie man der entsprechenden Stammtafel bei Peter Sax entnehmen kann, aus der Familie einer der beiden Jungfrauen entsprossen sein, die, neben dem malt-

---

227 Caesarius bezweifelt das allerdings, denn durch die Vision der frommen Frau sei kundgetan worden, dass der Fechter sich in der Hölle befinde und der Priester einstweilen im Fegefeuer (Caesarius von Heisterbach 1992°, 188).

228 Dort steht *Aduard*, aber dabei handelt es sich um das Kloster St. Bernhard (vgl. <http://aduard.com/> → abdij [09.08.2004]).

229 Allerdings fehlt bei Panten eine Begründung bzw. ein Beleg.

230 Panten spricht allerdings, wohl mit Bezugnahme auf Caesarius, vom Datum 1218 und von Ostfriesland als Ort des Geschehens. Letzteres mag angehen, wenn man das osterlauwerssche Friesland (= Groninger Ommelande bis zum Land Wursten) des Mittelalters als Ostfriesland bezeichnet, aber es ist doch missverständlich wegen der heute gebräuchlichen Bezeichnung.

rätierten Priester, vom Untergang Rungholts verschont wurden (Sax, Bd. 6, 1983°, 53; vgl. Henningsen 2002, 16–19).

Dass Samuel Meiers Version auf die Flut von 1532 Bezug nimmt, wie Panten schreibt (Panten: Einleitung, in: Sax, Bd. 3, 1984°, XIf.; s.o.), ist möglich oder wahrscheinlich, aber nicht sicher. Meier nennt nicht Rungholt, sondern spricht allgemein vom »Lande an der Seekante«, in welchem sich die Geschichte mit dem Schwein abgespielt haben soll (zit. bei Panten: Einleitung, in: Sax, Bd. 3, 1984°, XI). Das ist richtig, doch das Datum 1532 fußt auf dem Hinweis Heimreichs, dass Meier zu jener Zeit sich dort aufgehalten habe. Aber woher weiß Heimreich, der knapp 100 Jahre später geboren wurde, dass Meier *dieses* Jahr als Datum des Geschehens meint und nicht etwas, das früher stattgefunden hat? Weil 1532 Vedderingerip überflutet worden ist und sich Meier dort zu jener Zeit aufgehalten haben dürfte, wie Panten schreibt? Henningsen hat jedoch nachgewiesen, dass der Großteil des Ortes wahrscheinlich bereits 1362 untergegangen ist und sich nur Reste desselben bis 1532 gehalten haben (Henningsen 2002, 18).[231] Daher ist nicht auszuschließen, dass Meier sich auf das frühere Geschehen bezieht. Außerdem möchte ich erneut an die Worte Carl Woebckens erinnern: »Das Jahr wurde vergessen, der Tag, St. Marcellus, blieb in Erinnerung« (Woebcken 1924, 78). Caesarius erzählt von der ersten, die Rungholtsage von der zweiten *Marcellusflut*! Und dann ist es auch möglich, dass jener Pastor auf der Hochzeit der Tochter des Backe Boysen auf das Jahr 1362 angespielt hat, um in Erinnerung zu rufen, dass dieser von einer der geretteten Jungfrauen abstammt.

Wir wollen die Frage offen lassen und müssen gleichzeitig feststellen, dass wir immer noch nicht wissen, wie die Version des Caesarius von den Ommelanden nach Nordfriesland gelangt ist. Theoretisch ist es möglich, dass die beiden Geschichten gar nichts miteinander zu tun haben, sondern unabhängig voneinander entstanden sind, doch es gibt, neben den inhaltlichen Übereinstimmungen, ein Argument, welches für eine Wanderung der Erzählung spricht, nämlich die weite Verbreitung derselben entlang der Küste. Nachgewiesen ist sie mehrfach in Ostfriesland sowie im Elbe-Weser-Dreieck, und zwar bereits in der Version mit dem Schwein. Eine ausführliche Fassung finden wir bei Ludwig Strackerjan, der um 1860 im Oldenburger Land Sagen gesammelt hat. Sie beruht, wie die meisten Erzählungen aus seiner Sammlung, auf einer mündlichen Quelle.

> »Überhaupt waren die Herren vom hohen Wege übermütige, gottlose Leute, und
> durch ihren Übermut sind sie auch zu Grunde gegangen. Einst nämlich legten sie ein
> Schwein, mit Frauenkleidung angetan, in ein Bett und ließen den Prediger holen,
> damit er einer kranken Frau das Abendmahl gebe. Als dieser den Frevel sah, bat er
> den lieben Gott, dass er endlich solcher Gottlosigkeit Einhalt tun wolle. Und in der
> nächsten Nacht gab ihm Gott durch einen Traum kund, dass er das Land durch eine
> Wasserflut vernichten wolle, und das Zeichen, wann die Zeit gekommen sei, solle

---

231 Neocorus nennt in seiner *Chronik des Landes Dithmarschen* unter anderem *Rongholt* und *Vedderingmanß Capel* als gleichzeitig untergegangene Orte (Neocorus 1827°, Bd. 1, 556), wobei nach Ansicht Henningsens Letzterer mit Vedderingerip identisch ist (Henningsen 2002, 18).

sein, dass ein frischer, glatter Aal aus dem glühenden Backofen des Pastoren kriechen werde. Kurze Zeit darauf waren die Leute des Pastoren beim Brotbacken. Der Knecht heizte den Ofen, und schon war der Ofen glühend heiß und der Knecht im Begriff, das Feuer herauszuziehen, um das Brot hineinzuschieben, als zu seinem Schrecken ein frischer, glatter Aal sich vom hintern Ende des Backofens nach der Mündung schlängelte. Rasch lief der Knecht ins Haus und erzählte das Wunder seinem Herrn. Dieser befahl, schnell die Pferde vor den Wagen zu spannen und alles andere liegen zu lassen. Kaum war der Befehl ausgeführt und der Wagen bestiegen, da drangen auch schon von Norden her die Meeresfluten heran, und mit Mühe und Not gelangte der Prediger mit den Seinen, stets von den nachstürzenden Wogen bedrängt, endlich auf einen Hügel bei Tossens, wo sie vor dem ungestümen Wasser geborgen waren [...]. Wie die See in ihre Grenzen zurücktrat, waren die Herren vom hohen Weg mit ihrem gesegneten fruchtbaren Lande verschwunden; nur eine Sandbank ist übrig geblieben, von allen Schiffen, zumal den größeren, sorglich gemieden, da schon manches Schiff und manches Menschenleben darauf verloren gegangen« (Strackerjan, Bd. 1, 1909°, 44).

Der Hohe Weg ist eine Wattfläche vor der Halbinsel Butjadingen, genauer zwischen dem Küstenort Langwarden und der Vogelschutzinsel Mellum. Dort war nie etwas anderes als Sand und Schlick, dort hat nie ein Haus gestanden (vgl. Woebcken 1924, 145 und 200), aber Strackerjans Gewährsperson weiß zu berichten, dass das Land fruchtbar »und seine Bewohner so reich [waren], dass sie ihre Pferde mit goldenen Hufeisen beschlugen und mit silbernen Pflugscharen das Land bestellten« (ebd., 43). Auch habe das Siel nicht aus Stein oder Holz, sondern aus Kupfer bestanden. Die Herren vom hohen Wege hätten stets verlangt, dass der Pastor mit der Predigt erst dann beginnen dürfe, nachdem sie sich in der Kirche eingefunden hätten. »Als einst ein Prediger es gewagt hatte, vor der Ankunft der Herren vom hohen Weg den Gottesdienst anzufangen, musste er es mit dem Leben büßen, er ward auf der Kanzel erschossen« (ebd.). Das sind allzumal Motive, die auch von anderen Orten erzählt werden und oft genug bereits hinreichen, um Gottes Zorn zu erregen. Hier wird jedoch das Fass erst dadurch zum Überlaufen gebracht, dass das Sakrament entheiligt wird. Im Gegensatz etwa zu Paysen wird diese Episode aber nur kurz skizziert, während die Geschichte mit dem Aal als Vorzeichen breiter ausgeschmückt wird, welche wiederum bei den nordfriesischen Chronisten fehlt.

Wegen seiner Fortbewegung und seines Aussehens war früher die Ansicht verbreitet, der Aal gehöre zu den Schlangen (Hoffmann-Krayer 1927, 1; Schuster 2001, 13) und damit, ähnlich wie das Schwein, zu den dämonischen Lebewesen. Er galt als giftiges Tier, weil das im Blut vorkommende Aalgift hämolytische (Blut zersetzende) Wirkung hat und die Schleimhäute reizt, Brechdurchfall sowie Lähmungen erzeugt, sofern das Tier nicht gekocht oder geräuchert wird (BE, Bd. 1, 1986, 13). Dass es aus dem Backofen, gewissermaßen dem Tor zur Hölle und Aufenthaltsort mythischer Wesen, kriecht und daher über Land gekommen sein muss, wird seinerzeit vielleicht deswegen plausibel erschienen sein, weil sich Aale dank ihrer engen und verschließbaren Kiemenöffnungen längere Zeit auf dem Trockenen fortzubewegen vermögen. Dennoch braucht es nicht zu überraschen, dass der

Knecht, der den Ofen bedient, erschrocken ist, als sich der Aal auf ihn zu bewegt: ein Wassertier, welches unverletzt aus der glühenden Hitze kommt – das kann nur als Wunder aufgefasst werden. Daher bewegen wir uns im christlichen Kontext, und der Pastor ist sich alsbald im Klaren darüber, dass es sich dabei nur um das göttliche Vorzeichen handeln kann. Somit ist der Aal, obgleich im Volksglauben negativ besetzt, ein Abgesandter Gottes und als Symbol dafür anzusehen, dass mit den Menschen etwas Schreckliches passiert, während er für den Pastor und seine Angehörigen als Aufforderung verstanden werden kann, dem drohenden Untergang zu entgehen. Gott benutzt also ein dämonisches Lebewesen für eigene Zwecke, nämlich die Rettung des Geistlichen, das heißt er hat nach populärer Vorstellung keine »Berührungsängste« gegenüber dem Bösen, ähnlich wie es bei der Simileregel der Fall ist. Nachbildungen dämonischer Fratzen, wie man sie zuhauf auf den Dächern und Außenwänden gotischer Kirchen findet, erfüllen die gleiche Funktion wie in früherer Zeit Teufelsmasken bei Brauchhandlungen: Das Böse soll mit Hilfe des Bösen vertrieben werden, eine verbreitete Praktik vor allem in der Volksmedizin.

Motivgleiche Fassungen, das heißt Sakramentsschändung mit Hilfe des Schweines sowie der Aal im glühenden Backofen als Vorzeichen, sind von verschiedenen Orten belegt. Eine stammt aus dem ostfriesischen Brinkum, einem Ort im Binnenland zwischen Leer und Hesel. Dorthin gelangt zwar nicht das Meer, aber es öffnet sich eine Dobbe,[232] die so genannte Armrieksdobbe, welche alles verschlingt, in dem Fall das Haus eines frevelhaften Müllers (Siefkes 1968°, 243; auch in van der Kooi und Schuster 2003°, 306; Schuster 2001, 554). Bei Kuhn und Schwartz, die um die Mitte des 19. Jahrhunderts gesammelt und vorwiegend aus mündlichen Quellen geschöpft haben, sind es sieben Kirchspiele im Jadebusen, die untergehen müssen (Kuhn und Schwartz 1848°, 293f.), wobei die Gewährspersonen nicht nur aus dem Oldenburgischen stammen, sondern bemerkenswerterweise auch von der Insel Baltrum (ebd., 293). Benno Eide Siebs hat zu Beginn des 20. Jahrhunderts Sagen im Lande Hadeln erhoben und eine Fassung beigesteuert, die von einem wohlhabenden Dorf berichtet, das heute in der Elbe, nördlich von Otterndorf (bei Cuxhaven), verschwunden sei. Allerdings ist es kein Aal, der sich aus dem Ofen herausschlängelt, sondern Frösche, die den »ärgsten Sündern« entgegenhüpfen, wie ihm seine Informanten mitteilen (B.E. Siebs 1926°, 110). Dafür ist dort das Motiv des kupfernen Sieles zu finden (ebd., 110f.; auch in Iba 1993°, 73ff.). Wiedergeben möchte ich die knappe Fassung von Kuhn und Schwartz, denn sie macht deutlich, wie sehr Texte, die im mündlichen Umlauf kursieren, Veränderungen erfahren und Verkürzungen unterliegen.

> »Bei Heppens an der Jade sind sieben Kirchspiele untergegangen, und das ist daher gekommen, dass die Leute dort zuletzt gar übermütig wurden, ihren Wagen goldene Beschläge machten, den Pferden silberne Hufe unterschlagen ließen und dergleichen mehr. Endlich gingen sie gar so weit, dass sie ein Schwein in's Bett legten, ihm ein Hemd anlegten und den Pastor kommen ließen, dem sie sagten, es sei da ein Kran-

---

232 Vertiefung im Sande, Grube (Stürenburg 1857, 35).

ker, welchem er das Nachtmahl reichen solle. Da ist der Pastor auch gekommen, und hat es tun wollen, aber im selben Augenblicke hat er auch gesehen, dass ein Aal aus dem Feuer des Herdes hervorkroch, und daran erkannt, dass sich Ungeheures begebe. Da hat er sich schnell zu Pferde gesetzt und ist eiligst davongesprengt, und unmittelbar hinter den Hufen seines Rosses ist das Land weggebrochen und von der See verschlungen worden und so sind die sieben Kirchspiele untergegangen« (Kuhn und Schwartz 1848°, 293f.; Hinweis auf mündliche Verbreitung der Sage auch bei Strackerjan, Bd. 2, 1909°, 402).

Die Erzählung fällt sozusagen gleich mit der Tür ins Haus, weil bereits im ersten Satz das Ende vorweggenommen wird. Die Volkssage schmückt in der Regel nicht breit aus, sondern beschränkt sich auf das Wesentliche. Die einzigen Elemente, welche für die Geschichte nicht eigentlich notwendig sind, sind die goldenen Beschläge für die Wagen und die silbernen Hufe für die Pferde, auch wenn sie illustrierenden Charakter haben und dem Folgenden mehr Plausibilität verleihen. Vermutlich haben sie das Interesse des wahrscheinlich bäuerlichen Erzählers hervorgerufen, weil es um Dinge geht, die zu seiner Lebenswelt gehören. Dann aber geht es Schlag auf Schlag: Das Schwein wird angekleidet – ins Bett gelegt – der Pastor gerufen – dieser erblickt den Aal – läuft davon – der Ort geht unter. Auffallend ist die Bezeichnung *Nachtmahl*, denn sie ist im niederdeutschen Gebiet überhaupt nicht gebräuchlich, sondern nur im süddeutschen und österreichischen Raum als Bezeichnung für das Abendessen zu finden. Im Plattdeutschen würde man eher von *Avendbrood* sprechen. Der Erzähler dürfte hingegen das *Abend*mahl gemeint haben, und vielleicht war er in der Sakramentenlehre nicht allzu bewandert, zumal es im Protestantismus keine Krankensalbung gibt. Hätten die Herausgeber die Geschichte stärker bearbeitet, so hätten sie sicher *Nachtmahl* durch *Abendmahl* ersetzt. Für eine weitgehende Beibehaltung der Mündlichkeit spricht auch die Wortwiederholung im zweiten Satz (... *dass sie ein Schwein in's Bett legten, ihm ein Hemd anlegten* ...).

Fassen wir zusammen: In allen drei Frieslanden existieren mündlich überlieferte Sagen, in denen Frevler das heilige Sakrament entweihen, wodurch Gottes Zorn entfacht und das betreffende Land durch eine Sturmflut vernichtet bzw. schwer heimgesucht wird. Die älteste Version stammt aus den Groninger Ommelanden und ist durch Caesarius von Heisterbach im Zusammenhang mit der ersten Marcellusflut überliefert. 150 Jahre später ist in der zweiten Marcellusflut Rungholt neben anderen Kirchspielen untergegangen, und dort findet sich erstmalig eine Erzählung, in der das Motiv mit der Sakramentsentweihung durch das Schwein vorkommt. Eine Gemeinsamkeit mit Caesarius besteht in der Schändung der Hostie, indem Betrunkene sie mit Alkohol begießen. Die anderen Fassungen, welche von Ostfriesland bis zum Land Hadeln stammen, verbinden die Entweihung des Sakraments mit einem Vorzeichen, dem Aal, beziehungsweise den Fröschen bei Siebs. Sie stammen aus dem 19. bzw. beginnenden 20. Jahrhundert, wodurch die Frage aufgeworfen wird, ob mündliche Überlieferung seit dem Mittelalter besteht. Das kann ich nicht beweisen, aber ich vermute, dass die gleichen Bedingungen vorliegen wie im Fall der nordfriesischen Tradierung, weil der Bezugsrahmen der gleiche ist, in dem Fall Sandbänke und Wattflächen, von denen man glaubte, sie wären einst besiedelt gewesen, sowie, bezogen auf den Jadebusen, untergegangenes Land, das immer wieder Überreste freispült. Eingebrochen ist der Jadebusen erstmalig in der Clemensflut vom 23.11.1334, aber bis die letzten Inseln weggespült waren, hat es lange gedauert, im Fall der ehemaligen Insel Arngast, an deren Stelle sich heute ein Leuchtturm befindet, sogar bis ins 20. Jahrhundert (vgl. Woebcken 1934).

>»Bis vor 70 Jahren waren hier noch Kühe drauf‹, berichtet Anton Tapken, der als Kapitän der ›Etta von Dangast‹ Ausflugsfahrten in die Nähe des Leuchtfeuers unternimmt. Im Sommer weideten die Tiere auf der Insel. Heute ist kein Gras mehr zu sehen. Stattdessen sonnen sich die Seehunde im Sand«,

heißt es in einer Reportage über den Leuchtturm Arngast (NDR Hallo Niedersachsen 2004°). Bekannt sind auch die Oberahneschen Felder, bei denen es sich um eine Marschinsel im Jadebusen handelt, deren letzte Reste erst 1940 weggespült wurden (Behre 1999b, 21).

Neben den mündlichen Überlieferungssträngen hat es sicher auch eine schriftliche Tradierung gegeben. So erwähnt Erasmus Francisci (1627–1694), Sohn eines Lübecker Rechtsanwaltes, Polyhistor und Dichter von Kirchenliedern, die Geschichte mit der Sakramentsentweihung und dem Schwein in seinem *Ost- und West-Indischen Lust- und Stats-Garten*, datiert sie aber auf die Allerheiligenflut von 1570, bei welcher »der gantze Nord-Strand / von der See verschlungen / und solches um der Einwohner gottlosen Lebens willen« geschehen sei (Francisci 1668°, 140). Das ist, wie wir wissen, falsch, zeigt aber, dass Daten oftmals verwechselt werden, während das Geschehen in Erinnerung bleibt. Der Auricher Pastor Christian Funck korrigiert Francisci in seiner Arbeit über die Allerheiligenflut, indem er unter Berufung auf Anton Heimreichs *Nordfresischer Chronik* schreibt, die Geschichte habe sich 1362 abgespielt (Funck 1719°, 151). Das ist ein Beispiel für gelehrte Tradierung, aber damit ist das Vorhandensein einer mündlichen Überlieferung nicht widerlegt, weil diese auf vielfältigen materiellen Erinnerungsstützen ruht.

Es wäre zwar interessant zu erfahren, ob und, wenn ja, welche Abhängigkeiten zwischen den einzelnen Varianten bestehen, doch bin ich in dieser Hinsicht überfragt. Caesarius' Erzählung kann die Urfassung sein, weil sie die älteste ist, doch ist es ebenso möglich, dass die nordfriesische Überlieferung in Richtung südliche Nordseeküste ausstrahlte, zumal hier wie dort die Fassung mit dem Schwein zu finden ist, nicht aber bei Caesarius. Andererseits geht es bei ihm um die erste *Marcellusflut*, bei Rungholt um die zweite, weswegen Verbindungen möglich sind, weil das Datum vergessen wurde, nicht aber der Tag. Unsicherheit besteht auch, weil nicht auszuschließen ist, dass die eine oder andere Version unabhängig von den anderen entstanden ist. Da es darüber hinaus auch möglich ist, dass die Geschichte mit der Sakramentsentweihung tatsächlich irgendwo stattgefunden hat, könnte sie insofern Realität konstituiert haben, als dadurch ruchlose Menschen, die woanders gelebt und durch mündliche Weitergabe davon Kenntnis bekommen haben, erst auf die Idee gebracht wurden, das Geschehen in die Tat umzusetzen. Umgekehrt dürfte auch die Kirche ein Interesse an der Erzählung gehabt haben, denn es handelt sich um eine Warnsage, durch welche die Menschen eingeschüchtert und zu gottesfürchtiger Lebensweise ermahnt werden sollen. So könnte eine komplexe Wechselwirkung zwischen Verschriftlichung und Reoralisierung vorliegen. Ein Pastor oder Lehrer liest die Geschichte bei Caesarius, Heimreich oder Boetius, fügt sie in eine Predigt bzw. Unterrichtsstunde ein, und schon ist sie erneut unter die Leute gebracht. Diese erzählen sie weiter, und es kommt möglicherweise zu Missverständnissen, denn Kommunikation ist immer auch gestörte Kommunikation, vor allem, wenn man nicht bewusst reflektiert, *dass* sie störanfällig ist (Watzlawick u.a. 1985, 72–113). Die Leute glauben dann vielleicht, dass der Pastor auf der Kanzel nicht von einer längst vergangenen Flut berichtet habe, sondern von einer anderen aus jüngerer Zeit, die sich statt in der Edomsharde anderswo abgespielt und dort Menschenleben gefordert habe, und schon ist wieder vermeintliche Realität konstituiert worden. Es gibt viele Möglichkeiten; wie es im Einzelnen war, werden wir kaum feststellen können.

Auffällig ist jedenfalls, dass Erzählungen aus dem 19. Jahrhundert existieren, welche erstaunliche Übereinstimmungen mit weitaus älteren Geschichten aufweisen. Das kann man nach meinem Dafürhalten nicht allein auf gelehrte Tradierung reduzieren. Vielmehr war eine lebendige mündliche Überlieferung vorhanden, weil die Menschen ein vitales Interesse an den Erzählungen hatten. Sie waren unmittelbar betroffen, es ging um Leben oder Tod. Und es sei noch einmal betont, dass es mir nicht darum geht, alte Kontinuitätshypothesen zu neuem Leben zu erwecken, sondern – im Gegenteil – auf ein Charakteristikum der friesischen Mentalitätsgeschichte hinzuweisen: Traditionen sind oftmals von kürzerer Dauer, als es die ältere Forschung angenommen hat, doch dass es sich hier anders verhält, ist ein Spezifikum dieser Bevölkerungsgruppe.

6.5.2 Der Einbruch von Dollart, Jadebusen und anderer Gebiete im Spiegel der Sage

Die größten Schäden richteten die verheerenden Sturmfluten des Mittelalters und der Frühen Neuzeit in Nordfriesland an, weil der durchgehende Küstensaum in sich zusammengebrochen war und dadurch tiefe Einschnitte im Landesinneren entstanden. Doch auch die Sieben Seelande zwischen Vlie und Weser mussten Einbrüche hinnehmen, von denen die augenfälligsten Dollart und Jadebusen sind. Die Zuiderzee – das heutige Ijsselmeer – ist nicht, wie man mitunter liest, im Zuge der mittelalterlichen Flutkatastrophen entstanden, sondern weitaus älter und war zunächst ein Binnensee. Um 1200 brach jedoch das Meer ein und ließ sie bis 1600 zu ihrem heutigen Umfang wachsen, wobei sie 1932 durch den Bau des Afsluitdijk zu einem Binnenmeer geworden ist. Ähnliches gilt für die Lauwerszee im Grenzgebiet zwischen Westfriesland und Groningen, eine Meeresbucht, die sich während des Mittelalters verbreitete und 1969 eingedeicht worden ist. Manche Einschnitte, die im Laufe der Zeit entstanden waren, konnten dem Meer weitgehend oder zur Gänze wieder abgerungen werden, so die Fivelbucht in den nordöstlichen, an den Dollart angrenzenden Ommelanden, die Bucht von Sielmönken nordwestlich von Emden, Teile der Leybucht (zwischen Emden und Norden) sowie die Harlebucht, welche bis an den Geestkern bei Esens, Burhafe und Wittmund reichte (vgl. Karte S. 216 aus Behre 1987, 38 f. idgl. Behre 1996b, 13).

Am stärksten aber waren Dollart und Jadebusen betroffen. Der genaue Zeitpunkt des ersten Einbruchs ist unbekannt bzw. umstritten, aber sicher ist, dass von diesen beiden großen Ästuaren vor dem 13. Jahrhundert kaum etwas vorhanden war. Die Gebiete waren festes Land, brachen dann aber in rascher Folge immer mehr ein, und die Fluten drangen bis an den Rand der Geest vor. Butjadingen war zeitweise eine Insel, ein Meeresarm war vom Jadebusen bis zur Weser vorgedrungen. Ihre maximale Ausdehnung erreichten die beiden Buchten nach zwei zeitlich nahe beieinander liegenden Sturmfluten, von denen die zweite wieder einmal auf St. Marcellus fiel: die Flut am Vorabend von Sankt Cosmas und Damian, das heißt am 26. September 1509, und die Flut am Abend des 16. Januar 1511, die nach dem Heiligen des nächsten Tages benannt ist, Sankt Antonius, aber eigentlich die dritte Marcellusflut wäre.

Nach den verheerenden Überschwemmungen jener Jahre wurde der Deichbau verstärkt, und einige Gebiete des verlorenen Landes konnten, vor allem im Dollart, allmählich wiedergewonnen werden (vgl. Behre 1999b, 14f. und 19ff.; vgl. Karte ebd., 13). Zur Gänze hätte man die beiden Ästuare mit den damaligen Mitteln jedoch nicht mehr absperren können; dazu hatten sich Ems und Jade mit der Zeit zu sehr vertieft. Erst mit der modernen Deichbautechnik wäre das möglich gewesen, doch wird dies aus Gründen der so genannten Naturraumbewahrung[233] und wegen der ökonomischen Bedeutung der Hafenstädte Emden und Wilhelmshaven wohl nicht mehr geschehen.

Die Einbrüche waren deswegen so katastrophal, weil sich mit der Fertigstellung des goldenen Rings die Fluten höher stauten und dort, wo es zu Deichbrüchen kam, tiefe Kolke und Rinnen entstanden, in denen das Wasser auf engem Raum ins Binnenland strömte. »Dort im tiefen Sietland war es oft schwer wieder herauszukommen. Die weichen Torfe wurden erodiert, und im Sietland wuchsen die Wasserflächen viel stärker in die Breite als im festen Klei des Hochlandes« (ebd., 12), wobei hinzukommt, dass durch die mittlerweile eingeführte Bewässerung das Sietland gesackt war. Jadebusen und Dollart, Letzterer zumal in seiner größten Ausdehnung, erinnern in ihrer Form an bauchig-runde, stark abgeflachte Weinflaschen (»Bocksbeutel«), denn sie haben einen schmalen Hals und einen breiten Bauch. »Hier spiegeln sich die naturräumlichen Voraussetzungen wider: ein relativ fester Uferwall aus Klei und Sand an der Küste und dahinter die weichen Moore, die von den Sturmfluten leicht ausgeräumt werden konnten« (ebd., 21; vgl. Abb. in Woeb-

---

233 *So genannt* deswegen, weil es in Europa praktisch keine vom Menschen unbeeinflusste Natur mehr gibt. Die Ästuare sind auch wegen menschlicher Eingriffe entstanden, nämlich Deichbau und Bodenentwässerung, teilweise auch Salztorfgewinnung (s. nächster Absatz).

cken 1932, 77). Das macht auch der Name *Dollart* deutlich, ein alter Flurname, der niedriges, mooriges Land bezeichnet (Woebcken 1924, 119).

Mit der Entstehung des Dollart hat sich bereits früh und ausführlich der ostfriesische Gelehrte und erste Rektor der Universität Groningen Ubbo Emmius (1547–1625) befasst. Berühmtheit erlangte er mit seiner *Rerum Frisicarum Historia* (Emmius, Historia 1616° bzw. Emmius, Geschichte, 1980°–1982°, Bde. 1–6), durch die er nicht nur zum Chronisten der Friesischen Freiheit, sondern auch zum wissenschaftlichen Wegbereiter für die Erforschung der friesischen Geschichte avancierte, indem er sich großteils – aber nicht ausschließlich – auf schriftliche Quellen stützte, diese aber kritisch untersuchte. Eine kleinere Abhandlung ist der Geographie Ostfrieslands gewidmet (Emmius, Frisia Orientalis 1616° bzw. Emmius, Ostfriesland 1982°),[234] und in dieser geht er mit dem klaren Blick des Gelehrten auch der Frage nach, wie der Dollart entstanden ist.

> »Nachdem ich alles sorgfältig überlegt habe, finde ich als Gründe für ein so großes Unglück außer dem Zorn der Gottheit vor allem drei: 1.) die Lage der Deiche und des Landes, 2.) die natürliche Beschaffenheit des Bodens selbst und 3.) schließlich die Streitigkeiten der Parteien und die durch maßlose Zügellosigkeit verdorbene Freiheit [...]. In jenem Jahrhundert führten die Menschen bei allzu großer Freiheit ein verschwenderisches Leben, ließen sich in Parteistreitigkeiten ein, Nachbarn zankten sich miteinander, Adlige beneideten einander, Bauern waren auf Bauern neidisch, Vorsteher gerieten durch den Hass der nächsten Vorsteher in Bedrängnis, alle kümmerten sich mehr um ihre privaten Angelegenheiten als um öffentliche, die Ehrfurcht vor den Gesetzen lag darnieder« (Emmius, Ostfriesland 1982°, 18f.; lat. in Frisia Orientalis 1616°, 39; → Anhang, Text 13a).

Als die Zeit der Friesischen Freiheit ihrem Ende entgegenging, bildeten sich Häuptlingsherrschaften heraus, die zum Teil einander heftig bekämpften, was auch damit zusammenhängt, dass es an einer einigenden Zentralgewalt mangelte. Unter anderem kam es zu Grenzstreitigkeiten zwischen dem ostfriesischen Reiderland und dem Groninger Oldampt, zumal die frühere Grenze zum Teil bereits im Dollart untergegangen war. »Dieser Streit musste sich naturgemäß sehr ungünstig auf die Abwehrmaßnahmen gegen die weitere Ausdehnung der Bucht und auf etwaige Pläne zu ihrer Wiedergewinnung auswirken, fürchtete doch jede Seite der Streitenden, die Arbeit der anderen Seite und damit zu viel zu tun« (Breuer 1965, 28).

Nicht nur politische Auseinandersetzungen lähmten den Kampf gegen das Meer, auch einzelne sollen sich, wie Emmius schreibt, aus kurzsichtigem Eigennutz gegen den Schutz des Landes gestemmt haben.

> »Man *erzählt sich*,[235] dass man einen überaus reichen und mächtigen Mann beim Volk habe reden hören, er wolle lieber alle seine Äcker bis zur Länge einer Lanze von den Fluten bedeckt sehen, als zum Nutzen seiner Nachbarn, mit denen er sich

---

234 Diese findet sich in der lateinischen Originalausgabe als Anhang zur *Historia* (vgl. Literaturverzeichnis).

235 »In populo audita memoratur, qua testatus est...« (wörtlich: »Im Volk erinnert man sich an Gehörtes, das bezeugt ist...«).

stritt, die Deiche in Ordnung zu bringen. So musste es dahin kommen, dass die Deiche von den Fluten beschädigt und durchbrochen vernachlässigt blieben und nun den Wellen ein immer breiterer Einbruch ins Land geöffnet wurde« (Emmius, Ostfriesland 1982°, 19; eigene Hervorhebung; lat. in Frisia Orientalis, 39; → Anhang, Text 13b; auch in Emmius, Geschichte, Bd. 2, 1981°, 176; lat. in Emmius, Historia, Liber XII, 1616°, 176).

Die Geschichte stammt, wie dem Text zu entnehmen ist, aus mündlicher Quelle und wurde noch im 19. Jahrhundert erzählt (Sundermann 1869°, 51f.; auch in van der Kooi 1994°, 259; dgl. in van der Kooi und Schuster 2003°, 292; s.u.). Reichtum und Macht nutzen dem Mann nichts, denn die Gewalt des Meeres ist stärker. Immer wieder sind es wohlhabende Menschen und reiche Dörfer, welche den Fluten zum Opfer fallen. So heißt es von dem in der Cosmas-und-Damian-Flut versunkenen Torum, es sei

»nicht ein Dorf, sondern eine stark bevölkerte Stadt (wenigstens nach der Auffassung zu jenen Zeiten) [gewesen]. Um deren Reichtum und Glück zu erklären, *pflegte man zur Zeit unserer Großeltern allgemein zu erzählen,*[236] dass in dieser Stadt ein Münzmeister und acht Gold- und Silberschmiede ihr Handwerk ausgeübt hätten. Das muss nicht sonderbar erscheinen, weil unser Volksstamm Waren, die aus Metallen hergestellt wurden, viel gebrauchte. Nur den Namen einer Stadt behält der Ort auch heute noch. Denn er zeigt die Ruinen seiner alten Gebäude und auch die Spuren seiner Straßen, wenn mit dem Wehen des Ostwindes das Wasser zurücktritt. Und oft kommt es vor, dass Leute, die den nackten Boden sorgfältiger untersuchen, etwas Geld oder andere alte Sachen unter dem Gerümpel und im Sand finden. *Und es ist allgemein bekannt,*[237] dass vor wenigen Jahren ein kleiner Krug aus den Ruinen ausgegraben wurde, der voll von kleineren Silbermünzen war; die Inschrift lehrte, dass sie vor sehr vielen Jahrhunderten geprägt worden waren. Von diesen habe ich einige, die mit schwarzer Farbe beschmutzt waren, häufiger gesehen« (Emmius, Ostfriesland 1982°, 12; eigene Hervorhebung; lat. in Emmius, Frisia Orientalis 1616°, 36f.; → Anhang, Text 13c).

Der skeptische Emmius relativiert mit dem Nachsatz in der Klammer zunächst die Auffassung, Torum sei sehr bevölkerungsreich gewesen, doch den Erzählungen der älteren Generation über den Reichtum des Ortes schenkt er Glauben, weil eine Begründung dafür vorgebracht wird, nämlich die Existenz eines Münzmeisters sowie das Vorhandensein von acht Gold- und Silberschmieden. Er hält das für wahrscheinlich, und zwar wegen des in Ostfriesland häufigen Gebrauchs von Gegenständen aus Metall, und weil einige Zeit zuvor, wie allgemein bekannt sei, ein Krug mit Silbermünzen geborgen worden sei, die er sich selber angeschaut habe. Überhaupt könne man bei starkem Ostwind, wenn das Wasser aus dem Dollart getrieben werde, Ruinen alter Gebäude sowie Spuren der Ortsstraßen erkennen und verschiedene Gegenstände bergen. – Wie im nordfriesischen Wattenmeer helfen die Überreste mit, die kollektive Erinnerung an den zu Emmius Zeiten schon mehr als 100

---

236 »Avorum memoria vulgo ferri solet...«.
237 »Vulgoque notum est...«.

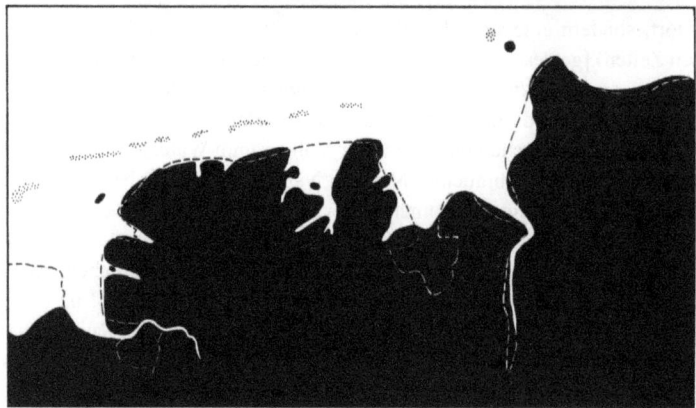

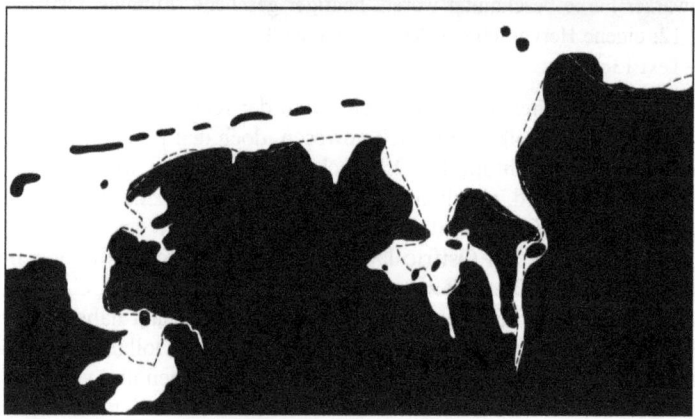

Abb. 4: Die ostfriesische Küstenlandschaft um Christi Geburt, um
800 und um 1500 einschließlich der Einbrüche von Dollart, Bucht
von Sielmönken, Leybucht, Harlebucht und Jadebusen. Gestrichelte
Linie = heutiger Küstenverlauf

Jahre zurückliegenden Untergang aufrechtzuerhalten. Und genau wie die anderen Leute schöpft auch der kritische Gelehrte aus der mündlichen Überlieferung.

Das tut er auch im Fall eines anderen untergegangenen Ortes, nämlich Reiderwolde.

> »Es übertraf alle übrigen Dörfer derselben Gegend an Größe und Pracht. Darüber darf ich nicht verschweigen, was *ein von unsern Vorfahren der Nachwelt weitergegebenes beständiges Gerücht berichtet, zum Beweis*[238] des bedeutenden und kaum glaublichen Reichtums, dass nämlich 180 verheiratete Frauen in diesem einen Dorf gewohnt hätten, die etwa einen halben Liter fassende Schalen aus reinem Gold mit dem übrigen Schmuck nach der Volkssitte auf der Brust trugen und zu ihrem Putz rechneten« (Emmius, Ostfriesland 1982°, 14; eigene Hervorhebung; lat. in Emmius, Frisia Orientalis 1616°, 37; → Anhang, Text 13d).

Rechnet man die Einwohnerzahl hoch und berücksichtigt zusätzlich noch die offenkundige wirtschaftliche Potenz, so wäre der Ort für mittelalterliche Verhältnisse zumindest eine kleine Stadt, aber das lässt sich nirgendwo glaubhaft feststellen. Der »Volksmund« übertreibt, und das macht er auch, um den Neid auf Reichere in Trost zu verwandeln, denn die vermeintliche Pracht und der Glanz der Reiderwolder führten unweigerlich zu deren Untergang, da all diese Geschichten, wie Emmius zu verstehen gibt, im Kontext der göttlichen Strafe stehen (ebd., 18 bzw. 39).

Sehr deutlich zeigt das auch sein Bericht zur Überflutung Westeels, eines Dorfes, das in der ersten Dionysiusflut vom 09.10.1373 schwer in Mitleidenschaft gezogen wurde und 1509 schließlich ganz in der Leybucht versank.

> »Die Flut [von 1373] erschreckte diese ganze Küste Frieslands und brachte großes Unglück. Denn sie überschüttete das berühmte Dorf Westeel [...] in einer kurzen Zeitspanne mit einer so großen Menge Wasser ganz und gar, dass alle Häuser zusammen mit der Kirche niedergelegt und zerstreut wurden, auch der Boden selbst zum großen Teil losgerissen wurde und Menschen sowie Tiere ertranken – sicherlich ein starker Beweis dafür, dass die Sterblichen das ihnen von Gott verliehene Glück ehrfurchtsvoll besitzen sollten. Denn in diesem Dorf hatte – *wie es von den Vorfahren überliefert ist*[239] der Reichtum Verschwendungssucht und die Verschwendungssucht Ausgelassenheit und Verachtung Gottes hervorgebracht« (Emmius, Geschichte, Bd. 2, 1981°, 212; eigene Hervorhebung; auch in van der Kooi und Schuster, 2003°, 293; lat. in Emmius, Historia, Liber XIV, 1616°, 212; → Anhang, Text 13e, 1. Absatz).

Für uns ist vor allem wichtig, dass Emmius auch aus mündlichen Quellen schöpft und diesen Glauben schenkt. Selbst ein Autor wie Fridrich Arends, der 200 Jahre später eine Landesbeschreibung im Stil der aufgeklärten »Statistik« verfasst, ist der Meinung, dass das im Dollart versunkene Land »ein herrlicher, stark bevölkerter Landstrich« gewesen sein muss (Arends 1818°, Bd. 1, 156). Als Beweis führt er die acht Goldschmieden Torums an und die 180 wohlhabenden Frauen aus Reiderwolde, welche »gediegene goldene Schilder vor der Brust trugen« (ebd., 157). Da es

---

238 »De qua silere non debeo, quod constans fama fert a majoribus posteritati tradita, in argumentum...«.

239 Dieser Passus (»ut a majoribus traditum est«) fehlt in der Übersetzung Reekens.

sich beim untergegangenen Dollartgebiet jedoch, wie der Name schon sagt, um mooriges Land handelt, müssen die Behauptungen über den angeblichen Reichtum, ähnlich wie im Fall Rungholts, weit übertrieben sein. Aber sie leben fort, genau wie die Mär von der Sündhaftigkeit jener Menschen, welche in den Fluten umgekommen sind. Als der Norder Lehrer Friedrich Sundermann in der Mitte des 19. Jahrhunderts Sagen aus seiner Heimat sammelte, hörte er, dass der Dollart

>»von reichen Leuten bewohnt [war], die gar zu stolz und hoffährtig waren und einer dem anderen lieber Schaden als Nutzen taten. Da wollte sie der liebe Gott züchtigen und schickte ihnen das Wasser, damit sie in ihrer Not sich bekehrten und allen Hader fahren ließen. Als nun der Deich brach und die demselben zunächst wohnenden Bauern um Hilfe zu den Nachbarn schickten, blieben diese hart wie zuvor. Da war sogar einer, der sprach: ›Und wenn auch meine eigenen Felder lanzenhoch vom Wasser bedeckt werden sollten, so würde ich keinen Finger rühren, den Nachbarn zu helfen, damit der Deich geflickt würde‹. Und so kam es, und es wurde noch ärger, denn nicht lanzenhoch, sondern turmhoch brauste das ungestüme Meerwasser über die Felder und verschlang das ganze Land« (Sundermann 1869°, 51; auch in van der Kooi und Schuster 2003°, 292).

Heute noch könne man, ähnlich wie in Rungholt, bei heiterem, ruhigem Wetter die Trümmer der zerstörten Gebäude sehen sowie ein Glocken ähnliches Geläute hören (ebd., 51f.). Ein weiteres bekanntes Motiv, das bereits von Emmius überliefert wird, ist, dass jemand gesagt hat, er werde den Nachbarn selbst dann nicht helfen, wenn sein Land bereits lanzenhoch vom Meer bedeckt sei – was wohl auch schwerlich möglich und kaum noch sinnvoll wäre, da das Land der Nachbarn auf der gleichen Höhe gelegen haben dürfte wie das eigene. Der Mann hat sicher nicht damit gerechnet, dass sein Land höher als *lanzenhoch* überschwemmt wird, doch das *turmhohe* Auflaufen des Wassers ist wiederum übertrieben, denn mehr als 3–4,5 Meter über MThW waren es bisher nie.

Durch Andreas Busch wissen wir, dass sagenhafte Erzählungen über Rungholt bis in das 20. Jahrhundert mündlich überliefert wurden. Mit den untergegangenen Dörfern in Ostfriesland verhält es sich nicht anders. Das zeigt unter anderem das Beispiel der Allerheiligenflut von 1570, die zu den besonders schweren Sturmfluten zählt (vgl. de Vries und Winsemius 1970). Sie wütete an der gesamten Küste, wobei in Ostfriesland zwei Dörfer ausgedeicht werden mussten, Oldendorf und Bense nördlich von Esens. In der mündlichen Überlieferung heißt es dazu und demgegenüber, dass die Benser Bauern zu habgierig gewesen seien, um *ein*zudeichen. Denn hätten sie es getan, dann hätte die Regierung Ansprüche auf jenes Land erhoben, das mit der Zeit dazugekommen sei. Die Einwohner Benses werden außerdem als gottlose Geschöpfe beschrieben, die mit dem Teufel im Bunde stünden, weswegen Gott, völlig unerwartet für die Einheimischen, das Land zu Allerheiligen überschwemmt habe (Arends 1824°, 466; auch in van der Kooi und Schuster 2003°, 300f.). Fridrich Arends schreibt dazu: »Noch jetzt, 250 Jahr, gibt es Familien, unter denen noch lebhaft die Sage dieser furchtbaren Flut, aus Erzählungen von Glied zu Glied lebt« (Arends 1833°, Bd. 2, 99). Auch hier liegt mündliche Überlieferung über einen sehr langen Zeitraum vor. Dass der Untergang Benses bis heute

– 435 Jahre später – nicht vergessen ist, wurde mir bei einem Gespräch während eines Familienfestes deutlich. Ein Verwandter erzählte mir, dass er bei Aushubarbeiten an der Fahrrinne von Bensersiel nach Langeoog auf eine Menge an Mauersteinen gestoßen sei, bei denen es sich eindeutig um die Überreste des im Wattenmeer untergegangenen Ortes Bense handele.[240]

Auch der Untergang des 1509 im Dollart versunkenen Torum, das wir bereits von Ubbo Emmius kennen, ist bis in die Gegenwart überliefert. Ude Reintsema (1894–1971), Schmiedemeister aus Gandersum,[241] hörte von seinem Großvater, dem Emsfischer Udo Boelen Buisker (1834–1923) dazu die folgende Geschichte:

> »Hier auf dem Dollart, da auf dem weiten Watt, hat mein Großvater sein ganzes Leben zugebracht. Hier fischte er, und hier waren auch die besten Stellen für Butt, Aal und Granat [= Krabben]. Da, wo der große Priel ist, fing er mal auf dem Ankerblatt einen goldenen Löffel [...]. Er zeigte Oma den Löffel, und im Lehnstuhl fing er später an zu erzählen: Das ist ein Stück aus Torum, der Goldschmiedestadt. Die hatten sieben Goldschmieden. Dort standen zwei Kirchen und drei Türme. Die Leute dort waren reich. Die hatten goldene Mulden [= Tragkörbe], in denen sie den Torf zum Herdfeuer brachten. Das war ein ganz verdrehtes Volk. Sie taten nichts, als sich zu amüsieren und Spektakel zu machen. Niemand wollte mehr in die Kirche kommen. Die Pastoren waren zuletzt weggelaufen. Es war ein ganz böses Volk, schlimmer als in Sodom und Gomorrha, erzählte der Alte« (Bruhns 1984°, 32; auch in van der Kooi und Schuster 2003°, 302; eigene Übersetzung).[242]

Buisker erzählt weiter, dass die Einwohner mehrfach von einem alten Pater gewarnt werden, aber von seinen Belehrungen nichts wissen wollen und ihm spinnefeind sind. Es kommt, wie es kommen muss: Ein Sturm aus Nordwest peitscht die Wellen hoch, das Sieltor wird hinweggesprengt und der Deich durchbrochen. Der Pater hingegen steigt in ein Fischerboot, fährt die Ems hinauf und ist bereits in derselben Nacht (!) in Münster (Westfalen), um anderentags eine Predigt über das sündige Volk zu halten, das im Dollart untergegangen ist (ebd.). – Auch in dieser Erzählung zeigt sich deutlich, dass Vergangenheit dann im kollektiven Gedächtnis bewahrt wird, wenn ein Bezugsrahmen existiert: Der goldene Löffel als Überrest aus dem Wattenmeer wird vom Großvater des Erzählers mit der *Goldschmiedestadt* Torum in Verbindung gebracht, die wiederum bestimmte Assoziationen über den Lebenswandel der Einwohner auslöst.

---

240 Mitteilung von Johann Lienemann am 21.08.2005 in Holtrop (Ostfriesland).
241 Gemeinde Moormerland, Landkreis Leer. Gandersum ist bekannt geworden durch das 2002 in Betrieb genommene, umstrittene Emssperrwerk.
242 »Hier up de Dullert, dar up dat wiede Watt, hett mien Grootvader sien hele Leven taubrocht. Hier fiskert he, un hier wassen ok sien beste Steden för Butt, Aal un Genat. Dar war de groote Priele is, fung he mal up't Ankerblatt en golden Lepel [...]. He wees Oma de Lepel, un in de Sörge fun he later an tau vertellen : Dat is 'n Stück ut Torum, de Goldsmeedestadt. De hett söven Goldsmeeden hat. Dar stunnen twee Karken un dree Torens. De Lü dar sünd riek west. De haren golden Mulden, in de see de Törf an't Herdfür halen denen. Dat was een heel verdreit Volk. Se denen nix, as sük amüseeren un jucheien. Nüms wull mehr in de Karke komen. De Pastoren wassen tauletzt weglopen. Dat was en hel bös Volk, slimmer as in Sodom un Gomorrha, vertellde de Olle«.

Während in dieser Erzählung ein Geistlicher die Menschen warnt, sind es in anderen Geschichten Vorzeichen. So berichtet Emmius im Zusammenhang mit dem Untergang Westeels, dessen Einwohner er als besonders sündhaft beschreibt, Folgendes:

>>Brote seien zu Stein erstarrt. Fische, die in einer glühenden Backpfanne noch lebten, hätten alle, die dabei waren, bestürzt sich angesehen. Aber die durch ihre Fehler in ihrem Herzen verhärteten Menschen hätten sich nicht erweichen lassen<< (Emmius, Geschichte, Bd. 2, 1981°, 212; auch in van der Kooi und Schuster, 2003°, 293; lat. in Emmius, Historia, Liber XIV, 1616°, 212; → Anhang, Text 13e, 2. Absatz).

Hier ist es kein Aal im Backofen, der die Leute vor dem kommenden Unheil warnt, aber das Motiv ist ähnlich, nämlich Tiere des Wassers, die in großer Hitze überleben. Es handelt sich dabei um etwas Widernatürliches und soll dergestalt auch auf den widernatürlichen und gottfernen Lebensstil der Bevölkerung hinweisen. Ähnliches gilt für das zu Stein erstarrte Brot, ein traditionelles Volksprosamotiv, durch das die Abwendung des Menschen von Gott symbolisiert wird. Jesus bezeichnet sich als *Brot des Lebens* (Johannes 6, 35), sodass Brot, welches sich in Stein verwandelt, tote Materie ist, das heißt die christliche Lehre hat für die sündhaften Einwohner Westeels keinen >>Nährwert<< mehr. Brot ist weltweit eines der bedeutendsten Nahrungsmittel und für Ackerbau treibende Völker >>das Symbol konzentrierter Kraft<< (Eckstein 1927, 1594), denn es deckt zu einem großen Teil den Bedarf an Kohlehydraten, Eiweiß, Vitaminen und Mineralstoffen ab. Insofern ist die christliche Symbolik nicht schlecht gewählt; die Religion ist lebensnotwendig, und wer sich von ihr lossagt, kann nicht eigentlich überleben (vgl. BE, Bd. 4, 1987, 24–27; Moser 1979, 809). – Ob der kritische Emmius derartige Erzählungen geglaubt hat, steht auf einem anderen Blatt, denn er berichtet in indirekter Rede und davon, dass diese Dinge geschehen sein *sollen*. Offensichtlich hat er aus mündlicher Überlieferung geschöpft.

Was er ansonsten über die Vergrößerung des Dollart schreibt, hat Hand und Fuß. Die Deiche werden vernachlässigt, und ist das Wasser einmal durchgebrochen, kann es sich ungehindert ausbreiten. Ähnlich wie es der Geologe und Küstenforscher Karl-Ernst Behre formuliert hat (s.o.), beschreibt er den weiteren Verlauf der Dinge, nämlich den aus festen Sedimenten bestehenden Flaschenhals, >>der sehr vorteilhaft den Fluten widerstehen<< kann (Emmius, Ostfriesland 1982°, 19; lat. in Emmius, Frisia Orientalis 1616°, 39), durch den sich das Wasser dann aber in die weicheren und tiefer gelegenen Sietländer ergießt (ebd.). Emmius beobachtet auch, dass sich Teile des moorigen Untergrunds, wenn er überschwemmt wird, mitunter ablösen und auf der Wasseroberfläche schwimmen, >>manchmal mit kleinen und mäßigen Bruchstücken, manchmal aber auch mit sehr großen<<, und dabei könne es schon einmal passieren, dass ganze Wiesen mit Vieh auf den Wellen treiben, ja sogar Häuser und Dörfer nebst Kirchen würden fortgerissen (ebd., 20 bzw. 40). Ähnliches berichtet er auch in Zusammenhang mit der Cosmas-und-Damian-Flut von 1509:

»Seltsam ist das, was bei diesem Unglück wegen der natürlichen Beschaffenheit des Bodens in der Nachbarschaft des Dollart geschah. Einige kleinere Häuser schwammen zusammen mit den Menschen, Schafen und Schweinen über eine weite Fläche dahin und wurden, als die Flut zurückging, zusammen mit den Lebewesen darauf gerettet [...]. Außerdem wurden einige übergroße Eichen und andere Bäume zusammen mit ihrem Erdboden in Bewegung gesetzt und fuhren wie ein gewaltiges Schiff auf den Wogen über eine gewaltige Entfernung dahin. Als sie an andere Bäume oder an eine höhere Erderhebung anstießen und hängen blieben, da erhielten sie sich noch mehrere Jahre hindurch mit unverminderter Lebenskraft. Und eine Eiche war noch im Jahre 1530 mit grünem Laub bekleidet und galt den Zuschauern als ein Wunder« (Emmius, Geschichte, Bd. 5, 1982°, 676; lat. in Emmius, Historia, Liber XLIV, 1616°, 676; → Anhang, Text 13f).

Wieder einmal begegnen wir sichtbaren Überresten, die an ein früheres Geschehen erinnern. Es wird von den Leuten auf übernatürliches Wirken zurückgeführt, in diesem Fall allerdings mit positiver Bewertung und nicht als Ausdruck göttlicher Strafe. – Im selben Zusammenhang berichtet Emmius, dass sich ein Stück Land mit zehn oder zwölf Stück Vieh losgerissen habe und anderenorts wieder angespült worden sei, woraus ein Rechtsstreit entstanden sei, wem die Tiere nun gehören (ebd.). Davon hat auch Eggerik Beninga (1490–1562) gehört, der die Katastrophe von 1509 selbst miterlebt hat, aber wie die Angelegenheit ausgegangen ist, erfahren wir von ihm genauso wenig wie von Emmius (Beninga, Bd. 1, 1961°, 459). Beninga versichert, dass die Geschichte sich wirklich zugetragen habe, sie »hefft sick ock in waerheit begeven«. Vielleicht bekräftigt er das mit solchem Nachdruck, weil das Geschehen reichlich phantastisch klingt. Emmius schreibt, es sei »eine Sache, die einem Wunder sehr ähnlich ist« (Emmius, Ostfriesland 1982°, 20; lat. in Emmius, Frisia Orientalis 1616°, 40), aber wer einmal Derartiges erlebt habe, werde eines Besseren belehrt und erkenne, dass es der Wahrheit entspreche. Das hat den Stoff zur Sage und wird sicher auch mündlich überliefert worden sein; ich selbst habe ähnliche Geschichten – wenngleich nicht von ganzen Dörfern – immer wieder gehört, und sie entsprechen insofern der Realität, als Hochmoore mitunter seeseitig aufgetrieben werden (Behre 1999b, 21). Das kann man heute noch im südwestlichen Jadebusen, am Sehestedter Außendeich, beobachten, wo sich das so genannte »schwimmende Moor« befindet (ebd.; ders. und Kučan 1999). Dort gibt es zwar keine Siedlungen, die emporgehoben werden, aber Landstücke können es schon sein.

Die Geschehnisse, von denen Emmius und Beninga berichten, dienen nicht nur der Unterhaltung; vielmehr können sie auch Bestürzung und Unbehagen auslösen, nämlich das Gefühl, selbst auf vermeintlich festem Boden zum Spielball der Elemente zu werden. Wenn nordfriesische Chronisten von Kulturspuren im Wattenmeer sowie von natürlichen Überresten im Marschenboden berichten und wenn Emo von Wittewierum die im Nordseewasser hilflos umhertreibenden Menschen mit Meeresgetier vergleicht, dann erinnert das an die Allgewalt dieses Elements, das als Primärobjekt die Existenz zu bedrohen vermag – und mitunter sogar Macht über das konkurrierende Element und Primärobjekt Erde besitzt.

Ähnliche Geschichten wie über den Dollart existieren vom Jadebusen. Sie erzählen vom unchristlichen Lebenswandel der Bevölkerung und vom sagenhaften Reichtum sowie der unglaublichen Fruchtbarkeit des Landes. Lässt man Abends einen Speer im Gras liegen, ist er am anderen Morgen nicht mehr zu finden, weil alles mit Klee überwachsen ist, um nur ein Beispiel zu nennen (Woebcken 1934, 47; weitere Bspp. ebd., 47f.; ders. 1924, 198f., mit weiteren Nachweisen). Vom Untergang der sieben Kirchspiele bei Heppens wurde bereits im letzten Kapitel berichtet, weil es sich um eine mit Rungholt motivgleiche Sage handelt, nämlich die Schändung des Sakraments mit Hilfe des verkleideten Schweines. Auch göttliche Warnungen trifft man immer wieder an. Die *Chronik von Jever* berichtet, in der Kirche zu Ahm sei anno 1512 das hochwürdige Sakrament in der Patene versunken, als der Pastor einer Magd das heilige Abendmahl reichen wollte. Sie habe sich zuvor nämlich mit einem Landsknecht eingelassen und Unzucht mit ihm getrieben (Springer 1896°, 58).[243] Zur selben Zeit sei am selben Ort Brot im Ofen zu Stein geworden und Bier zu Blut (ebd.).

6.5.3   Die Frau von Stavoren / Starum

Stavoren ist ein kleiner Ort am Ostufer des Ijsselmeers und heute bestenfalls bekannt als regionales Zentrum für den Wassersport und durch die Fährverbindung nach Enkhuizen. Im Mittelalter war es dagegen die größte, reichste Handelsstadt im Gebiet des heutigen Westfriesland und gehörte zeitweilig zur Hanse. Türschwellen und Türklopfer sollen mit Gold oder Silber beschlagen gewesen sein, und eine geläufige Redensart lautete: »Die verweende Kinderen van Stavoren« (Winsemius 1622°, 147).[244] Zu Beginn der Neuzeit machte indes die Verlagerung einer Sandbank, des Vrouwenzand (Frauensand; s.u.), die Zufahrt für größere Schiffe unmöglich. 1420 vernichtete ein Großfeuer 500 Häuser, und immer wieder kam es zu kriegerischen Auseinandersetzungen mit den Grafen von Holland, die es auf die reiche friesische Stadt abgesehen hatten. Sturmfluten, die im Gebiet der Zuiderzee großen Schaden anrichteten, taten ihr Übriges, die Stadt verlor mehr und mehr an Bedeutung. Große Teile derselben wurden weggespült, doch konnte man lange Zeit bei niedrigem Wasserstand verschiedene Überbleibsel erblicken, etwa Mauerreste oder Grabsteine. Bis heute sind auf den Seekarten die *Stavorener Steine* mit einem Markierungszeichen angegeben, heißt es auf einer Webseite, die über das Segeln im Ijsselmeer informiert.[245] – Im 17. und 18. Jahrhundert erholte der Ort sich wieder, doch um 1800 kam der Seehandel erneut zum Erliegen; die Flut von 1825 war ein weiterer Schicksalsschlag, die meisten Häuser wurden beschädigt, einige ganz weggespült (Palstra 2004; Scharlensis 1742°, 105f.; Winsemius 1622°, 147f.).

---

243 Die Berichte aus den Jahren 1509–1521 stammen von Remmer von Seediek (1500–1575), dem Kanzler des Fräulein Maria von Jever (Riemann, in: Einleitung zu Springer 1896°, 10). Er ist als Zeitzeuge zu betrachten. – Ahm war ein Kirchspiel im westlichen Teil des Jadebusens.

244 »Die verwöhnten Kinder von Stavoren«.

245 <http://www.aixtratours.de/hollandzeilcharters.htm> → Stavoren (16.02.2004).

Die Verhältnisse sind ähnlich wie bei Rungholt oder jenen Orten, welche in Dollart und Jadebusen versunken sind: eine reiche Stadt, die (großteils) in den Fluten versinkt, weil ihre Einwohner hochmütig geworden sind, wobei allerdings die Ursache für den Niedergang Stavorens vornehmlich einer einzigen Person zugeschrieben wird und es nicht allein Sturmfluten sind, welche das (ökonomische) Schicksal besiegeln, sondern auch die Verlagerung einer Sandbank. – So steht es in den älteren Chroniken (Scharlensis 1742°, 105f.; Winsemius 1622°, 147f.), und so wurde es auch mündlich überliefert. Ubbo Emmius berichtet davon, dass die Geschichte im Volk tradiert wird (1616°, Anhang unter *Stavera*, 63),[246] und der in der Tradition der Aufklärung stehende Autor Jakob Grabner führt sie an, um zu demonstrieren, »womit sich der gemeine Mann noch bis diese Stunde trägt, und die ich hierher setzen will, um Ihnen eine Idee von den Niederländischen Volksmährchen zu geben« (J. Grabner 1792°, 58). – Johann Wilhelm Wolf hat um 1850 folgende Erzählung aus mündlicher Quelle notiert:

> »Die Stadt Stavoren in Friesland war durch die Blüte ihres Handels zu also großem Reichtume gekommen, dass ihre Bewohner vor lauter Übermut nicht wussten, was sie taten. Sie ließen ihre Hausflure, Lehnen und Türen mit purem Golde beschlagen, um den Holländern zu trotzen, weil diese den Aufschwung der Stadt nur mit scheelen Blicken ansahen, und trieben es so arg, dass man sie allgemein nicht anders nannte als die verwöhnten Kinder von Stavoren. Selbst eigene Gesetze hatten sie sich gemacht und sogar das Recht von Galgen und Schwert sich zugelegt.
>
> Zu dieser Zeit war das Korn von Stavoren einmal sehr hoch im Preise, und eine reiche Witwe in der Stadt ließ, um Vorteil daraus zu ziehen, ein Schiff ausrüsten, welches aus Danzig eine ganze Ladung von Korn holen sollte. Während der Zeit aber, wo das Schiff auf der Reise sich befand, sanken die Getreidepreise plötzlich, und als es zurückkam, standen sie so tief, dass die Witwe sich genötigt sah, das Korn mit Schaden zu verkaufen, wenn sie Geld daraus lösen wollte. Darüber erzürnte die unfromme Frau höchlich und schwur, eher die ganze Ladung zu verlieren; sie gebot dem Schiffer, alles ins Wasser zu werfen.
>
> Dies war nicht sobald geschehen, als sich vor der Stadt und gerade an der Stelle, wo das Korn hineingeschüttet worden war, eine Sanddüne erhob, welche den Schiffen den Zugang zur Stadt wehrte, sodass Stavoren in kurzer Zeit von dem Glanze seines Reichtumes in tiefe Armut versank. Als Wahrzeichen von der sündlichen Tat der Witwe wächst auf der Düne noch jeglich Jahr eine eigenartige Pflanze, Wunderkorn genannt, welche dem wirklichen Korn in allem ähnlich sieht, nur ist ihre Ähre taub und sonder Frucht« (Wolf 1843°, 30f.).

In einer Variante, welche den Brüdern Grimm aus mündlicher Quelle zugetragen wurde, heißt es, die tauben Ähren seien auch als Warnung Gottes für die ganze Stadt zu verstehen,

> »allein die Ruchlosigkeit von Stavoren nahm von Jahr zu Jahr überhand, da zog Gott der Herr seine schirmende Hand von der bösen Stadt. Auf eine Zeit schöpfte man

---

246 »Sermone vulgi fertur...«.

Hering und Butt aus dem Ziehbrunnen, und in der Nacht öffnete sich die See und verschlang mehr als drei Viertel der Stadt« (Grimm 1999°, 277f.)

Auch hier finden wir wiederum die typischen Vorzeichen einer Sturmflut, in dem Fall Fische, also Tiere des Meeres, welche sozusagen das Land erobern und dergestalt die drohende Ausbreitung der See vorwegnehmen. Die Geschichte wird zwar in den älteren Chroniken auf die Zeit um 1200 datiert (Scharlensis 1742°, 106; Winsemius 1622°, 148), während verheerende Sturmfluten erst für die Neuzeit verbürgt sind, doch passen die Vorfälle zu gut zusammen, um sie in der späteren Überlieferung nicht miteinander zu verbinden. Die Geschichte existiert, wie bereits der alternative Schluss deutlich macht, in verschiedenen Varianten, und diese beziehen sich auf verschiedene Aspekte. Für uns ist natürlich besonders wichtig, dass auch auf den Untergang eines Großteils der Stadt infolge einer Sturmflut hingewiesen wird. Ein weiterer Unterschied besteht darin, dass die Frau in verschiedenen Fassungen dem Kapitän nicht aufträgt, er solle Getreide laden, sondern ihm befiehlt, das edelste Gut mitzubringen, das er finden könne. Das löst in ihm zunächst einige Verwirrung aus, bis er sich dann für Weizen entschließt und dadurch den Zorn seiner Auftraggeberin zuzieht (Dykstra, Bd. 1, 1895°, 46; J. Grabner 1792°, 58ff.; Grimm 1999°, 275f.). Oftmals wird auch auf das weitere Schicksal der hartherzigen Frau eingegangen, indem im Anschluss an den Frevel ihre gesamte Schiffsflotte untergeht oder es einfach heißt, sie sei in Armut gestorben. Zumeist ist das verbunden mit dem bekannten Motiv *Ring des Polykrates* (AaTh 736 A),[247] das antiken Ursprungs ist und auf Herodot zurückgeht. Es ist durch Schillers Ballade[248] in die Dichtung der Klassik eingegangen und hat vor allem in der Volkserzählung große Verbreitung gefunden (vgl. Brednich 2002). In der Sage von Stavoren warnt der Kapitän die Frau davor, das Getreide ins Meer zu kippen, da Hochmut und Frevel bestraft würden. Sie aber nimmt ihren Ring von der Hand, wirft ihn ins Wasser und sagt, sie werde eher diesen zurückbekommen als arm werden. Etwas später wird ihr ein Fisch gebracht, der, wie sich dann herausstellt, den Ring verschluckt hat (Dykstra, Bd. 1, 1895°, 46; Grimm 1999°, 277).

Die Sage berichtet immer vom Besonderen, Auffälligen, Abweichenden, und das betrifft hier natürlich das Verhalten der Frau, die nach dem, wie es Alfred Adler genannt hat, Alles-oder-Nichts-Prinzip handelt: Wenn sie keinen satten Gewinn einstreichen kann, ist alles nichts wert und muss weg. Nach der Logik des »gesunden Hausverstandes« würde man hingegen der Auffassung zuneigen, das *etwas* mehr ist als *nichts*, und versuchen, das Beste aus der misslichen Situation zu machen, aber die Witwe handelt nach ihrer privaten Logik – auch ein Terminus aus der Individualpsychologie –, welche die Welt antithetisch, das heißt nach einem strikten Entweder-Oder einteilt. Um es mit den Worten der Fachwissenschaft aus-

---

247 Polykrates wird gewarnt, ob seiner militärischen Erfolge nicht dem Hochmut zu verfallen. Um seine Demut zu zeigen, soll er das Teuerste wegwerfen, das er besitzt, und das ist ein Ring. Er versenkt ihn im Meer, doch ein Fischer bringt ihm nach einigen Tagen einen großen Fisch als Geschenk, der, wie sich beim Zubereiten desselben herausstellt, den Ring verschluckt hat. Damit ist Polykrates dem Untergang geweiht.

248 Werke in drei Bänden, Bd. 2, München: Hanser 1981, 756ff.

zudrücken: »In motivationaler Hinsicht ist ein privatlogisches Denken und Handeln am Streben nach persönlicher Überlegenheit orientiert und demzufolge auf der ›sozial unnützlichen Seite des Lebens‹ angesiedelt« (Titze 1995b, 307; vgl. ders. 1995a). Das ist in der Tat der Fall, denn die reiche Witwe denkt nicht im Entferntesten daran, das Korn den ärmeren Bürgern zur Verfügung zu stellen oder es ihnen zumindest preiswert zu verkaufen.

In Anbetracht des »unerhörten« Vorfalls braucht es nicht zu überraschen, dass sich die Geschichte von der reichen Frau, die Getreide ins Meer kippt, herumgesprochen und weite Verbreitung erfahren hat, denn sie ist bis nach Ostfriesland und Oldenburg vorgedrungen (vgl. van der Kooi und Schuster 1994°, 120ff.; weitere Nachweise ebd., 404f.). Strackerjans Informant aus dem Oldenburgischen macht aus ihr allerdings eine reiche Kaufmannswitwe aus *Amsterdam*, die sich darüber ärgert, dass der Kapitän statt Roggen Weizen mitbringt, was in Anbetracht der Ähnlichkeit der Ware noch einmal eine Steigerungsstufe darstellt und noch mehr Unverständnis ausgelöst haben dürfte (Strackerjan, Bd. 1, 1909°, 47f.). Über die Abwandlungen des Inhalts braucht man sich nicht zu wundern, da jede Weitergabe mündlicher Information, zumal über größere Entfernung, mit Änderungen einhergeht. Stavoren wird im Herzogtum Oldenburg um 1860, als Strackerjan sammelte, kaum noch bekannt gewesen sein, vor allem nach dem zweiten Niedergang um 1800, während Amsterdam auch damals längst eine große Handelsstadt war. In einer anderen Fassung aus dem Oldenburger Land heißt es bezeichnenderweise: »Mein Großvater, der nun schon lange auf dem Friedhof liegt, kam auf einer seiner Hollandreisen zu einer Stadt an der Zuydersee, deren Namen ich vergessen habe« (van der Kooi und Schuster 1994°, 120). Stavoren war zu unbekannt geworden, als dass man es außerhalb von Westfriesland noch gekannt hätte.

Dort allerdings trifft man sogar noch im 20. Jahrhundert auf die Geschichte. Dam Jaarsma hat in den 60er und 70er Jahren im Auftrag des Meertens-Instituut in Amsterdam und Ype Poortinga in den 70er und 80er Jahren für die Fryske Akademy in Leeuwarden Volkserzählungen gesammelt und aufgezeichnet. Beiden wurde auch von der Frau aus Stavoren erzählt. Es handelt sich zum Teil um sehr ausführliche Geschichten, in denen allzumal die Episode mit dem weggeworfenen und zurückgebrachten Ring vorkommt und die sowohl den Niedergang der Stadt betonen als auch die Verarmung der Frau (Archiv van der Kooi 2004°,[249] → Anhang, Texte 14a–c). Ein heftiger Sturm mit Donner und Blitz habe den Ort heimgesucht, alle Schiffe der Frau zerstört und zu allem Überdruss die Deiche durchbrochen (H. Meijer, Aufnahme vom 10.04.1969). Wohn- und Lagerhäuser seien durch ein Großfeuer zerstört worden und der Hafen versandet (R.P. de Jong, Aufnahme vom 01.05.1973). Die Frau von Starum sei schließlich als Bettlerin gestorben (S. Tiemersma, 08.07.1974).

Poortingas bzw. Jaarsmas Informanten geben die Erzählung als wirkliches Geschehen wieder und schöpfen dabei aus mündlicher Überlieferung. »So habe ich es

---

249 Die Texte sind unveröffentlicht, Jurjen van der Kooi hat sie mir freundlicherweise zur Verfügung gestellt.

gehört«, mit diesen Worten beginnt S. Tiemersma seine Geschichte, um dann hinzuzufügen, dass sie ihm bereits im Alter von zehn oder zwölf Jahren mitgeteilt worden sei.[250]

Die Erzählung dürfte auch heute noch in aller Munde sein, aber nicht mehr in erster Linie als Glaubensgut, sondern als Sage im landläufigen Sinn. Die Erinnerung an sie wird unter anderem deswegen wachgehalten, weil die Frau von Stavoren heute als Denkmal unübersehbar am Hafen steht und aufs Meer hinausschaut, damit wohl andeutend, dass sie ihre heiß ersehnte Ware erwartet. In einer niederländischen Webseite über die Geschichte der Hanse findet man ein Foto derselben mit dem Hinweis, es handele sich um eine »Legende«,[251] das heißt um etwas Erfundenes. Auch andere Publikationen im Internet bezeichnen sie als lokale Sage,[252] doch existieren Ausnahmen, etwa eine englischsprachige Webseite über das Ijsselmeergebiet, in der unter anderem auf Sehenswürdigkeiten und »other features« der Region eingegangen wird. Über das Denkmal der Frau von Stavoren heißt es erläuternd, es handele sich bei ihr um eine adlige Frau, die eine Getreideladung auf Grund zu niedriger Preise in den Hafen gekippt habe, wodurch dieser verschlammt und der Niedergang der Stadt eingeleitet worden sei.[253]

Eine ausführliche Internet-Fassung der Erzählung findet man hingegen auf der Webseite eines deutschen Touristen namens Tobias Kochsmeier, der in einer Art Tagebuch von seinem einwöchigen Segeltörn auf dem Ijsselmeer im August 1998 berichtet. Als er am letzten Tag seines Urlaubs nach Stavoren kommt, erzählt der Schiffseigner Peter Fokkens ihm die folgende Geschichte:

> »Die Witwe von Stavoren war im 15. Jahrhundert die reichste Bewohnerin der Hafenstadt Stavoren, deren Reichtum auch für die Stadt von Vorteil war. Sie wusste nichts mehr mit ihrem Geld anzufangen und rief alle Kapitäne aus dem Land zu sich und erteilte ihnen den Auftrag: ›Fahrt wohin ihr wollt und bringt mir das Schönste und Kostbarste, das ihr finden könnt‹. Nach einem halben Jahr kamen alle dann zurück und brachten ihr Gold, Edelsteine und alles erdenklich Wertvolle, was man finden konnte. Nur ein Schiff fehlte noch, das von ihrem erfahrensten Kapitän. Sie wartete ungeduldig noch ein weiteres halbes Jahr lang. Er kam als letzter zurück und erstattete ihr Bericht. Er war überall, hatte sich alles angesehen, aber nirgends konnte er etwas finden, was sie nicht schon hatte. Auf der Rückreise entdeckte er ein goldenes Weizenfeld und ließ den Weizen laden. Die Witwe war außer sich, was sollte sie schon mit Weizen anfangen. Und dafür hatte sie ein ganzes Jahr gewartet. Er erklärte ihr, daß der Weizen die Grundlage für das Wertvollste sei, was die Menschen hat-

---

250 »Sa ha ik heard [...]. Ik wit noch wol wy wienen in jier 10–12, nou doe waerd ús it forhael fan 'e frou fan Starum opdiend ...«.
251 <http://www.iec.nhl.nl/pabo/geschiedenis/hanze/4/stavvrouw.htm> [18.02.2004].
252 Zum Beispiel <http://www.sailingisland.de/neueseiten/basis_stavoren.htm> [18.02.2004]; <http://www.seglermagazin.de/im-20020620-0343-20020626-0922.html> [18.02.2004]; <http://www.hethavenhoofd.nl/history_dui.htm> [18.02.2004].
253 »Other features: [...] the statue of the ›Lady of Stavoren‹, a local noble woman whose resistance to sell grain at a low price caused the downturn of Stavoren (she had the grain dumped in the harbor, causing its siltation) (<http://www.godutch.com/iwindmill/icities/IJsselmeer/stavore.asp> [18.02.2004]).

ten, das Brot, aber sie verstand das nicht. Sie befahl ihm, den Weizen vor dem Hafen über Bord zu werfen. Er verfluchte sie, sie werde am Bettelstab enden und arm werden. Sie lachte nur, warf ihm einen goldenen Ring hinterher und sagte, dass sie solange reich bleiben werde, bis der Ring aus dem Meer zurückkäme. Der Kapitän tat wie befohlen und warf den wertvollen Weizen ins Meer. Jahre später gab die Witwe ein großes Festbankett. Hauptattraktion war ein riesiger Fisch auf der Festtafel. Der Fisch wurde angeschnitten und siehe da, er hatte den Ring gefressen. Die Witwe bekam einen großen Schreck, wurde nach und nach immer ärmer und mit ihr die ganze Stadt. Aus dem Weizen hatte sich eine Sandbank gebildet, der die Zufahrt zum damals größten Hafen in der Gegend immer schwieriger machte ...« (Kochsmeier 2004°, 16.08.1998).

Die Geschichte ist traditionell und gleichzeitig an die Gegenwart angepasst, weil sie schlüssige Antworten auf mögliche Fragen heutiger Zuhörer gibt. Wenn man in einer Überflussgesellschaft lebt, ist es nicht unbedingt plausibel einzusehen, wieso das Entsorgen einer Weizenladung eine derart fragwürdige Tat ist, dass die Witwe verflucht werden muss. Doch es wird eine sinnvolle Antwort gegeben, dass nämlich der Weizen die Grundlage für das Wichtigste sei, das tägliche Brot. Früher wäre das selbstverständlich gewesen und hätte keiner Erwähnung bedurft. Darüber hinaus wird eine zumindest auf den ersten Blick rationale Ursache für den Niedergang der Stadt beigesteuert: die Sandbank, welche sich aus dem Weizen gebildet hat und die Zufahrt immer schwieriger macht, was gleichzeitig bedeutet, dass die Untiefe nicht sofort da ist. Das ist für heutige Leser bzw. Zuhörer plausibler als etwa die mündlichen Aufzeichnungen von Wolf (J.W. Wolf 1843°, 30f.) und Grabner (J. Grabner 1792°, 59) oder die chronikalischen Berichte aus der Frühen Neuzeit (Scharlensis 1742°, 106; Winsemius 1622°, 148), nach denen sich im Anschluss an das Ausschütten des Getreides *sofort* eine Sandbank gebildet hat, auf der alsbald der Weizen emporschießt, ohne jedoch Früchte zu tragen. Diese Darstellungen sind im Kontext einer religiös geprägten Kultur zu sehen, für die es völlig klar ist, was die skizzierten Vorgänge bedeuten, nämlich Fingerzeig und Strafe Gottes. Kochsmeiers bzw. Fokkens Version ist hingegen an eine säkularisierte Gesellschaft angepasst, welche zum Teil andere Fragen stellt und andere Antworten verlangt. Und gleichzeitig ist der Spannungsbogen deutlicher ausgeprägt als in den älteren Erzählungen, denn es heißt, nach einem halben Jahr seien alle Schiffe bis auf das des erfahrendsten Kapitäns wieder heimgekehrt; auf dieses habe die Witwe weitere sechs Monate warten müssen – und es ist klar, dass nun jeder Zuhörer gebannt dem entgegensieht, was er mitgebracht hat. Die Betonung des Spannungsbogens ist ein Merkmal, welches angemessen ist für eine Gesellschaft, in der die »Event-Kultur« einen bedeutenden Platz einnimmt – auch und gerade weil in einer technisierten und mechanisierten Umwelt der traditionelle Volksglaube keinen Platz mehr zu haben scheint und eben dadurch das Bedürfnis nach dem Unnormalen, Sensationellen und Außergewöhnlichen stimuliert wird.

Handelt es sich bei der Geschichte um »lebendige Volksüberlieferung«? Insofern ja, als ein bemerkenswertes Geschehen aus der Vergangenheit einer Region mündlich mitgeteilt wird. Doch aus traditioneller Sicht müsste die Antwort anders ausfallen, vor allem, was die Rolle des Erzählers und Zuhörers betrifft. Von Peter Fokkens, dem sagenkundigen Schiffseigner, heißt es, er segele

> »schon 25 Jahre mit kleinen und großen Schiffen. Nach einer Laufbahn als Dozent, Trainer / Therapeut und Manager gründete er ein Beratungsbüro für strategische und Kommunikationstechniken. Daneben ist er aktiv als Schreiber und Journalist. Als Skipper der Panta Rhei geht er völlig auf in seiner Rolle als Gastgeber« (<http://www.segelurlaub2003.de/10807.html?*session*id*key*=*session*id*val*> [18.02.2004]).

Fokkens gehört sicher nicht zum anonymen »Volk«, sondern ist eher der Elite zu-zurechnen, da sein Beruf das Schreiben sowie das Vermitteln von Kommunikati-onstechniken sind. Doch auch mit der »alternativen« Seite seiner Persönlichkeit verdient er Geld. Sein Segelschiff ist im Jahre 1903 vom Stapel gelaufen und trägt heute den gelehrten Namen *Panta Rhei*, der sicher passend gewählt ist für jene, welche im entsprechenden Ambiente die Seele baumeln lassen wollen:

> »Die ›Panta Rhei‹ wurde mit komfortablem Aufenthaltsraum und zehn geräumigen Zweibettkabinen mit Dusche/WC ausgerüstet. Die schöne klassische Linie der ›Pan-ta Rhei‹ harmoniert mit der modernen Segeltechnik und der komfortablen Einrich-tung« (ebd.).

In ähnlicher Weise kann Fokkens Gast Kochsmeier kaum als traditioneller Zuhörer bezeichnet werden, denn die Geschichte, welche er aufzeichnet, steht im Kontext amüsanter Urlaubserlebnisse, und er kommentiert die Sage mit dem kurzen Aus-spruch »Hä? Cool!« (Kochsmeier 2004°, 16.08.1998).

Das ist eine ganz andere Welt als jene, in der 25 Jahre zuvor Ype Poortinga ge-forscht hat, und doch gibt es etwas Gemeinsames, nämlich das Interesse an einer »unerhörten« Begebenheit aus der Vergangenheit der Region, welche mündlich überliefert wird. Fokkens, der *in seiner Rolle als Gastgeber* aufgeht, möchte die Urlauber gut unterhalten, und darum erzählt er auch Geschichten, unter anderem jene von der Frau aus Stavoren. Kochsmeier findet diese so interessant, dass er sie, neben vielen Reiseerlebnissen, in seinem Tagebuch notiert.

Glaubt er an das Geschehen? Das würde ich nicht von vornherein mit einem klaren Nein beantworten. Wenn man eine Geschichte salopp kommentiert (»Hä? Cool!«), bedeutet das nicht unbedingt die Infragestellung ihres Wahrheitsgehaltes. Kochsmeier spricht auch nicht davon, dass ihm eine Sage oder Legende erzählt worden sei, sondern eine *Geschichte*. Und wenn wir seine Version etwas genauer betrachten, beinhaltet sie keine Elemente, welche ältere Sagen für moderne Men-schen in der Regel unglaubwürdig machen, etwa die strafende Hand Gottes oder teuflische Machenschaften. Eher kann man die Erzählung mit einer *modernen* Sage vergleichen, in der zwar Ungewöhnliches und Unglaubliches geschieht, aber nichts Unmögliches, zumindest nicht auf den ersten Blick. Und an moderne Sagen wird durchaus geglaubt, solange sie nicht als solche »enttarnt« sind. Warum also soll eine verschrobene Witwe nicht ihre Schiffe aussenden mit dem Befehl, das Kost-barste mitzubringen, was aufzutreiben ist? Warum soll sie nicht erzürnt sein ob der Weizenlieferung? Das ist genauso plausibel wie die Überlegung des Kapitäns, dass

Getreide am wertvollsten sei. Auch das Ringmotiv ist zwar unwahrscheinlich, aber nicht unmöglich. Am unglaublichsten ist allerdings die Versandung des Hafens durch den ins Wasser geschütteten Weizen, denn der wäre wahrscheinlich vom Meer fortgeschwemmt worden. Aber was weiß ein Binnenländer schon von Strömungsverhältnissen? Schließlich kommt es immer wieder vor, dass Hindernisse entstehen und mit der Zeit an Größe zunehmen. Wieso also, könnte man fragen, soll sich an dem riesigen Getreidehaufen – immerhin eine ganze Schiffsladung – nicht Sand abgelagert und mit der Zeit derartige Ausmaße angenommen haben, dass der Schiffsverkehr behindert wird?

Außerdem ist der Hafen tatsächlich versandet, und der nach der Witwe von Stavoren benannte *Vrouwenzand* existiert wirklich. Dieser ist, neben der Kupferstatue der Frau und den unter Wasser befindlichen Überresten des alten Ortes, den *Stavorener Steinen*, der Bezugsrahmen, durch den die Erinnerung an das Geschehen wachgehalten wird. Allerdings befindet sich jene Untiefe, welche heute als *Vrouwenzand* bezeichnet wird, einige Kilometer südlich von Stavoren, doch das ist kein Hinderungsgrund, diesen nicht mit der Sage zu verknüpfen. In der Internet-Ausgabe des *Seglermagazins* wird ausdrücklich vor der Sandbank gewarnt. Viele Yachten seien dort schon »aufgelaufen und auf den harten Sandbänken zertrümmert worden«, und es wird sogleich hinzugefügt, woher der Name kommt, nämlich von jener hartherzigen Kaufmannsfrau, die das Getreide einfach ins Meer kippen ließ.[254]

Die Überlieferung sagt, dass dort später eine seltsame Frucht gewachsen sein soll. Waling Dykstra, der bekannte friesische Sagensammler, greift in einem kurzen Beitrag diesen Hinweis auf und schreibt, dass auf den höchsten Stellen des heutigen Frauensandes tatsächlich etwas ähnlich Ausschauendes wachse, nämlich Arundo arenaria (Dykstra 1866°, 163, → Anhang, Text 14d), der auf fast allen Dünen anzutreffende Strandhafer (Ammophila arenaria).[255] Die im Sommer erscheinenden Blütenstände haben eine gewisse Ähnlichkeit mit Getreide, denn es handelt sich um dichte, fuchsschwanzartige Ähren von ein bis zwei Zentimeter Dicke und zehn Zentimeter Länge. Sofern es tatsächlich einmal eine reiche Frau gab, die Getreide im Meer vernichtete und dieser Vorfall zeitlich mit der Ausbreitung der Sandbank einherging – oder einfach nur von späteren Generationen damit verknüpft wurde –, kann durchaus der Strandhafer als unfruchtbarer Nachfolger des vernichteten Korns angesehen worden sein, womit ein weiterer Anknüpfungspunkt bestehen würde.

Fassen wir zusammen: Die nord- und ostfriesischen Überlieferungen zu untergegangenen Orten stimmen in wichtigen Punkten mit der Sage über den Niedergang Stavorens überein. Es handelt sich um eine reiche Stadt, deren Einwohner der Sünde und dem Hochmut verfallen sind, weswegen sie in einigen Quellen durch

---

254 »Der Vrouwezand hat seinen Namen der Sage nach von der Frau von Stavoren, die wohl sehr hartherzig war. Aus Wut über ein an sich kostbares Geschenk, dass sie nicht zu schätzen vermochte – eine Schiffsladung Getreide – ließ sie das Korn in die Zuiderzee kippen« (<http://www.seglermagazin.de/im-20020620-0343-20020626-0922.html> [18.02.2004]).

255 Da der Text kaum zu beschaffen ist, habe ich ihn im Anhang abgedruckt (Text 18d). Jurjen van der Kooi hat ihn mir freundlicherweise zur Verfügung gestellt.

eine Sturmflut bestraft werden. Diese Überlieferungen sind bis ins 20. Jahrhundert lebendig geblieben, was unter anderem in Zusammenhang steht mit sichtbaren Erinnerungsmarken. Die gegenwärtige Bekanntheit über die regionalen Grenzen hinaus verdankt die Geschichte indes einer Sehenswürdigkeit, der Kupferstatue am Hafen von Stavoren. Zum Teil wird sie als Sage im populären Sinn verstanden, zum Teil aber auch als mögliches Geschehen aus der Vergangenheit, wobei sie in dem Reisebericht von Tobias Kochsmeier gewissermaßen postmodern aufbereitet ist, wenn man darunter die Integration traditioneller Versatzstücke in einem modernen Kontext versteht. Das ist keine Form belangloser Beliebigkeit, sondern eine eigentümliche Mischung aus Spiel und Ernst, bei der nicht genau auszumachen ist, auf welcher Seite der Autor steht. Vielleicht nimmt er die Geschichte ernst, vielleicht auch nicht, möglicherweise ist ihm das selber nicht ganz klar.

Im Unterschied zu den nord- und ostfriesischen Erzählungen verarmt der Ort zwar, geht aber nicht zur Gänze unter. Außerdem beschleunigt eine vor dem Hafen entstandene Sandbank den Niedergang desselben. Dafür werden nicht die Menschen insgesamt verantwortlich gemacht, sondern eine reiche, hartherzige Witwe. Diese fungiert als Sündenbock, zumal die Frau – als Primärobjekt sowie im archetypischen Bild der großen Mutter mit ihren verschlingenden Eigenschaften – Ähnlichkeit mit dem Primärobjekt Wasser aufweist.

Otto S. Knottnerus schreibt unter Bezugnahme auf Simon Schamas dickleibiges Werk über die Kultur im Goldenen Zeitalter, dass die Angst vor dem Meer in den Niederlanden viel früher einer rationalen Haltung gewichen sei als in Deutschland. Schama sei »in seinen niederländischen Quellen des 17. Jahrhunderts auf kaum eine Spur dieser geradezu physischen Angst vor dem Meer gestoßen« (Knottnerus 1997, 155). Ich meine, diese Auffassung ist nicht haltbar, wenn man das Buch liest. Schama bezeichnet den Überlebenskampf gegen das Meer als *die* Haupterfahrung der Niederländer (1988, 37f.), und er weist darauf hin, dass noch die Sturmfluten in den 20er und 30er Jahren des 18. Jahrhunderts als Strafe Gottes verstanden wurden (ebd., 636). Es sei ein allgemein anerkannter Grundsatz gewesen, »dass die Flut das, was sie gab, auch wieder nehmen konnte. So wurde die Furcht vor dem Ertrinken in Elend und Schrecken exakt aufgewogen von ihrer Furcht vor dem Ertrinken in Überfluss und Sünde« (ebd., 63). Im letzten Kapitel schreibt er resümierend: »Wir schließen also damit, womit wir begonnen haben: der *geographisch beeinflussten Moral* des holländischen Denkens, hin- und hergerissen zwischen der *Furcht vor der Flut* und der Hoffnung auf moralische Rettung«, wobei das kontinuierliche Element darin bestehe, mit dem Unbekannten zu leben (ebd., 644; eigene Hervorhebungen). Dass die Angst vor dem Meer ein gemeinsames Merkmal nicht nur der Nord- und Ostfriesen, sondern auch der Westfriesen ist, machen die älteren Chroniken genauso deutlich wie die Volksüberlieferungen aus dem 19. *und* 20. Jahrhundert.

Exkurs: Der Drache vom Roten Kliff / Rode Klif bei Stavoren

An der Südküste Westfrieslands erstreckt sich das Gaasterland, eine Landschaft, welche aus einem postglazialen Sandkern besteht, deren Küste auf der Höhe der Ortschaften Mirns und Oudermirdum steil in das Ijsselmeer abfällt. Das ist ein für die südliche Nordsee untypisches Phänomen, doch noch erstaunlicher ist das sich nördlich anschließende und nahe bei Stavoren befindliche Rote Kliff, das, wie der Name schon sagt, ein rötliches Aussehen hat bzw. hatte, denn heute ist es eine begrünte Küstenlinie, die nicht mehr so steil abfällt. Im 14. Jahrhundert war das Kliff hingegen noch eine steile Wand von neun Meter Höhe und 200 Meter Länge, die ihr Aussehen dem roten Kalk verdankte, der dem Sand beigemischt ist.[256] Genau dort soll sich um Christi Geburt ein merkwürdiges Geschehen ereignet haben, wie Ocko Scharlensis berichtet:

> »Am Mittsommertag des Jahres Vier erhob sich ungefähr zehn Fuß südwestlich des Berges, welchen man das Rote Kliff nennt, eine feurige Flamme aus der Erde, die drei Tage lang brannte. Am vierten Tag kam ein großer Drache heraus, welcher sich sehr hoch in die Lüfte emporschwang und viele Menschen erschreckte. Nachdem er sich ungefähr eine halbe Stunde lang dort gezeigt hatte, flog er wieder in die Erde zurück, aus der er gekommen war, und ward nicht mehr gesehen« (Scharlensis 1742°, 6; eigene Übersetzung; → Anhang, Text 16a).

Auch später, im Jahre 155 (ebd., 11f.) und 230 (ebd., 18), soll der »vuurige Put«, die »feurige Grube«, noch einmal gebrannt haben (vgl. auch van den Bergh 1836°, 36f. und 127ff.; Winsemius 1622°, 33). Im Mittelalter sei der Drache dann wieder erschienen, aber nicht um die Menschen zu erschrecken, sondern um eine bevorstehende Katastrophe anzuknüden, sei es Krieg, Brand – oder eine Sturmflut (Kesler 1941). In der Folge wurde er, daran anknüpfend und entgegen der üblichen Tradierung, mehr und mehr zu einem positiven Symbol, das über Friesland wacht. Heute ziert er das Wappen des Militärflughafens Leeuwarden, auf dessen offizieller Webseite man Folgendes lesen kann:

> »Der Drache wird als Symbol dafür aufgefasst, dass er das friesische Land beschützt. Durch die Verbundenheit des fliegenden Drachen mit dem Luftraum und durch den Schutz, welchen er der Bevölkerung gab, hat er eine deutliche symbolische Bedeutung im Wappen des Militärflughafens Leeuwarden. Hier erheben sich immer noch zu jeder Zeit fliegende ›Drachen‹ in die Luft, um das Land zu beschützen« (Koninklijke Luchtmacht 2004°; eigene Übersetzung; → Anhang, Text und Abbildung 16b).

Ähnlich wie bei der Witwe von Stavoren wird aus der populären Überlieferung geschöpft, doch stehen hier nicht direkte touristische Zwecke dahinter, sondern die Legitimierung militärischer Übungen, die allerdings wegen des damit verbundenen Lärms dem Fremdenverkehr, auf den die Region angewiesen ist, nicht gerade zu-

---

256 Friesland.org: Archief → Gaasterland, heden en verleden <http://www.friesland.org/red/n_gaast.htm> (14.03.2004).

träglich sind. Auffällig ist allerdings bei beiden Motivkomplexen die Verbundenheit mit der Tradition, die dergestalt am Leben erhalten wird.

In diesem Fall steht allerdings noch etwas anderes im Hintergrund, nämlich die
Tatsache, dass unweit des Roten Kliffs, bei der Ortschaft Warns, im Jahre 1345
eine Schlacht stattgefunden hat, die für das Selbstverständnis der Friesen größte
Bedeutung hat, denn dort scheiterte der holländische Graf Wilhelm IV. bei seinem
Versuch, Westfriesland zu unterjochen. Nachdem er mit eigener Hand einen friesischen Häuptling getötet hatte, schnitten ihm die Sieger aus Rache den Kopf ab, und
seine Schergen mussten fluchtartig das Weite suchen (vgl. Woebcken 1932, 17).
Bis ins 16. Jahrhundert wurde der Tag der Schlacht, der 26. September, gefeiert,
geriet dann aber in Vergessenheit und wurde 1951 wieder ins Leben gerufen, als
man am Roten Kliff einen Gedenkstein mit dem allfriesischen Wahlspruch *Leaver
dea as Slaef* (*Lieber tot als Sklave*) errichtet hat.[257] Beim Roten Kliff handelt es
sich daher um einen höchst geschichtsträchtigen Ort, weswegen es nachvollziehbar
ist, dass der dort »ansässige« Drache quasi als Schirmherr Frieslands gegen mannigfache Unbilden verstanden wurde und wird.

Eine wichtige Rolle spielt dabei die Farbe Rot; einmal als auffällige Färbung
des Kliffs, zum anderen als Farbe des Feuers, nämlich des *vuurigen Put* genauso
wie des Drachen, und zum dritten als Farbe des Blutes, das auch in der Schlacht bei
Warns geflossen ist. Wenn das Fabelwesen als Schutz vor verschiedenen Gefahren
gedeutet wurde, dann steht es sowohl im Kontext der Ähnlichkeits- als auch der
Gegensatzregel. Es schützt, Gleiches mit Gleichem begegnend, vor blutigen Auseinandersetzungen sowie vor Blitz und Donner (Feuer). Es bewahrt die Menschen
aber auch vor Sturmfluten, dem feuchten Element, dem durch das trockene Element (Feuer) Einhalt geboten werden kann, was bedeutet, dass das Geschehen im
Kontext von Gegensatzregel *und* Elementenlehre verstanden werden kann.

Natürlich spielen diese naturphilosophischen Überlegungen bei der Wahl des
Drachens als Wappentier des Luftwaffenstützpunktes Leeuwarden keine Rolle, und
im Gegensatz zur Frau von Stavoren, bei der man nicht so genau weiß, ob die Geschichte sich wirklich ereignet hat, ist der Glaube an die Existenz des Fabelwesens
seit langer Zeit erloschen. Und doch findet man in der populären Überlieferung der
Gegenwart Beispiele dafür, dass die Geschichte, angepasst an heutige Verhältnisse,
ernst genommen wird. Auf einer ambitionierten niederländischen Webseite, die
vermeintliche UFO-Sichtungen vom Anbeginn bis in die Gegenwart mit wissenschaftlichen Quellenangaben und ernsthaftem Anspruch notiert, befasst sich die
allererste Erwähnung mit dem Drachen vom Roten Kliff.

> »Diese Geschichte enthält ein Geheimnis, das bis heute nicht aufgelöst ist. Handelt
> es sich um eine Phantasierzählung oder um die Wiedergabe eines tatsächlichen Ge-
> schehens? Muss die Auflösung im roten Gestein des Kliffs gesucht werden, das röt-
> lich wirkt, wenn die Sonne das ehemalige Almere[258] bescheint? Befand sich dort ein

---

257 De Slach by Warns 1345: <http://warns.nl/Warns%20geschiedenis%20slach%20by%20warns.
 htm> (13.03.2004).
258 Älterer Name für die spätere Zuiderzee (*Almere = großer See*).

Leuchtfeuer? Flogen dort UFOs, oder war es möglicherweise ein Leuchten, das in Zusammenhang stand mit Erdbeben? Tatsache ist [allerdings], dass die Geschehnisse aus der Sage keinen vulkanischen Ursprung gehabt haben können; dort existiert schlicht und einfach kein Vulkanismus« (Dossier X 1998°; eigene Übersetzung; → Anhang, Text 16c).

Der Autor tastet sich zunächst vorsichtig an das Geschehen heran, indem er die Frage stellt, ob es sich dabei um ein Produkt der Phantasie oder um die Beschreibung eines wirklichen Vorgangs handelt. Sodann listet er rationale Deutungsmöglichkeiten auf, verwirft aber aus geologischen Gründen die Vulkanismus-Hypothese zurecht. Aus der Sicht eines UFO-Gläubigen dürfte es indes relativ evident sein, dass bereits damals Außerirdische die Erde besucht haben, und auch der Autor wird das zumindest in Erwägung ziehen, denn anderenfalls hätte er diese Geschichte nicht in seine Sammlung vermeintlicher UFO-Sichtungen aufgenommen. So wird durch heutige Rezeption aus einer traditionellen Sage eine moderne Sage, und es bedarf dafür keiner Veränderung des Inhalts, sondern nur der Hinzufügung eines neuen symbolischen Gehalts: Der Drache ist weder ein Drache noch ein Vorzeichen für Katastrophen oder ein Schutzschild für die Friesen, sondern ein außerirdisches Flugobjekt. Das ist ein Unterschied zur postmodernen Rezeption der Frau von Stavoren mit ihrer Mischung aus Spiel und Ernst, denn in diesem Fall ist es eine ausschließlich ernsthafte Beschäftigung, weil ein Glaube dahinter steht, nämlich der Glaube an die Existenz Außerirdischer.

6.5.4 Die Strafe der Natur: Erzählungen über verschleppte Meerfrauen und begrabene Meermänner

Meerfrauen gehören zu den Wassergeistern und zeigen sich überwiegend in menschlicher Gestalt. Oftmals werden sie als schön beschrieben und treten nackt in Erscheinung, sind zuweilen aber auch mit Algen oder Schilf behangen. Sie singen und winken den Schiffern zu und versuchen, sie zu sich ins Wasser zu ziehen. Werden sie an Land gebracht, wollen sie sich in der Regel wieder befreien, und wenn ihnen das geglückt ist, rächen sie sich, indem sie Stürme und Überschwemmungen hervorrufen (vgl. Gerndt 1999, 475f.; Panzer 1941, 130f.; Strackerjan, Bd. 1, 1909°, 514).

»Noch unter den Barockpredigern herrscht eine heftige Diskussion darüber, ob es Wassermänner und Meerfräulein gibt«, schreibt Helge Gerndt (ebd., 475). Er möchte mit dem *Noch* wahrscheinlich andeuten, dass im Zuge der Aufklärung dieser Glaube erloschen wäre, doch das gilt primär für die Elitenkultur, weniger für die Volkskultur, wie mündliche Überlieferungen aus dem 19. Jahrhundert deutlich machen. Der Glaube an sie ist in den drei Frieslanden nicht nur in den älteren Chroniken belegt,[259] sondern auch in den einschlägigen Sagensammlungen.[260]

---

259 Z.B. Beninga, Bd. 2, 1964°, 844; Gouthoeven 1620°, Teil 1, 415; Neocorus, Bd. 1, 1827°, 377; Bd. 2, 1827°, 432; Scharlensis 1742°, 158.

Kuhn und Schwartz wurde im ostfriesischen Nesse[261] die folgende Erzählung mitgeteilt:

>»Das Dorf Minsen im Jeverlande hat nicht immer da gelegen, wo es jetzt liegt, sondern seine ursprüngliche Stätte ist jetzt von den Wogen überdeckt. Die Minser haben nämlich mal ein Seeweibchen gefangen und sie, so viel sie auch bitten mochte, nicht wieder freilassen wollen, bis sie endlich einen günstigen Augenblick ersehn und sich schnell in die Flut gestürzt. Darauf hat sich am nächsten Tage, als die Leute gerade in der Kirche gewesen, ein fürchterlicher Sturm erhoben, und eben, als der Prediger den Segen gesprochen, sind die Wogen hereingebrochen und haben alles Land und das Dorf verschlungen; davon hat man noch bis auf diesem Tag das Sprüchwort: >Dat gait ût as't bê'n to Minsen!<.[262] Die wenigen Leute, welche sich gerettet, haben nachher das jetzige Dorf gebaut, die Stätte im Meere aber, wo das alte Minsen gelegen, nennt man noch das Minser Ollôch bis auf diesen Tag« (Kuhn und Schwartz 1848°, 295).

Von Minsener Oog wurde auch Heinrich Georg Ehrentraut erzählt, einem gebürtigen Jeveraner, der als Jurist und Hofrat im oldenburgischen Staatsdienst tätig war. Um die letzten Reste der aussterbenden friesischen Sprache Wangerooges zu erforschen – das westlich von Minsener Oog liegt –, besuchte er um 1840 die Insel, welche als einzige zum Großherzogtum Oldenburg gehörte und nicht zu Preußen. Er notierte neben sprachwissenschaftlichem Material unter anderem auch eine geographische Beschreibung auf Grund persönlicher Gespräche, und in dem Zusammenhang wurde ihm mitgeteilt, dass östlich der Insel

>»auf dem Minser ôl ôch eine Kirche gestanden, und alte Leute erinnern sich von ihren Eltern gehört zu haben, dass diese noch Dünen daselbst gesehen hätten« (Ehrentraut, Bd. 1, 1849°, 411).

In der Ortschaft Minsen im Wangerland steht heute die Skulptur des *Seewiefkens* (Seeweibchens), um an den vermeintlichen Untergang des Inseldorfes zu erinnern (→ Anhang, Text und Abb. 15a). Das Wappen der Gemeinde Wangerland ziert das Seeweibchen

>»mit unbekleidetem Oberkörper in natürlicher Fleischfarbe und zu einem Zopf geflochtenes goldenes Haar; der silberne Unterkörper ist mit Schuppen bedeckt und endigt in einer Schwanzflosse. Die rechte Hand ist drohend erhoben« (Wangerland-Online 2004°; → Anhang, Text und Abb. 15a).[263]

---

260 Dykstra, Bd. 1, 1895°, 41; Iba 1999°, 168; van der Kooi 1994°, 178ff.; van der Kooi 1998°, 46ff.; van der Kooi 2000°, 73f.; van der Kooi und Schuster 2003°, 134; Kuhn und Schwartz 1848°, 295f.; Lübbing 1928°, 242–248; Müllenhoff 1921°, 355ff.; B.E. Siebs 1923°, 13f.; B.E. Siebs 1928°, 55 (friesische Originalfassung in Ehrentraut 1996°, 429); Strackerjan, Bd. 1, 1909°, 514ff.; Wolf 1843°, 319f.

261 Ortschaft zwischen Norden und Esens, nordwestlich von Dornum und unweit der Küste gelegen.

262 »Das geht aus wie das Beten in Minsen«.

263 Fast die gleiche Erzählung wie von Minsen existiert von Schouwen, das zwar in der Überlieferung als Küstenort bezeichnet wird (Kuhn und Schwartz 1848°, 296), in Wirklichkeit aber eine

In Anbetracht der Vielzahl an Orten, welche dem Meer zum Opfer gefallen sind, brauchte es nicht zu überraschen, wenn es sich mit Minsen genau so verhielte, vergleichbar mit Rungholt oder Stavoren, zumal auch hier ein Denkmal errichtet worden ist und die Gemeinde Wangerland in ihrem offiziellen Wappen auf die Sage Bezug nimmt. Doch es verhält sich anders, denn ähnlich wie im Fall des Hohen Weges hat es auf Minsener Oog nie ein Dorf gegeben. Bereits Ubbo Emmius hat in seiner geographischen Beschreibung Ostfrieslands festgestellt: »Hinter Wangerooge gibt es bis zur Elbmündung nichts Inselartiges« (Emmius, Ostfriesland 1982°, 78f.; lat. in Emmius, Frisia Orientalis, 1616°, 61). Das ist zwar nicht ganz präzise, weil er die Insel Neuwerk unterschlägt – auf der bereits um 1300 die Stadt Hamburg einen Turm als Seezeichen errichten ließ –, aber ansonsten hat er Recht.[264]

Minsener Oog ist heute eine circa 210 Hektar große Insel mit bis zu zwölf Meter hohen Dünen, gelegen zwischen Wangerooge und der Jade. Das Wasser- und Schifffahrtsamt Wilhelmshaven unterhält dort einen Radarturm sowie eine sturmflutsichere Unterkunft. Zur Unterhaltung der Dämme und Buhnen befinden sich ständig zwei Wärter auf der Insel. Unbefugte dürfen sie nicht betreten, weil sie zur Ruhezone des Nationalparks Niedersächsisches Wattenmeer gehört. 1909 begann man mit dem Bau eines Buhnensystems in Gestalt einer Korrektionsspinne, um der Versandung der Fahrrinne nach Wilhelmshaven Einhalt zu gebieten. Vor hundert Jahren gab es dort nur Sandbänke – und es hat auch nie etwas anderes gegeben (vgl. Inselbahn.de 2004; Nationalpark Niedersächsisches Wattenmeer 2004a).

Wie ist die Sage zu erklären? Ihr liegt gewiss die Erfahrung zu Grunde, dass eine Vielzahl an Orten in der See versunken ist. Auf Grund der vorherrschenden Westwindlage und der Richtung des Flutstroms sind die ostfriesischen Inseln, bevor sie befestigt wurden, früher von West nach Ost gewandert, doch weil das Fahrwasser der Jade tief und strömungsreich ist, ist ein Teil der Sandbänke von Minsener Oog darin verschwunden. Daraus könnte man den Schluss gezogen haben, dass dort einst ein Dorf stand, welches der instabilen Lage zum Opfer gefallen ist, zumal alle anderen Inseln bewohnt sind. Darüber hinaus legt die sprachliche Bezeichnung nahe, dass es sich um eine Insel und nicht bloß um eine Sandbank gehandelt haben könnte. Die Namen der drei östlichsten der ostfriesischen Inseln enden allzumal auf *oog(e)*[265], einem Substantiv friesischen Ursprungs, das im osterlauwersschen Friesisch sowie im Niederdeutschen *Auge* bedeutet. Im ostfriesischen Niederdeutsch heißt es neben *Auge* auch *Insel*, allerdings nur noch, wie Stürenburg

---

Insel in der Zuiderzee war. Deren Wappen sowie das der heutigen Gemeinde Schouwen-Duiveland ziert(e) ebenfalls eine Meerfrau (vgl. <http://www.ngw.nl/s/schouwen.htm> [21.02.2004]).

264 Die heute circa 75 Hektar große Vogelschutzinsel Mellum an der Nordspitze des Hohen Weges – den wir bereits durch eine Erzählung Ludwig Strackerjans kennen (vgl. Kap. 6.5.1) –, zwischen Jade und Weser gelegen, ist erst im letzten Viertel des 19. Jahrhunderts entstanden (vgl. Nationalpark Niedersächsisches Wattenmeer 2004b).

265 Langeoog, Spiekeroog, Wangerooge; desgleichen Schiermonnikoog, die östlichste der bewohnten westfriesischen Inseln (nicht: *Schiermonni-koog* im Sinne von *Koog* = *eingedeichtes Land*, sondern *Schiermonnik-oog*, benannt nach den ersten Besitzern, den *schier* = *sauber* im Sinn von *weiß* gekleideten *monniken* = *Mönchen* des Zisterzienserklosters Claercamp in Rinsumageest).

Mitte des 19. Jahrhunderts schreibt, in zusammengesetzten Wörtern wie Langeoog oder Spiekeroog (Stürenburg 1857, 168). Für Minsener Oog gilt daher das gleiche, vom Namen her ist es keine Sandbank, sondern eine Insel.

Was die immer wieder bestätigte Sichtung von Meermenschen angeht, vermute ich Verwechslungen mit Seehunden, denn wenn sie aus dem Wasser schauen, haben sie, zumal aus einiger Entfernung, eine verblüffende Ähnlichkeit mit menschlichen Gesichtern. Damit ist gewiss nicht alles erklärt, da kulturelle Vorgaben immer wieder eine Eigendynamik entwickeln und sich von der Realität loslösen, doch ist es andererseits genauso legitim zu fragen, ob etwaige Fakten und Tatsachen vorhanden sind, die bestimmte Vorstellungskomplexe mit ausgelöst haben können.

Wie aber sind die von Ehrentraut überlieferten Äußerungen zu erklären, auf Minsener Oog sei früher eine Kirche gewesen sowie Dünen, welche die Eltern der Gewährspersonen noch mit eigenen Augen gesehen hätten? Vermeintliche Gebäude können, wie wir es am Beispiel Rungholts gesehen haben, das Resultat von Luftspiegelungen sein, zumal dann, wenn man sich die Logik selbst erfüllender Prophezeiungen vor Augen hält: Wenn es die Leute beim Beten sozusagen kalt erwischt hat, muss dort auch ein Gotteshaus gestanden haben. Der Einbruch der Flut in dem Moment, da der Prediger den Segen austeilt, ist der Höhepunkt der Erzählung und wurde als so beeindruckend empfunden, dass daraus eine Redensart – *Das geht aus wie das Beten in Minsen* – entstanden ist. Wenn spätere Generationen an den Untergang Minsens gedacht haben, wird ihnen diese Szene möglicherweise vor Augen gestanden und den unbewussten Wunsch erzeugt haben, dort auch wirklich eine Kirche zu sehen. – Die Dünen lassen sich allerdings kaum durch Luftspiegelungen erklären, denn östlich von Wangerooge bzw. Minsener Oog existieren keine, weil dort nur Wattenmeer und flaches Marschenland sind. Auszuschließen ist allerdings nicht, dass sich in Zeiten geringer Sturmfluttätigkeit die Sandbänke zu leichten Erhebungen vergrößert haben, die dann als Überreste des alten Minsener Oog interpretiert wurden.

Das Meerweib kann man als Ausdruck archetypischer Ängste vor der Macht der Frau mit ihren verschlingenden Eigenschaften ansehen. Die Einwohner von Minsen zerren sie an Land, doch nachdem sie sich befreit hat, schickt sie ihr ureigenes Element, das Primärobjekt Wasser, um die Menschen zu vernichten. Ihr Einfluss ist sogar größer als die Kraft des religiösen Wortes, denn in dem Moment, da der Pastor den Segen gesprochen hat, *sind die Wogen hereingebrochen und haben alles Land und das Dorf verschlungen.* Die Angst vor der »großen Mutter« bezieht sich zunächst auf beide Geschlechter, denn psychoanalytisch betrachtet ist es klar, dass Mädchen wie Jungen gleichermaßen unter den negativen Eigenschaften eines weiblichen Primärobjektes zu leiden haben. Dennoch ist möglicherweise für Männer dieses Problem in patriarchalischen Kulturen brisanter, weil sie so tun müssen, als wären sie das »starke Geschlecht«, sodass sie weniger Ängste zeigen dürfen. Ihr Selbstwertgefühl ist in dieser Hinsicht stärker beeinträchtigt, denn unbewusst existiert massive Furcht vor der subtilen Gewalt der Frau (vgl. Rieken 2003a). Daher braucht es nicht zu überraschen, wenn es in der Überlieferung immer wieder Männer sind, welche von Meerfrauen in ihr Reich gezogen werden, zumal dabei auch die Polarität der Geschlechter eine Rolle spielt. – Ludwig Strackerjan wurde im Saterland folgende Geschichte erzählt:

»Ein Matrose wollte ein Seewiefken fangen, das nicht weit vom Schiffe auf dem Wasser trieb und sehr schön sang. Er fuhr mit dem kleinen Boote hin; als er aber so nahe war, dass er das Seewiefken ins Boot ziehen zu können glaubte, erhob sich jenes plötzlich aus dem Wasser, *umschlang den Matrosen mit beiden Armen und riss ihn mit sich in die Flut*« (Strackerjan, Bd. 1, 1909°, 515; auch in van der Kooi und Schuster 2003°, 134; eigene Hervorhebung).

Obwohl und weil es sich nur um einen *Matrosen* in einem *kleinen Boot* handelt, fühlt sich dieser als unumschränkter Herrscher über das weibliche Geschlecht, denn er glaubt die Meerfrau einfach ins Boot ziehen zu können. Machtvorstellungen dürften dabei genauso eine Rolle spielen wie Phantasien von der vollständigen sexuellen Verfügbarkeit über die Frau. Aber er hat die Rechnung ohne die Wirtin gemacht, denn das Seewiefke erhebt sich plötzlich aus dem Wasser – das heißt sie wird groß und mächtig –, umschlingt den Matrosen und reißt ihn in die Tiefe.

In einer anderen Erzählung kommt ein Saterfriese, der auf dem Dollart mit seinem Boot unterwegs ist, noch einmal mit dem Leben davon. Er schleicht sich bei Ebbe an eine Gruppe Seewiefken heran, doch ehe er eine von ihnen »fangen konnte, kam die Flut, und er musste eilen fortzukommen« (Strackerjan, Bd. 1, 1909°, 515; auch in van der Kooi und Schuster 2003°, 134). Man kann das auflaufende Wasser als Warnung verstehen sowie als Symbol der Weiblichkeit, die einen Mann verschlingt, wenn er sich ihr mit schlechten Absichten nähert.

Traditionellerweise werden Frau und Natur oftmals in eins gesetzt. Der zyklische Verlauf der Periode wird in Verbindung gebracht mit den zyklischen Abläufen im Naturgeschehen. Wegen ihrer Eigenschaft, Kinder zur Welt zu bringen, gelten sie als vertrauter mit elementaren Vorgängen. Man spricht vom *Mutterboden* sowie von der *Mutter Erde*, und in psychoanalytischer Hinsicht ist in der Tat eine gewisse Verwandtschaft mit den Primärobjekten Erde und Wasser vorhanden. So betrachtet kann man die Erzählungen über die Seewiefkes auch als Rache der Natur an den Menschen interpretieren, und zwar einer Natur, die zuvor geschändet und *widernatürlich* behandelt worden ist. Die Meerfrau ans Land zu zerren, heißt, sie ihres angestammten Lebensraumes zu berauben und ihr Gewalt anzutun. In moderner ökologischer Perspektive ist das gleichzeitig als Appell für einen behutsamen Umgang mit der Natur zu verstehen, denn im Fall der Nichtbefolgung rächt sie sich auf grausame Weise und zerstört Menschenleben. *Das ist gleichsam ein Seitenpfad des hinlänglich bekannten Deutungsmusters, das in abgewandelter Form bis in die Gegenwart reicht, nur gelten heute Sturmfluten nicht als Strafe Gottes für sündhaftes Verhalten, sondern als Strafe der Natur, weil mit ihr schändlich umgegangen wird, sie sind sozusagen eine Strafe für sündiges Umweltverhalten* (vgl. Kap. 7.2).

Mitunter muss allerdings gar kein böser Wille dahinterstehen, um den Zorn der Natur zu entfachen, mitunter reicht einfaches Nicht-Wissen tatsächlicher Zusammenhänge. Das wird in der folgenden Erzählung deutlich, die der von Amrum gebürtige Lehrer Christian Johansen (1820–1871) aufgezeichnet hat. Als Kind traf er häufig den alten Besenbinder Jens Dreffsen, der ihm eine Fülle wundersamer Geschichten erzählt hat, die für Dreffsen Realität waren, keine Sage im landläufigen Sinn (Johansen 1862°, 221).

> Amrum, so erzählt er, sei in früheren Zeiten viel größer gewesen, von Sylt war es nur durch einen schmalen Wasserlauf getrennt, den man mühelos überschreiten konnte, auch habe es noch keine Dünen gegeben, sondern nur Marsch, Wald und Heide.

> »Da ereignete es sich, dass ein etwas seltsam gestalteter Leichnam an den Strand gespült wurde. Die Leute holten ihn herauf, legten ihn in einen Sarg und begruben ihn bei ihren eigenen Toten. Aber es war von Stund an nicht richtig. Das Meer wurde wild, brach gewaltsam herein und wälzte ungeheure Sandmassen vor sich her [...].

> Da sagte ein kluger Mann: ›Höret mir zu. Der Mann, den ihr bei unseren Toten begraben habt, ist sicherlich ein Wassermann gewesen, und da er nicht wieder in's Wasser kommen kann, kommt das Wasser, ihn zu holen [...]. Wollt ihr nun verständigen Rat hören, so öffnet das Grab und sehet zu, ob der Tote auch seine Daumen im Munde hat und daran saugt. Tut er das, so ist's ein Wassermann, und ihr müsst euch beeilen, ihn wieder in sein Element zu bringen, wenn ihr nicht wollt, dass es ihn selbst holen soll‹.

> Alle Leute gaben dem klugen Mann Recht. Man öffnete Grab und Sarg und fand wirklich, dass der Tote an den Daumen saugend da lag. Eiligst lud man ihn nun auf einen mit zwei Ochsen bespannten Wagen. Die Ochsen jagten mit emporgehobenen Schwänzen dem Meere zu und hinaus in's Meer mit dem Toten. Da war's vorbei mit der Wasser- und Sandflut, aber die Dünen, die der Sturm einmal aufgetürmt hatte, blieben stehen und stehen noch da« (ebd., 222f.; → Anhang, Text 15b).

Zunächst sind es zwei ätiologische Motive, die erklärt werden, nämlich die Entstehung der Dünen und die Trennung der Inseln Sylt und Amrum. Wahrscheinlich reflektiert die Geschichte die Problematik der Wanderdünen, welche von der Westküste bis Nordjütland immer wieder ganze Dörfer unter sich begraben haben (vgl. Kap. 6.1). Auch könnte die Erinnerung an den einstmals durchgehenden Dünenwall eine Rolle spielen, der vor der Westküste existierte, bevor es zu den verheerenden Einbrüchen durch Sturmfluten kam. Dass früher einmal Inseln untereinander bzw. vom Festland nur durch eine schmale Rinne getrennt gewesen sein sollen, wurde überall in den Frieslanden erzählt (vgl. Lübbing 1928°, 1f.), entspricht aber längst nicht immer der Realität. Ähnlich wie bei den Erzählungen über die ungeheure Fruchtbarkeit untergegangenen Landes stehen Wunschträume nach dem verlorenen Paradies dahinter, in diesem Fall nach Aufhebung räumlicher Entfremdung. Wenn man früher von Den Helder auf einem hinübergelegten Balken nach Texel gelangen konnte (Wolf 1843°. 409), spiegelt das möglicherweise die Zeit vor dem Einbruch des Meeres in die Zuiderzee wider, doch wenn das Harletief zwischen Spiekeroog und Wangerooge ebenfalls ganz schmal gewesen sein soll (Ehrentraut, Bd. 1, 1849°, 411), entspringt das Wunschdenken, da die Entstehung der ehemaligen Harlebucht damit zusammenhängt, dass zwischen den beiden Inseln ein breiter Flutstrom eindringen konnte (vgl. Woebcken 1924, 135–138).

Doch wichtiger für uns ist in dem Zusammenhang die Tatsache, dass die Amrumer einen Wassermann begraben haben. Die Absicht ist lauter, auch wenn die Einwohner ein wenig gedankenlos vorgehen, denn im Text steht, es handele sich um einen *etwas seltsam gestalteten Leichnam*. Dass es sich um einen Wassermann handelt, erkennen sie am Saugen des Daumes. Psychoanalytisch betrachtet handelt es sich um regressives Verhalten, das heißt um solches, welches auf frühkindliche Muster zurückgreift, die Vertrautheit und Geborgenheit in unwirtlichen Zeiten versprechen. Da der Wassermann seinem Element entfremdet ist, »tröstet« er sich mit Daumenlutschen, hält sich daran fest. Aus volkskundlicher Perspektive wird es dagegen so sein, dass er eine Verbindung mit seinem ureigenen Element sicherstellen muss, um existieren zu können, und daher den Daumen in den feuchten Mundraum legt.

Im Unterschied zu den vorigen Erzählungen handelt es sich nicht um eine Meerfrau, sondern um einen Meermann. Damit wird die tiefenpsychologische Deutung, nach der diese Wesen Archetypisches und Primärobjekthaftes symbolisieren, nicht hinfällig, sondern nur relativiert in dem Sinn, dass man nicht sämtliche Erzählungen über den gleichen Kamm scheren kann. Die Gemeinsamkeit mit den anderen Geschichten besteht hingegen in der »ökologischen« Perspektive: Man darf nicht unbedacht in den Naturablauf eingreifen, sonst gerät dieser in Unordnung und richtet großen Schaden an. Das klingt modern und ist es auch, da bis heute nicht bekannt ist, welche Folgen anthropogene Faktoren für den Klimawandel zeitigen, konkret – und auf dieses Beispiel bezogen – für die Zunahme der Starkwinde und die Erhöhung des Meeresspiegels.

Die Alternative zur Aussöhnung mit der Natur ist die Bändigung derselben. Das haben die Küstenbewohner, ganz konkret, durch die Errichtung des goldenen Rings erreicht, zumindest solange der steigende Wasserspiegel beherrschbar ist. Symbolische Gestalt findet der Wunsch nach Beherrschung der Natur in einer Erzählung, welche in verschiedenen älteren Chroniken Westfrieslands und Hollands aufgezeichnet ist (Gouthoeven 1620°, Teil 1, 415; Scharlensis 1742°, 158; auch in Wolf 1843°, 319f.) und von der selbst Eggerik Beninga im fernen Ostfriesland Notiz genommen hat (Beninga, Bd. 2, 1964°, 844). Um 1400 soll eine »wilde Zee-Vrouwe« (Gouthoeven 1620°, Teil 1, 415) aus der Zuiderzee ins Purmer-Meer[266] getrieben, dort gefangen genommen und über Edam nach Haarlem gebracht worden sein.

»Sie war ganz nackt am Leibe, ohne Kleidung zu tragen, doch war sie behangen mit vielerlei wasserartiger Materie, etwa Moosstücken und anderen Gewächsen [...]. Niemand aber konnte ihre Sprache verstehen, noch verstand sie die unsere. Als sie jedoch schön zurecht gemacht und von den Seegewächsen befreit wurde, mit denen sie behangen war, zog man ihr Kleidung an, und sie begann unsere Speise zu essen. Indes war sie die ganze Zeit davon besessen, wieder ins Wasser zu gelangen, doch wurde sie zu gut bewacht [...]. Später lernte sie spinnen und lebte viele Jahre, und als sie starb, wurde sie auf dem Kirchhof begraben, weil sie oftmals das heilige Kreuzzeichen gemacht hatte. – Das wird von einigen angesehenen und vertrauenswürdi-

---

266 Nördlich von Amsterdam.

gen Männern bestätigt und beglaubigt, denn sie sagten, sie hätten diese Frau in Haarlem zu jener Zeit gesehen, weswegen diese Geschichte in die Chronik aufgenommen worden ist« (Gouthoeven 1620°, Teil 1, 415; eigene Übersetzung; → Anhang, Text 15c).

Die letzte Aussage macht deutlich, dass Gouthoeven keinerlei Zweifel an der Wahrhaftigkeit der Erzählung hegt, und sie zeigt auch, dass offensichtlich der Vorfall zunächst mündlich verbreitet war und erst danach in die schriftliche Überlieferung eingegangen ist. Ocko Scharlensis, der in der Regel knapper verfährt, ist voller Verwunderung wegen des Vorfalls und fragt sich in einem längeren Absatz, ob die Meerfrau ein »Mensch of Visch is geweest«: Wenn es sich bei ihr um einen Menschen handelt, wie kann sie dann im Wasser existieren und einen derartigen Sturm überleben? Doch wenn sie ein »Fisch« ist, wie kann sie dann menschliche Manieren annehmen, spinnen, gehen, stehen, essen, trinken und das Kreuz grüßen? Darauf könne die Antwort nur lauten, »dat de Almagtige Heere groot wonder in zyn kreatuuren doet« (Scharlensis 1742°, 158).

Die Meerfrau durchläuft gewissermaßen den *Prozess der Zivilisation* im Eilverfahren. Anfangs ist sie nackt, wild und ungezähmt, überdies mit Attributen des Wasserreiches behangen, was zwar ebenfalls Ausdruck mangelnder Kultur ist, aber möglicherweise das Nacktsein entschärft. Verständigung ist zunächst unmöglich, und immer wieder versucht sie zu entfliehen, da nützt auch die von den Menschen zubereitete Speise nichts. Doch die rührigen Holländer passen auf sie auf, und so lernt sie mit der Zeit ein urweibliches Gewerbe, das Spinnen, und freundet sich mit der Religion an, sodass sie am Ende christlich bestattet werden kann. – Das ist der Wunschtraum des technischen Denkens: die Natur so beherrschen zu können, das sie völlig ungefährlich und ihre Wildheit völlig zum Verschwinden gebracht wird. Die Geschichte stellt allerdings eher eine Ausnahme dar; es dominieren Erzählungen über gescheiterte Gefangennahmen und die Rache der Meerfrauen bzw. der Natur, indem das Land überflutet wird.

6.6 Die zweite Groote Manndränke vom 11. Oktober 1634: Der Untergang Alt-Nordstrands

6.6.1 Ursachen, Verlauf und Folgen der Flut

Arno Borst befasst sich im Rahmen seines Buches *Barbaren, Ketzer und Artisten* unter anderem mit dem schweren Erdbeben von 1348, dessen Epizentrum bei Villach lag und das »von der Pfalz bis nach Ungarn, von Ravenna bis Prag« zu spüren war (Borst 1990, 531). Es erschütterte die Zeitgenossen, aber in der Frühen Neuzeit war es wieder vergessen, weil es in der Folgezeit zu keinen größeren Erdbeben in Europa mehr kam. Bis zum November 1755, als ein Erdbeben Lissabon vernichtet hat, habe sich der Kontinent in Sicherheit gewogen, weil naturgeschichtliche Zufälle – das Ausbleiben von Naturkatastrophen – »eine ziemlich ungestörte Entfaltung« ermöglicht hätten (ebd., 555). Das mag für das Binnenland gelten, aber sicher nicht für die Nordseeküste, auch wenn Ernst Schubert, an Borst anknüpfend, feststellt, dass die Deiche im Laufe der Zeit so sicher geworden seien, »dass sie den Wassermassen hinhaltenden Widerstand leisten konnten«, weshalb die Frühe Neuzeit vergessen habe, dass sie dem Spätmittelalter die Bändigung von Katastrophen zu verdanken habe (Schubert 2002, 70). Mögliche Katastrophen werden verdrängt; das ist richtig und in gewisser Hinsicht auch nützlich, doch die steten Anknüpfungspunkte an vergangene Fluten lassen es, wie wir gesehen haben, nicht zu, dass sie einfach vergessen werden. Vielmehr werden sie, als stabiles Element friesischer Mentalitätsgeschichte, immer wieder ins Gedächtnis gerufen. Auch der Untergang Rungholts blieb in der Erinnerung bewahrt als stetes Mahnmal, die Deiche in Stand zu halten und durch ein gottesfürchtiges Leben nicht den Zorn des Allmächtigen auf sich zu ziehen.

Was dann allerdings 1634 auf die Nordfriesen zukam, sprengte jegliche Vorstellungskraft: Die zweite Groote Manndränke richtete nicht nur an der gesamten Küste Schleswig-Holsteins größte Verheerungen an, sondern besiegelte auch und vor allem den Untergang Alt-Nordstrands, der Kornkammer des Herzogtums Schleswig-Gottorf. Das ganze Mittelstück der Insel wurde weggespült, übrig blieben Pellworm und (das heutige) Nordstrand sowie die Halligen Nordstrandischmoor und Hamburger Hallig. – Noch 100 Jahre später datierte man bedeutende Ereignisse nach der Flut von 1634 (Jakubowski-Tiessen 2003a, 187).

Als im 16. Jahrhundert die Kleine Eiszeit heraufzog, breitete sich das Polareis bis Island aus und polare Wasserschichten bis zu den Färöer-Inseln, wodurch sich der Temperaturgradient zwischen Nordwesteuropa und dem hohen Norden verstärkte und heftige Sturmtiefs zunahmen (Lamb 1989, 240). Statistisch gesehen kam es während der Kleinen Eiszeit an der Westküste alle ein bis zwei Jahre zu einer mehr oder weniger Schaden bringenden Sturmflut, zwischen 1501 und 1699 circa 120 an der Zahl (Kuschert 1995, 135). Allein im Zeitraum zwischen 1625 und 1631 waren es 15 Sturmfluten (ebd.), und es ist daher anzunehmen, dass die Deiche beeinträchtigt waren. Großteils handelte es sich dabei noch nicht, wie heutzutage, um beidseitig abgeflachte Deiche, sondern um solche, die seeseitig in einer ein bis zwei Meter hohen steilen Holzwand endeten. Dadurch sollte der empfindliche Deichfuß geschützt werden, doch es konnte nicht verhindert werden, dass die Wucht der Wellen mit voller Kraft dagegen prallte – ohne abgefedert zu werden, wie es bei flacher Steigung der Fall ist. Da man versuchte, »der Gewalt gewissermaßen Gewalt entgegenzusetzen« (Böhme und Böhme 2004, 276), waren diese so genannten Stakdeiche hochgradig beansprucht und konnten leicht weggerissen werden, zumal sie auch auf der steil abfallenden Innenseite leicht Schaden nahmen, indem sie dort von den sie überspülenden Wellen ausgehöhlt wurden (G. Riecken 1991, 23–27).

Ein weiterer Grund für den schlechten Zustand der Deiche dürfte damit zusammenhängen, dass Schleswig-Holstein in die Wirren des 30-jährigen Krieges geriet, als 1627 Teile von Wallensteins Heer über die Eider nach Nordfriesland eindrangen und sich dort niederließen. Das war für die einheimische Bevölkerung mit großen Belastungen verbunden, wurden sie doch zu Geldzahlungen, Nahrungslieferungen und Einquartierungen verpflichtet und mussten überdies verschiedenes Ungemach über sich ergehen lassen, etwa mutwillige Zerstörungen des Eigentums und andere Übergriffe (vgl. Kuschert 1995, 158f.; Panten 1991, 72f.). Wagte man es, diesen

>>ungerechten Fordrungen nicht alßbald bei[zu]pflichten, warffen Sie eine unerfindliche Suspicion[267] auf einen, plumbeas iras gerebant,[268] alße wan Sie einen auf Polyphemische[269] art freßen wollten, und trachteten Tag und Nacht, dahin, dass Er arrestiret, und eingezogen würde, und muste auf den fall, ad redimendam vexam[270] eine Summe Geldes erlegen<<,

klagt Peter Sax, der Augenzeuge dieser Geschehnisse war (Sax, Bd. 2, 1985°, 169). Auch die Flut hat er miterlebt, welche plötzlich und überraschend kam – und ebenso rasch wieder ging –, wie er schreibt:

>>Umb 6. Uhren, aufn Abend fing Gott der Herr an, auß dem Südosten, mit Wind und Regen, zu wittern, Umb 7 Uhren, wendete er den Wind, nach dem Südwesten, und ließ so starck wehen, dass fast kein Mensch gehen, oder stehen konnte, Umb 8, und 9 Uhren, waren alle Teiche [= Deiche] schon zerschlagen, eingerissen, und abgeworffen, Die Lufft war Voller Fewr, der gantze Himell brennete, und Gott der Herr, ließ Regenen, Hagelen, blitzemen, Donnern, und den Wind so krefftig Wehen, dass die grundfeste der Erden sich bewegeten, und man nicht anders wissen konte, alß dass Himel und Erde, in einander fallen würde, und der Jüngste Tag ohhanden were. Umb 10. Uhren, war alles geschehen<< (ebd., 188).

In den Angaben über die Windrichtung widersprechen die Quellen einander. Zwar heißt es auch in einer Chronik über das Bottschlotter Werk in der Bökingharde,[271] dass der Wind von Südost auf Südwest gedreht habe (Panten 1984°, 14f.), doch bei Heimreich, ebenfalls einem Augenzeugen, springt er von SW auf NW (Heimreich, Bd. 2, 1819°,135), desgleichen in dem Bericht des niederländischen Ingenieurs Jan Adriaanß Leeghwater, der sich zum Zeitpunkt der Flut zufällig in der Bökingharde aufhielt (Panten 1984°, 15). Falls Letzteres zuträfe, würde es sich um den häufigsten Sturmflutverlauf handeln, der als Skagerraktyp bezeichnet wird. Er setzt aber voraus, dass zunächst *längere Zeit* Wind aus West oder Südwest weht, bevor er auf Nordwest umschlägt (Hagel 1962, 23f.). Das scheint aber nicht der Fall gewesen zu sein, weil nach dem Bericht des Strander Pastors Matthias Lobedantz das Wetter einige Tage zuvor >>schön vnnd still gewesen<< sein soll (Lobedantz 1634°, 12; auch in Panten 1984°, 36). Auch Heimreich schreibt, es sei zunächst >>ein schöner

---

267 Verdacht.
268 >>.stumpfsinnigen Zorn zeigend...<<.
269 In der griechischen Mythologie ein Menschen fressender Kyklop; einäugiger Sohn des Poseidon. Odysseus wurde von ihm auf seiner Irrfahrt gefangen gehalten. Nachdem Polyphem bereits sechs seiner Gefährten verzehrt hatte, machte Odysseus ihn betrunken und brannte ihm mit einem glühenden Pfahl das Auge aus.
270 >>...um sich von der Strafe loszukaufen...<<.
271 Projekt zur Eindeichung der Dagebüller Bucht, das sich bis ins 18. Jahrhundert hingezogen hat (vgl. Kuschert 1995, 140f.).

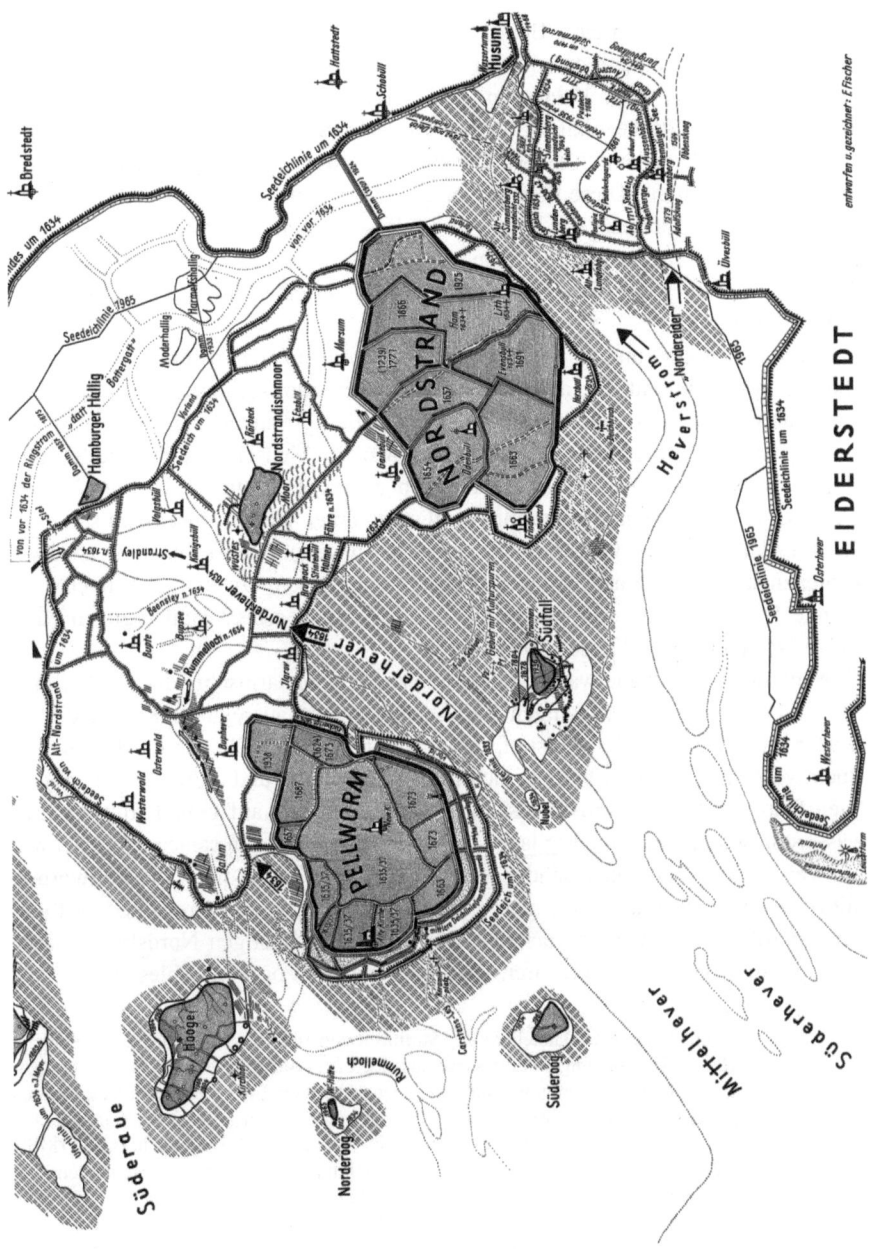

Abb. 5: Alt-Nordstrand um 1634 und die Landverluste durch die zweite Groote Manndränke

Herbst« gewesen (Heimreich, Bd. 2, 1819°, 152).[272] Beim Wechsel von Südost auf Südwest, der unter anderem von Peter Sax behauptet wird, handelt es sich hingegen um eine Sturmflut vom Jütlandtyp, und bei diesem sind zunächst »südöstliche Winde mittlerer Stärke einige Stunden vor dem Sturm« charakteristisch (Hagel 1962, 22), die dann auf Südwest drehen und »zwar kurze, aber umso heftigere Stürme [hervorrufen]. Diese können vor allem vor Holstein zu plötzlich hoch auflaufenden Fluten führen« (ebd., 22f.). Diese Beschreibung passt besser zu Sax' Bericht, und sie erklärt auch, wieso man an der friesischen Südküste kaum Notiz von der Flut genommen hat. Demnach dürfte es sich um eine Flut vom Jütlandtyp gehandelt haben.

Sie war also kurz und heftig, und verstärkt wurde sie noch dadurch, dass der 11. Oktober auf Neumond fiel, das heißt es war Springtide (Heimreich, Bd. 2, 1819°, 135; Panten 1984°, 8). Innerhalb weniger Stunden ertranken auf Alt-Nordstrand zwei Drittel der Bevölkerung, das sind etwa 6000 Menschen. Drei Viertel aller Häuser wurden zerstört, 15 der 18 Kirchen aufgegeben, die Deiche brachen an mehr als 40 Stellen, und die gesamte Insel stand unter Wasser. Insgesamt sollen an der Westküste über 9000 Menschen ums Leben gekommen sein, doch ist diese Zahlenangabe eher zu niedrig angesetzt, weil in der ersten Oktoberhälfte noch viele fremde Erntehelfer im Einsatz waren, die nirgendwo erfasst sind (vgl. Hinrichs 1991, 84; Jakubowski-Tiessen 2003a, 180ff.).

Nach der Katastrophe wanderten viele auf die Nachbarinseln oder das Festland aus, und es schafften die wenigen Verbliebenen nicht, aus eigener Kraft die Insel wieder einzudeichen. Das Fallstief, das seit der Flut von 1362 in die Rungholter Bucht vorgedrungen war, breitete sich immer weiter aus und erzwang den endgültigen Durchbruch Alt-Nordstrands. In vielen Kögen, die auf Grund früherer Entwässerungsmaßnahmen niedrig lagen, blieb das Wasser fortan stehen, die Insel war in zwei größere Teile auseinander gebrochen. Immerhin konnten die Pellwormer mit Hilfe eines holländischen Unternehmers in den folgenden Jahren ihre überfluteten Landflächen großteils zurückgewinnen. Auf dem heutigen Nordstrand wurde die Lage hingegen immer prekärer, weswegen der Herzog von Schleswig-Gottorf,

---

272 Panten schreibt, Heimreichs Darstellung der Sturmflut von 1634 sei kein Augenzeugenbericht, sondern stelle die Übersetzung einer Passage aus Boetius (1940°) dar, in der über die Dezemberflut von 1615 berichtet werde, worauf bereits Otto Hartz (1914) hingewiesen habe (Panten 1984°, 36). Das ist insofern richtig, als ein Abschnitt von etwas mehr als einer Seite Umfang eine Übersetzung ist (Boetius 1940°, 151, Zeile 17 bis 153, Zeile 17; Heimreich, Bd. 2, 1819°, 136, Zeile 22 bis 137, Zeile 26), aber das bedeutet noch lange nicht, dass man Heimreichs Beschreibung der Sturmflut als Quelle nicht benützen könne, wie Panten meint (1984°, 36), denn die gesamte Darstellung umfasst 18 Seiten (Heimreich, Bd. 2, 1819°, 134–152), bei der auch aus mündlicher Überlieferung geschöpft wird (ebd., z.B. 138: »...glaubwürdige Leute beständig und für wahr ausgesaget...«; 139: »...und davon glaubwürdig beides schrift- und mündlich berichtet wird...«). Heimreich hat die Flut als Zwölfjähriger erlebt und wirkte später 34 Jahre lang als Pastor auf der Hallig Nordstrandischmoor, wo ihm Überlebende, die dorthin geflüchtet waren, sicher von der Flut erzählt haben (siehe Hartz 1914, 323). – Hartz ist der Auffassung, dass Heimreich nicht wissentlich von Boetius abgeschrieben, sondern die Handschrift eines anonymen Autors verwendet habe, ohne zu erkennen, dass diese eine Übersetzung aus Boetius darstellt (ebd., 323f.)

Friedrich III., mehrere Unternehmer unter Führung des Deichgrafen Quirinus Indervelden aus dem niederländischen Teil Brabants anwarb, um die fruchtbare Insel
erneut zu bedeichen. Das geschah, weil sich die Verhandlungen hinzogen, erst
1652, also fast 20 Jahre nach der Flut! Unter der Verpflichtung, bis 1654 mit der
Bedeichung zu beginnen, wurde den Holländern, mit Ausnahme von Pellworm,
alles Land des ehemaligen Alt-Nordstrands übereignet. Ihnen wurden eigene Gerichtsbarkeit und Verwaltung zugestanden, Verfügung über den Warenverkehr,
Religionsfreiheit und anderes mehr (Heimreich, Bd. 2, 1819°, 174–181; vgl. Kuschert 1995, 137–140; G. Riecken 1991, 47–50). Der Vertrag blieb bis zum Jahre
1886 gültig, als die preußische Gemeindeverwaltung eingeführt wurde. Für die
Einheimischen war das ein schwerer Schlag, sie nahmen den Vertrag »nicht ohne
bittere Zähren« zur Kenntnis (Heimreich, 1819°, Bd. 2, 181). Friesische Landbesit-
zer wurden zu Pächtern oder Tagelöhnern, darüber hinaus hielt mit den holländischen Arbeitern eine fremde Religion Einzug, denn die Brabanter waren Katholiken; das seit der Reformation gültige Niederlassungsverbot für Katholiken im Herzogtum galt für sie nicht. Sie wurden ins Land geholt, weil die Einheimischen sich
geweigert hatten, am Deichbau teilzunehmen.[273]

Kehren wir nun wieder zu dem Text von Peter Sax aus dem letzten Kapitel zurück.
Er schreibt, dass die Luft *Voller Fewr [war], der gantze Himell brennete.* Wie ist
das zu verstehen? Der Satz kann Bezug nehmen auf die Gewitterbildung und auf
vorangegangenes Wetterleuchten, möglicherweise aber auch auf Häuser, die para-
doxerweise während der Flut in Brand geraten. Bei Heimreich heißt es nämlich:

> »Es ist aber die Wasserfluth nicht genug gewesen, sondern es hat auch Gott der Herr
> viele daneben mit der Feuersruthe gestrafet, indem eines Theils aus Unvorsichtig-
> keit, andern Theils aus Ungestümigkeit der Winde ihr Feuer ihre Eignen Häuser,
> darauf sie gesessen, und den Tod stündlich erwartet hat eingeäschert, also dass sie
> einen zweifachen Tod vor ihren Augen haben sehen müssen, auch wol, wie man Ex-
> empel weiß, aus Furcht vor dem Feuer selbst ins Wasser gesprungen« (Heimreich,
> Bd. 2, 1819°, 137).

Auch Lobedantz berichtet Ähnliches und fügt hinzu, dass er, als er samt Freunden
und Nachbarn, vor dem Wasser fliehend, auf den Dachboden geklettert sei, genau
auf das mitgenommene Herdfeuer geachtet habe, damit kein Schaden angerichtet
wird (Lobedantz 1634°, 14; auch in Panten 1984°, 37), etwa das mit Stroh oder
Reet gedeckte Dach Feuer fängt.

---

273 Heute existieren neben der evangelischen Gemeinde eine römisch-katholische und eine alt-
katholische Gemeinde auf Nordstrand. Die niederländischen Einwanderer gehörten zum Bis-
tum Utrecht, das sich bereits 1723 von Rom getrennt hatte und sich der 1870 gegründeten alt-
katholischen Kirche anschloss – eine Sonderentwicklung, die wieder einmal zeigt, dass es
kaum möglich wäre, eine gesamtfriesische Mentalitätsgeschichte en détail allein zu verfassen.

Damit verbünden sich die gegensätzlichen Elemente und Qualitäten – das trockene und warme Feuer sowie das feuchte und kalte Wasser –, um den Menschen vollends den Garaus zu machen – Sintflut und Weltenbrand quasi in eins. Bereits im Zusammenhang mit Emos Bericht über die Marcellusflut wurde deutlich, wie sehr der Autor ob des extremen Zusammenpralls der verschiedenen Elemente irritiert war (Kap. 6.3.2). Auch hier scheint die Welt völlig aus den Fugen geraten zu sein, denn Sax spricht davon, dass die Erde in ihren *Grundfesten* erschüttert war *und man nicht anders wissen konte, alß dass Himel und Erde, in einander fallen würde, und der Jüngste Tag obhanden were.* Dementsprechend beginnt Heimreich sein Kapitel über die zweite Groote Manndränke mit der Bemerkung, »daß Gott der Herr durch Auslassung der Wasser das Land könne *umkehren*« (Heimreich, Bd. 2, 1819°, 134; eigene Hervorhebung), wobei *umkehren* die wörtliche Übersetzung von griechisch *katastréphein* ist. In einer *Katastrophe* wird gleichsam das Unterste zu oberst gekehrt, und nichts ist mehr so, wie es früher war. Die Bezugnahme auf den Jüngsten Tag weist deutlich auf eine Endzeitstimmung hin. Das zeigen auch andere Quellen (s.u.), und das unterscheidet sie etwa von Emos Bericht, der zwar auch von der Notwendigkeit überzeugt war, dass Gott seine friesischen Landsleute strafen wollte und musste, aber nie auf den Gedanken gekommen wäre, dass das Ende der Welt gekommen ist oder es sich um eine Sintflut biblischen Ausmaßes handelt, weil es eine solche nach Aussage der Bibel nicht mehr geben wird.

Die Deutung als Strafe Gottes ist hingegen hier wie in allen anderen Zeugnissen über die verschiedenen Fluten vorhanden. Für Sax kommen natürliche Ursachen nicht infrage,

> »sintemall 8 tage für den Newen Mond gute aspecten,[274] auch auf das Novilunium[275] gute radiationes[276] der Planeten gegangen sein. Derwegen müßen wir eß gentzlich dafür halten, dass dieselbige, durch Special verhengniß und sonderbahre straffe Gottes, den Menschen, damit zur Buße zubringen, und Ihn von seinem bösen Leben, und Wandell, abzuhalten« (Sax, Bd. 2, 1985°, 190).

Während bei Emo eine *un*günstige Planetenkonstellation zwar hinzukommt (vgl. Kap. 6.3.2), aber das *Ausmaß* der Flut nicht zu erklären vermag, stehen in diesem Fall die Sterne günstig, und es kommt *dennoch* zur Katastrophe, weswegen es sich für Sax nur um ein göttliches *Special verhengniß* handeln kann. Das wiegt besonders schwer, weil der gelehrte Landwirt und Chronist Peter Sax in einer Zeit lebte, da die Astrologie in höchster Blüte stand und dem Einfluss der Sterne besondere Bedeutung beigemessen wurde (vgl. Knappich 1967, 185–203). Gott kann demnach die Naturgesetze, zu denen seinerzeit auch der Einfluss der Planeten im Sinne der Astrologie zählte, außer Kraft setzen und direkt in das natürliche Geschehen

---

274 Eine von der Erde aus gesehene besondere Winkelstellung zweier Planeten zueinander.

275 Als *Novilunium* oder *Neulicht* bezeichnete man im Mittelalter »das erstmalige Auftauchen der schmalen Mondsichel am Abendhimmel nach der Neumondzeit, in der der Mond nicht sichtbar war. In der Regel müssen an diesem Abend bei Sonnenuntergang mindestens 20 Stunden nach Neumond verstrichen sein« (<http://www.nabkal.de/gregkal.html> [26.03.2004]).

276 Wohl *Strahlung* (engl. *radiation*) im Sinn von *Einfluss*.

eingreifen. Philosophiegeschichtlich stehen diese Überlegungen im Kontext der auf Thomas von Aquin zurückgehenden Unterscheidung zwischen *causa prima* und *causae secundae*, das heißt zwischen Gott als Erstursache oder unbewegtem Beweger und den übrigen Ursachen als Folgeerscheinungen im Weltgeschehen (vgl. Jakubowski-Tiessen 2003a, 188f.; ders. 2003b, 105f.). Letztere bedeuten, dass die Natur zwar zunächst aus ihren eigenen Gesetzen und Ursachen heraus verstanden werden kann, doch bleibt Gott »der Begründer alles Seienden; er als ipsum esse bewirkt ja, daß Seiendes ist; er setzt die Welt ins Dasein und erhält sie im Sein. Ohne ihn fiele alles ins Nichts zurück [...]. Beide, die geschöpflichen causae secundae wie die göttliche causa prima sind für das Eintreten einer Wirkung notwendig« (Hämmerl 1998, Kap. III; vgl. auch Mayer 1989, 13f.).[277]

Es wird aber nicht *diese* Frage gewesen sein, welche Peter Sax beunruhigt hat, sondern ob Gott willkürlich handelt oder sich an die von ihm selbst geschaffenen Gesetze hält. Der im Mittelalter aufkommende Voluntarismus, der dem Willen eine größere Bedeutung beimisst als der Vernunft, mündet bei Wilhelm von Ockam (1285–1349) in die Auffassung, dass die gesamte sittliche Ordnung von der Willkür Gottes abhängt. Luther folgert daraus, Gott sei, da absoluter Wille, unerkennbar, ein verborgener Gott (*deus absconditus*), was bereits Ausdruck eines frühneuzeitlichen Lebensgefühls ist: Die schützende Hülle des mittelalterlichen *ordo*-Denkens ist infrage gestellt, aber gleichzeitig ist man noch weit entfernt von der vermeintlichen Selbstsicherheit des Rationalismus oder Empirismus (vgl. auch Gloy, Bd. 1, 152f.). Das ist mehr als ein bloßer Elitendiskurs, zumal in einer Region, wo man stets mit der unkontrollierten Gewalt der Elemente zu rechnen hat. Denn die sich aufdrängende Frage lautet: Was ist das für ein Gott, der Derartiges zulässt oder gar zu verantworten hat?

Willkür und Unberechenbarkeit können auf das Individuum traumatisierend wirken; die Flut von 1634 kam plötzlich und nachdem die Nacht bereits angebrochen war, sie muss die Menschen völlig überrascht haben. Um nicht gänzlich zu verzweifeln – was in Anbetracht der steten Wiederkehr von Sturmfluten nicht ungewöhnlich wäre –, bedarf es der Rekonstruktion einer gewissen Ordnung, um das Gefühl bzw. die Gewissheit zu erlangen, dass man sich letztlich doch auf Gott verlassen kann. Bei Heimreich werden in einem Absatz die folgenden zwei Episoden geschildert: Während der Flutkatastrophe hätten sich im Kirchspiel Evensbüll[278] mehrere Personen in einem Wirtshaus versammelt und dann aufs Dach geflüchtet. Einer der Anwesenden habe das Verlangen geäußert, ein weiteres Bier zu sich zu nehmen. Lakonisch bemerkt Heimreich dazu, der Mann habe bald genug zu trinken gehabt (Heimreich, Bd. 2, 1819°, 146f.). Sodann berichtet er von einer alten, frommen Frau, die sich, als ihr Haus wegbrach, »dem lieben Gott befohlen [habe], in und mit ihrem Bette an den nächsten Warf getrieben, und daselbst ihr Leben habe errettet, und ihre Oberdecke nicht einmal naß geworden« (ebd., 147). Gott geht

---

277 Insofern ist Jakubowski-Tiessens Auffassung, dass die causae secundae »ohne Einwirkung dieses Urhebers« ablaufen, ein wenig missverständlich (2003a, 188; ders. 2003b, 105).

278 Auf Alt-Nordstrand, Geburtsort des Peter Sax.

also nicht willkürlich vor, sondern straft die Uneinsichtigen und verschont die Un-
schuldigen, ja sorgt im Fall der alten Frau sogar dafür, dass das Oberbett trocken
bleibt! Ein anderer Aspekt, durch den die Ordnung aufrechterhalten wird, findet
sich bei Peter Sax in *direktem* Anschluss an seine astrologischen Ausführungen –
und noch im selben Absatz –, nämlich Vorzeichen, welche das drohende Geschehen angekündigt hätten:

> »*Man hatt nach der Zeit, viele unerhörte dinge und prodigia [= Vorzeichen], die für
> diesem unglück geschehen sein sollen, gehöret*, und sollen zu Erst im S. Peters
> Casp:[279] den 3 Octobr: den vorigen Sommer 7 Brodt, in Bluth verwandelt sein wor-
> den deßgleichen ist auch an andern orte geschehen,
> Zu Medehope, in Tatingen,[280] hatt sich ein zimblicher großer Hauff lebendiger
> Aall ins Futter, und zu Catharin-heerde,[281] in einer Heudiemen[282] sich verstecket, zu
> Ording unter den Sandduynen, in einem geringen Regenwaßer, sein wider die Natur
> ein guter Hauffe Carutzen[283] gefunden worden [...].
> *Und ist eß sonsten war, was geredet wirt, daß bei Helgoland, den 11. Octobr.
> Anno 1634, umb 1. Uhr, Nachmittag, das Waßer in solcher menge sich gesammelt
> hette, und gleichsam in bataglia[284] gestellet, alß wan es mit einem treffen wollte,
> Hernach umb 6. Uhren, aufn Abend, in 4 Theile, nach der Elbe, Eyder, Hever und
> Föhrischen Sund sich getheilet, So kann Ich solches wol gleuben, dieweil eß in so
> kurtzer Zeit, solchen großen unerhörten schaden gethan, und so viel starcke, wol-
> verwahrete, und hochgemachete Teiche zerschlagen, und verwüstet hatt*« (Sax, Bd.
> 2, 1985°, 190f.; eigene Hervorhebungen).

Gott geht nicht willkürlich vor, sondern warnt die Menschen zunächst vor drohenden Katastrophen: Wer sehen will, kann sehen und geeignete Maßnahmen ergreifen. *Das* ist der tiefere Grund dafür, weswegen in den meisten Chroniken von
übernatürlichen Geschehnissen berichtet wird, die sich angeblich vor der jeweiligen
Katastrophe abgespielt haben und untrügliche Zeichen bevorstehenden Unheils
gewesen sein sollen.

Doch werfen wir nun einen genaueren Blick auf das Zitat. Wenn nach lutheri-
scher Lehre Christi Leib und Blut mit den Zeichen von Brot und Wein beim
Abendmahl gegenwärtig sind, bedeutet die Verwandlung von Brot in Blut eine
Umkehrung der göttlichen Ordnung und weist darauf hin, dass sich bald das feste
Element Erde in das flüssige Element Wasser verwandeln wird. Auch die Siebenzahl ist nicht zufällig gewählt, da von ambivalentem symbolischem Gehalt: Sie
weist auf eine positive Ordnung hin, genauso wie auf eine negative, wenn man etwa an die sieben fetten und die sieben mageren Jahre denkt oder an die sieben Tugenden und die sieben Hauptsünden. Auch in dieser Hinsicht stehen Gut und Böse
nahe beieinander.

---

279 Heute: St. Peter-Ording an der Westküste Eiderstedts.
280 Zwischen St. Peter-Ording und Garding.
281 Katharinenheerd, östlich von Garding.
282 Mittelndd. *dîme = im Freien geschichteter größerer Haufen Stroh, Heu oder Torf.*
283 Frühnhd. *karuse = Karausche.*
284 *Bataille = Kampf, Gefecht, Schlacht.*

Auf die Aale als Vorzeichen einer Überschwemmung wurde bereits an anderer Stelle hingewiesen (Kap. 6.5.1). Etwas komplizierter verhält es sich mit den *Carutzen*, den Karauschen (Carassius), denn sie gehören zur Gattung der Karpfenfische und leben im Süßwasser. Das Widernatürliche besteht daher nicht darin, dass sich ein Meeresbewohner aufs Land verirrt, sondern ist in dem Umstand begründet, dass ein *guter Hauffe Carutzen* in einem *geringen Regenwasser* zu überleben vermag, das sich *unter den Sandduynen* gesammelt hat. Karauschen wurden früher umgangssprachlich auch als *Schneider-* oder *Bauernkarpfen* bezeichnet, weil sie in fast jeden Tümpel, Moorloch oder Sumpf zu finden waren. Sie gelten als äußerst anpassungsfähig und zäh, sogar strenge Winter und Trockenperioden überleben sie, wenn andere Fische längst gestorben sind, in einer Art Schlafzustand. Selbst in kleinsten Gewässern mit nur geringem Nährstoffangebot sind sie anzutreffen, weil sie sich mit Insektenlarven und Pflanzen begnügen.[285] Die Geschichte, welche uns Peter Sax erzählt, muss also nicht völlig aus der Luft gegriffen sein, doch interessanter ist für uns der symbolische Gehalt, zumal die Karausche ein farbenfroher Fisch ist, der im uniformen Einerlei des besagten Dünentümpels sicher Verwunderung oder auch Erschrecken hervorgerufen haben wird.

Noch bemerkenswerter ist allerdings das, was sich am frühen Nachmittag des 11. Oktober vor Helgoland abgespielt haben soll: Das Wasser habe sich in einer derartigen Menge gesammelt, dass man annehmen konnte, es wolle dort, wie zu einer Schlachtreihe angeordnet, aufeinander treffen. Abends um 18 Uhr habe es sich dann aufgeteilt, um die gesamte Westküste von der Elbe bis Föhr zu verwüsten. Es ist schwierig zu entscheiden, ob es sich dabei noch um ein Vorzeichen handelt oder bereits um eine Beschreibung der Wasserverhältnisse im offenen Meer wenige Stunden vor Beginn der eigentlichen Sturmflut. Inwieweit es sich um eine realistische Bestandsaufnahme handelt, lassen wir dahingestellt, denn wichtiger ist für unser Anliegen die symbolische Botschaft, welche in Sax' Beschreibung durchschimmert. Sie klingt nach strategischer Planung und bewusstem Handeln, aber es sind keine animistischen Vorstellungen, welche dahinterstehen, sondern es ist Gottes Hand, die in das Naturgeschehen eingreift. Und doch müssen wir dabei etwas genauer differenzieren: Wenn Gott aktiv das Geschehen lenkt, ist das im Denken des 17. Jahrhunderts gleichsam eine rationale Erklärung, doch erwächst diese, wie die animistisch aufgeladene Sprache verrät, auf dem Bodensatz des mythologischen Denkens als Ausdruck einer dauerhaften Struktur, welche sich durch die Jahrhunderte zieht – wie bereits ausführlich in Kapitel 6.3.3 dargelegt wurde. Immer wieder treffen wir auf Vorstellungen von einer gleichsam belebten Natur, welche es auf die Menschen abgesehen hat. Wir finden sie bei der Marcellusflut 1219, wenn Emo vom *blutdürstigen* und *grausamen* Südwestwind spricht, der mit *Wurfgeschossen gewappnet* die Menschen ins Verderben reißt (Emo von Wittewierum 1991°, 112.39), genauso wie im Zusammenhang mit der Februarflut von 1962, bei der vom *Angriffspfeil der heranstürmenden Wassermassen* die Rede ist (Kirchhoff 1990°, 74) und vom *Sturmangriff* der Nordsee, deren *Stoßrichtung* auf die Deut-

---

285 BE, Bd. 11, 1990, 456; <http://www.nobozan.de/Fische/Karausche.htm> (05.04.2004).

sche Bucht zielt (ebd., 28; siehe Kap. 6.3.3). In ähnlicher Weise berichtet Boetius von Vorzeichen zur Dezemberflut von 1615, die Nordstrand schwer getroffen hat. Auf der Stubenwand einer Bauernkate seien am helllichten Tage von »zahllosen Leuten unverändert drei Tage lang« merkwürdigste Dinge gesehen worden, nämlich

> »Schattenbilder von wunderbaren Gestalten und Figuren: gerüstete und mit Lanzen bewaffnete Krieger, die die Lanzen schwangen, als ob sie augenblicklich einen Kampf untereinander beginnen wollten« (Boetius 1940°, 144).[286]

Die Verwendung von Kriegsbildern im Zusammenhang mit Sturmfluten ist, wie bereits erwähnt (Kap. 6.3.3), nicht zufällig, weil es sich beide Male um Phänomene handelt, bei denen leibliche und kulturelle Abgrenzungen infrage gestellt werden. Die übliche Ordnung wird aufgehoben, Gott kann, wie Heimreich schreibt, *durch Auslassung der Wasser das Land umkehren* (Bd. 2, 1819°, 134). Es ist, um einen bekannten Topos der Kulturgeschichte zu verwenden, eine *verkehrte Welt* im negativsten Sinn. Fruchtbarstes Land wird zur Wüstenei, reiche Marschenbauern zu Bettlern, sofern sie, die zuvor so intensiv gelebt haben, noch einmal davongekommen sind und nicht haben sterben müssen. Sie wähnen sich ganz oben, aber es bedarf nur einer großen Flut, eines Handstreichs Gottes, um ganz unten zu landen. Die Umkehrung kündigt sich zuvor an, Peter Sax erwähnt Brot, das zu Blut wird, und Aale, welche sich in Heuhaufen aufhalten. Boetius nennt »auf dem Kopf gehende kleine Männer«,[287] welche ebenfalls als Schattenbild auf der Stubenwand in besagter Kate gesehen wurden (Boetius 1940°, 144), und Heimreich weiß von Bäumen zu berichten, die im Herbst erneut in Blüte standen (Heimreich, Bd. 2, 1819°, 151).

Typisch ist in Dichtung und Kunst das Motiv der verkehrten *Tier*welt. Auf dem Titelkupfer zu Hans Jakob Christoffel von Grimmelshausens Roman *Die verkehrte Welt* sieht man unter anderem einen Hirschen, der einen Jäger erlegt, und einen Ochsen, der einen Metzger aufschneidet (Grimmelshausen 1973°). Man kann das als Kritik an bestehenden Verhältnissen und als Aufruf zur Veränderung verstehen oder auch nur als Ausdruck und Wunsch nach zeitweiliger Freiheit, wie es etwa im Karneval vor allem der Frühmoderne der Fall war (vgl. Burke 1981, 199–205; Schindler 1992, 122–151). Man kann darin aber auch den Zerfall der »natürlichen« Ordnung, der mittelalterlichen *ordo*, erblicken, an der nichts mehr an seinem Gott gewollten Platz ist, alles Bisherige zerfällt – und der Jüngste Tag naht. »Die Welt ist voll Verfall, weil sie voller Unordnung ist und nichts mehr an seinem Platz. Diese pessimistische Sicht der ›verkehrten Welt‹ reflektiert eine prophetische und letztlich chiliastische Sicht von Verkehrung« (Scribner 1987, 150). Sie hat zwar biblische Wurzeln, da die Geschichte des Christentums seit jeher von endzeitlichen

---

286 »Casa erat agrestis planeque lutea. In huius interiore hypocausti pariete clara luce mirae figurarum umbraticarum cernebantur formae atque figurae: milites armati atque hastati hastas vibrantes, velut iamiam inter se conserturi proelium […]. Spectabantur haec ab innumeris immota per triduum« (ebd., 145).

287 »Capitibus incedentes homunculi« (ebd., 145).

Erwartungen geprägt war, doch ist sie bis ungefähr ins zwölfte Jahrhundert vorwiegend ein Teil der Bibel-Exegese. Erst ab dem Spätmittelalter finden Prophezeiungen Eingang in weite Kreise der Bevölkerung, verbreiten Angst und sorgen für Unruhe (Jakubowski-Tiessen 1992a, 103f.; ders. 2003a, 196f.; Patschovsky 1982; Scribner 1987, 150).

Als ein Zeichen des bevorstehenden Endes galten auch Sturmfluten, und das lag in Fall der zweiten Grooten Manndränke besonders nahe, weil sie sehr früh – bereits in der ersten Oktoberhälfte – das Land der Friesen heimsuchte. Für den Nordstrander Pastor Matthias Lobedantz waren daher »ohn zweiffel [...] nun mehr herbey kommen die letzten Zeiten« (Lobedantz 1634°, 4), und die Spiritualistin Anna Ovena Hoyer (1585–1655) dichtete: »O Babel, weh dir vnd deinen Bulen, dein Fall wird kommen schnell« (zit.n. Hinrichs 1991, 102).

Beide Autoren leiden an den Verhältnissen, wenngleich aus unterschiedlichen Gründen (zu Hoyer s.u.). Lobedantz schreibt:

> »Was ist diese Welt / dabey wir eine weile geherberget? Eine böse Stieffmutter ist sie / die vns zu sehr schwerer Arbeit gehalten / vnd doch von aller Arbeit mehr nichts geniessen lassen als kummer vnd viel Wunder[288] / dessen wir doch nunmehr überdrussig und eitel satt / haben uns längst gesehnet nach ruhe: Jetzt nun will vns vnser lieber HERR Gott zu Ruhe bringen. Was liegt daran / dz des Meers Abgrund solle vnser Hauptküssen werde? darauff wir nach Gottes Willen in den Todesschlaf vns begeben müssen: Gewißlich die vnruhigen Wasserwellen werden vnser Elias Wagen[289] sein / darauff vnsere Seele fahret« (Lobedantz 1634°, 27).

Wie bereits eingehender erläutert (Kap. 6.3.3), wirken Primärobjekte auf das Individuum beruhigend. Wasser und Sand schmiegen sich dem Körper an, den werdenden Säugling nährt der Mutterleib, und nach der Geburt stillt die mütterliche Brust den Hunger. Erwachsen-Werden ist hingegen gleichbedeutend mit der Vertreibung aus dem Paradies, das Leben ist wie *eine böse Stieffmutter*, die uns zu schwerer Arbeit anhält und deren Früchte wir nicht genießen können. Daraus erwächst die Sehnsucht nach *Ruhe*, analytisch betrachtet nach Rückkehr in den Mutterleib, in das Primärobjekt Wasser. Das Meer soll *vnser Hauptküssen* werden, auf das wir uns im *Todesschlaf* betten.

Man sieht, die Textstelle ruft geradezu nach einer tiefenpsychologischen Deutung, aber im Kontext dieses Kapitels ist etwas anderes noch entscheidender: Lobedantz spricht in seiner Predigt nämlich gleichzeitig die Hoffnung aus, »daß wir nicht mehr im alten Trab verstockter Unbußfertigkeit fortfahren«, damit Gott »nicht verursacht werde eine newe Sündenfluth kommen zu lassen / vnd den Garaus vns zu machen«. Schließlich habe er »vns noch etliche in so vnaussprechlich grosser Gefahr [...] vberleben lassen«, erklärt er in seiner *Klag Predigt* dem traurigen Rest seiner versammelten Gemeinde (Lobedantz 1634°, Vorrede, 2). Das klingt widersprüchlich, denn einerseits soll das Meer der Feuerwagen sein, der die Men-

---

288 Wohl im Sinn von *unbegreiflich, ungeheuerlich*; vielleicht aus *winden* abgeleitet, dann verstanden als *verworren, unergründlich*.
289 Israelitischer Prophet, der im Feuerwagen gen Himmel fährt.

schen in den Himmel bringt, das heißt indirekt wird der Wunsch nach einer weiteren Flut ausgesprochen. Andererseits hofft Lobedantz, dass keine weitere Manndränke mehr kommen möge. *Psycho*logisch ist das plausibel, weil Hoffen und Bangen sowie Sehnsucht nach aktiver Gestaltung des (diesseitigen) Lebens und nach (ewiger) Ruhe antagonistische Kräfte sind, die in jeder Seele schlummern, logisch betrachtet handelt es sich indes um Gegensätze.

Einerseits hält Lobedantz *ohn zweiffel* das Ende der Welt für gekommen und tröstet seine Zuhörerschaft mit der Aussicht auf einen endgültigen Ruhezustand, in welchem es keine Mühsal und Plage mehr geben wird. Andererseits hofft er auf das Ausbleiben einer weiteren Flut und erinnert seine Gemeinde an die erste Groote Manndränke von 1364, nach der sich das Land trotz größter Verwüstungen wieder erholt habe:

> »Unser eigenes Land bekräfftigts / das zwar vnser HERR GOTT verwüste / doch wiederumb auch bawe [...]. Wollan! Der wird's auch jetzund thun / wird nicht von dir absetzen O armes Nordstrand! mit seiner Hülffe« (ebd., 17f.).

Der Gegensatz zwischen Bangen und Zuversicht, zwischen Lebenswillen und Todessehnsucht ist wohl ein allgemeiner, aber er entfaltet sich in besonderer Weise während des 17. Jahrhunderts und ist ein wesentliches Merkmal des Barock, dessen Besonderheit sich in mentalitätsgeschichtlicher Perspektive »in der Präsenz scheinbar unvereinbarer oder offenkundig widersprüchlicher Haltungen« (Villari 1997b, 10), in der »augenscheinlich in sich widersprüchlichen Beschaffenheit« (Burgard 2001b, 12), »in seiner Sehnsucht nach dem Paradies [...] wie in seiner Trauer über den Weltabschied« äußert (Freund 2004, 10), um nur einige Zitate aus der neueren Literatur anzuführen. Ein typisches Beispiel ist Grimmelshausens Roman *Simplicissimus*, der zunächst mit dem berühmten »Adieu Welt« enden sollte – nachdem Simplicius das Leben leidvoll erfahren *und* in vollen Zügen genossen hatte, doch dann eine »Continuatio« erfährt, die in das Inseldasein des Helden mündet, um nicht den Verführungen der Welt ausgesetzt zu sein und trotzdem an ihr teilzuhaben (vgl. dazu Emrich 1981, 239–252).

Barock ist heute also nicht mehr auf ein stilgeschichtliches Phänomen zu reduzieren, sondern wird eher mentalitätsgeschichtlich verstanden. In Anbetracht der Wirren des 30-jährigen Krieges und des Verlustes der mittelalterlichen *ordo* wird die Erde einerseits als Jammertal beklagt, während andererseits Kirchen mit pompösem Prunk ausgestattet werden, Aristokraten eine höfische Pracht wie nie zuvor entfalten, und das aufstrebende Bürgertum des Frühkapitalismus dem Lebensstil der Adligen nacheifert (vgl. dazu Amelang 1997; Dessert 1997). Religiosität und Weltlichkeit gehen Hand in Hand und veranlassen kritische Geister zur Klage über die Eitelkeit und Nichtigkeit der Welt, darüber, dass die Menschen sich ganz anders geben, als sie in Wirklichkeit sind. Dahinter steht die *theatrum-mundi*-Metapher, jener Stoßseufzer über das Auseinanderklaffen von Schein und Sein, von Anspruch und Wirklichkeit, wie uns etwa die Dramen und Sonette des Andreas Gryphius lehren oder die Tragödien des Jacob Bidermann. Das Leben wird sosehr in den Kontext des Spiels gestellt, dass auch ethisch neutrale Vorgänge mit seiner Begrifflichkeit erfasst werden. So schreibt etwa Boetius in seinem *Cataclysmo Norstrandico* über die Dezemberflut von 1615:

> »Und überall war es ein ganz jammervolles *Schauspiel* [...]. Das Jämmerlichste war jedoch, dass die *Zuschauer*, die auf höher gelegenen Warften und Wohnungen in Sicherheit waren, ihnen keine Hilfe leisten konnten« (Boetius 1940°, 152; eigene Hervorhebungen).[290]

Ähnliches gilt für Lobedantz. Theaterhaft und pompös tritt das Titelblatt seiner *Klag Predigt* auf, denn es umfasst im Original mehr als 20 Zeilen Text, der in etwa einer halben Buchseite entspricht. Das ist guter Durchschnitt für einen Buchtitel der Barockzeit und Ausdruck für die Vorliebe am Schnörkelhaften, Melodramatischen und der Inszenierung. Doch auch in inhaltlicher Hinsicht spiegelt die Predigt ihre Zeit wider, wenn Lobedantz »den newen *Pracht* in Kleidung und die alte *Pralerey* in essen und trincken« an den Pranger stellt (Lobedantz 1634°, 10; eigene Hervorhebungen). Die Menschen setzen sich in Szene, indem sie wertvolle Kleidung zur Schau stellen oder damit angeben, dass sie sich teures Essen leisten können. Sie *tun so, als ob* sie groß wären, aber in Wirklichkeit haben sie ihren aus dem fruchtbaren Marschenboden resultierenden Reichtum Gott zu verdanken, sind vor ihm ganz klein und können, wenn sie sich sündhaft verhalten, von ihm bestraft werden, sodass sie dann ganz unten sind. Die weltliche Pracht erweist sich somit recht eigentlich als Schein, als ein äußerst fragiles Phänomen, dessen man jederzeit verlustig gehen kann, während Stabilität sich einzig und allein aus der Befolgung christlicher Werte ergibt. Daher rät der Pastor in der nächsten Zeile dazu, »Demütig zu sein / vnd wehemütig zu beten: das wir vns ihm / dem HERRN als zun Füssen legen« (ebd.).

Die Undankbarkeit der Friesen hat 400 Jahre zuvor bereits Emo von Wittewierum beklagt. Die Gemeinsamkeit mit Matthias Lobedantz besteht im christlichen Standpunkt, von dem aus die Kritik erfolgt, doch der Unterschied wird in der qualitativen Änderung deutlich, welche die Bühnenmetapher anzeigt. Sie ist Ausdruck einer Dynamisierung der gesellschaftlichen Struktur, die zwar in die Moderne weist, aber aus der Perspektive des konservativen *ordo*-Denkens nur ein eitles Spiel darstellt, weil die alte gesellschaftliche Ordnung von Gott gewollt ist. Daher kann eine Veränderung nur Schein und Täuschung sein, die sich bitter rächen wird, wie es etwa die Flut von 1634 zeigt. Beispielsweise ist bei Andreas Gryphius *Komödie* definiert als kläglicher Versuch, aus einer niederen in eine höhere Schicht aufzusteigen. Wenn etwa der Handwerker *Herr Peter Squentz*[291] ein Theaterstück vor adligem Publikum aufführen möchte, ist es nur folgerichtig, dass er sich damit lächerlich macht, denn im illustren Kreis der Aristokratie hat er nichts verloren. Und wenn friesische Bauern mit einem neuen Lebensstil in Kleidung und Essen prahlen,

---

290 »Et miserandum omnino ubique erat *spectaculum* [...]. At miserrimum erat, quod a *spectatoribus*, quos habebant tumuli habitationesve editiores, nihil iis praestari poterat auxilii« (ebd., 153).

291 Gryphius, Andreas 1983: Absurda Comica Oder Herr Peter Squentz. Schimpfspiel. Hg. von Gerhard Dünnhaupt und Karl-Heinz Habersetzer. Stuttgart: Reclam.

braucht es nicht zu überraschen, wenn Gott ihnen eine *Wasserfluth* beschert. – Noch deutlicher prangert Lobedantz den Verfall der *ordo* an einer anderen Stelle an:

> »Man spürete eine schendliche Leichtfertigkeit in schweren und fluchen: Einen trutzigen Vngehorsam wider die liebe löbliche Obrigkeit. Das säwische Fressen vnd Sauffen ward ohn schew getrieben: Mit Hurerey und Ehebruch fast alle Winckel gefüllet: Gar viel besudelten ihr Hertz mit Zorn und Rachgier / vnd ihre Hände mit Blutvergiessung« (ebd., 34).

Es wird gegen die von Gott gewollte gesellschaftliche Hierarchie verstoßen genauso wie gegen die Treueverpflichtung im Rahmen der Ehe, welche in seinem Namen gestiftet wird. Selbst die Grenze zwischen Mensch und Tier scheint zu schwinden, da sowohl *Fressen vnd Sauffen* als auch *Hurerey* als *säwisch* bezeichnet werden. Die Menschen tun so, als ob sie Christen wären, aber in Wirklichkeit verhalten sie sich wie die Tiere! Es ist kein Wunder, dass die Theatrum-mundi-Metapher im 20. Jahrhundert auf indirekte Weise Eingang in tiefenpsychologische Schulrichtungen gefunden hat. In der Psychoanalyse Sigmund Freuds wird der kulturelle Überbau als Fassade entlarvt, hinter der gleichsam das Tier lauert, nämlich sexuelle und aggressive Triebe. Und in der Individualpsychologie Alfred Adlers, die auf der *Philosophie des Als Ob* des Neukantianers Hans Vaihinger beruht (Rieken 1996), treffen wir die Bühnenmetapher im Wechselspiel von Minderwertigkeitsgefühl und Geltungsstreben an. In gesellschaftskritischer Absicht werden Macht- und Geltungsstreben als Versuch gedeutet, Minderwertigkeitsgefühle zu kompensieren. Auch dieser Bezug wird bei Lobedantz angesprochen, indem er die Großmannssucht seiner Landsleute tadelt und sie daran erinnert, dass sie in Wirklichkeit vor Gott ganz klein sind.

Trotz ihres konservativen Gehalts ist die Predigt aber auch Ausdruck eines neuzeitlichen Lebensgefühls und in dieser Hinsicht ebenfalls repräsentativ für das Barock mit seinem Neben- und Gegeneinander von Alt und Neu. Damit meine ich nicht unbedingt die Stärke und Standhaftigkeit des »Marschbewohner[s], der sich der ständigen Bedrohung durch die See stellt« (Hinrichs 1991, 93), denn das tun die Küstenbewohner, seitdem sie Warften bauen. Ich denke in dem Zusammenhang an etwas anderes, zum einen an eine Hinwendung zu den empirischen Tatsachen, die sich unter anderem darin äußert, dass fein säuberlich alle Schäden aufgelistet werden, welche die Flut angerichtet hat. In tabellarischer Form werden die Verluste an Menschen und Häusern sowie die Namen aller ertrunkenen Prediger genannt (Lobedantz 1634°, 45f.). Noch ausführlicher verfährt Heimreich (1819°, Bd. 2, 140–151), und Sax nennt sogar die Verluste an Tieren (1985°, Bd. 2, 191f.). Wenn wir uns hingegen die Chronik von Wittewierum in Erinnerung rufen, wird sofort der Unterschied deutlich, denn Zahlenangaben fehlen bei Emo zur Gänze, und konkret wird er nur dort, wo seine eigenen Interessen berührt sind, nämlich im Fall der Überschwemmung des Frauenklosters (Kap. 6.3.5) und der Auseinandersetzung um das Vorwerk (Kap. 6.3.4).

Ein anderer Aspekt, der die Hinwendung zum Empirischen belegt, ist die Beachtung der materiellen Überreste untergegangener Orte. Beispielsweise endet die Rungholt-Sage des Matz Paysen mit der Feststellung, dass er die Gegend um die Hallig Südfall aufgesucht habe, weil die Leute viel davon erzählt hätten und er die Überreste »mit eigenen Augen anschauen wollte, und zwar im Jahre 1635« (Paysen 1861°; siehe Kap. 6.4.3).

Zum Dritten findet die neuzeitliche Physik bei Lobedantz ihren Niederschlag und wird, weil es sich um eine Predigt handelt, somit auch der Bevölkerung vermittelt. Wer der Meinung sei, schreibt er, dass die Flut durch eine ungünstige Konstellation der Planeten hervorgerufen worden wäre, greife viel zu kurz. Zwar verursache »das Gestirn am Himmel allerley Witterung«, doch

> »gebühret vns vornemblich auff den *Werckmeister* selbsten zu sehen. Der gestirnete Himmel ist *Gottes Vhrwerck*: Ein Vhrwerck aber für sich selbst zeiget nicht / schlägt nicht / wecket nicht der Meister muß darzukommen / muß es richten vnd sein Gewicht auff ziehen. Also das Werck Himmels vnd Erden / vnd aller Creaturen darinnen / schaffet von ihm selbsten nichts / sondern GOtt der es erschaffen hat anfenglich / und erhelt es noch /[292] der regiret es nach seinem willen / entweder zur Wohlfahrt seiner Gleubigen / oder zur Straffe über die Gottlosen« (Lobedantz 1634°, 7; eigene Hervorhebungen).

Auch das ist nicht mehr die Welt des Emo von Wittewierum, dessen Naturphilosophie noch ganz im Banne des Viererschemas stand. Vielmehr ist das Zitat bereits Ausdruck einer mechanistischen Naturauffassung, die sich im 16. und 17. Jahrhundert entfaltet hat und zu einer radikalen Änderung des Weltbildes führt. Natur und Kosmos, selbst der Mensch, werden als Maschine, als komplexes Räderwerk, verstanden, wobei es sich nicht um eine Analogie handelt, sondern um Gleichsetzung. Im Zuge der Säkularisierung wird Gott zwar immer mehr in den Hintergrund gedrängt, doch im 17. Jahrhundert ist seine Existenz noch nicht infrage gestellt; nur ist aus dem Schöpfergott ein »Techniker- und Mechanikergott geworden« (Gloy, Bd. 1, 1995, 167). So kann für René Descartes der menschliche Körper als »eine Maschine an[ge]sehen werden, die als ein Werk Gottes unvergleichlich besser geordnet ist und bewunderswürdigere Bewegungen in sich hat als irgendeine, welche Menschen haben erfinden können« (Descartes 1977°, 52).

Ein Mechaniker ist Gott auch für Lobedantz, denn er spricht vom *Werckmeister*, der dafür Sorge tragen muss, dass das himmlische *Vhrwerck* richtig funktioniert und auch aufgezogen wird. Das können die Menschen nicht, ähnlich wie sie keine

---

292 Es wäre interessant zu erfahren, wie die Aussage zu interpretieren ist, dass Gott das himmlische Räderwerk *erhelt*. Heißt das, er muss es aktiv erhalten? Dann käme das einer okkasionalistischen Auffassung nahe, nach der Gott anlässlich einer *occasio*, das heißt wenn er sich dazu veranlasst sieht, immer wieder in das Geschehen eingreift. Oder ist damit gemeint, dass es, einmal in Gang gesetzt, von allein läuft, ähnlich wie es bei einer Uhr der Fall ist, wenn sie aufgezogen ist, und Gott nur in besonders schweren Fällen die Naturgesetze außer Kraft setzt, um zum Beispiel Sünder zu strafen? Die dahinter stehende Frage lautet mit anderen Worten, ob es sich, wie Descartes meint, um einen Gott der »andauernden Schöpfung« handelt oder der einmaligen (vgl. Mayer 1989, 17f.).

Maschinen herzustellen vermögen, die so kompliziert aufgebaut sind wie sie selbst. Und so wie ein wirklicher Uhrmacher jederzeit in das Räderwerk eingreifen kann, weil er es, da eigenständig hergestellt, gut kennt, kann es auch Gott mit der Natur tun, wenn er es für erforderlich hält – *zur Wohlfahrt seiner Gleubigen / oder zur Straffe über die Gottlosen.*

Interessant ist der Vergleich des natürlichen bzw. kosmischen Geschehens aus-gerechnet mit einer mechanischen Uhr. In der Physik und Philosophie des 17. Jahr-hunderts findet er weite Verbreitung, Johannes Kepler bedient sich seiner genauso wie Descartes oder Leibniz (vgl. Gloy, Bd. 1, 1995, 166f.). Durch den gleichmäßi-gen Takt derselben werden die *hore inequales* (= ungleiche Stunden)[293] des Mittel-alters obsolet und die Zeit standardisiert, sodass überall Stunden gleicher Länge Einzug halten und physikalische Zeitmessungen nach derselben Einteilung möglich werden. Die mechanische Uhr sorgt für eine zeitliche Ordnung der Dinge und wird gleichzeitig als autonom betrachtet, weil es zur Aufrechterhaltung ihrer Funktion nicht äußerer Eingriffe bedarf, wie es etwa bei Mühlrädern der Fall ist, denen ma-nuelle, Wasser- oder Windenergie zugeführt werden muss, um sich zu bewegen. Deswegen eignet sie sich sehr gut als Repräsentantin der kosmischen Ordnung, die durch einen »verlässlichen« Gott in Gang gehalten wird (vgl. Mayer 1989, 17ff.). »Es ist daher nicht verwunderlich, dass gerade dieser Maschinentyp [...] mit der ebenfalls geordneten, gegliederten und geregelten autonomen Welt verglichen wurde« (Gloy, Bd. 1, 1995, 168).

In Anbetracht der religiösen und politischen Wirren der Zeit, die alte Ordnun-gen wegbrechen ließ, und vor dem Hintergrund der zweiten Grooten Manndränke bot die Vorstellung, dass Gott als ein Mechaniker wirkt, der die Welt nach dem Bild eines komplexen Uhrwerks hergestellt hat, Beruhigung und Zuversicht. Dar-über hinaus war das mechanistische Bild der Welt auch zukunftsweisend, weil es den *homo faber* auf den Plan rief und nicht nur neue Techniken im Deichbau er-möglichte, sondern auch zu einer Art Deichbauindustrie führte, die in Lohnarbeit ein wesentlich effizienteres Arbeiten zur Folge hatte, als es den Friesen in Selbst-organisation möglich war (vgl. Jakubowski-Tiessen 1992a, 256–264; Uphoff 1995). Erinnert sei daran, dass Nordstrand noch 20 Jahre nach der Manndränke großteils unbedeicht war und erst durch das Eingreifen des Niederländers Quirinus Indervelden und seiner Leute ein Teil des untergegangenen Landes zurückgewon-nen werden konnte.

Doch kehren wir wieder zu Lobedantz zurück, der an einer anderen Stelle seiner Predigt auf die Entstehung der Winde bzw. Wolkenbildung eingeht:

> »Sonst melden die Naturkündiger vom Vrsprung der Winde dieses: Die Sonne und andere Sternen wircken einen trockenen Dampff und Qualm / ziehen ihn auß der Er-den hinauf / vnd vmbtreiben ihn in der Lufft / von einem Ort zu dem andern« (Lo-bedantz 1634°, 39).

---

293 Siehe Kap. 6.3.1, Fußnote 147.

Meteorologie im heutigen Sinn existierte seinerzeit noch nicht; das Thermometer war durch Galileo Galilei gerade erst um 1600 erfunden worden, die Erfindung des Barometers durch Evangelista Torricelli (1644) und die Entdeckung des Luftdrucks durch Blaise Pascal zur selben Zeit standen noch bevor. Immerhin könnte Lobedantz aber schon gewusst haben, dass warme Luft nach oben steigt, sofern diese mit dem *trockenen Dampff* gemeint ist. Die Sonne zieht diesen zwar nicht aus der Erde hinauf, aber durch Erwärmung steigt warme Luft nach oben und kühlt ab. Zur Wolkenbildung kommt es dann freilich durch Kondensation.

Den Ergebnissen der *Naturkündiger* billigt er zwar einen gewissen Wert zu, aber für ihn ist

> »die gewisseste Vrsach der brausenden Winden vnd vngestümen Wettern / die Sünde. Sihe / der Mensch ist Erde / in diesem Stücklein Erde (im Menschen spreche ich) ist die Sünde / vnd wie ein Fincklein in der Asche / also glümmet sie allezeit in seinem Fleisch / und wircket einen vnartigen Qualm und Dampf / welcher auß dem Hertzen herfür bricht vnd auffsteiget [...]. Ja es machet dieser auffsteigender Sünden-Qualm eine dicke düstere Wolcke / die sich zwischen Menschen vnd vnserm HERRN GOTT setzet / vnd die Stralen seiner Gnad vnd Barmhertzigkeit auffanget. Erbricht sich aber dieselbe Wolcke / so verursachet sie sturmende Winde vnnd wütende Wetter / welche mit macht daher rauschen / das wilde Meerwasser vngestümblich bewegen / die Wellen hoch treiben / daß die Teiche vnd Dämme mit grossem krachen anfallen / vnd über Landt und Saat sich ergiessen« (ebd., 39f.).

Das ist eine merkwürdige Mischung aus theologischen Gedanken und physikalischen Versatzstücken. Wie ein *Fincklein in der Asche* glimmt die Sünde im menschlichen Fleisch und verursacht einen *Sünden-Qualm*. Diese Aussage muss für die Zuhörer plausibel geklungen haben, weil Verbrennungsprozesse mit Rauchbildung einhergehen. Der *Qualm* nun bringt eine düstere Wolke hervor, die sich zwischen Mensch und Gott setzt, sodass *die Stralen seiner Gnad und Barmhertzigkeit* nicht mehr zu ihnen gelangen können. Irgendwann wird diese düstere Wolke so groß oder schwer, dass sie sich *erbricht*, und zwar in Form heftiger, »Sündfluten« hervorrufender Stürme. Auch wenn sich Lobedantz von der Entstehungstheorie der *Naturkündiger* absetzt, nimmt er insofern Anleihen bei ihnen, als auch nach seiner Vorstellung der *Qualm* auf der Erde entsteht und dann nach oben steigt. Es ist eine durchaus dynamische und insofern moderne Auffassung, die gewissermaßen systemtheoretische Überlegungen vorwegnimmt, nämlich selbst verstärkende, nicht linear, sondern exponentiell wachsende Prozesse, wie wir sie von der Chaostheorie her kennen. Die Neigung zur Sünde dürfte nämlich durch göttliche Gnade und Barmherzigkeit abgefedert werden – das heißt solange man sich mit Gott verbunden fühlt. Wenn die Menschen aber bereits einige Zeit gesündigt haben, wird die daraus entstandene Wolke so dick, dass die Strahlen des Schöpfers nicht mehr zu ihnen durchdringen, weswegen die Neigung zur Sünde verstärkt wird und die »Wolkenverdichtung« sich beschleunigt. Das System nimmt sozusagen chaotische Ausmaße an, bis sich der Qualm irgendwann *erbricht*, wie es Lobedantz pointiert formuliert.

Der Verfasser ist darum bemüht, theologisches Gedankengut in Einklang zu bringen mit dem physikalische Wissen seiner Zeit. Ähnlich wie es beim Vergleich des kosmischen Geschehens mit einem Uhrwerk der Fall ist, werden die Folgen der Sündhaftigkeit quasi mechanisch erklärt. Unter der Voraussetzung, dass Sünden Rauch erzeugen, entbehrt der weitere Verlauf nicht einer gewissen Plausibilität: Die Wolken schieben sich zwischen Gott und Mensch, die Prozesse beschleunigen sich, es kommt zur Katastrophe. Das ist eine andere Welt als jene, in der Lobedantz' Vorgänger lebten. Emo von Wittewierum wäre nie auf die Idee gekommen, die Folgen der menschlichen Sünde physikalisch zu beschreiben. Er brauchte nur auf Gottes Unwillen und Zorn zu verweisen, der sein direktes Eingreifen erklärt. – Wie aber ist es um dieses im Kontext der Lobedantzschen »Sünden-Qualmtheorie« bestellt? Wenn die Sünden quasi mechanisch durch Wolkenbildung und Windentwicklung eine Sturmflut erzeugen, bedarf es doch gar nicht seines direkten Zugriffs. Sofern Lobedantz sich diese Frage überhaupt gestellt hat, könnte man mit der damals noch aktuellen Unterscheidung zwischen *causa prima* und *causae secundae* argumentieren: Gott ist die Erstursache des gesamten Geschehens, während alles folgende Geschehen, wie etwa die Entwicklung der »Sünden-Wolken«, daraus abgeleitet ist und als Zweitursachen eine gewisse Autonomie entwickelt. Er kann allerdings jederzeit eingreifen, wenn er es für erforderlich hält, doch in dem Fall braucht er es gar nicht, weil die Menschen durch ihre mangelnde Einsicht ohnehin dafür sorgen, dass es zwangsläufig zur Katastrophe kommt.

6.6.3 Anna Ovena Hoyer oder Die Lust am Untergang der anderen im Kontext des »männlichen Protests«

Die bereits im letzten Kapitel erwähnte Anna Ovena Hoyers dichtete anlässlich der Flutkatastrophe von 1634 die folgenden Zeilen:

> »Reich vnd arm seind vmbkommen,
> Viel 1000 in der Nacht,
> Durch die Fluth hingenommen,
> vnd schnel zu Nicht gemacht,
> Pferd, Küh, schaff, Schwein vnd rinder,
> auch leüth im Krancken bett,
> Ja halb geborne Kinder,
> *ich aber bin errett*« (zit.n. Hinrichs 1991, 104; eigene Hervorhebung).

Hoyers erlebte die Flutkatastrophe in Eiderstedt, auf dem Schloss in Tönning, und sie glaubte, zu den Auserwählten zu gehören. Für sie war das Ende der Welt angebrochen, worin sie sich auch durch die Verwüstungen bestätigt sah, welche der Dreißigjährige Krieg in ganz Deutschland anrichtete (vgl. Jakubowski-Tiessen 2003a, 199). Sie war Mitglied einer Sekte und erklärte Gegnerin der Amtskirche; voller Genugtuung stellte sie fest, dass auch einige der ihr verhassten Pastoren durch die Katastrophe ums Leben gekommen waren (Hinrichs 1991, 103). Das ist ein bemerkenswertes Deutungsmuster, weil es nicht die Not, das Leiden oder den Tod der Betroffenen sieht, sondern sein Augenmerk ausschließlich auf die eigene Person als »Auserlesene« richtet, welche die Flut überlebt hat – was auf dem Tönninger Schloss wohl eher möglich war als auf einer Warft in exponierter Lage. Ein wenig zugespitzt könnte man sie als Vorläuferin der modernen Katastrophentouristen bezeichnen, die zuhauf anreisen, wenn ein großes Unglück geschehen ist.

> »Den Untergang der ›Harald of Free Enterprise‹ am 06.03.1987 in der Hafenausfahrt von Zeebrügge, bei dem 134 Menschen den Tod fanden, sollen in den darauf folgenden zwei Wochen mehr als 150 000 ›Katastrophen-Touristen‹ besichtigt haben. Deutsche Busunternehmen boten Kaffeefahrten zum Unglücksort an [...]. In Köln, während des [...] Rheinhochwassers zur Jahreswende 1993/94, pilgerten an den Wochenenden Zehntausende und an jedem Wochentag Tausende in Richtung Altstadt [...]. Pfiffige Bootsbesitzer boten gegen Bares Rundfahrten durch das Katastrophengebiet an, in Koblenz verloste ein lokaler Sender gar Bootsfahrten und Schnorcheltouren für ganz Mutige« (Dombrowsky 2001, 201).

Die Beispiele könnten beliebig vermehrt werden, denkt man etwa an das Elbehochwasser 2002, das in Ostdeutschland wütete, oder an das Donauhochwasser, das zur selben Zeit Ober- und Niederösterreich heimsuchte. Die Faszination an Katastrophen hat mit dem Gefühl des *Erhabenen* zu tun, von dem Schiller sagt, dass es »einerseits aus dem Gefühl unsrer Ohnmacht und Begrenzung, einen Gegenstand zu umfassen, andererseits aber aus dem Gefühl unsrer Übermacht [besteht], welche vor keinen Grenzen erschrickt und dasjenige sich geistig unterwirft, dem unsre sinnlichen Kräfte unterliegen« (Schiller 1981, 344). *Erhaben* ist etwas, das sich vor uns *erhebt*; zum einen fühlen wir uns ihm gegenüber klein, wenn wir es als etwas von uns Getrenntes betrachten, doch wenn wir uns mit ihm identifizieren, können wir an seiner Größe teilhaben. Allerdings bin ich der Auffassung, dass es sich bei Letzterem nicht ausschließlich oder primär um ein geistiges Phänomen handelt, sondern um eine Mischung aus geistigen und sinnlichen Kräften, weil dabei immer auch Emotionen und Affekte aktiviert werden. Und Schiller schreibt im nächst folgenden Absatz selbst, dass das Erhabene zwei Bestandteile enthalte, nämlich Schmerz und Vergnügen (ebd.). Mitleid und Freude gehen also Hand in Hand, wenn wir an einer Katastrophe als Zuschauer teilhaben, wobei allerdings das Vergnügen bzw. die Freude in der Regel verdrängt werden, um Über-Ich-Konflikten möglichst nicht ins Auge zu blicken.

Bei Anna Ovena Hoyer ist indes nur von der Genugtuung über die Katastrophe die Rede; Schmerz oder Mitleid finden wir bei ihr nicht einmal in Spuren. Zum einen ist sie materiell in keiner Weise betroffen, da sie, obgleich gebürtige Eiderstedterin, in Tönning nur zu Besuch ist, weil sie seit etwa 1632 in Schweden lebt (Hinrichs 1991, 99f.). Zum anderen trägt sie, wie bereits erwähnt, unauslöschlichen Hass gegen die Amtskirche in sich, denn sie hängt seit ihrer Jugend einem spiritualistisch-schwärmerischem Laienchristentum an, das der evangelischen Kirche die Schuld für alles Übel in der Welt zuschreibt. Damit steht sie auch im Gegensatz zur Position ihres Mannes Hermann Hoyer, der als Stallmeister nicht nur den Hofdienst überwacht, sondern auch, da mit Gerichtsbefugnis ausgestattet, ketzerische Strömungen zu bekämpfen hat. Aber erst nach seinem Tod wird sie derart zu einem öffentlichen Ärgernis, dass sie das Land verlassen muss und nach Schweden zieht (ebd., 100f.).

In der patriarchalischen Kultur der Neuzeit sind Institutionen, welche mit großer Macht ausgestattet sind, männlich besetzt – *besetzt* im mehrfachen Wortsinn verstanden. Dazu zählt das Amt Hermann Hoyers genauso wie die Amtskirche. Demgegenüber ist sich Anna Ovena ihrer eigenen Leistungen sehr wohl bewusst. In einer frühen Veröffentlichung, dem *Gespräch eines Kindes mit seiner Mutter von dem Wege zur wahren Gottseligkeit*, schreibt sie voller Stolz:

> »Dies Buch durch eine Fraw beschribn /
> Wird man gewiß darumb mehr beliebn /
> Weiln dergleichen nie gesehen /
> Von Frawn so geistreich ausgehen« (zit.n. Hinrichs 1991, 101).

Alfred Adler, der als Analytiker immer auch an soziokulturellen Fragestellungen interessiert war, bezeichnet die Gleichsetzung von Weiblichkeit und Minderwertigkeit als *männlichen Protest*. Männer verleugnen ihre weiblichen Anteile, Frauen ihre weiblichen Eigenschaften. Ist jedoch ein Mädchen energisch genug, dann legt es »ein stärkeres Training an den Tag [...], das ihm oft deutliche Züge großer Energie verleiht. Dies ist [...] der Auftakt zum ›männlichen Protest‹, der unzählige gute und schlimme Folgen [...] zeitigen kann« (Adler 1973a, 142; vgl. dazu R. Schmidt 1995). In Anbetracht ihrer geradezu sadistischen Freude am Tod der »Ungläubigen« sind es eher *schlimme Folgen*, welche der männliche Protest bei Anna Ovena hervorruft. Dahinter steht auch der Wunsch, dem Untergang Aug' in Aug' gegenüberzustehen und ihn gleichzeitig zu überleben. »Das ist ein Kinderwunsch, aber deshalb umso plausibler und hartnäckiger durch alle Lebensalter hindurch«, schreibt Gert Ueding in seinem tief schürfenden Aufsatz *Katastrophenliteratur oder Die Lust am Untergang* (Ueding 2001, 166). Gemeint sind damit Allmachtsphantasien, die aus dem magischen Weltbild des Kindes resultieren und eine Folge des epistemologischen Egozentrismus sind (vgl. Piaget 1980). Wenn wir uns den magischen Bodensatz des Erlebens vor Augen halten und darüber hinaus zur Kenntnis nehmen, dass Anna Ovenas Vater im Jahr ihrer Geburt gestorben ist (Hinrichs 1991, 100), brauchen wir nur eins und eins zusammenzuzählen, um zu erkennen, dass sie – aus ihrer Perspektive – bereits im zarten Kindesalter das männlich-patriarchalische Prinzip überwältigt und überlebt hat. Denn im magischen Denken existieren keine Zufälle, Anna Ovenas Geburt und der Tod ihres Vaters hängen zusammen, das heißt er musste sterben, damit sie leben kann. In gleicher Weise überlebt sie auch ihren Mann sowie die *Pfaffen-Teuffel* (ebd.), welche in der Flut dahingerafft wurden. Kurzum sie ist auserwählt und identifiziert sich, als letzte Konsequenz des männlichen Protestes, mit der höchsten Instanz der patriarchalischen Welt, dem allmächtigen Gott des Christentums, der mit Hilfe des weiblich erlebten Primärobjektes Wasser allen »Ungläubigen« den Garaus macht, womit unbewusst auch Anna Ovenas weibliche Eigenschaften bedient werden.

Zugegebenermaßen vertritt sie eine extreme Position, aber ähnlich wie helles Licht Konturen stärker hervortreten lässt, eignen sich zugespitzte Einstellungen dazu, das Allgemeine besser zu sehen, welches sich darin verbirgt. Und das ist in dem Fall das Leiden und der Zorn an einer missliebigen Welt, der man den Untergang an den Hals wünscht. Ich erinnere mich in diesem Zusammenhang an ein Interview im Norddeutschen Fernsehen, in welchem ein namhafter Biologe den Vorschlag gemacht hat, die Stadt Westerland auf Sylt aufzugeben, weil sie auf Grund der Bausünden ein wertloser Steinhaufen sei, den man getrost den Wellen überlassen könne. Im Unterschied zu Anna Ovena steht diese Aussage zwar nicht im Kontext eines theologischen, sondern eines ökologisch inspirierten Weltbildes, aber der psychohistorische Hintergrund ist der gleiche, nämlich eine aggressive Grundstimmung, welche aus der Frustration an zeitgenössischen Verhältnissen erwächst. Und ich denke, dass auch die eingangs zitierten Passagen über Katastrophentouristen in diesem Licht betrachtet werden können. Die Lust am Untergang hat etwas Erhabenes an sich; sie erhebt uns über die Zwänge der Industriegesellschaft, in der wir wie ein Rädchen zu funktionieren haben, um unseren hohen Lebensstandard aufrechtzuerhalten. Da er nicht nur Lebensqualität bedeutet, sondern auch eine Bürde ist, bedarf es mitunter eines Ventils, um sich Luft zu verschaffen. Eingespannt in den Minutentakt der mechanisierten Welt gleichen Katastrophen Atempausen, in denen momentane Stille einkehrt. Und sie zerstören das, wodurch wir uns eingeengt fühlen, die planvoll gestaltete, uns von der Natur entfremdende technisierte Welt. Da sie außerdem die Welt des Patriarchats ist, kann die zerstörerische Kraft der Flut auch als Kampf des weiblichen Primärobjektes gegen den männlichen homo faber interpretiert werden, gewissermaßen als Protest gegen den männlichen Protest.

6.7 Die Weihnachtsflut vom 25.12.1717

6.7.1 Skizzierung des Geschehens

Von der Weihnachtsflut war die gesamte Küste betroffen, wobei der Schwerpunkt östlich der Lauwers gelegen haben dürfte. Nach Auskunft von Gerhardus Outhof, dem wir als Augenzeugen eine ausführliche Schilderung des Geschehens zu verdanken haben (1720°, 726–794), gab es die meisten Toten zwischen den Groninger Ommelanden und Dithmarschen (ebd., 792). Sie fiel mitten in die Kleine Eiszeit mit ihrer vermehrten Sturmtätigkeit und lief höher auf als ihre großen Vorgängerinnen, die Marcellusflut und die beiden Manndränken. Das Wasser reichte vielerorts bis an den Rand der Geest, mehrere Tausend Menschen fanden den Tod. Berühmt geworden ist sie aber auch wegen ihres Datums, denn »statt das frohe Fest der Geburt JEsu Christi zu feyren, [...] wurde durch diese gantze Gegenden nichts gehöret als ein Geschrey, viel Klagens, Weinens und Heulens«, schreibt Johann

Christian Hekelius, Pastor in Resterhafe bei Dornum[294] und Augenzeuge des Geschehens (Hekelius 1719a°, 10). Es braucht daher nicht zu überraschen, dass auch und gerade die Weihnachtsflut als spezielle Strafe Gottes angesehen wurde, zumal die Menschen »alle 3 heilige Tage über [...] unter GOttes schwerer Hand gehalten worden [sind], so bald aber als das Fest geendiget war, so legten sich auch die Sturm-Winde« (ebd., 40).

Die Menschen wurden vollkommen überrascht, besonders weil der Mond im letzten Viertel stand und der zuvor stürmende Südwestwind zur Nacht hin abgenommen hatte. Dann aber drehte er auf Nordwest und wurde zum Orkan, die Katastrophe nahm ihren Lauf (Jakubowski-Tiessen 1992a, 15; Woebcken 1924, 93). Wieder einmal lag eine Flut vom Skagerrak-Typ vor, mit starken NW-Winden und vorausgehendem Wind aus SW (Hagel 1962, 23f.).

Zwei Monate später, am 25. und 26. Februar 1718, kam es zu einer weiteren Sturmflut, die zwar nicht so hoch auflief wie ihre unmittelbare Vorgängerin, aber erneut großen Schaden anrichtete, weil die noch offenen Deiche weiter beschädigt wurden und das Wasser ungebremst ins Land hineinströmen konnte. »Schlimmer als die erneuten Schäden war für die Menschen jedoch die psychologische Wirkung dieser Flut«, schreibt Jakubowski-Tiessen in seiner Habilitationsschrift über die Weihnachtsflut (1992a, 41). Zunächst habe man noch geglaubt, das Land wieder sichern zu können, doch die zweite Flut »hat uns alle Hoffnung benommen«, so Hekelius (1719b°, 134), auf den sich Jakubowski-Tiessen beruft (1992, 41). Tatsächlich verarmte ein Großteil der Bevölkerung in der Folge, es kam zu Auswanderungen, Versteigerungen und Besitzkonzentrationen, wobei die Situation durch eine vorangegangene Rinderseuche und eine Mäuseplage verschärft wurde (vgl. Kap. 6.7.2). Der Deichbau kam nur schleppend in Gang, da das Kapital fehlte und die Menschen zunächst noch demoralisiert waren. Ähnlich wie ein knappes Jahrhundert zuvor in Nordfriesland griffen die Landesherren ein, holten auswärtige Arbeiter und begannen den Deichbau zu industrialisieren, zum Teil gegen den Widerstand der auf Eigenständigkeit bedachten Friesen. Im Zuge des konjunkturellen Aufschwungs, der Nordeuropa in den folgenden Jahrzehnten erfasste, besserte sich indes die Situation, wobei Ostfriesland allerdings erst gegen Ende des 18. Jahrhunderts wieder schuldenfrei war (Jakubowski-Tiessen 1992a, 148–200; 226–264).

Wären die Bewohner jedoch zur Gänze entmutigt worden, wäre es auf die Dauer schwieriger gewesen, die Deiche wieder in Stand zu setzen. Das macht auch Hekelius' Predigt deutlich, die er nach der zweiten Flut vom Februar 1718 gehalten hat. An anderer Stelle relativiert er nämlich die von ihm selbst konstatierte Hoffnungslosigkeit, da er zuversichtlich ist, »Gottes Gnade wieder zu wege [zu] bringen«, sofern die Menschen der Sündhaftigkeit entsagen (1719b°, 139). Für ihn ist auch klar, weswegen es zu einer zweiten Katastrophe gekommen ist. Die erste Flut habe die Menschen nicht demütiger gemacht, sondern im Gegenteil noch verruchter, da zuvor Raub als Schande gegolten habe, während nun »Diebstahl und Strassen-Räuberey etwas gemeines« geworden seien (ebd., 136). Das wird seine Rich-

---

294 Zwischen Esens und Norden (Ostfriesland).

tigkeit haben, weil es einen engen Zusammenhang zwischen materieller Not und Eigentumsdelikten gibt. Viele Güter waren weggeschwemmt und anderswo wieder angetrieben worden, sodass diese Gegenstände im Urteil der Bevölkerung als herrenloses Strandgut galten, dessen man sich bedienen konnte. Dennoch kann man den Sachverhalt nicht allein unter »Strandraub« subsumieren, wie das entsprechende Kapitel bei Jakubowski-Tiessen heißt (1992a, 201–213), da es zu systematischen Plünderungen auch in beschädigten und nicht verwaisten Häusern kam. Statt den Not Leidenden zu helfen, seien sie zu allem Überdruss auch noch ausgeraubt worden, schreibt Hekelius (1719a°, 77), und aus Bremen seien ganze Räuberbanden mit Schiffen angereist, um das Land systematisch auszuplündern (ebd., 78). Nachbarn hätten, statt einander zu unterstützen, sich gegenseitig beraubt und selbst Blutsverwandte »einer des andern nicht verschonet [...], wie ich selbst bezeugen kan« (ebd., 92; vgl. auch 95).

Die Weihnachtsflut rief Erinnerungen an die Allerheiligenflut von 1570 wach, in der weite Teile der westlichen Niederlande, Westfrieslands, der Ommelande und Ostfrieslands überschwemmt wurden (vgl. de Vries und Winsemius 1970). Hekelius' Buch über die Weihnachtsflut ist eine Arbeit des Auricher Pastors Christian Funck zur Allerheiligenflut mit der Bemerkung angefügt, er wolle das Andenken an diese erneuern, weil sie »einander sehr ähnlich« gewesen seien (Funck 1719°, 143; vgl. Homeier 1970). Die Bemerkung macht wieder einmal deutlich, dass Erinnerungen an Flutkatastrophen zwar verblassen mögen, aber jederzeit unter ähnlichen Bedingungen wieder wachgerufen werden, in dem Fall nach fast 150 Jahren.

6.7.2 Vorzeichen ex post und Vorahnungen ante rem

Wie bereits erwähnt, wurden die Menschen von der Flut vollständig überrascht. Nichts Böses ahnte auch Pastor Heinrich Heimreich von der kleinen Hallig Nordstrandischmoor, als er sich am Vorabend des Christfestes zur Ruhe begeben wollte. Stürmische Westwinde gebe es häufig um diese Jahreszeit, schreibt er, und das Wasser sei am Abend nicht allzu hoch aufgelaufen (H. Heimreich 1812°, 262). Seinen Vater, den Verfasser der *Nordfresischen Chronik*, hatte es, wie wir aus dem letzten Kapitel wissen, in jungen Jahren dorthin verschlagen, nachdem Alt-Nordstrand zu existieren aufgehört hatte. Der Sohn trat in seine Fußstapfen – als Geistlicher und als Chronist sowie Betroffener einer Jahrhundertflut. Glück hat auch er gehabt,

> »denn, wenn wir in harten Schlaf verfallen gewesen, eine halbe Stunde nur länger geruhet, wäre keine Errettung für uns gewesen und dieses, weil wir keine Fluth und Wasser so frühzeitig vermuten waren, hätte leicht geschehen können, wenn nicht Gott für uns gesorget, und unsere einzige Tochter, ein Mägdlein damaln von 17 Jahren ganz unruhig gewesen, und schon vor Mitternacht voller Angst und Bangigkeit erwachend lamentirte und sagte: Ach Mutter, Mutter, wie wehet es so stark, diese Nacht vertrinken wir, und ob meine Frau sie gleich zufrieden sprach: Es hätte wills Gott keine Noth, sie sollte sich nur wieder zur Ruhe begeben, und schlafen und uns auch lassen ruhen, damit, weil morgen das heil. Christfest wäre, wir selbiges mit

desto munterern Herzen und Gemüthe in Freuden feierlich begehen könnten, schlief sie zwar ein wenig, aber bald erwachte sie wieder und wiederholte die vorige klägliche Rede, welches in 2 Stunden wohl 5, 6 Mal geschah, weswegen um vorerwähnte Zeit ich aufstand, um zu sehen, woher der so starke Wind bliese. Da denn mit Bestürzung sah, daß das höchste Feld schon unter Wasser sich befand« (ebd., 263).

Für Heimreich gibt es am Vorabend der Flut zwei Hinweise auf göttliches Eingreifen: zum einen die fehlenden geophysikalischen Voraussetzungen – der zu schwache Wind und der nicht allzu hohe Wasserstand –, woraus er schließt, dass »der allwaltende Gott [...] an keine Zeit verbunden« ist und die »Winde, welche er auch zum Theil zur Rache erschaffen hat, wenn's ihm beliebig ist, seinen Zorn ausrichten müssen« (ebd., 262). Zum anderen die Vorahnungen seiner Tochter, die seiner Familie und ihm als treuen Diener seines Herren das Leben retten.

Das so genannte zweite Gesicht ist ein ubiquitäres Phänomen und auch im Zusammenhang mit Sturmfluten immer wieder anzutreffen. Kommen die Ahnungen kurz vor dem Ereignis, lassen sie sich möglicherweise noch im Kontext unseres wissenschaftlichen Denkens erklären. Aus psychologischer Sicht könnte die Ruhe der Eltern als unbewusster Abwehrmechanismus gedeutet werden, sodass die sensible Tochter deren verdrängte Ängste spürt. Geht man allerdings vom Text aus und von dem, was ansonsten über die Flut bekannt ist, scheinen die Menschen tatsächlich vollkommen überrascht worden zu sein. Denkbar wäre dann noch, sofern man der Tochter eine besondere Sensibilität unterstellt, dass sie die physikalischen Änderungen im Vorfeld des Wetterumschwungs gespürt hat. Jeder kann beobachten, dass Haustiere in solchen Fällen unruhiger werden, und so genannte wetterfühlige Menschen bemerken ein Unwohlsein, Gereiztheit oder Gliederschmerzen, bevor Fön auftritt. Das Spüren von Wetterumschwüngen hängt unter anderem mit Luftdruckänderungen zusammen, mit Veränderungen des elektromagnetischen Feldes oder mit Erdschwingungen, die ein Orkan hervorruft.

Bei der folgenden Geschichte, welche Hekelius aufgezeichnet hat, versagen hingegen die üblichen wissenschaftlichen Deutungsmöglichkeiten:

»Es wohnet [...] in der Dornumer Grode[295] ein Bauersmann, noch jung von Jahren, und ehrliches Herkommens. Dieser Mensch hat schon 4 Jahre vorher, nehmlich in der ersten Fluth gesaget, daß eine grössere Fluth kommen würde. Denn da in den vorigen Jahren die Teiche hin und wieder durchbrachen, so hat er beständig gesaget: das wäre noch nicht die rechte Fluth, sondern sie müsste viel höher kommen, und zwar so hoch, daß bei seinem Hause ein groß Gaffel-Schiff[296] vorbey seegeln müste« (Hekelius 1719a°, 4).

Nachdem sich diese Geschichte in der Bevölkerung herumgesprochen hatte, hat Hekelius in seiner Eigenschaft als Prediger die Gemeinde zwar vor »der gleichen eitele[n] Reden« gewarnt, sie aber gleichzeitig zu »herzliche[r] Bekehrung« aufge-

---

295 Östlich von Norddeich gelegen, direkt an der Küste.
296 Gaffel-Schoner: Seit Anfang des 18. Jahrhunderts Bezeichnung für ein zunächst zweimastiges, später auch mehrmastiges Schiff, das statt Querbesegelung längsschiffs stehende Gaffelsegel führt. Gaffel ist das längsschiff gerichtete Rundholz, welches das Segel trägt.

rufen, da Gott anderenfalls ein solches Unglück und noch größere Strafen schicken würde. Der Seher sei von ihm »väterlich ermahnet worden«, damit er sich derartiger Aussagen künftig enthalte und Gott zuwende, zumal er »mehr ein liederliches als Christliches Leben« führe (ebd.). Mit anderen Worten: Hekelius verwirft zwar die Vorahnung als »Aberglauben«, doch ist sie ihm andererseits durchaus recht, weil er damit seine Gemeinde auf den Pfad der Tugend locken möchte. Die Geschichte hatte dann allerdings noch ein gerichtliches Nachspiel, wobei der Angeklagte dabei blieb, »daß das Land voll Wasser wäre«, und er präzisierte seine Aussage dahingehend, dass auf seinem Misthaufen »ein groß Gaffel-Schiff gehalten, welches hernach mit vollen Segeln ins Land gefahren«. Das sei allgemein mit Kopfschütteln quittiert worden, weil Dornumersiel von derartigen Schiffen nicht angefahren würde (ebd., 4f.). Und doch habe sich die Vorahnung bewahrheitet, denn als der Mann sich nebst Familie während der Flut auf den Boden geflüchtet hatte, habe er gesehen, wie

> »ein dergleichen Schif aus der See übern Teich weg geworffen [wird], welches seinen richtigen Lauf nach dieses Menschen schon durchgebrochenen Hause nimmt, als wenn es durch dasselbe hinweg fahren wollte. Durch diesen Anblick wird ihre Noth desto grösser, indem sie nicht anders vermuthen können, als daß dieses grosse Schif das Hauß umwerffen und sie den wilden Fluthen überliefern werde. Derowegen machet sich gedachter Mann oben aufs Hauß, und wincket und schreyet gegen den Schiffer, daß er das Schif vom Hause abwenden solle: der Schiffer wendet auch seinen äussersten Fleiß an, und lenckets noch so weit ab, daß es nicht aufs Wohn-Haus, auf welchen er gesessen, sondern auf die Scheune loß fähret, und dasjenige, woran es gestossen, über den Hauffen wirfft. Durch diesen Anlauf an das Hauß, welches eines nit von den stärcksten und besten Häusern in dieser Gegend gewesen, wird das Schif etwas aufgehalten, daß es eine geraume Zeit alhier gleichsam vor Ancker lieget. Aber es kann sich doch endlich nicht länger halten, sondern wird durch den beständig-anhaltenden Sturm, wohl über eine Meile Weges ins Land getrieben, und ist bey Fulckum[297] gestrandet. Dieses Schif, welches durch den Sturm aus dem Embder Haafen war ausgeworffen und dahin getrieben worden, habe ich hernach aus meinem Fenster an besagtem Orte selbst vielmahls gesehen« (ebd., 5; vgl. auch die Fassung in van der Kooi 1994°, 28–32; dgl. in van der Kooi und Schuster 2003°, 499ff.).

Die Geschichte hat Hekelius zu denken gegeben, da sie genauso eingetreten ist, wie der Betreffende sie vorhergesehen hat: Ein Schiffstyp, der den kleinen Hafen von Dornumersiel freiwillig nie anlaufen würde, segelt auf den Hof des Sehers zu, verharrt dort einige Zeit und wird dann weiter landeinwärts getrieben. Dass statt vom Misthaufen von der Scheune die Rede ist, an der das Schiff zeitweilig zum Stehen kommt, ist bestenfalls ein Detail am Rande, da sich jener direkt hinter der Scheune befunden haben dürfte.[298] Hekelius hat daraufhin einen gelehrten Kollegen befragt,

---

297 Fulkum: Ortschaft zwischen Dornum und Esens.
298 Wahrscheinlich wird es sich um ein Gulfhaus gehandelt haben, das seit dem 16. Jahrhundert zum vorherrschenden Bautyp geworden ist. Es ist ein einteiliges, mit Ziegelsteinen erbautes fachwerkloses Wohn-Stall-Speicherhaus mit einem hölzernen Ständerviereck zur Erntestape-

und dieser hat ihm geantwortet, dass der Teufel dahinterstecke, denn bei derartigen Strafgerichten räume Gott dem Satan gewisse Freiheiten ein, um den Menschen Schaden zuzufügen,

> »und so wäre es kein Wunder, daß er bei Leuten, die nicht allzu Christlich leben, ein Vorspiel dessen machete. Zumahlen er auch dieses Interesse darunter hat, daß solchen Leuten Niemand Glauben zustellet, und man desto unbesorgter ist« (ebd., 6).

Das ist eine raffinierte, spitzfindige Argumentation, und sie ist auch notwendig, wenn man diese Vorahnung von den durch Gott verursachten Vorzeichen (s.u.) klar abgrenzen möchte. Zunächst wird der Betreffende diskreditiert: Wenn jemand so liederlich lebt, kann sich nicht Gott, sondern nur der Teufel seiner bedienen. Und seine mangelnde Glaubwürdigkeit wird nicht dadurch erklärt, dass er sozial geächtet ist, sondern dass er vom Leibhaftigen beherrscht wird: Die Leute sollen sich in Sicherheit wiegen, damit dieser ein umso leichteres Spiel hat.

Wenn man allerdings den textlichen Zusammenhang betrachtet, in welchem die Episode steht, kann man die ausgeklügelte Unterscheidung zwischen guten und bösen Vorzeichen nur schwer nachvollziehen, denn die Geschichte steht nicht abgesetzt von der Auflistung göttlicher Vorzeichen, sondern mittendrin als eine unter vielen. Vermutlich wollte sich Hekelius mit der offiziösen Stellungnahme seines Kollegen absichern, aber andererseits ist die Erzählung auch zu »gut«, um sie nicht zu erwähnen, zumal sie sich unter der Bevölkerung herumgesprochen hat. Was nun die weiteren Vorzeichen betrifft, mit denen Gott die Menschen zu warnen gedachte, so handelt es sich um übliche Erscheinungen, nämlich jährlich auftretende Sturmfluten mit Deichbrüchen in den vorangegangenen Jahren (ebd., 2), Feuer, die vom Himmel fallen und den »Feuerbrennenden Zorn Gottes« ankündigen (ebd., 3), heftige Gewitter von Advent bis Weihnachten (ebd., 6), Rinderpest (ebd., 2) und eine Mäuseplage (ebd., 2f.). Mit ihr habe es allerdings etwas Besonderes auf sich, weil die Tiere von ungewöhnlicher Färbung gewesen seien, nämlich rot, weiß, gelb, bunt »und sehr wunderlich durch einander gefärbt« (ebd., 3). Außerdem seien ihre Zähne so scharf gewesen, dass sie in einer Nacht »ein Land voll Getrayde abschneiden konten« (ebd.). Dabei habe es sich, wie wir an anderer Stelle erfahren, um ein außergewöhnlich fruchtbares Jahr gehandelt, doch sei die gesamte Ernte durch die Mäuse zunichte gemacht worden (Hekelius 1719b°, 133). Statt der Pracht der Feldfrüchte stehen gewissermaßen die grauen Mäuse in »Blüte« und verweisen dergestalt auf das Eingreifen Gottes, der die Nichtigkeit irdischen Tuns zum Ausdruck bringen möchte, da alles von seinem Wohlwollen oder Zorn abhängt.

Ein weiteres Vorzeichen ist für Hekelius, dass

---

lung, dem Gulf (niederdt. *Gulf*, westfr. *gol[le]*). Mit »Wohn-Haus« dürfte daher der zum Wohnen gedachte Teil des Hauses gemeint sein, zumal Hekelius im nächsten Satz nur allgemein vom »Anlauf an das Hauß« spricht, was sich wohl auf den Wirtschaftsteil bezieht. In diesem befindet sich mittig der Stapelraum, in den Seitenschiffen Durchfahrtsdiele und Stallungen – und in unmittelbarer Nähe außerhalb davon der Misthaufen (vgl. auch Rast 1996, 46–55).

»alle Kirchen I. 2 biß 3 mahl bestohlen und verunreiniget worden. Und es war zu der Zeit gar nichts neues, daß man des Morgens hörete, es wäre diese oder jene Kirche bestohlen worden. Wodurch der HErr gnugsam zu verstehen gab, daß ihm unsere Gottes-Dienste, die so kaltsinnig verrichtet werden, nicht mehr gefallen, und daß er unsere GOttes-Häuser wolle entweyhen lassen, damit er hernach ungehindert seine schrecklichen Gerichte über uns könne kommen lassen« (ebd., 6).

Wahrscheinlich war Hekelius ein Anhänger des Pietismus, der seine Blütezeit um 1700 erlebte und eine Gegenströmung zum Dogmatismus der lutherischen Orthodoxie bildete.[299] Seine Wurzeln liegen im englischen Puritanismus, der dann auf die Niederlande wirkte und auch Eingang in die östlich angrenzenden Gebiete fand. Wenn Hekelius die Gottesdienste als *kaltsinnig* bezeichnet, steht möglicherweise das Anliegen dahinter, den lebendigen Glauben des Einzelnen wie der Gemeinde wieder wirksam werden zu lassen. Da es im Pietismus um die bewusst vom Subjekt erlebte Gotteserfahrung geht, steht er im Kontext neuzeitlicher Individualisierungstendenzen, wie sie sich auch in den zeitgenössischen Texten zur Weihnachtsflut zeigen. Bevor wir jedoch darauf näher eingehen (siehe nächstes Kapitel), wollen wir uns zunächst wieder den Vorzeichen zuwenden.

Diese sind eine Erklärung ex post und wegen des konstruktivistischen Gehaltes von Weltanschauungen aus heutiger Sicht kaum überzeugend. Im Nachhinein ist es immer einfach zu behaupten, ein bestimmter Vorfall sei ein deutliches Vorzeichen gewesen. Aber sie erfüllen eine wichtige Funktion, denn sie sind das Garantiezeichen Gottes, dass er nicht willkürlich handelt, sondern sein Vorgehen ankündigt; davon war bereits im Zusammenhang mit der zweiten Grooten Manndränke die Rede. Willkür wirkt oftmals traumatisierend; für den Menschen ist es wichtig, in den Dingen eine Ordnung zu erkennen, und das erst recht im Fall einer Naturkatastrophe, bei der stets die Gefahr einer Traumatisierung besteht. Entsprechendes gilt für das Zweite Gesicht, denn es erfüllt die gleiche Funktion, nämlich Sicherheit zu erlangen. Wer ein Flugzeug im Traum abstürzen sieht, kann aus subjektiver Perspektive unter Umständen sein Leben retten, indem er nicht einsteigt, und wer eine Flutkatastrophe vorhersagt, kann vor ihr fliehen. Erkauft ist dieses Wissen allerdings mit dem drückenden Gefühl, dass zukünftig etwas Schlimmes passieren und das Ereignis als solches nicht zu verhindern sein wird.

»In allen friesischen Landschaften«, schreibt Jurjen van der Kooi, »war und ist teilweise noch der Glaube an Omina und Vorzeichen weit verbreitet. Die Frieslande kennen eine lange Tradition von Prophezeiungen [...], und Erzählungen vom Schicksal, vom Zweiten Gesicht und von Hellsehern sind überaus zahlreich« (Nachwort. In: van der Kooi 1994°, 310). In seiner zusammen mit Theo Schuster herausgegebenen Sammlung ostfriesischer Sagen konnte »eine ganze Anzahl von bisher [...] nicht dokumentierten Vörloopgeschichten[300] durch eher zufällige Nach-

---

299 Als weiteres Indiz kann gelten, dass er über die Weihnachtsflut nicht nur in Ostfriesland, sondern auch in Halle an der Saale predigte (1719c°), wo sich der Sitz der Franckeschen Stiftungen befindet, des Zentrums für die christliche Praxis des Pietismus.
300 Niederdt. *Vörloop = Vorlauf.*

frage bei älteren Marktbeziehern auf dem Wochenmarkt in Leer im letzten Jahr [= 2002] noch notiert werden« (Nachwort. In: van der Kooi und Schuster, 2003°, 535; vgl. ebd., Kap. XIV, 419–522; dgl. van der Kooi 1994°, 7–52; ders. 1998°, 167–186; ders. 2000°, 271–300). Auch in verschiedenen Lebenserinnerungen aus neuerer Zeit ist vom zweiten Gesicht die Rede. So berichtet der Helgoländer Max Heikens (*1911) über seine eigene Kindheit Folgendes:

> »Es war schlimm, vom Vorhandensein unerklärlicher Dinge zu wissen. Und immer öfter, wenn ich gar nicht an so etwas dachte, manchmal mitten im lebhaftesten Spiel, kam es über mich [...]. Wieder etwas sehen müssen, was man gar nicht sehen will. Mir ist bange. Ich habe schreckliche Angst. Es ist schwer für ein Kind, mit einer solchen Veranlagung zurechtzukommen« (Heikens 1995°, 21; vgl. auch 66ff.; 151).

Das zweite Gesicht gilt in der Familie Heikens als »furchtbare[s] Erbübel« (ebd., 20), und in ähnlicher Weise notiert der Nordfriese Max Lorenzen (*1914) in seinen Kindheitserinnerungen, dass seine mit seherischen Fähigkeiten begabte Großmutter »diese besondere Gabe als eine auferlegte Last« empfunden und nicht gern darüber gesprochen habe (Lorenzen 1998°, 133).

> »So bemerkte sie mehrfach vor ihrem Stubenfenster ein zartes blaues Licht zu nächtlicher Stunde, das immer den gleichen Weg zum Graben nahm, wo sich das Pumpenloch befand. Über Jahre hin warnte sie uns Kinder und unsere Eltern vor einer Gefahr, die mit dem tiefen Wasserloch in Zusammenhang stehen müsse. Dort werde bestimmt noch etwas Schlimmes geschehen. Wir haben diese Warnungen alle sehr ernst genommen.
>
> Als nach vielen Jahren 1934 ihr altes Haus abbrannte, verunglückte dort vor dem Fenster der junge Feuerwehrmann Lorenz Magnussen. Der herabstürzende Schornstein zerschlug ihm das Rückgrat, und man bettete ihn unten am Wasserloch, wo er starb. Großmutter lebte zu dieser Zeit längst nicht mehr, aber wir mussten sogleich an das blasse blaue Licht denken, das sie da unten am Graben gesehen hatte« (ebd.).

Stuart Vyse, der sich auf der Grundlage der empirischen Psychologie mit dem so genannten Aberglauben befasst hat, kommt zu dem Ergebnis, dass am ehesten jene Personen abergläubische Tendenzen zeigen, welche in hohem Maße mit Unsicherheit konfrontiert sind, etwa Sportler, Studenten in Prüfungssituationen oder Glücksspieler, aber auch Seemänner, Bergleute, Soldaten und Kapitalanleger (Vyse 1999, 36–49). Ich möchte hinzufügen: Bei den Küstenbewohnern dürfte das ebenso der Fall sein, denn wenn die Angst vor Sturmfluten ein untrennbarer Teil der friesischen Mentalitätsgeschichte ist, braucht es nicht zu überraschen, dass man diese auch voraussehen möchte, sodass das zweite Gesicht eine größere Bedeutung hat als in weniger exponierten Regionen. Allerdings handelt es sich um ein janusköpfiges Wissen, denn es soll einerseits das Sicherheitsgefühl befriedigen, doch andererseits kann es auch beunruhigen und eine drückende Last sein. So hat Großmutter Lorenzen ihrem Enkel Max von den Prophezeiungen der nordfriesischen Seherin Sibylle Hertje erzählt (vgl. Hertje 1819°; nhd. Fassung in van der Kooi 1998°, 179f.) und unter anderem mitgeteilt, dass nach ihren Weissagungen Teile der Wiedingharde, seiner Heimatregion, dereinst untergingen, was ihn sichtlich verunsichert hat. Immerhin tröstet ihn die Großmutter, indem sie erklärt, Hertjes Vorhersagen seien über 300 Jahre alt, und es könne noch einmal so viel Zeit vergehen, bis das Wasser kommt (Lorenzen 1997°, 117).

6.7.3 Erklärungen zwischen Tradition und Moderne

Wie ihre Vorgängerinnen steht auch die Weihnachtsflut noch ganz im Kontext der Sünde, »keine zeitgenössische Abhandlung [...] lässt diesen Aspekt [...] außer Acht«, schreibt Jakubowski-Tiessen (1992a, 89). Hinweise gibt es aus damaliger Sicht zur Genüge, das machen die Vorzeichen deutlich, das zeigt das Datum – Sturm ausgerechnet an den Festtagen und ausschließlich an diesen –, und auch die Folgeflut vom Februar 1718 spricht dafür, indem sie als Antwort Gottes auf die massenhafte Zunahme von Diebstählen in den vorangegangenen Wochen verstanden wird. Eine weitere Ursache sieht Hekelius im Feiertagsfrevel, das heißt in der Übertretung des Verbots, an Sonn- und Feiertagen zu arbeiten. Genau das sei der Grund dafür, weswegen die Flut ausgerechnet an den weihnachtlichen Festtagen gekommen sei (Hekelius 1719b°, 113; 138). Dann folgt das übliche Sündenregister:

> »Ungehorsam, Widerspenstigkeit und halßstarrige Widerstrebungen werden bey den gemeinen Pöbel fast als Tugenden / oder als Kenn-Zeichen der Ost-Friesischen Freyheit gerechnet. Hader, Neid, Zorn, Zanck, [...] Schlagen, Schwelgen und Sauffen war gar nichts ungewöhnliches« (ebd., 120).

Den Friesen sei es ergangen wie den Töchtern Zions, die hochmütig herrliches Geschmeide getragen, aber am Ende nur noch einen Sack um die Lenden gehabt hätten (ebd., 114; siehe Jes. 3, 16 und 3, 24). Schlimmer noch:

> »Viele haben ihre Lenden nicht einmahl mit einem Sack bedecken können, sondern sie haben müssen nackend und bloß in dem grausamsten Wetter, im Regen, Hagel, Sturm-Winden unter Donner und Blitzen viele Tage lang ohne den geringsten Labsal in Jammer, Noth und Hertzelend sitzen« (Hekelius 1719b°, 139).

Es ist vor allem die Nacktheit, welche Hekelius beunruhigt. In einer Predigt, die er etwas später in Halle an der Saale gehalten hat, weist er darauf hin, dass viele Menschen »nackend und jämmerlich ins Wasser« gefallen sind (1719c°, 16) und man »die allermeisten Menschen, die man gefunden, in solcher betrübten und nackenden Gestalt, angetroffen und begraben hat« (ebd., 17). Nacktheit bedeutet in dem Fall, den Elementen völlig ausgeliefert und ein Spielball derselben zu sein. Die Beunruhigung erklärt sich meines Erachtens großteils aus den primärobjekthaften Eigenschaften des Wassers und der Luft, damit, dass die gute, mütterliche Seite derselben in ihr absolutes Gegenteil umschlägt.

Doch wenden wir uns nun dem ersten Zitat zu, in welchem Hekelius gegen den Ungehorsam wettert, welchen die Friesen als Ausdruck ihrer Freiheitsliebe ansähen. Er setzt dagegen: »Bekehret euch von allen halßstarrigen Wesen, dessen sich etliche rühmen und es schertz-weise den Ost-Friesischen Kopf nennen« (ebd., 140).

– Die beiden Äußerungen sind aus zwei Gründen bemerkenswert. Zum einen sind sie ein Hinweis auf das Vanitas-Motiv und die Theatrum-mundi-Metapher: Die Friesen sonnen sich in der Pracht ihres Wohlstandes, vergessen dabei auf Gott und müssen am Ende in Säcken gehen – die weltlichen Güter erweisen sich wieder einmal als bloßer Schein. Sie tun so, als ob sie groß und mächtig wären, aber vor Gott, dem Allmächtigen, sind sie ganz klein. Sie spielen sich und einander aber noch in anderer Hinsicht etwas vor, denn sie tun so, als wären ihr Ungehorsam und ihre Halsstarrigkeit Tugenden, während Gott darin nichts anderes als Sünden erkennt. Sie nennen das *Ost-Friesischen Kopf* oder *Ost-Friesische Freyheit*, aber sie vertuschen damit ihre Uneinsichtigkeit und ihr stures Wesen. Die Idee der Friesischen Freiheit war also weiterhin lebendig, obgleich sie als Prinzip autonomer, genossenschaftlicher Landesgemeinden durch die Herrschaftsansprüche des frühmodernen Staates und die Herausbildung regionaler Herrscherdynastien relativiert worden war. »Sämtliche Küstenbezirke«, schreibt Otto Knottnerus,

> »wurden seit dem Mittelalter von einem unbestimmten Bewusstsein, dass die Lebensqualität hier besser sei als anderswo in der Welt, geprägt. Der eigene Wohlstand schien den Bewohnern aufs Schärfste mit der Armut im Hinterland zu kontrastieren. Ihre eigene Friesische Freiheit empfanden sie als Gegensatz zur westfälischen Sklaverei, von der sie sich aus den Geschichten von fremden Besuchern eine düstere Vorstellung gebildet hatten« (Knottnerus 2003, 398).

Davon allerdings will Hekelius nichts wissen, für ihn steht das friesische Freiheitsbewusstsein im Gegensatz zur Gott gewollten hierarchischen Ordnung. Neben traditionellen Vorstellungen, wie sie hier zum Ausdruck kommen, finden wir in zeitgenössischen Schriften jedoch genauso Aspekte, welche in die Moderne weisen. Das beginnt, als Ausdruck einer Hinwendung zu den empirisch fassbaren Tatsachen, mit einer ausführlichen Auflistung der Schäden, welche die Flut angerichtet hat. Schon fast im Stil der aufgeklärten »Statistik« werden detailliert die Verluste an Menschen und Vieh genannt sowie Schäden an Deichen und Häusern aufgelistet, desgleichen die Höhe des auflaufenden Wassers an verschiedenen Orten (vgl. z.B. Hekelius 1719a°, passim, H. Heimreich 1819°, 261–291; Outhoff 1720°).[301] Ähnliches konnten wir bereits bei der zweiten Grooten Manndränke von 1634 feststellen, doch was nun hinzukommt, ist in verstärktem Maße eine ausführliche Schilderung von Einzelschicksalen, wodurch die Quellen nicht nur zu einer wahren Fundgrube »sagenhafter« Geschichten werden, sondern auch und vor allem an Ausdrucksfülle gewinnen. Für einen Außenstehenden ist es nie einfach, sich in außergewöhnliche Erlebnisse, welche anderen widerfahren sind, hineinzuversetzen. Um etwas nachzuvollziehen, das heißt eine Binnensicht zu erwerben, bedarf es in der Regel der Erfahrung. Das gilt für »harmlose« Phänomene wie die Liebe oder eine Psychoanalyse, aber genauso und erst recht für Extremsituationen wie Todesangst. Am anschaulichsten sind dabei zumeist eigene Erlebnisberichte, wie die folgenden Auszüge aus Heinrich Heimreichs Chronik zeigen. Nachdem er, veranlasst

---

301 Inwieweit sie stimmen, ist angesichts der noch unzulänglichen Möglichkeiten der Bestandsaufnahme eine andere Frage (vgl. Jakubowski-Tiessen 1992a, 60ff.).

durch die Vorahnungen seiner Tochter, erkannt hatte, in welch großer Gefahr seine Familie und er mittlerweile schwebten,

> »wurden wir genöthiget, alles stehen und liegen zu lassen, und unser Leben wo möglich zu salviren, weswegen wir durch das im Hause schon eingespülte Wasser musten waten, mit nassen Strümpfen, mit dem, welches wir in höchster Eilfertigkeit mitnehmen konnten, nach dem Boden ausretiriren[302] und das meiste den grausamen Wellen überlassen, welche denn bald darauf die äußern und innern Wände im Pastorat einschlugen und niederwarfen und sich in kurzer Frist bis unter den Boden erhöhten, also daß die brausenden Wasserwogen bey 4 Ellen hoch als eine offenbare See durchs Haus gingen, den Auskeb[303] an der Norderseite mit Rem,[304] Ständer, Dach, Latten und Sparren weggerissen, und auf uns zu schlugen; da denn unser Vieh, als 2 Kühe und 13 Schafe nicht ohne großes Gebrüll und Blöcken vor unsern Augen ersoffen, Bett und Bettgewand, Kleider, Leinenzeug, Kisten und Laden, Tische und Schränke nebst anderm Hausgeräth und meiner Bibliothek aus 3 bis 400 Büchern bestehend, wegschwemmten, auch an Gold und Silber bey 200 mk werth verlor, das Kupfer-, Messing- und Zinngeräth mit großem Geräusch niederfiel, und das Haus sich dabey sehr bewegte, daß wir daher den Tod vor Augen sahen und ja recht nur ein Schritt zwischen uns und dem Tode sich befand.
>
> [...] habe ich, meine Frau und Tochter 8 Tage auf dem Heuboden in Kälte, Wind und Wetter müssen aushalten, sind aus den Kleidern nicht gekommen, hatten fast nichts zu essen und zu trinken, weil Brod und Bier, Butter, Wein und Brantewein nebst Gewürz, Grüz, Weizenmehl, Sauer und Pökelfleisch, womit wir uns nach Nothdurft auf den Winter proviantiret hatten, und im Keller, Speisekammer und Schappen verwahret wurden, weggeschwemmet war, und wegen Consternation und Eilfertigkeit uns nicht einfiel von dem ersten etwas mit uns zu nehmen, doch empfingen wir am andern Feiertage etwas Bier und auch ein Brod, damit wir uns haben behelfen müssen, bis wir uns nach Husum den Tag vor Neujahr begeben« (H. Heimreich 1819°, 264; 266).

Es ist Hochwinter, das Wasser ist eiskalt, und die Familie muss gleich Schiffbrüchigen auf dem Heuboden eine Woche lang in durchnässten Kleidern ausharren, dabei Hunger und Durst leidend. Sie hören das ertrinkende Vieh brüllen, und sie haben Angst, in den tosenden Fluten gleichfalls unterzugehen, da *nur ein Schritt zwischen uns und dem Tode sich befand*. Das gesamte Hab und Gut ist verloren, Einrichtungsgegenstände und Hausgerät genauso wie die umfangreiche Bibliothek. Auf Grund sich entwickelnder bürgerlicher Wertvorstellungen geht damit auch ein Teil der bisherigen Identität verloren, nämlich die Identifikation mit vertrauten Gegenständen.

Dabei hat Familie Heimreich noch Glück gehabt. Anderen erging es weitaus schlechter, wie er schreibt:

> »Ein Mann Peter Tadsen hatte in solcher Noth seinen Sohn nach des Nachbaren Haus getragen, welcher auch daselbst ist erhalten worden, wie er aber seine Frau

---

302 Frühnhd. *retriren = flüchten.*
303 Wohl Wirtschaftsteil gemeint.
304 Frühnhd. *rem = Gestell aus Holzleisten.*

und Tochter auch nachholen wollen, und wegen Heftigkeit der grausamen Meereswellen nicht können fort noch zurückkommen, haben Frau und Tochter erstlich ihr
Leben eingebüßet, als er nun wieder nach dem Hause, dahin er seinen Sohn gebracht, sich hinbegeben hatte, und indessen die Leiter weggetrieben war, hat er, ob
er wol die Bühne angefasset, nicht in die Höhe sich schwingen, noch andere ob sie
ihn gleich bey der Hand gehabt, ihn aufziehen können, und er sein Leben hat müssen
jämmerlich einbüßen« (ebd., 269f.).

Tadsen stürzt sich in die Wogen, um Frau und Tochter zu retten, doch da sie mittlerweile gestorben sind, hätte er das ebenso gut bleiben lassen können – und dann
ertrinkt er selber, einzig der Sohn überlebt. – Die Beispiele könnten beliebig vermehrt werden (z.B. H. Heimreich 1819°, 268–271; Hekelius 1719a°, 30; 32–36
u.ö.; Outhof 1720°, 766–780); sie zeigen ein neu erwachtes Interesse am Individuum, wodurch dessen Schicksal auch für die Leser greifbarer wird, und weisen
dergestalt in die Moderne.

In naturkundlicher Sicht ist man ebenfalls näher am Geschehen und an den
fassbaren Tatsachen. So geht Hekelius äußerst systematisch vor, indem er sich im
ersten Kapitel seines Berichtes mit den für ihn bedeutsamen Gegebenheiten vor der
Flut beschäftigt, das heißt mit den Vorzeichen, die Gott verursacht hat, um die
Menschen zu warnen (1719a°, 1–6). Gleich darauf, im zweiten Kapitel, befasst er
sich zunächst ausführlich und detailliert mit den Windverhältnissen am Vorabend
der Flut, um dann zu beschreiben, zu welcher Zeit das Wasser an welchem Ort wie
hoch gestiegen ist, und zwar zum Teil verknüpft mit der Skizzierung von Einzelschicksalen (ebd., 7–13). Im dritten Kapitel erklärt er, mit Blick auf die Bewohner
des Binnenlandes, das Wechselspiel von Ebbe und Flut (ebd., 14–19). Er weiß wie
jeder andere Küstenbewohner, dass bei Voll- und Neumond Springtide herrscht
(ebd., 14f.), aber über die genaueren Zusammenhänge ist in der damaligen Gelehr-
tenwelt noch nichts bekannt (vgl. Jakubowski-Tiessen 1992a, 83ff.). Ebbe und Flut
entstehen seiner Meinung nach, indem gewaltige Strudel das Wasser ins Erdinnere
befördern, wo es »hernach durch unter-irdische Canäle wieder durch die Welt
zertheilet« wird (ebd., 17), um über die Flüsse anschließend ins Meer zu laufen. Ich
weiß nicht, ob man diese Vorstellung ausschließlich als »naturmystisch« bezeichnen kann, wie es Jakubowski-Tiessen tut (1992, 85). Hekelius spricht zwar von
einem Ungeheuer, welches bei Ebbe »das Wasser mit solcher Grausamkeit in sich
[schlinget], daß einem die Haare zu Berge stehen« (1719a°, 17). Doch glaube ich
eher, dass es sich dabei um einen Vergleich handelt, weil sich der Satz auf besagte
Strudel bezieht und er ausdrücklich den berühmt-berüchtigten Malstrom bei den
Lofoten erwähnt (Moskenstraumen). Eher würde ich seine Ausführungen als mechanistische Erklärung verstehen, vergleichbar einem Röhrensystem, in welchem
Wasser zirkuliert. Seit der Entdeckung des großen Blutkreislaufs und seines ma-
thematisch-quantitativen Beweises durch William Harvey (1578–1657) erfreuten
sich mechanistisch-zirkuläre Vorstellungen jedenfalls großer Beliebtheit (vgl.
Eckart 1998, 176–181). So gesehen war Hekelius auf der Höhe seiner Zeit. Vielleicht vermischen sich aber auch alte mythologische und neue physikalische Ansichten, was wiederum typisch für das Zeitalter des Barock wäre.

In anderer Hinsicht steht Hekelius allerdings ganz auf dem Boden der Tradition, wenn er sich dagegen wehrt, die Ursachen der Flut ausschließlich in natürlichen Gegebenheiten zu sehen. Das sei eine falsche und unbegründete Perspektive, welche sich »die rohen und sichern Menschen vorstellen« (Hekelius 1719b°, 128). Diese seien tatsächlich der Auffassung, das Wasser wäre deswegen besonders hoch aufgelaufen, weil der Südwestwind zunächst eine Menge Wasser durch den Ärmelkanal gedrückt habe und dann auf Nordwest umgesprungen sei (ebd., 129; dgl. 1719a°, 7)! Wie wir wissen, handelt es sich dabei um eine Flut vom Skagerraktyp, bei der sich beide Gezeitenwellen addieren, das heißt aus heutiger Sicht ist dies eine korrekte Beobachtung und ein weiteres Indiz für die zunehmende Beschäftigung mit der empirisch fassbaren Welt. Hekelius stellt zwar die Änderung der Windrichtung von SW auf NW während der Flut nicht in Abrede (1719a°, 7), aber sie als Ursache für die Überschwemmung zu betrachten, hält er für unzulänglich. Vielmehr sieht er sich durch Gespräche mit Seeleuten in seiner Auffassung bestätigt, dass Gott direkt in das Geschehen eingegriffen habe. So hätten sie berichtet, dass das Wasser überall und gleichmäßig das Land überschwemmt habe, während es bei anderen Fluten nur partielle Deichbrüche gegeben habe und bei diesen die Küstenlinie, das heißt weitere bruchgefährdete Stellen, entlastet worden seien (ebd., 7–9). Außerdem hätten die Schiffer berichtet, die See sei so hoch gestiegen, »als wenn das Wasser und das Firmament des Himmels mit einander verknüpffet wären« (ebd., 8). Und das habe nur geschehen können, weil »alle Winde aus allen 4 Ecken des Himmels sich aufgemachet, das Wasser Himmel hoch« zu treiben, um »plötzlich unser Land [zu] überfallen« (Hekelius 1719b°, 129). Das sei nicht auf natürliche Weise, sondern nur durch göttliches Eingreifen zu erklären (ebd.).

Aus heutiger Sicht ist diese Argumentation abwegig, weil wechselnde Winde unter spezifischen lokalen Bedingungen nichts Außergewöhnliches sind und an der Existenz einer überregional dominierenden Windrichtung nichts ändern. Dass Deichbrüche benachbarte Regionen entlasten, ist auch klar, und dass ein Land zur Gänze überschwemmt werden kann, wenn das Wasser nur hoch genug steigt, braucht ebenfalls nicht zu überraschen. Vermutlich werden Hekelius' Argumente bereits zeitgenössische Naturforscher und Skeptiker nicht sonderlich beeindruckt haben, zumal bestimmte Phänomene stets auf vielfältige Weise gedeutet oder erklärt werden können, je nach weltanschaulichen Grundpositionen. Aber die Tatsache, dass er sich so sehr die Widerlegung natürlicher Ursachen angelegen sein lässt, macht deutlich, dass er aus der Defensive heraus argumentiert. Das war bei Lobedantz, 80 Jahre zuvor, noch anders, der reichlich unbefangen im meteorologischen Wissen seiner Zeit herumgestöbert hat, um seine Theorie der »Sünden-Wolken« zu erhärten. Mit anderen Worten: Zu dessen Zeiten sah sich die Theologie durch die sich entwickelnde Naturwissenschaft noch nicht so bedroht wie zu Beginn des 18. Jahrhunderts.

Wenn sich Hekelius nicht nur in seiner Abhandlung, sondern auch in seinen Predigten mit dem naturkundlichen Denken seiner Zeit auseinander setzt, deutet das auf Zweierlei hin. Zum einen werden die Menschen davon bereits gehört haben, denn sonst brauchte er die Argumente der Wissenschaft nicht vor seiner Gemeinde zu widerlegen. Zum anderen schlägt sich die neuzeitliche Hinwendung zur Empirie auch in den Köpfen der Bevölkerung verstärkt nieder. Um zu überleben, mussten sie zwar seit jeher die Natur beobachten, aber das auch praktisch verwertbare Wissen der Gelehrten wird diese Tendenz sicher verstärkt haben. Während Emo von Wittewierum seine Abhandlung über die Marcellusflut mit der Einteilung des Tages nach der Qualitätenlehre »gemäß den Philosophen« eröffnet, fragt Hekelius die Seeleute aus seiner Umgebung, was sie über den Wetterablauf während der Weihnachtsflut wissen. Das ist der Unterschied zum Mittelalter, und er ist markant.

Zusammengefasst ist seine Abhandlung durchaus repräsentativ für das Denken um 1720 (vgl. Jakubowski-Tiessen 1992a, 83–93) und die allmählich ausklingende Epoche des Barock mit all ihren gegensätzlichen Tendenzen. Auf der einen Seite steht sie ganz im Bann der Tradition mit ihren theologischen Denkmustern, andererseits rezipiert er naturwissenschaftliche Auffassungen und weist mit seinem Interesse am empirisch Fassbaren sowie am Schicksal des Individuums in die Moderne. Beide Aspekte fließen zusammen, wenn er Informationen Betroffener einholt und sich Erlebnisse berichten lässt, um sie in seiner Abhandlung und in den Predigten zu verarbeiten.

6.8 Die Februarflut vom 03./04.02.1825

6.8.1 Die Katastrophe als natürliches Geschehen

Auch die Februarflut von 1825 gehört zu jenen Sturmfluten, welche ihre Vorgängerinnen an Höhe übertroffen hat. Ähnlich wie 1717 waren große Teile der Niederlande ebenso betroffen wie das Küstengebiet zwischen West- und Nordfriesland. Der materielle Schaden sei größer gewesen als bei der Weihnachtsflut, der Verlust an Menschen hingegen wesentlich geringer, schreibt Fridrich Arends in seinem *Gemählde der Sturmfluthen*,[305] der wichtigsten historischen Quelle dieser Katastrophe (Arends 1826°, 530ff.). Das wird allgemein auf die verbesserte Deichbautechnik und die zu Anfang des Jahrhunderts vorgenommenen Deichverstärkungen zurückgeführt (zur Februarflut vgl. Jakubowski-Tiessen 1999; ders. 2003b, 115–118; Steensen 1995, 221f.).

Sogleich wurden Erinnerungen an die mehr als 100 Jahre zurückliegende Katastrophe wach, die »jedem Nordseestrandbewohner bekannt« sei (Arends 1826°, 5) und »aus den Erzählungen seiner Väter in traurigem Andenken steht« (ebd., 15). Die Parallelen sind nicht zu übersehen, die Flut kam wieder über Nacht, ein nicht allzu bedrohlicher Wind aus SW schlug auf NW um, und die Menschen rechneten nicht mit einem derartig hohen Wasserstand, obgleich tags zuvor Vollmond gewesen war (ebd., 7).

---

305 *Sturmfluthen* als Plural, weil die nächstfolgende Flut am 4. Februar genauso hoch auflief wie das Abendhochwasser des 3. Februar.

»Oft schon hatte man stärkere Stürme aus demselben Windstrich erlebt [...]. Am wenigsten fiel es Jemanden ein, Gefahr für die Deiche zu befürchten, oder gar allgemeinen Durchbruch derselben und Ueberströmungen des Küstenlandes. Ueber ein Jahrhundert hatten die Marschbewohner im Schutz ihrer Dämme ruhig und sicher gelebt, selbst noch eben die wüthende wiederholte Herbststürme glücklich bestanden; sollte der jetzige schwächere, nach mehrwöchiger Ruhe sich einstellende, mehr schaden, wohl gar die Dämme zerreißen können! Schon der Gedanke daran hätte ein Lächeln erregen müssen!

Der Mensch denkt's, Gott lenkt's. – Nie bewährte sich auffallender die Wahrheit dieses Spruchs. Die Mittagsfluth am 3. Febr. war mäßig hoch gewesen; nach dem Eintritt der Ebbe fiel das Wasser nur sehr wenig; dem aufmerksamen Küstenbewohner jederzeit ein sichres Zeichen, daß die nächste Fluth die vorige an Höhe übertreffen wird, und so geschah es auch. Lange schon vor dem Eintritt der Fluth fing das Wasser wieder an zu steigen und 3 bis 4 Stunden vor der Zeit, wenn solche ihre größte Höhe erreichen mußte, stand sie schon mit den Deichen in gleicher Höhe« (ebd., 7f.; eigene Hervorhebung).

Das alte Lied: Die letzte Jahrhundertflut lag, wie der Name schon sagt, mehr als 100 Jahre zurück, und die Menschen wiegten sich, zumal wegen der verbesserten Deiche, in Sicherheit. Offenkundig kam es aber zu einem Windstau, auf Grund dessen das Wasser bei Ebbe nicht mehr zurückfließen konnte, sodass es bereits zur halben Flut auf der Höhe der Deichlinie stand. – Die Katastrophe nahm ihren Lauf:

»Das Wasser strömte mit solcher Eile heran, daß mehrere tausende Menschen im bloßen Hemde, oder halb gekleidet, auf die Hausböden fliehen mußten. Viele wurden vom eindringenden Wasser erst aus dem Schlafe geweckt, sie sahen ihr Zimmer mit Wasser angefüllt; Kleider, Tische, Stühle darin herumschwimmend, und mußten, dem Bette entsteigend, einige Fuß tief durch Wasser waten [...]. Nur wenige hatten Zeit und Besonnenheit, mit nothdürftigen Sachen und Lebensmitteln sich auf die Böden zu retten. Selbst hieher stieg manchmal das Wasser; nun mußten die Dächer durchstochen, und die letzte Zuflucht auf die Spitzen der Häuser gesucht werden. So mußten viele die lange Nacht ausharren. Endlich brach der Tag an. Welch ein Anblick! Rundum die Wohnung, zum Theil so weit das Auge reichte, ein tobender See, woraus die niedern Häuser mit den Spitzen der Dächer hervorragten, die höhern und die Kirchen halb versenkt im Wasser. Die Erdrücken und Hügel gedrängt voll Thiere und Menschen, die Dächer mit Hülferufenden, die mit ausgestreckten Armen, mit Aufhebung ihrer nackten Kinder, den Entfernten ihre Verzweiflung zu erkennen gaben; die Fluthen mit Trümmern der niedergerissenen Wohnungen, mit ertrunkenem Vieh, und allerlei treibbaren Sachen angefüllt« (ebd., 12).

Das ist eine spannende Schilderung, welche einerseits ein lebendiges *Gemählde* der Sturmflut entwirft und uns hilft, die Not der Menschen nachzuvollziehen und sich in ihre Lage hineinzuversetzen. Doch andererseits wirkt sie nicht schwülstig und wahrt eine gewisse Distanz, und das, obgleich Arends die Flut als Augenzeuge miterlebt und selber materiellen Schaden erlitten hat (vgl. Woebcken 1924, 101).[306] Er

---

306 Diese fast psychoanalytisch zu nenende Haltung aus Empathie und Distanz prägt das gesamte Werk. – Das etwas ungewöhnliche Substantiv *Gemählde* im Titel des Buches lässt sich zum

ist in der Tradition der Aufklärung sozialisiert und primär an Wissen interessiert, dass sich durch Fakten und die wissenschaftliche Literatur seiner Zeit belegen lässt. Er hat eine Naturgeschichte des Nordseeküstenraumes verfasst (Arends 1833°) und eine dreibändige Beschreibung der ostfriesischen Halbinsel, eine Bestandsaufnahme der Region »in geographischer, statistischer und besonders landwirthschaftlicher Hinsicht«, so der Untertitel des Werkes (ders. 1818°–1820°). – Wie erklärt *er* nun die Sturmflut?

Zum einen hätten die Deiche durch eine drei Monate zuvor erfolgte Flut gelitten und seien an einigen Stellen sogar durchbrochen worden (Arends 1826°, 5f.). Tatsächlich hat es zwischen 1821 und 1824 sogar mehrere Sturmflutserien gegeben (Steensen 1995, 221). Zum anderen »können auch die Mäuse einiges beigetragen haben, welche sich im vorhergehenden Sommer und Herbst überall in ungeheurer Menge eingestellt, und besonders die Binnenseite der Deiche zum Wohnsitz erwählt und ausgehöhlt hatten« (Arends 1826°, 9), doch ist Arends sich nicht ganz sicher, ob die Tiere wirklich ihren Teil zur Katastrophe beigetragen haben, weil »manche Deichstrecke sich gut erhalten, die gleichwohl von Mäusen so stark wie andere durchwühlt war« (ebd.). Einem anderen Phänomen steht er hingegen vollkommen ratlos gegenüber, nämlich

> »daß die schwersten Deichschäden und Durchbrüche an Stellen entstanden, welche gegen den Wellenschlag beschützt lagen, und oft überm Winde, dagegen die Strecken, auf welche die See frei, ohne einiges Hinderniß, anstürmte, nach Verhältniß geringen, manchmal gar keinen Schaden litten. Selbst da wo Inseln die Küste, dem Anschein nach, schützen, litt diese stark, mehr als da, wo das Meer durch die Oeffnungen zwischen den Inseln sich frei auf die Küste stürzen kann« (ebd., 10).

Es haben sich auch andere Merkwürdigkeiten zugetragen. So sei das Gewitter, welches zur Zeit der Flut getobt habe, von einer nie gekannten Ausdehnung gewesen, es habe sich von Süddeutschland bis nach Schweden und Norwegen erstreckt und sei nicht lokal begrenzt gewesen, wie es sonst der Fall ist (ebd., 20f.). An der Westküste Jütlands sei ungewöhnlich viel Bernstein angespült worden, »worunter sich Stücke von mehreren Pfunden Schwere befanden« (ebd., 21). Der Sturm habe zwar stark geblasen, aber nicht so sehr wie bei einigen früheren Fluten, die weit weniger hoch aufgelaufen seien, etwa der Novemberflut von 1824. Außerdem sei das Wasser weitaus trüber gewesen als es sonst bei Sturmfluten der Fall ist, wenn sie den Meeresboden aufwühlen. Und schließlich sei es so rasch gestiegen, wie man es bisher noch nicht erlebt habe (ebd., 18f.). Arends kommt daher zu dem Ergebnis, dass nicht der Wind allein die Ursache für den extremen hohen Wasserstand gewesen sein könne. Vielmehr vermutet er, dass ein Seebeben dahinter

---

einen auf die allgemeine Schilderung im knappen ersten Teil beziehen – aus dem auch die zitierten Passagen stammen –, indem Arends ein *Gemählde* im Sinn eines Gesamt-Bildes entwirft, zum anderen auf die minutiöse Auflistung sämtlicher Schäden in allen betroffenen Gebieten im zweiten Teil des Buches (25–533), in welchem immer wieder auch Einzelschicksale geschildert und dergestalt einzelne Facetten des *Gemähldes* aufgezeichnet werden und ein Ganzes ergeben.

steckt, und er sieht sich in seiner Auffassung durch das große Erdbeben in Lissabon vom November 1755 bestätigt, bei welchem »fast gleichzeitig eine starke Bewegung des Oceans an allen Küsten vom Westindischen Archipel bis Abo in Finnland bemerkt« worden sei (ebd., 22).

Hätte ein Jahrhundert zuvor Hekelius diese Bemerkungen notiert, so wäre es für ihn sonnenklar gewesen, dass Gott seine Hand im Spiel gehabt hätte. Die Mäuseplage und die vorigen Sturmfluten hätte er als Vorzeichen gedeutet, die vielen Schäden an geschützten sowie die wenigen Schäden an ungeschützten Stellen als direktes Eingreifen Gottes, desgleichen die Höhe der Flut und das rasche Auflaufen des Wassers trotz der im Verhältnis dazu geringen Windstärke. Denn der himmlische Vater braucht sich an die Naturgesetze nicht zu halten, er kann sie außer Kraft setzen. Die riesige Gewitterfront wäre ein Ausdruck des göttlichen Zornes gewesen und die überdimensionalen Bernsteinfunde möglicherweise ein Hinweis darauf, dass der Herr unbescholtene Menschen doch nicht zur Gänze im Stich lässt, sondern sie mit Schätzen versorgt, die sich nach überstandener Not in bare Münze verwandeln lassen. Und schließlich hätte das extrem eingetrübte, gleichsam schmutzige Wasser als Spiegelbild der menschlichen Sündhaftigkeit, als Ausdruck seiner schmutzigen Seele gedeutet werden können.

Von alldem ist bei Arends überhaupt keine Rede mehr, und er ist damit repräsentativ für die Gelehrten seiner Zeit, die zumeist auf naturwissenschaftliche Erklärungen für die Februarflut zurückgreifen (Jakubowski-Tiessen 2003a, 116). Dennoch existieren einige Gemeinsamkeiten mit der traditionellen theologischen Interpretation der Flut. Zunächst ist etwas ganz Gewaltiges geschehen, das mit üblichen Erklärungsmustern nicht vereinbar ist: Die Flut ist mit äußerster Schnelligkeit so hoch aufgelaufen, dass der Wind nicht die alleinige Ursache gewesen sein kann. Um das zu verstehen, wird zwar im Unterschied zur traditionellen Deutung nicht auf metaphysische Einflüsse zurückgegriffen, sondern ein natürliches Phänomen vermutet, nämlich ein Seebeben. Doch liefert Arends dafür keinen Beweis, sondern nur einen Vergleich mit der Katastrophe von Lissabon, bei welcher ein Seebeben das Meer in Bewegung versetzt hat. Die Erklärung »Gott« ist demnach durch die Erklärung »Seebeben« ersetzt worden, doch belegen lässt sich diese, mit den Mitteln der damaligen Zeit, genauso wenig wie jene.

6.8.2. Von der »Gleichzeitigkeit des Ungleichzeitigen«

An einem anderen Punkt gibt Arends überhaupt keine Erklärung ab, nämlich beim auffallenden Missverhältnis zwischen Deichschäden und Deckung bzw. fehlender Deckung der Küste. Er schreibt nur, es sei *bemerkenswerth*, dass die schwersten Schäden dort entstanden seien, wo Schutz vorhanden war und vice versa. Dieser Umstand lässt sich nämlich mit dem Hinweis auf das vermeintliche Seebeben nicht erklären, genauso wenig übrigens wie das riesenhafte Ausmaß der Gewitterfront. Also können wir uns die Frage stellen, inwieweit Arends nicht allein nach außen, sondern auch im Inneren seiner Seele davon überzeugt war, dass ausschließlich rationale Erklärungen für die Höhe und das Ausmaß der Flut verantwortlich waren. Eine mögliche Antwort ergibt sich aus dem unvermittelt und überraschend auftretenden Satz: *Der Mensch denkt's, Gott lenkt's. – Nie bewährte sich auffallender die Wahrheit dieses Spruchs.* Er folgt der Feststellung, dass niemand mit der Möglichkeit einer derartig hohen Flut gerechnet habe, und er steht völlig isoliert im Gesamttext da. Nun könnte man einwenden, das sei einfach so dahingesagt, quasi feuilletonistisch hingeworfen, doch existieren im Seelenleben keine Zufälle. Um es zu betonen: Arends schreibt wörtlich, es sei eine Wahrheit, dass Gott der Lenker des Geschehens sei! Also existiert auch in Arends eine Schicht, in der das aufgeklärte Denken brüchig ist und der mythologische Bodensatz ein Ventil findet, um, der Spitze eines Eisbergs ähnlich, an die Oberfläche zu gelangen und sich dort Luft zu verschaffen. Schließlich muss man sich vor Augen halten, dass die Februarflut mit voller Macht und völlig unvermittelt in das Leben der Küstenbewohner eingegriffen und sicher zu Traumatisierungen geführt hat. Immer wieder greift Arends auf bildliche, anthropomorphisierende Begriffe zurück, um dem Leser die Dramatik des Geschehens zu verdeutlichen. So spricht er etwa von der »vollen Wuth des Meeres«, der die Stadt Hindelopen[307] ausgesetzt war (Arends 1826°, 405). Und über den Deichbruch bei der Ortschaft Larrelt westlich von Emden schreibt er:

> »Dieser *gräuliche Schlund spie* eine solche Menge Erde, Sand und Darg[308] aus, daß es allen Glauben übersteigt, und noch unglaublicher die Entfernung, in der die Massen weggeschleudert wurden. Es schien, der Schlund hätte seinen *ungeheuren Rachen* aufgethan und in einem großen Bogen, durch die Luft hin, seine *Eingeweide ausgespieen*; nicht in der Nähe des Deichs lag der Sand, 10 Minuten von demselben entfernt zeigten erst deutliche Spuren desselben und bis eine Stunde landwärts konnte man solchen noch nachgehen« (ebd., 64; eigene Hervorhebungen).

Auch der sonst so besonnene Goethe spricht unter dem Eindruck der Februarflut von dem »eigenen wilden wüsten Gang« der Elemente, welche »die Willkür selbst zu nennen« und daher »als kolossale Gegner zu betrachten« seien (Goethe 1994°, 309). Es braucht nicht zu überraschen, wenn in höchster Not auf archaische, regressive Vorstellungen zurückgegriffen wird, welche Sicherheit versprechen, und das ist das magische Denken und Empfinden in der Phase der Kindheit, wie es sich etwa in der eben zitierten Passage von Arends über den Einfluss Gottes zeigt und darüber hinaus im Rückgriff auf anthropomorphisierende Begriffe. Neben der anthropologischen Dimension ist die unbewusste Bezugnahme auf traditionelle Denkmuster aber auch in kulturellen Faktoren begründet. Zum einen lagen die Zeiten, da theologische Deutungen des Geschehens zum gelehrten Mainstream gehörten, noch nicht allzu lang zurück, zum anderen existierten, wenn ich es einmal so formulieren darf, auch in der wissenschaftlichen Welt »esoterische« Gegenströmungen zur Aufklärung in Gestalt der romantischen Bewegung. Und zum dritten sprechen populäre Quellen eine ganz andere Sprache, weil sie noch eng mit traditionellen Vorstellungen verbunden sind (s.u., Kap. 6.8.4). Arends war daher von ge-

---

307 In Westfriesland am Ijsselmeer, nördlich von Stavoren.
308 Niederdt. *Darg = torfiger Boden*, vielleicht zu engl. *dark = dunkel.*

genläufigen Tendenzen gleichsam umringt, die es abzuwehren galt. Der berühmte Satz von Goethe,

>Der Aberglaube gehört zum Wesen des Menschen und flüchtet sich, wenn man ihn ganz und gar zu verdrängen denkt, in die wunderlichsten Ecken und Winkel, von wo er auf einmal, wenn er einigermaßen sicher zu sein glaubt, wieder hervortritt« (Maximen und Reflexionen Nr. 909, HA, Bd. 12, 494),

lässt sich daher einerseits auf die magische Entwicklungsphase beziehen und andererseits auf kulturelle Einflüsse, mit denen man konfrontiert ist. Wird man, wie Arends, in der Tradition der Aufklärung sozialisiert, flüchtet sich der so genannte Aberglaube *in die wunderlichsten Ecken und Winkel*, aus denen er in Gestalt einer landläufigen Redensart – *Der Mensch denkt's, Gott lenkt's* – plötzlich wieder hervortritt.

Manfred Jakubowski-Tiessen schreibt in einer Veröffentlichung aus dem Jahre 1997, dass Mitte des 18. Jahrhunderts

>die alten Muster noch nicht völlig obsolet und noch nicht von ausschließlich naturalistischen Erklärungen verdrängt worden [sind]. Erst bei der großen Sturmflut des Jahres 1825 lässt sich dann ein deutlicher Wandel in der Erklärung und Beurteilung dieser Naturkatastrophe konstatieren [...]. Etwa parallel [...] verblasst bei den deutschen Küstenbewohnern im Laufe des 18. Jahrhunderts die Angst vor dem Meer immer stärker, bis sie sich am Ende jenes Jahrhunderts weitgehend verliert« (1997, 133f.),

und er fügt unter Bezugnahme auf Knottnerus hinzu, dass dieser Prozess in den Niederlanden bereits im 17. Jahrhundert stattgefunden hätte. Dessen Berufung auf Schamas Kulturgeschichte im Goldenen Zeitalter rechtfertigt allerdings, wie in einem früheren Kapitel dargelegt, eher die gegenteilige Auffassung, da für Schama die Angst vor dem Meer ein konstitutives Merkmal der niederländischen Mentalität ist. Das haben nicht zuletzt auch die aus dem 19. und 20. Jahrhundert stammenden Sagen über die Frau von Stavoren deutlich gemacht. Tatsächlich relativiert Jakubowski-Tiessen in einer späteren Veröffentlichung seine Auffassung, und zwar in zweifacher Hinsicht. Zum einen schreibt er (gemeinsam mit Hartmut Lehmann) in Bezug auf die Religion, man dürfe nicht von linear verlaufenden Prozessen ausgehen, sondern müsse »viel mehr mit der Gleichzeitigkeit von scheinbar Ungleichzeitigem« rechnen (Jakubowski-Tiessen und Lehmann 2003b, 12), das heißt die Deutung von Katastrophen als Strafe Gottes sei auch im 19. Jahrhundert noch zu finden, wofür er an anderer Stelle auch einige Belege anführt (Jakubowski-Tiessen 2003b, 115–118). Zum Zweiten sei es »weiterer Untersuchung wert«, inwieweit diese Beobachtung »auch für solche Praktiken und Deutungen gilt, die sich nicht an dem Sinnstiftungsangebot der etablierten Kirchen orientierten« (Jakubowski-Tiessen und Lehmann 2003b, 12), womit das Gebiet des Volksglaubens gemeint ist. Ich denke, dazu brauchte eigentlich nicht mehr allzu viel gesagt zu werden, da wir in den früheren Kapiteln nicht nur auf ältere Chroniktexte zurückgegriffen haben, sondern mit Bedacht auch auf mündliche Überlieferungen aus dem 19., zum Teil 20. Jahrhundert, in denen klar und eindeutig Sturmfluten als Ausdruck göttlicher Strafe angesehen werden. Das gilt für den gesamten Rungholtkomplex genauso wie für die Meereseinbrüche in Ostfriesland. Wenn Jakubowski-Tiessen also behauptet, die Angst vor dem Meer verlöre sich zum Ende des 18. Jahrhunderts hin, dann ist das nur erklärbar, wenn er sich auf gelehrte Schriften im Umkreis der Aufklärung bezieht. Die populären Quellen sprechen eine ganz andere Sprache, und selbst ein »fortschrittlicher« Autor wie Fridrich Arends ist nicht so eindeutig einzuordnen. Eine einzige Bemerkung – *Der Mensch denkt's, Gott lenkt's* – reicht, um sich zu vergegenwärtigen, dass die viel zitierte »Gleichzeitigkeit des Ungleichzeitigen« nicht die Ausnahme, sondern die Regel ist. Utz Jeggle hat schon vor geraumer Zeit empfohlen, analog zur freien Assoziation in der Psychoanalyse vom Hauptweg der Vernunft abzugehen, »um von verstohlenen Pfaden aus auf die leiseren Laute der Unvernunft zu lauschen und um so das Unbewusste und seine Regeln zu entziffern« (Jeggle 1984, 45f.).

Vielleicht sollte ein mögliches Missverständnis ausgeräumt werden: Es ist in keiner Weise mein Anliegen, den Säkularisierungs- und Verwissenschaftlichungsprozess der letzten Jahrhunderte in Frage zu stellen, nur halte ich die Verhältnisse für komplizierter, als es gelehrte Quellen vermitteln. Zum einen ist zwischen wissenschaftlicher und populärer Weltanschauung zu unterscheiden, zum anderen sind auch im Einzelnen selbst die Verhältnisse vielschichtiger, wie am Beispiel von Fridrich Arends deutlich wird, und zum Dritten tauchen, um den Schluss der Arbeit vorwegzunehmen, die alten Muster in der Gegenwart wieder auf (s.u., Kap. 7.2). Damit meine ich die Auffassung oder das Gefühl, an einem (zukünftigen) schrecklichen Geschehen selbst Schuld zu tragen. Und viertens ist es ein Unterschied, ob jemand wie Jakubowski-Tiessen fernab von der See, nämlich am Max-Planck-Institut für Geschichte in Göttingen, über Flutkatastrophen schreibt, oder ob man an der Küste bzw. auf einer Insel wohnt und dort eine Sturmflut hautnah miterlebt. Wenn ein Orkan wütet und die Wellen über den Deich schlagen, kriecht die Angst empor, während die Stimme der Vernunft, welche etwa auf die Güte moderner Deiche hinweist, an Bedeutung verliert.

6.8.3 Herkömmliche theologische Deutungsmuster

Als Reinhart Woltmann, seines Zeichens »Wasserbau-Director zu Hamburg« (Woltmann 1825°, 603), von den »Vorstehern des Deichwesens« (ebd., 699) Informationen über die Februarflut von 1825 einholte, sah er sich mit einem Problem konfrontiert, das seinem Fortschrittsglauben einen gehörigen Dämpfer versetzte:

> »Was ist leichter als genugsam hohe Deiche mit ausgedehnten flachen Böschungen vorzuschreiben und abzudecken? Aber es fehlt, ich will nicht sagen, den ganzen Landschaften, jedoch sehr vielen einzelnen Deichpflichtigen das Vermögen der Ausführung. Dann tritt Mitleid und Nachsicht ein; man glaubt mit nothdürftiger Sicherheit sich begnügen zu müssen, wo eine vollkommene unmöglich ist. *Wir müssen und wollen thun, sagen die Deichpflichtigen, was nach den bisherigen Erfahrungen nothwendig ist; aber warum sollen wir mehr tun? Dem lieben Gott können wir doch nicht entlaufen; wenn er uns strafen will, findet er uns überall.* Der gutherzige

Deichbeamte giebt dergleichen Vorstellungen gern Gehör, und wenn er mit dem positiven Gesetze in der Hand es nicht wollte, würde sein Diensteifer als lieblos und unterdrückend getadelt werden; und solchen Tadel möchte derjenige in der That verdienen, der zur Absicht hätte, *durch unerhört hohe und starke Deiche die Marschbewohner der Furcht vor Gott, vor seiner Macht und Zorn zu überheben*; so wie auf der andern Seite die Deichpflichtigen sich versündigen würden, wenn sie aus Trägheit oder Verstocktheit versäumen wollten, was zu ihrer eignen und ihrer Nebenmenschen Erhaltung zu thun, sie so nahe und nachdrücklich durch Erfahrung belehrt wurden (ebd., 699f.; vgl. dazu auch Auhagen 1896°, 662; eigene Hervorhebungen).

Von *vielen einzelnen Deichpflichtigen* wird weiterhin an der Auffassung festgehalten, dass Sturmfluten ein Ausdruck göttlicher Strafe sind. Man kann demnach die Deiche so hoch und sicher bauen, wie man will, *dem lieben Gott können wir doch nicht entlaufen.* Dieser Auffassung gibt der *gutherzige Deichbeamte [...] gern Gehör*, und täte er es nicht, so würde man ihn als *lieblos und unterdrückend* ansehen. Außerdem würden die Leute ihn tadeln, sollte er beabsichtigen, ihnen durch den Bau besonders hoher und starker Deiche die Furcht vor Gott zu nehmen. Andererseits gelte es als sündiges Tun, wenn man aus Nachlässigkeit die Deiche nicht pflegt, obgleich man damit leidvolle Erfahrungen gemacht hat.

Woltmann weist auf einen wunden Punkt in der theologischen Argumentation hin, nämlich dass diese zu einer fatalistischen Einstellung führen oder durch sie mangelnde Sorgfalt in der Unterhaltung von Deichen gerechtfertigt werden kann. Indirekt wird damit auf den logischen Widerspruch in der traditionellen Deutung hingewiesen: Wenn Gott die Menschen wirklich strafen will, helfen keine noch so hohen Deiche – wieso baut man sie dann überhaupt? Ich weiß nicht, inwieweit dieser Gedanke in der Bevölkerung überhaupt reflektiert wurde, denn als Bauer, der tagtäglich mit ansehen kann, wie seine eigene Tätigkeit Früchte trägt, ist es selbstverständlich, dass man sich auch vor Gefahren zu schützen vermag. Mit kleineren Sturmfluten will Gott die Menschen möglicherweise nur warnen, und dagegen kann man sich behaupten. Wenn allerdings sein Zorn aufs Höchste entfacht ist, helfen auch noch so hohe Deiche nichts. Vielleicht wurde der Widerspruch in der theologischen Argumentation, sofern er überhaupt gesehen wurde, auf diese oder eine ähnliche Weise entschärft.

Woltmann steht in der Tradition der Aufklärung und Säkularisierung. Als *Wasserbau-Director* einer Großstadt lehnt er den Fatalismus der ländlichen Bevölkerung ab, und so braucht es auch nicht zu überraschen, wenn er auf den folgenden Seiten Missstände auflistet und Alternativen vorschlägt, wie man Deiche und Flussufer besser schützen bzw. pflegen kann (ebd., 701–714). In ähnlicher Weise argumentierte bereits 35 Jahre zuvor Johann Nikolaus Tetens (1738–1807), Professor für Philosophie an der Universität Kiel und Vorläufer der empirischen Entwicklungspsychologie. Im amtlichen Auftrag bereiste er zwischen 1778 und 1780 die Küste, um Vorschläge für die Verbesserung des Deichwesens zu erarbeiten. In seinen *Reisen in die Marschländer an der Nordsee zur Beobachtung des Deichbaus* schreibt er:

»Wenn ein Deich einmal nicht gehalten hat, so ist ja kein natürlicherer Schluß als dieser, er sey für die höchsten Fluthen zu schwach gewesen, und man müsse ihn also höher und stärker bauen. Und dennoch hat es so lange gedauert, ehe man auf diesen simpeln Gedanken gekommen ist. *Aber da wirkt das alte Vorurtheil, daß die Fluten göttliche Strafgerichte sind, denen man nicht entgehen könne, man möge die Deiche machen wie man wolle*« (Tetens 1788°, 25; eigene Hervorhebung).

Diese Vorstellung, welche »in den ältern Zeiten allgemein war und noch jetzo einen großen Theil von Menschen in dem Kopf ist«, sei »die vornehmste Ursache davon«, dass »die Einwohner fast in allen Marschen zum Deichen, und zum tüchtigen Deichen, obrigkeitlich haben gezwungen werden müssen« (ebd., 6). Da sowohl Woltmann als auch Tetens unmittelbaren Kontakt mit der Bevölkerung hatten, kann also keine Rede davon sein, dass »bei den deutschen Küstenbewohnern im Laufe des 18. Jahrhunderts die Angst vor dem Meer immer stärker [verblasst], bis sie sich am Ende jenes Jahrhunderts weitgehend verliert«, wie Jakubowski-Tiessen behauptet (1997, 133f.). Die theologische Deutung überzeugte zwar aufgeklärte Zeitgenossen nicht mehr, doch das galt nicht für den Großteil der betroffenen Bevölkerung, wie die Textauszüge von Woltmann und Tetens deutlich machen.

Auch in der christlich inspirierten Literatur wird im Großen und Ganzen am traditionellen Deutungsmuster festgehalten, und noch um die Mitte des 19. Jahrhunderts ist in so genannten Wasserpredigten »das Strafgericht Gottes als wiederkehrendes Motiv« zu finden (Reinders-Düselder 1997, 4). Jakubowski-Tiessen kommt zwar zu dem Ergebnis, »dass im dritten Jahrzehnt des 19. Jahrhunderts in den Erklärungsmustern für Sturmfluten an die Stelle Gottes inzwischen weithin die Natur als deren Urheber getreten war« (Jakubowski-Tiessen 2003b, 118), aber die Mehrzahl der von ihm angeführten Beispiele aus theologischer Feder halten an der traditionellen Deutung fest (ebd., 115–118). Auch das Beispiel, welches er anführt, um zu belegen, dass »selbst in Predigten über die Sturmflut von 1825 [...] der aufklärerische Zeitgeist« spürbar wird (ebd., 117), erscheint mir nicht als zwingender Beweis für seine These. Der Text, den er zitiert, lautet zwar:

> »Noch Andre erklären solche Schicksale lieblos, und den Grundsätzen des Christenthums ganz zuwider, für Strafgerichte, die der Allgerechte wegen mancher vermeintlich oder wirklich herrschenden Sünden verhängt habe. Sie machen den Vater der Menschen gleichsam zu einem Barbaren, der im blinden Eifer Schuldige und Unschuldige schlägt« (Cropp 1825°, 23),

doch glaube ich, dass damit nicht das Eingreifen Gottes geleugnet wird, sondern nur, dass es sich um ein *Straf*gericht handelt. Auf den ersten Blick macht das keinen Unterschied, aber schaut man sich den zweiten Satz des Zitates an, wird deutlich, dass es dem Prediger darum geht, Gott nicht als blindwütigen Eiferer erscheinen zu lassen. Wenn er Ungerechte straft, dann tue »er das nicht mit einem rachsüchtigen, sondern vielmehr mit einem mitleidsvollen Herzen« (ebd., 25). Indem er

> »*seine Kinder zu schlagen und nieder zu beugen scheint*, erhebt er sie hoch und entwickelt Gesinnungen und Tugenden, die tausendmal mehr werth sind, als alles, *was Sturm und Wogen hinweggeschwemmt haben*« (ebd., 15; eigene Hervorhebungen).

In diesem Satz steht unmissverständlich, dass Gott seine Kinder zu schlagen scheint, indem er Sturm und Wogen schickt. In Wirklichkeit aber, möchte der Autor sagen, erhebt er sie damit und führt sie zu einem tugendhaften Leben. Er werde, wie es an anderer Stelle heißt, »nach dem Ungewitter wieder seine Sonne scheinen lassen« und die Menschen »mit neuer Freude erquicken« (ebd., 20). Salopp formuliert ist das eine für uns Heutige nur schwer nachzuvollziehende Mischung aus Aufklärung und »schwarzer Pädagogik«, aber letztlich auch ein Spiegelbild der gesellschaftlichen Verhältnisse im Vormärz: Kinder bzw. »Untertanen« müssen geschlagen werden, aber nicht aus Rachsucht, sondern aus Liebe – weil man es gut mit ihnen meint. Aufgeklärtes Denken spiegelt sich in dem Text tatsächlich wider; darin hat Jakubowski-Tiessen Recht. Aber es zeigt sich nur im Grundsatz allgemeiner Menschenliebe, die auf Gott projiziert wird. Er ist nicht mehr jene Instanz, die aus Zorn und Ärger straft; insofern zeigt sich ein Wandel gegenüber der Weihnachtsflut von 1717 auch in theologischen Texten. Der Grund seines Handelns ist nun die Liebe zu seinen Geschöpfen, doch genau deswegen muss er jene, welche vom rechten Weg abgekommen sind, wieder zur Vernunft bringen, und das tut er, indem er eine Sturmflut schickt. Das Motiv seines Handelns ist nun »aufgeklärter« und moderner, aber der Tradition verhaftet ist weiterhin die Auffassung, *dass* er in das Naturgeschehen eingreifen kann, wenn er es für erforderlich hält.

Noch deutlicher zeigt sich dies in einer kurzen Schrift, welche der Hamburger Pastor Hermann Rentzel anlässlich der Februarflut verfasst hat. Gleich zu Beginn stellt er nämlich

> »die Frage, ob wir sie [= die Flut] als Strafgericht Gottes anzusehen haben oder nicht; und allerdings ist eine unbeschränkte B e j a h u n g dieser Frage der Wahrheit und dem Geiste des Christenthums eben so sehr zuwider als die allgemeine V e r - n e i n u n g verderblich werden, und Gottes heiligen Absichten entgegen laufen kann« (Rentzel 1825°, 3).

Würde man die Frage nämlich verneinen, dann wären dem Leichtsinn Tür und Tor geöffnet, und die Menschen ließen sich »gar nicht abhalten von den allzu häufigen öffentlichen Lustbarkeiten und rauschenden geistbetäubenden Privatvergnügungen« (ebd.). Würde man sie jedoch bejahen, so triebe man »auch solche Gemüther in eine Herzensangst, die bey ihrem guten Gewissen innern Frieden und Freudigkeit zu Gott haben könnten« (ebd., 4). Weder dürfe man ihn von allem Zorne freisprechen noch ihm unbändigen Zorn unterstellen, denn dann wäre seine Liebe in Frage gestellt (ebd., 5). Rentzel kommt daher zu dem Ergebnis, »daß die Strafe aus L i e b e verhängt wird, weil sie uns zur Besserung nothwendig oder doch zuträglich ist«, wobei »Strafe in einer z w i e f a c h e n Bedeutung genommen werden kann und muß, da es theils ein Zeugniß des göttlichen Missfallens; theils ein heilsames Erziehungsmittel bedeutet« (ebd., 7).

Dass es neben den eher moderaten, vermittelnden Positionen eines Rentzel oder Cropp weiterhin auch traditionalistische Deutungen des Flutgeschehens gab, zeigt die Novelle *Die Hallig* von Johann Christoph Biernatzki (1795–1840), der zwischen 1821 und 1825 Pastor und Lehrer auf der Hallig Nordstrandischmoor war und ganz im Geiste seiner beiden Vorgänger, der Chronisten Heimreich Vater und Sohn, schreibt. In einem schwer erträglichen, dozierenden Stil schildert er, wie die Liebe zwischen zwei Einheimischen scheitert, weil eine verwöhnte Hamburgerin, die unfreiwillig einige Zeit auf der Hallig verbringen muss, dem Mann den Kopf verdreht. Die Erzählung kulminiert in der Februarflut, bei der die beiden ehemals Liebenden den Tod finden.[309] Eine der Hauptfiguren und Sprachrohr Biernatzkis, der Hallig-Pastor mit dem sprechenden Namen Hold, warnt den Vater der schönen Hamburgerin davor, sich die Liebe Gottes als »nachsichtig, begütigend, vergesslich« vorzustellen. Vielmehr sei es eine Liebe, welche

> »mit der strengsten Gerechtigkeit Hand in Hand gehet, auf daß der Wetterstrahl des Gerichtes Sie durchleuchte und durchflamme; auf daß Sie hingeschmettert werden in den Staub [...]; auf daß Sie zittern und zagen lernen vor Dem, der Rechenschaft fordert auch von jeglichem unnützen Worte, das aus unserm Munde gegangen ist« (Biernatzki o.J., 140).

Am Ende jenes Kapitels, welches das Flutgeschehen beschreibt, stehen die folgenden Verse:

> »Gott sieht herab! Und – horch! Die Wetter schweigen,
> Errettung kommt, woher Verderben kam;
> Des Tages langersehnte Blicke zeigen,
> Wie Gott uns schützte, und was Gott uns nahm« (ebd., 230; auch in Biernatzki 1844°, Bd. 8, 126).

Gott ist der Verursacher der Katastrophe, von ihm geht alles aus. Er kann die Menschen ins Verderben führen und ihnen alles nehmen, genauso kann er sie aber auch schützen und erretten. Er straft die Menschen nicht, wie in den vorgenannten Texten, aus Liebe, sondern *daß sie hingeschmettert werden in den Staub*. In einem Brief anlässlich der Flut schreibt Biernatzki, die Zeit sei ernst »und Gott siehet auf uns, ob wir [...] uns würdig zeigen, eine bessere zu verdienen und künftig zu genießen« (Biernatzki 1844°, Bd. 3, 115). Im Umkehrschluss bedeutet das: Wenn die Menschen sich als unwürdig erweisen, werden sie von ihm erneut und anscheinend immer wieder in den Staub geworfen, sofern sie ihr Verhalten nicht ändern. Obige Verse sind einem zwölfstrophigen Gedicht entnommen, das Biernatzki 1825, offenbar unter dem Eindruck der Februarflut, verfasst hat und den Titel *Die Ueberschwemmung* trägt (1844°, Bd. 8, 124–127). In der davor befindlichen Strophe heißt es unmissverständlich:

> »Der Fromme fleht, und bleiche Sünder wimmern:
> Allvater hilf! Verschone, Strafgericht!« (ebd., 126)

Biernatzki ist heute zwar vergessen, aber seine 1836 erschienene Erzählung *Die Hallig* erlebte eine Vielzahl von Auflagen, wurde bis zum Beginn des 20. Jahrhunderts immer wieder neu gedruckt, fand auch Eingang in Reclams Universal-

---

309 Die Schilderung der Katastrophe wirkt lebendig (Biernatzki o.J., 221–230) und ist durchaus authentisch, weil eigene Erfahrungen und die seiner Gemeinde verarbeitet worden sind (vgl. Biernatzki, 1844°, Bd. 3, 113–116).

Bibliothek. Und wenige Jahre nach seinem Tod wurde sein dichterisches Gesamtwerk in immerhin acht Bänden herausgegeben (Biernatzki 1844°). Er dürfte daher bei einer breiteren Öffentlichkeit Widerhall gefunden haben, was bedeutet, dass seine konservative Gesinnung durchaus noch auf Akzeptanz stieß. Man könnte zwar entgegnen, dass die Leser der *Hallig* vor allem die Schilderung der Katastrophe oder des insularen Daseins interessiert hätte, doch von derartigen Erwartungen getragen, hätte das Buch nicht eine so hohe Auflage erfahren und über einen Zeitraum von 70 Jahren immer wieder nachgedruckt werden können. Denn die Schilderung des Flutgeschehens umfasst nur einen verschwindend geringen Teil des Gesamtumfangs, in der Reclam-Ausgabe zehn von 244 Seiten, während das meiste Papier für die theologischen Ergüsse des Pastors Hold verwendet wird. Nein, es muss auch und vor allem die Intention des Autors dem so genannten Zeitgeist entsprochen haben, um derart erfolgreich zu sein.

6.8.4 Traditioneller Volksglaube und Egozentrismus

Als um die Mitte des 19. Jahrhunderts eine verstärkte Sammeltätigkeit mündlicher Volksüberlieferungen einsetzte, wurde bald klar, dass magische Vorstellungen und Praktiken nach wie vor lebendig waren. Sie sind aber nicht, wie man damals vielfach glaubte, »heidnisch-germanischen« Ursprungs, sondern ein universelles Phänomen und stellen Elementarformen des Denkens bzw. Verhaltens dar. Weil der Mensch danach strebt, seine Lebenswelt als ein sinnvolles Ganzes zu erfahren, konstruiert er sie nach seinen Vorstellungen, um sich in ihr orientieren zu können. Er geht dabei von sich als primärem Bezugssystem aus, sodass er im Mittelpunkt seiner Anschauungswelt steht. Daraus erwächst die Vorstellung, die Dinge dieser Welt stünden in Beziehung zu ihm. Grundlegend für das magische Denken ist daher das *Gesetz der Sympathie*, nach welchem Mensch und Natur in einem geheimnisvollen Zusammenhang stehen und in der Natur alles miteinander verwandt ist (vgl. Bach 1960, 288–306; K.E. Müller 1987, 198–216; Petzoldt 1999a; Rieken 2000, 193–203). Es scheint so,

> »als habe er teil auch am Fluss der Kräfte, die in den Bewegungen seiner Umwelt wirksam sind, als strömten sie gleichsam in ihm zusammen und verteilten sich, kraft seines Handelns, wieder an seine Umgebung zurück. Die Kohärenz seines Weltbildes besitzt so, primär zunächst, stets eine *egozentrische* Aufbaustruktur« (K.E. Müller 1987, 198),

welche als Gruppenphänomen zu einer sozio- bzw. ethnozentrischen wird. *Egozentrisch* ist nicht moralisch zu verstehen, sondern epistemologisch, das heißt bezogen auf die Erkenntnis und ihre Bedingungen: Es ist zunächst gar nicht anders möglich, als die Dinge zu sich in Beziehung zu setzen und von sich aus zu beurteilen. Ein anschauliches Beispiel ist der Drei-Berge-Versuch von Jean Piaget. Man zeigt vier bis sechs Jahre alten Kindern das Modell einer Landschaft mit drei unterschiedlich hohen, verschieden geformten Bergen und bittet sie, diese von ihrer Position aus zu beschreiben. Danach werden sie gefragt, wie die Landschaft aus der

Sicht einer gegenüberliegenden Position ausschaut, doch sie werden sie genauso beschreiben wie zuerst, das heißt aus jener Perspektive, in welcher sie sich gerade befinden. Erst Kinder im Alter von sieben bis zwölf Jahren beginnen zu verstehen, dass das Modell einer Landschaft von verschiedenen Beobachtungspunkten aus unterschiedlich aussieht, wobei vollständige Differenzierung in der Regel erst mit neun bis zehn Jahren erreicht wird (Piaget, Inhelder u.a. 1999, 251–254).[310]

Wie sehr das egozentrische Denken mit magischen Vorstellungen verbunden ist, hat Piaget in seinem Buch *Das Weltbild des Kindes* deutlich gemacht (Piaget 1980). Gott hat Sonne und Mond geschaffen, damit es für die Menschen am Tag hell und in der Nacht nicht allzu dunkel ist (Artifizialismus; ebd. 209; 214). Ein Kind stößt sich am Stuhlbein, weil dieses böse Absichten hat, denn die Dinge sind beseelt, haben ein Bewusstsein (Animismus; ebd., 149). Um beim Murmelspiel zu gewinnen, muss man die Murmel des Gewinners aus dem letzten Spiel nehmen (ebd., 122). Geht man zum Zahnarzt und wählt dabei eine bestimmte Straße, so muss man, wenn man dort große Schmerzen erlebt, das nächste Mal einen anderen Weg benutzen (magische Partizipation; ebd., 123).

Das magische Denken und Handeln resultiert aus dem Egozentrismus und ist die ursprüngliche Form, die Dinge dieser Welt zu sich in Beziehung zu setzen und sie zu verstehen. Das gilt für die Kultur in ihrer Gesamtheit genauso wie für die Entwicklung des Individuums. Das zeigt sich aber auch dann, wenn man unter gegenwärtigen Belastungen und Ängsten, welche den Einzelnen überfordern, dazu tendiert, auf diese frühe Stufe der Ontogenese bzw. kulturellen »Phylogenese« zurückzufallen. In schweren Fällen kann man psychotisch werden und Wahnvorstellungen entwickeln:

> »Der Kranke meint, dieses oder jenes, was sich in seiner Umgebung ereignet, geschehe nur seinetwegen, es solle ihm damit etwas bedeutet werden. Was im Radio oder Fernsehen gesagt wird, in der Zeitung steht oder der Pfarrer predigt, einen Blick oder ein Lachen, bezieht der Kranke auf sich« (Tölle 1994, 172).

Magische Vorstellungen entwickeln vorzugsweise auch, wie bereits erwähnt, Personen, welche mit erhöhtem Stress konfrontiert sind, etwa Studenten in Prüfungssituationen, Glücksspieler oder Sportler (Vyse 1999, 36–49). Und selbstverständlich sind in dem Zusammenhang auch belastende Ereignisse wie Sturmfluten und andere Katastrophen zu nennen, die einen aufgeklärten Zeitgenossen wie Fridrich

---

310 In der entwicklungspsychologischen Literatur wird, wenn der Drei-Berge-Versuch beschrieben wird, immer wieder auf die Darstellung von Montada (1982, 383ff., im Lehrbuch zur Entwicklungspsychologie von Oerter und Montada) zurückgegriffen, doch ist diese ungenau, um nicht zu sagen irreführend, weil er schreibt, Kinder müssten »fünf bis sechs Jahre alt werden, bis sie verstehen, dass ein Modell mit drei Bergen von verschiedenen Beobachtungsstationen aus verschieden aussieht« (1982, 384). Piaget unterscheidet nämlich mehrere Stadien, wobei die Kinder bis zum Alter von 6,5 nur die eigene Perspektive zum Ausdruck bringen können, während die volle Koordination der Blickwinkel erst mit circa neun bis zehn Jahren erreicht wird (Piaget, Inhelder u.a. 1999, 253f.). – So erweist sich ein Blick in die Originalliteratur immer wieder als sinnvoll.

Arends dazu veranlassen, unter dem Eindruck der Geschehnisse seinen Rationalismus über Bord zu werfen und zu sagen: *Der Mensch denkt's, Gott lenkt's.*

Aus der Psychiatrie ist seit langem bekannt, dass posttraumatische Belastungsstörungen, welche mit Gewalterfahrung verbunden sind, beim Opfer oftmals scheinbar paradoxe Reaktionen hervorrufen. Dazu zählen die Identifikation mit dem Aggressor und die Auffassung, für die Gewalttätigkeit selbst verantwortlich zu sein (Rahn und Mahnkopf 199, 531f.; vgl. auch Lasogga und Gasch 2002, 39f.). Sie lassen sich erklären, wenn man bedenkt, dass Gewalterfahrung gleichzeitig mit dem Erleben von Hilflosigkeit verbunden ist, die es zu überwinden gilt. In der Sprache der Individualpsychologie ist hierbei die Kompensation des Minderwertigkeitsgefühls durch das Streben nach Macht am Werk. Auch in dieser Hinsicht erscheint die Bezugnahme auf Gott als Verursacher von Sturmfluten plausibel: Man identifiziert sich mit ihm als Aggressor, während gleichzeitig Schuld unbewusste Machtzuschreibung bedeutet, denn Schuld sein heißt Ursache sein und damit über Macht zu verfügen. Man steht im Zentrum der Aufmerksamkeit Gottes, womit auch der Egozentrismus wirkmächtig ist.

Aus Ethnologie und Entwicklungspsychologie wissen wir um den intimen Zusammenhang zwischen magischer Vorstellungswelt und Egozentrismus. Auch in der Psychiatrie sowie der Psychologie des Stresses und der Angst begegnen wir dem Phänomen, und sie legen nahe, die Bezugnahme darauf als unbewusste Regression, als Rückschritt auf eine frühe Entwicklungsstufe zu betrachten, um dergestalt Erklärungs- und Handlungssicherheit wiederherzustellen.

Im egozentrischen Denken haben die Dinge dieser Welt, gemäß dem Gesetz der Sympathie, allzumal ihre Bedeutung und ihren symbolischen Gehalt, stehen nicht nur für sich, sondern verweisen auch auf ein Anderes. Mäuse höhlen nicht allein Deiche aus, um dort geschützt zu leben, sondern sind auch ein Warnzeichen Gottes, dass sie nicht mehr lange halten werden, weil eine Sturmflut droht, um die Menschen für ihr sündhaftes Verhalten zu bestrafen. Magische Vorstellungen im engeren Sinn wurden und werden zwar von Seiten der offiziellen Kirche bekämpft, sind aber nicht eigentlich ein Gegensatz zur theologischen Interpretation des Flutgeschehens, da die egozentrische Denkstruktur die gleiche ist. Ob eine als Hexe verschrieene Nachbarin um mein Haus herumschleicht, um das Neugeborene zu schwächen, oder ob eine Sturmflut kommt, um mich wegen meiner Sündhaftigkeit zu bestrafen, macht in dieser Perspektive keinen Unterschied, denn in beiden Fällen handelt es sich um das egozentrische *Es gilt mir.* Auch Jurjen van der Kooi und Theo Schuster sehen darin keinen Gegensatz, wenn sie über die ostfriesische Volkssage schreiben:

»So werden z.B. die verheerenden Meereseinbrüche, welche die ostfriesischen Küstenregionen immer wieder heimsuchten, ausnahmslos als Strafe Gottes für menschliche Fehler und Sünden gedeutet. In den dämonologischen Sagen zeichnet sich ein magisch-mythisches Weltbild ab, mit dem sich die zahllosen Wiedergänger- und Spukerscheinungen erklären lassen. Dämonische Wesen, namentlich der Teufel, in geringerem Maße auch Riesen, Zwerge, Wasser- und andere Dämonen sowie dämonische und mythische Tiere haben in diesem Weltbild ihren festen Platz. Der Glaube an ein Alter Ego, das jeder Mensch haben muss, und an Menschen mit übernatürlichen Kräften (vor allem an Hexen, Zauberer, Teufelsbanner und Wunderheiler) sowie an Menschen, die sich verwandeln können (Waalrieder[311] und Werwölfe) wird in Sagentexten immer wieder lebendig gehalten. Die Zukunft ist nicht dem Zufall unterworfen, sie steht fest. Menschen mit besonderen Fähigkeiten, vor allem Wickwiever[312] und Propheten können sie deuten oder auch weissagen, und immer wieder kündet sie sich an durch Vorzeichen und Vörloop.

Wie alt dieses magisch-mythische-religiöse Weltbild war, lässt sich [anhand schriftlicher Quellen] nicht genau angeben [...]. Es ist erst im Laufe des 19. Jahrhunderts, als die Quellen reicher und vielschichtiger werden, in seiner vollen Breite zu erkennen. Dann zeigt es sich jedoch für eine längere Zeit ziemlich stabil. Die Themen, Motive und Figuren, die im 19. Jahrhundert dominant oder jedenfalls deutlich vorhanden waren, bleiben das auch noch bis weit hinein in das 20. Jahrhundert« (Nachwort. In: van der Kooi und Schuster 2003°, 534f.).

Ein ähnliches Bild ergibt sich für Nordfriesland (van der Kooi 1998°) und für Westfriesland. Im Nachwort zu seiner westfriesischen Sammlung von Sagen bezeichnet van der Kooi diese als einen »spegel fan in magysk-mytysk universum« (2000°, 301), und neben den Erzählungen aus dem 19. Jahrhundert sind auch dort einige aus dem 20. Jahrhundert zu finden. Zwischen 1950 und 1970 wurden sogar noch Geschichten über das zweite Gesicht in Zusammenhang mit der Februarflut von 1825 aufgezeichnet. Die Erzähler erinnern sich daran, dass vor der Katastrophe plötzlich jemand ein Schiff über das Land segeln sah oder ein anderer glaubte, der Deich breche durch und das eigene Haus gehe unter, was dann tatsächlich auch so geschehen sein soll (van der Kooi 2004b°, → Anhang, Texte 17a–f). Es sei noch einmal daran erinnert, dass in früheren Kapiteln nicht nur auf ältere Chroniktexte, sondern auch auf mündliche Überlieferungen aus dem 19. und 20. Jahrhundert zurückgegriffen wurde. Das gilt für den Rungholtkomplex und damit verwandte Erzählungen, für den Untergang von Dörfern in Dollart und Jadebusen, aber auch für das Seewiefke von Minsener Oog oder die Frau von Stavoren. Selbst aus dem 20. Jahrhundert sind einige diesbezügliche Äußerungen aus dem Volksglauben überliefert, wenn man zum Beispiel an Andreas Buschs Hinweis denkt, dass die Meinung zu seiner Zeit noch lebendig war, Rungholt werde einst wieder auferstehen.

Ein verbreitetes Motiv, bei dem sich magische mit religiösen Vorstellungen mischen, ist das Deichopfer, das vor allem durch Theodor Storms Erzählung *Der Schimmelreiter* (1888) einer breiteren Öffentlichkeit bekannt wurde. Der Deichgraf Hauke Haien verhindert im letzten Moment, dass ein Hund geopfert wird. »Soll Euer Deich sich halten, so muss was Lebiges hinein!«, entgegnet ihm ein Arbeiter. Dieser antwortet:

»›Was Lebiges? Aus welchem Katechismus hast du das gelernt?‹ ›Aus keinem, Herr!‹ entgegnete der Kerl, und aus seiner Kehle stieß ein freches Lachen; ›das ha-

---

311 »Nach dem Volksglauben nächtliche, geisterhafte Reuter, welche das Alpdrücken verursachen, sich zu ihrem Ausritt bestimmter Pferde in fremden Ställen bedienen, die dann des Morgens erschöpft und schweißbedeckt im Stall stehen« (Stürenburg 1857, 319).
312 *Wickwiev* = *Wahrsagerin*, aus niederdt. *wikken* = *wahrsagen* und *Wiev* = *Weib*.

ben unsere Großväter schon gewusst, die sich mit Euch im Christentum wohl messen durften! Ein Kind ist besser noch; wenn das nicht da ist, tut's auch wohl ein Hund!'« (Storm 1979°, 75).

Die Geschichte eines Mannes, dessen eigener Deich nicht hält und der sich voller Verzweiflung in die Fluten stürzt, stammt zwar von der Weichsel (Paulsen 1979; dort auch Originalquelle wiedergegeben), doch die Opferung eines Kindes kommt dort nicht vor, ist aber in den Frieslanden mehrfach belegt (vgl. z.B. Iba 1993°, 112; Muuss 1933°, 106; Müllenhoff 1921°, 259; Strackerjan, Bd 1, 1909°, 126ff.; vgl. auch Lorenzen 1997°, 114f.). So heißt es etwa bei Strackerjan:

> »Bei Steinhausersiel[313] hat ein neuer Deichbau nicht halten wollen. Da hat jemand gesagt, es müsse ein lebendiges Kind darin begraben werden, und man hat einer Mutter ein taubstummes Kind, das dieser lästig gewesen, abgekauft, es in eine Tonne gesteckt und im Deich vergraben. Das Kind hat, als man begonnen hat, Erde auf die Tonne zu werfen, plötzlich die Sprache wiedererlangt und gerufen: ›Moders Hart is harter as en Steen‹«[314] (Strackerjan, Bd. 1, 1909°, 127; vgl. auch 128, Nr. 151d).

Diese Erzählung stammt nicht aus der Erstauflage von 1867, sondern wurde von Karl Willoh in die Neuauflage von 1909 eingefügt. Strackerjan selbst mochte es kaum glauben, »daß dieser Aberglaube im Volke noch lebendig sei«, doch ein »Landmann«, den er befragt hat, teilte ihm mit, dass er verschiedentlich von Bauopfern gehört habe.

> »Wenn sie so ein Kind eingemauert haben, dann haben sie's in eine kleine hölzerne Tonne gelegt und haben ihm noch 'ne Bretzel oder Zwieback oder so was mit hineingegeben. Dann hat das Kind danach gelangt und gelacht. Man ich dachte, das Lachen hätte ich nicht mit ansehen können« (ebd., 126; eigene Übersetzung).[315]

Bei der Bretzel bzw. dem Zwieback dürfte es sich um ein Lockmittel handeln, damit das Kind »freiwillig« in die Tonne kriecht und die Täter sich von Schuld reinwaschen können. Der Erzähler schildert das zwar etwas anders, nämlich dass zuerst das Kind hineingekrochen ist und ihm dann die Gabe gereicht wurde, doch dürfen wir nicht vergessen, dass es sich um die Wiedergabe einer mündlichen Erzählung handelt und der Informant die Geschichte nur vom Hören-Sagen kennt. In einer anderen Sage heißt es jedenfalls, das Kind müsse freiwillig hineingehen (Müllenhoff 1921°, 259), und das ergibt auch am ehesten Sinn, es sei denn, man unterstellt den Leuten aus Strackerjans Bericht eine besondere sadistische Neigung.

Allgemein formuliert hat ein Opfer die Aufgabe, Götter versöhnlich zu stimmen oder Dämonen nach der Gegensatzregel zu vertreiben, sofern es sich beim Geopferten um ein »reines« Wesen handelt. Historisch betrachtet sind Bauopfer »durch zahlreiche Skelettfunde in Fundamenten, aber auch durch historische Nachrichten bezeugt« (Petzoldt 1999c, 196). Was den Deichbau betrifft, wird man nicht in je-

---

313 Zwischen Zetel und Varel (i.O.), heute im Binnenland gelegen.
314 »Mutters Herz ist härter als ein Stein«.
315 »Wenn se so'n Kind innmurt hebbt, denn hebbt se't in'n lütje holten Tunn leggt un hebbt'r noch'n Kringel oder Twiback oder so wat mit inndahn. Denn hett dat Kind darna langt un hett lacht. Man mi dücht, dat Lachen harr ick nich mit ansehn kunnt«.

dem Fall ein Lebewesen geopfert haben, sondern oftmals nur dann, wenn es Probleme gegeben hat. Bei Strackerjan heißt es, der Deich habe nicht halten wollen (s.o.), bei Müllenhoff ist es ein großes Loch, »das man auf keine Weise ausfüllen konnte, soviel Erde und Steine man auch hineinwarf« (Müllenhoff 1921°, 259), und bei Iba sinkt der Deich an der betreffenden Stelle immer wieder in die Tiefe (Iba 1993°, 112). Offenkundig geht es in all diesen Fällen nicht mit rechten Dingen zu, weswegen der Schluss nahe liegt, es mit dämonischen Wesen zu tun zu haben, die es durch ein Opfer zu neutralisieren gilt. Es wäre auch in der christlichen Kultur Europas unüblich, Gott ein Menschenopfer darzubringen.

Fassen wir zusammen: Weil die religiöse Deutung des Flutgeschehens als Strafe Gottes sowie magische Vorstellungen Ausdruck ein und derselben Geisteshaltung sind, nämlich des epistemologischen Egozentrismus, ist es völlig abwegig zu behaupten, dass sich im Gefolge der Aufklärung rationale Erklärungen der Sturmfluten auf breiter Basis bereits bis zum Ende des 18. Jahrhunderts durchgesetzt hätten. Das gilt für die wissenschaftliche Elite, aber nicht für das Gros der Bevölkerung. Und selbst bei aufgeklärten Zeitgenossen wäre noch zu unterscheiden zwischen ihren veröffentlichten Stellungnahmen und dem, was sich in ihrem Unbewussten oder Vorbewussten abspielt. Fridrich Arends hat unwillentlich eine winzige Tür in sein Innenleben geöffnet, als er auf Gott als den Lenker des Geschehens zurückgegriffen hat, aber sie steht weit genug offen, um zu begreifen, dass man den äußeren Schein nicht mit dem verwechseln sollte, was auch noch sein könnte oder ist.

Exkurs: Heimatbewegung und Nationalsozialismus im Kontext der Flutmetapher

Es kann nicht Aufgabe dieses Kapitels sein, die sich im 19. Jahrhundert entwickelnde Heimatbewegung detailliert nachzuzeichnen. Zu komplex ist das Thema und zu unterschiedlich sind die Bedingungen in den drei Frieslanden sowie im restlichen Küstengebiet (vgl. Brouwer 2001; Frieswijk 2001, 250ff.; N. Hansen 2000, 292f.; Pfeil 2000, 320–326; Sander 2002; Schaaf 1977; Steensen 1986; ders. 1995, 231–235; 298–303; 324–330; 361–364; 396–403; Tielke 2003; Zondergeld 1978).[316] So gehörten um 1850, als Vertreter der friesischen Bewegung interfriesische Verbindungen zu knüpfen begannen, die Westfriesen zu den Niederlanden, die Ostfriesen zum Königreich Hannover, die Helgoländer zu Großbritannien, die Nordfriesen zum Herzogtum Schleswig im dänischen Gesamtstaat, Westerlandföhr[317] hingegen unmittelbar zum Königreich Dänemark (vgl. Steensen 1995, 302).

---

316 Die Dissertation von Harm-Peer Zimmermann (»Der feste Wall gegen die rote Flut«. Kriegervereine in Schleswig-Holstein. Neumünster: Wachholtz 1989) befasst sich, wie der Untertitel schon sagt, mit Kriegervereinen in Schlewig-Holstein und ist trotz des Titels für unser Thema wenig ergiebig.

317 »Föhr wurde schon im Jahre 1231 in zwei Harden eingeteilt. In Osterlandföhr und Westerlandföhr [...]. Die Stadt Wyk löste sich 1706 von Osterlandföhr. Die Einteilung galt bindend bis 1864, aber noch heute wird die Einteilung, wenn auch etwas abgewandelt, verwendet. Beide Harden gehörten ursprünglich zum freien Friesland. Die Westerharde bestand nicht, wie anzunehmen, aus der halben Insel Föhr, sondern aus dem Kirchspiel St. Laurentii, den Dörfern Goting, Borgsum, Witsum, zwei Drittel von Nieblum und die ganze Insel Amrum. Schon im

Vielmehr soll es hier einzig und allein um die Frage gehen, inwieweit die Heimatbewegung mit unserem Thema – der Angst vor der Nordsee bzw. den Sturmfluten – zu tun hat. Damit meine ich weniger den Zusammenhang zwischen dem Kampf gegen das Meer und der friesischen Mentalität, sondern primär den symbolischen Gehalt, der in der Angst vor der Flut mitschwingt. Das bedarf zunächst der Erläuterung. Im Friesischen Manifest, das auf dem sechsten Friesenkongress in Aurich am 28. August 1955 verabschiedet worden ist, heißt es:

> »Gemeinsam ist uns das Volkstum, *gemeinsam der Kampf gegen die Naturgewalt der Nordsee*, gemeinsam vor allem das Bewusstsein unserer Freiheit von den Niederlanden bis nach Dänemark [...]. Wir bekennen uns zu einer Kultur, die in den Tiefen des Volkstums wurzelt. Gemeinsam wollen wir sie pflegen. Wir bitten alle verantwortlichen Stellen, die kulturelle Arbeit unserer friesischen Institute und Verbände recht zu erkennen und sie so zu fördern, *dass ihre volle Entfaltung zum sichersten Deich gegen die gleichmachende Flut der Massen wird*« (Friesisches Forum e.V. 1998°; eigene Hervorhebungen; Gesamttext → Anhang, Text 18; vgl. dazu Parisius 2003, 488ff.; Kunz und Steensen 2005, 10–16; vgl. auch die neue Erklärung des Friesenrates über Grundsätze friesischen Selbstverständnisses, ebd., 14f.).

In der noch reichlich altertümelnden Sprache jener Zeit wird der Kampf gegen das Meer als Teil der regionalen Identität bzw. friesischen Mentalität aufgefasst. Damit haben wir uns bisher ausführlich befasst, und darum soll es im Folgenden nicht gehen. Vielmehr soll der metaphorische Gehalt Beachtung finden, welcher am Ende des Zitates anklingt, wenn die friesische bzw. interfriesische Kulturarbeit als *sicherster Deich gegen die gleichmachende Flut der Massen* bezeichnet wird. Das ist ein Topos, auf den die friesische Bewegung von Beginn an zurückgreift. So spricht August Schulz (1847–1936), der Gründer und erste Vorsitzende des Nordfriesischen Vereins, vom »Strom der Zeit«, welcher von Süden her mit seinen nivellierenden Tendenzen komme und genauso mächtig sei wie der Strom, welcher »von Westen an den Küsten nagt« (Steensen 1986, 61; ders. 1995, 300). Man hatte Angst vor den egalisierenden Tendenzen der Industriegesellschaft und vor den »Fremden«, die als Arbeiter oder Urlauber kamen. Besonders bedroht sah man, bedingt durch den zunehmenden Fremdenverkehr, Sprache und Kultur auf Sylt. Westerland verglich man mit dem »Spektakel auf St. Pauli« und forderte daher Dämme gegen die »Flut fremden Wesens«, welche sich »in gewaltiger Woge Jahr für Jahr über unser Eiland« ergießt (Steensen 1986, 83; ders. 1995, 301f.).

Umgekehrt konnte aber auch die Dammmetapher Ängste hervorrufen, nämlich dann, wenn es um die Herstellung einer Verbindung zwischen Insel und Festland ging. 1927 wurde der Hindenburgdamm zwischen Klanxbüll und Westerland eröffnet (vgl. Rogl 1995, 110f.) sowie zwischen 1925 und 1928 eine Verbindung von Dagebüll zu den Halligen Oland und Langeneß hergestellt (vgl. ebd., 118f.). Auf der fiktiven Hallig Hoogeroog nun spielt der bereits 1914 erschienene Roman *Der*

---

14. Jahrhundert gehörte W. zu Dänemark. O. verblieb beim freien Friesland, daß sich den Schleswig-Holsteinern anschloss. Dadurch kam es auf der Insel auch zu politischen Gegensätzen« (<http://home.arcor.de/ho/holger.1943/html/geschichte_und_fohr.html> [26.05.2004]).

Halligpastor von Wilhelm Lobsien (1872–1947). Das Buch ist in zahlreichen Auflagen erschienen und wird bis heute von einem namhaften schleswig-holsteinischen Regionalverlag vertrieben (Lobsien 2001°). In der ersten Hälfte des 20. Jahrhunderts fanden Heimatromane eine große Leserschaft und waren für die Vermittlung des Friesenbildes von großer Bedeutung (vgl. Tholund 2001, 476f.). – Der vom Festland stammende Pastor Eichstädt möchte »fern der Welt eine Welt für sich [...], ein Reich des Friedens mitten im Brausen der See« (ebd., 38f.) errichten, weswegen er sich vehement gegen einen Dammbau zum Festland ausspricht. Mit seinen religiösen Vorstellungen trifft er allerdings auf wenig Gegenliebe – und ertrinkt am Ende –, denn die Einheimischen wollen sich von einem Fremden nichts sagen lassen. So entgegnet ihm der Halliglehrer Hansen:

> »Herr Pastor, das sind alte Friesenfäuste, die haben in mancher Sturmnacht wie eiserne Klammern das Segel gehalten, die haben in mancher schweren Wassersnot, wenn die salze See unsere Häuser wegzureißen drohte, Pfosten und Balken festgehalten und wurden, je größer die Not war, nur immer fester und härter. Wir sind es gewohnt festzuhalten, was wir als unser Eigengut ansehen. Und seien Sie gewiss: Solange ich lebe, gibt es für mich nichts, was haltenswerter ist als unsere Art, unser altes Friesentum« (ebd., 60).

Als dann auf der Nachbarhallig Westeroog, mit der wohl Oland gemeint ist, Befestigungsarbeiten zum Schutz der Uferkante sowie der Damm zum Festland fertiggestellt sind,[318] ermahnt der dortige Pastor seine Landsleute, nicht ihre »alte, friesische Eigenart« aufzugeben« (ebd., 221). Denn nun sei »eine andere Gefahr [...] an die Stelle der salzen See getreten, die Gefahr, dass ihr euch selbst verliert« (ebd.). Der Untergang der Hallig drohe, wenn die Befestigungsarbeiten beendet seien, weniger vom Meer »als von den Fremden« (ebd., 161).

Eine betonte Dichotomie prägte die Heimatbewegung jener Zeit, sie trennte scharf zwischen »drinnen« und »draußen«, zwischen dem als gut und hoch stehend bewerteten Eigenen und dem »verdorbenen« Fremden. Auch das Schwarz-Weiß-Denken ist ein Ausdruck des Egozentrismus, wenngleich nicht im magischen Kontext. Als 1920 der Heimatverein für Jever gegründet wurde, preiste dessen Vorstandsmitglied F.A. Lange die Vorzüge der Region unter anderem mit den folgenden Worten an:

> »Heimat, das ist der bunte, sonnenüberglänzte Segen unserer grünen jeverschen Marsch [...], das saubere Urväterbehagen des alten Städtchens [...], die erdgewachsene Kraft und Treue unseres Bauerntums« (Sander 2002, 312).

Als Negativfolie diente ihm hingegen die städtische Kultur, die er eine »alte Vettel« nannte, welche »sich oft hinter der lockenden Maske westeuropäischer Vergnügungskultur verbirgt« (ebd.). Lange gehörte, noch weit vor der Machtergreifung, zu den Gründungsmitgliedern der NSDAP in Jever (ebd.), und das ist kein

---

318 Da die Halligen im großen Stil erst nach der Sturmflut von 1962 befestigt wurden, wurden sie als wesentlich bedrohter angesehen und den Einheimischen eine eher fatalistische Einstellung nachgesagt. Zum Bild der Halligen im 19. und frühen 20. Jahrhundert vgl. Fischer 2000 und Jakubowski-Tiessen 1999.

Zufall, weil mehrere Berührungspunkte zwischen ihr und der Heimatbewegung existieren. War im 19. Jahrhundert Malern und Schriftstellern aus der Tradition der Heimatkunst

> »ein selbstgenügsam-idyllischer Zug [eigen], so wurden ihre Vertreter nach dem Erlebnis der Industrialisierung und der Niederlage im [Ersten] Weltkriege in ihren Werken ausgesprochen bekenntnishaft-kämpferisch. Sie schickten sich an, gegenüber der ›zersetzenden Asphaltkunst‹ ›letzte Werte‹ bewahren zu helfen: das Bodenständig-Heimatliche, das Deutsche. In diesen Vorstellungen von ›ewiger Volkheit‹ mischten sich auf eigentümliche Weise biologisch motivierter Materialismus (Rasse, Vererbung) mit irrationaler Seelen-, Schollen- und Blutmystik« (Dederke 1973, 140f.; vgl. auch Sontheimer 1992, 21–63; 244–259).

Industrialisierung und großstädtisches Leben wurden vehement bekämpft und stattdessen die agrarisch bestimmte Lebensweise favorisiert, die auch als Bollwerk gegen »Überfremdung« galt. Ein markantes Beispiel ist der Roman *Volk an der See* des von der Insel Föhr stammenden Autors Ferdinand Zacchi (1884–1966). Es trägt den bezeichnenden Untertitel *Ein Nordseebuch von Trotz und Treue* und ist 1934 im nationalsozialistischen Hausverlag von Franz Eher erschienen (Zacchi 1940°). Nachdem auf der fiktiven Insel Sandhörn ein Damm zum Festland gebaut worden ist, kommen nicht nur Touristen in Scharen, sondern

> »auch viel Dreck. Aus dem stillen, sauberen Dünsteede [= Hauptort der Insel] ist ein lautes, buntes Modebad geworden. Erschreckt sind zuerst die einfachen Insulaner zurückgewichen, aber der Lärm und die Dreistigkeit folgen ihnen bis in ihre feinen, stillen, blanken Stuben« (ebd., 113).

Freidenker preisen nun ihre Lehren an (ebd., 115ff.), Männer vom Festland schwängern junge Insulanerinnen und lassen sie dann sitzen (ebd., 118), politische Parteien vergiften die Friesen mit Klassenhass und Kommunismus (ebd., 138), ein jüdischer Kaufmann aus Hamburg schwatzt Einheimischen ihre Höfe ab (ebd., 132–135). Als dann im Herbst die Touristen verschwunden sind, kommt eine Springflut und überschwemmt weite Gebiete der Marsch, weil sich das Wasser auf Grund des neuen Dammes zu nie gekannter Höhe aufstaut. In dieser Situation erkennt der Protagonist Harald Haraldsen die Not der Stunde und fordert die Einheimischen auf, eigenhändig einen Deich zum Schutz der Insel zu errichten. Er ist der Sympathieträger des Autors, denn er hat gerade *Mein Kampf* gelesen und »folgt dem Rufe seines Blutes« (ebd., 138). Während sich im darauf folgenden Sommer die Touristen wieder auf der Insel vergnügen, kämpft an der Deichbaustelle »ein Geschlecht um das Leben und die Sicherheit« (ebd., 144). Zwei Welten stehen einander gegenüber, und allmählich steigt

> »ein stummer Hass hoch, eine große Verachtung in den Seelen der Friesen gegen die leichtlebigen Menschen vom Butenland, die gar nicht ermessen können, um was es hier draußen an der See eigentlich geht. Mehr und mehr frisst sich in die Seelen der Deichbauer der Gedanke ein, dass sie mit diesem Bau *nicht nur das salze Wasser von der eigenen Scholle fernhalten müssen, sondern auch den seichten Strom von*

drüben, der ihr Leben unterwühlen und vergiften will« (ebd., 144f.; eigene Hervorhebung).

Das ist gleichermaßen wörtlich wie metaphorisch zu verstehen, denn als im nächsten Herbst ein Orkan aus Nordwest kommt, hält der neue Deich,

> »weil der Damm [zum Festland] zerrissen ist! Breit und wild jagen die Fluten durch die tiefe Bresche, Raum schaffend für den Zustrom, Rettung bringend für den Deich und seine Menschen« (ebd., 189).

Die Insulaner drohen von den »Fremden« und – wegen des Wasserstaus – von der Nordsee überschwemmt zu werden, weil ein Damm zum Festland errichtet wurde. Der Deich, den sie eigenhändig bauen, schützt indes ihre Insel auf zweifache Weise, indem er das Wasser abhält *und* die direkte Verbindung zum Festland zerstört. Auch wenn es heutzutage schwer erträglich ist, das Buch zu lesen, lohnt sich die Lektüre in Hinblick auf unser Thema wegen der Flut- und Dammsymbolik. – Insel- und Küstenbewohner reagieren sensibel, wenn die Gefahr besteht, von einer Flut überrollt zu werden, und daher braucht es nicht zu überraschen, dass die vermeintliche Bedrohung durch eine »Flut fremden Wesens« auf fruchtbaren Boden fiel.

Betrachtet man die Wahlergebnisse am Ende der Weimarer Republik, so fallen die überdurchschnittlich hohen Stimmenanteile für die NSDAP in den friesisch-sächsischen Küstenbezirken auf (zusammengestellt aus: Dederke 1973, 273; Gietzelt und Pfeil 2000, 330; Pfeil 2000, 323–326; Steensen 1995, 340f.; Teuber 1995, 91ff.).

Reichstagswahlen	*1930*	*1932 I*	*1932 II*	*1933*
Deutsches Reich	18,3	37,3	33,1	43,9
Südtondern	25,3	64,5	68,2	73,5
Husum	36,8	68,6	63,2	68,5
Eiderstedt	34,0	60,2	56,9	63,2
Norderdithmarschen	50,3	68,4	65,3	68,6
Süderdithmarschen	36,3	59,8	57,5	63,7
Wittmund	50,3	68,8	67,5	70,4
Aurich	30,7	64,5	62,0	67,3
Norden	27,9	47,0	46,0	52,7
Stadt Emden	23,4	37,1	31,3	37,8
Leer	21,6	55,0	50,2	56,2

Abgesehen von Emden, das wegen seines städtischen Charakters und des hohen Anteils an Arbeitern unter den Erwerbstätigen stets viele sozialdemokratische und kommunistische Wählerstimmen verbuchen konnte, ist der überproportionale Anteil der Nationalsozialisten in den Küstenbezirken nicht zu übersehen. Bei der Mehrzahl der Kreise lag er 1932 zwischen 57 und 69 Prozent, während der Reichsdurchschnitt um ungefähr 20 bis 35 Prozent niedriger war! Bei den letzten Wahlen von 1933, die allerdings schon von nationalsozialistischen Einschüchterungsmaßnahmen überschattet waren, ist der Anteil noch höher und überschreitet in Südtondern und Wittmund sogar die 70-Prozent-Marke. Im Allgemeinen wird die Weltwirtschaftskrise mit ihren negativen Folgen für die Landwirtschaft als Hauptursache für die Wahlerfolge der NSDAP in den agrarisch dominierten Küstenbezirken angesehen (Deeters 1995, 177; Pfeil 2000, 318–326; Steensen 1995, 346–351). Das ist sicher richtig, nur fielen dort nationalsozialistische Propaganda und Weltanschauung bereits in den Jahren zuvor auf fruchtbaren Boden, und darüber hinaus existierten auch andere ländliche Regionen, in denen der Anteil der Rechtsextremen nicht so auffällig hoch lag wie in unserem Gebiet. Daher glaube ich, dass neben ökonomischen und sozialen Ursachen auch mentalitätsgeschichtliche Einflüsse vorhanden waren, welche die friesisch-sächsische Küstenbevölkerung für »völkisches« Ideengut anfällig machte. Damit ist in erster Linie die Angst vor »Überfremdung«, das heißt vor dem Verlust der regionalen Identität gemeint, und zwar im Kontext der Flutmetapher.

Ich möchte diesen Aspekt keineswegs zur eigentlichen Ursache erklären, sondern nur als eine von mehreren möglichen betrachten, zumal die Verhältnisse in Westfriesland vollkommen anders aussahen. Die 1931 gegründete Nationalsozialistische Bewegung der Niederlande (NSB) hatte ihre größten Erfolge bei den Wahlen von 1935, und zwar in den Provinzen Limburg und Drenthe mit 11,7 bzw. 11,2 Prozent der Wählerstimmen, während sie am niedrigsten in Nordbrabant (2,93%) und Friesland (3,17%) abschnitt (Lademacher 1983, 355ff.; vgl. North 1997, 96). Die friesische Identität erhielt zwar durch die deutsche Besetzung (1940–1945) einen kräftigen Schub, aber nicht, weil die Nationalsozialisten als Förderer, sondern als Gegner friesischer Bestrebungen auftraten (Vries 2001b, 675). Das mussten im Übrigen auch jene Friesen im »Reich« erfahren, welche mit der NSDAP geliebäugelt hatten: Ihr ging es nicht um die Unterstützung regionaler Mentalitäten, sondern um eine »germanisch-deutsche« Einheitskultur (»Ein Volk, ein Reich, ein Führer«). Beides ließ sich nicht eigentlich unter einen Hut bringen. Ferdinand Zacchi versucht das zwar in seinem Roman, doch wirkt das Ergebnis eher konstruiert denn plausibel. Einerseits stellt er die Friesen als besonderen »Volksstamm« dar, andererseits wird er nicht müde zu betonen, »dass die Not ihres Stammes die Not des ganzen deutschen Vaterlandes ist« (Zacchi 1940°, 138). Die NSDAP hatte jedenfalls kein Interesse an der Förderung regionaler Kultur, weswegen auch interfriesische Bemühungen mit großem Argwohn betrachtet wurden. »Jede friesische Eigenständigkeit, jede Sonderbestrebung wurde bekämpft« (Steensen 1995, 364; vgl. ders. 1986, 413–421). In Westfriesland waren nur wenige, allenthalben einzelne völkische Schriftsteller zur Zusammenarbeit mit dem Nationalsozialismus bereit (vgl. Frieswijk 2001, 251; Steensen 1995, 364; Zondergeld 1978). Dieser war primär eine deutsche Angelegenheit und konnte in den Niederlanden, in Sonderheit in Westfriesland, nicht Fuß fassen.

Trotz dieser Einschränkungen halte ich es für plausibel, dass die Angst vor der Flut die Anfälligkeit der Ost- und Nordfriesen für die nationalsozialistische Propaganda mit begünstigt hat. Im Grunde hätte man ja aus der friesischen Geschichte auch gute Gründe für die Ablehnung der »völkischen« Ideologie ableiten können, nämlich aus den Freiheitstraditionen. So schrieb etwa Julius Momsen, der in den 20er Jahren Vorsitzender des Nordfriesischen Vereins und Mitglied der nationalliberalen DVP war, in seinen Erinnerungen von 1939, dass es »eines freien friesischen Bauern würdiger« sei, »einer freien Weltanschauung zu huldigen, als alles gutzuheißen und in sklavischer Weise zu bejubeln, was unter dem gegenwärtigen Zwangsregime geschieht« (Steensen 1986, 390; ders. 1995, 363). Momsen blieb die Ausnahme, denn in Krisenzeiten ist Angst oftmals ein mächtigerer Ratgeber als der Bezug auf freiheitliche Traditionen, weil vermeintlich oder tatsächlich das Leben auf dem Spiel steht und es um die nackte Existenz geht. Anders formuliert: Unter extremen Bedingungen verliert die Stimme der Vernunft an Bedeutung zu Gunsten emotional bedingter Einstellungen und Handlungen.

Letzteres ist auch ein Ausdruck des *Unbehagens in der Kultur*, um auf Freuds berühmte Schrift von 1930 Bezug zu nehmen (Freud 1930). Er thematisiert das Leiden an einer Gesellschaft, die durch Technisierung, Konkurrenzdenken und zunehmende Vereinzelung charakterisiert ist, sodass Gefühle der Entfremdung hervorgerufen werden, die als Reaktion Wünsche nach Gemeinschaftsbildung hervorrufen. Psychoanalytisch betrachtet steht dahinter die Sehnsucht nach der frühen Kindheit und dem Säugling, welcher »noch nicht sein Ich von einer Außenwelt als Quelle der auf ihn einströmenden Empfindungen« absondert (ebd., 199). Freud selbst könne zwar mit diesem »ozeanischen Gefühl« nicht viel anfangen (ebd., 198), sieht aber, dass viele Menschen der Auffassung seien, »einen großen Teil der Schuld an unserem Elend trage unsere so genannte Kultur; wir wären viel glücklicher, wenn wir sie aufgeben und in primitive Verhältnisse zurückfinden würden« (ebd., 217).

Das »ozeanische Gefühl« hat sehr viel mit dem primärobjekthaften Charakter des Wassers zu tun, das uns als »gute Mutter« trägt und nährt, als »böse Mutter« hingegen zerstört. In der friesischen Mentalitätsgeschichte trifft man immer wieder auf Traumatisierungen, die durch katastrophale Sturmfluten bedingt sind: Stets sind die Menschen zunächst erschüttert; manche resignieren und wandern ab oder zeigen Merkmale depressiver Verstimmungen und glauben nicht, aus eigener Kraft das Zerstörte wieder aufbauen zu können. Oftmals müssen dann die Landesherren eingreifen und auswärtige Deichbauer ins Land holen. Andere nehmen den Kampf gegen das Meer erneut auf und schaffen es, einen »Damm gegen die Fluten« zu errichten. Stets aber bleibt ein Misstrauen, weil man nicht weiß, ob und wann die See erneut zuschlägt. Wenn dann noch die strukturell gleiche Angst vor der »roten« oder »artfremden« Flut hinzukommt, dann braucht es nicht zu überraschen, dass man sich jenen anschließt, welche ein Bollwerk gegen diese Bedrohung von der Landseite zu sein versprechen. Und gleichzeitig geben sie sich als gutes Primärobjekt aus, indem man mit ihnen zur »Volksgemeinschaft« verschmilzt, in der alle Gegensätze aufgehoben zu sein scheinen und man nur noch Teil ein und derselben »Bewegung« ist.

In dieser wird das Bild der Geschlechter vorwiegend von männlichen Ansichten geprägt. Klaus Theweleit hat in seinen *Männerphantasien*, einem Standardwerk der Faschismusforschung, auf die Polarisierung hingewiesen, welche die Vorstellung von Männlichkeit und Weiblichkeit in diesem Kontext erfahren hat (Theweleit 2002). Auf der einen Seite existieren die bemühten Abgrenzungsversuche des »soldatischen Mannes«, der einen Ich-Panzer anlegt, um seine vermeintlichen Eigenschaften von Kraft, Stärke und Potenz hervortreten zu lassen (Theweleit 2002, Bd. 2), auf der anderen Seite ein Bild von Weiblichkeit, das die Sehnsucht nach Entgrenzung und Verschmelzung zum Ausdruck bringt. In dieser Vorstellung werden

> »das Flüssige, die größere Formbarkeit, das noch nicht vertane utopische Versprechen der Weiblichkeit [...] und die damit gegebene größere Nähe zum Unbewussten, ihr Leben in der Emotion statt im Intellekt [...] dazu benutzt, dazu missbraucht, den Wunsch, ihre Utopien, ihre Entgrenzungssehnsucht mit der Vorstellung ›unendlich fließendes Weib‹ zu codieren« (Theweleit 2002, Bd. 1, 395; vgl. Stephan 2000).

In der Sprache C.G. Jungs ist das archetypische Bild der großen Mutter von ambivalenter Natur, da sie einerseits hegende und tragende Eigenschaften hat sowie Fruchtbarkeit und Nahrung spendet, aber auch das Geheime, Verführende, Verschlingende und Angsterregende symbolisiert (Jung 1996a, 97). So muss sich der mit einem zerbrechlichen Selbstwert ausgestattete faschistische Mann einerseits abgrenzen und seine Kraft und Potenz lautstark vor sich hertragen, doch andererseits hat er eine tiefe Sehnsucht nach Verschmelzung und nach dem durch die Frau verkörperten »Leben« – ein schwammiger Begriff, der in den ersten Jahrzehnten des 20. Jahrhunderts als Ausdruck einer »vulgären Lebensphilosophie« en vogue war (Sontheimer 1992, 56–61). Das Primärobjekt Mutter ist hier in gleicher Weise ambivalent wie das Wasser bei den Küstenbewohnern. Das ist bei der primärobjekthaften »Bewegung«, welche das ganze »Volk« erfassen sollte, anders, denn sie wurde von vielen Zeitgenossen zunächst rein positiv bewertet. Dass sie sich dann als wirklich bösartig herausstellte, wurde den meisten allerdings erst klar, als es schon zu spät war.

6.9   Sturmfluten im 20. Jahrhundert

6.9.1   Die Februarflut vom 16./17.02.1962

In der ersten Hälfte des 20. Jahrhundert gab es zwar einige schwere Sturmfluten, die zum Teil noch höher als 1825 aufliefen, doch richteten sie wegen der verbesserten Deichbautechnik nur geringen Schaden an. Im Februar 1949 folgte die »erste Niedrigwasser-Orkanflut«, die während der Hochwasserzeit begann und bis zum astronomischen Niedrigwasser anhielt. Sie verursachte zwar kaum Schäden, machte aber deutlich, »dass die Gefahr einer Katastrophenflut weiterhin wie ein Damoklesschwert über den Köpfen der Küstenbewohner schwebte« (Sönnichsen und Moseberg 1994, 21). Hätte sie bei Hochwasser ihre volle Kraft entfaltet, wären die Schäden ungleich höher gewesen, doch hatten seinerzeit der Wiederaufbau des Landes und die Integration der Flüchtlinge Vorrang vor dem Küstenschutz, weswegen man auf die Erhöhung der Deiche verzichtete.

Dann kam der 1. Februar 1953 und mit ihm die »Hollandflut«, bei der mehr als 2000 Menschen den Tod fanden, davon über 300 in der Themsemündung und mehr als 1800 in den westlichen Niederlanden. Eine Orkanflut lief die britische Ostküste entlang und traf die südniederländisch-belgische Küste. Westfriesland, die Ommelande und das deutsche Küstengebiet wurden verschont, weil das Sturmtief rechtzeitig nach Südosten abschwenkte, aber allmählich wurde man auch in der BRD nachdenklich und begann Deiche zu überprüfen sowie besonders gefährdete Abschnitte zu erhöhen (Hagel 1962, 20f.; M. Petersen und Rohde 1991, 72f.; Scagnet 2003; Sönnichsen und Moseberg 1994, 22).

Dass das nicht genug war, machte jene Sturmflut deutlich, welche in der Nacht vom 16. auf den 17. Februar 1962 die deutsche Nordseeküste heimsuchte. Das Jahr begann mit häufigen Sturmwetterlagen und hatte den Halligen bis Mitte Februar bereits 34-mal »Land unter« beschert (Quedens 1978, 48). Am 15. Februar bildete sich ein neues Sturmtief, das von Island her über Skandinavien nach Osteuropa zog und einen West- bis Nordweststurm erzeugte, der ungewöhnlich lang anhielt (circa 45 Stunden) und über der Deutschen Bucht Windgeschwindigkeiten von 160 km/h erreichte. Zusätzlich sorgte eine Fernwelle[319] aus dem Atlantik für eine Erhöhung des Wasserstandes um maximal einen Meter (Hagel 1962, 5; Sagert o.J., 32). Das Tief bekam den Namen *Vincinette*, der allgemein mit *Die Siegreiche* übersetzt wird.[320] Die Flut richtete an der gesamten Küste große Schäden an, am verheerendsten wirkte sie indes in Hamburg, weil der Wind das Wasser in die Elbe wie in einen Trichter hineindrückte und zusätzlich der Pegelstand des Flusses auf Grund massiver Niederschläge höher war als üblich. Ein Sechstel des Stadtgebietes wurde überschwemmt, mehr als 300 Menschen kamen ums Leben, Tausende Tiere verendeten (Buhse 2003, 99f.; Eismann und Mierach 2002; Engels 2003, 125–135; N. Fischer 2003, 329–342; Hagel 1962, 5–10; Heinrich und Jakobs 1962; Herlin 1982; Kirchhoff 1990, 11–51; M. Petersen und Rohde 1991, 74–81; Quedens 1978, 48–59; Redaktion der Husumer Nachrichten 1982, 3–38; Sagert o.J., 7–47; Schönfeld und Tornow 1997, 64–96; Sönnichsen und Moseberg 1994, 22–31; 53ff.; Steensen 1995, 419f.).

Dabei hatte das Deutsche Seewetteramt die Anzeichen des drohenden Unheils rechtzeitig erkannt und Sturm- bzw. Hochwasserwarnungen ausgegeben. Hamburg liegt allerdings 80 Kilometer von der Küste entfernt, weswegen in der technisch hoch entwickelten Metropole kaum jemand mit einer derartigen Katastrophe rechnete.

---

319 »Fernwelle = langperiodische Meereswellen, die vom Atlantischen Ozean in die Nordsee eindringen und hier als freie Wellen weiterlaufen. Derartige Wellen können durch meteorologische Auswirkungen oder als Seebebenwellen durch seismische Störungen (z.B. Erdbeben, vulkanische Tätigkeit) entstehen, Seebebenwellen sind unter dem Namen Tsunami bekannt« (Kleines Seemannslexikon → Suchbegriff F <http://www.janmaat.de/seeman_f.htm> [02.06.2004]).

320 Das Wort *Vincinette* existiert im Lateinischen nicht, *siegreich* heißt *victor* oder *victrix*. Es leitet sich aber von *vincere* = *siegen* ab.

»Die Großstadtbevölkerung wähnte sich sicher und ahnte nichts von der Gefahr. Wo Polizisten die Bevölkerung alarmierten, wurde die Warnung mitunter gar nicht ernst genommen! Die Behörden waren kaum auf eine Katastrophe vorbereitet. Es gab daher in den ersten Stunden keine zentrale Stelle zur Katastrophenabwehr, und es dauerte – ähnlich wie 1953 in den Niederlanden – eine geraume Zeit, bis die Behörden eine klare Übersicht über die Lage hatten« (Hagel 1962, 10f.).

Erst am anderen Morgen trat mit dem Innensenator Helmut Schmidt ein Mann auf den Plan, der die Dinge in die Hand nahm und die Rettungsmaßnahmen organisierte. Dadurch erwarb er sich den Ruf eines »Machers«, welcher ihm auch später, als Bundeskanzler der BRD, nachgesagt wurde (vgl. Engels 2003, 128f.). Dass man ihn nicht bereits früher verständigt hatte, soll daran gelegen haben, dass man glaubte, er sei wegen der Teilnahme an einer Konferenz der Innenminister auswärts. »Die Wahrheit ist«, schreibt Hans Herlin in seiner Reportage über die Sturmflut, »dass er sich seit acht Uhr abends in der Stadt befand, in seiner Wohnung, im Norden Hamburgs. Aber niemand war auf die Idee gekommen, ihn anzurufen« (Herlin 1982, 195).

Während Schmidt auf »moralische Sinngebung« verzichtete und als »Techniker« auftrat, welcher eine »unpersönliche Maschinerie« der Hilfeleistung in Gang setzte (Engels 2003, 128), beklagten andere – mit Blick auf die anfängliche Sorglosigkeit in Hamburg – die Entfremdung von der Natur. Metropolen eignen sich gut zur Kritik an der Moderne; das haben wir bereits im Zusammenhang mit der Heimatbewegung gesehen, und tatsächlich wussten sich die Zeitungskommentatoren »einig mit einer Tradition der Fortschrittskritik, die spätestens seit der Jahrhundertwende aus ihrer Großstadtskepsis kein Hehl gemacht hatte«, schreibt Jens Ivo Engels (2003, 127). Sein kulturwissenschaftlich-distanzierter Blick ist berechtigt, nur sollte man auf der anderen Seite nicht die eklatanten Nachlässigkeiten gerade in Hamburg übersehen, die sehr wohl mit Entfremdung von der Natur zu tun haben, zumindest mit dem Glauben, von der Nordsee weit genug entfernt und in der Großstadt geborgen zu sein. Engels schreibt selbst, dass ein Großteil der Hamburger Deiche noch aus dem 11. bis 13. Jahrhundert (!) stammte (ebd., 133), und im offiziellen Begleitband zur Ausstellung anlässlich des 40. Jahrestages der Februarflut in der Hansestadt heißt es:

> »Es waren vor allem die zu steilen Böschungen der Deiche, die sie brechen ließen. Denn wurden die schützenden Wälle auch hin und wieder erhöht, den Deichfuß hatte man nicht verbreitert. Zu nahe waren die Häuser im Laufe der Jahrhunderte herangerückt. Zudem waren die Deiche in weiten Teilen erheblich geschwächt: Leitungen für Gas, Wasser und Telefon hatte man in ihnen verlegt, Bäume auf ihnen gepflanzt, die mit ihren Wurzeln die Deicherde auflockerten, ihre Binnenböschung gar als Ackerfläche benutzt« (Eismann und Mierach 2002, 29).

Selbst Häuser wurden auf dem Deich gebaut und Keller ausgehoben (Herlin 1982, 178). Eine derartige Zweckentfremdung hat es an der Küste seit dem modernen Deichbau nicht gegeben und wäre dort unvorstellbar.

Abgesehen davon halte ich den von Engels beschriebenen Gegensatz zwischen Deutung und Handlung, zwischen Katastrophenmoral und Katastrophenschutztechnik, für plausibel (Engels 2003, 125). Auf der einen Seite entwickelte man, wie bereits knapp zehn Jahre zuvor in den Niederlanden durch die so genannte Deltakommission,[321] ausgefeilte Pläne zum Schutz der deutschen Bucht, in Schleswig-Holstein (und später auch in Niedersachsen) *Generalplan Küstenschutz* genannt (vgl. Peters 1999; Probst 1998). Beflügelt vom technischen Machbarkeits- und Fortschrittsdenken der 60er und 70er Jahre, wurden Deiche erhöht, und sie erhielten flachere Böschungswinkel. Deichlinien wurden verkürzt sowie Sperrwerke errichtet, und mitunter hoffte man sogar, »das Sturmflutproblem ein für allemal zu lösen« (Engels 2003, 133). Doch auf der anderen Seite gab es jene zivilisationskritischen Töne, welche die Hilflosigkeit und Kleinheit des Menschen in Anbetracht der sie überwältigenden Naturgewalt hervorhoben (ebd., 125ff.).[322] Ein Musterbeispiel ist die offizielle Stellungnahme der Bundesregierung vom 20. Februar 1962. Darin heißt es in holprigem Deutsch:

> »Dieses Elementare erinnert zu Zeiten die Menschheit immer wieder daran, dass ihre Selbstsicherheit auf Grund noch so großartiger zivilisatorischer Taten und damit verbunden ihr Selbstbewusstsein an Grenzen stößt, die Geheimnisse des Unerforschlichen [zu] erschließen« (Presse- und Informationsamt der Bundesregierung 1962°, 27; Gesamttext → Anhang, Text 19).

Etwas später liest man, dass der Mensch »in der Hand von Mächten geblieben ist, die stärker sind und stärker bleiben werden als er selbst« (ebd.). Die Erklärung endet mit dem Appell,

> »dass wir als Volk in jeder Hinsicht in Form sein sollen, um Überraschungen gegenüber gewappnet zu sein, die uns auch als Ganzes bedrohen könnten. Das verlangt einen ständigen Opferwillen, ein ständig waches Verantwortungsgefühl und eine ständige innere moralische Bereitschaft, das zu schützen, zu erhalten und zu bewahren, was unser Leben ausmacht, das, nicht der Güter höchstes, durch Höheres seine Weihe und seine eigentliche Bestimmung erhält« (ebd.)

Das höchste Gut ist nicht das Leben, sondern etwas *Höheres*, wodurch es erst seine *Weihe* erhält. Somit sind die stärkeren Mächte, in deren Hand der Mensch sich be-

---

321 Verkürzung der Deichlinie, Erhöhung der Deiche und Abriegelung des seinerzeit am schwersten betroffenen Deltagebietes, das heißt der südholländisch-seeländischen Inselwelt durch den Abschluss der offenen Ästuare von Rhein, Maas und Schelde.

322 Allerdings glaube ich nicht, dass diese Einstellung mit der Zeit »immer marginaler wurde« (ebd., 125) oder dass beide Haltungen ein Spezifikum im Zusammenhang mit der 62er Flut wären. Gefürchtet haben sich die Küstenbewohner seit jeher vor der Flut, die Bezugnahme auf moralische Sinnstiftung lässt sich ebenfalls seit den ersten überlieferten Quellen belegen, und sie verstärkt sich wieder mit der Debatte um den anthropogenen Klimawandel (vgl. Kap. 6). – Engels argumentiert, obgleich Historiker, immer wieder erstaunlich unhistorisch, denn sein Blick richtet sich kaum vor die Zeit vor dem beginnenden 20. Jahrhundert. So betrachtet er zum Beispiel die Sturmflutserie von 1973 nur im Kontext der Deichlinienverkürzung seit 1962 (Engels 2003, 137; weitere Beispiele siehe unten in diesem Kapitel). Das Problem des Wasserstaus existierte aber, seitdem es den goldenen Ring gibt.

findet, nicht allein die Natur, sondern auch und wohl vor allem Gott. Man sollte trotz zivilisatorischer Großtaten nicht zu selbstsicher sein, denn man stößt an Grenzen, wenn man die Geheimnisse des Unerforschlichen erschließen will.

Wenn also *dieses Elementare*, nämlich die Katastrophe, Ausdruck des *Unerforschlichen* ist, das der Zivilisation einen Strich durch die Rechnung zu machen gedenkt, dann ist die Februarflut auch Ausdruck des göttlichen Willens, um die Menschen daran zu erinnern, dass etwas Höheres als das menschliche Leben und seine zivilisatorischen Errungenschaften existiert. Von der Strafe Gottes kann man im 20. Jahrhundert in offiziellen Verlautbarungen zwar nicht mehr sprechen. Aber die Flut wird als Mahnung betrachtet, um die Menschen an die göttlichen Werte zu erinnern. Insofern hat sie etwas Gutes und wird ähnlich interpretiert wie in jenen Predigten zur Katastrophe von 1825, in denen es heißt, Gott meine es gut mit den Menschen, wenn er das Wasser schickt.

Die Erklärung der christlich-liberalen Bundesregierung ist auch in anderer Hinsicht konservativ, indem nämlich die Macht und Größe des Unerforschlichen der Kleinheit des Menschen gegenübergestellt wird. Das mutet fast barock an: Menschenwerk ist eitler Tand, denn wenn das Rad der Fortuna sich einmal dreht, kann, wer zunächst oben war, rasch ganz nach unten befördert werden – die zivilisatorischen Taten können noch so großartig sein: Wenn das oder der Unerforschliche einmal zuschlägt, wächst, salopp formuliert, kein Gras mehr.

Daneben existiert aber auch Zeitbedingtes, nämlich der Appell an den ständigen Opferwillen und die moralische Bereitschaft des *ganzen Volkes*, das Leben und auch Höheres zu verteidigen. Da mag noch die Diktion einer Generation mitspielen, welche in der NS-Zeit sozialisiert wurde, vor allem aber steht diese Passage wohl im Kontext des Kalten Krieges und soll an die vermeintliche oder tatsächliche Gefahr aus dem Osten erinnern.

Die Bundesregierung betrachtet in ihrem offiziellen Mitteilungsblatt die Flutkatastrophe als ein Zeichen Gottes und nimmt sie zum Anlass, Kritik an der Zivilisation zu üben (vgl. Engels 2003, 125). Das ist nicht irgendein Text, sondern die amtliche Erklärung der höchsten Exekutivgewalt in der BRD, und es handelt sich auch nicht um einen Einzelfall, wie Jens Ivo Engels anhand zeitgenössischer Zeitungskommentare deutlich macht, die sich mit dem Geschehen auseinandersetzen (ebd., 125ff.). Laut *Hamburger Abendblatt* steht der Mensch klein und hilflos vor Gott und seinen Ratschlüssen, (ebd., 125f.), und auch andere Zeitungen schlagen ähnliche Töne an wie der Bericht der Bundesregierung. Für *Die Welt* vom 19. Februar verfasste Hans Zehrer, damals Chefredakteur der Zeitung, Berater Axel Springers und während der NS-Zeit auf Sylt lebend (vgl. Kremp 2003), einen Kommentar, der symptomatisch ist für die damalige Epoche. Die Menschen seien »wieder an die Abhängigkeit von Mächten erinnert worden, die stärker sind als wir und vor denen die menschlichen Sicherungen versagen« (Zehrer 1962°, 1). Diese könne man nennen, wie man wolle, doch am glücklichsten seien jene, welche »nur an eine höchste Macht glauben und ihr einen Namen gegeben haben« (ebd.), also Gott. Der Kommentar schließt mit der Feststellung:

»Man hat manchmal den Verdacht, dass die Sicherheit und das Selbstbewusstsein, die uns unsere künstliche technische Welt verleihen, zugleich unsere größte Schwäche sind. Und der Sinn dieser Katastrophen könnte sein, uns rechtzeitig daran zu erinnern« (ebd., 2).

Zehrer beklagt die »Abhängigkeit des Menschen von der künstlichen Welt der Zivilisation, die er sich selber geschaffen hat und in der er die trügerische Sicherheit seines Alltags gefunden hat« (ebd., 1). *Zivilisation* ist ein Begriff, der vor allem bei den kritisch-konservativen Geistern jener Zeit immer wieder zu finden ist. Er hat eine lange Tradition, denn er bezeichnet seit dem 18. Jahrhundert den vermeintlichen Gegensatz zu *Kultur* und meint eine künstliche, oberflächliche Modernität, die im Gegensatz steht zur »gewachsenen«, »tiefgründigen« *Kultur*. In Umkehrung zum Evolutionismus, der die westlichen Staaten am weitesten entwickelt sah, waren diese nun am ehesten dem Verfall geweiht. Das war mehr als nur ein Intellektuellendiskurs, denn das Schlagwort vom *Untergang des Abendlandes* war in der ersten Hälfte des 20. Jahrhunderts und darüber hinaus in aller Munde.[323]

Laut Zehrer besteht der Sinn der Katastrophe darin, die Menschen daran zu erinnern, dass ihr Selbstbewusstsein auf tönernen Füßen ruht, weil die *künstliche technische Welt* gleichzeitig ihre *größte Schwäche* sei. Also hat die Flut etwas Gutes, Gott meint es eigentlich gut mit den Menschen, denn er ermahnt sie, damit sie zur Besinnung kommen und sich endlich der tiefgründigen *Kultur* zuwenden, statt im Banne der oberflächlichen und leichtfertigen *Zivilisation* zu stehen!

Wir begegnen hier auch wieder dem alten Gegensatz zwischen Sein und Schein, wie er für die Barockzeit besonders prägend war, denn oftmals dürfte sich der Gegensatz zwischen Zivilisation und Kultur auch im einzelnen Individuum abgespielt haben und nicht nur auf unterschiedliche Gruppierungen verteilt gewesen sein. Man beklagte den Verlust von Werten und Moral, man rümpfte die Nase wegen des Siegeszugs des Fernsehens, aber gleichzeitig war man oft genug selber anfällig für derartiges »Amüsement«. Das evozierte innere Konflikte, mit der jene Generation ohnehin besonders zu kämpfen hatte, da sie eine spezifische politische Wandlungsfähigkeit an den Tag gelegt hatte bzw. legen musste: Bis 1945 war sie großteils nationalsozialistisch orientiert, danach gab man sich als aufrechter Demokrat. Das ist nicht weiter verwerflich, wenn echtes Bedauern gezeigt und Selbstanalyse betrieben worden wäre, doch unter der Ära Adenauer scheute man Vergangenheitsbewältigung und wollte die dunklen Jahre der NS-Zeit möglichst rasch verdrängen. Im Hintergrund aber blieb das schlechte Gewissen, das unbewusst stets nach Bestrafung verlangt. Von spezifischer Brisanz war dieser Konflikt in Nord- und Ostfriesland sowie in Dithmarschen, denn dort war der Nationalsozialismus auf besonders fruchtbarem Boden gefallen, wie wir gesehen haben.

Um keinen falschen Eindruck zu vermitteln, sei betont, dass es auch kulturkritische Stimmen gab, die nicht in der Tradition des mahnenden und gleichzeitig wohl wollenden Gottes stehen. Hermann Proebst, seinerzeit Chefredakteur der liberalen

---

323 Oswald Spengler 1979: Der Untergang des Abendlandes. Umrisse einer Morphologie der Weltgeschichte. 5. Aufl. München: dtv [Erstauflage 1923].

Süddeutschen Zeitung, erinnert den Menschen an die Notwendigkeit, »gegen die *Natur*gewalt seine Deiche zu bauen«, denn anderenfalls müsse man das Küstenland aufgeben (Proebst 1962°, 1; eigene Hervorhebung). Er argumentiert ähnlich wie die Aufklärer des 18. Jahrhunderts und übt – im Gegensatz zur *Welt* – Kritik an der nachlässigen Deichpflege der zuständigen Behörden, vor allem der Bundesregierung (ebd.). Auf der anderen Seite finden wir auch bei Proebst traditionelle Argumentationsmuster. In Anbetracht der Ungewissheit, ob eine Folgeflut droht, hofft er, dass »die geschlagene Küste diesmal, so Gott will, verschont« bleibt (ebd.), das heißt wenn Gott es nicht verhindert, schlägt die *Natur*gewalt unter Umständen ein zweites Mal zu. Darüber hinaus erweist sich Proebst als vehementer Kritiker des Zeitgeistes, wenn er beklagt, dass die Menschen, »eingehegt in eine Sicherheit vortäuschende Zivilisation, schon längst den Gedanken [an eine Naturkatastrophe] abgetan haben« (ebd.). Während »das hoch organisierte, feinnervige System des modernsten Gemeinwesens [durch die Flut] gelähmt« werde, stauen sich dicht daneben »andere Bürger aus der gleichen Stadt vor einem Etablissement, um ihren Unmut über die durch Stromausfall drohende Beeinträchtigung ihres Wochenendvergnügens so ungestüm Luft zu machen, dass die ohnehin überbeschäftigte Polizei eingreifen muss« (ebd.). Mit anderen Worten: Zur selben Zeit, da die einen ums Überleben kämpfen und Ordnungskräfte helfend eingreifen, beklagen andere, dass sie nicht den gewohnten Freuden der Zivilisation nachgehen und die Etablissements in St. Pauli besuchen können!

Die Flut hat einen erzieherischen Wert. Sie hat einen Sinn, und insofern ist es gut, dass sie sich ereignet hat. Indirekt wird sie somit herbeigewünscht, was angesichts des Leidens der Betroffenen unbewusste Konflikte erzeugen muss. Wir kennen dieses Muster bereits; es ist alt, wir finden es schon bei Anna Ovena Hoyers. Es ist aber nicht auf konservative Gruppierungen beschränkt. »Macht kaputt, was euch kaputt macht«, war ein bekannter Slogan aus der 68er Zeit, und auf ähnliche Denkmuster treffen wir auch in der Ökologiebewegung. Sie drücken das Leiden an einer Gesellschaft und Kultur aus, der man fremd gegenübersteht, weil man sie als ungerecht empfindet und der Meinung ist, sie führe zu »falschem Bewusstsein«, sei es dass man der oberflächlichen *Zivilisation* frönt oder dem *Konsumterror* in der kapitalistischen Wirtschaftsordnung.

Die Flut ist nach Meinung der BRD-Regierung und einflussreicher Zeitungskommentatoren nicht etwas, das als Naturgeschehen unabhängig vom Menschen abläuft, sondern auf ihn bezogen werden kann, mithin Ausdruck des egozentrischen *Es gilt mir* ist. Wenn die Bundesregierung und überregionale Zeitungen an traditionellen Deutungsmustern festhalten, braucht es nicht zu überraschen, dass davon auch in der Region Gebrauch gemacht wurde. In einer Rede, die anlässlich des 75-jährigen Bestehens des Rüstringer Heimatbundes am 7. Mai 1967 in Nordenham gehalten (und 1991 wiederabgedruckt) wurde, kommt der Vorsitzende Hans Meiners auch auf die Februarflut von 1962 zu sprechen:

> »Nach altem Glauben und alten Sagen ist so eine verheerende Sturmflut ein göttliches Strafgericht für ein sündhaftes, sorgloses Menschengeschlecht. Der Mensch

hier darf eben die Vergangenheit nicht vergessen und muss immer wieder an die Gefahren erinnert werden, die diesem Lande drohen. Das ist auch heute noch der Ernst der Lage: Kommt die Flut des Jahrhunderts noch und bringt uns alle um? Wird der Himmel uns gnädig sein? Wird der Mensch vernünftig sein und an die Vergangenheit denken, um Vorsorge für die Zukunft zu treffen?

Im Augenblick wird vom Staat und den Wasserverbänden sehr viel für den Küstenschutz getan. Auch sind die Geologen der Meinung, dass über globale Klimaschwankungen durchaus eine Periode des Stillstandes im Schmelzprozess des Polareises möglich ist, wie schon dreimal in den vergangenen 12 000 Jahren. Im großen Trend aber geht es abwärts, das heißt aufwärts mit dem Meeresspiegel, der allein mit den Schmelzwassern des Grönlandeises um 6,7 Meter ansteigen würde« (Meiners 1967°, 15; auch in Blumenberg u.a. 1991, 148).

In der Presseerklärung der Bundesregierung wird in verklausulierter Form auf Gott Bezug genommen, und hier ist es ähnlich, denn die Flut von 1962 wird nicht direkt als Strafe Gottes genannt, denn es heißt nur, dass es sich nach altem Glauben um eine solche handele. Im nächsten Satz wird dann allerdings direkt dazu aufgefordert, die Vergangenheit und damit den *alten Glauben* nicht zu vergessen, zumal auch gegenwärtig die Lage ernst sei, weil man nicht wisse, ob eine weitere Jahrhundertflut drohe. Im Folgenden stellt Meiners zwei Fragen, nämlich ob *der Himmel uns gnädig* sein und ob der Mensch in hinreichender Weise *Vorsorge für die Zukunft* treffen werde. Jens Ivo Engels hält das Miteinander von moralischer Botschaft und technischer Katastrophenvorsorge, wie es sich auch in dieser Textpassage zeigt, für ein Spezifikum der Debatte um die 62er Flut (Engels 2003, 127). Aber das ist unhistorisch gedacht, denn bereits Emo von Wittewierum sah keinen Widerspruch darin, die Marcellusflut als göttliche Strafe zu betrachten und gleichzeitig eine Sielacht ins Leben zu rufen, um das Land und die Menschen hinter den Deichen besser zu schützen. Dieses Muster – die Angst vor Gott und Schutzmaßnahmen gegen das Wasser – zieht sich wie ein roter Faden durch die Jahrhunderte, und selbst in der Hochblüte der Aufklärung ist ein Mann wie Fridrich Arends nicht davor gefeit, einerseits die Erhöhung der Deiche zu fordern, um den Sturmfluten als natürlichen Phänomenen zu begegnen, und andererseits der theologischen Deutung Raum zu geben.

Indessen konnte, wie wir bereits gesehen haben (Kap. 6.8.3), die theologische Sichtweise auch zu einer fatalistischen Einstellung führen, während umgekehrt die Machbarkeitsphilosophie der Aufklärung der Praxis starke Impulse zu geben vermochte. Immerhin haben die Deiche, welche man nach der Flut von 1825 verstärkt oder neu gebaut hat, im Großen und Ganzen bis 1962 gehalten. Und Entsprechendes gilt für die Projekte, welche nach 1953 in den Niederlanden und nach 1962 in der BRD durchgeführt wurden. Sie waren von der Planungseuphorie und dem Machbarkeitsdenken der 60er und 70er Jahre getragen, welche sozusagen die legitimen Nachfolger des Zeitalters der Aufklärung waren. Die technischen Möglichkeiten haben sich vervielfacht, und man kann nun mit weitaus weniger Aufwand an Kraft bessere Deiche bauen und Absperrungen errichten, die früher unvorstellbar waren, wenn man etwa an das Eidersperrwerk denkt oder an die Flutwehre im niederländischen Deltagebiet. Indes war der durchgehende goldene Ring des 13. Jahrhunderts für die damalige Zeit gleichfalls ein gigantisches Vorhaben, und umgekehrt müssen seit Jahrhunderten die Deiche wegen des stetigen Meeresspiegelanstiegs fortlaufend erhöht werden. Darauf nimmt auch Meiners Bezug, wenn er vom nacheiszeitlichen Schmelzprozess spricht, doch wurde im Gegensatz zu heute in den 60er Jahren noch kein Zusammenhang mit möglichen anthropogenen Faktoren hergestellt. Hätte man das getan, so hätte es Meiners auf Grund seiner traditionellen Sichtweise sicher erwähnt, aber er spricht nur von »erdgeschichtliche[n] Vorgänge[n]«, die »unsere kleine Landesgeschichte der Rüstringer Friesen und der Bewohner Butjadingens« bestimmen (Meiners 1967°, S. 6 von 12).

Vom egozentrischen *Es gilt mir*, wie es sich in den Texten zur 62er Flut zeigt und das bei Katastrophen immer wieder auftaucht, ist es nur ein kleiner Schritt zu mythologischen oder magischen Vorstellungen. Damit meine ich nicht, dass eine gefährdete Stelle im Deich heutzutage noch auf das Wirken dämonischer Kräfte zurückgeführt würde. Insofern hat sich ein kultureller Wandel zumindest in breiten Schichten der Bevölkerung vollzogen. Und in ähnlicher Weise wird in der Erklärung der christlich-liberalen Bundesregierung oder in der Ansprache von Meiners ja auch mehr nicht in direkter Form die Flut als Ausdruck göttlicher Ermahnung interpretiert. Vielmehr geht es mir um Äußerungen und Erlebnisinhalte, welche gleichsam an der Schwelle zum Magischen stehen und am Boden der menschlichen Seele wurzeln. – Angelika Koerner ist Sachbuchautorin und kurz vor der Sturmflut »von der gemäßigten Ostseeküste nach Büsum an die Nordsee gezogen« (Koerner 2000, 7). Am Mittag des 16. Februar erfährt sie, dass trotz Niedrigwassers die Wellen am Deich stehen, und sie eilt sogleich dorthin. »Ich war überwältigt«, schreibt sie, »von dieser Szenerie völlig in den Bann geschlagen, irgendwie sogar beglückt durch dieses gewaltige Naturschauspiel« und außer Stande, die Gefahr zu sehen (ebd., 8). Als sie am Abend noch einmal dorthin geht, wird ihr jedoch klar, dass die Lage nun bedenklich wird, weil das Wasser mittlerweile über die Deichkrone schlägt und noch längst nicht Hochwasser ist. Auf einmal erblickt sie einen Mann mit einem jungen Hund, einem Münsterländer. Dieser reißt sich plötzlich von der Leine los, stürzt sich ins Wasser und ist dann verschwunden (ebd., 9).

> »Von diesem Augenblick an erfüllten mich Trauer und Angst. Ich hatte erlebt, wie eine arglose Kreatur, ein liebenswerter kleiner Hund, der Naturgewalt zum Opfer fiel. Und plötzlich packte mich zu der natürlichen Betroffenheit auch noch eisiges Grauen. Durch das Inferno um mich herum geriet auch meine Phantasie auf ungewohnte und ungezügelte Bahn. Wenn nun der Hundebesitzer den zerrenden Hund absichtlich losgelassen hatte, um einem tief verwurzelten Aberglauben gerecht zu werden und Genüge zu tun? Damit das Meer etwas ›Lebiges‹ bekam?« (ebd., 10).

Der Hinweis auf etwas *Lebiges* nimmt Bezug auf die bekannte Stelle aus Storms *Schimmelreiter*, in der ein Hund geopfert werden soll, damit der Deich hält. Ob der Besitzer seinen Münsterländer aus abergläubischer Absicht willentlich losgelassen habe, fragt sich die Autorin, nachdem ihre Phantasie auf eine *ungewohnte und ungezügelte Bahn* geraten sei. Einige Zeilen weiter äußert Koerner noch einmal ihr

Unbehagen darüber, »wie das entfesselte Meer die Phantasie der Menschen ins Extreme abgleiten lassen kann« (ebd.). Offensichtlich spürt sie Scham- und Schuldgefühle, und diese könnten zusammenhängen mit ihrer Euphorie zu Mittag, als sie *irgendwie sogar beglückt* war ob des Naturschauspiels. Dahinter verbirgt sich ein innerer Konflikt, den wir in ähnlicher Form bereits bei jenen Kritikern kennen gelernt haben, welche an der zeitgenössischen Gesellschaft und Kultur leiden. Koerner wünscht allerdings nicht der so genannten Zivilisation den Untergang, sondern weist eher Gemeinsamkeiten mit den Katastrophentouristen auf: Einerseits ist man durch das Außerordentliche angenehm erregt und hofft auf sein Eintreffen, solange man selbst außer Gefahr ist, andererseits tun einem die Betroffenen Leid (vgl. Dombrowsky 2001). Hier verhält es sich ähnlich: Zu Mittag ist die Gefahr noch nicht allzu groß, sodass der Anblick der entfesselten Elemente als bloßer Zuschauer genossen werden kann, während es am Abend wirklich bedrohlich wird. Das, was sich Koerner herbeigewünscht hat, wird nun zur Gefahr, und auf einmal befindet sie sich in einer ähnlichen Situation wie Goethes Zauberlehrling, der die Geister, welche er gerufen hat, nicht mehr zu bändigen vermag. In solch einem Zustand der Ohnmacht hilft nur mehr »Magie«, denn sie ist das einzige Mittel, welches sich für Situationen eignet, die Menschenmögliches übersteigen. Deshalb bringt *sie* in Gedanken dem Meer ein Opfer dar, denn es ist *ihre* ungezügelte Phantasie, welche sie glauben lässt, der Hundebesitzer habe seinen Münsterländer willentlich losgelassen, damit er sich in die Fluten stürzt, um den Deich zu retten.

Am nächsten Morgen, schreibt Koerner, wird die Bevölkerung von Büsum aufgefordert, den Ort zu verlassen, da nicht klar sei, wie hoch die nächste Flut steigen werde. Aber das Ärgste ist überstanden, die See hat sich beruhigt, und bald können die Anwohner zurückkehren. Der erste Weg führt Familie Koerner zum Deich, doch die Schäden, welche sie dort sieht, erfüllt sie mit blankem Entsetzen:

> »Und mich folterte der grauenvolle Gedanke: Auf was für unsolidem, schon fast zerbrochenem Fundament hatten wir gestanden! Wo der Mensch Sicherheit wähnt, kann schon alles unterminiert und für sein Verderben vorbereitet sein« (Koerner 2000, 12).

Dieses Erlebnis hat Spuren in ihr hinterlassen:

> »Seit jenem Tag ist in mir eine Unsicherheit zurückgeblieben, die mich Naturgeschehen mit anderen Augen erleben lässt. Meinen beiden ältesten Kindern geht es genauso. Und unser damals Neugeborenes, dem wir, als es größer geworden war, natürlich immer wieder davon erzählten, sagte angstvoll bei jedem Sturm: ›Ich möchte evakuiert werden‹« (ebd.).

Es bedarf keiner Traumatisierung im psychiatrischen Sinn, damit eine Katastrophe zu einer einschneidenden Erfahrung im Lebenslauf wird. – Monika Genz ist eine junge Frau, als sie in ihrem Elternhaus in Neuenfelde (Hamburg) im Alten Land von der Flut überrascht wird. In letzter Minute erreicht sie mit Bruder und Mutter eine höher gelegene Mühle und muss dort bis zum nächsten Morgen ausharren. Als sie zurück können, steht das Haus wie eine Insel im Wasser. Sie erfährt von ertrunkenen Nachbarn, sie macht sich Sorgen um das Wohlergehen ihrer älteren Schwester und ihres damaligen Freundes, die ebenfalls nahe an der Elbe wohnen. Erst einige Tage später hat sie die Gewissheit, dass sie überlebt haben (Genz 2002°, 1–4). Am Ende ihres Berichtes schreibt sie:

> »Dieses schreckliche Ereignis hat mich damals plötzlich sehr viel erwachsener werden lassen. Es war ein einschneidender Abschnitt in meinem Leben. Bis heute teile ich meine Lebensabschnitte ein in:
> – – Vor der Flut – und – Nach der Flut – – « (ebd., 4).

Ähnlich verhält es sich mit Angelika Koerner und ihrer Familie, obgleich sie sich keine Sorgen um das Leben von Verwandten oder Bekannten zu machen braucht und auch keinen materiellen Schaden erleidet. Interessant ist ihre Äußerung in Hinblick auf Fragen des kollektiven Gedächtnisses, denn der zitierte Text deutet auf Muster hin, auf die wir bereits in älteren Quellen gestoßen sind. Zunächst gehört das Geschehen zu den Gesprächsthemen im Familienkreis, da *wir natürlich immer wieder davon erzählten*, und man kann annehmen, dass auch unter Verwandten, Bekannten und Nachbarn die 62er Flut ein Gegenstand ist, mit dem man sich zuweilen befasst. Darüber hinaus wird ein wesentlicher Bezugspunkt angesprochen, auf den sich als Erinnerungsmarke das kollektive Gedächtnis stützt, nämlich die stete Wiederkehr von Starkwinden. Bei jedem Sturm bekommt es der Jüngste im Familienkreis mit der Angst zu tun und *möchte evakuiert werden*, heißt es, wobei anzunehmen ist, dass er auch als Resonanzboden für die mehr oder weniger verdrängten Ängste im Familienkollektiv fungiert. Ein weiterer Bezugspunkt wird nicht genannt, aber es ist anzunehmen, dass auch er die Erinnerung aufrecht erhält, nämlich die in den 60er und 70er Jahren durchgeführten Deichbaumaßnahmen, welche das Landschaftsbild nachhaltig verändert haben. Für das kollektive Gedächtnis haben sie die gleiche Funktion wie die Überreste – Mahnmale ertrunkenen Landes – im Wattenmeer, denn beide erinnern an die großen Sturmfluten.

Aus eigener Anschauung kann ich das bestätigen, auch für mich ist die Februarflut ein einschneidendes Datum geworden. Ich war damals sechs Jahre alt und mit meiner Großmutter auf Wangerooge, wobei unser Haus am Ortsrand liegt, nahe dem Wattenmeer, allerdings in erhöhter Position, sodass das Haus unversehrt geblieben ist. Ich habe noch das Bild vor Augen, wie wir bereits einige Zeit vor der Flut den Abhang vor der Straße, damals noch ein Sandweg, hinunterschauten und das dunkelgraue Wasser sahen, das zuvor noch nie so nah herangekommen war. Wir waren sprachlos, hatten große Angst und das Gefühl, etwas ganz Schlimmes stehe bevor. Bei der eigentlichen Flut ist schließlich das halbe Dorf unter Wasser gestanden, weil zum einen der Deich im Dorfgroden durchgebrochen ist und er zum anderen vor dem Bahnhof aufhörte (!), ohne einen schützenden Ring zu bilden, womit er im Grunde weitgehend nutzlos war. Die Arbeiten, welche bald darauf begannen, haben das Landschaftsbild völlig verändert, die Insel wirkt heute wie eine Festung und ist, von einer Dünenkette östlich des Dorfes abgesehen, durch Deiche und Schutzmauern auf allen vier Seiten gesichert. Auf Sommerurlauber mögen sie beruhigend wirken, aber für mich sind sie für immer mit den Ereignissen von 1962 verknüpft.

Doch kehren wir nun wieder zu den mythologischen Restbeständen bei der Interpretation des Flutgeschehens zurück. Koerner spricht davon, wie die Flut über die Deichkrone schlägt und »auf der Landseite mit leckenden Zungen hinunterlief« (Koerner 2000, 9). Die Wogenberge, schreibt sie, bauen sich dunkel auf, »um in grauweißer Brandung gegen den Deich zu gischten« (ebd.) – so als wäre es die Absicht derselben, das zu tun. »Das Hochwasser hatte in den am sichersten stehenden Wohnhäusern *gehaust*«, heißt es in einem Bericht über die Halligen (Heinrich und Jakobs 1962, 11; eigene Hervorhebung). Wellenberge jagen in Cuxhaven zur Deichkrone hoch »und fallen so die Deichböschung von der Landseite her an« (Sagert o.J., 12). Junge Soldaten versuchen dort die Fluten abzuwehren, »die in einem unheimlichen Gleichtakt mit immer wiederkehrenden Rammstößen den Deich zum Einsturz bringen wollen« (ebd.). Die Natur wird gleichsam belebt und beseelt, indem ihr ein absichtliches Wollen unterstellt wird. Die Ereignisse bekommen so einen bildlichen Ausdruck, um sie dem Leser anschaulicher zu vermitteln, aber die Sätze weisen auch auf Vorstellungen hin, welche an der Grenze zum Magischen stehen.

Besonders deutlich zeigt sich das in der viel gelesenen Reportage, die der Sachbuchautor Hans Herlin anlässlich des 20. Jahrestages der Flut veröffentlicht hat (Herlin 1982). Das Buch gilt allgemein als authentische Schilderung und wird oft zitiert. Tatsächlich dürfte er eine Fülle von Quellen verarbeitet haben. Bezug nehmend auf die Meteorologie schreibt er:

> »Aus einer unverständlichen Geheimformel mit Isobaren, Druckfall und Windstärken wurde ein Wesen mit einem eigenen Leben, mit guten und bösen Taten, fast möchte man sagen: mit menschlichen Eigenschaften« (Herlin 1982, 11).

Über den Deichbruch im ostfriesischen Papenburg heißt es: »Mit unfehlbarer Sicherheit hatte die Flut das schwächste Glied in der Kette der Emsdeiche gefunden« (ebd., 86). Als das Schlimmste vorbei war, trat der Sturm ab »wie ein Mensch, der erkannte, dass sein Ende gekommen war« (ebd., 235). Das Buch schließt mit der Bemerkung, Vincinette habe »in das Schicksal der Menschen eingegriffen als Werkzeug eines höheren Willens« (ebd., 235).

Darüber hinaus ist bei Herlin von »Vorzeichen« die Rede, welche die Flut angekündigt haben:

> »Ein Bauer aus Braderup in Schleswig-Holstein entdeckte am Morgen des Donnerstags [= 14.02.1962] in seinem Hühnerstall einen Vogel. Das Tier, das vor Erschöpfung bebte, war wachtelgroß, mit breiten Schwimmflossen zwischen den Zehen. Es war ein Krabbentaucher. Seine Heimat waren die felsigen Küsten Grönlands, Spitzbergens und Islands, tausend Meilen entfernt. Was hatte den Krabbentaucher von Island nach Braderup gejagt? [...] In Bergenhusen feierte man am Nachmittag das Richtfest eines Einfamilienhauses. Während der Festrede sahen es plötzlich alle: Auf dem Mast einer Lichtleitung hatte sich ein Seeadler niedergelassen. Sie trauten ihren Augen nicht. Jemand erinnerte sich, dass der letzte Adler hier vor dem Krieg gesichtet worden war, 1936, damals vor der schweren Flut im Oktober« (Herlin 1982, 18f.).

100 Jahre früher wären diese Geschehnisse als göttliche Zeichen interpretiert worden, heute verstehen wir sie evolutionsbiologisch als Überlebensstrategie und erklären sie mit den geophysikalischen Veränderungen im Vorfeld der Tiefdruckbildung, welche von den Sinnesorganen der Tiere erfasst werden. Herlin deutet sie hingegen mythologisch, wenn er schreibt: »*Vincinette* hatte ihre Warner ausgeschickt. Niemand schien die Zeichen zu deuten« (ebd., 20). Denn der personifizierte, weil mit einem Namen versehene Sturm schickt keine Vögel aus, um die Menschen zu warnen; vielmehr reagieren diese auf ein sich veränderndes natürliches Geschehen.

Auffällig ist auch die Nähe zur Sprache des Militärs. Die Hauptschlagzeile in der Zeitung *Rheiderland* vom 18. Februar lautet: »Erfolgreicher Kampf an der Sturmflutfront« (Kirchhoff 1990, 42). Die Kräfte der Natur »hatten 1962 einen gleichsam militärischen Beigeschmack«, schreibt Jens Ivo Engels (2003, 124); er knüpft Verbindungen mit dem Kalten Krieg und weist darauf hin, dass viele Zeitungskommentatoren die Situation in Hamburg zum Anlass nahmen, die Verabschiedung der Notstandsgesetze zu fordern (ebd.). Der zeitgeschichtliche Hintergrund ist durchaus vorhanden, erklärt aber aus meiner Sicht nicht alles, denn ein Blick in die Geschichte zeigt, dass auch in den älteren Quellen – beginnend mit Emo von Wittewierum – auf die Sprache des Krieges und der militärischen Gewalt zurückgegriffen wird, um das Geschehen zu beschreiben. Davon war bereits die Rede, und es wurde auch der Grund dafür genannt: Naturkatastrophen und Kriege haben etwas Essentielles gemeinsam, denn beide stellen leibliche Abgrenzungssysteme radikal infrage. Immer wieder wird in Zeitungskommentaren das Flutgeschehen mit den Bombennächten im Zweiten Weltkrieg verglichen. »Wie in Kriegszeiten« heulten nachts um ein Uhr in Cuxhaven die Sirenen (Kistenmacher 1962°, 3), und »über die Landstraßen zogen – wie in Kriegszeiten – die Flüchtlinge in die Stadt [= Hamburg]« (ebd., 4). Der Lokalteil der Hamburger *Welt* spricht in einer Schlagzeile von »Tod und Zerstörung wie in den Bombennächten« (Die Welt, 19.02.1962, 6). Und auf der nächsten Seite kann man lesen: »So vieles erinnert an die Tage, in denen Bomben und Feuer unsere Stadt heimsuchten. Auf trocknen Straßen muss man durch Krater wie Bombentrichter klettern« (Schütte 1962°, 7).

So vermischen sich zeitgeschichtliche Einflüsse mit elementaren Erfahrungen, wenn die Flutkatastrophe mit dem Geschehen im Zweiten Weltkrieg verglichen wird, zumal dieser etwas Essentielles mit der traditionellen Katastrophendeutung gemeinsam hat, nämlich das Schuldbewusstsein. Während Wilhelm der Zweite noch davon fabeln konnte, dass Deutschland systematisch ausgegrenzt worden und eigentlich vollkommen unschuldig in den Ersten Weltkrieg hineingeraten wäre, konnte man sich nach 1945 nicht mehr so leicht aus der Verantwortung stehlen. Die Rechtfertigungsversuche, Hitler habe die Arbeitslosigkeit beseitigt, und man habe schließlich nicht wissen können, was er vorhatte, konnten nur bedingt überzeugen, weil die Weltwirtschaft sich nicht nur in Deutschland, sondern allgemein erholte und weil ein Blick in *Mein Kampf* genügt hätte, um zu erfahren, worum es ihm wirklich gegangen ist.

Dass man die Flutkatastrophe von 1962 auch in einem ganz anderen, fast heiteren Licht betrachten kann, zeigen die Erinnerungen eines aus dem Binnenland stammenden Internatsschülers, der auf Wangerooge das Inselgymnasium besucht hat:

>»Sturmfluten hatten wir schon oft erlebt, jedoch nicht in der Heftigkeit wie am 16. Februar. Die kochende Nordsee lockte alle auf die Promenade, aber es war kaum möglich, sich dort lange aufzuhalten [...]. Ich machte meinen Abendspaziergang gegen einundzwanzig Uhr und sah, dass die untere Promenade in den Fluten verschwunden war. Der Sturm war so stark geworden, dass ich mich kaum auf den Beinen halten konnte, und ich war froh, als ich wieder im Internat war und die Haustür hinter mir schließen konnte. Nach mir durfte niemand mehr das Gebäude verlassen, und den Rest des Abends verbrachten wir mit einem kalten Grog bei Kerzenschein [weil der Strom mittlerweile ausgefallen war]« (Hübschen 2003°, 127f.).

In lockerem Stil wird dann der Fortgang der Katastrophe geschildert. So heißt es etwa von einem Lehrer: »Während er mit den Insulanern am Deich stand, schwammen die Teile seines Hauses bereits über das Flugfeld, und er kam als Obdachloser wieder zu uns ins Internat« (ebd., 128). In knappen Skizzen wird der weitere Verlauf geschildert (ebd., 128–132), um dann ausführlich zu erzählen, wie der Autor der im Katastropheneinsatz tätigen Bundeswehr einen Streich gespielt hat (ebd., 132–138). – Es ist weniger die Perspektive eines Betroffenen denn eines Zuschauers, der nur vorübergehend auf der Insel weilt und das Geschehen eher als Event betrachtet, womit er sich als Vorläufer der so genannten Erlebnisgesellschaft entpuppt (Schulze 1996). Er kennt die friesische Geschichte nicht, weiß nichts von den großen Sturmfluten der Vergangenheit und vermag auch nicht die Gefahren abzuschätzen, welche von der Nordsee drohen.

6.9.2   Die Januarfluten von 1976 und weitere Sturmfluten bis zum Ende
        des 20. Jahrhunderts

Bereits fünf Jahre nach der Katastrophe von 1962, in der Nacht vom 23. auf den 24. Februar 1967, kam es zu einer weiteren Sturmflut, und diese brachte noch höhere Windgeschwindigkeiten mit sich. Weil die neuen Küstenschutzmaßnahmen noch längst nicht abgeschlossen waren, hätte es zu großen Schäden kommen können, doch war das Windstaumaximum zur Zeit der Ebbe, weswegen das Wasser nicht allzu hoch auflief (M. Petersen und Rohde 1991, 82; Sönnichsen und Moseberg 1994, 32). Bekannt geworden ist die Flut dennoch, weil sich ein Unglück ereignete, das die ganze Nation erschüttert hat. Während eines Rettungseinsatzes wurde der in Helgoland stationierte Seenotkreuzer Adolph Bermpohl offenbar von einer schweren Grundsee[324] erfasst, wodurch das Schiff zur Seite kippte und die Besatzung nebst den zuvor Geretteten über Bord gespült wurde und ertrank. Der Seenotkreu-

---

324 Grundsee = Seegang, bei dem durch geringe Wassertiefe das Überstürzen der Wellenkämme verursacht wird. – Die Adolph Bermpohl dürfte westlich des berüchtigten Sellebrunn-Riffs von einer Grundsee erfasst worden sein (sea-rescure.de 2004).

zer wurde anderentags herrenlos in der Nordsee treibend gefunden. Die Adolph Bermpohl war von modernster Bauart und erst zwei Jahre zuvor in Dienst gestellt worden. Diese Schiffe galten als unsinkbar und standen damit im Kontext des technischen Machbarkeitsdenkens der 60er und 70er Jahre. So führte etwa der zuständige Bundesbeauftragte vor der anschließenden Seeamtsverhandlung aus:

>Die hierfür verwendeten Boote wurden in jahrzehntelanger Entwicklung und ständiger Verbesserung auf einen Höchststand gebracht, der es ihnen erlaubt, auch außergewöhnlichsten und übernormalen Beanspruchungen gewachsen zu sein. Der nach der Katastrophe vorgefundene Zustand des Seenotkreuzers Adolph Bermpohl [...]. beweist dies. Dies zeigt die Vollkommenheit der Konstruktion und Bauart und die Richtigkeit der dabei beschrittenen Wege« (sea-rescue.de 2004).

Es sind markige Worte, wenn vom Höchststand der technischen Entwicklung und von Vollkommenheit der Konstruktion gesprochen wird. Wäre es wirklich so, dann hätte zum Beispiel die Adolph Bermpohl nach erfolgter Bergung und Reparatur nicht einen überdachten oberen Fahrstand erhalten.[325]

Während sich die 67er Flut durch bisher noch nie erreichte Windspitzen auszeichnete, kam es im Spätherbst 1973 zu einer ungewöhnlichen Häufung extremer Hochwasserstände. »Zwischen dem 6. November und dem 17. Dezember standen die Deiche nahezu ununterbrochen unter großem Druck« (Sönnichsen und Moseberg 1994, 32). Einzigartig war diese Situation allerdings nicht; zwar sind Sturmflutketten kein in großer Zahl vorkommendes Ereignis, aber doch aus der Geschichte belegt, unter anderem zur Zeit der Weihnachtsflut zwischen Ende Dezember 1717 und Februar 1718 sowie zwischen November 1824 und dem 3./4. Februar des folgenden Jahres, dem Datum der großen Flut von 1825 (M. Petersen und Rohde 1991, 82.).

Am 3. Januar 1976 kam es, kaum dass 14 Jahre verstrichen waren, zu einer weiteren »Jahrhundertflut«, welche die deutsche Nordseeküste bedrohte und teilweise zu Wasserständen führte, die bis zu 75 Zentimeter über denen von 1962 lagen. Allerdings waren die Schäden diesmal weitaus geringer als 14 Jahre zuvor, weil die Deiche mittlerweile großteils erhöht worden waren. Auf den Halligen wurden Häuser beschädigt, Sylt hatte große Sandabbrüche zu verzeichnen, an wenigen Stellen brachen die Deiche und überfluteten das dahinter liegende Land, so in der Haseldorfer Marsch und im Land Kehdingen, beide an der Elbe gelegen (Naudiet 1976; M. Petersen und Rohde 1991, 84–91; Quedens 1978, 61–66; Sagert o.J., 80–87; Schönfeld und Tornow 1997, 13–57; Sethe 1982; Sönnichsen und Moseberg 1994, 32–38; Speck, Wilkens und Wergin 1976).

Wegen der Urlaubszeit erlebten auch einige Touristen die Flut, welche entgegen der Regel nicht in der Nacht, sondern am Tage stattfand. Eine Binnenländerin, die Anfang Januar in Büsum weilte, beschreibt ihre Erfahrungen als

---

325 Laut Webseite der Deutschen Gesellschaft zur Rettung Schiffbrüchiger, die die Seenotkreuzer unterhält (<http://www.dgzrs.de/was_wir_tun/index_wwt_ausgemeinheit.htm> [12.06.2004]).

»ein wildes Abenteuer, in das man sich einlässt wie ein Kind, das von der Gefahr keine Ahnung hat. Der Wind weht uns förmlich den Deich entlang. Man lässt sich treiben und genießt – ja ich genieße dieses unmittelbare Ausgeliefertsein an die Kräfte der Natur« (M. Petersen und Rohde 1991, 87).

Im Gegensatz zu den Einheimischen kann sie unbesorgt sein, denn »wir verlieren hier keinen Besitz [...]. Für uns ist dies alles ein einmaliges Naturereignis« (ebd.). Als sie allerdings später von den Deichbrüchen und Überflutungen erfährt, wird sie »doch recht nachdenklich. Und in die Abenteuerlust des Mittags schleicht sich die Angst vor der Nacht« (ebd.), welche sich jedoch als unbegründet herausstellt. Der Schrecken wird, wie wir bereits durch Schiller wissen, zu einem Phänomen, das ästhetisch genossen wird. Es ist die Haltung des unbeteiligten Zuschauers, ähnlich wie im Bericht über Wangerooge am Ende des letzten Kapitels.

Bemerkenswert ist, dass es knapp drei Wochen später, in der Nacht vom 20. auf den 21. Januar, zu einer weiteren Sturmflut kam, die zwar teilweise höher auflief als 1962, aber niedriger als am 3. Januar des Jahres. Es waren kaum neue Schäden zu verzeichnen, allenfalls wurden vorhandene in einigen Fällen verschlimmert. Zwar mussten einige in den Jahren zuvor verstärkte Deiche erneut erhöht werden, weil sie den Flutpegeln nicht gewachsen waren, doch insgesamt hatten sich die neuen Maßnahmen des Küstenschutzes, des Warnsystems und der Katastrophen-abwehr als hinreichend erwiesen (Sönnichsen und Moseberg 1994, 38): Während die 62er-Flut in ein Desaster führte, kann davon 1976 überhaupt keine Rede sein, obwohl die beiden Januarfluten höhere Pegelstände aufwiesen als 14 Jahre zuvor.

Interessant ist die Berichterstattung in den öffentlichen Medien. Von zivilisa-tionskritischen Tönen oder gar dem Zeigefinger Gottes – wie 1962 in der *Welt* und der offiziellen Stellungnahme der Bundesregierung – ist keine Rede mehr. *Welt* und *Süddeutsche* widmen zwar in ihren Ausgaben vom 5. Januar 1976 dem Geschehen die Hauptschlagzeile, beschränken sich aber auf die Chronologie des Ablaufs und die Auflistung der Schäden (Die Welt, 05.01.1976, 1; Süddeutsche Zeitung, 05./06.01.1976, 1). Im Innenteil der Zeitungen berichtet die *Welt* (ebd., 3) ausführ-licher als die *Süddeutsche* (ebd., 3), weil sie sich als Zeitung mit Sitz in Hamburg näher am Ort des Geschehen befindet. Es sind dort Artikel zu den Überflutungen in der Haseldorfer Marsch und im Land Kehdingen vorhanden sowie über neue Sperrwerke an den Nebenflüssen der Elbe, welche zwar das Eindringen des Was-sers verhindern, aber gleichzeitig für einen erhöhten Pegelstand auf dem Fluss sor-gen – ein altes Dilemma, das existiert, seitdem es Deiche und Absperrungen gibt, und dem die *Süddeutsche* einen ausführlichen Artikel widmet (05./06.01.1976, 3). Gleichzeitig heißt es in der *Welt*: »Die seit 1962 erhöhten und verstärkten Elbdei-che haben sich bewährt« (Die Welt, 05.01.1076, 3). Auf derselben Seite findet man auch einige kurze Notizen, unter anderem den Hinweis, dass das Atomkraftwerk in Stade durch das Hochwasser in keiner Weise beeinträchtigt war. »Wir fahren wei-terhin Volllast«, wird ein Sprecher des AKW zitiert (ebd.). Eine weitere Notiz er-wähnt eine Mitteilung der niedersächsischen SPD-Landesregierung, nach der »Vogel- und Umweltschützer« mitverantwortlich für die Deichbrüche seien, weil sie den Ausbau des Küstenschutzes verzögert hätten (ebd.).

Das ist ein erster Hinweis auf den beginnenden Konflikt zwischen Ökologie und Sicherheitsinteressen, der in den folgenden Jahren breiten Raum einnehmen sollte und zum Beispiel verhinderte, dass ein fast 17 Kilometer langer Deich zwischen der Nordspitze Nordstrands und dem Hauke-Haien-Koog gebaut wurde. Statt der geplanten Fläche von knapp 5700 Hektar eingedeichten Landes entstand ein Koog mit 3345 Hektar und einer Seedeichlinie von 8,9 Kilometer, der Nordstrand zu einer Halbinsel gemacht hat. Ursprünglich war die Fläche zur landwirtschaftlichen Nutzung vorgesehen, wurde dann aber unter Naturschutz gestellt (Steensen 1995, 422f.). Damit näherte sich ein knappes Jahrtausend des Deichbaus dem Ende. »Landgewinnung gehört der Vergangenheit an. Der Schutz der Küste bleibt ein immerwährendes Thema«, schreibt Thomas Steensen (1995, 424). Heute ist das gesamte Wattenmeergebiet ein Nationalpark, und man bemüht sich, Natur- und Küstenschutz in Einklang zu bringen. – Mit dem Thema brauchen wir uns allerdings im Moment nicht weiter zu beschäftigen, denn in dieser Perspektive ist Natur ein Bereich, der vor dem Menschen zu schützen ist, während es uns um die Perspektive des Menschen geht, der sich vor der Natur schützt. Beides hängt zwar zusammen, da gegenwärtig mehr und mehr die Auffassung um sich greift, eine zu wenig geschützte Natur könne zurückschlagen und den Menschen gefährden. Doch das ist bereits das Thema des nächsten Kapitels, während wir für den Augenblick noch einmal auf die Zeitungsberichte zurückkommen wollen.

Sie vermitteln den Eindruck, dass es zwar bei Naturkatastrophen zu großen Schäden kommen kann, Gröberes aber durch geeignete technische Vorkehrungen zu vermeiden ist. Wenn Deiche brechen, sind unter Umständen Umweltschützer Schuld, während die meisten Deiche halten und die Technik weiterhin reibungslos funktioniert, wie das Beispiel des AKW Stade deutlich macht. 1976 ist die Zeit der sozialliberalen Regierung unter Helmut Schmidt, der sich bereits während der 62er Flut als kompetenter Katastrophenmanager profiliert hat. Mitte der 70er Jahre schien durch die Ostverträge und diverse internationale Abkommen die Gefahr einer kommunistischen Invasion reduziert, und die Reform der Gesellschaft war in vollem Gange. »Machbarkeit« war ein wichtiges Schlagwort im Sinne technischer Großtaten sowie gesellschaftlicher Veränderungsprozesse, und das schlug sich selbst in einer konservativen Zeitung wie der *Welt* nieder, die 1976, im Gegensatz zu 1962, zur Gänze auf moralisierende Töne verzichtet. Im Sinne einer nüchternen Chronistik berichtet sie, was geschehen ist, und nicht mehr.

Daher braucht es auch nicht zu überraschen, wenn die Folgeflut, knapp drei Wochen später und immerhin die zweithöchste des 20. Jahrhunderts, nur noch ein geringes Echo in der überregionalen Presse hervorgerufen hat. *Welt* (22.01.1976, 1) und *Süddeutsche* (22.01.1976, 1) begnügen sich auf der Titelseite mit einer kurzen Meldung nebst Foto, in der *Süddeutschen* findet man zusätzlich auf der letzten Seite weitere, knapp gehaltene Informationen (22.01.1976, 44).

Die nächste Sturmflut kam knapp sieben Jahre später, am 24.11.1981, und hatte, abgesehen von den schon fast üblichen Sandabbrüchen auf Sylt, kaum nennenswerten Schäden zur Folge; sie bewegte sich in etwa auf dem Niveau von 1962 (M. Petersen und Rohde 1991, 91; Sönnichsen und Moseberg 1994, 40f.). – In den Folgejahren gab es keine erwähnenswerten Sturmfluten. Das änderte sich erst zu Beginn der 90er Jahre des letzten Jahrhunderts. Zwischen dem 26.01. und 28.02.1990 kam es wieder zu einer Sturmflutkette, unter anderem bedingt durch die Orkantiefs Vivian und Wiebke. Es folgten schwere Sturmfluten im Januar 1993 und 1994 sowie im Februar 1999. Im Dezember 1999 verursachten die Tiefs Anatol und Lothar schwere Sturmfluten und darüber hinaus Schäden in weiten Teilen des Binnenlandes. Zwei Monate später, zwischen dem 29.01. und 31.01.2000, bewirkten die Tiefs Kerstin und Liane weitere Sturmfluten, die seither letzten zum Zeitpunkt der Drucklegung dieser Arbeit (Bisssoli, Göring und Lefebvre 2002, 28–31; M. Petersen und Rohde 1991, 91f.; Sönnichsen und Moseberg 1994, 41ff.).

In der zeitgenössischen regionalen Literatur wird das Bedrohungspotential mehrheitlich anders eingeschätzt als in der überregionalen Presse. Autoren aus der Küstenregion bzw. den benachbarten Gebieten sind unmittelbarer betroffen und vielleicht auch nicht dergestalt von ideologischen Strömungen abhängig wie Journalisten großer Zeitungen, die gewissermaßen ihr Ohr am Puls der Zeit haben. Stets wird darauf hingewiesen, dass kommende Fluten noch höher auflaufen können als bisher, und zwar nicht nur in den neueren Publikationen, sondern auch in jenen, welche direkt nach der 76er Flut, in der Hochblüte des Machbarkeitsdenkens, veröffentlicht wurden (Naudiet 1976, 5; Schönfeld und Tornow 1995, 5; Sethe 1982, 32).[326] Erst recht aber wird angesichts der vielen weiteren Sturmfluten auf die Gefahren hingewiesen, welche der Küste von der Nordsee drohen. Selbst Autoren wie Petersen und Rohde, die in Anbetracht der verstärkten Küstenschutzmaßnahmen davon sprechen, dass man vor Überraschungen wie 1962 nun gefeit sein sollte (1991, 156), raten dazu, »die Wachsamkeit niemals erlahmen [zu lassen], auch nicht, wenn es in einer Reihe von Jahren oder Jahrzehnten zu keiner schweren Sturmflut kommen sollte« (ebd.). Noch deutlicher äußern sich andere Verfasser. Für Helmut Sethe, zur Zeit der 76er Fluten Chefredakteur der *Husumer Nachrichten*, ist »eines klar: Eine absolute Sicherheit ist nicht erreichbar. Es ist nicht möglich, Vorausberechnungen über die denkbar höchste Sturmflut zu machen« (Sethe 1982, 32). Deshalb, schreiben der Niebüller Buchautor Uwe Sönnichsen und der NDR-Redakteur Jochen Moseberg, sei weiterhin »größte Wachsamkeit nötig, damit nicht wieder Hunderte von Menschen ihr Leben lassen müssen« (Sönnichsen und Moseberg 1994, 38). Heiko Tornow, ehemaliger Chefredakteur des *Buxtehuder Tageblatts* äußert sich zusammen mit Gunter Schönfeld ausführlich darüber, wieso es vor Sturmfluten keine absolute Sicherheit gibt. In ihrem Bericht über die Zeit zwischen 1962 und 1976, der den bezeichnenden Titel *Angst hinterm Deich* trägt, schreiben sie Folgendes:

> »Wie schlimm kann es noch werden? 1962, 1973 und 1976 hieß es nach jedem Superhochwasser, eigentlich sei man noch einmal davongekommen. Es sind aber

---

326 Bei den beiden zuletzt genannten Büchern handelt es sich um unveränderte Neuauflagen.

Stürme denkbar, die heftiger wüten. Windstärke 12[327] reicht nicht aus, um ihre Gewalt zu bezeichnen [...]. Mond und Sonne, Verursacher von Gezeitenströmen, verbünden sich womöglich zur Unzeit und lassen – auch das wäre denkbar – eine so genannte ›Springflut‹ mitten in die Sturmflut hineinlaufen. Ihre Auswirkungen wären verheerend.

Selbst diese Spekulation ist noch erlaubt: Nehmen wir an, zwei dicht aufeinander folgende Orkane toben sich über der Nordsee und der Deutschen Bucht aus. Der erste soll in der Stärke vergleichbar sein mit dem Sturmtief vom 03. Januar 1976 [...]. Der zweite Orkan, im Mittel stärker und in den Böen gewaltiger noch als sein Vorgänger [...]. Eine neue Flutwelle schiebt sich über die alte.

Und noch Schlimmeres ist denkbar. Die eben geschilderte Großflut könnte noch dramatischer sich auftürmen, wenn zufällig mit ihr zusammen die ›Schwall‹ genannten, langwelligen Atlantik-Einflüsse sich bemerkbar machten. 1962 trug ein solcher ›Schwall‹ dazu bei, dass die Flut 80 Zentimeter höher auflief« (Schönfeld und Tornow 1997, 5).

Auszuschließen ist es nicht, was die beiden Autoren hier schildern. Eine aus dem Atlantik kommende und den Wasserstand zusätzlich erhöhende Flutwelle hat es 1962 gegeben, vielleicht auch 1825. Durchaus häufig, da im Prinzip alle 14 Tage, ist darüber hinaus der zeitliche Zusammenfall mit einer Springflut möglich; berühmte Beispiele sind die Marcellusflut von 1219 oder die zweite Manndränke von 1634. Auch lang andauernde Winde aus Nordwest bzw. West, die das Ablaufen des Wassers bei Ebbe be- oder verhindern, hat es bereits des Öfteren gegeben. Die Crux dabei ist jedoch: Wenn alle Negativfaktoren in extremer Weise aufeinander treffen, halten die derzeitigen Deiche mit Sicherheit nicht – einerseits. Andererseits ist die Wahrscheinlichkeit gering, dass es dazu kommt, und es würde auch die technischen Möglichkeiten übersteigen, dagegen Vorsorge zu treffen. Weder wäre das finanzierbar, noch lassen sich Deiche unbegrenzt erhöhen, weil sie ab einem bestimmten Gewicht wegen des in der Regel weichen Untergrundes absacken würden.

Wir können festhalten, dass trotz der auf dem Technikglauben fußenden Machbarkeitsphilosophie der 60er und 70er Jahre die Angst vor dem Meer nicht verschwunden ist. Friesische und sächsische Küstenbewohner wissen aus ihrer Geschichte um die Gefährdungen, welche das Leben an der Nordsee mit sich bringt. Aber auch neu Hinzugezogene können das erfahren, wenn sie einmal eine Sturmflut miterlebt haben, wie am Beispiel des Berichtes von Angelika Koerner deutlich wurde.

Eine andere Frage ist, wie das oftmalige Auftreten von Sturmfluten in der zweiten Hälfte des 20. Jahrhunderts zu beurteilen ist. Eine, ich möchte fast sagen, kuriose Auffassung vertritt Rüdiger Glaser, Geograph und Klimahistoriker an der Universität Heidelberg, wenn er in seiner *Klimageschichte Mitteleuropas* von einer kontinuierlichen Abnahme schadbringender Sturmfluten spricht (Glaser 2001, 190). Damit hat er zwar Recht, wenn man das Augenmerk auf das Adjektiv *schad-*

---

327 Windstärke 12 ist ein Orkan mit Windgeschwindigkeiten von 118 km/h und mehr. 1962 erreichte der Orkan Windspitzen von 160 km/h, 1999 das Tief Anatol Böen bis 180 km/h.

bringend lenkt, aber völlig absurd ist seine Behauptung, dies stehe im Widerspruch zu »zumindest einem Teil der Literatur«, nach der es in dieser Zeit vermehrt zu Sturmfluten gekommen sei (ebd., 191). Sein Maßstab ist nämlich nicht die Fluthöhe, sondern das Schadensausmaß, welches eine Flut zur Folge hat, und damit vernachlässigt er zur Gänze die verstärkten Deichsicherungsmaßnahmen nach der 62er Flut. Er schreibt dann zwar, dass »eine andere, nicht klimatische Erklärung [...] die verbesserten Küstenschutzmaßnahmen sein« könnten (ebd.), aber das ist im rechten Licht gesehen keine zusätzliche Erklärung, sondern eine Widerlegung dessen, was er zuvor behauptet hat.

Die Häufung von schweren und sehr schweren Sturmfluten in der zweiten Hälfte des 20. Jahrhunderts steht jedenfalls außer Frage. Im Durchschnitt treten schwere Sturmfluten mit einem Wasserstand zwischen circa zwei und drei Metern über dem mittleren Tidehochwasser alle zwei bis 20 Jahre einmal auf, sehr schwere Sturmfluten mit drei Metern und mehr über dem mittleren Tidehochwasser hingegen seltener als einmal in 20 Jahren (M. Petersen und Rohde 1991, 9; 18). In den knapp 40 Jahren zwischen 1962 und 2000 gab es jedoch ungefähr 20 schwere und sehr schwere Sturmfluten! – Das Faktum ist klar, zu fragen ist allerdings, was es zu bedeuten hat. Aus der Klimageschichte wissen wir, dass es immer wieder Phasen mit verstärkter und verminderter Sturmfluttätigkeit gegeben hat (Glaser 2001, 190). Wählen wir die Zeitspanne von 1962 bis 2000 mit ihren ungefähr 20 Sturmfluten, und vergleichen wir sie mit der Zeit vor der zweiten Grooten Manndränke 1634, so stoßen wir an der Westküste auf die doppelte Anzahl, nämlich 40 Sturmfluten in den Jahrzehnten davor, also ungefähr eine Flut pro Jahr (Kuschert 1995, 135) wobei allerdings einschränkend hinzuzufügen ist, dass aus der Tabelle nicht hervorgeht, wie hoch das Wasser aufgelaufen ist. Generell gab es eine vermehrte Sturmfluttätigkeit am Ende des mittelalterlichen Wärmeoptimums und im Zusammenhang mit der Kleinen Eiszeit während des 17. Jahrhunderts (Lamb 1989, 210ff; 240f.). Das hängt, bezogen auf das Wärmeoptimum, mit dem Abschmelzen der Polkappen und der Gletscher sowie mit der Wärmeausdehnung des Wassers zusammen bzw. generell mit der Verschiebung des Temperaturgradienten, wodurch es vermehrt zu Starkwinden kommt; davon war bereits die Rede.

Die Häufung der Sturmfluten am Ende des 20. Jahrhunderts kann daher mit natürlichen Schwankungen zu tun haben. Entsprechendes gilt für den Meeresspiegelanstieg. Die Fluten der letzten Jahrzehnte sind zwar extrem hoch aufgelaufen, aber gleichzeitig ist auch der Meeresspiegel angestiegen, im für das Holozän typischen Ausmaß von circa 25 Zentimeter pro Jahrhundert. Die Scheitel schwerer Sturmfluten sollen nämlich nur einen geringfügig höheren Anstieg aufweisen als der des mittleren Tidehochwassers (Gönnert und Ferk 1996, 22).

Aus naturwissenschaftlicher Perspektive könnte man diese Entwicklung ausschließlich mit natürlichen Faktoren begründen: Es hat immer Zeiten mit mehr oder weniger oft auftretenden Sturmfluten gegeben, und der Anstieg des Meeresspiegels ist ein nacheiszeitliches Phänomen, das sich, abgesehen von kürzeren Regressionsphasen, durch die Jahrtausende zieht. Auch ist der Wechsel zwischen wärmeren und kälteren Perioden bereits in vorindustrieller Zeit aufgetreten, wie das mittelalterliche Wärmeoptimum und die Kleine Eiszeit deutlich machen.

So gesehen könnte man auch die gegenwärtigen Klimaverhältnisse unter der Rubrik »natürliche Schwankungen« subsumieren. Aus naturwissenschaftlicher Sicht steht es weitgehend außer Frage, dass wir uns derzeit in einem neuerlichen Klimaoptimum befinden, das sogar über dem Niveau des mittelalterlichen Wärmeoptimums liegen dürfte (Glaser 2001, 209). In der Entwicklung der letzten 150 Jahre »muss vor allem die winterliche Erwärmung hervorgehoben werden, die in der Zusammenschau der letzten 1000 Jahre in dieser Form einmalig ist« (ebd.). Betrachtet man die vergangenen 20 Jahre, so fallen vor allem die extrem heißen Sommer auf. Die Zeitspanne zwischen 1986 und 1995 weist 16 warme Anomalien auf, und diese Zahl »ist bei weitem die größte in den letzten 500 Jahren«, heißt es in einer Arbeit aus dem Jahre 1999 (Pfister 1999, 212). Zählt man die letzten Jahre bis zur Jahrtausendwende dazu, dürfte die Zeit zwischen 1980 und 2000 sogar die höchsten Durchschnittstemperaturen seit der letzten Eiszeit beschert haben (Latif 2003, 18; vgl. Cubasch und Kasang 2000, 8). Besonders extrem war der Sommer 2003, der bereits ab Mai sehr heiß war und dem Oberrheingraben wochenlange Höchsttemperaturen von knapp 40 °C beschert hat. Die Sommeranomalie betrug +3,4 °C, ein Wert, dessen Wahrscheinlichkeit seltener als ein Mal in 10 000 Jahren auftritt. Rechnet man jedoch progressive Erwärmungstrends hinzu, reduziert sich die Eintrittswahrscheinlichkeit auf ein Mal in 455 Jahren (Schönwiese u.a. 2004, 123ff.). Aus der Paläoklimaforschung sind Kippeffekte bekannt, nach denen sich Umlagerungen im Klimasystem abrupt, das heißt in wenigen Jahren bis Jahrzehnten vollziehen können (Pfister 1999, 211f.). Dann wäre es auch möglich, dass der Meeresspiegelanstieg beschleunigt erfolgt, und das in einem Ausmaß, dem die Technik kaum gewachsen sein dürfte.

Diese Fakten und Überlegungen sind mehr als eine naturwissenschaftliche Erörterung, weil sie auch in der Öffentlichkeit bekannt sind. Die Zunahme der Sturmfluten und der Anstieg des Meeresspiegels werden an der Küste mit Interesse und Besorgnis verfolgt. Das gleiche gilt für die globale Klimaerwärmung, in den neueren Arbeiten zu Sturmfluten wird immer wieder darauf hingewiesen (z.B. Kirchhoff 1990, 81–95; M. Petersen und Rohde 1991, 158; Sönnichsen und Moseberg 1994, 82). Da das gegenwärtige Wärmeoptimum zeitlich mit der Industrialisierung zusammenfällt, drängt sich die Frage auf, ob die momentane Erwärmung allein auf natürliche Ursachen zurückzuführen ist oder auch bzw. primär auf anthropogene Faktoren. In der Öffentlichkeit wird Letzteres mehrheitlich bejaht, und in der Rangliste von Umweltgefahren steht die globale Klimaveränderung bei Umfragen an erster Stelle (Stehr und von Storch 1999, 7). Aber das ist bereits das Thema des nächsten Kapitels.

7 Klimawandel und Meeresspiegelanstieg

7.1 Moby Dick vom Rhein oder Ein wahres Märchen

Es geht im Folgenden weniger um naturwissenschaftliche Befunde als um kulturwissenschaftliche Aspekte. Diese Arbeit ist mentalitätsgeschichtlich orientiert, ich
frage nicht danach, was war oder ist, sondern nach dem, was die Leute glauben,
wie es war oder ist. Mit anderen Worten: Es geht weniger darum, was sich tatsächlich in der Atmosphäre abspielt, sondern eher um das »Klima in den Köpfen der
Menschen« (Stehr und von Storch 2002, 281).

Bisher hatten wir es oftmals, was die populäre Überlieferung angeht, mit Sagen
zu tun, und das ist bei dem Thema Sturmfluten auch nicht überraschend. Sagen
bezeichnen nur im Denken der Öffentlichkeit ein irreales Geschehen, aus volkskundlicher Sicht handelt es sich hingegen um Geschichten, an welche, unabhängig
von ihrem tatsächlichen Wahrheitsgehalt, geglaubt wird. Wenn Emo die Überschwemmung des zu Wittewierum gehörenden Frauenklosters schildert, handelt es
sich dabei genauso um eine Sage wie bei der Erzählung vom Untergang Rungholts
auf Grund des geschändeten Sakraments. Das gleiche gilt, wenn Heinrich Heimreich berichtet, wie er eine Woche lang mit seiner Familie im Freien ausharren
musste, oder wenn Angelika Koerner berichtet, wie während der 62er Flut sich ein
Hund ins Wasser stürzte. Es geht mit anderen Worten in der Sage um Ereignisse,
die einerseits im Alltag verwurzelt sind, ihn aber andererseits überschreiten, indem
etwas Ungewöhnliches, Bizarres oder Schrecken Erregendes in das Leben der
Menschen eingreift, wobei das Geschehen nicht selten tragisch endet. Daher
braucht es nicht zu überraschen, wenn wir beim Thema Sturmfluten in den erzählenden Quellen oftmals Sagen antreffen.

Das ist im Folgenden anders, denn auf den nächsten Seiten geht es um ein Märchen, doch hat sich dieses nicht in einem irrealen Irgendwo-Irgendwann abgespielt,
sondern anno 1966 an Rhein und Ruhr. Wie im richtigen Märchen gibt es einen
positiven Helden – einen weißen Wal – und sein negatives Gegenstück, der Zoodi-
rektor ist und einen Namen trägt, welcher einem Märchen wirklich alle Ehre macht,
denn er heißt Dr. Gewalt. Der Wal schafft es, wovon Normalsterbliche bestenfalls
träumen: Er unterbricht eine Pressekonferenz der Bundesregierung, zieht das Interesse der gesamten Nation auf sich, sensibilisiert diese für eine gute Sache und verschwindet dann auf Nimmerwiedersehen dorthin, wo sein eigentliches Reich ist, ins
Meer. Das klingt, als wäre die Geschichte erfunden, aber sie hat sich tatsächlich so
zugetragen:

> Als am 18. Mai 1966 zwei Binnenschiffer der Wasserschutzpolizei meldeten, sie
> hätten im Rhein »ein weißes Ungeheuer stromaufwärts in Richtung Düsseldorf« ge-
> sichtet, glaubte diese zunächst, es handelte sich um Witzbolde oder um Menschen,
> welche noch »von gestern übrig geblieben« wären (Süddeutsche Zeitung,
> 20.05.1966, 44). Die Polizei war auch deswegen skeptisch, weil »der Westdeutsche

Rundfunk am 01. April in einer Scherz-Reportage die Jagd auf einen Delfinschwarm im Rhein beschrieben hatte« (Kuballa 1966°). Doch rasch stellte sich heraus, dass es sich bei dem »Ungeheuer« um einen Beluga, einen weißen Wal, handelt, der, vom offenen Meer her kommend, sich in den deutschen Fluss verirrt hatte, welcher damals eine stinkende Kloake war. Man hatte ihn in den Gewässern der Arktis, seiner Heimat, gefangen, und er war für einen englischen Zoo bestimmt gewesen. Doch während eines Orkans war er über Bord gesprungen und später rheinaufwärts geschwommen. Die Nachricht verbreitete sich schnell, und der junge, frisch gebackene Direktor des Duisburger Zoos, Wolfgang Gewalt, wollte das Tier unbedingt fangen. Zuerst versuchte er es mit Tennisnetzen, welche ein Duisburger Club leihweise zur Verfügung gestellt hatte, und dann mit einer Falle, »die der eigens aus Zürich herbeigeeilte Delfin-Spezialist James Tiebor nach indianischer Art aus Stricken und Zaunpfählen errichtet hatte« (ebd.). Doch alles war vergebens, der Wal, den man unterdessen auf den Namen Moby Dick getauft hatte, tauchte im letzten Moment immer wieder ab und entwischte seinen Verfolgern.

»Gewalt ließ sich zu gewaltsameren Methoden hinreißen und schoss mit einer langläufigen Pistole dem Wal 14 Kubikzentimeter eines Betäubungsmittels in den Rücken« (ebd.). Das aber ging den Tierschützern zu weit, und die »Volksseele, die bisher gierig die Jagdberichte verfolgt hatte, brodelte auf und ergriff nun Partei« (ebd.) für den Beluga. Plötzlich ging es nicht mehr um ein lebendes Schauobjekt, das es zu fangen galt, damit Zoobesucher unterhalten werden, sondern um ein Geschöpf, welches man vor seinen Häschern schützen musste. »Moby, die gequälte Kreatur, wird zum Sympathieträger und Dr. Gewalt zum Tierfeind [...]. Tierschützer werfen Apfelsinen in den Rhein – ihre Begründung: Moby braucht Vitamine [...]. ›Verhaften Sie Dr. Gewalt!‹, fordert die *Bild*-Zeitung, die täglich von Bord eines gecharterten Zeppelins berichtet« (Bartz 2001). Der weiße Wal wurde zum Medienstar, aus aller Welt eilten Journalisten herbei, um vom Ort des Geschehens zu berichten, das Rheinufer war bevölkert von Tausenden Zuschauern, welche hofften, einen Blick von dem Tier zu erhaschen.

Nachdem er sich ungefähr einen Monat auf der Höhe des Ruhrgebietes aufgehalten hatte, machte der Beluga plötzlich kehrt und schwamm ins niederländische Ijsselmeer. Dort wurden eigens für ihn bei Kornwerderzand die Schleusen zur Nordsee geöffnet, doch statt ins offene Meer hinauszuschwimmen, machte er kurz davor kehrt, schwamm erneut flussaufwärts, und zwar genau bis auf die Höhe des Bonner Bundeshauses, wo gerade eine Pressekonferenz stattfand. Diese wurde unterbrochen, als man vom Auftauchen des rätselhaften Tieres hörte, Journalisten und selbst Politiker eilten zum Fluss. Nachdem das geschehen war, drehte der Beluga um und schwamm schnurstracks, an Rotterdam vorbei, ins offene Meer – am 18. Juni 1966 wurde er bei Hoek van Holland gesehen, drei Tage zuvor hatte die Pressekonferenz im 400 Kilometer entfernten Bonn stattgefunden (Bartz 2001; Köster und Rettinger 2001; Kuballa 1966°, 3; Prümm 2001; ders. 2002; Süddeutsche Zeitung, 20.05.1966°, 44; 27.05.1966°, 44; 18./19.06.1966°, 10; WDR Online 2001; WDR-dok 2004).

Wenn der weiße Wal vom Rhein »Moby Dick« genannt wird, dann ist Dr. Gewalt Kapitän Ahab.[328] Mit seinem Walfangschiff *Pequod*, das nach einem ausgerotteten Indianerstamm benannt ist, sticht er in See, um das Tier zu töten, weil es ihn dereinst zum Krüppel gemacht hat und für ihn die Verkörperung alles Bösen darstellt. Ganz so verhält es sich mit Wolfgang Gewalt nicht, und er ist im Gegensatz zu Ahab auch nicht im Kampf mit Moby Dick umgekommen, aber er ist seither zumindest stigmatisiert, denn er hat seinem Namen alle Ehre gemacht. So sagte der Direktor des Delfinariums im niederländischen Harderwijk: »Die Jagdmethoden in Deutschland sind barbarisch« (Kuballa 1966°), was sicher auch Ausdruck von Ressentiments gegenüber der BRD war. Anderenfalls hätten die Niederländer die erfolgreiche Flucht des Beluga nicht sosehr bejubelt und die Tore zur Nordsee geöffnet.

Wale gelten als wundersame Meerestiere und haben im Laufe der Zeit ganz unterschiedliche Deutungen – und Behandlungen – erfahren. War das Meer in früheren Jahrhunderten bereits als solches bedrohlich genug, so galt das erst recht für seine Bewohner. Zu den Seeungeheuern zählte man wegen ihrer Größe auch die Wale, welche, wie die Pottwale, 18 Meter, ja sogar, wie die Blauwale, bis zu 30 Meter groß werden. Der Eindruck, dass so große Tiere auch gefährlich sein müssen, wurde unter anderem durch den Roman von Herman Melville einer breiteren Öffentlichkeit vermittelt, auch wenn das nicht unbedingt das Anliegen des Autors gewesen sein dürfte.

Ein traditionelles Motiv in der Literatur ist die Landung auf dem Rücken eines dieser Meeresriesen, weil man glaubt, es handele sich um eine Insel (Ellis 1997, 186). In der Realität verbreiteter ist das Umgekehrte, die Strandung von Walen, wohl weil in seichten Gewässern die Orientierung versagt. Gestrandete Wale, die regelmäßig einen großen Menschenauflauf verursachen, sind seit dem Mittelalter in großer Zahl unter anderem von der niederländisch-deutschen Küste belegt (ebd., 186–189).

Im 17. Jahrhundert entdeckte man um Spitzbergen und Jan Mayen riesige Bestände an Grönlandwalen, und fortan machte man Jagd auf die Meeresriesen. Viele Inselfriesen nahmen daran teil, da die Landwirtschaft dort weniger hohe Erträge abwarf als an der Küste. In Nordfriesland spielte darüber hinaus die Flut von 1634 eine Rolle, welche weite Anbauflächen verwüstet hatte, weswegen viele Einwohner auf der Suche nach anderen Erwerbsquellen waren (Ellis 1997, 196–201; Steensen 1995, 191–200). Die »Grönlandfahrten« dauerten bis ins 19. Jahrhundert; dann endeten sie, weil man die Tiere fast ausgerottet hatte. Ähnliches gilt für den industrialisierten Walfang des 20. Jahrhunderts. Der Höhepunkt der Pottwaljagd war nicht, wie man vermuten könnte, zu Zeiten Melvilles (1819–1891), sondern in den 60er Jahren des 20. Jahrhunderts. Die Wale »wurden von sowjetischen und japanischen Fangbooten abgeschlachtet, deren Mutterschiffe gewaltige Fabriken waren« (Ellis 1997, 205). Heute existieren weitweite Fangverbote, die aber immer wieder hintertrieben werden.

---

328 Melville, Herman 1978: Moby Dick oder Der Wal. Roman. München: Winkler.

Dennoch gelten Wale, bedingt durch die Ökologiebewegung, heute nicht mehr als bloße Ware oder, wie in früheren Jahrhunderten, als Ungeheuer, sondern als schützenswerte und besondere Geschöpfe. Das macht ein Film wie *Free Willy* (1993) deutlich, der die Rettung eines gefangen gehaltenen Schwertwales durch einen kleinen Jungen erzählt, aber auch Formen des sanften Tourismus wie das *Whale Watching*. Bereits in den 60er Jahren vermittelte die TV-Serie *Flipper* das populäre Bild des zu der Familie der Zahnwale zählenden Delphins, welches sich bis heute gehalten hat: gutmütig, kinderlieb und klug, wobei Wale tatsächlich zu den intelligentesten und lernfähigsten Säugetieren gehören. Und genau in dieser Zeit, der Hochblüte technischen Machbarkeitsdenkens und rücksichtslosester Umweltverschmutzung, macht sich ein Wal auf, um ausgerechnet dem verrußten Ruhrgebiet und dem Rhein einen Besuch abzustatten – jenem Rhein, der vom romantischen Sehnsuchtsfluss der Deutschen zur stinkenden Kloake schlechthin geworden war. Und überdies war es nicht irgendein Wal, sondern ein schneeweißer Beluga, der als Verkörperung von Reinheit und Unschuld durch die verdreckten Fluten schwamm. Das war eine Sensation, Moby Dick war

> »ein geheimnisvoller Botschafter aus einer anderen Welt, eine ausgesetzte, heimatlose Kreatur, die sich aus den klaren Gewässern und der sauberen Luft der Antarktis in die schwarze Brühe des Rheins und in die verpestete Luft des Revier verirrt« hatte (Prümm 2002).

Damit prallen zwei Prinzipien aufeinander. Zum einen der Wunsch, an einem Wunder teilzuhaben, zum anderen das Bedürfnis, das Rätselhafte zu jagen und zu entmythologisieren (ebd.). Aber es ist noch mehr, ein weiterer Gegensatz hat sich als noch wirkmächtiger erwiesen, nämlich der zwischen einer schranken- und gedankenlosen Industrialisierung und dem Umweltschutzgedanken, verkörpert durch das Weiß des harmlosen Belugawals. Im Laufe seines Aufenthaltes im Rhein magerte er ab, und auf seiner Haut zeigten sich dunkle Flecken; Moby Dick wurde zum Symbol der geschundenen Natur und der Umweltzerstörung. Dann kommt das Finale: Kurz bevor er das Ijsselmeer verlassen könnte, schwimmt er zurück bis genau vors Bundeshaus und unterbricht eine Pressekonferenz jener Bundesregierung, die gemeinsam mit der Industrie ausschließlich auf den technischen Fortschritt und die Zunahme des Lebensstandards setzt. Hätte man die Geschichte erfunden, wäre sie wahrscheinlich als unrealistisch abgetan worden, aber als tatsächliches Geschehen erfuhr sie einen symbolischen Gehalt von nachgerade mythologischer Qualität. So sagte etwa der Tierarzt des Duisburger Zoos über den Beluga-Wal: »Ich unterstelle ihm sogar einen gewissen Vorsatz bei seinem Ausflug in den Rhein« (WDR Online 2001). Und der Westdeutsche Rundfunk fragte anlässlich der Ausstrahlung einer hoch gelobten Dokumentation (Köster und Rettinger 2001) über Moby Dick:

> »Was sucht nun der einsame Beluga ausgerechnet in diesem verseuchten Fluss? Weshalb schwimmt er über 400 Kilometer stromaufwärts – taucht vor dem Bundespressehaus auf und sprengt eine Pressekonferenz [...] – bevor er umkehrt?« (WDR-dok 2004).

Darauf lässt sich im rationalen Kontext keine Antwort geben, aber die so formulierte Frage ist Andeutung genug, weil sie nicht ausschließt, dass hinter dem Verhalten des Wales ein Wille, eine bewusste Absicht steht: Er möchte die Menschen dazu ermahnen, sorgsamer mit der Natur umzugehen. Wenn noch vier Jahre zuvor die Bundesregierung zumindest in verklausulierter Form die Sturmflutkatastrophe als Fingerzeig Gottes angesehen hat, braucht es nicht zu überraschen, dass auch in diesem Fall mythologische Restbestände aktiviert werden, zumal in beiden Fällen das schlechte Gewissen im Hintergrund steht: 1962 frönen die Leute der »oberflächlichen Zivilisation« und vergessen die »tief schürfende Kultur«, sodass die Flut sie zur Besinnung bringen muss. 1966 werden Luft und Gewässer verpestet, und es muss erst ein weißes, unschuldiges Wesen die Menschen daran erinnern, dass sie sich gegen die Natur versündigen. Typisch für jene Zeit ist, was die *Süddeutsche* auf Seite Eins ihrer Ausgabe vom 23.05.1966 schreibt:

> »Warum ist es für einen Wal im Rhein so schön, fragen sich Millionen von Menschen in diesen aufregenden Tagen. Deutschlands Strom – ist er nicht an der Grenze von Waschlauge zu Teer? Und nun befindet sich ein Beluga schon über eine Woche offenbar wohl darin. Die unerhörte Waschkraft unserer Detergentien [= Reinigungsmittel], von *Frau Saubermann* gar nicht aufgebraucht, verhindert, dass der Weißwal grau wird. 30 000 Tonnen Industriesalze, die täglich in den Rhein abgelassen werden, schaffen ihm eine chemisch-physikalische Umwelt, die von der des gewohnten Salzmeeres anscheinend nicht so radikal verschieden ist. Am gefährlichsten – wer weiß – ist vielleicht noch die Luft der niederrheinisch-westfälischen Industriegebiete, die der Wal als Säugetier nun einmal atmen muss [...]. Wenn er das offene Meer erreicht, wird er die größte Chance seines Lebens verspielt haben. Er hat es dann wieder mit den professionellen Walfängern zu tun, die nicht, wie der sanfte Dr. Gewalt mit der freundlichen Narkosepistole kommen, um dem Widerstrebenden zu seinem Glück eines gesicherten Lebensabends zu zwingen« (Süddeutsche Zeitung, 23.05.1966, 1).

Umweltprobleme eignen sich 1966 noch fürs abgehobene Feuilleton, das mit sanfter Ironie die Niederungen (nicht) alltäglicher Sensationsmeldungen betrachtet, und ökologisch angemessene Alternativen sucht man zu jener Zeit auch vergebens: Entweder geht der Beluga im verseuchten Rhein zu Grunde, oder er fällt der damals äußerst aktiven Walfangindustrie zum Opfer, oder er gerät in die Fänge des Zoodirektors von Duisburg. Vielleicht ist Letzteres aus der Sicht des Verfassers tatsächlich die beste aller Lösungen, obwohl artgerechte Haltung damals noch ein Fremdwort war. Und dennoch verschleiert der abgehobene Stil des Kommentators nur mühsam das schlechte Gewissen ob der Folgelasten des eigenen Lebensstandards: Es kann für einen im Rhein schwimmenden Wal nicht *schön* sein, wenn täglich Waschmittelrückstände und *30 000 Tonnen Industriesalze* in den Fluss geleitet werden. Alternativen existieren noch nicht in den Köpfen der Verantwortlichen oder der Bürger, sie nehmen die Probleme hin, wenngleich mit schlechtem Gewissen. Sie beklagen bereits die Umweltverschmutzung, aber sie wird als gegeben betrachtet, als etwas, das man inkaufnehmen muss, wenn man den Lebensstandard halten bzw. steigern will. Im Hintergrund bahnen sich jedoch bereits politische

Strömungen an, die gegen das Establishment aufbegehren werden. In Bonn regiert die SPD bereits mit, kurze Zeit darauf beginnen die Studentenunruhen der 68er Generation. Bald wird auch der Umweltschutz ein Thema, die »Grenzen des Wachstums« werden 1973 durch den Club of Rome aufgezeigt, und im selben Jahr erschüttert die Ölkrise die westlichen Nationen. In diese Entwicklung fügt sich auch der weiße Wal vom Rhein, denn die Aufmerksamkeit, welche er in der Bevölkerung und den Medien hervorgerufen hat, zeigt, dass er einer der Auslöser für die Natur- und Tierschutzbewegung war.

7.2 Wenn die Natur »zurückschlägt«

Schon bald aber schlägt das Mitleid mit der geschundenen Natur in Angst vor ihr um: Was ist, wenn die entrechteten Kreaturen aufbegehren und sich gegen ihre Unterdrücker wenden? Ihren populären Niederschlag finden derartige Befürchtungen in den Katastrophen- und Sciencefictionfilmen der 70er Jahre, die zuhauf auch in die europäischen Kinos gelangen. Nicht genug damit, dass Meteoriten sich auf Kollisionskurs mit der Erde befinden, der Flutstrom eines gebrochenen Dammes eine Stadt überschwemmt oder ein Erdbeben Los Angeles völlig zerstört – die ganze Welt scheint aus dem Gleichgewicht geraten zu sein:

> »Haie, Riesenkraken, Schlangen, Spinnen fallen über arglose Badegäste, Angler, Urlauber oder Landbewohner her. Schwärme von Fliegen, Bienen, Ameisen haben sich gegen die Menschheit verschworen und holen zum letzten Vernichtungsschlag aus. Die Natur begehrt auf und wendet sich gegen ihre vermeintlichen Herrscher. Die sorgsam verdrängten Risiken des technischen und ökonomischen Fortschritts werden in einem nie gekannten Ausmaß offenbar und bedrohen alle« (Korte 1992, 223; vgl. Rieken 2003a, 232f.).

Die Natur kann aber noch in ganz anderer Weise »zurückschlagen«. Seit dem Beginn der Industrialisierung ist die globale Temperatur angestiegen, und es hat sich die Zusammensetzung der Atmosphäre geändert. Von den klimawirksamen Spurengasen hat insbesondere das Kohlendioxid (CO_2) stark zugenommen, und zwar durch die Verbrennung fossiler Energieträger (Kohle, Erdöl, Erdgas) vor allem in Kraftwerken, Industriebetrieben und Kfz-Motoren. Kohlendioxid aber ist in der Lage, langwellige Strahlung (Infrarotstrahlung), die von der erwärmten Erde ausgesandt wird, zu absorbieren und in Wärmeenergie umzusetzen. Das ist im Wesentlichen der anthropogene Anteil am Klimawandel, zumindest nach Meinung der meisten Experten. Man findet diese Sicht zum Beispiel in der Brockhaus Enzyklopädie von 1990 (BE, Bd. 12, 1990, 84f.), aber auch bei sehr zurückhaltend und differenziert argumentierenden Autoren wie Cubasch und Kasang (2000, 16–21).

Seit in den 80er Jahren des letzten Jahrhunderts die Temperaturen merklich angestiegen sind, ist dieses Problem einer breiteren Öffentlichkeit bekannt geworden und vor allem in den tief liegenden Küstenregionen auf besonderes Interesse gestoßen. Denn mit der globalen Erwärmung könnte sich der holozäne Meeresspiegelanstieg beschleunigen, und zwar zum einen durch das Abschmelzen von Gletscher-

und Polareis, zum anderen durch die natürliche Ausdehnung des Wassers auf Grund von Erwärmung (thermische Expansion). Würden die Eismassen Grönlands und der Antarktis zur Gänze schmelzen, so würden sie »den Meeresspiegel um bis zu 80 Meter ansteigen lassen und dann tatsächlich den Kölner Dom größtenteils unter Wasser setzen«, schreibt Mojib Latif, auf ein Titelbild des Nachrichtenmagazins *Der Spiegel* anspielend (Latif 2003, 28). Für das Klima der nächsten 100 Jahre sei das allerdings nicht der Fall, fügt er hinzu, weil der Schmelzprozess sich langsam vollziehe, das sei bestenfalls eine langfristige Perspektive (ebd.). Latif ist Professur am Institut für Meereskunde der Universität Kiel und einer der wichtigsten Klimaexperten der BRD. Er ist in Norddeutschland allgemein bekannt, weil er als Fachmann immer wieder, unter anderem vom Norddeutschen Fernsehen (NDR), konsultiert wird, wenn es um Fragen des Klimawandels geht. In einem Sachbuch mit dem Titel *Hitzerekorde und Jahrhundertflut* befasst er sich ausführlicher mit der Problematik (Latif 2003). Auf dem unteren Teil des Titelbildes sieht man ausgedörrten Boden, auf dem oberen hingegen das Berliner Reichstagsgebäude in den Fluten versinken. »Wenn es so kommt, wie unsere Modelle es vorhersagen, werden wir mit Rasanz einen Temperaturanstieg kriegen, der einmalig wäre in der Menschheitsgeschichte [...]. Die Gesellschaft hat nicht mehr viel Zeit, um zu entscheiden, ob sie dieses Experiment einfach so weiterlaufen lassen will«, warnt er in einem Interview mit dem *Spiegel* (Der Spiegel 2002). An anderer Stelle gibt er zu bedenken, dass es darüber hinaus »heftigere Niederschläge und somit auch stärkere Winde« geben werde (Spiegel Online 2002). Damit und mit seinen Warnungen vor zunehmenden Temperaturen trifft Latif an der Küste auf einen sensiblen Punkt und löst Ängste aus. Hält man sich nämlich vor Augen, dass die großen Sturmfluten ungefähr 3,50 Meter über dem mittleren Tidehochwasser auflaufen, braucht nur, so könnte man folgern, ein relativ geringer Teil des Eises zu schmelzen, um die deutsch-niederländischen Küstengebiete zu überfluten – dazu bedarf es keineswegs der prognostizierten 80 Meter.

Derartige Befürchtungen hat, mit Blick auf das globale Klima, Kevin Kostner in seinem weithin bekannten Film *Waterworld* (1995) zu einem düsteren Endzeitszenario verarbeitet.

> Die Polkappen sind geschmolzen, Kontinente überflutet, die wenigen Überlebenden vegetieren auf künstlichen Atollen dahin. Kevin Kostner spielt den Mariner, einen namenlosen Mutanten, dem bereits Schwimmhäute gewachsen sind und der mit seinem Boot den endlosen Ozean durchstreift, ähnlich wie ein klassischer Westernheld die Prärie. Als er eine junge Frau und ihre Ziehtochter rettet, gerät er in Konflikt mit den so genannten Smokers, Piraten, die alles zerstören, was ihnen in die Quere kommt. Vor allem haben sie es auf das Mädchen abgesehen, weil eine Tätowierung auf ihrem Rücken den Weg nach Dryland weisen soll, den angeblich letzten Rest festen Landes. Am Ende siegt Kostner, und tatsächlich findet er mit den Seinen Dryland, setzt sie dort ab und sticht erneut in See, wiederum eine Reminiszenz an das unstete Wesen des klassischen Westernhelden (Kostner 1995).

Beeindruckend sind jene Unterwasserszenen, in denen der Mariner auf den Grund taucht und dort auf Reste ehemaliger amerikanischer Großstädte mit ihren Hochhäusern und Wolkenkratzern stößt. Noch prägender ist der Untergang des ehemaligen Öltankers, den die Smoker als ihren Hauptsitz gewählt haben. Kurz bevor das Schiff sinkt, kann man nämlich seinen Namenszug lesen: *Exxon Valdez*. Es handelt sich dabei um jenen Tanker, der am 23. März 1989 vor Alaskas Küste auf Grund gelaufen ist und über 40 Millionen Liter Öl verloren hat. Flora und Fauna sind dort bis heute belastet, aber das Schiff wurde 1991 repariert und fährt seither weiterhin für Exxon unter dem Namen »S/R Mediterranean« (vgl. Feddern 2002). Insofern ist es ein gelungener Schachzug des Regisseurs, das Schiff nach dem Klimakollaps in die Hände von Freibeutern geraten zu lassen.

Ohne Happy End für die Natur endet auch ein anderer Film, der 2004 die Gemüter bewegte, nämlich Roland Emmerichs Katastrophenfilm *The Day After Tomorrow*.

> Während einer Forschungsbohrung in der Antarktis zieht sich auf einmal ein Riss quer durchs Eis und löst eine Scholle in der Größe von Rhode Island los. Unterdessen warnt der Klimaforscher Jack Hall vergeblich die Mächtigen der Welt vor einer Klimakatastrophe, die dann schneller als erwartet kommt. Bereits die Vorboten sind bedrohlich: In Neu Delhi schneit es, auf Tokio gehen Hagelkörner in der Größe von Orangen nieder, Tornados verwüsten Los Angeles. Schon bald steuert der Film auf seinen Höhepunkt zu: New York wird von einer riesigen Flutwelle erfasst, bald darauf stürzen die Temperaturen ab, und die Nordhalbkugel versinkt im Schnee. Als sich das Wetter wieder beruhigt, ist eine neue Eiszeit angebrochen, und die Luft »noch nie so klar« gewesen, wie ein staunender Astronaut auf seiner Raumstation feststellt (Emmerich 2004).

Emmerich spielt mit dem Szenario, dass nach globaler Erwärmung und katastrophalen Überschwemmungen in nördlichen Breiten eine neue Eiszeit droht, weil durch Eisschmelze sowie erhöhten Niederschlag und Kondensation der Salzgehalt des Meeres verringert und dadurch der Golfstrom geschwächt werden oder versiegen könnte (vgl. Cubasch und Kasang 2000, 81–86). Was im Film aus dramaturgischen Gründen auf wenige Tage zentriert ist, würde in Wirklichkeit zwar viel länger dauern, doch entscheidend ist die Botschaft, die transportiert wird: »Die Erde wird zum Spielball einer zornigen Natur«, wie es Hans Schifferle in *epd Film* treffend formuliert (2004, 36). Und Emmerich geht dabei von aktuellen Ereignissen aus. So hat sich tatsächlich im Jahre 2002 eine Eisfläche in der Antarktis losgelöst, welche die Größe von Rhode Island (2717 km^2) hatte (National Snow and Ice Data Center 2002). Der Riss, welcher sich zu Beginn des Films im Eis öffnet, hat symbolische Bedeutung, denn er spaltet am Ende nicht nur die unter dem Schnee begrabene Nordhalbkugel vom Rest der Welt, sondern thematisiert auch den Gegensatz zwischen Ökonomie und Ökologie. Auf der einen Seite stehen die Umweltschützer, auf der anderen jene Politiker, die mit dem Hinweis auf eine funktionsfähige Wirtschaft ökologische Maßnahmen hintertreiben. Im Visier hat Emmerich vor allem die konservative Regierung unter George W. Bush, die sich unter anderem geweigert hat, das Kyoto-Protokoll zu unterzeichnen, welches weltweite Reduktionen an Schadstoffausstoßen vorsieht.

Der Film hat jedenfalls hohe Wellen geschlagen, die US-Regierung hat der NASA und anderen Bundesbehörden verboten, öffentlich zu dem Film Stellung zu nehmen (Schmitt 2004), obgleich kurz zuvor eine zunächst geheim gehaltene Studie des Pentagon zu dem Ergebnis gekommen ist, dass vom Klimawandel größere Gefahren ausgehen als vom internationalen Terrorismus (Schwartz und Randall 2003). Der kalifornische Klimaforscher Michael Molitor meint, der Film könne »mehr für das Thema des Klimawandels tun, als ich je in meinem Leben tun konnte« (Schmitt 2004). Und der deutsche Umweltminister Jürgen Trittin, Mitglied von Bündnis 90/Die Grünen, empfiehlt in einem Interview ausdrücklich den Kinobesuch, weil er der Auffassung ist, »dass die Grundannahme des Films, der Mensch verursache die globale Erwärmung, wissenschaftlich fundiert ist« (Bündnis 90/Die Grünen 2004).

Die Filme von Kostner und Emmerich haben großes Aufsehen erregt und spielen auf der Klaviatur kollektiver Ängste, doch kann niemand voraussagen, wie sich der Klimawandel tatsächlich auswirken wirkt. Er findet in Medien, Politik und Wissenschaft große Beachtung, aber es wäre verfehlt, alle ungewöhnlichen Wetterlagen als Beleg für die anthropogene Klimaveränderung zu betrachten (vgl. Stehr und von Storch 1999, 115–120). Das Wissen darüber entstammt in erster Linie Modellsimulationen, die am Computer entstanden sind, und nicht der Erfahrung (Cubasch und Kasang 2000).

Doch unsere Perspektive ist nicht primär die der Naturwissenschaft, sondern das, was mehrheitlich in der Öffentlichkeit empfunden wird. Die Zeit zwischen 1980 und 2000 mit ihren extrem heißen Sommern ist in Hinblick auf die letzten 1000 Jahre eine extreme Anomalie, und sie fügt sich in das Bild der fortschreitenden Erwärmung. Darauf reagieren vor allem die Küstenbewohner sensibel, weil sie aus ihrer Geschichte um den ständig steigenden Meeresspiegel und um die zerstörende Kraft großer Sturmfluten wissen. Der bereits mehrfach zitierte Uwe Sönnichsen hat, wie er berichtet, als 9-Jähriger in Dagebüll einen Deichbruch erlebt, der so eindrücklich war, dass ihn das Thema seither nicht mehr losgelassen hat. »Mein großes Anliegen ist der Küstenschutz. Deshalb ist die Klimaveränderung für uns das wichtigste Thema. Wenn wir nicht handeln, gibt es eine Katastrophe«, sagt er in einem Interview mit der *Welt* (Iken 2001). Gegen den Ausstoß der Treibhausgase werde viel zu wenig getan, auch müsste zumindest ein Sechstel der Deiche in Schleswig-Holstein erhöht werden. Keine Region habe so viele Naturkatastrophen erlebt wie Nordfriesland, und keine sei sosehr vom drohenden Klimawandel betroffen (ebd.). Windgeschwindigkeiten und Sturmfluten hätten »in den vergangenen Jahrzehnten kräftig zugenommen«, sagt Kurt Pulsen, der über 50 Jahre Kapitän auf der Halligroute war (ebd.). »In der ersten Jahrhunderthälfte war die Nordsee viel ruhiger«, meint auch Ludwig Binge, ehemaliger Landwirt auf Hallig Hooge, und er fügt hinzu: »Wer die Geschichte kennt und die Prognosen der Wissenschaftler hört, macht sich natürlich Sorgen«. Mit dem Hinweis auf die Geschichte spielt er auf die großen Fluten von 1362, 1634 und 1825 an, welche sich im kollektiven Bewusstsein der Nordfriesen »tief eingebrannt« hätten (ebd.).

Selbst wenn der globale Klimawandel kein Thema in Medien und Wissenschaft wäre, wäre die Angst vor der Nordsee nicht verschwunden. Zum einen ist der nacheiszeitliche Meeresspiegelanstieg von durchschnittlich 25 Zentimeter pro Jahrhundert allgemein bekannt, zum anderen hat es noch nie eine Sturmflut gegeben, in der alle sie bedingenden Negativfaktoren zusammengetroffen sind. Dass das geschieht, ist nicht wahrscheinlich, aber es besteht die Möglichkeit dazu, auszuschließen ist es nicht. Das ruft Ängste hervor, und verstärkt werden sie durch die Debatte um den anthropogenen Klimawandel. So kommt zum Beispiel Thomas Steensen in seiner nordfriesischen Geschichte im Kapitel über den Küstenschutz zu folgendem Ergebnis:

>>Die Ursachen für die immer höheren und immer häufigeren Fluten sind umstritten. Der in Jahrhunderten zu beobachtende langsame Meeresspiegelanstieg wird vermutlich durch Klimafaktoren und Umweltbelastungen beschleunigt – für das Küstenland Nordfriesland eine möglicherweise schwerwiegende Entwicklung, deren Folgen niemand absehen kann<< (Steensen 1995, 420).

In ihrem Buch über die große Hollandflut von 1953 schreibt Inez Flameling, dass die Menschen sich zwar hinter den Deichen gegenwärtig geschützt fühlen, aber in Anbetracht des möglichen Klimawandels und des ansteigenden Meeresspiegels unsicher in die Zukunft schauen würden. Einerseits würden die gewaltigen Leistungen des Deltaplanes gewürdigt, andererseits erkenne man, dass die Technik allmählich an ihre Grenzen gelange (Flameling 2003). Das Buch ist in den Niederlanden auf lebhaftes Interesse gestoßen, die Erstauflage von 30 000 Exemplaren war bald nach dem Erscheinen ausverkauft, was für ein Land mit 15 Millionen Einwohnern eine beachtliche Zahl ist. – Ernst Scagnet ist in einem Beitrag für die *Neue Zürcher Zeitung* der Frage nachgegangen, wie die Niederländer mit der Angst vor dem Meer umgehen. Der Bürgermeister der sechs Gemeinden von Schouwen-Duiveland (Provinz Zeeland) antwortete ihm, dass die meisten sich zwar sicher fühlen,

>>und es ist ja auch alles anders als damals: Wir sind viel besser geschützt, wir sind vorbereitet, es gibt die notwendigen Pläne, Radio, Telefon. Aber irgendwo ist den Menschen bewusst, auch wenn sie es verdrängen, dass es hundertprozentige Sicherheit nicht gibt. Bei Windstärke elf kommen die Erinnerungen, und mit ihnen kommt die Furcht, und in den Häusern brennen die Kerzen<< (Scagnet 2003).

Das ist eine pragmatische Sicht, denn man kann sich aus Gründen der Lebensqualität nicht dauernd mit bedrohlichen Gefahren auseinandersetzen, und tatsächlich ist die gegenwärtige Situation wegen der sichereren Deiche und verbesserter Kommunikationsmöglichkeiten im Krisenfall eine andere als in der ersten Hälfte des 20. Jahrhunderts. Dennoch muss man sich vor Augen halten, dass absoluter Schutz vor dem Wasser nicht möglich ist, wenn man in den deutsch-niederländischen Küstenregionen lebt. Dass die Ängste trotz technischer Meisterleistungen nicht verschwunden sind, sondern nur verdrängt werden, zeigt der letzte Satz: Bei Windstärke elf steigen die Erinnerungen hoch, und man zündet die Kerzen an – Ersteres ein deutlicher Hinweis auf die Rolle der Starkwinde als Stütze des kollektiven Gedächtnisses, Letzteres ein Ausdruck dafür, dass im Falle großer Angst mythologische Inhalte reaktiviert werden. – Auf Ernst Scagnets Frage, was geschehen müsste, wollte man für vollständigen Schutz sorgen, antwortet der Direktor einer Hochschule für Wasserwirtschaft:

> »Restlose Sicherheit könnten wir nur garantieren, wenn wir 35 Meter hohe Deiche bauen würden, aber das geht natürlich nicht, es ist nicht zu bezahlen, und es würde das Landschaftsbild zerstören. Nein, wir müssen lernen, mit Risiko umzugehen« (ebd.).

Wie bereits erwähnt, wären so hohe Deiche auch deswegen kaum möglich, weil der Untergrund in der Regel zu weich ist und bei einem derartigen Gewicht absacken würde. Also kalkuliert man ein Restrisiko ein. Dieses tritt immer dann klar ins Bewusstsein, wenn sich anderswo auf der Welt ähnliche Katastrophen ereignen: Wie große Teile der Niederlande liegt New Orleans mehrere Meter unter dem Meeresspiegel. Ende August 2005 hatte der Hurrikan *Katrina* die Stadt fast zur Gänze unter Wasser gesetzt; Tausende Tote waren zu beklagen, die materiellen Schäden stiegen ins Unermessliche. Wenige Tage später berichtete die Tageszeitung *Leeuwarder Courant*, das westfriesische Amt für Wasserwesen (Wetterskip Fryslân) werde mittels einer Computersimulation die Folgen eines Deichbruchs zu ermitteln versuchen, um in Erfahrung zu bringen, ob weitere Dämme notwendig seien. Das *Rijksinstituut voor Volksgezondheit en Milieu* habe nämlich errechnet, dass im Falle eines Deichbruchs an Frieslands oder Groningens Küste mit mindestens 1000 Toten und materiellen Schäden im Wert von 100 Millionen Euro gerechnet werden müsse (Leeuwarder Courant 2005).

Ängste speisen sich aus vergangenen Erfahrungen, das ist beim Individuum nicht anders als beim Kollektiv. Um sie erneut hervorzurufen, bedarf es jedoch nicht unbedingt weiterer Erfahrungen, denn es reicht auch das Gewahrwerden von *Möglichkeiten*. Diese betreffen den holozänen Meeresspiegelanstieg sowie die Tatsache, dass bisher noch nie sämtliche Negativfaktoren bei einer Sturmflut gleichzeitig eingetreten sind. Eine neue Dimension eröffnet allerdings die Debatte um den anthropogenen Klimawandel. Der Meeresspiegel könnte rascher ansteigen, als bisher angenommen, Starkwinde könnten zunehmen und vermehrt Sturmfluten hervorrufen. Diese Debatte trifft bei den Friesen und anderen Küstenbewohnern deswegen auf offene Ohren, weil sie im Laufe der Jahrhunderte immer wieder mit tödlichen Gefahren konfrontiert waren, welche sich tief im Gedächtnis eingegraben haben, zuletzt 1962. Wer mit Primärobjekten, zu denen das Wasser zählt, schlechte Erfahrungen gemacht hat, ist zwar nicht unbedingt traumatisiert, aber zum wenigsten doch sensibilisiert und weist, psychologisch betrachtet, einen erhöhten Vulnerabilitätsfaktor auf, der hellhörig macht.

Die Debatte um den anthropogenen Klimawandel ist nur in einer Hinsicht neu, nämlich dann, wenn man Sturmfluten als ein natürliches Geschehen betrachtet, welches unabhängig von menschlichen Eingriffen zu Stande kommt. Es geht hier nicht um den Deichbau, der den Wasserstau erhöht, und auch nicht um die Absenkung des Landes aus unterschiedlichen Gründen wie Salztorfabbau und Entwässerung. Das meine ich nicht, sondern die aufklärerische Perspektive, nach der ausschließlich natürliche Ursachen für das Entstehen von Fluten verantwortlich seien, etwa Springtide, länger andauernde Starkwinde aus westlichen und nordwestlichen Richtungen, eine Flutwelle aus dem Atlantik etc. Diese Sicht mag dem naiven Betrachter selbstverständlich erscheinen, aber sie ist es nicht. Vielmehr handelt es sich um eine Perspektive, welche sich im Zeitalter der Aufklärung abzuzeichnen begann, zunächst aber auf einen kleinen Zirkel gelehrter Autoren beschränkt war und erst in der zweiten Hälfte des 20. Jahrhunderts weitere Kreise erfasst hat. Allerdings ist sogleich hinzuzufügen, dass im Fall einer tatsächlichen Katastrophe mythologische oder semimythologische Vorstellungen wieder aktiviert werden, wie verschiedene Texte zur Februarflut von 1962 deutlich gemacht haben.

Wenn man eine längerfristige historische Perspektive einnimmt, gelten Sturmfluten durchweg als vom Menschen verursacht. Sie sind Ausdruck göttlichen Wirkens, um ihre Sündhaftigkeit zu bestrafen und sie zur Besinnung zu bringen. Damit schließt sich nun der Kreis, denn in der Diskussion um den anthropogenen Klimawandel wird der Mensch wieder als Ursache von Naturkatastrophen eingeführt, wobei allerdings das Argumentationsmuster an die Erfordernisse des technisch-wissenschaftlichen Denkens angepasst ist: *Sturmfluten sind zwar nicht mehr ein Ausdruck des strafenden Gottes für sündhaftes Tun, aber sie sind ein Ausdruck der »zornigen« Natur über das »sündhafte« Umweltverhalten der Menschen.* Die Auffassung, dass nicht die Natur, sondern der Mensch die Fluten verursacht, ist daher eine Struktur von langer Dauer, die prägend ist für die Küstenbewohner. Sie hat ihren Ursprung in der biblischen Darstellung der Sintflut, welche von einer weltweiten Überschwemmung spricht, die auf den Zorn des alttestamentlichen Gottes über menschliches Fehlverhalten zurückgeführt wird. Psychologisch gesehen handelt es sich insofern um eine nützliche Vorstellung, als dergestalt in Anbetracht der übermächtigen Naturgewalten das Gefühl der Kleinheit und Minderwertigkeit kompensiert werden kann. Der Mensch ist nicht bedeutungslos, sondern steht im Brennpunkt göttlichen Interesses bzw. fungiert als mächtiger Urheber des Geschehens. Daher ist diese Auffassung gleichzeitig auch Ausdruck des egozentrischen Denkens, des *Es gilt mir*, welches sich immer dann Gehör verschafft, wenn Ängste vorhanden sind, die es auf irgendeine Art zu bewältigen gilt. Sie ist tröstlich, weil dem Geschehen dergestalt ein Sinn abgerungen werden kann, indem man eine Antwort auf die Frage nach dem Woher bekommt und nach dem Wozu. Die Erforschung der Ursache – sowohl der Wirk- als auch der Zielursache – appelliert nämlich indirekt oder direkt daran, sich über geeignete Gegenmaßnahmen Gedanken zu machen. In der Vergangenheit konnte man dem unchristlichen Lebensstil abschwören, heute wäre es zum Beispiel möglich, global den CO_2-Ausstoß zu reduzieren oder individuell sein Dasein auf ökologisch verträglichere Art und Weise zu gestalten. So gesehen ist der Mensch Schöpfer und Geschöpf zugleich; himmlische Kräfte, *Gott* genannt oder *Klima*, befassen sich mit ihm und fordern ihn auf, tätig zu werden. Er ist, um ein bekanntes Zitat von Jacques Monod abzuwandeln, in dieser Perspektive *kein Zigeuner am Rande des Universums* (Monod 1971, 211).[329]

---

329 Das ganze Zitat lautet: »Wenn er diese Botschaft in ihrer vollen Bedeutung aufnimmt, dann muss der Mensch endlich aus seinem tausendjährigen Traum erwachen und seine totale Verlassenheit, seine radikale Fremdheit erkennen. Er weiß nun, dass er seinen Platz wie ein Zigeuner am Rande des Universums hat, das für seine Musik taub ist und gleichgültig gegen seine Hoffnungen, Leiden oder Verbrechen«.

8 Bausteine für eine Mentalitätsgeschichte der Friesen

Die friesische Mentalitätsgeschichte kann man ohne Bezugnahme auf naturräumliche sowie klimatische Gegebenheiten und deren Veränderungen im Laufe der Zeit nicht in hinlänglicher Weise verstehen. Es handelt sich daher auch um eine Geschichte auf der Ebene der longue durée, »eine träge dahinfließende Geschichte, die nur langsame Wandlungen kennt« (Braudel 2001, Bd. 1, 20). Die Friesen besiedeln spätestens seit der Antike die südliche Nordseeküste und sind von Anbeginn mit dem holozänen Meeresspiegelanstieg konfrontiert. Anfänglich zogen sich die Bewohner vor der transgredierenden See zurück, doch seit dem ersten vorchristlichen Jahrhundert schütteten sie Warften auf und errichteten dort ihre Häuser und Stallungen. Somit fühlten sie sich den natürlichen Einflüssen nicht mehr passiv ausgeliefert, sondern setzten sich aktiv zur Wehr. Das erforderte ein höheres Maß an individuellen und kollektiven Potenzen. Dazu waren materielle Ressourcen notwendig, welche das Meer in doppelter Hinsicht lieferte: zum einen den fruchtbaren Marschenboden, zum anderen die Küstenlage, wodurch Handel erleichtert wurde. Dieser setzte voraus, dass Überschüsse produziert wurden. So boten die Friesen Rinderhäute, Schafwolle, Textilien, handwerkliche Erzeugnisse und anderes feil und erhielten dafür von den Römern Waffen, Töpferware, Glasprodukte oder Schmuck.

Während der Völkerwanderung, die an der Küste wahrscheinlich mit der Dünkirchen-II-Transgression zu tun hatte, entstand eine Siedlungslücke, doch blieb eine friesische Restbevölkerung erhalten. Als um 700 n.Chr. eine Regressionsphase eintrat, wurden die verwaisten Warften erneut in Beschlag genommen, weitere Warften errichtet und darüber hinaus Flachsiedlungen angelegt. Als jedoch um 1000 n.Chr. die Dünkirchen-III-Transgression einsetzte und das Wasser seither fortdauernd steigt, wurde es notwendig, sich nach Alternativen zum Warftenbau umzusehen, um nicht auf Getreideanbau verzichten oder gar abwandern zu müssen. Daher begann man Deiche zu bauen, zunächst niedrige Ringdeiche, welche die Wirtschaftsflächen schützten. Sie wurden später erhöht und miteinander verbunden, bis im 13. Jahrhundert der *goldene Ring*, die geschlossene Deichlinie, vollendet war. »In ganz Europa gibt es kein von Menschenhand aus Erde und Holz errichtetes Bauwerk, das sich nach Größe und Arbeitsleistung mit den Deichen der Küstenländer messen könnte« (Kühn 1995, 11). Das war in erster Linie ein Werk der Friesen, denn im Mittelalter reichte ihr Gebiet von der heutigen Provinz Noordholland durchgehend bis zum rechten Weserufer, dem Lande Wursten (Sieben Seelande). Nur die Gegend um die Elbmündung sowie Dithmarschen waren sächsisch, während vom benachbarten Eiderstedt bis zur Höhe der heutigen dänischen Grenze wiederum Friesen leben.

In jene Zeit fiel das mittelalterliche Wärmeoptimum; die gestiegenen Temperaturen erhöhten die Ergiebigkeit der Äcker, Fruchtanbau war in höheren Lagen als zuvor möglich, die Städte wuchsen, der Handel nahm zu. Die in der Landwirtschaft produzierten Überschüsse waren notwendig, um die zunehmende Nachfrage aus den Städten zu befriedigen. Der Warenverkehr war indes mit den kleinen friesischen Booten, die überall anlegen konnten, nicht mehr zu bewältigen; größere Schiffe wurden gebaut, diese konnten aber nur in Häfen mit tieferen Zufahrten anlegen, sodass man die kleineren Handelszentren nicht mehr offen zu halten brauchte und eine weitgehend lückenlose Deichlinie errichten konnte. Diese wiederum schützte die Äcker besser, weswegen dort höhere Erträge erwirtschaftet wurden, durch die dann Mittel vorhanden waren, um die Deiche noch mehr zu schützen – et cetera. So griff eines ins andere, Klima, Wirtschaft und Deichbau waren Bestandteile *eines* dynamischen Systems.

Doch es hatte eine Kehrseite, denn die Gefahr durch das Meer wuchs. Das Klimaoptimum bewirkte eine Zunahme der Starkwinde und ließ Gletscher sowie Polkappen schmelzen, die thermische Expansion des Wassers tat ihr Übriges, vor den Deichen staute es sich, kurzum der Meeresspiegel erhöhte sich vor der Küste. Überdies hatte sich das Land dahinter als Folge der sehr effizienten Entwässerungsmaßnahmen gesenkt, und das umso mehr, je weiter es im Binnenland lag. Sturmfluten hatten verheerende Folgen: Das Ijsselmeer wurde zur offenen See, Dollart und Jadebusen entstanden, das Wasser drang bis in die tief liegenden älteren Marschländer vor, ein Großteil der nordfriesischen Küstenlinie wurde gesprengt, und es entstanden Ästuare, die bis an den Rand der Geest vordrangen. In der frühen Neuzeit wurde durch die Kleine Eiszeit eine neue Belastung akut, nämlich eine Zunahme der Stürme durch die Vergrößerung des Temperaturgradienten zwischen Polarmeer und europäischem Festland. Außerdem sanken die Erträge auf Grund der klimatischen Änderungen, die Sommer wurden kühler und nässer, Missernten, Hungersnöte und Seuchen waren die Folge, Kriege, insbesondere der Dreißigjährige Krieg, taten ihr Übriges. Die Menschen waren geschwächt und vernachlässigten die Deichpflege.

Die vorherrschende Windrichtung aus West bzw. Nordwest treibt die Winde in die Deutsche Bucht und staut das Wasser vor der flachen Sandküste auf. In Eigenregie konnten die Friesen und die anderen Küstenbewohner vor allem nach den großen Sturmflutkatastrophen der frühen Neuzeit dem nicht mehr standhalten; Spezialisten aus der Fremde mussten herbeigeholt werden, und sie professionalisierten den Deichbau, so geschehen vor allem seit den Sturmfluten von 1634 und 1717. Die Rückeroberung verlorenen Landes begann, und diese hielt an bis zum Ende des 20. Jahrhunderts, als sich durch den Naturschutzgedanken die Prioritäten änderten.

Bedingt durch die Industrialisierung und den Machbarkeitsglauben der Nachkriegszeit – mit Vorläufern im Elitendiskurs der Aufklärung – glaubte man, die vom Meer drohende Gefahr ein für alle Mal mit technischen Mitteln lösen zu können. Mechanisierung bedeutet auch Distanz zur Natur und den Glauben, ihr die Logik des Technischen überstülpen zu können, derart Machbarkeit suggerierend. Erstes Anzeichen einer neuen Epoche war indes der weiße Wal im hochgradig verschmutzten Rhein, welcher zum Symbol für die geschundene Natur wurde. Das schlechte Gewissen um ihre Ausbeutung fand seine Bestätigung in der Debatte um den anthropogenen Klimawandel, der den Meeresspiegel auf ungeheuerliche Ausmaße hochtreiben könnte. So verlor der technische Machbarkeitsglaube allmählich an Plausibilität und öffnete Tür und Tor für neue Ängste, die nun globaler Natur sind, aber für das Land der Friesen eine Struktur von langer Dauer bedeuten, welche von den ersten Chronisten bis in die Gegenwart reicht und wohl auch in Zukunft von Belang sein wird: die Angst vor dem Meer.

Angst kann lähmend wirken, genauso aber gewaltige Kräfte hervorrufen. Wer nicht weichen wollte, musste deichen, und genau das tat man. Das Land war reich, bis weit in die Neuzeit hielt sich die Vorstellung, in einem privilegierten Landstrich zu wohnen, der vermögend sei und frei von äußerer Herrschaft – im Gegensatz zum Binnenland, das von Adelsgeschlechtern in Abhängigkeit gehalten werde. Tatsächlich wurden die letzten Freiheitsrechte erst im 19. Jahrhundert durch Einführung der preußischen Gemeindeverwaltung abgeschafft. Die Bemühungen um einen gesamtfriesischen Landfriedensbund (Upstalsboom) im Mittelalter machen deutlich, dass trotz der misslichen geographischen Lage – der durch die Meereseinschnitte bedingten Aufsplitterung des Landes – das Gefühl, etwas Besonderes und Angehöriger eines eigenen Volkes zu sein, deutlicher ausgeprägt gewesen sein dürfte als bei anderen Bevölkerungsgruppen. Ein weiterer Grund wird die intensive Handelstätigkeit gewesen sein, die »für große Bevölkerungsteile immer wieder zur Berührung mit anderen Stämmen [führte], wodurch ihnen stets aufs Neue zum Bewusstsein gebracht wurde, was sie selber waren – Friesen« (Salomon 2000, 27).

Dieses Bewusstsein blieb (und bleibt bis heute) selbst dann erhalten, wenn die eigene Sprache erloschen ist, wie das Beispiel Ostfriesland zeigt. Zwar beruht die dortige Sprache zum Teil auf friesischem Substrat, doch gehört sie zum Niederdeutschen, das seit dem 13. Jahrhundert den gesamten norddeutschen Bereich zu dominieren begann – während sich umgekehrt die Saterfriesen trotz Erhaltes ihres osterlauwersschen Friesisch lange Zeit nicht als Friesen fühlten, da sie zum katholischen Münsterland gehören. Sprache ist also ein bedeutender, aber nicht unbedingt ein notwendiger oder hinreichender Bestandteil der regionalen Identität, wie das Beispiel Ostfriesland deutlich macht. – Im Übrigen ist das Friesische auch ein Spiegelbild der durch das Meer bedingten naturräumlichen Aufsplitterung, ist es doch nicht allein in West-, Ost- und Nordfriesisch unterteilt, sondern darüber hinaus in eine Vielzahl von Dialekten.

Sie hatten nicht nur ihre eigene Sprache im niederländischen, deutschen und dänischen Machtbereich, sondern auch ihre eigene sagenumwobene Geschichte. Ihr Ahnherr namens Friso soll – wie könnte es anders sein – übers Meer von weither gekommen sein, denn es heißt, dass er der Sohn eines indischen Königs gewesen sei, eines Nachkommen von Sem, dem ältesten Sprössling Noahs. Nebenbei hätten sie, wenn nicht die ganze, so doch Teile der schweizerischen Eidgenossenschaft gegründet, mithin ein Land, das wie ihr eigenes frei ist von adliger Herrschaft und darüber hinaus vollkommen sicher vor Sturmfluten. Außerdem sei ihr Recht göttlichen Ursprungs, denn weil sich zwölf friesische Abgesandte nicht dem Urteil Karls des Großen hätten beugen wollen, seien sie ins offene Meer verstoßen worden, doch als sie zu sterben drohten, sei plötzlich ein Dreizehnter da gewesen, der sie sicher an Land geführt und ihr eigenes Recht gestiftet habe, das dann später von Karl bestätigt worden sei.

So weiß es die Sage zu berichten, und wie so oft steckt ein wahrer Kern darin. Damit meine ich nicht die Abstammung aus der Linie Noahs, doch existieren vielfältige Bezüge und Gemeinsamkeiten mit der populären Überlieferung im Oberhaslital der Innerschweiz. Vor allem aber spiegelt die Sage Realität hinsichtlich der Rechtsverhältnisse wider. Gegen die Normanneneinfälle wurde nämlich nach 810 von Karl dem Großen eine Küstenwache eingerichtet, die sich auf waffenfähige Friesen stützte, wobei sie als Entschädigung nicht zur Landesverteidigung außerhalb der Sieben Seelande herangezogen wurden. Um die Normannenabwehr effizienter zu gestalten, garantierte nicht Karl, wie es die Sage behauptet, sondern sein Sohn Ludwig der Fromme den Friesen umfangreiche Freiheitsrechte, sodass sie als Rechtsgemeinschaft im Fränkischen Reich erhalten blieben. Während ringsum und in den meisten Gebieten Europas die Bauern herrschaftlicher Gewalt untertan waren, gab es in den Frieslanden keinen Adel, und die Zahl der freien Bauern war größer als anderswo, zumal auch die Pächter dazugerechnet wurden. Das ist ein Spezifikum, und darüber hinaus wurden die Rechtstexte auf Friesisch, also in der Muttersprache, aufgeschrieben, während nahezu alle anderen frühen Rechtsquellen des westeuropäischen Festlands mittellateinische Übersetzungen sind. Außerdem existiert kaum eine andere Landschaft in Europa, in der die Überlieferung so dicht war wie hier. Entsprechendes gilt übrigens auch für die neuzeitliche Chronistik: eine erstaunlich Vielzahl an Werken in Anbetracht der geringen Anzahl der Bewohner. Das betrifft vor allem Nordfriesland, das am schlimmsten von den Sturmflutkatastrophen heimgesucht wurde, und dies ist kein Zufall, denn man greift dann verstärkt zur Feder, wenn man sich bedroht fühlt.

Die Freiheitsrechte initiierten autonome, genossenschaftlich organisierte Territorialverbände (Friesische Freiheit), die auch dann nicht zu bestehen aufhörten, als die Normanneneinfälle zurückgingen. Der wesentliche Grund war das Meer mit seinem stetig steigenden Wasserspiegel und der Zunahme von Starkwinden. Statt der »Flut der wilden Wikinger« galt es nun der zunehmenden Sturmflutgefahr entgegenzutreten. Daher heißt es im Rüstringer Recht, dass »wir Friesen uns an die Küren und Satzungen unserer Väter und die Privilegien der Könige halten [sollen], wie es uns König Karl in unserm freien Gerichte auftrug; so können [wir] unser Land und unser Volk vor dem Meere und vor dem Nordmeer schützen, wenn uns Gott helfen will« (Buma und Ebel 1963°, 38).[330]

Die Friesen hegten in der Regel keine expansiven Gelüste, lebten sie doch, wie gesagt, in dem Gefühl, dass es ihnen daheim am besten gehe, weil ihr Land ertragreicher und wohlhabender sei als anderswo und die Menschen anderenorts vom Adel gepeinigt würden. Außerdem band der Schutz von Deichen materielle, physische und psychische Ressourcen. Indes beendeten in der frühen Neuzeit interne

---

[330] »Nu skilu wi Frisa halda usera aldera kest and kera and thera kininga ieua, alsa hit us thi kinig Kerl an tha fria stole bifel; sa mugu wi behalda use lond and usa liode with thet hef and with thene northhiri, ief vs God helpa wili«.

Auseinandersetzungen, nach Macht strebende regionale Herrscher (Häuptlinge) und der Besitzhunger fremder Adelsgeschlechter das System der Friesischen Freiheit, auch wenn autonome Rechte bis ins 19. Jahrhundert erhalten blieben. So bildeten etwa in den ostfriesischen Landständen neben Adel und Städten bäuerliche Eigentümer und Erbpächter den dritten Stand im Regionalparlament, während der Klerus – im Gegensatz zum Binnenland – dort keinen Sitz hatte. Darüber hinaus blieb die *Idee* der Friesischen Freiheit weiterhin lebendig. Mit ihr wurde in Rechtsangelegenheiten noch im 17. Jahrhundert argumentiert, und zu Beginn des 18. Jahrhunderts beklagte sich der (offensichtlich nicht einheimische) Pastor Johann Christian Hekelius über den Ungehorsam und die Widerspenstigkeit der Einheimischen, welche diese »als Kenn-Zeichen der Ost-Friesischen Freyheit« ansähen (Hekelius 1719b°, 120). Noch um die Mitte des 19. Jahrhunderts hörte Johann Georg Kohl »auf den [nord-]friesischen Inseln selbst einfache ungelehrte Leute sagen: ›Unseren Vorfahren hat der Kaiser Karl der Große zum Lohne für ihre Redlichkeit und Tapferkeit ihre Privilegien gegeben, und von ihm stammen unsere Freiheiten her‹« (Kohl 1846°, Bd. 3, 115f.).

An anderer Stelle heißt es bei Kohl, dass die Einwohner gemeinsam gegen das Meer streiten würden (ebd., Bd. 1, 42) und dass die Deiche »die langgestreckten Bande [sind], die ihre Interessen zusammenhalten und gemeinsam machen«. Diese Verhältnisse seien »gewiß zum Theil die Basis des republicanischen Associations- und Gemeingeistes, der in allen Marschländern herrscht« (ebd., 43). Kohl schließt das Kapitel mit der Bemerkung: »Gemeinsame Gefahr, gemeinsame Kämpfe schmieden die Menschen mehr als alles Andere zusammen« (ebd.) – womit er deutlich den Zusammenhang zwischen Genossenschaftsprinzip bzw. Friesischer Freiheit sowie der Erhaltung der Deiche und der Angst vor dem Meer sieht.

Die Friesen betrachteten sich als stolzes, traditionsbewusstes Volk, das nicht nur ein wohlhabendes Land bewohnte und im Kampf gegen das Meer keineswegs aufgab, sondern älter ist als viele andere Völker Europas. Während etwa das Wort *deutsch* erst ab dem Ende des 8. Jh. belegt ist, wurden die Friesen bereits in den Zeugnissen antiker Schriftsteller als eigener »Volksstamm« bezeichnet, der im Mündungsgebiet des Rheins sowie an den Küsten und auf den Inseln im Gebiet der heutigen Niederlande beheimatet war. Sie trieben Handel mit den Römern, halfen ihnen, wenn sie im flachen Wasser auf Sandbänke gerieten (Cassius Dio 1986°, 54, 32, 2f.), doch scheuten sie sich nicht davor, die Besatzer in die Flucht zu schlagen, wenn sie sich ungerecht behandelt fühlten. Als einmal ein römischer Verwalter verlangte, Rinderhäute in der Größe von Auerochsen abzuliefern, kam es zu kriegerischen Auseinandersetzungen, auf Grund deren sich die Römer geschlagen geben und zurückziehen mussten. »Von da an war der Name der Friesen bei den Germanen berühmt«, schreibt Tacitus, von dem diese Episode überliefert ist (1982°, IV, 72) – und die, als früher »Beleg« für die Friesische Freiheit, natürlich auch Eingang in die regionale Chronistik gefunden hat.

Indes wird, wie wir aus der Individualpsychologie wissen, die akzentuierte Betonung von Stärke und Selbstbewusstsein stets von einer Kehrseite begleitet, denn es werden damit gleichzeitig Gefühle der Unsicherheit und Minderwertigkeit kompensiert. Obwohl man selbstständig war und wohlhabender als viele Adlige – von denen man immer wieder bedroht wurde, weil sie stets aufs Neue versuchten, das Land zu überfallen –, wurde man »nur« als Bauer angesehen. Das ist der eine Aspekt, aber wichtiger als alle eroberungslüsternen Gegner zusammen war ein weitaus mächtigerer Feind – die Nordsee. Man zählte die Jahre nicht nach Schlachten, die man geführt hatte, sondern, neben der Orientierung am christlichen Festkalender, nach der letzten großen Sturmflut, und stets waren, nachdem es wieder einmal zur Katastrophe gekommen war, Jahr und Tag der Vorgängerflut präsent. Das zeigen die Quellen allzumal, von Emo von Wittewierum bis in die Gegenwart – ein Spezifikum der friesischen Mentalitätsgeschichte. Wenn Emos Nachfolger Menko noch detaillierter vorgeht und nicht nur nach Sturmfluten datiert, sondern auch nach dem Jahr der Errichtung einer festen Schleuse (Menko von Wittewierum 1991°, 326.19), mag das vielleicht irritieren, doch es zeigt, wie lebensnotwendig Deichschutz und Entwässerung in den Frieslanden waren (und sind).

Die letzte große Sturmflutkatastrophe lag mitunter schon eine längere Zeit zurück, mal 50, mal 100 Jahre, mitunter sogar 150 Jahre, wie im Fall der Weihnachtsflut von 1717, die an der südlichen Nordseeküste sofort Erinnerungen an die Allerheiligenflut von 1570 hervorrief. Das wäre bereits ein hinreichender Beleg dafür, die Angst vor dem Meer als konstitutives Element der Mentalitätsgeschichte anzusehen. Ich glaube nicht, dass in längeren Zeiten ohne lebensbedrohliche Sturmfluten die Angst verschwindet. Sie wird wohl verdrängt, und das ist ja auch sinnvoll, weil anderenfalls die Lebensqualität zu sehr leiden müsste. Die empirische Psychologie spricht in dem Zusammenhang von *unrealistischem Optimismus* und meint damit, dass die Mehrzahl der Menschen das Risiko, von negativen Ereignissen getroffen zu werden, in Bezug auf die eigene Person geringer einschätzt als in Bezug auf andere Personen (Weinstein 1984). In diesem Fall ist es wohl sinnvoll, von *verdrängen* und nicht von *vergessen* zu sprechen, und in ähnlicher Weise gilt das für vergangene Überschwemmungen.

Wie die Quellen zeigen, muss die Erinnerung an desaströse Fluten zum Teil sogar noch weiter zurückgegangen sein als bis zur letzten Katastrophe. So kursierten allenthalben Sagen und Gerüchte von einer früher viel weiter nordwestlich liegenden Küstenlinie, und zwar in Zusammenhang mit einer einstmals landfesten Verbindung zwischen England und Frankreich, die von einer englischen Königin namens Garhören durchstochen worden sei, um sich am dänischen König, der ihre Liebe verschmäht habe, zu rächen. Während die populäre Überlieferung den Durchbruch des Ärmelkanals auf 600 n.Chr. datierte, setzt die heutige Forschung ihn auf ungefähr 6000 v.Chr. an. Mündliche Tradierung über einen so langen Zeitraum ohne schriftliche Belege zu behaupten, ist zwar aus wissenschaftlicher Perspektive nicht haltbar, doch wird den Seeleuten bereits im Mittelalter aufgefallen sein, dass die Felsküste beiderseits des Ärmelkanals einander ähnelt und das Meer dort im Mittel nur 50 Meter tief ist, sodass man daraus den Schluss gezogen haben könnte, es habe dereinst eine landfeste Verbindung bestanden. Jedenfalls stammt die älteste mir bekannte Quelle aus der Mitte des 15. Jahrhunderts (Kielholt 1809°,

345) und die jüngsten mündlichen Überlieferungen aus Sagensammlungen des ausgehenden 19. Jahrhunderts.

Ein weiterer Beleg für die Tradierung über einen außergewöhnlich langen Zeitraum ist der Untergang Rungholts, des »friesischen Atlantis«. Von der gelehrten Welt des 19. Jahrhunderts als Erfindung der abergläubischen Bevölkerung abgetan und in keinem wissenschaftlichen Werk aus jener Zeit als Teil der Sturmflutgeschichte erwähnt, weiß man heute, dass der Ort wirklich existiert hat, nachdem im letzten Jahrhundert Andreas Busch die Überreste Rungholts im Wattenmeer bei Nordstrand ausfindig gemacht und Albert Panten einen schriftlichen Beleg im Hamburger Staatsarchiv gefunden hat. Zwar gibt es keine zeitgenössische erzählende Quelle, weil die ersten Chroniken erst 300 Jahre nach der Katastrophe verfasst wurden, doch machen die in die Quellen des 17. Jahrhunderts eingeflossenen mündlichen Überlieferungen deutlich, dass die Menschen an der nordfriesischen Küste die Erinnerung an jene zweite Marcellusflut im Gedächtnis bewahrt hatten. Diese Spur lässt sich – gegen den gelehrten Mainstream des 19. Jahrhunderts – bis ins 20. Jahrhundert hinein verfolgen, wie wir anhand der Schriften des Andreas Busch gesehen haben, die zwar naturwissenschaftlich orientiert sind, aber auch Spuren mündlicher Tradierung enthalten, weil er mit den Menschen vor Ort gesprochen hat. Von ihnen wissen wir, dass sie selbst die Lage Rungholts noch zu bestimmen vermochten, und das umso genauer, je näher sie am Ort des damaligen Geschehens wohnten, das heißt im Westen Nordstrands und auf Hallig Südfall!

Die kontinuierliche Überlieferung ist im kulturellen Rahmen begründet, das heißt in jenen Elementen der Vergangenheit, welche zum Bezugsrahmen der jeweiligen Gegenwart gehören (Jan Assmann). Dazu zählen in unserem Fall die mannigfachen Überreste versunkenen Landes im Wattenmeer, etwa Ziegel, Ackerfurchen oder Gerippe; analog dazu Rückstände des Meeres im eingedeichten Kulturland, zum Beispiel Muscheln und Meeresschnecken; die bleibenden Folgeschäden vorangegangener Sturmfluten wie Einschnitte im Land oder Kolke, die nicht wieder zugeschüttet werden konnten; und natürlich die ständige Bedrohung durch die fast jährlich auftretenden Sturmfluten, welche eigene Erinnerungen oder Erzählungen der älteren Generation am Leben erhalten.

Ähnliche Erzählungen wie von Rungholt existieren daher auch aus anderen Gebieten der Frieslande, vor allem von Dollart und Jadebusen, die erst im Mittelalter entstanden sind und gewaltige Ausmaße annahmen. Die Erinnerung an den Untergang einzelner Orte ist bis in die Gegenwart belegt, etwa Torums (1509) oder Benses (1570). Mitunter hielt man selbst Flächen, die nie etwas anderes als Wattenmeer oder Sandbänke waren, für ehemaliges Kulturland, wie zum Beispiel den Hohen Weges und Minsener Oog. Man war so misstrauisch gegenüber der Nordsee, dass man überall ihre zerstörerische Kraft am Werke sah.

In der Regel bleibt Wissen, das aus der mündlichen Überlieferung schöpft, nicht länger als drei Generationen im Gedächtnis. Dass es sich im Fall der Sturmfluten anders verhält, ist eine Besonderheit der friesischen Mentalitätsgeschichte: Das Bedrohungspotential des Meeres ist von steter Aktualität und veraltet nicht. Das gilt selbst für die vom technizistischen Machbarkeitsdenken geprägte Nachkriegszeit der 60er und 70er Jahre des vergangenen Jahrhunderts. Während man in der überregionalen Presse die glimpflich überstandenen Sturmfluten vom Januar 1976 als Sieg der Technik über die Natur feierte, war man vor Ort weitaus skeptischer und erinnerte daran, dass bisher noch nie alle Negativfaktoren, welche eine Sturmflut hervorrufen, gleichzeitig eingetreten seien. Außerdem wurde darauf hingewiesen, dass der holozäne Meeresspiegelanstieg nicht beendet und es unmöglich sei, beliebig hohe Deiche zu bauen – und das noch vor der Debatte um den anthropogenen Klimawandel.

Die Einheimischen sind seit jeher sensibilisiert für die zerstörerische Kraft des Meeres. Wer eine Sturmflut miterlebt hat und um sein Leben bangen musste, ist unter Umständen zeitweilig oder für immer traumatisiert. »Ich sprach«, schreibt Kohl um 1846, »ausgewanderte Friesen, welche die Fluth von 1825 vertrieben hatte, und die noch mit Entsetzen davon erzählten und keine Sehnsucht nach ihrer Heimath zu empfinden schienen« (Kohl 1846°, Bd. 1, 52). Nach jeder Sturmflutkatastrophe gab es durch Abwanderung einen mehr oder minder großen Aderlass in der Bevölkerung. Viele waren so demoralisiert, dass sie resignierten und nicht mehr die Kraft zum Wiederaufbau hatten. Menschen bedürfen einer Perspektive; sie brauchen die Hoffnung, dass ihr Tun nicht vergebens ist und dass man die Natur zu bändigen vermag.

Um den Einfluss von Sturmfluten als einen Faktor für Sensibilisierung, Verletzbarkeit und Traumatisierung besser zu verstehen, ist es sinnvoll, etwas weiter auszuholen und auf tiefenpsychologisches Wissen zurückzugreifen. Wasser als eines der vier Elemente ist von besonderer Bedeutung, weil es hochgradig ambivalent besetzt ist. Das zeigt bereits die christliche Tradition, denn auf der einen Seite spielt es in den Riten eine große Rolle, wenn man an Fußwaschungen, an Tauf- und an Weihwasser denkt. In der Genesis werden die vier Paradiesesströme erwähnt (Gen. 2, 10), und in der Offenbarung des Johannes wird von einem Strom gesprochen, der klar sei wie ein Kristall und *Wasser des Lebens* genannt werde (Off. 22, 1). Auf der anderen Seite macht die Bibel aber auch die zerstörerische Kraft des Wassers deutlich, nämlich im Sintflutmythos. Als »der Herr sah, dass auf der Erde die Schlechtigkeit des Menschen zunahm und dass alles Sinnen und Trachten seines Herzens immer nur böse war« (Gen. 6, 5), beschloss er, »die Flut über die Erde [zu] bringen, um alle Wesen aus Fleisch unter dem Himmel, alles, was Lebensgeist in sich hat, zu verderben« (Gen. 6, 17).

Ähnlich ambivalent zeigte bzw. zeigt sich auch die Nordsee gegenüber den Einheimischen. Auf der einen Seite war sie Lebensgrundlage; sie ernährte die Menschen durch Fischfang und Seehandel auf dem *Mare Frisium* und darüber hinaus als Marschboden, der durch das Meer an die Küste transportiert worden war. Dieser ist kalk-, nährstoff- und humusreich, sodass er üppigste Erträge für Grünfutter- und Getreideanbau ermöglicht. Als nährende Instanz hat das Meer Ähnlichkeiten mit dem archetypisch »Mütterlichen«, dessen Eigenschaften unter anderem das »Tragende, Wachstum-, Fruchtbarkeit- und Nahrungspendende« sind (Jung 1996a, 97). Darüber hinaus erhält es eine weitere Dimension »durch die Tatsache, dass der Mensch wie viele andere Lebewesen im Mutterleib vom Fruchtwasser eingehüllt ist, sodass seine Geburt im eigentlichsten Sinne aus dem Wasser erfolgt«, wie es der evangelische Theologe und Philosoph Paul Tillich formuliert (Tillich 1932). So gesehen hat das Wasser positive Eigenschaften, welche mit intensiven Gefühlen von Sehnsucht, Identifikation, Verbundenheit und Angewiesensein einhergehen.

Auf der anderen Seite kann sich das Meer jedoch ins extreme Gegenteil verwandeln, nämlich dann, wenn es so heftig zu stürmen beginnt, dass die Deiche brechen und das Land überflutet wird. Dann treten die negativen Seiten des Mutterarchetypus in Erscheinung, »das Finstere, der Abgrund, die Totenwelt, das Verschlingende [...] und Vergiftende, das Angsterregende und Unentrinnbare« (Jung 1996a, 97). Die Bezeichnung *goldener Ring* macht deutlich, dass der Deichbau nicht nur teuer ist und wertvolles Land schützt, sondern im Kontext des Volksglaubens auch nahezu magische Qualitäten hat, da es die Aufgabe eines Ringes ist, ein Innen vom Außen abzuriegeln und dieses gleichsam zu bannen. Der Schweizer Arzt und Volkskundler Eduard Renner hat in seinem Buch *Goldener Ring über Uri* anschaulich gemacht, wie die Einheimischen mental mit den natürlichen Bedrohungen der sie umgebenden Hochgebirgslandschaft umgehen (Renner 1991).[331] Sie bezeichnen die Natur als das *Es*, durch das »die Welt zu zerfallen« drohe, doch »immer wieder schweißt sie der Mensch durch den *Ring* zusammen« (Renner 1991, 150). Das könne der Ring als Schmuck sein, genauso aber auch Einfriedungen und Mauern, oder Jodeln, Alphornblasen und Herdengeläute (ebd., 181–190). Die Welt des Ringes sei das Ruhende und Bleibende, während das Es ewige Unruhe und Zerfall bedeute (ebd., 189).

Bemerkenswert ist die gleiche Wortwahl für das (auch immaterielle) Schutzsystem im schweizerischen Uri und an den Küsten der Frieslande, aber hie wie dort spielen Bedrohungen von Seiten der Natur eine exorbitante Rolle, von denen man sich abschirmen muss, möchte man nicht zu Grunde gehen.[332] Der Deich ist die Grenzlinie, welche die Kultur von der Natur abgrenzt, die in Uri *Es* genannt wird und von Eduard Renner mit den Worten »unheimlich, schillernd und ein Nachtbereich am lichten Tag« charakterisiert wird (ebd., 149). Somit hat es einige Gemeinsamkeiten mit dem *Es* der Psychoanalyse, die es als jenen Teil des psychischen Apparates begreift, welcher den Triebpol der Persönlichkeit mit seinen verdrängten, unbewussten Inhalten darstellt. Die Gemeinsamkeit besteht unter anderem im destruktiv-chaotischen Potential, das nur bedingt kontrollierbar ist und einen zutiefst unpersönlichen Charakter hat. In dieser Hinsicht stellt es nachgerade das absolute Gegenteil zu den positiven »mütterlichen« Eigenschaften des Wassers dar,

---

331 Den Hinweis auf dieses Buch verdanke ich Regina Bendix (Göttingen).
332 Ein genauerer Vergleich der Mentalitäten wäre sicher lohnend. So schreibt etwa Richard Weiss in seiner *Volkskunde der Schweiz*: »Die Freiheitsliebe der Älpler erklärt sich daraus, dass in Gebirgsgegenden aus Naturzwang die Lokalgemeinschaft besonders lange ihre Kraft behält, weil die Berge einerseits von der Umwelt abschließen, andererseits zum Zusammenschluss gegen Naturgewalten zwingen« (Weiss 1946, 337). – Ähnliche Voraussetzungen existieren für die Friesische Freiheit: einerseits räumliche Isolierung zur See und zum Binnenland (Moore) hin, andererseits die Bedrohung durch das Meer. Erinnert sei auch an die Erzählungen über die Herkunft der Bewohner des innerschweizerischen Oberhaslitals aus Ostfriesland (Kap. 5.1.2).

denen nicht nur intensive Harmonie und Verbundenheit eigen sind, sondern auch Verlässlichkeit, Dauerhaftigkeit und Vertrauen.

Der Psychoanalytiker Michael Balint bezeichnet die Mutter als primäres Objekt und die Beziehung des Kindes zu ihr als primäre Liebe. Auch die Elemente und vor allem das Wasser sind für Balint primäre Objekte, weil sie ähnliche Eigenschaften haben wie eine Mutter:

> »Im Gegensatz zu gewöhnlichen Objekten, vor allem normalen menschlichen Objekten, wird von diesen primären Objekten oder Substanzen keine Handlung erwartet; sie müssen nur da sein und müssen – stillschweigend oder explizit – erlauben, sie zu gebrauchen [...]: ohne Wasser kann man nicht schwimmen, ohne Erde kann man nicht vorwärts schreiten« (Balint 1997b, 177).

Erweisen sich primäre Objekte als »haltbar«, dann besteht eine Harmonie, die wie selbstverständlich erscheint, doch sind sie unzuverlässig, launisch, jähzornig oder auf eklatante Weise übergriffig, dann verkehrt sich die Welt in ihr Gegenteil; aus dem »Paradies« wird die »Hölle«, aus dem Lichte die Dunkelheit. In der analytischen Psychotherapie bezeichnet man derart Gezeichnete als grund- oder frühgestört, weil sie in früher Kindheit von Grund auf geschädigt worden sind. Dazu zählen als bekannte Patientengruppe die so genannten *Borderliner*, und dieser Ausdruck ist recht anschaulich gewählt, weil es sich um Personen handelt, die tatsächlich an einer *Grenzlinie*, nämlich zur Psychose, wandern, in der alle Konturen und Strukturen zu verwischen drohen. Das hat zu tun mit mannigfachen, traumatisierenden *Grenzüberschreitungen*, etwa Misshandlungen oder sexuellem Missbrauch. In ähnlicher Weise sind Deiche *Grenzlinien*, die sich als haltbar erweisen sollten, weil es anderenfalls zu ungeheuerlichen Zerstörungen kommen kann. Die Analogie zwischen einer Grundstörung und unserem Thema besteht also im hoch ambivalenten Charakter der Nordsee, die einerseits nährende und tragende Funktionen erfüllt, sich jedoch andererseits ins absolute Gegenteil *verkehrt*, wenn sie bei einer Sturmflutkatastrophe *Grenzen* überschreitet, indem sie in das Land eindringt, seine Bewohner in Angst und Schrecken versetzt und alles zu verschlingen scheint, was ihr begegnet. In diesem Zusammenhang sei daran erinnert, dass griechisch *katastréphein* auf Deutsch *umkehren* heißt. Von daher mag man wohl verstehen, dass die Küstenbewohner in besonderer Weise für das Element Wasser sensibilisiert sind und dass nach verheerenden Sturmfluten einige Überlebende so demoralisiert oder traumatisiert waren, dass sie für immer der Heimat den Rücken kehrten.

In entsprechender Weise existieren nicht nur Analogien im destruktiven, sondern auch im konstruktiven Bereich. Wenn sowohl das Individuum nach seiner Geburt als auch das Küstenland im Verlauf seiner Geschichte durch Grenzüberschreitungen traumatisiert werden können, so können der Wiederaufbau der Persönlichkeit genauso wie des Landes durch strukturbildende Maßnahmen ermöglicht werden. Im ersten Fall ist der Analytiker gemeint, im zweiten der Deichbau. In der Therapie mit Patienten, die an einer Grundstörung leiden, komme ich mir oft so vor, als würde ich in einem Sumpf waten und nach festem Grund und Boden Ausschau halten. Ich sage dann zuweilen: »Mit ihren Problemen verhält es sich wie mit einem löchrigen Fass, aus dem beständig Wasser ausläuft. Es ist nicht sinnvoll, andauernd Flüssiges nachzuschütten; vielmehr geht es darum, die Löcher zu stopfen«, das heißt strukturbildend zu wirken. *Struktur* heißt wörtlich *Gefüge*, und es muss das, was auseinandergefallen und irgendwie »flüssig« geworden ist, wieder zusammengefügt und einigermaßen »fest« werden. In diesem Sinn hat bereits Freud den berühmten Satz, »Wo Es war, soll Ich werden«, formuliert und in direktem Anschluss ergänzt: *»Es ist Kulturarbeit wie die Trockenlegung der Zuydersee«* (Freud 1933, 516).

Eine andere Möglichkeit, wie man auf Sturmflutkatastrophen reagieren kann, ist ebenfalls in den Tiefenschichten der Persönlichkeit und Kultur begründet, nämlich der Wunsch, mit dem Primärobjekt zu verschmelzen. Freud spricht allgemein von einem »ozeanischen Gefühl« als Ausdruck des Bemühens, dem *Unbehagen in der Kultur* zu entgehen (Freud 1930, 199). Nach der zweiten Manndränke von 1634 bezeichnete der Strander Pastor Lobedantz die Nordsee als eine »böse Stiefmutter«, von der er nun genug habe und sich nach Ruhe sehne: »Des Meers Abgrund solle vnser Hauptküssen werde« (Lobedantz 1634°, 27). Wenn das Leben, das ohnehin anstrengend ist, unerträglich wird, kommt unter Umständen der Wunsch auf, sich (auf ein »Kissen«) fallen zu lassen und mit dem Primärobjekt zu verschmelzen. In diesem Kontext sei an jene Sagen erinnert, in denen Meerfrauen Männer ins Wasser locken und mit ihnen gemeinsam untergehen. Dazu passt auch das Bild von Männlichkeit und Weiblichkeit, wie es Klaus Theweleit in Hinblick auf den »soldatischen Mann« skizziert hat: Auf der einen Seite grenzt er sich mittels eines Ich-Panzers ab und ist stolz auf seine vermeintliche Stärke und Potenz, doch auf der anderen Seite hat er eine unstillbare Sehnsucht nach Entgrenzung und Verschmelzung mit der Frau, die er sich als »unendlich fließendes Weib« vorstellt (Theweleit 2002, Bd. 1, 395).

Die politische Dimension von Verschmelzungswünschen zeigte sich im Zusammenhang mit der Heimatbewegung und dem Nationalsozialismus. Dieser bezog seine Anziehungskraft unter anderem aus seinen primärobjekthaften Qualitäten, nämlich dem verführerischen Angebot, mit der »Bewegung« bzw. »Volksgemeinschaft« zu verschmelzen. Verschmelzungswünsche rufen aber immer auch Verschmelzungsängste hervor, und diese wurden auf das »Fremde« und »Andere« projiziert. Die Angst, nicht nur von den Fluten der Nordsee, sondern auch von der »Flut fremden Wesens« (Steensen 1986, 83) weggespült zu werden, führte in den Küstengebieten zu einer breiten Identifikation mit dem Nationalsozialismus – und zwar in einem Ausmaß, das mit dem Hinweis auf die Wirtschafts- und Agrarkrise jener Zeit nicht ausschließlich erklärbar ist. Hier war die NSDAP bereits zuvor auf breiten Widerhall gestoßen und konnte in den letzten Wahlen der Weimarer Republik Erfolge verbuchen, die mit bis zu 70 Prozent der Wählerstimmen ungefähr 20 bis 35 Prozent über dem Reichsdurchschnitt lagen.

Um weder den Verführungskünsten noch den Übergriffen eines Primärobjekts zu erliegen, bedarf es innerer und äußerer Stärke, psychischer wie materieller Ressourcen. Den Kampf gegen die Nordsee gaben die Friesen trotz mannigfacher Rückschläge nie auf. Zum mentalen Antrieb, aus dem sie Kraft schöpften, wurde die evangelische Religion, welche im Gefolge der Reformation in den Frieslanden flächendeckend Einzug hielt. Als Vorläufer des Protestantismus haben wir den Chronisten der ersten Marcellusflut, den Prämonstratenserabt Emo von Wittewierum, kennen gelernt. Da er ein vehementer Befürworter der Friesischen Freiheit war, empfand er es als absurd, dem Bischof von Münster auch nur ein »einziges junges Huhn« als Abgabe zu leisten (Emo von Wittewierum 1991°, 180.66) – und nahm dafür die zeitweilige Exkommunikation inkauf. Im Falle persönlicher Konflikte setzte er nicht, wie in der katholischen Kirche üblich, auf Rückversicherung durch letztverbindliche und »unfehlbare« Autoritäten, sondern auf Zwiesprache mit sich selbst. Wenn jemand bei einem schwierigen Problem »völlig allein dasteht und nirgendwo Halt finden kann, soll er seinem Gewissen folgen«, schreibt er (ebd., 136.54). Die hohe Wertschätzung individueller Verantwortung zeigte sich beim Protestantismus auch in einem Schaffensdrang, der im Diesseits zu erfolgen hat. Für Luther wurde »der konkrete Beruf des Einzelnen zunehmend zu einem speziellen Befehl Gottes an ihn, *diese* konkrete Stellung [...] zu erfüllen« (Weber 1984, 71), während der Kalvinismus, mit Blick auf die Prädestinationslehre, riet, »dass Gott dem hilft, der sich selber hilft« (ebd., 131). Wer für sich verantwortlich ist, muss allerdings auch die Folgen möglicher Irrtümer und Verfehlungen allein tragen, weswegen das persönliche Gewissen eine besonders große Last sein kann. Daher fiel die Interpretation einer Flutkatastrophe als Strafe Gottes, wie es bereits in der Genesis angelegt ist, an der südlichen Nordsee auf fruchtbaren Boden. Wir finden dieses Deutungsmuster in allen Chroniken, die in dieser Arbeit zitiert wurden, und darüber hinaus in der populären Überlieferung sowie in Predigttexten bis ins 19., gelegentlich sogar 20. Jahrhundert.

Wenn Manfred Jakubowski-Tiessen demgegenüber meint, am Ende des 18. Jahrhunderts hätte sich bei den Küstenbewohnern die Angst vor dem Meer weitgehend verloren (Jakubowski-Tiessen 1997, 134) bzw. es wäre »im dritten Jahrzehnt des 19. Jahrhunderts in den Erklärungsmustern für Sturmfluten an die Stelle Gottes inzwischen weithin die Natur als deren Urheber getreten« (Jakubowski-Tiessen 2003b, 118), dann handelt es sich um eine Auffassung, die sich auf gelehrte Autoren gründet und diese mit der Meinung der Bevölkerung gleichsetzt. Natürlich strebte die wissenschaftliche Literatur jener Zeit, durch das Denken der Aufklärung beeinflusst, danach, metaphysische durch natürliche Ursachen zu ersetzen, aber damit wird noch nichts darüber ausgesagt, was sich in den Köpfen breiter Schichten der Bevölkerung abspielte. Diesbezüglich geben eher solche Autoren wie Tetens und Woltmann Auskunft, die im staatlichen Auftrag mit Fragen der Deichpflege beschäftigt waren und zu diesem Zweck Gespräche mit Einheimischen führten. Sie beklagten sich nämlich über den Fatalismus der Bevölkerung, die in Sturmfluten ein göttliches Strafgericht sahen (Tetens 1788°, 25; Woltmann 1825°, 699f.).

Wichtiger als diese Berichte sind indes die mündlich erhobenen volkskundlichen Quellen, denn sie machen auf breiter Basis und unisono deutlich, dass die Angst vor den Sturmfluten als einer Strafe Gottes bis weit ins 19. Jahrhundert und teilweise darüber hinaus eine mentalitätsgeschichtliche Konstante war. Ich erinnere nur an die offizielle Erklärung der christlich-liberalen BRD-Regierung zur Flutkatastrophe von 1962, in der es heißt, durch diese werde den Menschen deutlich gemacht, dass es unmöglich sei, »die Geheimnisse des Unerforschlichen [zu] erschließen« (Presse- und Informationsamt der Bundesregierung 1962°, 27).

Anhand der Sagensammlungen wird nicht nur klar, dass die Meereseinbrüche ausnahmslos als göttliche Strafe interpretiert wurden, sondern dass insgesamt ein Weltbild dominierte, welches das Leben in mannigfacher Hinsicht auf magisch-mythische Weise betrachtete, wenn wir etwa an die Wassergeister denken oder an die Bedeutung von Vorzeichen oder des Zweiten Gesichts. Das ist völlig einsichtig, weil dahinter das egozentrische *Es gilt mir* steht, nach dem die Dinge dieser Welt nicht isoliert vorhanden sind, sondern sich in bestimmter Weise auf den Menschen beziehen.

Noch plausibler wird unsere Auffassung, wenn man sich vor Augen hält, dass die alternative Interpretation der Flut als eines natürliches Geschehens, welches unabhängig vom menschlichen Verhalten abläuft, in historischer Perspektive von nicht allzu großer Bedeutung ist. Zunächst und auf lange Sicht war sie ausschließlich auf einen kleinen Kreis von aufklärerisch gesinnten Gelehrten beschränkt, wobei man sich allerdings auch fragen könnte, inwieweit die veröffentlichte Meinung in jedem Fall die tatsächliche Auffassung des jeweiligen Autors zur Gänze widerspiegelt. Wenn Fridrich Arends, der ein typischer Vertreter aufklärerischen Denkens war, mit Blick auf die Flut von 1825 schreibt, dass man einen derartig hohen Wasserstand in so kurzer Zeit nie erwartet hätte, um dann hinzuzufügen: »Der Mensch denkt's, Gott lenkt's. – Nie bewährte sich auffallender die Wahrheit dieses Spruchs« (1826°, 8), dann wird deutlich, dass auch in ihm eine mythologische Schicht vorhanden war, welche sich zuweilen ein Ventil suchte.

Breitenwirksam wurde das Verständnis von Flutkatastrophen als eines natürlichen Vorgangs, das mit technischen Mitteln in den Griff zu bekommen wäre, während der Nachkriegszeit, vor allem in den 60er und 70er Jahren des vergangenen Jahrhunderts. In den Niederlanden begann man das Rheindelta abzuschotten, in Schleswig-Holstein errichtete man das Eidersperrwerk, und überall wurden die Deiche verstärkt bzw. erhöht. Während der Flut vom Februar 1962 bewährte sich der damalige Innensenator Helmut Schmidt als »Macher«, der ein technisches Problem zu lösen hatte, und die überstandenen Fluten von 1976 schienen dieser Einstellung tatsächlich Recht zu geben.

Doch die Debatte um den anthropogenen Klimawandel und das neuerliche Klimaoptimum am Ende des abgelaufenen Jahrtausends stellte das mechanistische Machbarkeitsdenken als ein Phänomen infrage, das in breiten Schichten der Bevölkerung verankert ist, und ließ es Teil einer historischen Epoche werden, die bereits wieder zu Ende ging, nachdem sie gerade erst begonnen hatte. Die jahrhundertealten Muster sind nun wieder aktuell, jedoch an die gegenwärtigen Verhältnisse mit ihren höheren Rationalitätsansprüchen angepasst. Sturmflutkatastrophen sind nun keine Strafe Gottes mehr für »sündhaftes« Verhalten, sondern Strafe der Natur für »sündhaftes« Umweltverhalten. Jene Struktur von langer Dauer, dass Fluten auf den Menschen zurückzuführen seien und nicht unabhängig von ihm abliefen, wurde nur kurzfristig unterbrochen. Gegenwärtig stehen wir in Bezug auf das Bedrohungspotential des Meeres am Beginn einer Epoche, die traditionalistisch und modern zugleich argumentiert.

Noch verständlicher wird das skizzierte Geschehen, wenn wir ein weiteres Mal die Psychologie und darüber hinaus auch die Philosophie bemühen. Zunächst sollten wir uns jedoch vor Augen halten, was Wilhelm Köller in seinem fulminanten Buch *Perspektivität und Sprache* über das menschliche Grundbedürfnis nach Interpretation geschrieben hat:

> »Da Menschen isolierte Tatsachen letztlich nicht ertragen können, weil uninterpretierte Tatsachen von ihnen als Bedrohung empfunden werden, haben die Wahrnehmungssubjekte immer eine unaufhebbare Neigung, die ihnen begegnenden Phänomene in Sach- und Entwicklungszusammenhänge einzuordnen, um ihnen dadurch den Stachel der Bedrohlichkeit zu nehmen« (Köller 2004, 837).

Primäres Bezugssystem, um die Welt zu verstehen, ist der auf dem Ähnlichkeits- bzw. Analogiedenken beruhende Egozentrismus. Die Dinge dieser Welt bekommen einen Sinn, wenn wir sie zu uns in Beziehung setzen. Sie haben mit uns zu tun, laufen nicht einfach unabhängig von uns ab. Im Nachtrag (s. dort) zur Flutkatastrophe vom 26.12.2004 im Indischen Ozean kann man lesen, wie fassungslos Zeitungsredakteure und andere Kommentatoren dem Tsunami zunächst gegenüberstanden, weil sie ihm keinerlei Sinn abzuringen vermochten. Erst nachdem eine mentale Ordnung der Dinge hergestellt war, indem man verschiedene Ursachen ausfindig gemacht hatte, beruhigten die Gemüter sich wieder.

Nach den großen Sturmfluten der Barockzeit – 1634 und 1717 – war man in ähnlicher Weise verwirrt, denn die mittelalterliche *ordo* hatte an Plausibilität eingebüßt, und man befürchtete, einem willkürlichen Gott, den man nicht begreifen könne (Deus absconditus), ausgeliefert zu sein. Also suchte und fand man Elemente, die auf Zuverlässigkeit hindeuteten, vor allem Vorzeichen, das Zweite Gesicht – welches an der Küste besonders häufig auftritt – und Berichte über die Rettung unschuldiger Frauen und Kinder, welche Gott verschont hatte. Auch der Vergleich Gottes mit einem Uhrmacher sowie der Schöpfung mit einem Uhrwerk, der bereits unter dem Einfluss der Mechanisierung stand, macht das Bemühen deutlich, Vertrauen und Regelmäßigkeit in einer Zeit zu postulieren, die aus allen Fugen geraten zu sein schien, denkt man an die kriegerischen Auseinandersetzungen, an gesellschaftliche Dynamisierungsprozesse und die Klimaverschlechterung im Kontext der Kleinen Eiszeit.

Um die Katastrophe zu verstehen und für andere nachvollziehbar zu machen, wurde immer wieder auf bildhafte Vergleiche (als Ausdruck des Ähnlichkeitsdenkens) zurückgegriffen, die sich entweder auf monströse Wesen beziehen oder auf Elemente des Krieges. Dazu einige Beispiele: Nachdem die Marcellusflut Deiche durchbrochen hatte und an Häuserwänden zunächst auf Widerstand stieß, »schärfte die Raserei ihre schädlichen Waffen umso mehr, als hätte sie menschlichen Verstand«, schreibt Emo (Emo von Wittewierum 1991°, 112.39). Arends vergleicht den Durchbruch eines Deiches mit einem »gräuliche[n] Schlund«, der aussieht, als hätte er »seinen ungeheuren Rachen aufgethan und [...] seine Eingeweide ausgespieen« (Arends 1826°, 64). Und die Flut vom 17. Februar 1962 »züngelte« in das Rheiderland, »riss [...] die Grasnarbe auf« und »fraß [...] sich in die Steinpflasterung hinein« (Kirchhoff 1990, 30). In zeitgenössischen Berichten wurde diese Katastrophe auch mit dem Zweiten Weltkrieg verglichen, denn man sprach von »Tod und Zerstörung wie in den Bombennächten« (Die Welt, 19.02.1962, 6) und davon, dass man »auf trocknen Straßen [...] durch Krater wie Bombentrichter klettern« müsse (Schütte 1962°, 7).

Die Anleihen bei der Sprache des Krieges sind kein Zufall. Neben zeitbedingten Einflüssen – kalter Krieg und Erinnerungen an den Zweiten Weltkrieg – steht nämlich anthropologisch begründete Angst dahinter, weil Kriege und Naturkatastrophen kulturelle und leibliche Abgrenzungen radikal infrage stellen. Außerdem wird dem Rezipienten durch bildhafte Vergleiche das Geschehen näher gebracht, sodass er es zu sich in Beziehung setzen kann.

Dieses Bedürfnis steht über allen anderen; das machen auch und vor allem die Erklärungsversuche der Sturmflutkatastrophen über die Jahrhunderte hinweg deutlich. Stets werden sie zum Menschen in Beziehung gesetzt und als Strafe Gottes oder – wie gegenwärtig – als Strafe der Natur für »sündiges« Verhalten verstanden. Wenn wir im aristotelischen Sinn nach der Wirkursache, das heißt nach dem Woher fragen, stehen dahinter der Sintflutmythos und die Tendenz des Christentums, aus »erzieherischen« Gründen auf Schuld und Sühne besonders großen Wert zu legen. Fragen wir aber, gleichfalls mit Aristoteles, nach der Zielursache, nämlich danach, was man durch ein bestimmtes Verhalten oder eine bestimmte Einstellung erreicht, so können wir aus tiefenpsychologischer Sicht antworten: Mit Sturmflutkatastrophen bzw. der Möglichkeit dazu konfrontiert zu sein, bedeutet, einem »wetterwändischen« Primärobjekt ausgeliefert zu sein und sich ihm gegenüber klein und minderwertig zu fühlen. Das ist nur sehr schwer zu ertragen, und darum strebt der Mensch danach, dieses Gefühl zu kompensieren. Das tut er, indem er sich verantwortlich bzw. schuldig fühlt am Geschehen. Denn schuld sein bedeutet: Ursache sein – und Ursache sein heißt, über Macht zu verfügen. Gott oder Klima, beides besonders mächtige Wesen, richten ihr Augenmerk auf den Menschen und befassen sich mit ihm, sodass er nicht bedeutungslos ist.[333] Gäbe es den Menschen nicht, dann gäbe es auch keine (Sturmflut-)Katastrophen!

Obwohl das Thema der vorliegenden Arbeit ein bestimmter Aspekt der Mentalitätsgeschichte eines kleinen Volkes ist, sind wir am Ende bei einer globalen Perspektive angelangt. Aber das braucht nicht zu überraschen. Das Land der Friesen ist heute nicht mehr so sehr von äußeren Einflüssen abgeschottet wie früher; völlig isoliert war es wegen des Seehandels allerdings nie. Medien, Handel, Reisetätigkeit und berufliche Mobilität ermöglichen verstärkt Kontakte und Einflüsse. Die Flut von 1962 mit ihren vielen Toten in Hamburg hat auch in den Frieslanden, die eben-

---

333 Ein analoges Muster ist aus der Notfallpsychologie und psychiatrischen Traumaforschung bekannt. In der Regel fühlen sich Opfer nicht nur als Opfer, sondern haben auch ein schlechtes Gewissen, was zur Identifikation mit dem Aggressor führt. Unbewusst identifiziert man sich mit dem Täter, um an seiner Größe teilzuhaben.

falls stark in Mitleidenschaft gezogen waren, Betroffenheit ausgelöst. Noch bedeutender ist allerdings der globale Klimawandel, der derzeit sogar höhere Temperaturen bewirkt als zu Zeiten des mittelalterlichen Klimaoptimums. Er könnte den holozänen Meeresspiegelanstieg erheblich beschleunigen, wobei viele Experten und breite Schichten der Bevölkerung die Ansicht vertreten, er sei anthropogen beeinflusst. Deswegen ist die Zukunft wieder genauso offen wie vor 1000 Jahren, als man mit dem Deichbau begann. Die Angst vor dem Meer erweist sich somit als eine Struktur von langer Dauer.

Nachtrag:
Der Tsunami im Indischen Ozean vom 26.12.2004

Die durch ein Erdbeben ausgelöste Flutwelle forderte rund um den Indischen Ozean Abertausende an Opfern,[334] Einheimische wie Touristen.[335] Obwohl diese Katastrophe mit unserem eigentlichen Thema – der Bedeutung von Sturmfluten für die friesischen Mentalitätsgeschichte –, nichts zu tun zu haben scheint, erwähne ich sie abschließend, weil die Auseinandersetzung mit ihr, wie sie in den Medien geführt wurde, vielfältige Übereinstimmungen mit den von uns erarbeiteten Deutungsmustern aufweist und diese dadurch eine weitere Bestätigung finden.[336]

1   Eine unsichere Welt

Als ich noch ein Kind war, hatte ich die naive Vorstellung, dass alle Küsten dieser Welt in ähnlicher Weise geschützt sein müssten, wie ich es von den Frieslanden her gewohnt war. Umso erstaunter war ich, als ich feststellen musste, dass etwa die dänische Ostküste oder die Lübecker Bucht gänzlich uneingedeicht sind. Später wurde mir klar, dass nicht alle Flachküsten so gefährdet sind wie die meiner Heimat, aber eine gewisse Skepsis ist geblieben, und die Ereignisse vom 26. Dezember 2004 machen deutlich, dass sie nicht völlig unbegründet ist.

Das Meer gibt, aber es nimmt auch, und absolute Sicherheit ist nicht möglich. Flutwellen werden nicht nur durch Seebeben ausgelöst, sondern können auch entstehen, indem instabile Gebirgsmassive ins Meer stürzen. So droht nach Meinung des Katastrophenforschers Bill McGuire

>»die Westflanke des Cumbre-Vieja-Vulkans auf La Palma wegzurutschen – im schlimmsten Fall würden 500 Kubikkilometer ins Meer stürzen. Die Folge wäre eine angeblich 900 Meter hohe Welle, die zuerst die Nachbarinseln und nach einer Stunde Nordafrika erreichen würde. Südeuropa würde nach etwa vier Stunden von einer zehn Meter hohen Welle getroffen, über die Ostküste der USA könnte nach neun bis zwölf Stunden eine 20 Meter hohe Welle hereinbrechen«.[337]

Nach Aussagen des Geologen Simon Day könnten in Europa die Küsten Großbritanniens, Frankreichs, Portugals und Spaniens betroffen sein, wobei allerdings das gegenwärtige Risiko des Abbruchs der Flanke gering sei.[338] Nebenbei bemerkt scheinen derartige Flutwellen schon bis in die Nordsee gelangt zu sein. Das Epi-

---

334 300 000 Tote sollen es insgesamt gewesen sein.
335 Literaturangaben, die nur im Nachtragsteil vorkommen, sind nicht im Literaturverzeichnis, sondern ausschließlich hier in den Anmerkungen zu finden.
336 Kurzfassung dieses Kapitels: Rieken 2005b.
337 Dambeck, Holger 2004: Tsunamis lauern überall. In: Spiegel Online, 28.12.2004. <http://www.spiegel.de/wissenschaft/erde/0%2C1518%2C334633%2C00.html> (10.01.2005).
338 Der Spiegel 2001: Riesen-Tsunami könnte Europa treffen. In: Spiegel-Online, 30.08.2001. <http://www.spiegel.de/wissenschaft/mensch/0,1518,154109,00.html> (09.01.2005).

zentrum des Erdbebens von Lissabon (1755) – bei der die Stadt sowohl durch das Erdbeben als auch durch den anschließenden Tsunami zerstört wurde – lag einige Hundert Kilometer vor der Küste im Bereich der Azorenschwelle und war in weiten Teilen Europas zu bemerken. »Die Erschütterung ist von Finnland bis nach Afrika zu spüren. In Schottland und der Schweiz steigen die Wasserstände der Seen, in Holland und Schweden reißen Schiffe aus ihren Verankerungen«.[339] Für die südliche Nordseeküste wäre es möglicherweise bedrohlich geworden, wenn gleichzeitig eine Sturmflut stattgefunden hätte. 1962 war das tatsächlich der Fall, als eine Fernwelle aus dem Atlantik den Wasserstand zusätzlich um ungefähr einen Meter erhöhte. Und Fridrich Arends vermutete ja Ähnliches bei der Flut von 1825, weil er sich deren gewaltigen Pegelstand nicht anders erklären konnte.

Ein anderes Szenario sind Kometen- oder Asteroideneinschläge, die ungeahnte Folgen haben könnten, wobei in dem Zusammenhang immer wieder daran erinnert wird, dass vor Jahrmillionen die Dinosaurier infolge eines solchen Aufpralls ausgestorben sein sollen. In dem Spielfilm *Deep Impact* werden diesbezügliche Ängste thematisiert, indem ein großer Komet in den Atlantik stürzt und eine Hunderte Meter hohe Flutwelle auslöst, die auf die Ostküste der Vereinigten Staaten zurast.[340]

2   Säkulare Perspektive: Klage über die Sinnlosigkeit des Geschehens

Gleichwohl ist die Eintrittswahrscheinlichkeit derartiger Katastrophen äußerst gering. Erdbeben, welche Tsunamis auslösen, kommen zwar öfter vor, doch waren im Fall der Katastrophe vom 26.12.2004 die Anzahl der betroffenen Länder und das Ausmaß der Verwüstungen besonders groß, weil es sich um das heftigste Beben seit über 40 Jahren gehandelt hat und kein Tsunami-Warnsystem vorhanden war. Und da neben den Einheimischen auch Touristen getötet wurden, hatten westliche Staaten ebenfalls Todesopfer zu beklagen – in der BRD mehr als bei der Sturmflut von 1962![341] So braucht es nicht zu überraschen, dass sich die Medien intensiv mit der Katastrophe befasst haben und ihr zunächst fassungslos gegenübergestanden sind. Das Nachrichtenmagazin *Der Spiegel* begann seine Titelgeschichte vom 3. Januar 2005 – der ersten Ausgabe nach der Katastrophe – mit dem Bericht eines indischen Fischers namens Thyagarajan, dessen Mutter 65 Jahre lang »in ihrer kleinen Kate in Sichtweite der Wellen gelebt« habe. »Sie liebte das Meer. Und ›das Meer muss sie auch lieb gehabt haben‹«, meinte der Fischer.[342] Doch der *Spiegel* fragt:

---

339 Frank, Helmut 2005: Das Nachbeben. Südostasien 2004 – Lissabon 1755: Die Frage nach der Liebe und der Allmacht Gottes. In: Sonntagsblatt Bayern, Nr. 2, 09.01.2005. <http://www. sonntagsblatt-bayern.de/news/aktuell/2005_02_01_01.htm> (08.01.2005).
340 Deep Impact (Deep Impact). Regie: Mimi Leder. USA 1998.
341 Laut offiziellen Angaben 383 Tote und 188 Vermisste (Stand: 11.04.2005), während es 1962 circa 300 Tote waren. <http://de.news.yahoo.com/050411/3/4hmdh.html> (11.04.2005).
342 Beste, Ralf u.a. 2005: Wand aus Wasser. In: Der Spiegel, Nr. 1, 03.01.2005, S. 96.

»Muss es? Gäbe es dann so etwas wie eine Erklärung für das, was geschah? Gäbe es einen Sinn hinter dem, was das Meer am Morgen des 26. Dezember der Mutter des Fischers Thyagarajan antat, einem seiner vielen, vielen tausend Opfer?«.[343]

In der *Zeit* vom 30.12.2004, ebenfalls die erste Ausgabe nach dem Tsunami, wurde in der Schlagzeile auf der ersten Seite die rhetorische Frage des *Spiegels* folgendermaßen beantwortet: »Schuldlos in der Sintflut«. Darunter heißt es, etwas kleiner gedruckt: »Es drängt uns, der Heimsuchung einen Sinn zu geben – und wir entdecken doch nur unsere Verwundbarkeit«.[344] Der Autor schreibt, dass sich die Menschen nach der Katastrophe vom 11. September 2001, als zwei von islamistischen Terroristen entführte Flugzeuge in das World Trade Center gerast sind,

> »immerhin noch fragen [konnten], ob sie nicht irgendwo, irgendwie – und sei es noch so entfernt – durch ihre Art zu leben, in der Welt zu herrschen und an ihr zu verdienen, den Fanatikern den Ansatz eines Vorwandes lieferten [...]. *Doch diese asiatische Zerstörungswelle löste eine Flut ohne jede Sünde aus – und ebendeshalb schlechterdings unverständliches Leid*; ein Leid also, das sich weder in Anklage noch in Trost aufheben lässt. Es mag durchaus so sein, dass die Menschheit in ihrem Machbarkeitswahn ihren Erdball größten Gefahren aussetzt und deshalb in einem archaisch zutreffenden Sinne Naturkatastrophen auszulösen sich anschickt – von der Klimaerwärmung bis zu den epochalen Risiken der Gattungsvernichtung in der atomaren Apokalypse. Doch von alldem kann hier nicht die Rede sein«.[345]

Sehr deutlich sticht das Bedürfnis hervor, dem Geschehen einen Sinn abzugewinnen, und es gleichzeitig verwerfen zu müssen, weil keine Schuldigen auszumachen seien. Es handelt sich um eine säkulare Perspektive, nach welcher klar zwischen Subjekt und Objekt zu trennen ist, zwischen den Menschen als diesseitige Individuen und dem unabhängig von ihnen ablaufenden Naturgeschehen. Es ist das gleiche Dilemma, vor dem bereits Fridrich Arends stand, als er die Ursachen der Sturmflut von 1825 erforschen wollte und zu einem Ergebnis gelangte, das weder »Fisch noch Fleisch« ist: Weil er sich die Höhe des Wasserstandes nicht erklären kann, postuliert er eine Fernwelle und öffnet gleichzeitig das Ventil für seine verdrängten mythologischen Bedürfnisse, indem er schreibt: »Der Mensch denkt's, Gott lenkt's«.[346] Robert Leicht, der Verfasser des Leitartikels aus der *Zeit*, hat es demgegenüber einfacher und schwieriger zugleich, denn im Fall der Tsunami-Katastrophe war zwar die natürliche Ursache eindeutig in Gestalt des Erdbebens auszumachen, aber die Sinnfrage vermochte er nicht zu beantworten, vor ihr musste er kapitulieren. Für Arends und andere Aufklärer war es noch in hinreichender Weise befriedigend, Wegbereiter des wissenschaftlich-rationalen Diskurses zu sein. Diese Euphorie verschwand jedoch mit der Zeit, sodass sich die Sinnfrage immer drängender zu stellen begann, was bezogen auf unser Thema heißt, dass im Laufe des 20. Jahrhunderts die anthropozentrisch-theologische Betrachtungsweise (Flut

---

343 Ebd., S. 96f.
344 Leicht, Robert 2004: Schuldlos in der Sintflut. In: Die Zeit, Nr. 1, 30.12.2004, S. 1.
345 Ebd. (eigene Hervorhebung; B.R.).
346 Arends 1826°, 8.

als Strafe Gottes) von der anthropozentrisch-naturwissenschaftliche Perspektive (Flut als »Strafe« der Natur) abgelöst worden ist. An diese denkt auch Robert Leicht, sieht sich aber außer Stande, sie auf das Geschehen in Südasien anzuwenden.

Indirekt bestätigt er damit jenen Befund, dass in Krisensituationen die egozentrische Aufbaustruktur des Denkens und Erlebens zum Vorschein kommt: Solch ein schwerwiegendes Geschehen darf nicht ohne Sinn ablaufen, es muss auf mich bezogen werden können.

3 Versuche der Rekonstruktion von Sinn im säkularen Kontext

3.1 Anthropomorphisierungen

Mit Blick auf die mythologischen Restbestände im Individuum bieten sich zunächst anthropomorphisierende Wendungen an, denn indem man auf Altvertrautes und Bildliches zurückgreift, versucht man das Unbegreifliche begreiflich zu machen. So war immer wieder von der »*Monster*welle« die Rede[347] oder davon, dass es »kein Entrinnen vor diesem *Monster* [gab], das sich unvermittelt aus dem Meer erhob«.[348] – »Das Meer hat zurückgeschlagen«, schrieb die Zeit in ihrem zweiten Leitartikel der Ausgabe vom 30.12.2004,[349] und von der nackten Leiche eines Mannes, die aussah, als »habe die Flutwelle ihn gekreuzigt«, heißt es im selben Text: »Es wirkt wie ein Symbol, als rächten sich irgendwelche Mächte aus den Tiefen des Meers«.[350] Der *Spiegel* bezeichnete, mit Blick auf das Seebeben, die Erde als einen »zornigen Planeten«.[351] Und in der *Tagesschau* der ARD vom 26.12.2004 konstatierte der Korrespondent: »Es war wie ein Terrorakt der Natur«.[352] All das klingt bekannt, es sind ähnliche Wendungen, wie wir ihnen im Laufe der Arbeit immer wieder begegnet sind – von Emo von Wittewierum bis zu den Berichten über die Sturmflut von 1962. Daneben spiegeln sich, zumindest im letztgenannten Beispiel, zeitgenössische Einflüsse wider, nämlich der Vergleich mit dem islamistischen Terrorismus, der seit dem 11. September 2001 die Menschen in Atem hält. 40 Jahre früher hätte man stattdessen eher Bezüge zum Zweiten Weltkrieg hergestellt, wie die Beispiele zur Flut von 1962 deutlich gemacht haben.

---

347 Peutz, Elisabeth, Daniel Kestenholz 2004: Monsterwelle riss Tausende in den Tod. In: Kleine Zeitung (Klagenfurt), 27.12.2004, S. 2f. (eigene Hervorhebung; B.R.). Weiteres Beispiel: »Von einem Seebeben ausgelöste Monsterwellen hinterließen Verwüstung und Trauer« (Der Spiegel, Nr. 1, 03.01.2005, S. 96).

348 Kessler, Manuela 2004: Ein Monster erhebt sich aus dem Meer. In: Süddeutsche Zeitung, 27.12.2004. <http://www.sueddeutsche.de/panorama/artikel/305/45260/print.html> (07.01.005), (eigene Hervorhebung; B.R.).

349 Schwelien, Michael, Urs Willmann 2004: Ohne jede Warnung. In: Die Zeit, Nr. 1, 30.12.2004, S. 1.

350 Ebd.

351 Evers, Marco u.a. 2005: Der bebende Planet. In: Der Spiegel, Nr. 1, 03.01.2005, S. 111.

352 Robert Hetkämper, Asien-Korrespondent der ARD, am 26.12.2004 in der *Tagesschau* um 20.00.

3.2 Berichte über wundersame Rettungen

Eine andere Möglichkeit, dem Geschehen wenigstens einen rudimentären Sinn abzugewinnen, sind Berichte über wundersame Rettungen. In Anbetracht der Unzahl Getöteter sind – zumindest von außen betrachtet – Berichte über einzelne Gerettete zwar völlig unerheblich, aber sie bieten Trost und vielleicht sogar etwas Zuversicht. Dazu einige Beispiele, die beliebig vermehrt werden könnten: »Ein 20 Tage altes Baby hat die Flutkatastrophe in Malaysia auf einer im Meer treibenden Matratze überlebt«.[353] Ähnliches Glück hatte ein 13-jähriges Mädchen von den Nikobaren, denn es »habe über zwei Tage lang im Wasser getrieben, an einer ausgerissenen Tür, an einem treibenden Baumstamm und einem Sack festgekrallt«.[354] Ein kanadischer Urlauber habe sich hingegen zehn Stunden lang im Meer vor der Insel Phuket an einer Leiche festgehalten, »die eine Schwimmweste trug«.[355] Und schließlich soll eine Schlange

> »einer jungen Frau aus Indonesien und ihren neun Jahre alten Zwillingen das Leben gerettet haben. Die 26-Jährige [...] erzählt, die Schlange sei im Wasser geschwommen. Sie sei ihr einfach gefolgt, ihre beiden Kinder im Schlepptau. Das Tier fand instinktiv das Ufer«.[356]

Der ORF eröffnete seine Hauptnachrichtensendung vom 08.01.2005 mit der Bemerkung, dass es noch so etwas wie Wunder gebe, denn 14 Tage nach der Katastrophe sei ein 70-Jähriger lebend geborgen worden – um danach sofort zu den »großen« Nachrichten des Tages überzugehen.[357]

Ähnliche Berichte sind uns in den Quellen seit dem 17. Jahrhundert begegnet, allerdings mit etwas anderer Intention, denn dort ging es nicht allein um die Vermittlung von Trost, sondern auch darum zu beweisen, dass Gott diejenigen, welche ohne Sünde sind, verschont, weswegen es vorzugsweise Alte und Kinder waren, über die berichtet wurde.

3.3 »Vorzeichen«

Ein weiterer Aspekt, welcher dem Sinnbedürfnis ein Ventil öffnet, sind »Vorahnungen« der Katastrophe, und zwar im Bereich der Tierwelt – ein Phänomen, das die Medien zu Beginn des Jahres 2005 intensiv beschäftigte:

> »Als sich das Meerwasser aus dem Yala-Nationalpark zurückzog, kehrte Totenstille ein. Das größte Naturreservat Sri Lankas war vollkommen verwüstet. Als die Helfer endlich eintrafen, fanden sie die Leichen von rund 200 Menschen – aber keine Tierkadaver. Und das, obwohl das Reservat die Heimat von Krokodilen, Wildschweinen, Wasserbüffeln, Affen, Leoparden und 200 Elefanten ist. Alle schienen die Riesen-

353 Kleine Zeitung (Klagenfurt), 29.12.2004, S. 7.
354 Kleine Zeitung (Klagenfurt), 30.12.2004, S. 4.
355 Kleine Zeitung (Klagenfurt), 28.12.2004, S. 6.
356 Kleine Zeitung (Klagenfurt), 31.12.2004, S. 5.
357 *Zeit im Bild*, Hauptnachrichtensendung in ORF 1 und ORF 2 um 19.30 am 08.01.2005.

welle, die bis zu drei Kilometer tief in den Park gerast war, in weiser Voraussicht gemieden zu haben. ›Es gibt keine toten Elefanten, nicht einmal einen toten Hasen oder ein totes Kaninchen‹, sagte H. D. Ratnayake, Vizedirektor der Naturschutzbehörde Sri Lankas«.[358]

Entsprechendes wurde aus Thailand berichtet, denn acht Elefanten eines Safari-Centers in Khao Lak

> »haben möglicherweise sogar zahlreichen Menschen das Leben gerettet. Ein Elefantenführer berichtet, die Tiere hätten frühzeitig den herannahenden Tsunami gespürt und ihre Ketten zerrissen. Mitsamt den Touristen auf ihrem Rücken seien sie auf einen Hügel gerannt. Dutzende verängstigte Urlauber seien ihnen gefolgt und so der Flut entkommen. Diese Beobachtungen werden aus allen betroffenen Regionen gemeldet: Das Gebrüll wild lebender Elefanten, die sich ins Landesinnere oder auf Anhöhen zurückzogen, das Geschrei der Vögel, das auffällige Verhalten der Delphine und Eidechsen«.[359]

Während sich im ersten Bericht ausschließlich Tiere in Sicherheit bringen können, werden im zweiten auch Menschen gerettet, weil sie auf Elefanten reiten und diese ihren Führern nicht mehr gehorchen. Das folgende Beispiel geht noch einen Schritt weiter, indem das Verhalten der Tiere beobachtet wird und man daraus Konsequenzen zieht.

> »Das Gezwitscher der Vögel und das ungewöhnliche Verhalten von Eidechsen und Delfinen hat die Eingeborenenstämme auf den indischen Inseln Andamanen und Nikobaren offensichtlich vor den tödlichen Tsunamis gerettet. ›Unsere Teams sind mit ihren Booten hinaus gefahren und haben uns berichtet, dass die Stämme sicher sind‹, sagte der Direktor der staatlichen Forschungseinrichtung Anthropological Survey of India (ASI), V.K. Rao, am Dienstag der Deutschen Presse-Agentur.
>
> Während Zehntausende in Südasien wegen eines fehlenden technischen Frühwarnsystems den Flutwellen zum Opfer fielen, folgten die Eingeborenen den Warnsignalen der Tiere – und überlebten. Sechs von einst zehn Stämmen leben auf ihren verschiedenen Inseln im Golf von Bengalen.
>
> Zwischen 30 000 und 60 000 Jahre reicht ihr Ursprung zurück. Manche Stämme haben sich bis heute jedem Versuch verweigert, sie zu ›zivilisieren‹. Sie sind Jäger und Sammler, von kurzer Statur und mit dunkler Haut, ihre Herkunft ist ein Geheimnis. Seit Tausenden von Jahren reichen sie ihre Erzählungen und Erfahrungen von Generation zu Generation mündlich weiter. Von ihren Vorfahren lernten sie, auf die Signale der Tierwelt zu achten«.[360]

Auffälliges Verhalten von Tieren unmittelbar vor Erdbeben ist seit Jahrhunderten belegt und wird auch von der Wissenschaft nicht mehr in den Bereich der Sage

---

358 Becker, Markus 2005: Rätselraten um den sechsten Sinn der Tiere. In: Spiegel Online, 06.01.2005. <http://www.spiegel.de/wissenschaft/erde/0,1518,335583,00.html> (09.01.2005) und <http://www.spiegel.de/wissenschaft/erde/0,1518,335583-2,00.html> (09.01.2005).

359 Westdeutsche Zeitung Online 2005: Der sechste Sinn rettet Leben. <http://www.wz-krefeld. de/seschat4/200/sro.php?redid=72639> (09.01.2005).

360 Nicolaysen, Lars 2005: Urzeitliches Frühwarnsystem. Rettung für Eingeborene (dpa-Meldung). n-tv online, 04.01.2005. <http://www.n-tv.de/5472200.html> (09.01.2005).

verbannt. Helmut Tributsch, der sich als Professor für physikalische Chemie an der FU Berlin seit vielen Jahren mit dem Thema befasst, hat unter anderem davon berichtet, wie in der chinesischen Stadt Haicheng eines Tages Schlangen aus dem Winterschlaf erwacht und ihren Verstecken entflohen sind. Die Einwohner deuteten dieses merkwürdige Verhalten als Vorzeichen, und die Stadt wurde evakuiert – kurz darauf verwüstete ein Erdbeben den Ort.[361] Zwar sei eine Beweisführung schwierig, meint Tributsch gegenüber dem *Spiegel*, weil Studien über einen längeren Zeitraum finanziert werden müssten, schwere Erdbeben jedoch selten seien, doch gebe es aus naturwissenschaftlicher Sicht durchaus Argumente für das Verhalten der Tiere. Möglicherweise komme es vor Erdbeben zu Veränderungen des elektromagnetischen Feldes, wofür etwa rätselhafte Lichter vor Ausbruch der Katastrophe sprächen, deren Sichtungen seit der Antike belegt seien. Als Erklärung biete sich an, »dass positiv geladene Schwebeteilchen in der Luft, so genannte Aerosole, im Gehirn zur Ausschüttung von Serotonin führen können. Der Botenstoff löst Aufregung und Angst aus«. Darüber hinaus sei es möglich, dass »Tiere die Schallwellen und Vibrationen wahrnehmen, die entstehen, wenn die Schockwelle über den Meeresboden rast [...]. Schall breitet sich in Gestein wesentlich schneller aus als die Welle im Meer«.[362] So seien etwa, heißt es im *Auslandsjournal* des ZDF, Elefanten

> »in der Lage, Schallwellen, ausgelöst durch das Seebeben, frühzeitig wahrzunehmen und auf die drohende Gefahr zu reagieren [...]. Im Ernstfall fliehen die Dickhäuter und geben Warnlaute von sich, die aber nicht nur die eigenen Verwandten erreichen. Über die Artengrenze hinweg sind auch andere Tiere in der Lage, diese Warnungen richtig zu interpretieren«.[363]

Mit Vorzeichen haben wir es im Laufe unserer Arbeit immer wieder zu tun gehabt. Bereits von Emo haben wir gehört, dass vor der Marcellusflut im benachbarten Nonnenkloster ein dreimaliges Klopfen vernommen wurde,[364] Peter Sax wusste unter anderem von Aalen zu berichten, die sich vor der zweiten Manndränke aufs Land flüchteten,[365] Heinrich Heimreichs Tochter hatte bereits einige Stunden vor der Weihnachtsflut von 1717 Vorahnungen von der bevorstehenden Katastrophe,[366] und 1962 wurde wenige Tage vor der großen Sturmflut auf einem Bauernhof in Braderup (Schleswig-Holstein) ein erschöpfter Krabbentaucher aufgefunden, der sich normalerweise in Grönland oder Island aufhält und anscheinend vor dem herannahenden Tief *Vincinette* geflohen war.[367] Vorzeichen und Vorahnungen sind uns

361 Tributsch, Helmut 1990: Wenn die Schlangen erwachen. Stuttgart: Deutsche Verlagsanstalt.
362 Becker, Markus 2005: Rätselraten um den sechsten Sinn der Tiere. In: Spiegel Online, 06.01.2005. <http://www.spiegel.de/wissenschaft/erde/0,1518,335583,00.html> und <http://www.spiegel.de/wissenschaft/erde/0,1518,335583-2,00.html> (09.01.2005).
363 ZDF-Auslandsjournal, 13.01.2005. <http://www.zdf.de/ZDFde/inhalt/4/0,1872,2248772,00.html> (13.01.2005).
364 Emo von Wittewierum 1991°, 108.37.
365 Sax, Bd. 2, 1985°, 190.
366 H. Heimreich 1812°, 262.
367 Herlin 1982, 18f.

zu allen Zeiten begegnet, vor allem aber in der Frühen Neuzeit, als die tradierten Normen zu wanken begannen und man nach Fixpunkten suchte, an die man sich klammern konnte. Gott durfte nicht als willkürliche Instanz erscheinen, sondern als jemand, der Menschen mit untadeligem Lebenswandel verschont, und deswegen sah man allenthalben (bzw. postulierte ex post) Vorzeichen, welche als Warnung gegenüber dem drohenden Unheil verstanden werden sollten.

Wenn wild lebende Tiere vor dem Tsunami flüchten, hat das aus säkularer Perspektive mit Vorzeichen im theologischen Sinn natürlich nichts zu tun. Stattdessen kann, wie die Beispiele deutlich machen, die Naturwissenschaft um Erklärungen bemüht werden. Aber die Gemeinsamkeit besteht darin, dass aus ungewöhnlich auffälligen Erscheinungen auf eine unmittelbar bevorstehende Katastrophe geschlossen wird. *Und ähnlich wie in den Beispielen aus der neuzeitlichen Geschichte Frieslands kann im Fall des Tsunamis derjenige, welcher hellhörig ist, die Zeichen lesen*: Als die Elefanten von Khao Lak auf die Hügel fliehen, folgen ihnen verängstigte Touristen zu Fuß. Noch prägnanter ist allerdings das Beispiel der Andamanen und Nikobaren, wo anscheinend Menschen leben, welche die westliche Zivilisation noch nicht erreicht hat. Im Ausland sei die Kenntnis dieser Region gering, schreibt Gero von Randow in der *Zeit*, »nur an Geringschätzung ist kein Mangel. Das Vorurteil gilt insbesondere den Ureinwohnern, unzivilisierte Lendenschurzträger angeblich«.[368] Aber genau dieses Urteil macht aus intellektueller westlicher Sicht die Ureinwohner der Insel zu Sympathieträgern, zumal sie – so die bereits zitierte dpa-Meldung – seit Jahrtausenden »ihre Erzählungen und Erfahrungen von Generation zu Generation mündlich weiter[-reichen]. Von ihren Vorfahren lernten sie, auf die Signale der Tierwelt zu achten«.[369]

Das entspricht jenem Bild, das man sich seit der Romantik auch von der traditionellen europäischen Volkskultur macht, und es drückt eine Sehnsucht aus, nämlich die nach Natürlichkeit und Ursprünglichkeit: Jene, welche noch im Einklang mit den überlieferten Traditionen leben, verstehen die Hinweise der Natur und haben somit einen Überlebensvorteil, während Touristen in ihren Hotelanlagen und Einheimische in ihren Städten den Bezug zum natürlichen Leben längst verloren haben. In diesem Sinn äußerte sich etwa Ulrich Delius von der *Gesellschaft für bedrohte Völker* in einem Gespräch mit dem *Deutschlandfunk*:

> »Nun, die Seenomaden leben seit Jahrhunderten auf dem Meer, neben dem Meer, sie kennen das Meer wie ihre Westentasche und das hat ihnen, denke ich, das Leben gerettet, weil sie die Zeichen der Natur interpretiert haben. Sie haben gesehen, das Meer zieht sich zurück, die Vögel fangen an ganz laut zu schreien, der Wind ebbte plötzlich auch ab und das hatte ihnen einfach Angst gemacht. Ganz anders als die

---

368 Randow, Gero von 2005: Die zerbrechlichsten Orte der Welt. In: Die Zeit, Nr. 2, 05.01.2005, S. 27. – Auf den Andamanen hat bereits zu Beginn des 20. Jahrhunderts der Ethnologe Radcliffe-Brown (1881–1955) geforscht und darüber publiziert (vgl. Radcliffe-Brown, Alfred Reginald 1922: The Andaman Islanders. A Study in Social Anthropology. Cambridge: Cambridge University Press).

369 Nicolaysen, Lars 2005: Urzeitliches Frühwarnsystem. Rettung für Eingeborene (dpa-Meldung). n-tv online, 04.01.2005. <http://www.n-tv.de/5472200.html> (09.01.2005).

Thaifischer, die freudestrahlend auf den Strand liefen und die Fische einsammelten, sind die Ureinwohner dann ins Landesinnere geflohen und haben gesehen, dass sie sich auf einem Hügel in Sicherheit brachten«.[370]

Die Interviewerin ist skeptisch und fragt nach, ob das wirklich so sei oder ob es sich dabei nicht vielmehr um einen »volkskundlich bemäntelten Exotismus« handele.[371] Delius bekräftigt seine Ausführungen und fügt hinzu,

> »dass das natürlich vollkommenes Neuland ist, so orales Wissen jetzt eben von indigenen Völkern festzuhalten in Schrift und Bild und zu schauen, inwieweit kann man das jetzt mit moderner Technologie kombinieren. Das ist sozusagen Neuland, aber es ist eben ein ermutigender Schritt, dass man überhaupt mal dazukommt, einzugestehen, dass wir vielleicht von Indigenen auch lernen können«.[372]

Ethnologen haben sich zwar seit jeher für die traditionelle Volkskultur interessiert und dabei immer wieder auch – mal mit mehr, mal mit weniger kritischer Distanz – deren Errungenschaften gewürdigt, doch zu erkennen, dass es sich dabei um mehr als ein »exotisches« Interesse handeln könnte, welches auch für andere von praktischer Bedeutung sein kann, dazu bedarf es anscheinend einer Katastrophe.

Doch bleiben wir bei unserer Fragestellung, den Gemeinsamkeiten mit den Vorzeichen, welche die friesischen Chronisten erwähnen. Der Berührungspunkt besteht darin, dass derjenige, welcher den Wink des Schicksals richtig zu lesen versteht, gewarnt ist und nicht überrascht wird. *Im Fall der Sturmfluten an der südlichen Nordseeküste ist das Kriterium die Nähe zu Gott, im Fall des Tsunamis die zur Natur, denn hier wie dort sind Zeichen vorhanden, die von einer nichtmenschlichen Instanz herrühren und bevorstehendes Unheil ankündigen.* Damit können wir auch einen Bogen zum letzten Teil unserer Arbeit schlagen, in welchem es, in Zusammenhang mit der Diskussion um den anthropogenen Klimawandel, um die Wiederbelebung der traditionellen Sicht im neuen Gewand geht: Wenn die Flut kommt und man von ihr überrascht wird, ist das nicht mehr ein Ausdruck der Gottesferne, sondern der Entfremdung von der Natur. In der Äußerung Randows und der dpa-Meldung geht es zwar nicht um eine strafende Instanz, aber es ist doch ein Unbehagen an der »Zivilisation« zu vernehmen, das nicht ohne Folgen bleibt. Würde man stärker in Einklang mit der Natur leben – so der Tenor –, könnte man ihre Zeichen leichter verstehen.

Ein weiterer Aspekt fügt sich ebenfalls in dieses Bild, nämlich der Rückgriff auf die traditionelle orale Kultur der Andamanen und Nikobaren. Forscher hätten »in den Überlieferungen der Stämme Hinweise auf eine frühere große Überschwemmung gefunden und auf Inseln, die kleiner wurden«, sagt der Direktor der staatlichen Forschungseinrichtung *Anthropological Survey of India,* V.K. Rao.[373] Das

---

370 Deutschlandfunk, 05.01.2005. <http://www.dradio.de/dlf/sendungen/kulturheute/337362/> (12.01.2005).
371 Ebd.
372 Ebd.
373 dpa-Meldung vom 04.01.2005. <http://n24.de/boulevard/nus/?a2005010412004889699> (12.01.2005).

erinnert an die im kollektiven Gedächtnis aufbewahrten Erinnerungen, etwa an die Marcellusflut oder den Untergang Rungholts. Aus meiner Sicht könnten ähnliche Voraussetzungen bestehen, abgesehen von der existenzbedrohenden Möglichkeit zu großflächigen Überschwemmungen insbesondere objektive Erinnerungsstützen in Form von Resten untergegangenen Landes.

4   Die Katastrophe aus christlicher Perspektive

Das Interesse der Medien am Verhalten der Tiere und an der traditionellen Kultur der Andamanen und Nikobaren erklärt sich dadurch, dass es eine Möglichkeit bietet, dem Sinnbedürfnis im säkularen Kontext Raum zu geben, indem man Nähe zur Natur als Wert postuliert. Doch auch aus christlicher Sicht hat man sich mit der Katastrophe beschäftigt, wobei man zu ganz unterschiedlichen Antworten gekommen ist. Der Mainzer Kardinal Karl Lehmann meinte, er als Theologe könne die Katastrophe nicht erklären, denn es sei

> »viel leichter, wenn ein Krimineller so etwas macht, es ist viel leichter, wenn man sagen kann, das geht auf ökologische Sünden der Menschen zurück – aber hier, wo das aus der Tiefe des Ozeans ausbricht, uns überfällt, ist die Rätselhaftigkeit viel größer«.[374]

Das alte Deutungsmuster, die Flut als Strafe Gottes, ist bei modernen europäischen Christen passé, doch auch der Rückgriff auf ökologische Aspekte greift hier nicht, weswegen Lehmann, ähnlich wie Robert Leicht in der *Zeit*, nichts anderes übrig bleibt, als seine Hilflosigkeit in Anbetracht des Unfassbaren zu konstatieren. Lehmanns Aussage kommt bereits der Lehre vom *Deus absconditus*, dem verborgenen Gott, recht nahe, welcher trotz Offenbarung absolut transzendent ist, weil seine Pläne unerforschlich sind und er mit menschlichen Kategorien nicht zu erfassen ist.[375] In ähnlicher Weise äußerte sich der evangelische Theologe Karsten Lehmkühler, Professor für Ethik an der Universität Marc Bloch (Strasbourgh), wenn er auf die Frage, warum das Beben passiert sei, Folgendes sagt:

> »›Es gehört zu den verborgenen Seiten Gottes, die wir nicht erklären können‹. Mit Sicherheit könne man nur sagen, dass das Beben zu den Ereignissen einer gefallenen Schöpfung gehöre und nicht gegen den Willen Gottes passiert sei. Mutmaßungen, warum das Beben am zweiten Weihnachtstag stattfand, wie genau ein Jahr zuvor beim Erdbeben in Bam (Iran), führten dagegen ins Leere. ›In jedem Fall gilt für Christen Römer 8, 28: *Wir wissen aber, dass denen, die Gott lieben, alle Dinge zum Besten dienen*. Ich gebe zu, dass ich das einer Mutter, die gerade ihre gesamte Familie verloren hat, nur unter Zittern zurufen kann. Um Gottes Zusagen zu wissen, ist das eine, sie selbst im Leid in Anspruch zu nehmen, das andere«.[376]

---

374 3sat.online 2005: Die Macht der Bilder. Nach der Flut – Teil 1. Kulturzeit, 10.01.2005. <http://www.3sat.de/kulturzeit/themen/74654/index.html> (12.01.2005).

375 Zurückgehend auf Jes. 45,15 (»Fürwahr, du bist ein verborgener Gott«).

376 Huhn, Karsten 2005: Wie kann Gott das zulassen? Idea (= Evangelische Allianz) Online. <http://www.ideaschweiz.ch/artikel.php3?artikelid=2759> (13.01.2005).

Mit der Urschöpfung hat es der Mensch nie zu tun gehabt, er ist von Beginn an in die *gefallene Schöpfung* eingetreten, weil das Böse (Luzifer, Schlange) bereits vorhanden war, als Adam und Eva erschaffen wurden. Gegen den Willen Gottes könne die Katastrophe nicht geschehen sein, schreibt Lehmkühler, (weil er anderenfalls nicht allmächtig wäre), aber das symbolträchtige Datum, der zweite Weihnachtstag, solle nicht zu verfehlten Spekulationen verführen – denn diese liefen wohl darauf hinaus, darin ein Zeichen Gottes zu sehen, wie es etwa bei der Weihnachtsflut von 1717 der Fall war. Sowohl die Vorstellung der gefallenen Schöpfung als auch die des Deus absconditus haben Verbindungen mit dem Theodizee-Problem, also der Frage, wie man die Existenz Gottes in Anbetracht des Übels in der Welt rechtfertigen kann. So schreibt etwa Werner Thiede im *Rheinischen Merkur*, dass aus neutestamentlicher Sicht die Schöpfung nicht von vornherein vollkommen sein könne, weil in der Apokalypse des Johannes »die wirkliche Vollendung der Welt« sich in der Zukunft ereignen werde.[377] Erst am Ende werde »die Allmacht seiner Liebe am Ziel sein«.[378] Auf der anderen Seite sei Gott allerdings »auch in der unvollendeten Welt in verborgener Solidarität gegenwärtig«.[379]

In Anbetracht des unsäglichen Leids klingt das recht akademisch, und auch Karsten Lehmkühler hätte, wie er selbst bekundet, Probleme, einer Mutter, welche ihre Familie verloren hat, zu erklären, dass »alle Dinge zum Besten dienen«.

Eine andere Möglichkeit, mit der Katastrophe aus christlicher Sicht umzugehen und mit der Frage, wo Gott in diesem unheilvollen Moment war, besteht darin, auf die menschliche Freiheit Bezug zu nehmen. »Muss man sich«, fragte das evangelische *Sonntagsblatt*,

> »Gottes Allmacht überhaupt so vorstellen, dass Gott alles Böse und Unbegreifliche im Vorhinein aus dem Lauf der Dinge herausschneidet? Doch wohl eher nicht. Gott lässt in großer Freiheit den Menschen gewähren. Jede Katastrophe sagt deshalb auch wenig über Gott, aber viel über den Menschen aus. Etwa über sein Verhältnis zur Natur mit ihren Gesetzen. Der Mensch, der meint, über die Natur herrschen zu können, stößt mit seinem Machtanspruch an Grenzen«.[380]

Das ist eine moderne Perspektive, weil sie technizistische Machbarkeitsvorstellungen relativiert, und gleichzeitig ist sie von traditionellem Gehalt, indem sie auf die Begrenztheit menschlichen Vermögens hinweist. Das erinnert an jene Stellungnahmen von 1962, welche die Februar-Sturmflut als Mahnung verstanden wissen wollten. So sprach die BRD-Regierung in ihrer offiziellen Erklärung davon, dass die menschliche Selbstsicherheit an Grenzen gestoßen sei,[381] und in entsprechender Weise meinte Hans Zehrer, damals Chefredakteur der *Welt*, unser Selbstbewusst-

---

377 Thiede, Werner 2005: Diese Welt bleibt unvollendet. In: Rheinischer Merkur, Nr. 1, 06.01.2005, S. 9.
378 Ebd.
379 Ebd.
380 Frank, Helmut 2005: Das Nachbeben. Südostasien 2004 – Lissabon 1755: Die Frage nach der Liebe und der Allmacht Gottes. In: Sonntagsblatt Bayern, Nr. 2, 09.01.2005. <http://www.sonntagsblatt-bayern.de/news/aktuell/2005_02_01_01.htm> (08.01.2005).
381 Presse- und Informationsamt der Bundesregierung 1962°, 27.

sein sei »zugleich unsere größte Schwäche«.[382] Der Sinn der Katastrophe – sowohl 1962 als auch 2004 – besteht also unter anderem darin, an die Relativität und Beschränktheit menschlichen Tuns zu erinnern.

Der Rückgriff auf die individuelle Freiheit ist gewissermaßen die positive Kehrseite des verborgenen Gottes. Gleichzeitig kann jene aber auch als Möglichkeit verstanden werden, sich dem Schöpfer zuzuwenden und ihn zu finden. So haben etwa Chronisten der Manndränke von 1634 wie Anton Heimreich und Peter Sax, welche in der lutherischen Tradition des verborgenen Gottes aufgewachsen sind, immer wieder auf Vorzeichen und wundersame Rettungen Unschuldiger hingewiesen, um Gottes Anwesenheit zu belegen. Es wäre verfehlt anzunehmen, dass das heute nicht mehr geschieht, denn tatsächlich existieren einige Beispiele, welche in dieser Tradition stehen. Aus säkularer Perspektive haben die Medien ja zuhauf über Vorahnungen berichtet. Im Rahmen christlicher Sinndeutung finden wir sie hingegen unter anderem im folgenden Textauszug aus dem evangelischen *Sonntagsblatt*.

> »Das Evangelium bezeugt, dass aus der Katastrophengeschichte der Welt letztlich doch eine Heilsgeschichte werden wird. Ein Vorschein darauf sind Geschichten von wunderbarer Rettung, wie es sie auch bei der Flut in Südostasien gab. Zum Beispiel das zwanzig Tage alte Baby, das gerade schlief, als die Welle das Restaurant seiner Eltern überflutete. Vater und Mutter wurden von den Wassermassen aus dem Gebäude gerissen, erst Stunden später gelang es ihnen zurückzukehren. Im Schlafraum fanden sie ihr Baby [...]. Oder der vierjährige Vathanyu Pha-opas im thailändischen Khao Lak, der mehr als zwei Tage lang ohne Essen und Trinken auf einem Baum ausharrte, bevor ihn dort sein Vater nach langer Suche entdeckte«.[383]

Ein anderes Beispiel: In einem Bericht der evangelischen Nachrichtenagentur *idea* kamen Augenzeugen der Katastrophe zu Wort, unter anderem die Lehrerin Winnie Hofmann von der christlichen deutschen Schule Chiang Mai im Norden Thailands. Sie erzählte, dass sie eigentlich mit einem Boot aufs Meer habe hinausfahren wollen, dies aber unmöglich gewesen sei, weil sich mit einem Mal das Wasser zurückgezogen habe.

> »Da zeigt ein Thai warnend auf eine hohe Welle am Horizont. Wir gehen rasch an Land auf eine kleine Erhöhung am Strand. Von dort sehen wir einen weißen Streifen auf dem Meer, der näher kommt. Wegen vieler kleiner vorgelagerter Felsinseln wird die Macht der Flutwelle schon vorher gebrochen, weshalb es an unserem Abschnitt zwar zu Zerstörungen, aber zu keinem Inferno kommt. Uns wird bewusst: Wäre das Boot pünktlich gewesen, hätten wir den Tsunami auf dem Meer erlebt – und wären möglicherweise ertrunken [...]. Dass wir persönlich vor diesem Leid bewahrt geblieben sind, läßt mich an Psalm 91 denken: ›Wenn auch Tausend fallen zu deiner Seite

---

382 Zehrer 1962°, 2.

383 Frank, Helmut 2005: Das Nachbeben. Südostasien 2004 – Lissabon 1755: Die Frage nach der Liebe und der Allmacht Gottes. In: Sonntagsblatt Bayern, Nr. 2, 09.01.2005. <http://www. sonntagsblatt-bayern.de/news/aktuell/2005_02_01_01.htm> (08.01.2005).

und Zehntausend zu deiner Rechten, so wird es doch dich nicht treffen‹. *Diesen Schutz Gottes haben wir in erstaunlicher Weise erlebt«.*[384]

Während es sich in diesem Bericht um eine christlich engagierte Lehrerin handelt, sind es in den Beispielen aus dem *Sonntagsblatt* »unschuldige« Kinder, nämlich ein Säugling und ein vierjähriger Bub, welche auf Grund göttlicher Fügung gerettet wurden, wie es heißt. Von dort aus ist es nur ein kleiner Schritt zur Vermutung, dass weniger »Unschuldige« von Gott nicht beschützt wurden, und tatsächlich ist es so, dass die offizielle Kirche sich genötigt sah, zu solchen Überlegungen Stellung zu beziehen. So wendete sich der württembergische Landesbischof Gerhard Maier in einer Kanzelrede am 06.01.2005 gegen die »Vermutungen mancher Prediger, die Überschwemmungen seien eine Strafe Gottes für den Unglauben der Menschen in den betroffenen Ländern«. Demgegenüber solle doch »jeder zunächst an seine eigenen Sünden denken«.[385] Etwas akzentuierter äußerte sich dagegen Margot Käßmann, Landesbischöfin aus Hannover:

> »Ich werde oft gefragt, wie kann Gott das zulassen, ist das eine Strafe Gottes. Nun müssen wir sagen, biblisch gesehen ist sie das nicht, denn am Ende der biblischen Sintflut steht Gottes Zusage, solange die Erde steht, wird nicht vergehen Saat und Ernte [...]. Aber ich denke schon, diese Sintflut wird von vielen auch als Mahnung empfunden. So können wir nicht weiterleben, in dieser Diskrepanz zwischen Reich und Arm in dieser Welt. Und die ganze Frage, was bedeutet eigentlich der Tourismus der Reichen in diesen armen Ländern, ist für viele auch sehr in den Vordergrund gekommen. Da ist eine neue Nachdenklichkeit entstanden«.[386]

Die Katastrophe hat nach Auffassung Käßmanns insofern etwas Gutes, als sie zum Nachdenken über die Diskrepanz zwischen Arm und Reich anregt, und tatsächlich eignet sich ein Großteil der betroffenen Gebiete für solche Überlegungen, weil es sich um Entwicklungs- bzw. Schwellenländer handelt, in denen Bürger aus westlichen Staaten Urlaub machen. Da kann man Sehnsüchte befriedigen, die dortigen Strände gelten als »Touristenparadiese«, und eben diese haben sich durch den Tsunami in eine »Hölle« verwandelt, wie man in den Zeitungen immer wieder lesen konnte.[387] Der Befund Anton Heimreichs, »daß Gott der Herr durch Auslassung der Wasser das Land könne *umkehren*«,[388] war auf das wohlhabende Land der Friesen gemünzt, das nach 1634 mit einem Schlag bitterarm wurde. Aus althergebrachter

---

384 Idea Online 2005: Berichte von Augenzeugen und Einzelschicksale. Wie Christen die Katastrophe im Indischen Ozean erlebt haben. <http://www.idea.de/cfml/homepage/detail_artikel.cfm?cfid=319374&cftoken=6185018&ArtikelID=30173> (13.01.2005) (eigene Hervorhebung, B.R.).

385 Idea Online 2005: Bischof Maier: Katastrophe ist Anfrage an Christen in Deutschland (Newsticker vom 08.01.2005). <http://www.idea.de/cfml/index.cfm> (13.01.2005).

386 3sat.online 2005: Die Macht der Bilder. Nach der Flut – Teil 1. Kulturzeit, 10.01.2005. <http://www.3sat.de/kulturzeit/themen/74654/index.html> (12.01.2005).

387 So etwa Nikolaus Schneider, Präses der evangelischen Kirche im Rheinland. Er sagt, Gottes »Schöpfung sei nicht perfekt: Paradiesische Verhältnisse könnten sich über Nacht in einen ›Ort des Schreckens‹ verwandeln«. AP-Meldung vom 07.01.2005. <http://de.news.yahoo.com/050107/12/4d61d.html> (08.01.2005).

388 Heimreich, Bd. 2, 1819°, 134 (eigene Hervorhebung).

religiöser Sicht passt er aber genauso auf die betroffenen »Touristenparadiese« Südasiens. Darum soll es im Folgenden gehen.

5 Die Katastrophe als Strafe übernatürlicher Mächte

Entsprechende Äußerungen aus christlicher bzw. jüdischer Perspektive sind sicher nicht repräsentativ, doch wollen wir sie nicht unerwähnt lassen, weil sie Ausdruck des uns geläufigen traditionellen Bildes sind. So behauptete der israelische Rabbi Schlomo Amar, »der Tsunami sei die Strafe Gottes für Unmoral und Hass der Menschen«,[389] während der protestantische Online-Prediger Bill Koenig aus den USA darin »die göttliche Heimsuchung islamischer Länder sah, weil sie fromme Christen schikanierten«.[390] Phillip Jensen, Dekan der anglikanischen Kirche von Sydney meinte,

> »der Wille Gottes wirke auf seine Schöpfung, aber genauso sei sie beeinflusst von Gottes Urteil über die Sündhaftigkeit der Menschen. ›Katastrophen sind Bestandteile seiner Warnung, dass der Tag des Jüngsten Gerichts kommen wird‹«.[391]

Verbreiteter als im christlich-jüdischen Bereich dürfte diese Sichtweise bei Angehörigen des Islam sein. Im Spendenaufruf des Zentralrates der Muslime in Deutschland für die Opfer des Seebebens war zu lesen: »Wir sollten die Vergänglichkeit dieses Lebens und die Machtlosigkeit des Menschen *vor dem Willen Gottes* zum Thema machen«.[392] Noch klarer positionierten sich indes einheimische Muslims in den betroffenen Gebieten. In der indonesischen Provinzhauptstadt Banda Aceh, die zur Zeit der Katastrophe auch noch von einem Bürgerkrieg geplagt wurde, haben mehrere Journalisten mit Einheimischen gesprochen. Eine 29-jährige Frau, welche ihre gesamte Familie verloren hat, meinte:

> »›Vielleicht haben wir etwas Böses getan. Oder wir haben vergessen zu beten‹ [...]. ›Alle Häuser sind total zerstört, nur die Moscheen sind geblieben‹, sagt sie. ›Und alle Menschen, die zur Zeit des Unglücks in der Moschee waren, haben überlebt. Das zeigt die Macht Allahs‹«.[393]

---

389 Strittmatter, Kai 2005: Eine Erschütterung, die stumm macht. In: Süddeutsche Zeitung, 10.01. 2005. <http://www.sueddeutsche.de/ausland/artikel/717/45672/print.html> (13.01.2005).

390 Ebd.

391 »Anglican Dean of Sydney, Phillip Jensen, said the will of God involved His creation of the world but it also involved His judgment on the sinfulness of humanity. ›Disasters are part of His warning that judgment is coming‹, Dean Jensen said«. Shaun, Davis 2005: It was a message from above. Australian religious leaders have interpreted the tsunami as a warning from God. In: The Sunday Telegraph, 02.01.2005. <http://www.news.com.au/common/printpage/ 0,6093,11832383,00.html> (13.01.2005).

392 Zentralrat der Muslime in Deutschland 2004: Spendenaufruf für die Opfer des Seebebens vom 28.12.2004. <http://www.islam.de/print.php?site=articles&archive=newsnational&article_ number=2364> (07.01.2005) (eigene Hervorhebung, B.R.).

393 Unmacht, Eric, Thomas Lanig 2005: Flutwelle als Strafe Allahs. dpa-Meldung vom 08.01. 2005. <http://www.n-tv.de/5474254.html> (09.01.2005).

Andere äußerten sich konkreter, nannten Ross und Reiter. Der *Welt*-Redakteur Roland Brockmann hat in einem Flüchtlingscamp verschiedene Betroffene interviewt, darunter einen 29-Jährigen aus Banda Aceh namens Syahril:

>»Das Leben der Menschen in Banda Aceh ist durch Grundsätze und Glauben bestimmt. Die Mehrzahl sind einfache Leute. Aus ihrer Religiosität heraus deuten sie auch die Naturgewalt, die so zerstörerisch über sie kam. Obwohl auch Syahril von Erdplatten, die sich auf dem Meeresgrund verschieben, weiß und dass so der Tsunami entstand – den tieferen Grund der Katastrophe sieht er in den Sünden der Bevölkerung: ›Alkoholgenuss, Prostitution und nicht zuletzt Korruption wurden immer stärker, wir selbst tragen Mitschuld an dem, was passiert ist‹, sagt er. Ja, es sei eine Strafe Gottes«.[394]

Ramli Harun, Imam der Großen Moschee von Meulaboh, der größten Stadt an der Westküste von Aceh, schlug in eine ähnliche Kerbe, denn er betrachtete die Flutwelle als göttliche »Warnung« und nennt als Begründung »nicht nur Glücksspiel und Korruption, sondern erwähnt auch die immer wieder absichtlich gelegten Waldbrände und das Töten im Kampf zwischen Separatisten und Armee«.[395]

Die Urlaubsgebiete vor allem in Thailand sind bekannt dafür, dass dort auch eine Vielzahl von Sextouristen Urlaub macht, wobei nicht allein normale Prostitution, sondern auch Prostitution mit Kindern verbreitet ist. Ein Bekannter von mir meinte in dem Zusammenhang, dass es gar nicht schade sei, wenn durch den Tsunami »Kinderschänder« getroffen worden seien. In den mir zur Verfügung stehenden Medien habe ich derartige Äußerungen nicht ausfindig machen können, wohl weil diese unberücksichtigt lassen, dass es sich bei den Opfern der Katastrophe in der Regel um Unschuldige handelt. Auf der anderen Seite bin ich der Auffassung, dass eine solche Sicht nicht nur in den betroffenen Gebieten, sondern auch in der westlichen Bevölkerung von nicht Wenigen geteilt wird. Denn sie drückt, auch wenn sie irritiert, eine Art Gerechtigkeitsempfinden aus, weil jene, welche sich verbrecherischer Taten schuldig machen, dafür auch bestraft werden. Es werden Zusammenhänge zwischen der Katastrophe und sexuellen Straftätern konstruiert, die zwar rational betrachtet nicht existieren, aber vermittels Emotionen verknüpft werden, sodass sie von subjektiver Evidenz sind. Die Befriedigung des Gerechtigkeitsempfindens ist zwar als solche noch nicht von mythologischer Qualität, doch ist sie nicht weit davon entfernt, weil sich unter Umständen die Frage aufdrängt, ob eine Instanz existiert, welche dafür Verantwortung trägt. Syahril aus Banda Aceh spricht es jedenfalls eindeutig aus: Der Tsunami sei eine Strafe Gottes für die immer stärker um sich greifenden Sünden, wobei er explizit »Alkoholgenuss, Prostitution und nicht zuletzt Korruption« nennt.[396]

---

394 Brockmann, Roland 2005: »Die Strafe Gottes«. In: Die Welt, 05.01.2005. <http://www.welt.de/data/2005/01/05/383690.html?s=2> (12.01.2005).

395 Klein, Stefan 2005: Wenn Allah ein Amerikaner ist. In: Süddeutsche Zeitung, 08.01.2005. <http://www.sueddeutsche.de/ausland/artikel/683/45638/9/> (07.01.2005).

396 Brockmann, Roland 2005: »Die Strafe Gottes«. In: Die Welt, 05.01.2005. <http://www.welt.de/data/2005/01/05/383690.html?s=2> (12.01.2005).

Darüber hinaus hörte man von Einheimischen auch traditionelle mythologische Vorstellungen in Bezug auf die Flutwelle. Männer aus Chinnamudaliyarchavadi, einem kleinen Fischerdorf in Südost-Indien, meinten gegenüber der Ethnologin Hilde K. Link, das Meer sei nicht einfach nur Wasser, sondern ein

>Verschlingerwesen, mit dem man vorsichtig umgehen und das man mit Ritualen versöhnlich stimmen muss. Irgendwo an der Küste, wer weiß, vielleicht in Nagapattinam, da, wo das Ungeheuer am stärksten gewütet hat, wurden die Rituale nicht entsprechend durchgeführt. So sagen die Fischer. Sonst wäre das nicht passiert«.[397]

Ähnliches wurde dem Ethnologen Wolfgang Mey in Sri Lanka berichtet. Er schreibt:

>Einige meiner Gewährsleute in Ambalangoda, insbesondere Bandu Wijesooriya, der Direktor des Masken-Museums und der Schule für traditionelle Tänze in Ambalangoda, begreifen die Katastrophe als eine Vergeltungsmaßnahme der den Menschen übergeordneten Mächte. Ein Kennzeichen der Katastrophe war ihre Unvorhersehbarkeit, ihre Unkontrollierbarkeit und totale Gewalt, ihre Willkür. Die Welle tötete und vernichtete, brutal und unverhofft. Es gibt nur eine Macht, die ein solches Ereignis verursachen kann, das sind Götter und/oder Dämonen. Nur von ihnen kann eine solche Gewalt ausgehen«.[398]

Götter und Dämonen müssten die ihnen zugewiesenen Aufgaben erfüllen und die kosmische Ordnung, welche älter als die Menschen sei, beschützen, schreibt Mey weiter. Würde diese Ordnung gestört und ihr Gleichgewicht bedroht, so würden die Menschen ohne Mitleid bestraft, wie das folgende Beispiel deutlich mache:

>Etwa 12 km südlich von Ambalangoda liegt, der Küste vorgelagert, die kleine, sehr flache Koralleninsel Sinigama. Der Schrein auf dieser Insel ist dem Regionalgott Devol gewidmet. Menschen, die die Hilfe dieses Gottes benötigen, suchen diesen Schrein auf und bringen dort ihre Opfer dar. In den letzten 15 Jahren hat dieser Ort eine zunehmend größere Bedeutung erlangt, er wurde zu einem lokalen religiösen Zentrum, Pilgerquartiere wurden gebaut, und die Macht des Gottes nahm zu. Diese kleine Insel, die nur etwa einen Meter die Wasseroberfläche überragt, wurde nicht getroffen, der Schrein blieb unbeschädigt. Die Menschen sagen, dass die kleine Insel ein Ort sei, an dem die Macht des Gottes gegenwärtig ist, und das habe sie vor der Zerstörung bewahrt. Die der Insel gegenüber liegenden Strandsiedlungen dagegen, deren Bewohner pauschal der Kriminalität und des Drogenhandels verdächtigt werden, wurden von der Flutwelle niedergerissen und weggespült«.[399]

Derartige, von naturmythologischem Gehalt bestimmte Äußerungen finden wir an Frieslands Küsten nicht, denn dort war es der christliche Gott, welcher für die Auf-

---

397 Link, Hilde K. 2005: Als die Flut kam. ...und was danach geschah an der Küste Südost-Asiens. In: Journal-Ethnologie.de, Ausgabe 2, hg. vom Museum der Weltkulturen, Frankfurt am Main. <http://www.journal-ethnologie.de/> (05.08.2005).

398 Mey, Wolfgang 2005: Die Strafe der Götter und Dämonen. Sri Lanka und die Tsunami-Katastrophe. In: Journal-Ethnologie.de, Ausgabe 2, hg. vom Museum der Weltkulturen, Frankfurt am Main. <http://www.journal-ethnologie.de/> (05.08.2005).

399 Ebd.

rechterhaltung der Schöpfung sorgte. Die Auffassung hingegen, dass Götter und Dämonen eingreifen, wenn das Gleichgewicht der weltumfassenden Ordnung bedroht ist, finden wir im säkularen Kontext der Gegenwart, wenn wir *Götter* und *Dämonen* durch *Klima* oder *Natur* ersetzen. Das zeigt auf prägnante Weise das folgende Beispiel, an welches das nächste Kapitel nahtlos anknüpft:

> »In Sri Lanka sagt man, der Anblick des wogenden Meeres und eines sauberen Strandes soll eine ausgleichende Wirkung auf das menschliche Gemüt haben. Früher gab es einen ›Welle-Arachchi‹, einen Aufseher, der für die Sauberkeit der Strände verantwortlich war. Doch diese alte Ordnung ist mit den touristischen Strandsiedlungen und dem Korallenabbau zerstört worden. Folgerichtig würden jetzt Götter und Dämonen die Verursacher bestrafen. Die große Welle habe alle Unreinheiten fortgespült«.[400]

6   Die »Strafe« der Natur

Obwohl eine Vielzahl weltlicher und christlicher Kommentatoren der Auffassung waren, dass man dem Tsunami keinen Sinn abringen könne, mehrten sich, nachdem die erste Bestürzung vorüber war, Meldungen, nach denen die Katastrophe sehr wohl auch mit dem verantwortungslosen Umgang des Menschen mit der Natur zu tun habe. So wies Michael Schwelien in der *Zeit* auf eine »hausgemachte Schandtat an der Natur hin«, welche die Gewalt der Welle vergrößert habe: »Überall in den schnell wachsenden Wirtschaften der Region sind Mangrovenwälder abgeholzt und Korallenriffe zerstört worden. Zum Nachteil des Küstenschutzes«.[401] Dagegen seien etwa die Schäden auf den Malediven trotz ihrer geringen Höhe relativ gering ausgefallen, weil die dortigen Korallenriffe intakt seien.[402] Naturschützer seien sich einig, schreibt der *Stern*,

> »dass eine intakte Umwelt das Beben und die nachfolgende Welle recht gut verkraftet und die Folgen für Siedlungen sogar hätte mildern können. Erst der Mensch macht nach ihrer Einschätzung einen Tsunami auch für die Natur zur Katastrophe. Durch Klimaänderung, Schadstoffe und Raubbau seien Meere und Küsten erheblich vorgeschädigt«.[403]

Noch dramatischer formulierte es der Umweltexperte Lester Brown in einem Interview mit der Tageszeitung *La Repubblica*:

> »Die Waldzerstörung, die Wasserverschmutzung, welche die Korallenriffe geschädigt hat, sowie die hydrogeologischen Angriffe haben die Selbstverteidigungs-Fähigkeit der vom Tsunami angegriffenen Ökosysteme geschwächt. Die Küsten sind immer angreifbarer geworden [...]. Wir befinden uns in einer völlig neuen Situation. Die vom Erdölverbrauch und der Waldzerstörung verursachten Klimaveränderungen

400 Ebd.
401 Schwelien, Michael 2005: Entzweite Welten. In: Die Zeit, Nr. 2, 05.01.2005, S. 5.
402 Ebd.
403 Ränsch, Sabine 2005: Intakte Umwelt hätte Tsunami gebremst. In: Stern, 07.01.2005. <http://www.stern.de/politik/deutschland/index.html?id=534800&eid=534259> (07.01.2005).

bewirken, dass die Temperatur der Ozeane immer mehr steigt, was das Überleben der Korallenriffe beeinträchtigt«, sagte der Experte. Tsunamis könnten daher noch gewaltiger die Küsten angreifen«.[404]

Damit steht nach Auffassung von Umweltschützern auch die Katastrophe vom 26.12.2004 in Zusammenhang mit dem anthropogenen Klimawandel bzw. menschlichen Eingriffen in die Natur. Diese Meinung befindet sich in Gegensatz zur Klage jener Kommentatoren, welche die Sinnlosigkeit des Geschehens hervorheben, denn sie eröffnet eine Perspektive, weil die Menschen nicht machtlos sind, sondern Gegenmaßnahmen ergreifen können. »Eine gesunde Umwelt hätte die Flutwelle abbremsen und die Folgen für Siedlungen mildern können«, heißt es unzweideutig in der Einleitung zu dem Artikel aus dem *Stern*.[405] Das wird wahrscheinlich bis zu einem gewissen Grad eine realistische Bestandsaufnahme sein, doch auf der anderen Seite scheint mir diese Sicht auch eine bemerkenswerte Mischung aus Naturromantik und Machbarkeitsdenken zu beinhalten. Naturromantik insofern, als dahinter die Auffassung stehen dürfte, dass die Natur sich, wenn sie nicht vom Menschen beeinflusst wird, »richtig« verhält. Und Machbarkeitsdenken, weil der Anschein erweckt wird, als könnte eine »intakte Umwelt« – die es wiederherzustellen gilt – in jedem Fall die Folgen von Naturkatastrophen »für Siedlungen mildern«.

Ich glaube demgegenüber, dass es mit oder ohne »intakte Umwelt« zu Naturkatastrophen kommen kann, die für den Menschen verheerende Ausmaße annehmen, wie ein Blick in die Geschichte zeigt, etwa das Erdbeben von Lissabon 1755 oder jenes in Kärnten von 1348, das »über sechshundert Kilometer, wenigstens von der Pfalz bis nach Ungarn, von Ravenna bis Prag« Erschütterungen auslöste.[406] Vermutlich gilt auch für den Tsunami vom Dezember 2004, das unter besseren Umweltbedingungen die Verluste an Menschen sowie die Sachschäden ebenfalls immens gewesen wären. Immerhin war die Flutwelle etwa zehn Meter hoch. Offensichtlich ist es aber schwierig zu ertragen, dass es Katastrophen von elementarer Gewalt gibt, gegen die man sich nie in hinreichender Weise wird schützen können. Anscheinend ist der Mensch als Homo faber in seinem narzisstischen Geltungsdrang gekränkt, wenn er zugeben muss, dass er mitunter zur Gänze machtlos ist.

Auf prägnante Weise äußert sich auch der Journalist Franz Alt über Naturkatastrophen: »Mit dem lieben Gott hat das nichts zu tun [...]. Das hat mit menschlichem Fehlverhalten zu tun«,[407] wobei er als Beispiel die Zunahme der Malariaerkrankungen auf Grund des anthropogenen Klimawandels erwähnt. An dieser Äußerung

404 Jiggle.de 2005: Experte: Ära der Katastrophen hat erst begonnen, 04.01.2005. <http://www.jiggle.de/index.php?contentUrl=http%3A//www.jiggle.de/vb/showthread.php%3 Ft%3D24376> (21.01.2005). *Originaltext*: Cianciullo, Antonio: Il nuovo secolo si è presentato comincia l'era delle catastrofi. In: La Repubblica, 03.01.2005. <http://www.archiviostampa.it/ art.asp?art_id=5119> (21.01.2005).
405 Ränsch, Sabine 2005: Intakte Umwelt hätte Tsunami gebremst. In: Stern, 07.01.2005. <http://www.stern.de/politik/deutschland/index.html?id=534800&eid=534259> (07.01.2005).
406 Borst 1990, S. 531.
407 3sat.online 2004: Schuld und Sühne. Kulturzeit extra: Die Rückkehr der Plagen – Teil 2. Kulturzeit, 10.07.2004. <http://www.3sat.de/3sat.php?http://www.3sat.de/kulturzeit/specials/ 68234/index.html> (12.01.2005).

zeigt sich ganz deutlich der Übergang von der anthropozentrisch-theologischen zur anthropozentrisch-naturwissenschaftlichen Weltanschauung. Dass man allerdings auch diese mythologisieren kann, machte ein Artikel aus der *Bild*-Zeitung deutlich, welcher sich anlässlich des Tsunamis mit den Katastrophen jener Zeit befasste. In suggestiver Form wird eine vermeintliche Tatsache in der Schlagzeile als Frage formuliert: »Warum spielt unsere Erde verrückt?«.[408] Es wird die Möglichkeit erwogen, dass Seebeben, Vulkanausbrüche und ein Schneechaos in Kalifornien »Vorboten der letzten großen Katastrophe« seien, um dann die bange Frage zu stellen: »Will die Erde uns Menschen loswerden?«.[409]

Bild entwirft ein Endzeitszenario, wie es in Zusammenhang mit Katastrophen oftmals zu finden ist. Auch wir haben davon im Laufe unserer Arbeit gehört, und zwar gelegentlich der großen Manndränke von 1634, als wegen der immensen Verwüstungen und des frühen Datums der Flut (11. Oktober) Befürchtungen aufkamen, dass »ohn zweiffel [...] nun mehr herbey kommen die letzten Zeiten«, um es in den Worten des Nordstrander Pastors Matthias Lobedantz zu formulieren.[410] Während man damals das Jüngste Gericht fürchtete, ist es heute ein »zorniger Planet«,[411] welcher möglicherweise »uns Menschen loswerden« will, aber hier wie dort handelt es sich um Vorstellungen vom Ende der bestehenden Welt.

7   Zusammenfassung

Abschließend wollen wir festhalten, dass sich eine Fülle von Deutungsmöglichkeiten, welche die Sturmfluten im Land der Friesen erfahren haben, auch im Zusammenhang mit dem Tsunami in Südasien wiederfinden. Das gilt für den religiösen Bereich, wenn das Geschehen als Strafe Gottes verstanden wird, genauso wie für den säkularen. In diesem stoßen wir auf anthropomorphisierende Beschreibungen der Riesenwelle, welche das Bedürfnis befriedigen, ihr gleichsam ein Gesicht zu geben und sie dergestalt verständlich zu machen. Daneben existiert eine Fülle an Berichten über wundersame Rettungen, die den Zweck verfolgen, Trost zu spenden und die Fülle an negativen Meldungen abzufedern. Derartige Berichte können allerdings auch für eine religiöse Deutung herangezogen werden, indem die Überlebenden als »fromme« Menschen oder »unschuldige« Kinder angesehen werden, welche von Gott gerettet worden sind. Darüber hinaus finden wir, wie in den Frieslanden, die naturwissenschaftlich orientierte Interpretation der Katastrophe als Folge des Klimawandels und des Raubbaus an der Natur, die, wie die theologische Deutung, im Kontext des epistemologischen Egozentrismus steht. Dass es sich um ein grundlegendes Bedürfnis handelt, derartiges Geschehen auf den Menschen zu beziehen, machen jene Wortmeldungen von weltlicher und religiöser Seite deut-

---

408 Albert, Attila 2005: Warum spielt unsere Erde verrückt? In: Bild.T-Online.de, 12.01.2005. <http://www.bild.t-online.de/BTO/news/2005/01/12/erde/erde_verrueckt_schneeregen_ vulkan_orkan.html> (13.01.2005).
409 Ebd.
410 Lobedantz 1634°, S. 4.
411 Evers, Marco u.a. 2005: Der bebende Planet. In: Der Spiegel, Nr. 1, 03.01.2005, S. 111.

lich, in welchen darüber geklagt wird, dass es dem Tsunami an jeglichem Sinn gebricht.

Solchen Äußerungen sind wir im Laufe unserer Arbeit allerdings *nicht* begegnet, von Sinnlosigkeit war nie die Rede. Entweder galten Sturmflutkatastrophen als Strafe Gottes oder, wie im ausgehenden 20. Jahrhundert, als Reaktion der Natur auf menschliche Eingriffe in das Klima. Oder sie waren einfach ein unabhängig vom Menschen ablaufendes Geschehen, das mit Hilfe der Technik in den Griff zu bekommen ist, wie es die geistige Elite der Aufklärungsepoche sah oder im 20. Jahrhundert breitere Schichten der Bevölkerung in der vom Machbarkeitsdenken beseelten Nachkriegszeit der 60er und 70er Jahre. Auch das ergibt Sinn, denn es handelt sich um eine Herausforderung an den menschlichen Schaffensdrang, und Ähnliches finden wir wiederum bei der Diskussion der Katastrophe in Südasien, wenn etwa Tsunami-Frühwarnsysteme gefordert wurden oder ein an Ressourcen orientierter Umgang mit Korallenriffen oder Mangrovenwäldern. Darüber hinaus waren aber auch Stimmen vorhanden, welche die Zukunft des Planeten in den düstersten Farben malen und den Tsunami in Zusammenhang mit endzeitlichen Vorstellungen brachten. Diese sind uns im Verlauf der Arbeit ebenfalls begegnet, nämlich in zeitgenössischen Kommentaren zur Manndränke von 1634.

Übersteigertes Machbarkeitsdenken und Angst vor narzisstischer Kränkung zeigen indes jene vom *Stern* zitierten Umweltschützer, nach denen erst durch menschliche Eingriffe Tsunamis »auch für die Natur zur Katastrophe« würden, während eine »intakte Umwelt« weitaus weniger Schaden genommen hätte und die Folgen für Siedlungen milder gewesen wären.

An der südlichen Nordseeküste weiß man das besser, denn dort ist allgemein bekannt, dass es bisher noch zu keiner Sturmflut gekommen ist, bei welcher alle sie bedingenden Negativfaktoren gemeinsam aufgetreten wären, sodass eine Katastrophe, welche alle bisherige Erfahrung überschreitet, nicht auszuschließen ist.

Anhang / Quellentexte

(1)
Der goldene Ring (Rüstringer Recht)

[10] Thet is ac londriucht, thet wi Frisa hagon ene seburch to stiftande and to ste-rande, enne geldene hop, ther umbe al Frislond lith; ther skil on wesa allera ierdik iuin har oron, ther thi salta se betha thes dis antes nachtes to swilith. Ther skil thi utrosta anti inrosta thes wiges plichtich wesa, tha strete thes wintres and thes sumu-res mith wegke and mith weine to farande, thet thi wein tha oron meta mugi; alsa thi inrosta to tha dike cumth, sa hagere alsa gratene fretho opa tha dike, alsare oua tha wilasa werpe and alsare oua tha wieda stherekhoui; heththere thenne buta dike alsa felo heles londes and grenes turues, thetterne dikstathul mithi halda mugi, sa halde hine thermithi. Ac neththere nauwet sa felo buta dike heles londes and grenes turues, thetterne dik mithi halda mugi, sa hagere binna dike thritich fota turues and thritich fethma to gerse; thet skel wesa alla fennon anda fili er sante Vitesdi. Vta skilu wi Frisa vse lond halda mith thrium tauwon, mith tha spada and mith there bera and mith there forke. Ac skilu wi use lond wera mith egge and mith orde and mith tha bruna skelde with thene stapa helm and with thene rada skeld and with thet unriuchte herskipi. Aldus skilu wi Frisa halda use lond fon oua to uta, ief us God helpa wili and sante Peder.

Übersetzung:

Das ist auch Landrecht, dass wir Friesen eine Seeburg stiften und stärken müssen, einen goldenen Reif, der um ganz Friesland liegt; an dem soll jede Rute ebenso hoch wie die andere sein dort, wo die salzene See sowohl bei Tag als bei Nacht anschwillt. Dort sollen der zunächst dem Meere und der am meisten landeinwärts Wohnende zur Unterhaltung des Weges verpflichtet sein, damit die Straße im Win-ter und im Sommer mit Pferd und mit Wagen so zu befahren ist, dass der eine Wa-gen an dem andern vorbeikommen kann. Wenn der am meisten landeinwärts Woh-nende nach dem Deiche kommt, so soll er auf dem Deiche einen gleich hohen Frie-den genießen, wie er (ihn) auf der ungeweihten Gerichtsstätte und auf dem geweih-ten Kirchhof hat; hat er dann außerhalb des Deiches so viel feste Erde und grünen Rasen, dass er damit die Deichbasis instandhalten kann, (so unterhalte er sie da-mit). Und hat er außerhalb des Deiches nicht so viel feste Erde und grünen Rasen, dass er damit den Deich instandhalten kann, so hat er innerhalb des Deiches (ein Anrecht auf) dreißig Fuß zum Rasenstechen und (auf) dreißig Faden zur Grasge-winnung; das soll von allen Wiesen am steilen Meeresufer (?) vor St. Veitstag [= 15. Juni.] gelten. Zur See hin sollen wir Friesen unser Land schützen mit drei Ge-räten, mit dem Spaten und mit der Tragbahre und mit der Gabel. Auch sollen wir Friesen unser Land mit Schwert und mit Speer und mit dem braunen Schilde ver-teidigen gegen den hohen Helm und den roten Schild und gegen unrechtmäßige Herrschaft. So sollen wir Friesen unser Land vom Binnenland bis zum Meere schützen, wenn uns Gott und St. Peter helfen wollen (Buma und Ebel 1963°, X, 10).

(2)
Saxo Grammaticus über (Nord-)Friesland
[1] Interea Kanutus Frisiam minorem, quae et ipsa Danicarum est partium, cum paucis exsilii comitibus petit. [2] Dives agri provincia est, pecoribus opulens. [3] Ceterum confinis Oceano patet humilis, ita ut eius interdum aestibus eluatur. [4] Qui ne irrumpant, vallo litus omne praecingitur; quod si forte perfregerint, inundant campos, vicos et sata demergunt. [5] Neque enim illic locus natura alius alio editior exstat […].[7] Inundationem comitatur feracitas gramine tellus exuberat. [8] Torrefacta in salem glaeba decoquitur. [9] Hieme continuo celatur aestu, stagni speciem praebentibus campis, unde et, in qua rerum parte locanda fuerit, paene ambiguum natura fecit, cum alia anni parte navigationis patiens, alia aratri capax exsistat (Saxo Grammaticus 1886°, 14.7.1, 1–5 und 7–9).

(3)
Die gemeinfriesischen Siebzehn Küren (Rüstringer Recht)
[10] Thit is thiv tiande liodkest, thet wi Frisa ne thuron nene hiriferd fara thruch thes kininges bon, ni nen bodthing firor sitta, tha wester to tha Fli and aster to there Wisura, suther to there Wepilinge and north to heues ouere. Tha welde thi kinig Kerl tha liode firor leda, wester to Sinkfalon and aster to Hiddisekre. Nu skilu wi Frisa halda usera aldera kest and kera and thera kininga ieua, alsa hit us thi kinig Kerl an tha fria stole bifel; sa mugu wi behalda use lond and usa liode with thet hef and with thene northhiri, ief vs God helpa wili (Buma und Ebel 1963°, III, 10).

(4)
Von den Königen Karl und Redbad (Westerlauwerssches Recht)
[1] Dae di koning Kaerle ende di koning Redbad fan Danemerckum jn dat land komen, dae bisette eelk zijn burch jn Fraenekraghae mey ene herescelde ende elck seyd, dat land weer zijn. Dae wolden se wise lioede ierne sena ende dae heren wolden hit bistrida; dech wysda ma dir sone also langhe, dat ma hit op dae tweer koningen ioed, hoekra oerem oen stilla stalle wrstoed, dat hi dat land winnen hede. Dae brochte ma dae heran toegara ende hia stoeden en eetmel all omme. Dae leet him di koning Kaerle zijn handschoegh oenfalla. Dae rechtan him di koningh Redbad. Dae spreeck di koning Kaerle: »o ho« ende hlackade, deerom heet zijn burch Hochenzie. Dae spreec di koneng Kaerle: »dit landt is myn«. »Hweerom?«, spreek di oera. »J sint mijn tiaenstmane werden.« »O wach!« spreek Redbad, aldeerom heet Redbadis burch Wachenzie. Dae foer di koningh Redbad vta lande ende di koning Kaerle wolde thinghia. Da ne mostere, hwanter ledeges landes naerna soe fula was, deeroppa hi thinghia mochte. Dae seynter boeda jn dae sauwen seland ende heet, dat se him een fri stoe kaepede, deer hi zijn stoel mey riochta op sotta mochte ende op thinghia mochte. Dae kaepeden hia mey scette ende mey schellinghe Deldemanes, jd est Kaldadel. Deer thingade hi dae oppa ende laedade dae Fresan toeferra him ende hee t, dat hia riocht kerre, als hia halda wolde. Dae beden se ferstis ti hiara foerspreka; dae ioed hijt hemmen. Des oera deys heet hi, dat se foer dat riocht kome. Dae komen se ende kerren foerspreken, toulif fan dae sauwen

selandum. Dae heet hi, dat hia riocht kerre; dae ieraden se ferstis. Dis tredda deis hete hi se foer dat riocht komma, dae teghen hia needschijn; des fiarda deis also, dis fyfta alsoe.

[2] Dit sint dae twae ferst ende dae tria needschijn, deer di fria Fresa mey riochte habba mey. Dis sexta deis heet hi, dat se riocht kerre. Dae spreken se, hia koeden naet. Dae spreeck di koning Kaerle:

[3] »Nv lidze ic ioe foera tre kerren, hokra ioe liaera sie: dat ma ioe alle deye, dan j alle ayn wirde, dan ma ioe en schip iouwe alsoe sterck, deer enen ebba ende enen floed ienstaen moege, ende dat sonder allerhanda remen ende roer ende tauwe.« Dae kerren hia dat schipp ende sijlden wt mey dae ebba alsoe fijr, dat hia nen land siaen mochten. Dae wasem herde lede toe moede. Dae spreeck di ena, deer fan Widekenis slachte was, di formesta aesga: »Jc habbe heerd, dat God wse hera, dae hi oen eertricke was, tou lif iongeren hede, ende hi solm trettiensta was, ende hi toe himmen koem al bislettena dorem ende traeste se ende leerd se. Hoe bidda wij him naet oen, dat hij ws en trettundista seynde, deer ws riocht leere ende weer toe lande wise?« Dae foelen hia alle op hiara kne ende baeden jnlike. Dae hia dae bedingha deen heden, dae stoeden se op. Dae sioden hia en trettiensta oen der stioerne sitta ende ene gildene axe wt siner axla, deer hi mey to lande stioerde ienst wynd ende straem. Dae hia toe lande koemen, dae worp hi mey der axe op dat land ende worp ene turwe op. Dae oenspraengh deer en burna aldeerom haet dat et Axenhowe, ende et Eswei comen hia a land ende seten om dae burna. Ende haet hiarem di trettundista lerede, dat kerren hia toe riochte; dech ne wister nemma onder dae fulke hoek di trettundis ta were, deer ti hiarem kommen was, alsoe lyk was hi eelkerlikum. Dae hi hemmen landriocht wysd hede, dae weren der naet meer dan toulif. Aldeerom schelleth deer wessa jn dae lande trettien aesghen, ende hiara dommen aeghen se toe delen toe Axenhowe ende to Eswey. Ende hweer soe hia oen twae sprecket, soe aeghen dae sauwen dae sex jn toe haliane. Aldus ist landriocht aller Fresen.

Übersetzung:

[1 Als König Karl und König Redbad von Dänemark ins Land kamen, da besetzte jeder seine Burg in Franeker mit einer Heeresmacht und jeder sagte, das Land wäre sein. Darauf wollten weise Männer sie gern miteinander aussöhnen, aber die Herren wollten es auskämpfen; je-] [doch vermittelte man so lange eine Sühne, bis man es den beiden Königen auferlegte, dass, wer den anderen im Stillstehen überträfe, das Land gewonnen hätte. Dann führte man die Herren zusammen und sie standen einen Tag und eine Nacht lang still. Da ließ König Karl seinen Handschuh herunterfallen. Den überreichte ihm König Redbad darauf. Da sprach König Karl: »oho!« und lachte, deswegen heißt seine Burg Hochenzie. Es sprach König Karl weiter: »Dieses Land ist mein«. »Weshalb?«, sprach der andere. »Ihr seid mein Lehnsmann geworden«. »O wach!«, sprach Redbad, deshalb heißt Redbads Burg Wachenzie. Da fuhr König Redbad außer Landes und König Karl wollte Gericht halten. Er konnte es aber nicht, denn nirgendwo gab es so viel (herrschafts)freies Land, auf dem er Gericht halten konnte. Da sandte er Boten in die sieben Seelande

365

und befahl ihnen, eine freie Stätte für ihn zu kaufen, auf die er seinen Richterstuhl nach dem Rechte setzen und auf der er Gericht halten könnte. Da kauften sie mit Schatz und Schilling Deldemanes, das heißt Kaldadel Darauf hielt er dann Gericht und lud die Friesen vor sich und befahl ihnen, das Recht zu willküren, so wie sie es halten wollten. Da erbaten sie eine Frist zu(r Beratung mit) ihrem Vorsprecher. Die gab er ihnen dann. Am anderen Tage befahl er ihnen, vor Gericht zu erscheinen. Darauf kamen sie und wählten zwölf Vorsprecher aus den sieben Seelanden. Da befahl er ihnen, das Recht zu willküren. Da verlangten sie eine Frist. Am dritten Tage hieß er sie, vor Gericht zu erscheinen. Da beriefen sie sich auf gesetzliche Verhinderungsgründe, am vierten Tage ebenso, am fünften ebenfalls.

2 Dies sind die zwei Fristen und die drei gesetzlichen Verhinderungsgründe, die der freie Friese nach dem Rechte geltend machen kann. Am sechsten Tage befahl er ihnen, das Recht zu willküren. Da sprachen sie, sie könnten es nicht. Da sprach König Karl:

3 »Nun stelle ich euch vor dreierlei Wahl, welche euch nur lieber sei: ob man euch alle töte, oder ob ihr alle leibeigen werdet, oder ob man euch ein so starkes Schiff gebe, dass es nur eine Ebbe und eine Flut auszuhalten vermag, und das völlig ohne Ruder und Steuer und Takelage«. Da wählten sie das Schiff und fuhren mit der Ebbe so weit aus, dass sie kein Land sehen konnten, Da war ihnen sehr traurig zumute. Da sprach einer, der aus Widekens, des ersten Asegen, Geschlecht war: »Ich habe gehört, dass unser Herrgott, als er auf Erden war, zwölf Jünger hatte und er selbst der dreizehnte war, und er bei verschlossenen Türen zu ihnen kam und sie tröstete und belehrte. Warum beten wir nicht zu ihm, dass er uns einen dreizehnten sende, der uns das Recht lehre und wieder zu Lande führe?« Da fielen sie alle] [auf ihre Knie und beteten inbrünstig. Als sie das Gebet verrichtet hatten, standen sie auf. Da sahen sie einen dreizehnten am Steuer sitzen und eine goldene Axt aus seiner Achsel, mit der er gegen Strom und Wind ans Land steuerte. Als sie an Land kamen, da schlug er mit der Axt auf die Erde und warf ein Rasenstück auf. Da entsprang dort eine Quelle, deshalb heißt es dort zu Axenhowe, und zu Eswei kamen sie an Land und saßen um die Quelle. Und was der dreizehnte sie lehrte, das kürten sie als Recht; doch niemand im Volke wusste, wer der dreizehnte sei, der zu ihnen gekommen war, so sehr glich er jedem von ihnen. Als er ihnen das Landrecht gewiesen hatte, waren da nicht mehr als zwölf. Deshalb sollen da im Lande dreizehn Asegen sein und ihre Urteile sollen sie zu Axenhowe und zu Eswei fällen. Und wenn sie uneinig sind, so sollen sieben (von ihnen) über die (anderen) sechs obsiegen. So ist es Landrecht aller Friesen (Buma 1977°, IV, 1–3).

(5)
Die englische Königin und Dänemark
(5a)

Den engelske dronning blev en gang vred på den danske konge, jeg tror, fordi han ikke vilde habe hende. Derfor gravede hun en kanal fra den spanske sø du i Vesterhavet, for at Danmark skulde forgå. Hun nåede ikke sin hensigt, men siden

den tid har havet været noget mere uroligt, og der var heller ikke sådan ebbe og flod för den tid.

Übersetzung:
Die englische Königin wurde einmal zornig auf den dänischen König, ich glaube, weil er sie nicht haben wollte. Deswegen machte sie einen Kanal vom Spanischen Meer bis zur Westsee, damit Dänemark untergeht. Das hat sie nicht erreicht, doch seither ist das Meer unruhiger, und es gab auch keine Ebbe und Flut vor dieser Zeit (Kristensen 1895°, 346; eigene Übersetzung).

(5b)
Ude ved *Höjer* må der være sådan en ström eller kanal ind i landet, og den siger man, at en engelsk prinsesse har gravet, for at vandet skulde løbe derind og overs- wömme landet. Hun stod, da floden kom, på en lille ø, som ligger udenfor kanalen, for derfra at se Danmark gå under, men det blev fejl for hende, ti da floden kom, overflød den den lille ø eller holm, hvad det nu er, og prinsessen druknede.

Übersetzung:
Bei Höjer muss ein Strom oder Kanal ins Land hinein sein, über den sagt man, dass eine englische Prinzessin ihn gegraben hat, damit Wasser hineinfließt und das Land überschwemmt. Sie stand, als die Flut kam, auf einer kleinen Insel, welche außerhalb des Kanals gelegen war, um von dort Dänemark untergehen zu sehen, aber das war ein Fehler von ihr, denn als die Flut kam, überströmte sie die kleine Insel oder den Werder [= Flussinsel], und, so ist es nun, die Prinzessin ertrank (Kristensen 1895°, 346; eigene Übersetzung).

(5c)
Ebbe og flod begyndte her på vestersiden, da den den spanske droning for at ødelægge Danmark lod kanalen grave mellem England og Frankrig. Da kanalen skulde åbnes, holdt dronningen i sin karet på bredden for at se til, men vandet styr- tede igjennem med sådan heftighed, at store stykker af landet på begge sider bortreves, og dronningen med alle sine folk omkom.

Übersetzung:
Ebbe und Flut begannen hier auf der Westseite, als die spanische Königin, um Dä- nemark zu vernichten, einen Kanal zwischen England und Frankreich graben ließ. Als der Kanal geöffnet werden sollte, hielt sich die Königin in ihrer Kutsche dort auf, um sich das anzuschauen, aber das Wasser stürzte mit solcher Heftigkeit hin- ein, dass es große Stücke vom Land auf beiden Seiten fortriss und die Königin mit all ihrem Volk umkam (Kristensen 1895°, 346: eigene Übersetzung).

(5d)
En dronning i England (eller også en kejserinde af Rusland) var gal på Danmark, og da hun ikke kunde overwinde det, lod hun for at hævne sig kanalen kaste. Da havde vi flade kyster her og enge ud imod havet. Hun mente jo, at Danmark så vil-

de gå under med vand, når den store sø kom herind, men I det sted kom sandet ind, og vi fik sandflugten, og så blev der ebbe og flod.

Übersetzung:

Eine Königin von England (oder auch eine Kaiserin von Russland) war zornig auf Dänemark, und da sie das nicht überwinden konnte, ließ sie, um sich zu rächen, einen Kanal bauen. Sie glaubte nämlich, dass Dänemark so mittels Wasser untergehen werde, wenn das große Meer hereinkommt, aber statt dessen kam Sand herein, und wir bekamen Flugsand, und es entstand Ebbe und Flut (Kristensen 1895°, 404; eigene Übersetzung).

(6)
Das armselige Volk der Chauken (Plinius Secundus d. Ä.)

[I 2] Diximus et in oriente quidem iuxta oceanum complures ea in necessitate gentes. sunt vero et in septentrione visae nobis Chaucorum, qui maiores minoresque appellantur. Vasto ibi meatu bis dierum noctiumque singularum intervallis effusus in inmensum agitur oceanus, operiens aeternam rerum naturae controversiam dubiamque terrae (sit) an partem maris. [I 3] illic, misera gens, tumulos optinent altos aut tribunalia exstructa manibus ad experimenta altissimi aestus, casis ita inpositis navigantibus similes, cum integant aquae circumdata, naufragis vero, cum recesserint, fugientesque cum mari pisces circa tuguria venantur. non pecudem his habere, non lacte ali, ut finitimis, ne cum feris quidem dimicare contingit omni procul abacto frutice. [I 4] ulva et palustri iunco funes nectunt ad praetexenda piscibus retia captumque manibus lutum ventis magis quam sole siccantes terra cibos et rigentia septentrione viscera sua urunt. potus non nisi ex imbre servato scrobibus in vestibulo domus. et hae gentes, si vincantur hodie a populo Romano, servire se dicunt! ita est profecto: multis fortuna parcit in poenam. [II 5] Aliud e silvis miraculum: totam reliquam Germaniam operiunt adduntque frigori umbras, altissimae tamen haud procul supra dictis Chaucis circa duos praecipue lacus. Litora ipsa optinent quercus maxima aviditate nascendi, suffossaeque fluctibus aut propulsae flatibus vastas complexu radicum insulas secum auferunt, atque ita libratae stantes navigant (Plinius 1991°, I 1 – II 5).

(7)
Plinius und Westfriesland (Internet)

Im Folgenden ist die Webseite wiedergegeben, allerdings aus Platzgründen in Times New Roman mit verkleinertem Zeilenabstand sowie verringertem Abstand zwischen Text und Zeichnungen.

[7a] Wonen in Friesland

Meer dan duizenden jaren geleden woonden er al mensen in Friesland; het waren rond-zwervende rendierjagers die met vuurstenen wapens jaagden op bruine beren, rendieren en oerossen. Ze aten het vlees, maakten van de huiden hun kleren en tenten. Ze hadden geen vaste woonplaats. Rond het jaar 0 bleven de mensen langer op l plek; Het waren boeren en vissers. Ze bouwden hun huizen op heuvels omdat het land zo drassig was.

De mensen maakten de terpen steeds hoger met pollen, riet, mest en afval. De huizen werden gebouwd van wilgentenen en klei. Koeien, schapen, paarden, kippen, honden en katten leefden samen met de terpbewoners in dezelfde ruimte. Doordat de terpbewoners zo geïsoleerd waren, maakten ze zelf kleren, werktuigen/ gereedschap en speelgoed. Ze leefden van hun vee, landbouw, visserij en de jacht. Rond het jaar 1000 maakten de Friezen dijken en hoefden ze de terpen niet meer hoger te maken en konden ze ook lager gaan wonen. Er is een tijd geweest dat er in Friesland meer dan 1000 terpen waren! De hoogste terp nu is 9 meter (zie tekening) de Hegebeintumer terp.

Wat Gaius Plinius Secundus zei over de bewoners van de terpen op zijn reis door Friesland in het jaar 50:	Nederlandse vertaling:
In begrutlik folk wennet dér op'e hege ierden heuvels.	Een meelijwekkend volk woont daar op de hoge aarden heuvels.
Yn de hutten dy't se op dy hichten boud hawwe, sjogge se der út as seefarders as de see oer it lân streamd is.	In de hutten die ze op die hoogten gebouwd hebben, zien ze eruit als zeevaarders als de zee over het land is gestroomd. En ze lijken op Schipbreu-
En se lykje op skipbrekkelingen as it wetter wer sakke is.	kelingen als het water weer gezakt is.

[7b] Meren gebied
Er is geen provincie in Nederland die zo veel meren heeft als Friesland. Als je goed kijkt zie je dat alle meren zo'n beetje op 1 lijn liggen van Stavoren tot Burgum, dit is veengebied. Aan de oostkant van de lijn ligt zand en veen en aan de westkant ligt klei. De meren zijn ontstaan door het zakken van de grond of door afgravingen.

Wij als Friezen kunnen dus lekker dicht bij huis varen, zeilen, zwemmen, en surfen. Maar natuurlijk komen er elk jaar duizenden toeristen om precies datzelfde te doen

Wat Gaius Plinius Secundus zei over Friesland op zijn reis er door heen in het jaar 50:	Nederlandse vertaling:
Yn dit lân streamt de oseaan mei tuskenskoften, deis en nachts, it lân yn mei ôfgryselike grutte weagen, dy't sa breed binne, dat se net te mjitten binne en ik kin dan ek net sizze oft de grûn no by de ierde of dan dochs by de see heart.	In dit land stroomt de oceaan met twee tussenpozen, dag en nacht, het land in met verschrikkelijk grote golven, die zo breed zijn, dat ze niet te meten zijn en ik dan ook niet kan zeggen of de grond nu bij de aarde of toch bij de zee hoort.

Übersetzung:

(7a)

Wohnen in Friesland

Seit Tausenden von Jahren leben Menschen in Friesland; zunächst waren es umherziehende Rentierjäger, die mit Waffen aus Feuerstein Jagd auf Braunbären, Rentiere und Urpferde machten. Sie aßen ihr Fleisch, stellten aus den Häuten Kleidung und Zelte her. Sie hatten keine feste Wohnstätte. Um das Jahr Null blieben die Menschen länger auf einer Stelle. Das waren Bauern und Fischer. Sie errichteten ihre Häuser auf Hügeln, weil ihr Land so sumpfig war. Die Menschen bauten ihre Warften immer höher mittels Erdreich, Schilf, Mist und Abfall. Die Häuser wurden gebaut aus Weidenruten und Klei. Kühe, Schafe, Pferde, Hühner, Hunde und Katzen lebten mit den Warftenbewohnern im selben Raum zusammen. Dadurch, dass die Warftbewohner so isoliert waren, stellten sie selber Kleidung, Werkzeug / Gerätschaften und Spielzeug her. Sie lebten von ihrem Vieh, von Landbau, Fischerei und Jagd. Um 1000 n.Chr. bauten die Friesen Deiche, brauchten die Warften nicht mehr zu erhöhen und konnten somit beginnen, niedriger zu wohnen. Es gab eine Zeit, als in Friesland mehr als 1000 Warften vorhanden waren! Die höchste Warft mit neun Metern ist die Hegebeintumer Warft (Rondje Friesland 2002° → Wonen in Friesland; eigene Übersetzung).

(7b)

Seengebiet

Es existiert keine Provinz in den Niederlanden, die soviele Seen aufweist wie Fries-
land. Wenn man genau hinschaut, sieht man, dass alle Seen ungefähr auf einer Li-
nie zwischen Stavoren und Burgum liegen, das Moorgebiet ist. An der Ostseite die-
ser Linie gibt es Sandboden und Moore, an der Westseite Kleiboden. Die Seen sind
entstanden durch Senkung des Bodens und durch Abgraben. Wir als Friesen kön-
nen somit angenehm nahe an unsere Häuser heranfahren, Segeln, Schwimmen und
Surfen. Aber natürlich kommen jedes Jahr Tausende von Touristen, um genau das
gleiche zu machen (Rondje Friesland 2002° → Meren gebied; eigene Übersetzung).

(8)
Die Julianenflut vom 17.02.1164

Anno Domini 1164. nova maris et fluctuum confusio exorta est. Mirabiles siquidem facte sunt elationes maris horrida vi ventorum et commotione aeris, et instar
montium elevaverunt flumina fluctus suos, omnibus in circuitu nationibus interitum
quasi in diluvio expectantibus. Per triduum enim aque de profundo abissi exagitate
ibant et intumescebant, et omnia circa maritima flumina alveos suos pre inundatione excedentes, multas insulas cum hominibus et iumentis villis domibus edificiis
substantiis ecclesiis et, quod dictu mirum, agris et domorum arcis et cimiteriis cum
soliditate alias transpositis, miserabiliter suffocaverunt. Eratque mirabile spectaculum inter misericordiam Dei et iudicium, cum per iudicium fieret interitus hominum et iumentorum et ad 20 miliaria secus ripas fluminum viderentur cadavera
suffocatorum, et e converso per misericordiam lactentes in cunis ex alvis eriperen-
tur, natantes multi in lignis edificiorum vel in vasculis constituti ventorum vi et
fluctuum longe in alias regiones vivi deferrentur. Eratque in maxima miseria gemitus et clamores videre et audire pereuntium. Hec clandestina plaga circa occiden-
tem et aquilonem facta est 14. Kal. Marcii (Annales Palidenses 1999°, Continuatio
1164).

Übersetzung:

Im Jahre des Herrn 1164 geschah eine unerhörte Empörung des Meeres und der
fließenden Gewässer. Nämlich durch die entsetzliche Gewalt der Winde und durch
die Bewegung der Luft entstanden wunderbare Anschwellungen des Meeres und die
Flüsse erhoben ihre Fluthen gleich Bergen, so daß alle Völker im Umkreis ihren
Untergang wie bei der Sintfluth erwarteten. Denn drei Tage lang stiegen die bis zur
unergründlichen Tiefe aufgewühlten Wasser und schwollen an, und alle Flüsse in
den Küstengebieten traten in Folge der Einströmung aus ihren Betten und haben
viele Inseln mit Menschen, Vieh, Dörfern, Häusern, Baulichkeiten, Vorräthen, Kir-
chen und was wunderbar zu erzählen ist, mit Aeckern und den Plätzen der Häuser
und mit den Kirchhöfen, welche mit ihrem festen Gefüge anderswohin versetzt
wurden, elendiglich ertränkt. Dies Schauspiel stand wunderbar in der Mitte zwi-
schen der Barmherzigkeit und dem Gerichte Gottes, da durch das Gericht der Un-
tergang der Menschen und des Viehes geschah und zwanzig Meilen weit an den

Ufern der Flüsse die Leichen der Ertrunkenen gesehen wurden, und durch die Barmherzigkeit im Gegentheil Säuglinge in ihren Wiegen aus den Strömungen gerissen und viele, welche auf dem Holze der Häuser schwammen oder in Gefäßen sich befanden, durch die Gewalt der Winde und der Fluthen lebend zu anderen Gegenden getragen wurden. Zum größten Jammer gehörte es, die Angst und das Geschrei der Umkommenden zu sehen und zu hören. Dieses geheimnißvolle Unglück ereignete sich im Nordwesten am 16. Februar (Annalen von Pöhlde 1999°, Jahrbücher von Pöhlde, 1164).

(9)
Emo von Wittewierum: Die Marcellusflut vom 16.01.1219
(9a)

39. Anno inquam gratiae MCCXIX, anno diluvii noctu beate Iuliane LV, anno domni Honorii pape, mense Ianuario, die mensis XVI, luna ipsius diei XXVII, die Pasche VII Idus Aprilis, dominicali lettera F, die inquam mensis Ianuarii XVI, cum aliquot diebus precedentibus spirasset affricus, sed non immoderate, die prefata plus solito invaluit a mane usque ad vesperam, sed precipue, ut visum est, ab hora nona diei invaluit. Qui, ut asserunt, nascitur es refluxionibus occeani vergentibus ex occidente et oriente, et concursum facientibus in latere australi, sed refluxione oriente preeunte et peripiente locum propinquum zephiro in occidente.

Frigidus autem et siccus erat secundum tempus, quod per diem naturalem quadrifarie secundum philosophos dividitur: a IX parte noctis usque ad III diei calidum et humidum; a III diei usque ad IX eiusdem calidum et siccum; a IX diei usque ad terciam noctis frigidum et siccum; a tercia noctis usque ad nonam eiusdem frigidum et humidum.

Verum per intervalla grandinem cum magna acerbitate proiecit, quia calor solis in alto erat, qui guttas attraxit; sed frigore constricte in grandinem sunt verse. Et hiis iaculis ille cruentus affricus armatus miseros mortales tam in mari quam in terra afflixit crudeliter.

Cunque homines pro defendendis domiciliis suis plurimum usque ad solis occasum et ultra laborassent et furorem occeani minime formidassent, iam hora dormitionis securitatem qualemcunque promittente illico choro cruentis cessit affricus, collaterali zephiri, a septentrione. Et quia mare funditus motum fuit per affricum, choro ruente effluxit, et effusum est multis voluminibus et crementis, more bullientis aquae, et optinuit precipue Maritimas Frisie, et more repentine mortis invaluit; et attraxit pauperum domicilia, divitum domos indomite aggrediens, sicut quidam dixit: *Mors eque* tuguria *pauperum* et *turres* divitum *pulsat.* Cunque aliquid, resisteret, eo amplius furor arma nocendi exacuit, more humani ingenii assiliendo recurrens et relabendo fugiens, donec crebris assultibus ipsas domorum columnas effodiendo et frangendo evulsit.

Dum igitur hora dormitionis (securitatem), ut dictum est, promisisset, et subito violentia maris amplius invaluisset et quasi per spatium unius hore noctis ascendisset, ceperunt miseri mortales fugere et scandere domorum solaria, et pro terra trabium robora calcare; et fenestras per tecta facientes, tutissimum sibi refugium putave-

runt non in tectis sed super tecta commorari. Multi siquidem volentes sed non va-
lentes tempestati resistere et res perituras defendere perierunt, quos violentia cur-
rentis aque in terra subsistere non permisit. O dolor et gemitus, videre homines tanquam natatilia maris inter fluctus iactari, videre miseros aliquot sudibus compressis
et substratis sibi, vel feno vel stramine, quo trahebat vis maris, sine navi navigare.
In quo diluvio milia virorum, mulierum et parvulorum perierunt, et ecclesiae de-
structae sunt (Emo von Wittewierum 1991°, 110.39–114.39).

(9b)

41. (P)orro Altissimus, qui *ventis imperat et mari*, misericordiae non obliviscitur
parcendo et servando incolas terre, quando in IIII septenario lunaris temporis illam
violentiam permittit ebullire. Primo nanque die nascentis lunae primi septenarii
occeanus copiosior esse videtur (...), quia aer in aquosam substantiam transit, luna
nichil caloris habente; et proficiente luna proficit calor et minuitur mare, humore
nanque aeris desiccato per calorem accensionis, usque ad VII diem. Post eundem
diem paulatim ebullit et crescit occeanus, et tantum videtur facere calor, quantum
videbatur facere humor. Tercia vero septimana similis est prime propter detrimen-
tum; quarta secunde propter incrementum (Emo von Wittewierum 1991°, 116.41).

(9c)

42. Secundum opinionem philosophorum diluvium fit *ex elevatione et depressione*
stellarum, ut si omnes planetae simul eleventur plus solito a terra remoti, minus de
humore consumunt; unde humor excrescens per terras se diffundit, et fit diluvium.
Sed si unus vel duo eleventur sine aliis, tunc *non* tantum *humor excrescit. Quod*
enim ex istorum elevatione crescit, desiccatur aliorum propinquitate, et fit particu-
lare diluvium. *Si vero omnes simul deprimantur, ex vicinitate terras adurunt.* Et
propter hunc inequalitatem communis fuit sententia philosophorum, terrena modo
diluvio modo incendii adustione finiri (Emo von Wittewierum 1991°, 116.42–
118.42).

(9d)

44. Contingit autem diluvium propter scelera nostra, quia scriptum est, quod sub
Noe *filii Chain abutebantur uxoribus fratrum suorum nimiis fornicationibus, ira-*
tusque Dominus peccatis hominum dixit: Penitet me fecisse hominem. Delebo ho-
minem, quem feci; disperdam eum cum terra, videlicet *cum fertilitate terrae*; terra
enim *vigorem* suum et *fertilitatem* perdidit per diluvium.

45. Hec et hiis similia in scriptum redegit sibi soli ad contemplandum iugiter
magnalia et mirabilia et terribilia Dei, que fecit; sed tibi, o lector, ut adoneantur
singuli, *supra petram* et in alto cum *sapiente domos* sibi stabilire, et firma faciant
domorum suarum laquearia. Et si quando Domino Sabaoth sederit maritimas Frisie
quasi per servum suum flagellare, et permiserit ventos ruentes validos, certos nun-
cios interitus, affricum et chorum, sursum cor habeat et peccata sua ante se statuat
et extunc tutiora et altiora loca ascendat, neglectis rebus perituris, quas iusto Dei

iudicio meretur amittere, sed cum dolore, quo tanquam in *fornace vasa figuli* torquentur mortales.

Ecce talem stragem attulit furens occeanus, vicem faciens Totile et Theoderici, qui persecuti sunt ecclesiam Dei, peccatis hominum exigentibus. Sed adhuc iratus erat Altissimus, et residuum maris fame flagellavit et pestilentia, iuxta comminationes prophetarum, qui semper populum rebellem, ne peccarent vel ne perirent a facie gladii, famis et pestilentiae, terruerunt […].

46. Erant quidam blasfemi, *qui in labore hominum non fuerunt*, in cacuminibus villarum constituti et silvarum accole, in quorum terminis quasi unius hore incursum, quippe quia non erat nisi unica maris estuatio, licet multis aucta crementis, qua tot milia stravit civili prelio rabies occeani, et mitigata recessit. Et ideo illi habundantes panem pauperibus et annonam divitibus, sicut quondam Idumei aquam negaverunt Israelitis. Et isti res alienas ex inundatione rapientes, ut proprias cum gaudio amplexati sunt; et creatis iusticiariis pro restitutione earum maliciose absconderunt (Emo von Wittewierum 1991°, 118.44–120.46).

(9e)

48. Pro violenta vero Frisie oppressione per subitam maris diruptionem multas secum causas pertractabat. Que licet multis religiosorum conventibus sit insignis, qui pio affectu pro ea indesinenter supplicant, quia tamen numerosa hominum multitudine est elata et libertate, que res est inestimabilis, pauperum et divitum ditissima, animalium quoque copia, pascuis et fructuum fertilitate opulenta et iocunda, forsitan In oculis Altissimi pro tot et tantis bonis rea arguitur ingratitudinis et convincitur iudicio diluvii, famis et pestilentiae, ne innoxia sibi videatur, sed ut reatum suum cognoscat et abhominitationes suas et precipue illorum qui deberent esse sal terre, saporem sapientie et lucem scientie in salsuginem et tenebras convertunt. Unde posita est terra in salsuginem a malizia inhabitantium in ea (Emo von Wittewierum 1991°, 112.48–124.48).

(9f)

47. In illa maris inundatione accidit, cum hinc inde aggeres dissipasset et quasi irrecuperaliter destruxisset secus Emesam circa terminos fratrum, et multi depauperati recessissent de finibus illis, quorum erat reparare, mare crebro ascendit pristinos terminos reposcens. Facta est querela ab incolis sex villarum, quorum patres immunes erant operis illius, ut fratres Floridi Orti ex Parte sororum suarum et alii pauci ad reparationem compellerentur, et circumvenerunt consules illius anni. Econtra responsum est omnes ad onus teneri, quia quorum erat reparare, urgente necessitate recesserant, et ideo agros fratrum et aliorum quorundam non debere inmoderate onerari, vel etiam magis quam singulas sex villarum, quod esset fraterne compassionis et publicae utilitatis.

Unde factum est, cum viderent per fratres impediri, graviter minati sunt et communitatem eundi et ducendi per vias etiam publicas auferre conati sunt. Cum igitur tanto periculo se fratres exposuissent, factum est mirabiliter, quod maiores de vtt villis mari conterminis statuerunt convenire et, convenientibus eis, continue elegerunt iuratos, qui pro utilitate et necessitate instantis periculi iustam dictarent sententiam; nam iam consules anni dissimulabant negocium tale diffinire. Et partibus citatis talem ediderunt sententiam: Quod omnes agri omnino equo onere propter necessitatem in reparatione aggerum respondere deberent. Qui volentes efficacem fore sententiam, quoniam pars altera necdum consensit, collecti in unum spoliarunt rebelles. Qui sequentes spolium, vulneraverunt unum letaliter, peccatum cumulantes damno. Et sic fratres per gratiam Dei cum triumphantibus triumpharunt (Emo von Wittewierum 1991°, 120.47–122.47).

(9g)
Hic se ipsum accusabat et timebat periclitari ex participatione rerum etiam licite acquisitarum, quas afferunt seculo abrenunciantes, quando monasterium ingrediuntur; et examinabat utrobique intentionem sui suscipientis et alterius offerentis, ne forte vicio symonie corrumperetur (Emo von Wittewierum 1991°, 128.49).

(9h)
Preterea obnixe flagito, ut auctoritate vestra et ordinis imperiose pro reverentia summi pontificis domno episcopo Monasteriensi scrivere velitis, ut me et fratres meos inculpate fame per Dei gratiam aput omnes optimos tocius viciniae nostrae sine vexatione temerarie excommunicacionis Deo servire permittat, quoniam per Dei gratiam in tanta libertate in Frisia constituti sumus, quod nec pullo galline violenter per suos nos poterit spoliare (Emo von Wittewierum 1991°, 178.66–180.66).

(9i)
Si vero mixta sint omnia et confusa, tunc, sicut dicitur in evangelio, assumant ventilabrum et mundent aream claustri et conscientiae, ut dona feneratoris et raptoris reiciant et grana scilicet pura et munda sibi assumant. Sed si non poterunt quia nesciunt que sint de granis, que de paleis, faciant quod possunt estimatione, et nichil, quantum in se est, omittant de contingentibus. Si autem omnino in hoc est aliquis solus, et resistere non potest, sequatur conscienciam (Emo von Wittewierum 1991°, 136.54).

(10a)

Wilhelm von Conches: Erdkarte mit Gezeitenströmen (aus: Wilhelm von Conches 2002°, 13r)

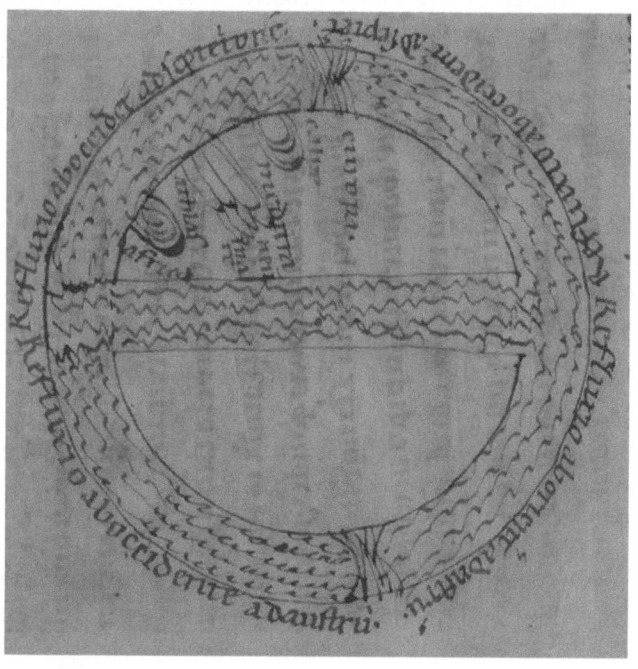

(10b)

Wilhelm von Conches: Die Entstehung der Winde aus den Ebbströmen

Et quia nostra sententia est, ex illis refluxionibus ventos nasci, de ortu ventorum disseramus, tam cardinalium quam collateralium. Cum igitur (ut praediximus) in Occidente ex fonte totius humoris duae refluxiones, una ad Austrum, altera ad Septentrionem dividantur, illa separatione aquarum movetur aer; sed si tantus fuerit impulsus, quod usque ad nos pervenerit generat ventum qui Zephyrus appellatur. Duae vero Orientales sua divisione et motu generant ventum qui Eurus nominatur. Cum vero Orientalis et Occidentalis ad Austrum[412] vergentes in medio sibi occurrunt, movetur aer, fitque ventus Septentrionalis qui Boreas dicitur, qui ideo frigidus est, quia in frigida zona oritur; siccus vero, quia nubes de hoc angulo terrae ad medium fugat; estque inde pluviosus juxta fines torridae zonae. Cum vero transit torridam zonam, calefit; et si nobis sit frigidus, ibi tamen est calidus. Similiter cum duae vergentes ad Austrum in medio sibi occurrunt, Auster generatur, qui etsi ultra torridam zonam frigidus et siccus, ut apud nos Boreas, quippe cum in frigida zona

---

412 Das dürfte falsch sein, weil es sich der Logik entsprechend um den Norden handeln muss. Weiter unten wird nämlich von den (entgegengesetzten) Strömungen gesprochen, welche sich nach Süden neigen.

oriatur, quia tamen per torridam zonam transit, calefactus ad nos pervertit calidus, fugandoque ante se nubes usque ad angulum terrae in quo habitamus, generat nobis pluvias, estque nobis ex accidente calidus et humidus, etsi in sua regione frigidus et siccu«.

Übersetzung:
Und weil es unsere Meinung ist, dass aus diesen Ebbströmen die Winde entstehen, erörten wir den Ursprung dieser Winde, und zwar sowohl der [vier] Kardinalwinde als auch der angrenzenden Winde. Wenn also, wie wir zuvor gesagt haben, im Westen aus der Quelle alles Feuchten zwei Ebbströme entstehen, von denen der eine nach Süden, der andere nach Norden zweigt, wird durch jene Trennung der Ströme die Luft bewegt. Doch ist der Impuls so groß, dass sie [= die Luft] bis zu uns kommt, erzeugt er den Wind, welcher Zephyr genannt wird. Die zwei Ostwinde aber erzeugen durch ihre Teilung und Bewegung den Wind, der Eurus (= Ostwind) heißt. Wenn aber westliche und östliche Strömung sich nach Norden neigen und in der Mitte zusammenkommen, wird Luft bewegt, und es entsteht der Nordwind, der Boreas genannt wird und so kalt ist, weil er in der kalten Zone entspringt. Trocken ist er, weil die Wolken von diesem Winkel der Erde in die Mitte flüchten. Daher gibt es Regen bis in die Nähe der trockenen Zone. Wenn er daher die trockene Zone überschreitet, erwärmt er sich. Und wenn er für uns kalt ist, so ist er dennoch warm. Ähnlich verhält es sich mit den Strömungen, die sich gen Süden neigen und dort zusammenkommen, Auster [= Südwind] genannt, der jenseits der trockenen Zone kalt und trocken ist, wie bei uns der Boreas, allerdings, da er in der kalten Zone entspringt und dennoch die warme Zone durchquert, erwärmt zu uns als warmer Wind kommt, wobei Wolken vor ihm flüchten bis zu dem Winkel der Erde, in dem wir wohnen. Er erzeugt für uns Regen, und er ist, wenn er zu uns gelangt, warm und feucht und in seiner Region kalt und trocken (Wilhelm von Conches 1968°, 1164; eigene Übersetzung).

(11a)
Die Rungholtsage nach Matz Paysen
Historiola ex manuscripto Nordstrandico Frisicae lin(guae).
Rungholt fuit olim opidulum Strandiae ad Pillworm, ubi nunc est Sudfall. In eo vico aliquot temulenti coloni pastorem accersi (sic) voluerunt in tabernam publicam, ut aegroto ministraret ultimam opem operamque. Caupo admonuit illos, se habere grandem suem, illam posse cerevisiae dispendio implere usque ad humanam ebrietatem, et grunniendo expressuram aegrotantis vocem, si in lectulo fuerit collocata. Arrisere nebulones, et si pastoris pietati et Deo ita illudere possent, magni alicujus facinoris titulum apud suos cives se tum quaesivisse impie somniabant. Pastor nihil sequius eventurum ratus, etsi haud ignarus paroecorum pervicaciae, barbariei supremaeque impietatis, cum sacro calice cucurrit summo vespere … ciperet … ministerium, deducuntque … ad lectulum, in quo sepulta sus cerevisia grunniebat, (dicentes), ibi aegrotanti expediendas esse sui officii partes, indidem inculcantes. Inhorruit homo visa bestia, increpitisque conviventibus acerbissime

discedere volentem arripuere diabolici in hypocaustum, et nolentem volentem secum potare jusserunt; recusanti et omnes divos imprecanti alapas impegere, cali-
cem sacrum sacerdoti ereptum in terram misere, recepto ex calice impia egere bac-
chanalia; tandem pastorem media nocte puguis contusum dimisere, qui paroecorum
impietate offensus et injuriae sibi illatae haud immemor huunana desperans auxilia
divinum extempore sollicitavit. Nec suis precibus in recluso templo defuit Dei pro-
pera vindicta; quippe cum tribus filiabus (sic! NB!) oranti intempesta nocte vox
accidit: Secedite statim in colles cum vestris, mox enim Rungholt cadet. Itaque se-
cessere illi cum suis, ubi nunc Sudfall est. Ea igitur intempesta nocte Rungholtum
diluvio periit, cum circumjacentibus paroeciis. Non, ut vulgus apud nos ait, dehis-
cente terra absorptum fuit, et quod nonnunquam turres videantur, quin et campanae
a praeternavigantibus audiantur; sed cataclysmo subrutum fuisse Rungholtum
testantur fossarum antiquarum, etsi limo plurimum obductarum, indicia mari dec-
rescente, quae ipse, quia haec historia apud nos celebratissima est, his oculis usur-
pare volui anno 1635.

Hujus historiae meminit paucis Matthias Boethius de cataclysmis Nortstrandicis
(Paysen 1861°).

(11b)
Die Rungholtsage nach Anton Heimreich

Unter allen diesen ertrunkenen Oertern ist insonderheit benahmet der Flecken
Rungholt, von dessen Verwüstung und Untergang, wie auch künftigem Wohlstande
der gemeine Mann beydes in vorigen und auch noch in jetzigen Zeiten viel Wun-
derdinges erzählet. Inmaßen man berichtet, daß auff eine Zeit etliche muthwillige
Gäste eine Sau, mit Urlaub [= Verlaub], sollen trunken gemachet und zu Bette geleget haben, und darauff den Prediger lassen ersuchen, er möchte ihrem Kranken
das Abendmahl reichen, und sich dabey verschworen, daß, wenn er bey seiner Ankunft ihren Willen nicht würde erfüllen, sie ihn in den Graben stoßen wollten. Wie
aber der Prediger das H. Sacrament nicht so gräulich wollen mißbrauchen, und sie
sich unter einander besprochen: ob man nicht sollte halten, was man geschworen?
Und der Prediger daraus leichtlich gemerket, daß sie nichts Gutes mit ihm im Sinne
hätten, hat er sich stillschweigens davon gemacht. Indem er aber wieder heim gehen wollen, und ihm zwo gottlose Buben, so im Kruge gesessen, gesehen, haben
sie sich beredet, daß so er nicht zu ihnen herein gehen würde, sie ihm die Haut
wollten voll schlagen. Seyn darauff zu ihm hinaus gegangen, haben ihn mit Gewalt
ins Haus gezogen, und gefraget wo er gewesen? Und wie ers ihnen geklaget, wie
man mit Gott und ihm habe geschimpfet, haben sie ihn gefraget, ob er das H. Sacrament bey sich hätte? und ihn gebeten, daß er ihnen dasselbe möchte zeigen. Darauf er ihnen die Büchse gegeben, darin das Sacrament gewesen, welche sie voll
Biers gegossen, und gotteslästerlich gesprochen, daß so Gott darinnen sey, so müsse er auch mit ihnen saufen, und wie der Prediger auff sein freundliches Anhalten
die Büchse wider bekommen, sey er damit zur Kirche gegangen, und habe Gott
angerufen, daß er diese gottlosen Leute wolle strafen. Darauf er in der folgenden
nacht sey gewarnet worden, daß er aus dem Lande, so Gott verderben wollte, sollte

gehen, sey auch aufgestanden und davongegangen, und habe sich also bald ein un-
gestümer Wind und hohes Wasser erhoben, dadurch das ganze Land Rungholt
(oder wie andere melden, ganze sieben Kirchspiele, worunter Rungholt das vornehmste gewesen) sey untergegangen, und niemand davongekommen, als gemelde-
ter Prediger und zwo (oder, wie andere setzen, seine Magd und drei) Jungfrauen, so
den Abend zuvor von Rungholt aus auf Bobschlut zur Kirchmeß seyn gegangen,
von welchem Backe Boisens Geschlecht zu Bopschlut soll entsprossen seyn [...].

Sonsten stehen die alten abergläubischen Leute im Wahn, daß dieses Rungholt
noch einmal wieder werde aufstehen, und vor dem jüngsten Tage zu vorigem Stande kommen, melden auch, daß diese Stadt mit allen Häusern ganz in der Erde stehe, und dessen Thurm und Mühlen [...] sich öftermals bey hellem Wetter hervor
thue, und klar sehen lasse, und daß auch von den vorüberfahrenden der Glocken-
klang und dergleichen noch jetzunder gehöret werde, doch wird dieses von andern
entweder für einen alten Weibertraum oder auch für eine zur Bestätigung des
Aberglaubens erdichtete Fabel gehalten. Und ist derselben Meinung der Wahrheit
ähnlicher, welche erachten, daß dieser Flecken neben den umliegenden Kirchspielen durch eine hohe Fluth, nach Art dieser niedrigen Länder, sey überschwemmet,
habe äußerste Noth gelitten, sey aus dem Deichbande geworfen, und also endlich
zu salzen See geworden (Heimreich 1819°, Bd. 1, 250–253).

(11c)
Was die Einheimischen über Rungholt erzählen (Matthias Boetius)
Narrant anno 1300. gravissimum fuisse diluvium, quod aliquot cubitis omnes aggeres supereminens atque excedens viginti octo paroecias, in quis et Rungeholtum,
his in regionibus deleverit. Nam quod in quibusdam ammus invenitur 1200. et pro-
digiosus interitus, et falsum putamus [et modo de ea monuimus fabula]. Tradunt
praeterea complures, quorum et nonnulli certo a maioribus se id accepisse testantur,
anno 1354. omnium maximum exstitisse cataclysmum, quem Mandrankels vocita-
runt; qui non tantum in hisce regionibus campestribus et maritimis ad ducena
exstinxerit milia mrtalium, verum et aggeres omnes ita prostraverit et proluerit, ut
nec valla intra quinquagenos annos reparari nec homines a clade damnisque respi-
rare potuerint. Etenim quotannis oceanum terris fuisse superfusum et alia gravissi-
ma accessisse mala ac incommoda. Idcirco et pagos quam plurimos vastatos, regiones divulsas et freta ubique insigniter dilatata [...]. Quae omnia, quamvis sint gene-
ralia et nihil narrent de singulis, quin et pugnare quadam tenus videantur ... (Boetius 1940°, 69).

(11d)
Was die Einheimischen im Watt sehen (Matthias Boetius)
Et deprehendunt, qui istac iter habent, in solo uliginoso puteos et viarum fossarum-
que observant vestigia. Quin et reperiunt non raro lebetes aëna pateras utensiliaque
alia [...]. Non verisimilia loquuntur tantum, sed et fidem mereri debent indubiam
monumenta, quae narrant litora ea prope universa herbido quondam cultu fuisse

convertita, arvorum et pascuorum formam sustinuisse, pagis ornata fuisse et vallis circumsaepta firmissimis (Boetius 1940°, 59).

(11e)
Rungholt taucht nach Meinung der Leute wieder auf (Matthias Boetius)
Et credunt superstitiosi emersurum id ipsum et rediturum in locum pristinum ante finem mundi. Adduntque insuper spectra ac praestigias: salvis omnibus aedificiis hoc oppidum intra terrae viscera consistere et emergere, si non semper attamen interdum, templi turrim ex aqua vel litore eamque aëre sudo clare conspici, quin et audiri a praetermeantibus nolarum sonitum (Boetius 1940°, 67).

(11f)
Detlev von Liliencron: Trutz, Blanke Hans
Heut bin ich über Rungholt gefahren,
Die Stadt ging unter vor sechshundert Jahren.
Noch schlagen die Wellen da wild und empört,
Wie damals, als sie die Marschen zerstört.
Die Maschine des Dampfers schütterte, stöhnte,
Aus den Wassern rief es unheimlich und höhnte:
    Trutz, Blanke Hans.

Von der Nordsee, der Mordsee, vom Festland geschieden,
Liegen die friesischen Inseln im Frieden.
Und Zeugen weltenvernichtender Wut,
Taucht Hallig auf Hallig aus fliehender Flut.
Die Möwe zankt schon auf wachsenden Watten,
Der Seehund sonnt sich auf sandigen Platten.
    Trutz, Blanke Hans.

Mitten im Ozean schläft bis zur Stunde
Ein Ungeheuer, tief auf dem Grunde.
Sein Haupt ruht dicht vor Englands Strand,
Die Schwanzflosse spielt bei Brasiliens Sand.
Es zieht, sechs Stunden, den Atem nach innen,
Und treibt ihn, sechs Stunden, wieder von hinnen.
    Trutz, Blanke Hans.

Doch einmal in jedem Jahrhundert entlassen
Die Kiemen gewaltige Wassermassen.
Dann holt das Untier tiefer Atem ein
Und peitscht die Wellen und schläft wieder ein.
Viel tausend Menschen im Nordland ertrinken,
Viel reiche Länder und Städte versinken.
    Trutz, Blanke Hans.

Rungholt ist reich und wird immer reicher,
Kein Korn mehr fasst selbst der größeste Speicher.
Wie zur Blütezeit im alten Rom
Staut hier täglich der Menschenstrom.
Die Sänften tragen Syrer und Mohren,
Mit Goldblech und Flitter in Nasen und Ohren.
  Trutz, Blanke Hans.

Auf allen Märkten, auf allen Gassen
Lärmende Leute, betrunkene Massen.
Sie ziehn am Abend hinaus auf den Deich:
Wir trotzen dir, Blanker Hans, Nordseeteich!
Und wie sie drohend die Fäuste ballen,
Zieht leis aus dem Schlamm der Krake die Krallen.
  Trutz, Blanke Hans.

Die Wasser ebben, die Vögel ruhen,
Der liebe Gott geht auf leisesten Schuhen.
Der Mond zieht am Himmel gelassen die Bahn,
Belächelt der protzigen Rungholter Wahn.
Von Brasilien glänzt bis zu Norwegs Riffen
Das Meer wie schlafender Stahl, der geschliffen.
  Trutz, Blanke Hans.

Und überall Friede, im Meer, in den Landen.
Plötzlich wie Ruf eines Raubtiers in Banden:
Das Scheusal wälzte sich, atmete tief
Und schloss die Augen wieder und schlief.
Und rauschende, schwarze, langmähnige Wogen
Kommen wie rasende Rosse geflogen.
  Trutz, Blanke Hans.

Ein einziger Schrei – die Stadt ist versunken,
Und Hunderttausende sind ertrunken.
Wo gestern noch Lärm und lustiger Tisch,
Schwamm andern Tags der stumme Fisch.
Heut bin ich über Rungholt gefahren,
Die Stadt ging unter vor sechshundert Jahren.
  Trutz, Blanke Hans (Liliencron 1977, 130f.).

(12)

Caesarius von Heisterbach: Die Heimsuchung Frieslands wegen eines Sakrilegs am Leibe des Herrn (De plaga Frisiae ob iniuriam Dominici corporis)
Parvo post haec emerso tempore, anno videlicet gratiae millesimo ducentesimo decimo octavo, mare in partibus Frisiae terminos suos egrediens, multarum provinciarum terras occupavit, villas delevit, ecclesias lapideas deiccit, tantam hominum

extinguens multitudinem, ut summa centum millia transcenderet. Ita exaltati sunt fluctus eius, ut turrium altitudines öperire viderentur, et procella procellam impellens, generale diluvium terris minaretur. Et sicut dictum fuit Abbati nostro, cum eodem anno visitationis gratia Frisiam intrasset, quod fluctus furentes etiam usque Coloniam pervenissent, si non is qui eos excitaverat, Genitricis suae, ut postea dicetur, precibus compescuisset. NOVICIUS: Nosti causam tantae plagae? MONACHUS: Novi. Friso quidam arte pugil in eadem provincia exstitit, qui quotiens de taberna ebrius rediit, totiens uxorem verberibus et plagis satis tribulavit. Tempore quodam timore mariti infirmitatem simulans, ne simulatio eadem posset notari, corpus Domini sibi dari postulavit. Venienti sacerdoti pugil cum scypho cervisiae ebrius occurrens, bibere, cum monuit. Et cum ille responderet: Corpus Domini porto, non modo bibam; iratus Friso cum scypho pixidem percussit, et omnes hostias de illa excussit, ita ut per pavimentum dispergerentur. Matronae vero, quae consolationis gratia convenerant, super singulas hostias tanquam stellas radiantes viderunt. Quas sacerdos gemens ac dolens in pixidem recollegit, et abiit. Friso vero a Decano provinciae citatus, excommunicatus est, sed non curavit. Qui tandem ad hoc compulsus est, ut cruce pro tanto sacrilegio signatus cum iam dicto sacerdote etiam cruce signato veniret Romam. Cui dominus Honorius Papa culpam confitenti pro poenitentia iniunxit, ut mare transiret, ibique tribus annis in armis Christo serviret. Quid plura? Mare transierunt ambo, et ante Damiatam mortui sunt ambo. Quibus defunctis, cum anno eodem Dominus provinciam terribiliter, ut supra dictum est, plagasset, et causa plagae populum lateret, matronae cuidam valde religiosae, Domino iciuniis orationibus, vigiliis et elecmosynis servienti, materterae videlicet domini Witboldi Abbatis sancti Bernardi, beata Dei Genitrix, lacrimis eius mota, populique miserta, apparens sic ait: Propter iniuriam filii mei in sacramentum corporis eius factam, submersa est Frisia, et adhuc amplius plagabitur, si condigna poenitentia non fuerit subsecuta. Ex quibus verbis colligitur, quod non solum pugilis, sed communibus populi peccatis exigentibus, hoc evenerit. Moxque adiecit mater misericordiae: Leva oculos tuos contra mare. Quod cum fecisset, contemplata est pixidem a pugile percussam, in summitate fluctuum natantem. Quae cum in tantum approximasset, ut posset cognosci, ait: Ecce corpus filii mei. In loco enim ubi dispersum est, aedificanda est ecclesia, et debet ei tanta exhiberi reverentia; quomodo sepulchro Dominico. Hoc etiam noveris, quod ambo mortui sunt, pugil, scilicet et sacerdos. Sed pugil, eo quod sine contritione obierit, sepultus est in inferno; sacerdos vero adhuc tenetur in purgatorio. Retulit tamen nobis Theodericus Prior de Yesse, eundem pugilem, quantum ad signa exteriora, cum proficisceretur, satis magnam habuisse contritionem; sed credendum est beatae Dei Genitrici. Hac visione cognita, dominus Theodericus Episcopus Monasteriensis, ad cuius Dioecesim maxima pars Frisiae pertinet, missis litteris suis per Ydidam sancti Bernardi cellerarium, sicut nobis ipse retulit, sollemnem provincialibus poenitentiam iniunxit. Quod autem insufficiens fuerit, ex hoc probatur, quod anno praeterito denuo punita est Frisia, multis millibus per aquarum inundationes submersis. Matrona quaedam praedives ex praedicti pugilis domo ecclesiam aedificavit. Ex his quae dicta sunt, considerare potes, quam sollicita sit circa hominum salutem beata Virgo

Maria, cui tanta cura exstitit de poenitentia. Quod vero tribulatorum sit consolatrix, sequentia declarabunt (Caesarius von Heisterbach 1851°, 3ff.).

(13)
Ubbo Emmius über den Einbruch des Dollart und anderer Gebiete
(13a)
Causas ego tantae cladis cunctis diligenter consideratis, preter divini numinis iram tres potissimum reperio, aggerum agrique situm, soli ipsius natura, postremo factionu studia, corruptam queim moderata licentia libertatem: quae tempestatibus crebris promotae longius nocuere. [...] illo etiamsaeculo prae nimia libertate luxuriare hominum animi, & factionibus intendere, vicini a vicinis dissidere, nobiles nobilibus, rustici rusticis invidere, antistites proximoru antistitum odio laborare, privari potius quam publici curam omnes habere, legum reverentia projecta jacere (Emmius, Frisia Orientalis 1616°, 39).

(13b)
Et vox praedivitis ac potentis in populo audita memoratur, qua testatus est, malle se omnes agros suos ad lanceae longitudinem fluctibus opertos cernere, quam incommodum vicinorum, a quibus dissidebat, aggeres reparare. Ita fieri necesse fuit ut & a fluctibus attrita disjectaque neglecta manerent, & undis latior in terras influxus indies aperiretu« (Emmius, Frisia Orientalis 1616°, 39).

(13c)
[Inde in Occidente Torumum fuit], non vicus, sed oppidum pro captu temporum illorum frequens & egregium, cujus opum fortunaeque declarandae causa avorum memoria vulgo ferri solet & cudendae monetae magistrum, & auri argentique fabros octo eo in oppido artificij sui officinas exercuisse. Quod verum videri non debet in tanto earum rerum, quae ex ijs metallis fiebant, hac in gente usu. Solum oppidi etiam nunc nomen retinet, & rudera aedificiorum veterum, ac vestigia quoque platearum cum Euro flante aquae recessere, commonstrat. Et saepe accidit, ut qui solum nudum diligentius scrutantur, pecuniae aut veterum rerum aliarum in scrutis & arenis aliquid inveniant: Vulgoque notum est, paucos ante annos vasculum e ruderibus erutum esse plenum argenteis minis minoribus, quos plurima ante secula signatos fuisse inscriptio docebat; quorum aliquot nigredine squalentes, saepius mihi visi (Emmius, Frisia Orientalis 1616°, 37).

(13d)
Omnes reliquos ejusdem agri vicos magnitudine & splendore antecedens. De qua silere non debeo, quod constans fama fert a majoribus posteritati tradita, in argumentum amplissimae, ac vix credibilis fortunae, matronas CLXXX eo uno in vico habitasse, quae ex solido auro sextarij capaces phialas, cum reliquo ornatu more gentis in pectore ferrent, suoque in mundo haberent (Emmius, Frisia Orientalis 1616°, 37).

(13e)

Diluvium, quod universam hanc Frisiae oram exterruit, magnaeque calamitati incolis fuit. Nam Westelam vicum nobilem [...] universum brevi momento tanta aquarum vi obruit, ut stratis disjectisque cum templo aedificiis omnibus, solo quoque ipso magnam partem convulso, jumenta hominesque absorberentur: magno sane documento, mortalibus fortunam divinitus concessam reverenter esse habendam. Nam eo in vico, ut a majoribus traditum est, divitiae luxuriam, luxuria petulantiam & contemptum numinis pepererant:

[Feruntur portenta multa cladi praemissa, quibus moniti incolae sunt, ut ab exitio sibi metuerunt], panes in lapidem duratos, pisces vivos in clibano ignito, attonitis omnibus qui aderant, esse visos: sed vitiis induratos animos mollescere non potuisse (Emmius, Historia, Liber XIV, 1616°, 212).

(13f)

Rara sunt, quae in ea calamitate in vicinia Dullarti sinus accidere, ob soli istius naturam; Domus quaedam minores cum hominibus, ovibus, porcis, magno vectae spatio, sidente fluctu cum vectoribus servatae sunt; Agri pars, in qua majoris pecoris X aut XII pascebant, una cum pecore ab reliquo agro praefecturae veteris, ut fluctuum avulsa natavit: deinde flabris cori impulsa, atque in Dullartum acta, tota latitudine sinus ejus profundi & spatiosi superata, in agro demum Reiderio consedit, pecusque servavit, denique causam litis inter soli oppressi advectique dominos dedit. Ad haec quercus aliquot praegrandes, atque arbores aliae cum solo suo sedibus motae, & vastae navis instar super undis modico spatio vectae, cum aliis arboribus aut editori terrae illisae adhaesissent, incolumi vita ac virore maniere per annos complures: unaque quercus anno MDXXX adhuc fronde vestita miraculi vice spectatoribus fuit (Emmius, Historia, Liber XLIV, 1616°, 676).

(14)
Die Frau von Stavoren / Starum
(14a)

Der wie in skatrike widdou, dy wenne yn Stavoren. Sy hie allegear skippen op sé dy't nei fiere lannen farden om dêr handel to driuwen.

Op in kear sei se tsjin ien fan 'e skippers: »Nou mast foar my it allermoaiste meinimme hwat der mar to krijen is«.

Nei in lange reis komt dy skipper werom. Hy hat it skip fol rogge.

Dûm wie de widdou fan lilkens. Sy sei tsjin 'e skipper: »Hoe krigestû dit yn 'e kop, dat dit it moaiste ter wereld is?«

Doe frege se: »Hoe hast it ynladen? Yn bakboard?«

»Yn bakboard«, sei de skipper.

»Yn bakboard is 't der ynkommen«, sei se, »yn stuerboard mat it der wer útgoaid wurde. Yn sé«.

Dat gebeurde.

Der stie in âlde grijsaard. Dy seach dat. Hy sei tsjin har:

»Eenmaal zult ge nog arm worden«.

»Man«, sei se tsjin 'e âlde grijsaard: »Gean fuort. Ik *kin* net wer earm wurde«.

Sy krige har gouden ring fan 'e finger en dy goaide se yn 'e sé.

»Sa min as ik oait dy ring wer krij«, sei se, »sil ik net earm wurde«.

Fjirtsjin dagen letter komt der in fiskkoopman yn 'e stêd. De widdou keapet fisk. En doe't se de earste fisk iepensnie wurdt se sa kjel, dat sy falt achteroer. Hwant dêr sjocht se de gouden ring. De fisk hie him opslokt.

Dan komme der hevige stoarmen mei tonger en wjerljocht. Al har skippen op sé forgeane.

Stikken diken slagge wei. Al har rykdom forliest se oan 'e sé. Sy moest har op 't lêst noch mei de bedelaarshân rêdde. Men kin nou noch altyd sjen hwer't it skip mei rogge lege is. Dêr waechse alle jierren noch ieren, mar der sitte gjin kerrels yn (Archiv van der Kooi 2004°, aufgezeichnet von Dam Jaarsma am 10.04.1969, Informant: H. Meijer).

(14b)

Der moat yn der tiid wie in rike widdou en dy hie, de iene seit fan fjirtich en de oare fan sechstich skippen op sé. (En Staveren wie doe in hele bikende hannelsstêd, ik miende dat dy by it Hanzeforboun hearde). En dy foeren nei de Eastsé ta. En doe seit se tsjin ien fan har bêste skippers: »Nou moatst nei de Eastsé ta farre en nou moatst my it alderbêste meinimme datst fine kinste. Dêr wol ik ris in kear mei útblinke«. »Nou«, hy seit, »dat kin wol«. Dat de skipper fart ôf mei syn bimanning en hy omswalkjen en omsykjen en doe komt er yn Danzig en dêr komt er mei de boeren yn oanreitsing en dy hawwe alderprachtichste moaije weet. Hy hie se selden sa goed sjoen. Nou, dêr koene se him wol in fracht fan leverje. Dat hy nimt in fracht weet yn. Hy komt der nou mei yn Staveren. Hy wie bêst op 't skik. Se hienen in foarspoedige reis hawn. Hy komt by har. »Nou, is 't jo slagge?« Hy seit: »Ja«. Nou, sy ek op 't skik. Mar it wie krekt as wie de frou hwat oer 't hynder tilt. Se woe har heger foardwaen as dat se wie. En doe wie se eigentlik fan in gedachten dat hy goud en sulver, en barnstien en edelstienten meinommen hie. Dat er dêr in skipfol fan hie. En doe komt hy dan op 'e lappen, dat hy hie de alderbêste weet kocht dy't der oait to finen west hie. Sy seit: »Hwatte! weet!« »Ja«, hy seit, »alderprachtichst moai guod. Se fine se selden sa«. »Nou, hoe krijst dat yn 'e kop! Is dat nou it bêste dat der is?« »Neffens my al«. Nou, sy seit, »neffens my net! – Oan hokker kant hasto it ynladen«. »Oan bakboard«. »Goai (smyt) it oan stjûrboard wer yn sé!« Hy seit: »Mar dat kin doch net! Dat skoandere guod!« Sy seit: »Der yn goaije«. Nou, hy seit: »Frou, jo moatte dêrom tinke: as jo sok kostlik iten, as jo dat fordonderjeije, dêr kin de himel jo wolris foar straffe. Dat jo ta de biddelstêf torjochte komme«. »Nou«, sy seit, »dat sil tafalle, mar«, sy seit, »sjoch! Sjochstou dizze moaije diamanten ring dy't ik oan 'e finger ha?« »Jawol«. Nou, sy seit: »Dy smyt ik yn sé. En se sei as ik dy ring oait wer krij, wurd ik net earm«. »Nou«, seit dy skippers, »dat sil wol in toer wurde, dat dy ring werkomt, mar dêrom bin ik it der noch net mei iens«. Mar hy koe net oars. Se losten it yn 'e sé. Nou, der forrint moanne of trije (in foech fearnsjier) oer en de faem dy giet nei de merk om fisk to keapjen en sy siedt (sil siede) in soadtsje moaije skylfisken. – Och, om't jild hoegde se it net to litten.

Se hie foar 't útsykjen. En sy makke de fisk ta. En komt dêr net út dy iene skylfisk dy ring wer! De faem bisjocht dy ring en dy hie der wol fan grútsjen (gegrútsel) fan heard, dat se dy ring yn 'e sé smiten hie. Hwant it bigreate dy faem ta de teannen út, dat se dy ring fuortgoaid hie, hwant dêr hie sy ek wol bistek op hawn – doe bringt se dy ring wer. En doe seit se tsjin har (de frou): »Sjoch, is dat jou ring net?« Sy der yn sjen, ja, har inisialen stienen der yn. Nou, se loek al in bytsje wyt om 'e noas, mar se wie noch like greatsk. (Dat) der waerd gjin notysje fan naem. Mar op in goeije kear, dêr komt in bêste stoarm. Se hie tsien skippen forlern. Nou, dat soe se noch wol to boppe komme. Mar fuort in wike nei de tiid brekt der in brân út yn Staveren (Starum) en sy hie dêr nochal frij hwat bisittingen en dy brânne allegear plat. Huzen, pakhuzen, alles wie se kwyt. En har eigen hûs ek. Sy tochte, as dy oare skippen wer torjochte komme, dan rêd ik dat wol. Mar dêr komt de tiding binnen – fan in skipper dy komt biroaid wer thús. Oer lân. Hy wie by 't Amelân oanspield. Hy seit: »In tweintich skippen fan jo binne troch de sérovers ynpalme. Ik bin der allinne mar ôfkommen. Ik bin oer board sprongen en op in tonne driuwende wei by 't Amelân torjochte kommen en sadwaende haw ik wiken ûnderweis west – bin ik hjir torjochte komme«. Nou, dat waerd al oars mar net better. En in goeije wike letter dêr komt noch ien, in skipper oan. Ek al sa forbouwereard. Hy seit: »Nou stiet it der raer foar! Wy foeren meimekoarren yn konfoai – omdat we it al bigrepen hienen fan dy sérovers (dat dy der wienen). Mar krije we net in bêste stoarm, dêr boppe by Ingelân (Skotlân). Doe binne wy dy kant útdreaun en doe binne wy op 'e rotsen to pletter slein. Ik bin út Ingelân wei mei in oar skip hjir torjochte kommen, mar de hele float is fuort«. Dat se hâldde net in skip oer. It jild wie ek fuort. Dat sy wie ta de bedelstaf gedoemd, dat sy is troch de earmfâdden ûnderhâlden en de stêd Staveren dy mei diele yn 't ûngelok dat har oerkommen wie, hwant sy (wie) waerde helendal op 'e foargroun setten troch it stedsbistjûr omdat se sa folle sinten hie – en dy't dan de sinten hie dy hie 't forstân hie. Foar straf forsânne de haven en dy weet dy't de skipper yndertiid oerboard goaid hie dy kaem ek op; mar hwat wie 't gefal! It wiene presiis weetieren, mar der siet neat yn, it wiene loaze ieren. En de bank dy't him dêrfoar foarme hat – se hiene gjin jild mear om dy wer wei to baggerjen – dy hat de hele haven ôfsletten dat de stêd Starum is as 't ware degradeard (forfallen) ta in doarpke. Fan âlds hjit it in stêd, mar syn omtrekken en de fortsjinsten dy't der dan binne, nou dy steane lyk mei in doarp (Archiv van der Kooi 2004°, aufgezeich- net von Ype Poortinga am 01.05.1973, Informant R.P. de Jong).

(14c)
Sa ha ik it heard. Dy frou fan Starum dat waerd ús einlik as bern al foarhâldden dat wy der om tinke moasten sil 'k mar sizze h'n dat ik jildlik bisit, lit my it sa sizze, bitreklik wie, sju. Ik wit noch wol wy wienen in jier as 10–12, nou doe waerd ús it forhael fan 'e frou fan Starum opdiend, dat wie »Het vrouwtje van Stavoren«, nou, hwant frysk dat wie doe kontrabanda, hear. Dat is nou de lêste tiden lokkich is dat hwat better wurden, en dêr mei de flagge wol foar út. Mar doe net, doe wie dat »Het vrouwtje van Stavoren«. Ja altyd kaem hjir de klam einlik op to lizzen dat sy sa ryk wie sil'k mar sizze. Starum skynde fan âlds werklik in rike, rike stêd. Al wie

't doe mooglik net sa'n greate stêd as Amsterdam, nou, mar it wie doch in stêd fan bitsjutting, sa sil 'k it mar sizze. En de frou fan Starum dy't dan keapmanske wie, sil'k mar sizze, en forskate skippen ek by har float hie, nou dy wolsteld. Net allinne wolsteld, mar dy wist sels net hoe ryk at se wie. En dat is op de iene of oare wize is har dat hwat nei de holle set. Hwant altyd weroan foarspoed dat het syn skaedkant dan ek wol wer, sa't skynt. It bliek doe't se de sékaptein opdracht joech: Nou moatstou hinnegean en helje my it alderkostlikste hwat der op 'e wrâld to finen is. It alderkostlikste, hwat it kostet kin neat skele, it alderkostlikste en djûrste. En dy man dy gong en dy tocht: Nou, hwat sil'k nou? Hoe moat dat nou, nou? Ja, nei earnstich birie tocht er: Wit je hwat, ik nim it fijnste weet mei, in fracht fijne weet. Dêr kaem er mei thús. Hwêr't er weikaem dat wyt ik ek net, miskien wol út Ruslân. Mar 't wie yn elk gefal fan de bêste soarte. De Eastsé dêr waerd froeger wol mear hannel oer diend, sju. Nou, doe sei se: En, hoe is 't gien? Ja, hy sei, ik ben wer thús frou en de fracht leit der. Jo moatte mar ris sjen. Nou, sy sjen, sy wie al nijsgjirrich. Mar doe waerd se pûrlilk. Se sei: Hoe krijst it yn dyn smoarge skippersplasse om nou dat weet, dat weet! Se sei: Faer mei dyn skûte út 'e haven wei en smyt dat yn sé. En dêr waerd de klam dan sil 'k mar sizze op lein, op dat yn sé. Nou, ja, dy man dy gong der ek al tsjin yn. Hy sei: Minske, jo moatte witte hwat jo dogge. Der kin in tiid komme dat jo der jo om 'e mûle slikje sille. Nei dat kostbere weet, dat God waekse lit. Hy seit: My tinkt, dat is 't fijnste dat de ierde opbringt, graen. Mar hy koe lipe as pipe, mar hy moest it leechsmite yn sé. Hy sei noch tsjin har sil'k mar sizze: Ik warskôgje jo, frou fan Starum, dat dit jo net komt to muoijen, dizze died, hear. Hwat dat kin wol sa komme. Der kinne ek tiden komme dat jo hjir net mear rykdom he dy't jo nou he, dat jo earm wurde kinne. Aah, man, sy sei, hwêr hest it oer. Ik earm, ik wurd noait earm. En doe naem se in ring fan 'e finger en dy soalde se yn sé. Se sei: Earder sil dy ring weromkomme by my yn 'e keamer as dat ik earm wurde sil. Nou, de lading waerd lost op har heech bifel. Dat moesten se, hwant oars wienen se sûnder brea. En it wie noch mar justjes lynd, in dei dernei, doe woe se dan fisk ite, en doe brocht de tsjinstfaem dy hie fisk brocht en sy moest 'm sels sjen, dy fisk, en de faem snijde de fisk iepen en dêr kaem de ring út, fan har. En sûnt gong it hurd nei de bidelte mei de forneamde frou fan Starum. Se is earm wurden trochdat it iene skip nei't oare troch stoarm forgong. It gong hast lykas mei Job sil'k mar sizze. Dan kaem der wer in boade oan: Sa en sa, dat is forgien. En as bidlersfrou is de frou fan Starum noch stoarn.

(Dat Frouwesân dat wurdt dêr ek mei yn forbân neamd.)

Ja, dat moat der al by einlik, dat Frouwesân, sju. Hwant sju, doe't de oare moarntiids ier neidat dat spul yn sé smiten wie, it warber séfolk wer as gewoan fuort sie to farren, doe seagen se dêr in hele sânbank boppe 't wetterflak. En dat is doe it Frouwesân neamt hwant letter woechsen der ek halmen, sil'k mar sizze, ieren, fan weet. Mar dy wienen allegear leech, dy wienen allegear geld, sju. Dat is dan it oantinken sil'k mar sizze, it Frouwesân, oan de rike frou fan Starum, dy't as bidlerswyfke stoarn is (Archiv van der Kooi 2004°, aufgezeichnet von Ype Poortinga am 08.07.1974, Informant: S. Tiemersma 8.7.1974).

(14d)

Niet ver ten zuidoosten van *Stavoren* ligt in de *Zuiderzee* eene vrij uitgestrekte zandrug, het *Vrouwezand* genaamd. Het ontstaan hiervan wordt door de volksover-levering toegeschreven aan de roekelooze daad eener trotsche vrouw. Eene schatrijke weduwe, namelijk, zond ten tijde van *Stavorens* hoogsten bloei, een schip naar *Dantzig*, met uitdrukkelijken last aan den schipper om van daar de aller-kostelijkste lading mede te brengen, die er te vinden was. De schipper meende zich van zijnen last uitnemend gekweten te hebben, toen hij bij zijne terugkomst aan zijne gebiedster kwam berigten, dat hij eene lading van de beste tarwe in het schip had. De trotsche vrouw echter, die geheel iets anders scheen verwacht te hebben, vond zich door dit berigt niet weinig teleurgesteld, en in hare verontwaardiging vroeg zij den schipper: »Aan welke zijde van het schip hebt gij deze lading inge-nomen?« – Hij antwoordde: »Aan bakboord«. – »Welnu, werp ze dan aan stuur-boord weêr uit!« was het bevel der overmoedige weduwe. Aan tegenpraten viel niet te denken, de vrouw bleef onveranderd bij haar besluit: het kostelijke graan moest in zee geworpen worden. Op dezelfde plaats nu waar dit geschiedde, zegt het volksverhaal, ontstond kort daarna de zandbank, die men naar dit voorval den naam van *het Vrouwezand* zou hebben gegeven, en waaraan de oude geschiedschrijvers de vernedering en den ondergang van *Stavoren* toeschrijven, die zij beschouwen als eene straf van God over den hoogmoed en de uitspattende weelde der inwoners. Nu kan het geval met de rijke weduwe wel waar zijn, maar het is ongeloofbaar, dat daaruit die zandbank zoude zijn voortgekomen. Langs de geheele friesche kust vindt men zandbanken en het *Vrouwezand* is nog al zoo ver van *Stavoren* verwij-derd, dat het tot het verval der stad zeer weinig kan hebben bijgedragen.

Op de hoogste plaatsen van het *Vrouwezand* en in de nabijheid daarvan groeit een gewas waaraan jaarlijks aren komen, die wel eenige overeenkomst heb-ben met rogge- en tarwe-aren, doch er groeijen geene graankorrels in. Ook het ontstaan dezer onvruchtbare korenaren schrijft het volksbijgeloof toe aan de zoo roekeloos in zee geworpen tarwe der rijke weduwe, en beschouwt ze als een teeken van *Stavorens* diep verval, door de hemelsche geregtigheid daargesteld als eene waarschuwing tegen hoogmoed en brooddronkenheid. Het gewas echter waaraan deze aren groeijen, is eene gewone en welbekende helmplant, door de natuurkundi-gen *arundo arenaria* genoemd, die ook wel op andere plaatsen voorkomt, zooals op *Texel*, het *Flie*, op de duinen buiten *Haarlem* enz. Deze plant behoort tot de rietge-wassen, en draagt door hare zich wijduitstrekkende vezelachtige wortelen zeer veel bij, om het verstuiven der duinen voor te komen, en het zand bij elkander te houden (Dykstra 1866°. In: Archiv van der Kooi 2004°).

(15) Meerfrauen und Meermänner
(15a)
Das Seewiefken von Minsener Oog

1. Offizielle Wappenbeschreibung
Das Wappenbild zeigt in Blau ein so genanntes »Seewiefken«
mit unbekleidetem Oberkörper in natürlicher Fleischfarbe und
zu einem Zopf geflochtenes goldenes Haar; der silberne Un-
terkörper ist mit Schuppen bedeckt und endigt in einer
Schwanzflosse. Die rechte Hand ist drohend erhoben.

2. Erklärung des Wappens:
Die Zeichnung benutzt als Motiv die Sage vom Seewiefken, das die Minsener gefangen hatten. Als die Minsener es quälten, entfloh es und drohte ihnen mit Rache,
wobei es Salzwasser über den Deich spritzte. Am nächsten Tag, als die Minsener
gerade in der Kirche waren, kam die Flut; während der Prediger das Vaterunser
betete, zerstörten die Wogen Deich und Dorf. Daher das Sprichwort: »Dat geiht ut,
as dat Beten to Minsen« (<http://www.wangerland-online.de/wangerland/wappen.
htm> [21.02.2004]).

(15b)
**Der Wassermann von Amrum in der Erzählung des alten Besenbinders Jens
Drefsen**
Uun ualangh Tidjan wiar üssens Eilun völ grattar üsh nü, an dön Gaaten, diar't vân
a nâist Eilunnan skeast, wiar völ, völ smealar. Tesk Aamram an Sal wiar so'n smea-
lan Struum – man an Slööski – dat 'am me tàu Strâlar van ian Eilun àu'r tu't öödar
kem küd. Man mad uun det flâk Slööski lâi an Haadskraak vân an Hingst, diar'm
üübh tread. Jü Tidj wiar'r uk noch nian Dünnar an nian Dealen üübh üssens Eilun:
Allas wiar Mâsk an Eakarlun, Holt an Hiash. – Do druch't ham tu, dat a Sia an bi-
sannarlik skeebnan duadan Mân uun Eagh smead. At Lidj hâlat ham, lâi ham uun
an Duadkast an bigrobbat ham bi her ânj Duaden. Man hat wiar medians vörkiard.
A Sia wurd wilj, lep àu't Lun an smead grat Sunhuupar uun Eagh [...].

Do sâd an kluukan Man: Harki'm, wat ik sâi. Di Mân, diar bi üssans Duaden bigreewan leit, hea was an seekar an Weedarmân weeshen, an àu'r dat hi egh weddar tu Weedar kem kaan, komt at Weedar, ham tu hâlin [...]. Wel jam nü an gaaden Riard uunnem, da mâgi'm't Greaf an a Duadkast weddar eeban an lukki'm tu, of di Duad sin Thümmar uk uun Müs hea an'r üübh tetjat. Dea'r det, do as't an Weedarmân, an jam mut jam flat, dat'm ham weddar uu'n sin Element bringh, wan'm 'ar egh me tufreesh san, dat sin Element ham hâlat. – Arkanean ded di kluuk Mân grat Gilik. Jo mâgat Greaf an Duadkast eeban an bifaan, dat di Duad üübh sin Thümmar tetjat. Anstuns wurd di Duad üübh an Wânj lânj, diar tàu Oksen vöörspeand wiar. A Oksen beshat ütj uuu a Sia me di Duad. Do wiar't uk medians vöörbi me a Weedar- an Sunflud; man dön Dünnar, diar a Sturm tuupstöwwan hed, bleaw stunnan an stun'r noch (Johansen 1862°, 221ff.).

(15c)
Van een wilde Zee-Vrouwe, de welcke ghevanghen werdt
Sy was heel naect van liehaem, sonder cleederen aen te hebben, maer sy was behangen met menigermey waterachtige materie, als moschsliver en ander slym al rupsch bewassen [...]. Niemant en conde haer sprake verstaen, noch sy en verstont de onse niet, ende als sy schoon ghemaeckt was, ende gherepnight van de slyme en rupchte daer sy mede bewassen was, deden sy haer cleedere aen, en sy began onse spyse t' eten: maer nochtans was sy altydt neerstigh ende daer op upt om weder int water te wesen, maer sy worde te seer nau bewaert [...]. Ende daer wesende, leerde sy spinnen, en leefde vele jaren, ende starf ten lesten, ende worde opt kerckhof begraven, om dieswille dat sy dickwils dat H. Crupce ter ende reverentie dede. – En dit ist gheapprobeert ende ghecertificeert van eenige oude notabele ende warachtighe mannen, die seghen dat sy dese vrouwe binnen Haerlem in haer tyt hebbe gesien, waerom dattet in dese Chronijcke voor een nieuwighept is gheset (Gouthoeven 1620°, 415; wegen schlecht lesbarer Vorlage sind Schreibfehler nicht auszuschließen).

(16) Der Drache vom Roten Kliff (Gaasterland) bei Stavoren / Starum
(16a)
Der Bericht des Ocko Scharlensis
Midzomer in't voorsz. Jaar van vier ontsprong op't Zuidwest van den erg, die men het Rode Clif noemt, omtrent tien treden daar van een vuurige vlamme, drie dagen duurende, uit der aarden, en den vierden dag daar na kwam daar eenen groten Draak uit vliegen, die zig zeer hoog in de lugt verhief, tot een verschrikkinge van velen; en na dat hy omtrent een half uur zig zo hoog in de lugt vertoont hadde, is hy weder nedergedaalt, vliegende in der aarde, daar hy uit gekomen was, en is daar na nooit weder gezien (Scharlensis 1742°, 6).

(16b)
Koninklike Luchtmacht (Leeuwarden): Embleem met lange historie

Het embleem van Vliegbasis Leeuwarden heeft een lange historie. In de kronieken uit het einde van de 16e en het begin van de 17e eeuw wordt melding gemaakt van verschijningen van een vliegende draak op het Rode Klif te Gaasterland. *De draak werd gezien als symbool van bescherming voor het Friese land. Door de verbondenheid van deze vliegende draak met het luchtruim en door de bescherming die hij de bevolking gaf, is er een duidelijke symbolische betekenis van deze draak in het embleem van Vliegbasis Leeuwarden. Hier verheffen zich immers nog altijd vliegende »draken« in de lucht, met als doel bescherming te bieden.* De bijbehorende spreuk: »Amicis Inimicis Promptus« betekent: »Voor vriend en vijand paraat« (Koninklijke Luchtmacht 2004°; *kursiv*: im Haupttext übersetzt).

(16c)
UFO waarnemingen in Nederland tot de 19e eeuw
4-5 na Chr.
Gaasterland
De Rijmkroniek van Hamconius geeft ons een mooie gravure met daarop ›Tritones‹ die de Lauwers opzwemmen; ze zijn afgebeeld als meermannen met staarten, die op hoorns blazen. Op de voorgrond in de gravure zien we Hertog Ascon, de vredelievende hertog van Friesland. Op de achtergrond het ›Cliffus Ruber‹ of het Rode Klif te Gaasterland, waarboven de ›Draca‹, de draak vliegt. Vele auteurs noemen de beide tritones in één adem met de sage van het Rode Klif. *Het verhaal behelst een mysterie waarvoor nog steeds geen oplossing aangedragen is. Is het een fantasieverhaal of een weergave van een ware gebeurtenis? Moet de oplossing in het rode keileem van de klif gezocht worden, nog roder gekleurd door de zon zoals gezien uit het toenmalige Almare? Stond er een vuurbaken? Vlogen er UFOs, of was er wellicht sprake van aardbevingslichten?*

Feit is dat de gebeurtenissen uit de sage geen vu[l]kanische oorsprong gehad kunnen hebben; er is daar eenvoudig geen vulkanisme.

Het verhaal wil dat in 4 of 5 n.Chr. het Gaasterland beefde, het klif scheurde en de aarde openbarstte. Een vlam sloeg uit de grond die drie dagen bleef branden. Op de vierde dag kwam er een grote draak uit vliegen die een half uur in de lucht bleef hangen om weer door het vuur opgeslokt te worden. Het doofde en slechts het geblakerde landschap vormde een blijvende herinnering. In 130 of 155 n.Chr., onder Hertog Askon, begon de ellende opnieuw. Nu was de draak acht dagen actief, en het vuur spuwde over het klif. De bang geworden bevolking riep de hulp in van hun god Stavo, die een orakel te Stavoren had. Dit deelde mede dat het volk niet bang hoefde te zijn voor het vuur, maar des te meer voor de koude die er op zou volgen. In het jaar 217 of 230 ten tijde van Titus of van Ubno waren het vuur en de draak heviger terug dan ooit, ditmaal voor twaalf dagen. Men brandde wierook en bracht offers. Stavo sprak de godsspraak en gaf de mensen te kennen dat de ver-schijningen op zouden houden wanneer men een mensenoffer zou brengen. Alzo wierp men het bloed van een driejarig kind in het vuur en smeet er voor de ze-kerheid een ridder in volle wapenuitrusting achteraan. Het bleek te helpen want de draak en het vuur zijn nooit meer gezien.

Bronnen: Sliggers, *Meerminnen en Meermannen*, 35; Teenstra, *Volksverhalen en Legenden*, pp. 10–13 (Dossier X 1998°; *kursiv*: im Haupttext übersetzt).

(17)
Westfriesische Vorlaufsagen zur Februarflut von 1825
(17a)
Unbekannte Erzähler 1971
By âlde Fitus Lolkema to Sânfurderyp – syn widze hie mei de wetterfloed yn 1825 boppe yn 'e golle op it hea stien – wie ris in ûngetider, dy't mear seach as sljocht hin en wer. Op in kear sieten se to skoftsjen yn it hailân. Doe sei er tsjin de oaren: ›Nou mannen, wy meije wol meitsje dat we hjir weikomme, der komt in greate trijmester rjocht op ús oansilen‹. Dat koe net, hwant it wie allegear lân om harren hinne. De oaren seagen neat en laken him út.

Letter waerd it dêr allegear wetter en foeren der skippen.

Van der Wal syn oer-pake wie even nei de wetterfloed fan 1825 yn 'e feanderij yn it Skar ûnder Sint Jehannesgea. Dat wie yn de tiid dat der in greate stjerte wie, dat kaem mûlk fan it séwetter. Doe't er dêr yn it Skar wie mei syn houn, roun dy hiel-tyd foar him út en gong dan wer jammerdearlik foar him sitten to janken. Hy tocht, hwat skeelt dy houn, mar it bist wist fan gjin ophâlden en gûlde mar troch.

Trije dagen letter wie de âld man dea (van der Kooi 2004b°).

(17b)
Johan Wijbenga, ûnderwizer (Eastermar 1890 – Kollum) 08.05.1967
[B65-285: 2] Yn 1824 wienen der lju op 't lân ûnder 't Blauhûs, yn 'e Sensmeer oan 't wurk. Doe wie dêr in jonge, dy't rôp: »Minsken, minsken, wy matte hjir wei, der komt in skip oansilen, lyk op ús ta!«

Mar de minsken seinen: »Dû bist net wiis«. Hwant dêr wie neat to sjen.

Mar it oare jiers (1825) kom it séwetter sa heech opsetten, dat doe foer der ècht in skip lâns. Doe tochten se oan itjinge de jonge it foarige jiers sjoen hie (van der Kooi 2004b°).

(17c)

Frou, Easterwierrum ca. 1952

[B65-483: 1] Yn 1824 wienen der minsken yn 't lân op in moarntiid yn 'e Sensmeer ûnder Blauhûs. Doe sei in jonge ynienen: »Minsken, wy matte hjir wei! Der komt in skip oan! 't Is allegearre wetter!«

Mar de minsken seinen: »Dû bist net wiis!«

't Wie moai sinneskyn-waer.

Mar it oare jiers, yn 1825 streamde alles oer. It séwetter brûsde oer de diken hinne. Dat hie dy jonge sjoen (van der Kooi 2004b°).

(17d)

B65-753: Auke Feenstra, arbeider, skipper (Burgerheide 1889 – Ljouwert) 01.10.1969

[B65-753: 7] In broer fan myn frou har beppe seach de dingen ek fan tofoaren. Hy wenne yn Hollân. It gebeurde yn 1825, dat er útfanhûze by syn suster yn Beets.

Op in dei, doe kom er fan 't húske, sa bleek as in doek. En hy seach sà raer.

»Hwat ha wy nou mei dy?« sei beppe.

Hy sei: »Ik ha hwat raers sjoen. Ik mat nei hûs ta«.

»Dû bist hjir noch mar krekt«, sei beppe, »soest hjir ommers in wike bliuwe«.

Doe sei er: »Hwat ik sjoen ha is net bêst. De diken binne by ús trochbrutsen. Ik ha myn hûs driuwen sjoen. Ik *mat* der hinne. Ik wyt net as ik myn folk wol wèr sjoch«.

Hy is hals oer de kop fuortrekke.

Syn folk hat er *net* wer sjoen. Se wienen allegear al fordronken en syn hûs dreau op it wetter. Hy wie mei de helm geboaren (van der Kooi 2004b°).

(17e)

B65-1012: Rinskje de Boer-van der Berg (Drachtster Kompenije 1888 – Drachten) 12.05.1973

[B65-1012: 17] Op in kear seach ik hjir ta 't finster út. Doe seach ik in great wetter, skean troch de finne hinne. Dêr farde in skip oer lâns. Séfûgels fleagen dêr boppe. Yn it skip wienen núnders, dy pipen der oer. Dy beesten wienen noch levend.

Dat mat allegear noch neikomme (*as* it neikomt) (van der Kooi 2004b°).

(17f)

B65-1070: Syberen Postma, komelker, reidsnijer (Feanwâldsterwâl 1905 – Feanwâldsterwâl) 01.03.1974

[B65-1070: 2] Yn 't Suden fan Fryslân wenne in man, dy groef dêr in put. Hy woe wetter ha, mar koe gjin krije. Dy put wie hiel, hiel djip op't lêst en doe siet der op in moarn in bytsje wetter yn, mar dat wie sâlt. It wie séwetter. Dêr koe er neat mei.

Doe hearde dy man ûnder út 'e put wei in stem. Der waerd roppen: »Flechtsje fan dit lân!«

Doe hat dy man dat lân forkoft en hy hat in sânpôlle wer kocht. Mar doe't syn famylje dat gewaer waerd wienen se sa lulk, dat se binne hinnegien en hawwe him en syn hiele húshâlding fan kant brocht.

Letter is dat lân forsonken (van der Kooi 2004b°).

(18)

Friesisches Manifest des sechsten Friesenkongresses in Aurich vom 28.08.1955

Am Tage des sechsten gemeinsamen Treffens in neuerer Zeit stehen wir Friesen aus Nord-, Ost- und Westfriesland, aus dem Saterland und dem Land Wursten, aus dem Oldenburger Land und von Helgoland an der uns allen ehrwürdigen Stätte, am Upstalsboom, wo sich im Mittelalter die Abgesandten der sieben Seelande versammelten. Wir sind zusammengekommen, weil wir fühlen, dass wir zusammengehören und weil die Kraft dieses Gefühls nach Ausdruck verlangt; diese Kraft, die lebendig geblieben ist über alle Wechselfälle der Geschichte und über alle einmal entstandenen Grenzen hinweg.

Gemeinsam ist uns das Volkstum, gemeinsam der Kampf gegen die Naturgewalt der Nordsee, gemeinsam vor allem das Bewußtsein unserer Freiheit von den Niederlanden bis nach Dänemark. Die Zeit drängt nach größeren Zusammenschlüssen. Die drei Frieslande bejahen alle Bestrebungen, die zu einem geeinten Europa führen. Wir gehören freilich mehr als einem Staate an, fühlen uns aber über alles Trennende hinweg als Angehörige eines Stammes, gewohnt und gewillt, unserer Eigenart die Treue zu halten. Mit den Friesentagen, die im Jahre 1925 in Jever ihren Anfang nahmen, bekennen wir uns zur Besinnung auf die gemeinsamen Werte.

Wir bekennen uns zu einer Kultur, die in den Tiefen des Volkstums wurzelt. Gemeinsam wollen wir sie pflegen. Wir bitten alle verantwortlichen Stellen, die kulturelle Arbeit unserer friesischen Institute und Verbände recht zu erkennen und sie so zu fördern, dass ihre volle Entfaltung zum sichersten Deich gegen die gleichmachende Flut der Massen wird.

Wir bekennen uns zu unserer Muttersprache, sie sei friesisch oder plattdeutsch, die uns als wertvollstes Gut mitgegeben wurde und die wir pflegen wollen vor allem anderen. Elternhaus, Schule und Kirche sollen uns dabei helfen und alle staatlichen Stellen weisen wir darauf hin, und bitten sie, Größe und Wert dieser Aufgabe zu erkennen.

Wir bekennen uns zu unserer gemeinsamen Arbeit. Der Friesenrat, den wir berufen, wird die Aufgabe haben, die Zusammenarbeit zu verstärken, Wissenschaft und Schrifttum und alles schöpferische Streben zu fördern und damit das ehrenvolle Ansehen Frieslands in der Welt zu mehren (Friesisches Forum e.V. 1998°).

(19)

Erklärung der deutschen Bundesregierung anlässlich der Bergwerkskatastrophe in Völklingen am 07.02.1962 und der Flutkatastrophe an der deutschen Nordseeküste am 16./17.02.1962

Eben noch wurde das deutsche Volk durch eine Bergwerkskatastrophe erschüttert. Das Explosions-Unglück auf der Zeche Luisenthal in Völklingen hatte ganz

Deutschland und die angrenzenden Nachbarstaaten ergriffen sowie ihre Teilnahme und beispielhafte Hilfsbereitschaft geweckt. Die Katastrophe forderte nach dem letzten Stand der Untersuchungen insgesamt 290 Tote. 281 wurden tot geborgen, neun Opfer der Katastrophe starben im Krankenhaus, zwei Tote sind bisher nicht identifiziert, acht werden noch vermisst, sind jedoch namentlich erfasst. 49 teils schwer Verletzte befinden sich noch im Krankenhaus, 29 von dem Unglück Betroffene konnten nach ambulanter Behandlung entlassen werden. Diese Zahlen mahnen für dauernd daran, dass auch sorgfältigste Vorsorge sozialer und technischer Art, die im Falle der Zeche Luisenthal getroffen war, nicht jenen Schutz und jene Sicherheit gegen unglückselige Wechselfälle bieten können, in denen höhere und stärkere Gewalten wirksam werden. In Schlagwetterkatastrophen offenbaren sich Elemente, deren Gewalt wir bisher nicht Herr werden konnten. Ob wir sie jemals auszuschalten vermögen, steht dahin. Auch der beste Wille, ihrer Herr zu werden, ist an ihnen gescheitert. Dieses Elementare erinnert zu Zeiten die Menschheit immer wieder daran, dass ihre Selbstsicherheit auf Grund noch so großartiger zivilisatorischer Taten und damit verbunden ihr Selbstbewusstsein an Grenzen stößt, die Geheimnisse des Unerforschlichen erschließen.

Zehn Tage nach der Bergwerkskatastrophe an der Saar ist eine neue Heimsuchung über das deutsche Volk hereingebrochen. Eine Sturmflutkatastrophe, wie sie seit 100 Jahren an unseren Küsten nicht mehr erlebt wurde, ist über die Westküste Schleswig-Holsteins, über die Küste von Niedersachsen, über die Elbmündung Hamburgs und die Wesermündung Bremens hereingebrochen und hat unermessliche Schäden im Gefolge gehabt, deren Ausmaß bisher noch nicht zu ermessen ist, aber an die Opferkraft Anforderungen stellen wird, die ungewöhnlich sind. Milliardenwerte sind vernichtet worden, kostbares Kulturland wurde weithin überflutet und der weiteren Bestellung für lange Zeit entzogen. Abwehrende Küstenbauten, Deichanlagen, Dämme, Straßen und Brücken konnten der hereinbrechenden Flut keinen Widerstand entgegensetzen. Sie wurden ihr Opfer. Reiche Bestände an Vieh gingen in den Fluten unter. Fabriken, Arbeitsstätten und Versorgungsbetriebe wurden von der Zerstörungsgewalt der Wellen erfasst und zum großen Teil vernichtet. Weit schlimmer aber als alle diese materiellen Schäden, die, wenn auch auf längere Dauer, durch unsere Anstrengungen wieder beseitigt werden können, wiegt jedoch auch hier der Verlust an Menschenleben, wiegt das menschliche Entsetzen und leidvolle Erleben, das die Flut im Gefolge hatte.

Die Zahl der Todesopfer, die Zahl derjenigen, die in den überraschend sich heranwälzenden Fluten und inmitten orkanartiger Stürme ertranken, ist noch nicht zu übersehen. Es werden jedoch bereits weit über 200 Todesopfer gezählt, die sich sicherlich noch wesentlich erhöhen werden, nicht zu zählen die Verletzten und dauernd Erkrankten, die die plötzlich hereinfallende Sturmgewalt verursachte. Die Erschütterung, die die Katastrophe von Völklingen auslöste, wiederholt sich nicht nur, sondern vertieft sich noch und mahnt um so unausweichlicher daran, dass der Mensch letztlich trotz all seiner Triumphe über die bedrohlichen Elemente der Natur und trotz aller Geborgenheit, von denen er sich durch die Technik umgeben fühlt, in der Hand von Mächten geblieben ist, die stärker sind und stärker bleiben werden als er selbst. Beim letzten Gedenken an die Opfer von Völklingen sprach der Ministerpräsident des Saarlandes davon; dass die Katastrophe das Gute in den Menschen aller Völker habe sichtbar werden lassen. Dass ist vielleicht etwas Tröstliches, das übergewaltige Naturereignisse über die Menschheit in aller Welt bringen, dass. sie in gemeinsamer Not einander linden und das Gefühl wieder mächtig wird, dass einer dem anderen zu helfen und zu dienen hat, wenn Not, Leid und Verzweiflung um sich greifen.

Die menschliche Entfremdung, die vielfach geborgene Wohlhabenheit im Gefolge hat, wird so mit einem Schlage überwunden und zerstört durch das Bewusstsein der Zusammengehörigkeit und der Verantwortlichkeit des einen für den anderen. Wir sollten die darin sich zeigende Mahnung ebenfalls nicht vergessen und sie als bleibende Lehre auch dann weiter beherzigen, wenn die Spuren des Unglücks wieder geglättet sind. Es hat an Anteilnahme und Hilfswillen auch diesmal nicht gefehlt. So gebührt besonderer Dank all jenen Helfern, die sich unter eigener Lebensgefahr, unter Strapazen bis zur Erschöpfung hin einsetzten, um zu retten, was zu retten war, und um weitere Folgen der Flutkatastrophe einzudämmen. Ohne die entscheidende, entschlossene und schnelle Hilfe der Bundeswehr, die mit allen nur erdenklichen Mitteln ihrer technischen Organisation, wie vornehmlich Hubschraubern und Schlauchbooten, im Katastrophengebiet eingesetzt wurde, hätten sicherlich nicht viele, viele Menschen, hätte nicht auch das an äußerem Gut gerettet werden können, wie es der Fall war. Neben der Bundeswehr waren es das Rote Kreuz, die Technische Nothilfe, die Polizei, die Feuerwehr und zivile Hilfsverbände, die sich für das Rettungswerk spontan zur Verfügung stellten und sich mit letzter Kraft den Fluten entgegenstemmten. Die Internationale Solidarität der Hilfe bewährte sich, indem sich militärische Verbände der Engländer und Amerikaner der Rettungsaktion zur Verfügung stellten.

Ein Strom an Geldspenden, an denen sich alle kirchlichen und caritativen Verbände beteiligten, und an sonstigen Spenden, die die größte Not der Betroffenen linderten, ergoss sich in das Unglücksgebiet. Auch diesmal hat das deutsche Volk den Beweis erbracht, dass der Appell an seine Hilfs- und Opferwilligkeit niemals vergeblich ist, eine Opferbereitschaft, die es auch gegenüber Katastrophen in benachbarten und weiteren Gebieten der Welt immer wieder aufgebracht hat. Es ist eine Selbstverständlichkeit, dass auch die Regierungen des Bundes und der Länder alles nur Erdenkliche tun, um die Katastrophenfolgen zu mildern, zu beseitigen und sie für die Zukunft, soweit es überhaupt menschenmöglich ist, zu verhindern. Der Bundespräsident hat sich unmittelbar in das Katastrophengebiet begeben, um einen persönlichen Eindruck zu gewinnen und zu bekunden, dass das ganze Volk tiefen Anteil an dem Unglück nimmt. Bundeskanzler Dr. Adenauer hat sich ständig über den Verlauf der Katastrophenereignisse informiert und die zuständigen Minister in das Unglücksgebiet entsandt. Dem deutschen Volke wurde durch Rundfunk und Fernsehen ein lebendiges und ergreifendes Bild von dem Verlauf der Katastrophe in den betroffenen Gebieten vermittelt.

So schnell und so entschieden auch alle öffentlichen und privaten Hilfsorganisationen reagierten und an Ort und Stelle handelten, ist doch auch in diesem Rahmen deutlich geworden, dass eine noch vorausschauendere und systematischere Gesamtplanung für die Zukunft vonnöten sein wird, um Katastrophenfällen erfolgreich begegnen zu können. Glücklicherweise war durch die jetzt bereits bestehenden Verbände, wie das Rote Kreuz und die Technische Nothilfe, mit vorgesorgt. Die Bundeswehr hat sich auch als Helfer in der Not, die nicht militärisch bedingt ist, bewährt. Ihre innere Verbundenheit mit dem Volk hat sich durch ihren erfolgreichen Einsatz verstärkt und sie hat sich ein Vertrauen erworben, das dazu beitragen wird, ihr ihre weiteren Aufgaben zu erleichtern. Die beiden Katastrophen, die uns kurz hintereinander heimsuchten, sollten nicht zuletzt als Hinweise wirken, dass wir als Volk in jeder Hinsicht in Form sein sollten, um Überraschungen gegenüber gewappnet zu sein, die uns auch als Ganzes bedrohen könnten. Das verlangt einen ständigen Opferwillen, ein ständig waches Verantwortungsgefühl und eine ständige, innere moralische Bereitschaft, das zu schützen, zu erhalten und zu bewahren, was unser Leben ausmacht, das, nicht der Güter höchstes, durch Höheres seine Weihe und seine eigentliche Bestimmung erhält (Presse- und Informationsamt der Bundesregierung 1962°, 27).

Literatur

Quellen

Adam von Bremen 1999°: Hamburgische Kirchengeschichte / Gesta Hammaburgensis ecclesiae pontificum. In: Bogon, Müller und Pentzel 1999°.

Allmers, Hermann 1902°: Marschenbuch. Land- und Volksbilder aus den Marschen der Weser und Elbe. 4. Aufl. Oldenburg, Leipzig: Schulze (Nachdruck Leer: Schuster 1988°).

Annalen von Pöhlde / Annales Palidenses 1999°: In: Müller und Pentzel 1999°: Fortsetzung der Quellensammlung zur mittelalterlichen Geschichte / Continuatio fontium medii aevi. Berlin: heptagon (CD-ROM).

Archiv van der Kooi 2004°: siehe van der Kooi 2004°.

Arends, Fridrich 1818°–1820°: Ostfriesland und Jever in geographischer, statistischer und besonders landwirthschaftlicher Hinsicht, 3 Bde. Emden: Hyner und Sohn / Hannover: Hahn (Nachdruck Leer: Schuster 1974°).

Arends, Fridrich 1824°: Erdbeschreibung des Fürstenthums Ostfriesland und des Harlingerlandes. Emden: Hyner und Sohn / Hannover: Hahn (Nachdruck Leer: Schuster 1972°).

Arends, Fridrich 1826°: Gemählde der Sturmfluthen vom 3. bis 5. Februar 1825. Bremen: Wilhelm Kaiser.

Arends, Fridrich 1833°: Physische Geschichte der Nordsee-Küste und deren Veränderungen durch Sturmfluthen seit der Cymbrischen Fluth bis jetzt, 2 Bde. Emden: H. Woortman jun. (Nachdruck [in einem Band] Leer: Schuster 1974).

Auhagen, Otto 1896°: Zur Kenntnis der Marschwirtschaft. Zwei Abhandlungen. I.: Die Grundlagen der Marschwirtschaft (S. 619–750), II.: Ländliche Verhältnisse im Lande Hadeln, insbesondere im Kirchspiel Westerende-Otterndorf (S. 750–874). In: Landwirtschaftliche Jahrbücher. Zeitschrift für wissenschaftliche Landwirtschaft, 25. Jg., S. 619–874.

Augustinus, Aurelius 1987°: Bekenntnisse / Confessiones. Lateinisch und deutsch. Hg. von Joseph Bernhart. Frankfurt am Main, Leipzig: Insel.

Augustinus, Aurelius 2002°: Selbstgespräche. Über die Unsterblichkeit der Seele. Hg. von Hanspeter Müller. 3. Aufl. Darmstadt: Wissenschaftliche Buchgesellschaft (Sammlung Tusculum).

Bechstein, Ludwig 1853°: Deutsches Sagenbuch. Leipzig: Georg Wigand.

Beda Venerabilis 1968°: Opera omnia. Turnhout: Brepols (Patrologiae Latinae Tomus, Bd. 90).

Beda Venerabilis 1977°: De natura rerum liber. Bedae Venerabilis opera omnia, pars I. Turnhout: Brepols (Corpus Christianarum, Series Latina, CXXIII A).

Beninga, Eggerik 1961°: Cronica der Fresen, 2 Teile. Teil 1: Das 1. bis 3. Buch, Teil 2: Das 4. Buch der Auricher Handschrift. Die Abweichungen der Emder Handschrift. Bearbeitet von Louis Hahn, hg. von Heinz Ramm. Aurich: Verlag Ostfriesische Landschaft (Quellen zur Geschichte Ostfrieslands, Bd. 4).

Bergh, L.Ph.C. van den 1836°: Nederlandsche volksoverleveringen en godenleer. Utrecht: Johannes Altheer.

Biernatzki, Johann Christoph 1844°: J.G. Biernatzki's Gesammelte Schriften, 8 Bde. Altona: Hammerich.

Biernatzki, Johann Christoph o.J. (ca. 1900°): Die Hallig oder die Schiffbrüchigen auf dem Eiland in der Nordsee. Novelle. Leipzig: Reclam.

Boetius, Matthias 1940°: Matthiae Boetii De Cataclysmo Norstrandico. Commentariorum Libri Tres. Text, Übersetzung und Anmerkungen. Hg. von Otto Hartz. Neumünster: Wachholtz (Quellen und Forschungen zur Geschichte Schleswig-Holsteins, Bd. 25).

Bogon, Winfried, Thomas Müller, Alexander Pentzel (Hg.) 1999°: Quellensammlung zur mittelalterlichen Geschichte, Bd. 1 / Fontes medii aevi. Berlin: heptagon (CD-ROM).

Brackert, Helmut 1975°: Das Nibelungenlied, 2. Teil. Mittelhochdeutscher Text und Übertragung. Frankfurt am Main: Fischer.

Brackert, Helmut 1976°: Das Nibelungenlied, 1. Teil. Mittelhochdeutscher Text und Übertragung. Frankfurt am Main: Fischer.

Bruckner, Albert (Bearb.) 1961°: Das Herkommen der Schwyzer und Oberhasler. In: Quellenwerk zur Entstehung der Schweizerischen Eidgenossenschaft. Hg. von der Allgemeinen Geschichtsforschenden Gesellschaft der Schweiz. Abt. III: Chroniken und Dichtungen, Bd. 2 / Zweiter Teil. Aarau: Sauerländer.

Bruhns, Reinhard (Hg.) 1984°: Ude erzählt. Sagen und Geschichten am Herdfeuer, Jugendstreiche im alten Emden, von großer Fahrt auf Windjammern, auf Kaperfahrt im Kriege, Abenteuer, Jagd und Schmuggelei. Ein Jahrhundert zieht vorüber. Aufgezeichnet und verwoben mit eigenen Eindrücken und Erlebnissen aus vergangenen Tagen von Reinhard Bruhns. Emden: Selbstverlag.

Bündnis 90 / Die Grünen, Bundesgeschäftsstelle 2004°: Gekonnte Provokation (Interview des *Tagesspiegel* mit Bundesumweltminister Jürgen Trittin über den Film *The Day After Tomorrow*). *Internet*: <http://www.gruene-partei.de/rsvgn/rs_dok/0,,61846-print, 00.htm> (01.06.2004).

Buma, Wybren Jan, Wilhelm Ebel (Hg.) 1963°: Das Rüstringer Recht. Göttingen: Musterschmidt (Altfriesische Rechtsquellen, Bd. 1). *Internet*: <http://www.rzuser.uni-heidel berg.de/~cd2/drw/ta.htm> → Rüstringer Recht (17.08.2003).

Buma, Wybren Jan, Wilhelm Ebel (Hg.) 1967°: Das Emsiger Recht. Göttingen: Vandenhoeck und Ruprecht (Altfriesische Rechtsquellen, Bd. 3). *Internet*: <http://www.rzuser. uni-heidelberg.de/~cd2/drw/ta.htm> → Emsiger Recht (17.08.2003).

Buma, Wybren Jan, Wilhelm Ebel (Hg.) 1969°: Das Hunsingoer Recht. Göttingen: Vandenhoeck und Ruprecht. (Altfriesische Rechtsquellen, Bd. 4). *Internet*: <http://www. rzuser.uni-heidelberg.de/~cd2/drw/ta.htm> → Huinsingoer Recht (17.08.2003).

Buma, Wybren Jan, Wilhelm Ebel (Hg.) 1972°: Das Fivelgoer Recht. Göttingen: Vandenhoeck und Ruprecht. (Altfriesische Rechtsquellen, Bd. 5). *Internet*: <http://www. rzuser.uni-heidelberg.de/~cd2/drw/ta.htm> → Fivelgoer Recht (17.08.2003).

Buma, Wybren Jan, Wilhelm Ebel (Hg.) 1977°: Westerlauwerssches Recht, Bd. 1: Ius municipale Frisonum. Göttingen: Vandenhoeck und Ruprecht (Altfriesische Rechtsquellen, Bd. 6). *Internet*: <http://www.rzuser.uni-heidelberg.de/~cd2/drw/ta.htm> → Westerlauwerssches Recht (17.08.2003).

Caesarius von Heisterbach 1992°: Von Geheimnissen und Wundern des Caesarius von Heisterbach. Dialogus miraculorum (dt.). Hg. von Helmut Herles. 3. Aufl. Bonn, Berlin: Bouvier. *Ältere Übersetzung*: Caesarius von Heisterbach 1925°: Hundert auserlesene, wunderbare und merkwürdige Geschichten des Zisterziensers Cäsarius von Heisterbach. Hg. von O. Hellinghaus. Aachen: Deutschherren-Verlag. *Lateinische Textausgabe*: Caesarius von Heisterbach 1851°: Caesarii Heisterbacensis monachi Dialogus miraculorum, 2 Bde. Hg. von Joseph Strange. Köln, Bonn, Brüssel: Heberle.

Cassius Dio 1986°: Römische Geschichte, Bd. IV, Bücher 51–60. Übersetzt von Otto Veh. Zürich, München: Artemis.

Cropp, L. 1825°: Predigt am Sonntage vor dem Fasten 1825, den 13ten Februar, nach der verwüstenden Sturmfluth am 4ten d.M. in Moorburg gehalten. Hamburg: Georg W. Carstens.

Danckwerth, Caspar 1652°: Newe Landesbeschreibung der zwey Hertzogthümer Schleswich und Holstein, zusambt vielen dabey gehörigen Newen Landkarten ... von ... Iohanne Mejero [= Johannes Mejer]. Husemenses [Husum]: Matthias und Nicolaus Petersen.

Descartes, René 1977°: Abhandlung über die Methode des richtigen Vernunftgebrauchs. Stuttgart: Reclam.

Diederichs, Ulf, Christa Hinze 1993°: Sagen aus Niedersachsen. 3. Aufl. München: Diederichs.

Dossier X 1998°: UFO waarnemingen in Nederland tot de 19e eeuw. *Internet*: <http://home.wanadoo.nl/cold/ufo_1800.htm> (19.02.2004).

Douwama, Jancko 1849°: Boeck der Partijen. In: Jancko Douwama's Geschriften. Boeck der Partijen. Articulen van Foerantwording. Instructie an sijn Wijff. Tractaet fan sijner Rekenscop. Handel sedert 1520. In IV Quartieren. Uitgegeven door het Friesch Genootschaap van Geschied-, Oudheid- en Taalkunde. Leeuwarden: Suringar, S. 1–438.

Dykstra, Waling 1895°–1896°: Uit Friesland's Volksleven van vroeger en later. Volksoverleveringen, Volksvertellingen, Volksbegrippen, 2 Bde. Leeuwarden: Hugo Suringar (Nachdruck [in einem Band] Ljouwert / Leeuwarden: Fryske Akademy 1970°).

Dykstra, Waling (anonym) 1866°: Vrouwezand. In Friso, Bd. 1, S. 162f.

Ehrentraut, Heinrich Georg 1849° / 1854°: Friesisches Archiv, 2 Bde. Bd. 1: Eine Zeitschrift für friesische Geschichte und Sprache (1849). Bd. 2: Beiträge zur Geschichte der Friesen und ihrer Sprache, auch der Grafschaften Oldenburg und Delmenhorst (1854). Oldenburg: Schwartz (Nachdruck [in einem Band] Wiesbaden: Sändig 1968°).

Ehrentraut, Heinrich Georg 1996°: »Mittheilungen aus der Sprache der Wangeroger«. Der Nachlass von H.G. Ehrentraut, betreffend den ostfriesischen Dialekt der Insel Wangerooge; aus dem Archiv des Mariengymnasiums Jever. Nachtrag und Ergänzungen der *Mittheilungen* von H.G. Ehrentraut im *Friesischen Archiv* von 1847/49 und 1854, bearbeitet und herausgegeben von Arjen P. Versloot. Ljouwert / Leeuwarden: Fryske Akademy / Aurich: Ostfriesische Landschaft.

Emmius, Ubbo 1980°–1982°: Friesische Geschichte (Rerum Frisicarum Historiae libri 60), 6 Bde. Übersetzt von Erich von Reeken. Frankfurt am Main: Wörner. *Lateinische Textausgabe*: Emmius, Ubbo 1616°: Rerum Frisicarum historia, Autore Ubbone Emmio, Frisio; distincta in decades sex. Quarum postrema nunc primum prodit, prioribus recognitis et locupletatis, ut novae prorsus videri possint. Accedunt praeterea De Frisia, et Republ. Frisiorum, inter Flevum et Visurgim Flumina, libri aliquot, ab eodem autore consripti. Lugduni Batavorum [Leiden]: Ludovicus Elzevir.

Emmius, Ubbo 1982°: Ostfriesland (Führung durch Ostfriesland, d.h. genaue geographische Beschreibung Ostfrieslands). Übersetzt von Erich von Reeken. Frankfurt am Main: Wörner. *Lateinische Textausgabe*: ΠΕΡΙΗΓΣΙΣ [Periegesis], id est, Accurata descriptio chorographica Frisiae Orientalis, A Dullarto sinu Amasi ostio in Visurgim porrectae. In: Emmius 1616°, als Anhang zur Rerum Frisicarum historia: De Frisia, et Frisiorum republica, de que civitatibus, foris, et vicis inter Flevum et Visurgim flumina, libri aliquot, S. 35–61.

Emo und Menko von Wittewierum 1991°: Kroniek van het klooster Bloemhof te Wittewierum. Inleiding, editie en vertaling: Hubertus Petrus Henricus Jansen, Antheum Janse. Hilversum: Verloren (Middeleeuwse Studies en Bronnen, XX) (= *Latein und Niederländisch*). *Lateinische Textausgabe*: Kronijken van Emo en Menko, Abten van het klooster te Wittewierum, met het vervolg van een ongenoemde; op nieuw naar de handschriften uitgegeven en met de bestaande uitgaven vergeleken door H.O. Feith und G. Acker Stratingh. Utrecht: Keming 1866° ((Werken uitgegeven door het Historisch Genootschap, gevestigd te Utrecht, Niewe Reeks, Nr. 4. Bronnen van de geschiedenis der Nederlanden in de Middeleeuwen). *Auch in*: MGH SS, Bd. XXIII. Hannover: Hahn 1874° (Nachdruck: Stuttgart: Hiersemann 1986°), S. 454–572.

Ferienland Schleswig-Holstein 2003°: Das »sagenhafte« Rungholt. *Internet*: <http://www. sh-tourist.de/radderge/sagen/rungholt.htm> (04.02.2004).

Ferienland Schleswig-Holstein 2003°: Pellwormer Rungholttage. *Internet*: <http://www. sh-tourist.de/veransta/ruhotage/ruhotage.htm> (04.02.2004).

Francisci, Erasmus 1668°: Ost- und West-Indischer wie auch Sinesischer Lust- und Stats-Garten / Mit einem Vorgespräch Von mancherley lustigen Discursen; In Drey Haupt-Theile unterschieden ... Nürnberg: Johann Andreae Endters / und Wolfgang deß Jüngern Sel. Erben.

Friesisches Forum e.V. 1998°: Friesisches Manifest. *Internet*: <http://home.t-online.de/ho me/ Friesisches.Forum/manifest.htm> (24.05.2004).

Funck, Christian 1719°: Historischer Bericht Von der Allerheiligen-Flut / Die Anno 1570. Viele Oerter und Länder überschwemmet und verderbet hat. In: Hekelius 1719a°, S. 141–160.

Genz, Monika 2002°: Erlebnis-Bericht der Flut 16./17. Februar 1962. In: M. Flemming: 40 Jahre Sturmflut 62. Hg. vom Verein 900 Jahre Neuenfelde. *Internet*: <http://www.900 jahreneuenfelde.de/> → Publikationen → 40 Jahre Sturmflut 62 → Monika Genz (05.06.2004).

Gervasius von Tilbury (Gervaise of Tilbury) 2002°: Otia Imperialia. Recreation for an Emperor. Hg. von S.E. Banks und J.W. Binns. Oxford u.a.O.: Clarendon Press.

Goethe, Johann Wolfgang von 1994°: Zur Witterungslehre. In: Werke, Bd. 13: Naturwissenschaftliche Schriften I (Hamburger Ausgabe in 14 Bänden, hg. von Erich Trutz). 11. Aufl. München: Beck, S. 304–313.

Goetz, Hans-Werner, Karl-Wilhelm Welwei (Hg.) 1995°: Altes Germanien. Auszüge aus den antiken Quellen über die Germanen und ihre Beziehungen zum Römischen Reich. Quellen der Alten Geschichte bis zum Jahre 238 n.Chr., 2 Teile / Germania antiqua. Exerpta e fontibus antiquis de Germanis. Fontes historiae antiquae quae supersunt usque ad annum CCXXXVIII p.Chr. Darmstadt: Wissenschaftliche Buchgesellschaft

(Ausgewählte Quellen zur deutschen Geschichte des Mittelalters. Freiherr vom Stein-Gedächtnisausgabe, Bd. 1a, 1. und 2. Teil).

Gouthoeven, Wouter van 1620°: D'oude Chronijcke ende Historien van Holland (met West-Vriesland) van Zeeland ende van Utrecht. Van nieus oversien, vermeerdert, verbetert ende verciert met eenige Geflacht-registeren ende Genealogien der voornaemster Edelen, ... ende andere beschrijvinghen van Hollandt. Dordrecht: Peeter Verhaghen.

Grabner, Jakob 1792°: Über die vereinigten Niederlande. Briefe. Gotha: Ettinger.

Grimm, Jacob 1879°: Gedanken, wie sich die Sagen zur Poesie und Geschichte verhalten. In: Kleinere Schriften, Bd. 1: Reden und Abhandlungen. Hg. von Otfrid Ehrismann. 2. Aufl. Berlin und Gütersloh (Nachdruck 2. Aufl. Hildesheim, Zürich, New York: Olms 1991°), S. 400–404. Auch in: Zeitung für Einsiedler, Nr. 19, 20, 1808°.

Grimm, Jacob, Wilhelm Grimm 1999°: Deutsche Sagen. Hg. von Heinz Rölleke. Darmstadt: Wissenschaftliche Buchgesellschaft.

Grimmelshausen, Hans Jakob Christoffel von 1973°: Des Abentheuerlichen Simplicii Verkehrte Welt. Tübingen: Niemeyer.

Hansen, Christian Peter 1858°: Friesische Sagen und Erzählungen. Altona: Wendeborn (Nachdruck Vaduz: Sändig 1992°).

Hansen, Christian Peter 1877°: Chronik der friesischen Uthlande. 2. Aufl. Garding: Lühr und Dircks (Nachdruck Vaduz: Sändig 2001°).

Heikens, Max 1995°: Erinnerungen eines Helgoländers. Bremen: Hauschild (Helgoland-Bibliothek, Bd. 1).

Heine, Heinrich 1985°: Reisebilder – Nordsee. In: Werke in zwei Bänden, Bd. 2. Salzburg: Bergland, S. 133–159.

Heimreich, Anton 1819°: Nordfresische Chronik. Zum drittenmale mit den Zugaben des Verfassers und der Fortsetzung seines Sohnes, Heinrich Heimreich, auch einigen andern zur nordfresischen Geschichte gehörigen Nachrichten vermehrt herausgegeben von Dr. N. Falck, 2 Theile. Tondern: Forchammer (Nachdruck Leer: Schuster, 2 Bde. 1982°).

Heimreich, Heinrich 1819°: Fortsetzung und Anhänge der nordfresischen Chronik. In: Anton Heimreich 1819°, Bd. 2, S. 225–340.

Hekelius, Johann Christian 1719a°: Ausführliche und ordentliche Beschreibung Derer Beyden erschrecklichen und fast nie erhörten Wasserfluthen, In Ost-Frießland Und denen meisten an der Nord-See gelegenen Schönen Ländern, Davon die erste den 25. December 1717, und die andere den 25. Febr. 1718. obernannte Länder überschwemmet hat... Halle: Neue Buchhandlung.

Hekelius, Johann Christian 1719b°: Der höchst-jämmerliche Zustand Des durch Gottes Fluthen Uberschwemmeten und verwüsteten Ost-Frießlandes, In Zwey Buß- u. Trauer-Predigten, Darinnen Des Landes Elend gnugsam mit Hertzens-Wehmuth an den Tag geleget wird, Als die Gemeinde zu Resterhave in Ost-Friesland das erste mahl nach beyden Fluthen in Betrübniß und Jammer wieder zusammen kam... In: Hekelius 1719a°, S. 105–140.

Hekelius, Johann Christian 1719c°: Zwey besondere Predigten, In welchen der betrübte Zustand Des Durch erschreckliche Wasserfluthen überschwemmeten Ost-Frießlandes Zu Halle im Magdeburgischen beweglich vorgestellet worden... Halle: Neue Buchhandlung.

Helmold von Bosau / Helmoldus 1999°: Chronik der Slawen / Cronica Slavorum. In: Bogon, Müller und Pentzel 1999°: Quellensammlung zur mittelalterlichen Geschichte, Bd. 1 / Fontes medii aevi. Berlin: heptagon (CD-ROM).

Hertje, Sibylle 1819°: Der Fresischen Sibylle Hertjes Prophezeiungen. In: Heimreich, Bd. 2, S. 341f.

Hrabanus Maurus 2000°: De rerum naturis. Transcription of Karlsruhe, Badische Landesbibliothek, MS Augiensis 96 and 68. Hg. von W. Schipper. *Internet*: <http://www.Mu n.ca/rabanus/index.html> → Book 13 → 13.1 De montibus (15.11.2003).

Hübschen, Ludwig 2003°: …Vier Seiten … bis auf weiteres! Meine Schul- und Internatszeit auf Wangerooge. Wangerooge: Buchhandlung Schröder.

Iba, Eberhard Michael (Bearb.) 1999°: Hake Betken siene Duven. Das große Sagenbuch aus dem Land an Elb- und Wesermündung. Hg. von den Männern vom Morgenstern. 3. Aufl. Bremerhaven: Männer vom Morgenstern (Sonderveröffentlichungen der Männer vom Morgenstern, Heimatbund an Elb- und Wesermündung, Neue Reihe, Bd. 16).

Jensma, Goffe 2005°: Het Oera Linda-boek. Facsimile's, transcriptie en vertaling. Hilversum: Verloren.

Johansen, Christian 1862°: Erzählungen des alten Besenbinders Jens Dreffsen. In: ders.: Die nordfriesische Sprache nach der Föhringer und Amrumer Mundart. Wörter, Sprichwörter und Redensarten nebst sprachlichen und sachlichen Erläuterungen und Sprachproben. Kiel: Akademische Buchhandlung (Nachdruck Wiesbaden: Sändig 1966°), S. 218–281.

Kielholt, Hans 1819°: Silter Antiquitäten. In: Heimreich, Bd. 2, S. 343–348.

Kist, Martha, Harmen Wind 2003°: Een man van eer. Bloemlezing uit »Jancko Douwama's Geschriften«. Hilversum: Verloren.

Kistenmacher, Gert 1962°: Mitten in der Nacht kam die Sintflut. Das norddeutsche Küstengebiet erlebt ein Wochenende des Schreckens. In: Süddeutsche Zeitung, 19.02.1962, S. 3f.

Kochsmeier, Tobias 2004°: Tobi's Welt – Urlaub »Ijsselmeer«. *Internet*: <http://www. kochsmeier.de/urlaub/ijssel.htm> (18.02.2004).

Köln Dombibliothek, Codex 83 (II) 2003°: Kompendium der Zeitrechnung, Naturlehre und Himmelslehre (798 und 805) → 84r: Diagramm zur Gestalt und Zusammensetzung des Universums, Mikrokosmos und Makrokosmos. *Internet*: <http://www.ceec. uni-koeln.de/> → Auswahl nach Bibliotheken → Köln, Erzbischöfliche Diözesan- und Dombibliothek → Cod. 83 (II) → Abbildungen der Handschrift → 84r (12.08.2005).

Kölner Königschronik / Chronica regia Coloniensis 1999°: In: Müller und Pentzel 1999°: Fortsetzung der Quellensammlung zur mittelalterlichen Geschichte / Continuatio fontium medii aevi. Berlin: heptagon (CD-ROM).

Kohl, Johann Georg 1846°: Die Marschen und Inseln der Herzogthümer Schleswig und Holstein. Nebst vergleichenden Bemerkungen über die Küstenländer, die zwischen Belgien und Jütland liegen, 3 Bde. Dresden, Leipzig: Arnoldische Buchhandlung (Nachdruck [in einem Band] Vaduz: Sändig 1994°).

Koninklijke Luchtmacht 2004°: Embleem met lange historie. Internet: <http://www.lucht macht.nl/leeuwarden/taakenorganisatie/historie/vliegendedraak.html> (13.08.2005).

Kooi, Jurjen van der 1994°: Friesische Sagen. München: Diederichs.

Kooi, Jurjen van der 1998°: Der Ring im Fischbauch. Sagen aus Nordfriesland. Leer: Schuster.

Kooi, Jurjen van der 2000°: De nachtmerje fan Rawier. Fryske sêgen oer it boppenatuerlike. Leeuwarden / Ljouwert: Friese pers boekerij.

Kooi, Jurjen van der 2004a°: Archiv van der Kooi → AT 736A: The Ring of Polycrates.

Kooi, Jurjen van der 2004b°: Archiv van der Kooi → Sagen über Wasserfluten.

Kooi, Jurjen van der, Theo Schuster 1994°: Der Großherzog und die Marktfrau. Märchen und Schwänke aus dem Oldenburger Land. Leer: Schuster.

Kooi, Jurjen van der, Theo Schuster 2003°: Die Frau, die verloren ging. Sagen aus Ostfriesland. Leer: Schuster.

Kristensen, Evald Tang 1895°: Danske Sagn, som de har lydt i folkemunde, Bd. 3: Sagn om Kjæmpers idrætter, om forskjellige steder og om skatte. Silkeborg: Ny Bogtrykkeri.

Krogmann, Willy (Hg.) 1966°: Sylter Sagen. In der ursprünglichen Fassung nach C.P. Hansen u.a. Göttingen: Schwartz (Denkmäler deutscher Volksdichtung, Bd. 7).

Kuballa, Wolfgang 1966°: Wal-Kampf mit und ohne Gewalt. Beat-Musiker und Politiker feiern die Rheinfahrt des verirrten Beluga. In: Süddeutsche Zeitung, 11./12.06.1966°, S. 3.

Kuhn, Adalbert, Wilhelm Schwartz 1848°: Norddeutsche Sagen, Mährchen und Gebräuche aus Mecklenburg, Pommern, der Mark, Sachsen, Thüringen, Braunschweig, Hannover, Oldenburg, Westfalen, aus dem Munde des Volkes gesammelt. Leipzig: Brockhaus.

Kurowski, Franz 1987°: Die Friesen. Das Volk am Meer. Herrsching: Pawlak.

Lemego, Johan van 1887°: De kroniek van Sicke Benninge. 1e en 2e deel. Uitg. en met kritische aanteekeningen voorzien door J. A. Feith. Utrecht: Kemink (Werken van het Historisch Genootschap gevestigd te Utrecht, Ser. 2, 48).

Liliencron, Detlev von 1912°: Der Blanke Hans. In: Gesammelte Werke, Bd. 7. Herausgegeben von Richard Dehmel. Berlin: Schuster und Loeffler, S. 327–349.

Liliencron, Detlev von 1927°: Briefe in neuer Auswahl. Herausgegeben von Heinrich Spiero. Berlin, Leipzig: Deutsche Verlagsanstalt Stuttgart.

Liliencron, Detlev von 1977°: Trutz, Blanke Hans. In: Werke, Bd. 1. Herausgegeben von Benno von Wiese. Frankfurt am Main: Insel, S. 130f.

Lobedantz, Matthias 1634°: Ach und Sache Des im Wasser ertrunckenen Marschlandes Nord Strandt. Das ist: Von der übergrossen und grawsamen Wasserfluth / Welche auß verhängnuß Gottes / zu Nacht zwischen den 11. vnd 12. Octobr. dieses Jahrs / in den reichen schönen Marschländern der beyden Fürstenthümben Schleswig vnd Holstein grossen Jammer angerichtet: besonders aber in den Nordstrand eingebrochen / Acker und Wintersaat verderbet Eine Klag Predigt und dann Eine Unterrichts Predigt... Hamburg: Heinrich Werner.

Lobsien, Wilhelm 2001°: Der Halligpastor. Roman. Heide in Holstein: Westholsteinische Verlagsanstalt Boyens.

Lorenzen, Max 1997°: Kinderjahre an der Nordsee. 2. Aufl. Bräist / Bredstedt: Nordfriisk Instituut (Nordfriisk Instituut, Nr. 141).

Lorenzen, Max 1998°: Eine Kindheit hinter den Deichen Nordfrieslands. 3. Aufl. Bräist / Bredstedt: Nordfriisk Instituut (Nordfriisk Instituut, Nr. 126).

Lübbing, Hermann 1928°: Friesische Sagen von Texel bis Sylt. Jena: Diederichs (Nachdruck Leer: Schuster 1977°).

Marlowe, Christopher 1985°: Die tragische Historie vom Doktor Faustus. Stuttgart: Reclam.

Meiners, Hans 1967°: Welt und Heimat. Festvortrag des 1. Vorsitzenden Hans Meiners zum 75. Jubiläum des Rüstringer Heimatbundes am 07. Mai 1967 in der Friedeburg, Nordenham. In: Butjadingen. Wissenswertes, Liebenswertes. Hg. vom Rüstringer Heimatbund. Nordenham: Rüstringer Heimatbund 1967°, S. 9–24. *Wiederabgedruckt in*: Blumenberg u.a. 1991, S. 141–162. *Internet*: <http://www.umweltstation-iffens. de/wissensw.htm> (04.06.2004).

Meyer, Arnold 2003°: Nordwestreisemagazin → Historie → Die Römer über Ostfriesland. <http://www.nordwestreisemagazin.de/historie/roemer.htm> (13.08.2003).

Müllenhoff, Karl 1921°: Sagen, Märchen und Lieder der Herzogtümer Schleswig, Holstein und Lauenburg. 2. Aufl. Schleswig: Julius Bergas (Nachdruck Kiel: Schramm 1985°).

Müller, Thomas, Alexander Pentzel (Hg.) 1999°: Fortsetzung der Quellensammlung zur mittelalterlichen Geschichte / Continuatio fontium medii aevi. Berlin: heptagon (CD-ROM).

Muuss, Rudolf 1933°: Nordfriesische Sagen. Flensburg: Flensburger Nachrichten (Nachdruck: Husum: Husum Druck- und Verlagsgesellschaft 1992° [Heimatkundliche Schriften des Nordfriesischen Vereins, Heft 11]).

NDR Hallo Niedersachsen 2004°: Leuchttürme in Niedersachsen: Arngast im Jadebusen. *Internet*: <http://www.ndr.de/tv/halloniedersachsen/aktion/leuchtturme/arngast.html> (09. 02.2004).

Neocorus 1827°: Johann Adolfi's, genannt Neocorus, Chronik des Landes Dithmarschen. Aus der Urschrift herausgegeben von F.C. Dahlmann, 2 Bde. Kiel: Universitätsbuchhandlung.

Nordwestreisemagazin 2004°: Seewiefken Minsen. *Internet*: <http://www.nordwestreise magazin.de/kunst/meerjungfrau.htm> (21.02.2004).

Outhof, Gerhardus 1720°: Gerhardus Outhofs Verhaal Van alle Hooge Watervloeden, In meest alle Plaatsen van Europa, Van Noachs tydt af, tot op den tegenwoordigen tydt toe: met een nieuw Kaertje van't verdronken Landt in den Dollaart, af beeldinge van Kosmas en Damianus en van den Steenenman in Vrieslandt, Met eene breede beschryvinge van den zwaaren Kersvloedt van 1717... 2. Aufl. T'Embden: Wolffram, Boekverkoper by de Beurs int Golden. A.B.C.

Ovidius Naso, Publius 1992°: Metamorphosen. Lateinisch – deutsch. Hg. von Erich Rösch. 13. Aufl. München, Zürich: Artemis und Winkler (Sammlung Tusculum).

Panten, Albert 1984°: Die große Flut von 1634 in zeitgenössischen Berichten. In: Reinhardt 1984°, S. 7–62.

Paysen, Matz 1861°: Rungholt (Historiola ex manuscripto Nordstrandico Frisiacae lin[guae]). In: Jahrbücher für die Landeskunde der Herzogthümer Schleswig, Holstein und Lauenburg, Bd. 4, S. 148f.

Paysen, Matz 1938°: Biographie des Rektors und Kantors Matz Paysen zu Oldesloe 1659. In: Andreas Busch 1938b, S. 31f.

Petreus, Johannes 1901°: Johannes Petreus' Schriften über Nordstrand. Nach den besten Handschriften hg. von Reimer Hansen. Kiel: Kommissions-Verlag der Universitäts-Buchhandlung (Quellensammlung der Gesellschaft für Schleswig-Holsteinische Geschichte, Bd. 5), (Nachdruck Vaduz: Sändig o.J.).

Petrus Comestor 1995°: Historia scholastica. In: Adami Scoti Opera omnia; Magistri Petri Comestoris Historia scholastica, Sermones; Godefridi Viterbiensis chronicon. Turnhout: Brepols (Patrologiae Latinae Tomus, Bd. 198), Sp. 1045–1721.

C. Plinius Secundus der Ältere 1988°: Naturkunde. Lateinisch – deutsch, Buch III / IV (Geographie: Europa) / C. Plinii Secundi Naturalis Historiae, Libri III / IV. Hg. von Gerhard Winkler. München, Zürich: Artemis.

C. Plinius Secundus der Ältere 1991°: Naturkunde. Lateinisch – deutsch, Buch XVI (Botanik: Waldbäume) / C. Plinii Secundi Naturalis Historiae, Liber XVI. Hg. von Roderich König. München, Zürich: Artemis.

Presse- und Informationsamt der Bundesregierung 1962°: Bulletin des Presse- und Informationsamtes der Bundesregierung, Nr. 35, 20.02.1962, S. 285ff.

Proebst, Hermann 1962°: Der blanke Hans. In: Süddeutsche Zeitung, 19.02.1962, S. 1.

Reinhardt, Andreas (Hg.) 1984°: »Die erschreckliche Wasser-Fluth« 1634. Die Flut vom 11. Oktober 1634 und ihre Folgen nach zeitgenössischen Berichten und Dokumenten mit einer Darstellung über den Einfluss der Sturmfluten auf die historische Entwicklung des nordfriesischen Küstenraumes. Husum: Husum Druck- und Verlagsgesellschaft (Heimatkundliche Schriften des Nordfriesischen Vereins, Heft 9).

Rentzel, Hermann 1825°: Worte der Belehrung und der Beruhigung in Beziehung auf die furchtbaren Sturmfluthen für die Bewohner der Stadt Hamburg und ihres Gebiets. Hamburg: Johann August Meißner.

Richthofen, Karl von 1840°: Friesische Rechtsquellen. Berlin: Nicolai.

Rondje Friesland 2002°: Algemeen → Friesland / Fryslân → Wonen in Friesland sowie Meren gebied. Internet: <http://proto.thinkquest.nl/%7Ejrb070/Algemeen/algemeen.htm> (13.08. 2003).

Sax, Peter 1983°–1988°: Werke zur Geschichte Nordfrieslands und Dithmarschens, 7 Bde. Hg. von Albert A. Panten (in Zusammenarbeit mit d. Nordfriisk Inst. Bredstedt / Bräist). Sankt Peter-Ording: Lühr und Dircks (Nordfriisk Instituut, Nr. 74a–74g). Bd. 1: Nova, totius Frisiae septentrionalis, Descriptio, das ist, Ein newe Beschreibung der sembtlichen, im gantzen Nordfrießlande ... (1986°). Bd. 2: Annales Eyderstadiensium, Ein kurtze Verzeichnis etzlicher Geschichten ... (1985°). Bd. 3: Descriptio, Insulae Nordstrandiae... (Beschreibung der Inseln Nordstrand, Föhr, Amrum und Sylt sowie der Harden des nordfriesischen Festlands) (1984°). Bd. 4: Frisia Minor, hoc est, Tabulae... (76 Tafeln zur Topographie Nordfrieslands) (1987°). Bd. 5: Dithmarsia, Ein nötiger Vorbericht, und Historische Erzehlung deß Zustandes, im Lande Dithmarschen... (1986°). Bd. 6: Stam Bäume Etlicher Friesischen Eiderstettischen Geschlechte (1983°). Bd. 7: Ergänzungen und Korrekturen, Register (1988°).

Saxo Grammaticus 1886°: Gesta Danorum. Hg. von Alfred Holder. Straßburg: Trübner.

Scharlensis, Ocko 1742°: Chronyk en waaragtige Beschryvinge van Friesland, Beginnende na de Schepping der Weereld, met den Jare 3070. En eindigende na de Geboorte Christi, met den Jare 1565. Eerst door Ockam Scharlensem, zeer vlytelyk by een Getekend: en ten tweedemaal door Johannem Vlytarp, Weder verbeterd en vernieuwd: gelyk ook ten derdemaal door Andream Cornelium Stavriensem, Zeer neerstelyk en getrouwelyk geschied is. Leeuwarden: Abraham Ferwerda.

Schlosser, Horst-Dieter 1976°: Althochdeutsche Literatur. Ausgewählte Texte mit Übertragungen. Frankfurt am Main: Fischer.

Schmökel, Hartmut (Hg.) 1992°: Das Gilgamesch-Epos. 9. Aufl. Stuttgart: Kohlhammer.

Schütte, Herbert 1962°: Das Verhängnis kam in Minuten. So sah es gestern in Wilhelmsburg aus. In: Die Welt, 19.02.1962, S. 7.

Schwartz, Victoria, Rasmus Hirthe 2001°: Der Untergang von Rungholt. Spielfilm, BRD 2001. *Internet*: <http://www.rungholt-der-film.de/start.html> (04.02.2004).

Siebs, Benno Eide 1923°: Die Sagen der Heimat aus Volkes Mund, Bd. I: Land Wursten. Bremerhaven: Hansa-Antiquariat (Hansa-Heimatbücher, Heft 6).

Siebs, Benno Eide 1926°: Die Sagen der Heimat aus Volkes Mund, Bd. III: Land Hadeln. Bremerhaven: Hansa-Antiquariat (Hansa-Heimatbücher, Heft 8).

Siebs, Benno Eide 1928°: Die Wangeroger. Eine Volkskunde. Oldenburg: Littmann (Nachdruck Leer: Schuster 1974°, mit Ergänzungen des Autors »Zur Volkskunde der Insel Wangeroog«, aus Oldenburger Jahrbuch, Bd. 54, S. 154–163).

Siebs, Theodor 1909°: Helgoland und seine Sprache. Beiträge zur Volks- und Sprachkunde. Cuxhaven: Aug. Rauschenplat Verlagsbuchhandlung (Nachdruck Wiesbaden: Sändig 1968°).

Siefkes, Wilhelmine 1968°: Ostfriesische Sagen und sagenhafte Geschichten. 2. Aufl. Mettcker: Jever.

Sooder, Melchior 1943°. Zelleni us em Haslital. Märchen, Sagen und Schwänke der Hasler aus mündlicher Überlieferung aufgezeichnet. Basel: Helbing und Lichtenhahn (Volkstum der Schweiz, herausgegeben von der Schweizerischen Gesellschaft für Volkskunde, Bd. 4).

Springer, Eilerdt 1896°: Die Chronica Jeuerensis. Geschreuen tho Varel dorch Eilerdt Springer Anno 1592. Hg. von Fr.W. Riemann. Jever: Mettcker.

Storm, Theodor 1979°: Der Schimmelreiter. Hg. von Ingwert Paulsen jr. 2. Aufl. Husum: Husum Druck- und Verlagsgesellschaft.

Strackerjan, Ludwig 1909°: Aberglaube und Sagen aus dem Herzogtum Oldenburg, 2 Bde. Hg. von Karl Willoh. 2. Auflage Oldenburg: Stalling.

Sundermann, Friedrich 1869°: Sagen und sagenhafte Erzählungen aus Ostfriesland. Aurich: Dunkmann (Nachdruck gemeinsam mit Sundermann 1922° unter dem Titel »Ostfrieslands Volksüberlieferungen«, Leer: Schuster 1974°).

Sundermann, Friedrich 1922°: Der Upstalsboom. Ostfrieslands Volksüberlieferungen teils aus der Historie, vor allem aber seit 1857 aus dem Volksmunde gesammelt, 1. Bd. Aurich: Dunkmann (Nachdruck gemeinsam mit Sundermann 1869° unter dem Titel »Ostfrieslands Volksüberlieferungen«, Leer: Schuster 1974°).

Tacitus, Publius Cornelius 1980°: Germania, lateinisch und deutsch / De origine et situ Germanorum liber. Hg. von Manfred Fuhrmann. Stuttgart: Reclam.

Tacitus, Publius Cornelius 1982°: Annalen, lateinisch und deutsch / Annales. Hg. von Erich Heller. Darmstadt: Wissenschaftliche Buchgesellschaft.

Tetens, Johann Nicolaus 1788°: Reisen in die Marschländer an der Nordsee zur Beobachtung des Deichbaus in Briefen, 1. Band (nur ein Band erschienen). Leipzig: Weidmannische Buchhandlung.

Vetter, Ferdinand 1877°: Über die Sage von der Herkunft der Schwyzer und Oberhasler aus Schweden und Friesland. Mit einem Anhang: Das Ostfriesenlied der Oberhasler. Einzelabdruck aus der zur vierten Säkularfeier der Universität Uppsala verfassten Festschrift der Universität Bern. Bern: Dalph.

Wangerland-Online 2004°: Wappen der Gemeinde Wangerland. *Internet*: <http://www.wangerland-online.de/wangerland/wappen.htm> (21.02.2004).

Wibben, Heinz 2003°: Ostfrieslandsuche → Ostfriesland: Allgemein. <http://www.dn13.s4.domainkunden.de/allgemein.html> (13.08.2003).

Wilhelm von Conches 1968°: De philosophia mundi. In Beda Venerabilis 1968°, Sp. 1127–1178.

Wilhelm von Conches 2002°: De Philosophia Mundi, [With] Hugh of St. Victor, Expositio de Evangeliis (Didiscalicon), in Latin. Manuscript on Vellum. In: Schoenberg Center for Electronic Text & Image. *Internet*: <http://dewey.library.upenn.edu/sceti/ljs/Page Level/index.cfm?ManID=ljs384&Page=25> bzw. <http://dewey.library.upenn.edu/sceti/smith/> → search → conches → 13r (13.08.2005).

Willi, Andreas 1885°: Flora Alpina. Sammlung von Sagen und Geschichten aus dem Haslerthal. Ein Beitrag zur Heimatskunde. Meyringen: Brennenstuhl (Nachdruck Biel / Bienne: Werner Ruch-Beck 1996°, Meiringen: Buchhandlung Jenny 2000°).

Winsemius, Pierius 1622°: Chroniqve ofte Historische geschiedenisse van Vrieslant: Beginnende van den Jaere nae des werelts schepphinge 3635 ende Loopende totden Jaere mae de gheborte Christi, 1622; Met schoone figuren ende eenLandrs. ende steed, caerten verciert / Schreuen door Doct. Pierivm Winsemivm Historie schryuer der E: M: H: Staten van vrieslant. Franeker: Lamrinck.

Wolf, Johann Wilhelm 1843°: Niederländische Sagen. Leipzig: Brockhaus (Nachdruck Vaduz: Sändig 1990°).

Woltmann, Reinhart 1825°: Einige Bemerkungen über die hohe Sturmfluth in der Nacht vom 3ten auf den 4ten Februar 1825, und über die dadurch verursachten Deichbrüche und Ueberschwemmungen. In: Hannoversches Magazin, 88stes Stück, Mittwoch, den 2ten November 1825, S. 693–700; 89stes Stück, Sonnabend, den 5ten November 1825, S. 701–708; 90stes Stück, Mittwoch, den 9ten November 1825, S. 709–714.

Zacchi, Ferdinand 1940°: Volk an der See. Ein Nordseebuch von Trotz und Treue. Roman. München: Zentralverlag der NSDAP, Franz Eher.

Zehrer, Hans 1962°: Die große Abhängigkeit. In: Die Welt, 19.02.1962, S. 1f.

Darstellungen

Aarne, Antti, Stith Thompson 1961: The Types of the Folktale. A Classification and Bibliographie. Helsinki: Academia Scientiarum Fennica (FF Communications, Bd. 184).

Adler, Alfred 1973a: Der Sinn des Lebens. Frankfurt am Main: Fischer.

Adler, Alfred 1973b: Individualpsychologie in der Schule. Vorlesungen für Lehrer und Erzieher. Frankfurt am Main: Fischer.

Adler, Alfred 1976: Kindererziehung. Frankfurt am Main: Fischer.

Adler, Alfred 1987: Menschenkenntnis. Frankfurt am Main: Fischer.

Adler, Alfred 1997: Über den nervösen Charakter. Grundzüge einer vergleichenden Individualpsychologie und Psychotherapie. Kommentierte textkritische Ausgabe. Göttingen: Vandenhoeck und Ruprecht.

Afflerbach, Holger 2001: Das entfesselte Meer. Die Geschichte des Atlantik. München: Piper.

Ahlrichs, Erhard 1990: Ziallerns. Chronik eines Wurtendorfes. Jever: Mettcker.

Akademie der Geowissenschaften zu Hannover (Hg.) 2002: Natur und Landschaft zwischen Küste und Harz. Begleitheft zur Projektwoche von Preisträgern in den Landeswettbewerben von *Jugend forscht* 2002 (Akademie der Geowissenschaften zu Hannover, Veröffentlichungen, Heft 20). Stuttgart: Schweizerbart.

Alma, Redmer H. 2001: De Middeleeuwen in de Middeleeuwen. In: Knol, Hermans und Driebergen 2001, S. 130–137.

Albert, Hans 1991: Traktat über kritische Vernunft. 5. Aufl. Tübingen: Mohr / UTB (Uni-Taschenbücher, Bd. 1609).

Algra, Nikolaas Egbert 2001: Grundzüge des friesischen Rechts im Mittelalter. In: Horst Haider Munske 2001, S. 555–570.

Amelang, James S. 1997: Der Bürger. In: Rosario Villari 1997, S. 321–343.

Anderson, Walter 1937: Sintflut. In: HDA, Bd. 8, Sp. 6–11.

Antweiler, Christoph 1995: Lokales Wissen. Grundlagen, Probleme, Bibliographie. In: Schröder, Peter, Susan Honerla (Hg.): Lokales Wissen und Entwicklung. Saarbrücken: Verlag für Entwicklungspolitik, S. 19–52.

Ariès, Philippe 1990: Die Geschichte der Mentalitäten. In: Jacques Le Goff, Roger Chartier, Jacques Revel (Hg) 1990, S. 137–165.

Aristoteles 1997: Physik. I. Halbband, Bücher I-IV. Hamburg: Meiner.

Aristoteles 1999: Metaphysik. 2. Aufl. Reinbek bei Hamburg: Rowohlt (rowohlts enzyklopädie, Bd. 55544).

Arnold, Volker 2000: Ur- und Frühgeschichte. In: Verein für Dithmarscher Landeskunde e.V. 2000, S. 17–70.

Assmann, Jan 2002: Das kulturelle Gedächtnis. Schrift, Erinnerung und politische Identität in frühen Hochkulturen. 4. Aufl. München: Beck.

Århammar, Nils 1995: Zur Vor- und Frühgeschichte der Nordfriesen und des Nordfriesischen. In: In: Volkert F. Faltings, Alastair G.H. Walker, Ommo Wilts (Hg.): Friesische Studien II. Beiträge des Föhrer Symposions zur Friesischen Philologie vom 07.–08. April 1994. Odense: Odense University Press (North-Western European Language Evolution, Supplement, Bd. 12), S. 63–96.

Århammar, Nils 2001a: Das Nordfriesische im Sprachkontakt (unter Einschluss der nordfriesischen Lexikologie). In: Horst Haider Munske 2001, S. 313–353.

Århammar, Nils 2001b: Die Herkunft der Nordfriesen und des Nordfriesischen. In: Horst Haider Munske 2001, S. 531–537.

Bach, Adolf 1960: Deutsche Volkskunde. 3. Aufl. Heidelberg: Quelle und Meyer.

Bächtold-Stäubli, Hanns (Hg.) 1927–1942: Handwörterbuch des deutschen Aberglaubens (= HDA), 10 Bde. Berlin, Leipzig: de Gruyter (Nachdruck Berlin, New York: de Gruyter 1987).

Balint, Michael 1997a: Die Urformen der Liebe und die Technik der Psychoanalyse. 2. Aufl. Stuttgart: Klett-Cotta.

Balint, Michael 1997b: Therapeutische Aspekte der Regression. Die Theorie der Grundstörung. 2. Aufl. Stuttgart: Klett-Cotta.

Balint, Michael 1999: Angstlust und Regression. 5. Aufl. Stuttgart: Klett-Cotta.

Bammé, Arno u.a (Hg.) 1983: Maschinen-Menschen, Mensch-Maschinen. Grundrisse einer sozialen Beziehung. Reinbek bei Hamburg: Rowohlt (Kulturen und Ideen).

Bantelmann, Albert 1995: Landschaft und Besiedlung Nordfrieslands in vorgeschichtlicher Zeit. In: Nordfriisk Instituut 1995, S. 15–56.

Bantelmann, Albert, Fritz Fischer 1977/78: Alt-Nordstrand um 1634. Karte von Fritz Fischer mit Erläuterungen von Albert Bantelmann. In: Zeitschrift der Gesellschaft für Schleswig-Holsteinische Geschichte, Bd. 102/103, S. 97–110 (Karte am Ende des Bandes).

Barton, Walter 1997: Sturmfluten und Unwetter an der deutschen Nordseeküste. Die Naturgewalten in der Presse des 17. und frühen 18. Jahrhunderts. Oldenburg: Bibliotheks- und Informationssystem der Universität Oldenburg (Bibliotheksgesellschaft Oldenburg, Nr. 22).

Bartz, Dietmar 2001: »Moby Dick« und der giftige Rhein. In: Taz, 28.08.2001. *Internet*: <http://www.taz.de/pt/2001/08/28/a0133.nf/textdruck> (09.10.2001).

Bausinger, Hermann 1958: Strukturen des alltäglichen Erzählens. In: Fabula, 1. Jg., S. 239–254.

Bausinger, Hermann 1980a: Formen der »Volkspoesie«. 2. Aufl. Berlin: Erich Schmidt (Grundlagen der Germanistik, Bd. 6).

Bausinger, Hermann 1980b: Heimat und Identität. In: Köstlin und Bausinger 1980, S. 9–24.

Bausinger, Hermann 1992: Lachkultur. In: Thomas Vogel (Hg.): Vom Lachen: einem Phänomen auf der Spur. Tübingen: Attempto, S. 9–23.

Bausinger, Hermann, Wolfgang Brückner (Hg.) 1969: Kontinuität? Geschichtlichkeit und Dauer als volkskundliches Problem. Berlin: Erich Schmidt.

Bausinger, Hermann, Klaus Beyrer, Gottfried Korff 1991: Reisekultur. Von der Pilgerfahrt zum modernen Tourismus. München: Beck.

Bausinger, Hermann, Utz Jeggle, Gottfried Korff, Martin Scharfe 1993: Grundzüge der Volkskunde. 3. Aufl. Darmstadt: Wissenschaftliche Buchgesellschaft.

BE: siehe Brockhaus Enzyklopädie.

Beck, Stefan 2004: Alltag, Modernitäten, Solidaritäten. Soziale Formen und kulturelle Aneignung der Biowissenschaften – Plädoyer für eine vergleichende Perspektive. In: Zeitschrift für Volkskunde, 100. Jg., S. 1–30.

Becker, Gerd 2003: Physikalische Beschreibung der Nordsee. In: Lozán u.a. 2003, S. 34–39.

Becker, Horst Dieter, Bernd Domres, Diana von Finck (Hg.) 2001: Katastrophe: Trauma oder Erneuerung? Tübingen: Attempto.

Behre, Karl-Ernst 1987: Meeresspiegelbewegungen und Siedlungsgeschichte in den Nordseemarschen. Vortrag vor der 20. Landschaftsversammlung der Oldenburgischen Landschaft am 13. März 1987 in Wilhelmshaven (Vorträge der Oldenburgischen Landschaft, Heft 17). Oldenburg: Holzberg.

Behre, Karl-Ernst 1993: Die nacheiszeitlichen Meeresspiegelbewegungen und ihre Auswirkungen auf die Küstenlandschaft und deren Besiedlung. In: Schellnhuber und Sterr 1993, S. 57–76.

Behre, Karl-Ernst 1995: Die Entstehung und Entwicklung der Natur- und Kulturlandschaft der ostfriesischen Halbinsel. In: Behre und van Lengen 1995, S. 5–37.

Behre, Karl-Ernst 1999a: Umwelt- und Besiedlungsgeschichte im Marschenraum. In: Nationalpark Niedersächsisches Wattenmeer 1999, S. 14f.

Behre, Karl-Ernst 1999b: Die Veränderungen der niedersächsischen Küstenlinien in den letzten 3000 Jahren und ihre Ursachen. In: Probleme der Küstenforschung im südlichen Nordseegebiet, Bd. 26. Hg. vom Niedersächsischen Institut für historische Küstenforschung, Wilhemlshaven. Oldenburg: Isensee, S. 9–33.

Behre, Karl-Ernst, Hajo van Lengen 1995 (Hg.): Ostfriesland. Geschichte und Gestalt einer Kulturlandschaft. Aurich: Ostfriesische Landschaft.

Behre, Karl-Ernst, Dušanka Kučan 1999: Neue Untersuchungen am Außendeichsmoor bei Sehestedt am Jadebusen. In: Probleme der Küstenforschung im südlichen Nordseegebiet, Bd. 26. Hg. vom Niedersächsischen Institut für historische Küstenforschung, Wilhelmshaven. Oldenburg: Isensee, S. 35–64.

Behringer, Wolfgang, Hartmut Lehmann, Christian Pfister (Hg.) 2005: Kulturelle Konsequenzen der »Kleinen Eiszeit«. Göttingen: Vandenhoeck und Ruprecht (Veröffentlichungen des Max-Planck-Instituts für Geschichte, Bd. 212).

Beitl, Richard 1933: Untersuchungen zur Mythologie des Kindes. Berlin, Univ., Habil.-Schrift.

Beyer, Jürgen 2002: Prodigien. In: EM, Bd. 10, Sp. 1378–1388.

Bischoff, Karl 1983: Mittelniederdeutsch. In: Cordes und Möhn 1983, S. 98–118.

Bissoli Peter, L. Göring, Christiana Lefebvre 2002: Extreme Wetter- und Witterungsereignisse im 20. Jahrhundert. In: Deutscher Wetterdienst (Hg.): Klimastatusbericht für das Jahr 2001. Offenbach: Deutscher Wetterdienst. *Internet*: <http://www.dwd.de/de/FundE/Klima/KLIS/prod/KSB/ksb01/Extreme.pdf> (12.06.2004).

Blumenberg, Adolf u.a. (Hg.) 1991: Rüstringen. Das Land, in dem wir leben (Festschrift zum 100-jährigen Bestehen des Rüstringer Heimatbundes). Nordenham-Blexen: Schewe.

Blumenberg, Hans 1997: Schiffbruch mit Zuschauer. Paradigma einer Daseinsmetapher. Frankfurt am Main: Suhrkamp.

Böhme, Hartmut 1996: Die vier Elemente: Feuer, Wasser, Erde, Luft. *Internet*: <http://www.culture.hu-berlin.de/HB/volltexte/pdf/Elemente.pdf> (17.08.2003). Auch in: Christoph Wulf (Hg.): Vom Menschen. Handbuch der historischen Anthropologie. München: Beck, S. 17–46.

Böhme, Hartmut 2000: Anthropologie der vier Elemente. *Internet*: <http://www.culture.hu-berlin.de/HB/volltexte/pdf/Anthopologie.pdf> (28.11.2003). Auch in: Kunst- und Ausstellungshalle der BRD 2000, S. 613–623.

Böhme, Gernot, Hartmut Böhme 2004: Feuer, Wasser, Erde, Luft. Eine Kulturgeschichte der Elemente. München: Beck (Beck'sche Reihe, Bd. 1565).

Bölling, Klaus 2001: Rungholt – die versunkene Stadt. *Internet*: <http://www.boelling.de/rungholt/start.htm> (16.01.2004).

Bönisch-Brednich, Brigitte, Rolf Wilhelm Brednich, Helge Gerndt (Hg.) 1991: Erinnern und Vergessen. Vorträge des 27. Deutschen Volkskundekongresses Göttingen 1989. Göttingen: Schmerse (Schriftenreihe der volkskundlichen Kommission für Niedersachsen, Bd. 6).

Borchling, Conrad, Rudolf Muuss (Hg.) 1931: Die Friesen. Breslau: Hirt (Nachdruck: Leipzig: Reprint-Verlag o.J.).

Borger, Guus J. 1997: Natur- und Kulturlandschaften an der Nordseeküste. In: Ludwig Fischer 1997, S. 27–37.

Borst, Arno 1979: Lebensformen im Mittelalter. Frankfurt am Main, Berlin, Wien: Ullstein.

Borst, Arno 1990: Barbaren, Ketzer und Artisten. Welten des Mittelalters. 2. Aufl. München, Zürich: Piper.

Bos, Jurjen M. 2001: Archaeological Evidence Pertaining to the Frisians in the Netherlands. In: Horst Haider Munske 2001, S. 487–492.

Brandt, Ahasver von 1974: Werkzeug des Historikers. 8. Aufl. Stuttgart u.a.O.: Kohlhammer (Urban-Taschenbücher, Bd. 33).

Braudel, Fernand 1971: Die Geschichte der Zivilisation: 15.–18. Jh. München: Kindler (Kindlers Kulturgeschichte).

Braudel, Fernand 2001: Das Mittelmeer und die mediterrane Welt in der Epoche Philipps II., 3 Bde. 2. Aufl. Frankfurt am Main: Suhrkamp.

Brednich, Rolf Wilhelm 1990: Die Spinne in der Yucca-Palme. Sagenhafte Geschichten von heute. München: Beck.

Brednich, Rolf Wilhelm 1992: Die Maus im Jumbo-Jet. Neue sagenhafte Geschichten von heute. München: Beck.

Brednich, Rolf Wilhelm (Hg.) 2001: Grundriss der Volkskunde. Einführung in die Forschungsfelder der Europäischen Ethnologie. 3. Aufl. Berlin: Reimer.

Brednich, Rolf Wilhelm 2002: Polykrates: Ring des Polykrates. In: EM, Bd. 10, Sp. 1164–1168.

Brednich, Rolf Wilhelm, Annette Schneider, Ute Werner (Hg.) 2001: Natur – Kultur. Volkskundliche Perspektiven auf Mensch und Umwelt. 32. Kongress der Deutschen Gesellschaft für Volkskunde in Halle vom 27.09. bis 01.10.1999. Münster u.a.O.: Waxmann.

Bree, Cor van 2001: »Stadtfriesisch« und andere nichtfriesische Dialekte der Provinz Fryslân. In: Horst Haider Munske 2001, S. 129–138.

Breuer, Hubert 1965: Dollart und Ems. Die Folgen der Dollartbildung für das Gebiet der unteren Ems. Ein Beitrag zur Geomorphologie und zur Hydrodynamik des Emsstromes. In: Jahrbuch der Gesellschaft für bildende Kunst und vaterländische Altertümer zu Emden, 45. Jg., S. 11–90.

Breuker, Pieter 2001: The Development of Standard West Frisian. In: Horst Haider Munske 2001, S. 711–721.

Brockhaus Enzyklopädie in 24 Bänden 1986–1994: 19. Aufl. Mannheim: Brockhaus.

Brouwer, Elizabeth Joanna 2001: West Frisian Literature in the 19th Century. In: Horst Haider Munske 2001, S. 183–203.

Brox, Norbert 1974: Magie und Aberglaube an den Anfängen des Christentums. In: Dietz-Rüdiger Moser 1992, S. 204–232.

Brückner, Wolfgang 1981: Chronikliteratur. In: EM, Bd. 3, Sp. 1–15.

Brunner, Reinhard, Michael Titze (Hg.) 1995: Wörterbuch der Individualpsychologie. 2. Aufl. München, Basel: Reinhardt.

Brunold-Bigler, Ursula 1995: Die Armut, die Krankheit und das »leide« Wetter. Zur narrativen Bewältigung des Passionalen in alpinen Sagen. In: dies. und Hermann Bausinger (Hg.): Hören – Sagen – Lesen – Lernen. Beiträge zu einer Geschichte der kommunikativen Kultur (Festschrift für Rudolf Schenda zum 65. Geburtstag). Bern u.a.O.: Lang., S. 117–131.

Brunold-Bigler, Ursula 1997: Hungerschlaf und Schlangensuppe. Historischer Alltag in alpinen Sagen. Bern, Stuttgart, Wien: Haupt.

Budde, Michael 2001: Eisvergnügen und andere Lebenswirklichkeiten – Bedeutungsebenen holländischer Winterlandschaften. In: Gemäldegalerie, Staatliche Museen zu Berlin 2001, S. 64–85.

Bündnis 90/Die Grünen 2004: Gekonnte Provokation (Interview mit Jürgen Trittin über den Film *The Day After Tomorrow*). *Internet*: <http://www.gruene-partei.de/rsvgn/rs_dok/0%2C%2C61846%2C00.htm> (19.06.2004).

Buhse, Karl-Heinrich 2000: Die Entwicklung in Dithmarschen seit 1950. In: Verein für Dithmarscher Landeskunde e.V. 2000, S. 377–418.

Buijtenen, Maria Petrus van 1953: De grondslag van de Friese Vrijheid. Assen: Van Gorcum (zugleich Diss. Amsterdam 1953).

Buijtenen, Maria Petrus van 1963: Friesen im Oberhasli. Übersetzt und eingeleitet von Hermann Rennefahrt. In: Berner Zeitschrift für Geschichte und Heimatkunde, Heft 3/4, S. 138–147.

Burckhardt, Jacob 1976: Die Kultur der Renaissance in Italien. 10. Aufl. Stuttgart: Kröner.

Burgard, Peter J. (Hg.) 2001a: Barock: Neue Sichtweisen einer Epoche. Wien, Köln, Weimar: Böhlau.

Burgard, Peter J. 2001b: Äquivoke Anmerkungen zum vorläufigen Projekt einer Definition des Barock. In: Burgard 2001a, S. 11–14.

Burke, Peter 1981: Helden, Schurken und Narren. Europäische Volkskultur in der frühen Neuzeit. Stuttgart: Klett-Cotta.

Busch, Andreas 1933: Meine Wanderung im Rungholt-Watt am 3. Juni 1933: In: Die Heimat, Heft 9, 43. Jg., S. 215ff.

Busch, Andreas 1934: Wie es bei der Entdeckung des Rungholt-Watts wirklich herging. In: Die Heimat, Heft 10, 44. Jg., S. 287f.

Busch, Andreas 1937: Das Riper Stieg-Rätsel. In: Die Heimat, Heft 6, 47. Jg., S. 157.

Busch, Andreas 1938a: Was alles vor der Entdeckung des Rungholt-Watts bei der Hallig Südfall gesehen worden ist. In: Die Heimat, Heft 1, 48. Jg., S. 13–16.

Busch, Andreas 1938b: Die Rungholtsage und die Lagebestimmung Rungholts nach Matz Paysen. In: Jahrbuch des Nordfriesischen Vereins für Heimatkunde und Heimatliebe, 25. Jg., S. 25–32.

Busch, Andreas 1940: Nochmals »Rungholt-Luftspiegelungen«. In: Nordelbingen, Bd. 16, S. 325–334.

Busch, Andreas 1951: Ein Versuch vor 60 Jahren, Rungholt zu entdecken. In: Die Heimat, Heft 3, 58. Jg., S. 79f.

Busch, Andreas 1962: Liliencrons Dichtung und die Rungholtforschung. In: Die Heimat, Heft 1, 69. Jg., S. 4–8.

Busch, Andreas 1966: Ein Rückblick auf meine Rungholt-Forschung. In: Die Heimat, Heft 11, 73. Jg., S. 354–357.

Chekin, L. 2002: The World Ocean in Medieval Cartography. Museum of the World Ocean, VII. International Congress. *Internet*: <http://vitiaz.ru/congress/en/thesis/2.html> (03.12. 2003).

Cox, Heinrich Leonhard, Günter Wiegelmann (Hg.) 1984: Volkskundliche Kulturraumforschung heute. Münster: Coppenrath (Beiträge zur Volkskultur in Nordwestdeutschland, Bd. 42).

Corbin, Alain 1990: Meereslust. Das Abendland und die Entdeckung der Küste 1750–1840. Berlin: Klaus Wagenbach.

Cordes, Gerhard, Dieter Möhn (Hg.) 1983: Handbuch zur niederdeutschen Sprach- und Literaturwissenschaft. Berlin: Erich Schmidt.

Cremerius, Johannes 1989: Lehranalyse und Macht. In: Forum der Psychoanalyse, 5. Jg., S. 190–208.

Cremerius, Johannes 1995: Die Zukunft der Psychoanalyse. In: Johannes Cremerius 1995: Die Zukunft der Psychoanalyse. Frankfurt am Main: Suhrkamp, S. 9–55.

Cubasch, Ulrich, Dieter Kasang 2000: Anthropogener Klimawandel. Gotha: Klett-Perthes.

Dal, Ingerid 1983: Altniederdeutsch und seine Vorstufen. In: Cordes und Möhn 1983, S. 69–97.

Danielczyk, Rainer, Rainer Krüger 1994: Region Ostfriesland? Zum Verhältnis von Alltag, Regionalbewusstsein und Entwicklungsperspektiven in einem strukturschwachen Raum. In: Rolf Lindner 1994, S. 91–121.

DeBlieu, Jan 2000: Vom Wind. Wie die Luftströme Leben, Land und Leute prägen. München: btb.

Dederke, Karlheinz 1973: Reich und Republik. Deutschland 1917–1933. 2. Aufl. Stuttgart: Ernst Klett.

Delumeau, Jean 1985: Angst im Abendland. Die Geschichte kollektiver Ängste im Europa des 14. bis 18. Jahrhunderts, 2 Bde. Reinbek bei Hamburg: Rowohlt.

DeMause, Lloyd 2000: Was ist Psychohistorie? Eine Grundlegung. Gießen: Psychosozial-Verlag

Dessert, Daniel 1997: Der Finanzier. In: Rosario Villari 1997, S. 82–113.

Deeters, Walter 1995: Kleinstaat und Provinz. Allgemeine Geschichte der Neuzeit. In: Behre und van Lengen 1995, S. 135–185.

Devereux, Georges 1992: Angst und Methode in den Verhaltenswissenschaften. 3. Aufl. Frankfurt am Main: Suhrkamp.

Dinzelbacher, Peter (Hg.) 1993: Europäische Mentalitätsgeschichte. Hauptthemen in Einzeldarstellungen. Stuttgart: Kröner.

Dinzelbacher, Peter (Hg.) 2000: Mensch und Tier in der Geschichte Europas. Stuttgart: Kröner.

Döring, Joachim (Hg.) 1996: Friesen, Sachsen und Dänen. Kulturen an der Nordsee, 400 bis 1000 n.Chr. Katalog zur internationalen Wanderausstellung 1996. Franeker: Van Wijnen.

Döring, Joachim, Mamoun Fansa 1996: Sachsen an der Nordseeküste von 400 bis 1000 n.Chr. In: Döring 1996, S. 24–45.

Dombrowsky, Wolf R. 2001: Nach der Katastrophe: Von Opfern, Helfern, Gaffern und anderen Gut- und Schlechtmenschen. In: Becker, Domres und von Finck 2001, S. 183–217.

Duby, Georges, Guy Lardreau 1982: Geschichte und Geschichtswissenschaft. Dialoge. Frankfurt am Main: Suhrkamp.

Dundes, Alan (Hg.) 1988a: The Flood Myth. Berkeley, Los Angeles, London: University of California Press.

Dundes, Alan 1988b: The Flood as Male Myth of Creation. In Alan Dundes 1988a, S. 167–182.

Dünninger, Josef 1937: Volkswelt und geschichtliche Welt. Gesetz und Wege des deutschen Volkstums. Berlin, Essen, Leipzig: Essener Verlagsanstalt.

Duerr, Hans Peter 1999: Gänge und Untergänge. Essays und Interviews. Frankfurt am Main: Suhrkamp (edition suhrkamp, Bd. 2140).

Duerr, Hans Peter 2005: Rungholt. Die Suche nach einer versunkenen Stadt. Frankfurt am Main: Insel.

Dykstra, Anne 2000: Frysk-Ingelsk wurdboek – Frisian-English Dictionary. With a corresponding English-Frisian word list. Ljouwert / Leeuwarden: Fryske Akademy / Afûk.

Ebel, Wilhelm 1961: Das Ende des friesischen Rechts in Ostfriesland. Aurich: Verlag Ostfriesische Landschaft (Abhandlungen und Vorträge zur Geschichte Ostfrieslands, Heft XXXVII).

Ebeling, Rudolf A. 2001a: Ostfriesische Ortsnamen. In: Horst Haider Munske 2001, S. 448–462.

Ebeling, Rudolf A. 2001b: Ostfriesische Personennamen (nach 1500). In: Horst Haider Munske 2001, S. 463–472.

Eckardt, Georg (Hg.) 1997: Völkerpsychologie Versuch einer Neuentdeckung. Texte von Lazarus, Steinthal und Wundt. Weinheim: Beltz / PVU.

Eckart, Wolfgang U. 1998: Geschichte der Medizin. 3. Aufl. Berlin u.a.O.: Springer.

Eckart, Wolfgang U. 2003: »Vor das Juckenn an haimlichen ortenn« (Fachprosa der Bibliotheca Palatina). Ruperto Carola 3/2002, Pressestelle der Universität Heidelberg. *Internet*: <http://www.uni-heidelberg.de/presse/ruca/ruca3_2002/miller.html> (26.11.2003).

Eckhardt, Albrecht (Hg.) 1993: Geschichte des Landes Oldenburg. 4. Aufl. Oldenburg: Holzberg.

Eckstein, F. 1927: Brot. In: HDA, Bd. 1, Sp. 1590–1659.

Egidius, Hans 2003: Sturmfluten. Tod und Verderben an der Nordseeküste von Flandern bis Jütland. Varel: ccv concept center verlag.

Ehbrecht, Wilhelm 2003: Gemeinschaft, Land und Bund im Friesland des 12. bis 14. Jahrhunderts. In: Hajo van Lengen 2003, S. 134–193.

Ehrhardt, Michael 2003: »Ein guldten Bandt des Landes«. Zur Geschichte der Deiche im Alten Land. Stade: Landschaftsverband der ehemaligen Herzogtümer Bremen und Verden (Schriftenreihe des Landschaftsverbandes der ehemaligen Herzogtümer Bremen und Verden, Bd. 18; Geschichte der Deiche an Elbe und Weser, Bd. I).

Ehrismann, Otfried 2002: Nibelungenlied. In: EM, Bd. 10, Sp. 1–16.

Eismann, Marina, Michael Mierach 2002: Wenn die Flut kommt... Erinnerungen an die Katastrophe von 1962 und heutiger Hochwasserschutz. Hg. von der Behörde für Bau und Verkehr Hamburg / Amt für Wasserwirtschaft. Hamburg: Dölling und Galitz.

Ellis, Richard 1997: Seeungeheuer. Mythen, Fabeln und Fakten. Basel, Boston, Berlin: Birkhäuser.

EM 1977–2002: siehe Enzyklopädie des Märchens.

Emmerich, Roland 2004: The Day After Tomorrow. Spielfilm USA.

Emrich, Wilhelm 1981: Deutsche Literatur der Barockzeit. Königstein / Taunus: Athenäum.

Endres, Klaus-Peter, Wolfgang Schad 1997: Biologie des Mondes. Mondperiodik und Lebensrhythmen. Stuttgart, Leipzig: Hirzel.

Engels, Jens Ivo 2003: Vom Subjekt zum Objekt. Naturbild und Naturkatastrophen in der Geschichte der Bundesrepublik Deutschland. In: Groh, Kempe und Mauelshagen 2003, S. 119–142.

Enzyklopädie des Märchens 1977–2002: Handwörterbuch zur historischen und vergleichenden Erzählforschung. Hg. von Rolf Wilhelm Brednich u.a. (bis Bd. 4: Kurt Ranke u.a.). Bisher 10 Bde. Berlin, New York: de Gruyter.

Erbe, Michael 1979: Zur neueren französischen Sozialgeschichtsforschung. Die Gruppe um die »Annales«. Darmstadt: Wissenschaftliche Buchgesellschaft (Erträge der Forschung, Bd. 110).

Erchinger, Heie Focken 2004: Sturmfluten. Küsten- und Inselschutz zwischen Ems und Jade. Norden: Soltau-Kurier-Norden (Edition Ostfriesland Magazin).

Federn, Jörg 2002: Exxon Valdez – 13 Jahre später: Keine Entschädigung für die Opfer, kein Schutz für die Meere. Archiv Greenpeace. *Internet*: <http://archiv.greenpeace.de/ GP_DOK_3P/HINTERGR/C12HI42.PDF> (18.06.2004).

Feitsma, Antonia 1998: Slowenisch in Kärnten und Friesisch in den Niederlanden. In: Uffelen, Hüning und Vogl 1998, S. 35–67.

Feitsma, Antonia 2001: Die Verschriftung des Westfriesischen. In: Horst Haider Munske 2001, S. 116–121.

Feldmann, Ludger, Bernhard Birkholz 2002: Moor- und Heidelandschaften in Norddeutschland. In: Akademie der Geowissenschaften zu Hannover, Heft 20, S. 33–40.

Fiedermutz-Laun, Annemarie 1981: Elementargedanke: In: EM, Bd. 3, Sp. 1312–1316.

Fiedler, Peter 1995: Persönlichkeitsstörungen. 2. Aufl. Weinheim: Beltz.

Fielding, Xan 1988: Das Buch der Winde. Nördlingen: Greno.

Fischer, Helmut 1991: Der Rattenhund. Sagen der Gegenwart. Köln: Rheinland-Verl./ Bonn: Habelt (Beiträge zur rheinischen Volkskunde, Bd. 6).

Fischer, Helmut 2001: Erzählen – Schreiben – Deuten. Beiträge zur Erzählforschung. Münster u.a.O.: Waxmann (Bonner kleine Reihe zur Alltagskultur, Bd. 6).

Fischer, Ludwig (Hg.) 1997a: Kulturlandschaft Nordseemarschen. Bräist / Bredstedt: Nordfriisk Instituut (Nordfriisk Instituut, Bd. 129).

Fischer, Ludwig 1997b: Die Ästhetisierung der Nordseemarschen als »Landschaft«. In: Ludwig Fischer 1997a, S. 201–231.

Fischer, Ludwig 1997c: Einleitung. In: Ludwig Fischer 1997a, S. 9–14.

Fischer, Ludwig 2000: Das Feste und das Flüssige. Zur Ideologie- und Wahrnehmungsgeschichte des Wattenmeeres und der Halligen. In: Kunst- und Ausstellungshalle der BRD 2000, S. 624–652.

Fischer, Ludwig, Jürgen Hasse 2001: Historical and Current Perceptions of the Landscapes in the Wadden Sea Region. In: Manfred Vollmer u.a. 2001, S. 72–97.

Fischer, Norbert 2003: Wassersnot und Marschengesellschaft. Zur Geschichte der Deiche in Kehdingen. Stade: Landschaftsverband der ehemaligen Herzogtümer Bremen und Verden (Schriftenreihe des Landschaftsverbandes der ehemaligen Herzogtümer Bremen und Verden, Bd. 19; Geschichte der Deiche an Elbe und Weser, Bd. II).

Flameling, Inez 2003: Hoogwater – 50 jaar na de watersnoodramp. Den Haag: Ministerie van verkeer en waterstaat.

Flemming, Burghard W., Alexander Bartholomä, Georg Irion, Ingrid Kröncke, Achim Wehrmann 2002: Naturraum Wattenmeer. In: Akademie der Geowissenschaften zu Hannover, Heft 20, S. 150–159.

Folkerts, Rudolf 1986: Die Theelacht zu Norden. Ein seit 1100 Jahren auf genossenschaftlicher Basis geführter Familienverband. Norden: Soltau Kurier.

Forster, Peter 1995: Einwanderungsgeschichte Nordfrieslands. In: Volkert F. Faltings, Alastair G.H. Walker, Ommo Wilts (Hg.): Friesische Studien II. Beiträge des Föhrer Symposions zur Friesischen Philologie vom 07.–08. April 1994. Odense: Odense University Press (North-Western European Language Evolution, Supplement, Bd. 12), S. 129–140.

Fort, Marron Curtis 1980: Saterfriesisches Wörterbuch. Mit einer grammatischen Übersicht. Hamburg: Buske.

Fort, Marron Curtis 2000: Dät Näie Tästamänt un do Psoolme in ju aasterlauwersfräiske Uurtoal fon dät Seelterlound, Butjoarlound, Aastfräislound un do Groninger Umelounde. Das neue Testament und die Psalmen der osterlauwersfriesischen Ursprache des Saterlandes, Frieslands, Butjadingens, Ostfrieslands und der Groninger Ommelanden. Oldenburg: Bibliotheks- und Informationssystem der Carl von Ossietzky Universität Oldenburg. *Internet*: <http://docserver.bis.uni-oldenburg.de/publikationen/bisverlag/20 01/fornae00/pdf/tite l.pdf> (17.08.2003).

Fort, Marron Curtis 2001a: Die Bedeutung des Friesischen als Sprache. In: Interfriesischer Rat 2001, S. 21–26.

Fort, Marron Curtis 2001b: Das Saterfriesische. In: Horst Haider Munske 2001, S. 409–422.

Fort, Marron Curtis o.J.: Niederdeutsch und Friesisch zwischen Lauwerzee und Weser. *Internet*: <http://www.bis.uni-oldenburg.de/bisverlag/hv1/9a2-fort.pdf> (17.08.2003).

Freud, Sigmund 1916–1917 / 1969: Vorlesungen zur Einführung in die Psychoanalyse. In: Studienausgabe, Bd. I: Vorlesungen zur Einführung in die Psychoanalyse. Und Neue Folge. Frankfurt am Main: S. Fischer, S. 34–445.

Freud, Sigmund 1920 / 1975: Jenseits des Lustprinzips. In: Studienausgabe, Bd. III: Psychologie des Unbewussten. Frankfurt am Main: S. Fischer, S. 213–272.

Freud, Sigmund 1930 / 1974: Das Unbehagen in der Kultur. In: Studienausgabe, Bd. IX: Fragen der Gesellschaft. Ursprünge der Religion. Frankfurt am Main: S. Fischer, S. 191–270.

Freud, Sigmund 1933 / 1969: Neue Folge der Vorlesungen zur Einführung in die Psychoanalyse. In: Studienausgabe, Bd. I: Vorlesungen zur Einführung in die Psychoanalyse. Und Neue Folge. Frankfurt am Main: S. Fischer, S. 447–608.

Freund, Winfried 1996: Deutsche Märchen. Eine Einführung. München: Fink / UTB (Uni-Taschenbücher, Bd. 1902).

Freund, Winfried 2004: Abenteuer Barock. Kultur im Zeitalter der Entdeckungen. Darmstadt: Wissenschaftliche Buchgesellschaft.

Frieling, Reinhard 1999: Katholisch und Evangelisch. Informationen über den Glauben. 8. Aufl. Göttingen: Vandenhoeck und Ruprecht (Bensheimer Hefte, Heft 46).

Frieswijk, Johan 2001: Die Friesen und das Friesische in der niederländischen Literatur. In: Horst Haider Munske 2001, S. 245–252.

Frieswijk, J., A.H. Huussen jr., Y.B. Kuiper, J.A. Mol (Red.) 1999: Fryslân, staat en macht 1450–1650. Hilversum: Verloren / Leeuwarden: Fryske Akademy (Bijdragen aan het historisch congres te Leeuwarden van 3 tot 5 juni 1998).

Fromm, Erich 1983: Die Furcht vor der Freiheit. Frankfurt am Main, Berlin, Wien: Ullstein.

Gabrielsson, Artur 1983: Die Verdrängung der mittelniederdeutschen durch die neuhochdeutsche Schriftsprache. In: Cordes und Möhn 1983, S. 119–153.

Gemäldegalerie, Staatliche Museen zu Berlin (Hg.) 2001: Die »Kleine Eiszeit« – Holländische Landschaftsmalerei im 17. Jahrhundert, Ausstellungskatalog. Berlin: Staatliche Museen zu Berlin (Bilder im Blickpunkt).

Gerndt, Helge 1969: Seemannssagen auf See und an Land. Zur Sagenaufzeichnung im 19. Jahrhundert. In: Zeitschrift für Volkskunde, 65. Jg., S. 207–215.

Gerndt, Helge 1970: Über den Quellenwert älterer Märchen- und Sagensammlungen (am Beispiel des seemännischen Erzählgutes). In: Österreichische Zeitschrift für Volkskunde, 73. Jg., S. 122–131.

Gerndt, Helge 1971: Fliegender Holländer und Klabautermann. Göttingen: Schwartz (Schriften zur niederdeutschen Volkskunde, Bd. 4), (Diss. Kiel 1969).

Gerndt, Helge 1986: Kultur als Forschungsfeld. Über volkskundliches Denken und Arbeiten. München: Münchner Vereinigung für Volkskunde (Münchner Beiträge zur Volkskunde, Bd. 5).

Gerndt, Helge 1988: Sagen und Sagenforschung im Spannungsfeld von Mündlichkeit und Schriftlichkeit. In: Fabula, 29. Jg., S. 1–20.

Gerndt, Helge 1990: Studienskript Volkskunde. Eine Handreichung für Studierende. München: Münchner Vereinigung für Volkskunde (Münchner Beiträge zur Volkskunde, Bd. 12).

Gerndt, Helge 1999: Meer. In: EM, Bd. 9, Sp. 472–478.

Gerndt, Helge 2001: Naturmythen. Traditionales Naturverständnis und modernes Umweltbewusstsein. In: Brednich, Schneider, Werner, S. 57–75.

Gerstenberger, Heide 2000: Zwischen Binnenland und Meer: Gibt es Küstengesellschaften? In: Kunst- und Ausstellungshalle der BRD 2000, S. 671–681.

Gietzelt, Martin, Ulrich Pfeil 2000: Dithmarschen im »Dritten Reich« 1933–1945. In: Verein für Dithmarscher Landeskunde e.V. 2000, S. 327–360.

Glaser, Rüdiger 2001: Klimageschichte Mitteleuropas. 1000 Jahre Wetter, Klima, Katastrophen. Darmstadt: Wissenschaftliche Buchgesellschaft.

Glasersfeld, Ernst von 1997: Radikaler Konstruktivismus. Ideen, Ergebnisse, Probleme. Frankfurt am Main: Suhrkamp.

Gloy, Karen 1995–1996: Das Verständnis der Natur, Bd. 1: Die Geschichte des wissenschaftlichen Denkens; Bd. 2: Die Geschichte des ganzheitlichen Denkens. München: Beck.

Gloy, Karen 2001: Vernunft und das Andere der Vernunft. Freiburg, München: Alber.

Gloy, Karen, Manuel Bachmann (Hg.) 2000: Das Analogiedenken. Vorstöße in ein neues Gebiet der Rationalitätstheorie. Freiburg, München: Alber.

Gönnert, Gabriele, Ulrich Ferk 1996: Natürliche und anthropogen beeinflusste Entwicklung von Sturmfluten in der Deutschen Bucht und der Unterelbe. In: Sterr und Preu 1996, S. 13–31.

Göttsch, Silke, Albrecht Lehmann (Hg.) 2001: Methoden der Volkskunde. Positionen, Quellen, Arbeitsweisen der Europäischen Ethnologie. Berlin: Reimer.

Goffman, Erving 1983: Wir alle spielen Theater. Die Selbstdarstellung im Alltag. 4. Aufl. München, Zürich: Piper.

Goldbeck, Christoph, Ilka aus der Mark, Mike Schaefer 2003: Quarks & Co: Überraschendes vom Schwein, Sendung vom 01.07.2003. Internet: <http://www.quarks.de/pdf/ Quarks_Schwein_cwdr2003.pdf> (30.01.2004).

Gorter, Durk 1998: Friesland – eine mehrsprachige Provinz. In: Uffelen, Hüning und Vogl 1998, S. 5–14.

Gorter, Durk 2001: Extent and Position of West Frisian. In: Horst Haider Munske 2001, S. 73–83.

Grabner, Elfriede 1997: Krankheit und Heilen. Eine Kulturgeschichte der Volksmedizin in den Ostalpen. 2. Aufl. Wien: Verlag der Österreichischen Akademie der Wissenschaften (Mitteilungen des Instituts für Gegenwartsvolkskunde, Bd. 16).

Graf, Andreas 1995: Vom mündlichen und literarischen Erzählen, von neuen Medien und dem Selbstbefriedigungsverbot. In: Fabula, 36. Jg., S. 273–281.

Graf, Klaus 1988: Thesen zur Verabschiedung des Begriffs der »historischen Sage«. In: Fabula, 29 Jg., S. 21–47.

Grassl, Hartmut 1998: Wandel ist die Norm im Watt. In: Nationalpark Schleswig-Holsteinisches Wattenmeer 1998, S. 16f.

Greverus, Ina-Maria 1972: Der territoriale Mensch. Ein literaturanthropologischer Versuch zum Heimatphänomen. Frankfurt am Main: Athenäum.

Groh, Dieter, Michael Kempe, Franz Mauelshagen (Hg.) 2003: Naturkatastrophen. Beiträge zu ihrer Deutung, Wahrnehmung und Darstellung in Text und Bild von der Antike bis ins 20. Jahrhundert. Tübingen: Narr (Literatur und Anthropologie, Bd. 13).

Grotefend, Hermann 1991: Taschenbuch der Zeitrechnung des deutschen Mittelalters und der Neuzeit. 13. Aufl. Hannover: Hahnsche Buchhandlung.

Grotefend, Hermann 2003: Zeitrechnung des Deutschen Mittelalters und der Neuzeit. HTML-Version von Dr. H. Ruth. *Internet*: <http://www.manuscripta-mediaevalia.de/ gaeste/grotefend/grotefend.htm> (21.11.2003).

Habel, Edwin, Friedrich Gröbel (Hg.) 1989: Mittellateinisches Glossar. Paderborn u.a.O.: Schöningh (UTB, Bd. 1551).

Habiger-Tuczay, Christa, Ulrike Hirhager, Karin Lichtblau 1996: Vater Ötzi und das Krokodil im Donaukanal. Moderne österreichische Sagen. Wien: Löcker.

Haemmerl, Alfons 1998: Verachtung der Welt. Mehr als nur ein Kapitel Theologiegeschichte? In: Münchener Theologische Zeitschrift. Vierteljahresschrift für das Gesamtgebiet der katholischen Theologie, 49. Jg, Heft 3, S. 215–224. *Internet*: <http://www. haemmerl-online.de/weltverachtung.htm> (19.04.2004).

Hagel, Jürgen 1962: Sturmfluten. Stuttgart: Franck (Kosmos-Bibliothek, Bd. 236).

Hagemeister, Jörn 1980: Rungholt. Sage und Wirklichkeit. 2. Aufl. St. Peter-Ording: Lühr und Dircks.

Halbertsma, Herre 1957: Über die Sagen von der Herkunft der Friesen. In: Jahrbuch der Gesellschaft für bildende Kunst und vaterländische Altertümer zu Emden, 77. Jg. S. 5–32.

Halbwachs, Maurice 1991: Das kollektive Gedächtnis. Frankfurt am Main: Fischer.

Haller, Reinhard 2002: Frauenauer Sagen. Erzählen im Bayerischen Wald. Münster u.a.O.: Waxmann (Münchner Beiträge zur Volkskunde, Bd. 32).

Handwörterbuch des deutschen Aberglaubens 1927–1942: siehe Bächtold-Stäubli, Hanns.

Hansen, Hans-Jürgen 1994: Wir sind über Rungholt gefahren. *Internet*: <http://www.west kuestenet.de/nordstr5.htm> (16.01.2004).

Hansen, Nils 2000: Aufbruch in eine neue Zeit – Dithmarschen 1864–1918. In: Verein für Dithmarscher Landeskunde e.V. 2000, S. 255–298.

Harcken-Junior, Walther 2004: Marschenfieber. Ein medizinisch-historischer Beitrag zur Kulturgeschichte der Marschen der südlichen Nordseeküste. Oldenburg: Isensee.

Harmening, Dieter 1979: Superstitio. Überlieferungs- und theoriegeschichtliche Untersuchungen zur kirchlich-theologischen Aberglaubensliteratur des Mittelalters. Berlin: Erich Schmidt.

Harmening, Dieter 1987: Superstition – »Aberglaube«. In: Dietz-Rüdiger Moser 1992, S. 368–401.

Hartsen, Adriaan, Dré van Marrewijk: The Dutch Wadden Sea Region. In: Manfred Vollmer u.a. 2001, S. 225–272.

Hartz, Otto 1914: Heimreichs Schilderung der Überschwemmung des Jahres 1634. In: Zeitschrift der Gesellschaft für Schleswig-Holsteinische Geschichte, Bd. 24, S. 323–329.

Hartz, Otto 1933: Die Rungholtsage bei den nordfriesischen Chronisten. In: Jahrbuch des Nordfriesischen Vereins für Heimatkunde und Heimatliebe, Bd. 20, S. 80–86.

Hauser, Walter (Hg.) 2002: Klima. Das Experiment mit dem Planeten Erde. Darmstadt: Wissenschaftliche Buchgesellschaft.

Hauser-Schäublin, Brigitta 2001: Von der Natur in der Kultur und der Kultur in der Natur. Eine kritische Reflexion dieses Begriffspaars. In: Brednich, Schneider und Werner, S. 11–20.

HDA 1927–1942: siehe Bächtold-Stäubli, Hanns.

Heinrich, Christian, August Jacobs 1962: Land unter im schwersten Orkan seit hundert Jahren. Die Sturmflutkatastrophe auf den Halligen im Februar 1962. Breklum: Christian Jensen.

Heinz-Mohr, Gerd 1998: Lexikon der Symbole. Bilder und Zeichen der christlichen Kunst. München: Diederichs (Diederichs Gelbe Reihe, Bd. 150).

Hellbrück, Jürgen, Manfred Fischer 1999: Umweltpsychologie. Ein Lehrbuch. Göttingen u.a.O.: Hogrefe.

Hellpach, Willy 1952: Mensch und Volk der Großstadt. 2. Aufl. Stuttgart: Enke.

Hellpach, Willy 1953: Kulturpsychologie. Eine Darstellung der seelischen Ursprünge und Antriebe, Gestaltungen und Zerrüttungen, Wandlungen und Wirkungen menschheitlicher Wertordnungen und Güterschöpfungen. Stuttgart: Enke.

Hellpach, Willy 1954: Einführung in die Völkerpsychologie. 3. Aufl. Stuttgart: Enke 1954.

Hellpach, Willy 1977: Geopsyche. Die Menschenseele unter dem Einfluss von Wetter und Klima, Boden und Landschaft. 8. Aufl. Stuttgart: Enke.

Hengartner, Thomas 1999: Zeit-Fragen. In: Vokus. Volkskundlich-kulturwissenschaftliche Schriften, Sonderheft »Zeit«. Hamburg: Institut für Volkskunde der Universität Hamburg, S. 5–18. *Internet*: <http://www.uni-hamburg.de/Volkskunde/Texte/Vokus/Zeit/ Zeit.pdf> (25.04.2005).

Hengartner, Thomas 2001: Volkskundliches Forschen im, mit dem und über das Internet. In: Göttsch und Lehmann 2001, S. 187–211.

Hennig, Christoph 1997: Reiselust. Touristen, Tourismus und Urlaubskultur. Frankfurt am Main: Insel.

Henningsen, Hans-Herbert 2000: Rungholt. Der Weg in die Katastrophe. Aufstieg, Blütezeit und Untergang eines bedeutenden mittelalterlichen Ortes in Nordfriesland, Bd. 2: Das Leben der Bewohner und ihrer Einrichtungen, die Landschaft, der Aufstieg zu einem Handelsplatz, Rungholts Untergang, der heutige Zustand von Kulturspuren, der Mythos von Rungholt und ein Epilog: die Geschichte im Zeitraffer. Husum: Husum.

Henningsen, Hans-Herbert 2002: Rungholt. Der Weg in die Katastrophe. Aufstieg, Blütezeit und Untergang eines bedeutenden mittelalterlichen Ortes in Nordfriesland, Bd. 1: Die Entstehungsgeschichte Rungholts, seine Ortslage, heutige Kulturspuren im Wattenmeer und die Geschichte und Bedeutung der Hallig Südfall. 2. Aufl. Husum: Husum.

Herlin, Hans 1982: Die Sturmflut. Nordseeküste und Hamburg im Februar 1962. Hamburg: Ernst Kabel Verlag / Hamburger Abendblatt.

Hernegger, Rudolf 1978: Der Mensch auf der Suche nach Identität. Kulturanthropologische Studien über Totemismus, Mythos, Religion. Bonn: Habelt.

Hernegger, Rudolf 1982: Psychologische Anthropologie. Von der Vorprogrammierung zur Selbststeuerung. Weinheim, Basel: Beltz.

Herold, Ludwig 1936: Schwein. In: HDA, Bd. 7, Sp. 1470–1509.

Hillmer, Gero 1987: Helgoland – ein geologisches Porträt. In: Rickmers 1987, S. 11–26.

Hines, John 2001: The Role of the Frisians during the Settlement of the British Isles. In: Horst Haider Munske 2001, 503–511.

Hinrichs, Boy 1991: Die Landverderbliche Sündenflut. Erlebnis und Darstellung einer Katastrophe. In: Hinrichs, Panten und Riecken 1991, S. 81–105.

Hinrichs, Boy, Albert Panten, Guntram Riecken 1991: Flutkatastrophe 1634. Natur – Geschichte – Deutung. 2. Aufl. Neumünster: Wachholtz.

His, Rudolf 1931: Das friesische Recht. In: Borchling und Muuss 1931, S. 108–120.

Hörmann, Karl 1969: Krankensalbung. In: Lexikon der christlichen Moral, Sp. 693–701. *Internet*: <http://www.stjosef.at/morallexikon/krankens.htm> (23.01.2004).

Hoffmann, Dietrich 1998: Meeresspiegelanstieg von der Nacheiszeit bis zum Mittelalter. In: Nationalpark Schleswig-Holsteinisches Wattenmeer 1998, S. 120f.

Hoffmann, Werner 1974: Mittelhochdeutsche Heldendichtung. Berlin: Erich Schmidt (Grundlagen der Germanistik, Bd. 14).

Hoffmann-Krayer, Eduard 1902: Die Volkskunde als Wissenschaft. Zürich: Amberger.

Hoffmann-Krayer, Eduard 1927: Aal. In: HDA, Bd. 1, Sp. 1–5.

Hofmann, Thomas 2000: Sagenhaftes Niederösterreich. Eine Spurensuche zwischen Mythos und Wahrheit. Wien: Pichler.

Hohler, Franz 1984: Die Rückeroberung. Erzählungen. Hamburg: Luchterhand.

Holander, Reimer Kay, Thomas Steensen (Hg.) 1991: Friesen und Sorben. Beiträge zu einer Tagung über zwei Minderheiten in Deutschland. Bräist / Bredstedt: Nordfriisk Instituut.

Holm, Paul 2000: Die Nördlichen Meere – Regionen, Gemeinschaften, Kultur. In: Kunst- und Ausstellungshalle der BRD 2000, S. 662–670.

Homburg, Andreas, Ellen Matthies 1998: Umweltpsychologie. Umweltkrise, Gesellschaft und Individuum. Weinheim, München: Juventa.

Homeier, H. 1970: Die Allerheiligenflut von 1570 in Ostfriesland. In: de Vries und Winsemius 1970, S. 62–78.

Horn, Katalin 1987: Gold, Geld. In: EM, Bd. 5, Sp. 1357–1372.

Horney, Karen 1977: Neue Wege in der Psychoanalyse. 2. Aufl. München: Kindler (Geist und Psyche, Bd. 2090).

Hucker, Bernd Ulrich 1997a: Sachsen, Franken und die christliche Mission. In: Hucker, Schubert und Weisbrod 1997, S. 17–39.

Hucker, Bernd Ulrich 1997b: Hochadel, Kreuzzüge und Friesen. In: Hucker, Schubert und Weisbrod 1997, S. 79–92.

Hucker, Bernd Ulrich, Ernst Schubert, Bernd Weissbrod (Hg.) 1997: Niedersächsische Geschichte. Göttingen: Wallstein.

Hübner, Kurt 1985: Die Wahrheit des Mythos. München: Beck.

Hübner, Kurt 1986: Kritik der wissenschaftlichen Vernunft. 3. Aufl. Freiburg im Breisgau, München: Alber.

Hünnerkopf, R. 1927: Ebbe und Flut. In: HDA, Bd. 2, Sp. 513ff.

Hugger, Paul 1990: Elemente einer Ethnologie der Katastrophe in der Schweiz. In: Zeitschrift für Volkskunde, 86. Jg., S. 25–36.

Huizinga, Johan 1914: Hoe verloren de Groningsche Ommelanden hun oorspronkelijk Friesch karakter? In: Driemaandelijkse bladen voor taal en volksleven in het oosten van Nederland, Bd. 14., S. 1–77.

Iggers, Georg G. 1978: Neue Geschichtswissenschaft. Vom Historismus zur historischen Sozialwissenschaft. München: dtv (Wissenschaftliche Reihe, Bd. 4308).

Iken, Matthias 2001: Wenn die Nordsee Hunger hat. In: Die Welt, 31.07.2001 (Archiv). *Internet*: <http://www.welt.de/daten/2001/07/31/0731vm271472.htx?search=nordsee& searchHILI=1> (11.08.2003).

Inselbahn.de 2004: Küstenschutz: Materialbahn auf Minsener Oog. *Internet*: <http://www. inselbahn.de> → Küstenschutz → Minsener Oog (20.02.2004).

Interfriesischer Rat e.V. (Hg.) 2001: Die Friesen – ein Volk für sich? Beiträge über Geschichte, Sprache und Gegenwart zum Friesenkongress 2000 in Jever/Friesland. Aurich: Ostfriesische Landschaftliche Verlags- und Vertriebsgesellschaft.

Jakubowski-Tiessen, Manfred 1992a: Sturmflut 1717. Die Bewältigung einer Naturkatastrophe in der Frühen Neuzeit. München: Oldenbourg (Ancien régime, Aufklärung und Revolution, Bd. 24).

Jakubowski-Tiessen, Manfred 1992b: Hunger, Armut und Ruin – Folgen der Sturmflut von 1717. In: Thomas Steensen 1992, S. 73–82.

Jakubowski-Tiessen, Manfred 1997: Mentalität und Landschaft. Über Ängste, Mythen und die Geister des Kapitalismus. In: Ludwig Fischer, S. 129–143.

Jakubowski-Tiessen, Manfred 1999: Kein Zurück zur Natur. Wie Romantik und Kommerz die Diskussion über die Halligwelt nach der Sturmflut 1825 prägten. In: Jakubowski-Tiessen und Lorenzen-Schmidt 1999, S. 121–136.

Jakubowski-Tiessen, Manfred 2001: »Harte Exempel göttlicher Strafgerichte«. Kirche und Religion in Katastrophenzeiten: Die Weihnachtsflut von 1717. In: Niedersächsisches Jahrbuch für Landesgeschichte, Bd. 73, S. 119–132 (Geschichte am Meer. Vorträge auf der Tagung der Historischen Kommission für Niedersachsen und Bremen vom 1. bis 3. Juni 2000 in Emden).

Jakubowski-Tiessen, Manfred 2003a: »Erschreckliche und unerhörte Wasserflut«. Wahrnehmung und Deutung der Flutkatastrophe von 1634. In: Jakubowski-Tiessen und Lehmann 2003a, S. 179–200.

Jakubowski-Tiessen, Manfred 2003b: Gotteszorn und Meereswüten. Deutungen von Sturmfluten vom 16. bis 19. Jahrhundert. In: Groh, Kempe und Mauelshagen 2003, S. 101–118.

Jakubowski-Tiessen, Manfred, Klaus-Joachim Lorenzen-Schmidt (Hg.) 1999: Dünger und Dynamit. Beiträge zur Umweltgeschichte Schleswig-Holsteins und Dänemark. Neumünster: Wachholtz (Studien zur Wirtschafts- und Sozialgeschichte Schleswig-Holsteins, Bd. 31).

Jakubowski-Tiessen, Manfred, Hartmut Lehmann (Hg.) 2003a: Um Himmels Willen. Religion in Katastrophenzeiten. Göttingen: Vandenhoeck und Ruprecht.

Jakubowski-Tiessen, Manfred, Hartmut Lehmann 2003b: Religion in Katastrophenzeiten: Zur Einführung. In: Jakubowski-Tiessen und Lehmann 2003a, S. 7–13.

Jankrift, Kay Peter 2003: Brände, Stürme, Hungersnöte. Katastrophen in der mittelalterlichen Lebenswelt. Ostfildern: Thorbecke / Darmstadt: Wissenschaftliche Buchgesellschaft.

Jansen, Hubertus Petrus Henricus 1983: Emo's emoties. De dertiende-eeuwse kroniek van Wittewierum als ego-document. In: Bijdragen en mededelingen betreffende de geschiedenis der Nederlanden, Bd. 98, S. 373–393.

Jansen, Hubertus Petrus Henricus 1984: Emo, tussen angst en ambitie. Een Groninger abt in de dertiende eeuw. Utrecht: Matrijs (Stad en Lande historische reeks, Bd. 3).

Jansen, Hubertus Petrus Henricus, Antheun Janse 1991: Inleiding. In: Emo und Menko von Wittewierum 1991°, S. IX–LVIII.

Janzing, Gereon 1999: Das Friesische unter den germanischen Sprachen. Freiburg i.B.: Gaggstatter.

Jeggle, Utz 1984a: Zur Geschichte der Feldforschung in der Volkskunde. In: Utz Jeggle (Hg.): Feldforschung. Qualitative Methoden in der Kulturanalyse. Tübingen: Tübinger Verein für Volkskunde (Untersuchungen des Ludwig-Uhland-Instituts der Universität Tübingen, Bd. 62), S. 11–46.

Jeggle, Utz 1984b: Verständigungsschwierigkeiten im Feld. In: Utz Jeggle (Hg.): Feldforschung. Qualitative Methoden in der Kulturanalyse. Tübingen: Tübinger Verein für Volkskunde (Untersuchungen des Ludwig-Uhland-Instituts der Universität Tübingen, Bd. 62), S. 93–112.

Jeggle, Utz 2001: Verlorene Spur. Zum Unbewussten in der Volkskunde. In: König, Gudrun M., Gottfried Korff (Hg.): Volkskunde `00. Hochschultagung und Fachidentität. Tübingen: Tübinger Vereinigung für Volkskunde e.V. (Studien und Materialien, Bd. 22), S. 127–147.

Jeggle, Utz 2003: Inseln hinter dem Winde. Studien zum »Unbewussten« in der volkskundlichen Kulturwissenschaft. In: Maase, Kaspar, Bernd Jürgen Warneken (Hg.): Unterwelten der Kultur. Themen und Theorien der volkskundlichen Kulturwissenschaft. Köln: Böhlau, S. 25–44.

Jensen, Christian 1927: Friesische und Schweizer Wandersagen. In: Abhandlungen zur Meeresheilkunde und Heimatkunde der Insel Föhr und Nordfrieslands: Dr. med. Karl Häberlin zugeeignet am 25. Jahrestag seiner Niederlassung in Wyk. Wyk auf Föhr.

Jensen, Frerk 1998: Gezeitenbewegungen in der Nordsee und im nordfriesischen Wattenmeer. In: Nationalpark Schleswig-Holsteinisches Wattenmeer 1998, S. 54f.

Jensma, Goffe 2004: De gemaskerde god. François HaverSchmidt en het Oera Linda-boek. Zutphen: Walburg Pers.

Jessen, Otto 1931: Das Wohngebiet der Friesen. In: Borchling und Muuss 1931, S. 19–42.

Jonkman, Reitze 1998: Die soziolinguistische Situation Frieslands. Ergebnisse von »Taal yn Fryslân 1994«. In: Uffelen, Hüning und Vogl 1998, S. 15–34.

Jüngst, Peter 2000: Territorialität und Psychodynamik. Eine Einführung in die Psychogeographie. Gießen: Psychosozial-Verlag.

Jung, Carl Gustav 1996a: Die psychologischen Aspekte des Mutterarchetypus. In: Gesammelte Werke, Bd. 9/I. 9. Aufl. Zürich, Düsseldorf: Walter, S. 89-123.

Jung, Carl Gustav 1996b: Mandalas. In: Gesammelte Werke, Bd. 9/1. Zürich, Düsseldorf: Walter, S. 409–414.

Jung, Carl Gustav 1996c: Zur Phänomenologie des Geistes im Märchen. In: Gesammelte Werke, Bd. 9/1. Zürich, Düsseldorf: Walter, S. 221–269.

Kant, Immanuel 1973: Zum ewigen Frieden. Ein philosophischer Entwurf. Stuttgart: Reclam.

Kant, Immanuel 1980: Kritik der reinen Vernunft (Werkausgabe, Bde. III und IV, hg. von Wilhelm Weischedel). 4. Aufl. Frankfurt am Main: Suhrkamp.

Karger, Cornelia R. 1996: Wahrnehmung und Bewertung von »Umweltrisiken«. Was können wir aus der Forschung zu Naturkatastrophen lernen? Jülich: Forschungszentrum Jülich (Arbeiten zur Risiko-Kommunikation, Heft 57).

Kaschuba, Wolfgang 1999: Einführung in die Europäische Ethnologie. München: Beck.

Keller, Will (Red.) 1966: Merian. Das Monatsheft der Städte und Landschaften, 19. Jg., Heft 3: Die Westfriesischen Inseln mit Wattenmeer und Küstenland. Hamburg: Hoffmann und Campe.

Kellermann, Volkmar 1966: Germanische Altertumskunde. Einführung in das Studium einer Kulturgeschichte der Vor- und Frühzeit. Berlin: Erich Schmidt (Grundlagen der Germanistik, Bd. 1).

Kesler, Jan W. [circa] 1945: Ketterij in het land der vrije Friezen. In: De torens vertelden mij (Verlag und Verlagsort nicht zu ermitteln). *Internet*: <http://www.houwie.net/torens/torens12.html> (20.02.2004).

Kirchhoff, Joost 1990: Sturmflut 1962. Die Katastrophennacht an Ems und Dollart. Ablauf – Erkenntnisse – Folgerungen. Weener (Ems): Risius.

Kist, Martha 1999: Centraal gezag en Friese vrijheid: Jancko Douwama's strijd voor de Friese autonomie. In: Frieswijk u.a. 1999, S. 107–125.

Knappich, Wilhelm 1967: Geschichte der Astrologie. Frankfurt am Main: Klostermann.

Knol, Egge, Jos. M.M. Hermans, Matthijs Driebergen (Red.) 2001: Hel en Hemel. De Middeleeuwen in het Noorden. Groningen: Groninger Museum (Katalog zur Ausstellung im Groninger Museum, 13.04.–02.09.2001).

Knol, Egge 2003: Die friesischen Seelande. Fruchtbares Land an der Meeresküste. In: Hajo van Lengen 2003, S. 14–33.

Knottnerus, Otto Samuel u.a. (Red.) 1992a: Rondom Eems en Dollard: historische verkenningen in het grensgebied van Noordoost-Nederland en Noordwest-Duitsland (ter gelegenheit van het 15-jarig bestaan van de Eems Dollard Regio en het Vierde Keuningcongres, welke gehouden is te Papenburg op 30 oktober 1992) = Rund um Ems und Dollart. Leer: Schuster / Groningen: Van Dijk en Foorthuis Regio-Projekt.

Knottnerus, Otto Samuel 1992b: Räume und Raumbeziehungen im Ems-Dollart-Gebiet. In: Otto Samuel Knottnerus 1992a, S. 11–42.

Knottnerus, Otto Samuel 1996: Structural Characteristics of Coastal Societies: Some Considerations on the History of the North Sea Coastal Marshes. In: Roding und van Voss 1996, S. 41–63.

Knottnerus, Otto Samuel 1997: Die Angst vor dem Meer. Der Wandel kultureller Muster an der niederländischen und deutschen Nordseeküste (1500–1800). In: Ludwig Fischer 1997, S. 145–174.

Knottnerus, Otto Samuel 1999: Malaria in den Nordseemarschen. Gedanken über Menschen und Umwelt. In: Jakubowski-Tiessen und Lorenzen-Schmidt 1999, S. 25–39.

Knottnerus, Otto Samuel 2001: The Wadden Sea Region: A Unique Cultural Landscape. In: Vollmer u.a. 2001, S. 12–71.

Knottnerus, Otto Samuel 2003: Bauernfreiheit. In: Hajo van Lengen 2003, S. 378–403.

Köbler, Gerhard 2003: Altfriesisches Wörterbuch. 2. Aufl. *Internet*: <http://www.koeblerg erhard.de/germanistischewoerterbuecher/altfriesischeswoerterbuch/afriesVORWORT. pdf> (17.08.2003), *sowie*: <http://homepage.uibk.ac.at/homepag e/c303/c30310/afries wbhinw.ht ml> (17.08.2003).

Köhler-Zülch, Ines 1999: Der Diskurs über den Ton. Zur Präsentation von Märchen und Sagen in Sammlungen des 19. Jahrhunderts. In: Christoph Schmitt (Hg.): Homo narrans. Studien zur populären Erzählkultur (Festschrift für Siegfried Neumann zum 65. Geburtstag). Münster u.a.O.: Waxmann (Rostocker Beiträge zur Volkskunde und Kulturgeschichte, Bd. 1).

Köhn, Wolfgang 1991: Die nacheiszeitliche Entwicklung der südlichen Nordsee. Paläogeographische Karten für die südliche Nordseeküste. Hannover: Höller und Zwick (Hannoversche Geographische Arbeiten, Bd. 45).

Köller, Wilhelm 2004: Perspektivität und Sprache. Zur Struktur von Objektivierungsformen in Bildern, im Denken und in der Sprache. Berlin, New York: De Gruyter.

Koerner, Angelika 2000: Sturmfluten an der Nordseeküste. Reportagen aus 1000 Jahren. 2. Aufl. Heide: Westholsteinische Verlagsanstalt Boyens & Co.

Köster, Stefan, Carl-Ludwig Rettinger 2001: Der weiße Wal. Dokumentarfilm, BRD 2001.

Köstlin, Konrad 1980: Die Regionalisierung von Kultur. In: Köstlin und Bausinger 1980, S. 25–38.

Köstlin, Konrad (Hg.) 1987: Historische Methode und regionale Kultur (Festschrift für Karl-Sigismund Kramer zum 70. Geburtstag). Berlin, Vilseck: Tesdorpf (Regensburger Schriften zur Volkskunde, Bd. 4).

Köstlin, Konrad 1991: »Kulturelle Identitäten« – Plädoyer für den Plural. In: Holander und Steensen 1991, S. 66–77.

Köstlin, Konrad 1996: »Heimat« als Identitätsfabrik. In: Österreichische Zeitschrift für Volkskunde, 99. Jg., S. 321–338.

Köstlin, Konrad 2000: Volkskultur und Moderne. In: Bayrische Blätter für Volkskunde. Neue Folge, 2. Jg., S. 63–72.

Köstlin, Konrad 2001: Kultur als Natur – des Menschen. In: Brednich, Schneider und Werner, S. 1–10.

Köstlin, Konrad, Hermann Bausinger (Hg.) 1980: Heimat und Identität. Probleme regionaler Kultur. 22. Deutscher Volkskunde-Kongress in Kiel vom 16. bis 21. Juni 1979.

Neumünster: Wachholtz (Studien zur Volkskunde und Kulturgeschichte Schleswig-Holsteins, Bd. 7).

Köves-Zulauf, Thomas 2002: Plinius. In: EM, Bd. 10, Sp. 1079–1084.

Kofod, Else Marie 1996: Kristensen, Evald Tang. In: EM, Bd. 8, Sp. 468–471.

Kohlus, Jörn 1998: Westküstenlandschaft. In: Nationalpark Schleswig-Holsteinisches Wattenmeer 1998, S. 18f.

Kooi, Jurjen van der 1984: Volksverhalen in Friesland. Lectuur en mondelinge overlevering. Een Typencatalogus. Groningen: Stifting Ffyrug / Stichting Sasland (Nedersaksische Studies, Bd. 6) (zugleich Diss. Groningen).

Kooi, Jurjen van der 1992: Het Oostfriese volksverhaallandschap: Nederlandse invloeden – Nederlandse taal. In: Otto Samuel Knottnerus u.a. 1992a, S. 267–281.

Kooi, Jurjen van der 2001: Friesische Volkserzählungen. In: Horst Haider Munske 2001, S. 786–796.

Kooi, Jurjen van der 2002: Niederlande. In: EM, Bd. 10, Sp. 24–34.

Kooi, Jurjen van der, Ype Poortinga 1987: Friesen. In: EM, Bd. 5, Sp. 361–373.

Korff, Gottfried 1993: Kultur. In: Hermann Bausinger 1993, S. 17–80.

Korte, Helmut: Ängste und Katastrophen: *Die Höllenfahrt der Poseidon* (1972). In: Faulstich, Werner, Helmut Korte (Hg.): Fischer Filmgeschichte, Bd. 4: Zwischen Tradition und Neuorientierung 1961–1976. Frankfurt am Main: Fischer, S. 222–238.

Kortüm, Hans-Henning 1996: Menschen und Mentalitäten. Einführung in Vorstellungswelten des Mittelalters. Berlin: Akademie Verlag.

Kostner, Kevin 1995: Waterworld. Spielfilm USA.

Kovarik, Ingo 2003: Biologische Invasionen. Neophyten und Neozoen in Mitteleuropa. Stuttgart: Ulmer.

Kremp, Herbert 2003: Das Wirtschaftswunder regte sich. Heute vor 50 Jahren hat Axel Springer die WELT übernommen – in einer Zeit der Unsicherheit und Skepsis. In: Die Welt, 17.09.2003. *Internet*: <http://www.welt.de/data/2003/09/17/169874.html> (10.06.2004).

Krieger, David J. 1998: Einführung in die allgemeine Systemtheorie. 2. Aufl. München: Fink / UTB.

Krogmann, Willy 1956: Überlieferung und Erfindung in C.P. Hansens »Uald Söldring Tialen«. In: Rheinisches Jahrbuch für Volkskunde, 7. Jg., S. 269–313.

Krogmann, Willy 1962 / 1963: Ostfriesland in der Schweizer Sage. In: Rheinisches Jahrbuch für Volkskunde, 13./14. Jg., S. 81–112.

Krogmann, Willy 1967: Die friesische Sage von der Findung des Rechts. In: Zeitschrift der Savigny-Stiftung für Rechtsgeschichte, Germanistische Abteilung, Bd. 84, S. 72–127.

Krug, Joachim 1993: Ebbe und Flut. Das Wunder der Gezeiten. Hohenkirchen: Küsten-Verlag.

Kühn, Hans Joachim 1995: Deiche des Mittelalters und der frühen Neuzeit in Nordfriesland. In: Kühn und Panten 1995, S. 11–57.

Kühn, Hans Joachim 2001: Archäologische Zeugnisse der Friesen in Nordfriesland. In: Horst Haider Munske 2001, S. 499–503.

Kühn, Hans Joachim, Albert Panten 1995: Der frühe Deichbau in Nordfriesland. Archäologisch-historische Untersuchungen. 2. Aufl. Bräist / Bredstedt: Nordfriisk Instituut (Nordfriisk Instituut, Nr. 94).

Küster, Hansjörg 1999: Geschichte der Landschaft in Mitteleuropa. Von der Eiszeit bis zur Gegenwart. München: Beck.

Kunst- und Ausstellungshalle der BRD (Hg.) 2000: Wasser (anlässlich des internationalen Kongresses, der vom 21.–25. Oktober 1998 im Forum der Kunst- und Ausstellungshalle der BRD stattgefunden hat). Red.: Bernd Busch, Larissa Förster. Köln: Wienand (Schriftenreihe Forum, Bd. 9: Elemente des Naturhaushalts, 1).

Kunz, Harry, Thomas Steensen 2005: »Was ist friesische Identität?«. Eine empirische Untersuchung, durchgeführt vom Friesischen Seminar der Universität Flensburg. Braist / Bredstedt: Verlag Nordfriisk Instituut (NF-Texte aus dem Nordfriisk Instituut, Nr. 5).

Kuppers, Willem 2003: Upstalsboom – »der Altar der Freiheit«. Vom Landtagsgelände der Friesen bis zur Thingstätte im Dritten Reich. In: Hajo van Lengen 2003, S. 422–435.

Kuschert, Rolf 1995: Frühe Neuzeit. In: Nordfriisk Instituut 1995, S. 105–203.

Kutzschenbach, Gerhard von 1982: Feldforschung als subjektiver Prozess. Ein handlungstheoretischer Beitrag zu seiner Analyse und Systematisierung. Berlin: Reimer.

Lademacher, Horst 1983: Geschichte der Niederlande. Politik – Verfassung – Wirtschaft. Darmstadt: Wissenschaftliche Buchgesellschaft.

Lademacher, Horst 2001: Kultur – Region – Nation. Überlegungen zu den Grundlagen einer grenzüberschreitenden »Kultur- und Kulturraumforschung«. In: Horst Lademacher: Der europäische Nordwesten. Historische Prägungen und Beziehungen. Ausgewählte Aufsätze. Münster u.a.O.: Waxmann, S. 351–365.

Lamb, Hubert H. 1989: Klima und Kulturgeschichte. Der Einfluss des Wetters auf den Gang der Geschichte. Reinbek bei Hamburg: Rowohlt (Rowohlts Enzyklopädie, Kulturen und Ideen, Bd. 478).

Lasogga, Frank, Bernd Gasch 2002: Notfallpsychologie. Edewecht, Wien: Stumpf und Kossendey.

Latif, Mojib 2003: Hitzerekorde und Jahrhundertflut. Herausforderung Klimawandel. Was wir jetzt tun müssen. München: Heyne.

Leeuwarder Courant 2005: »Dijkdoorbraak« moet gevaren laten zien. In: Leeuwarder Courant, 06.09.2005. Internet: <http://www.leeuwardercourant.nl/Index> (06.09.2005).

Le Goff, Jacques, Roger Chartier, Jacques Revel (Hg.) 1990: Die Rückeroberung des historischen Denkens. Grundlagen der Neuen Geschichtswissenschaft. Frankfurt am Main: S. Fischer.

Lehmann, Albrecht 1999: Von Menschen und Bäumen. Die Deutschen und ihr Wald. Reinbek bei Hamburg: Rowohlt.

Lehmann, Albrecht 2001: Bewusstseinsanalyse. In: Göttsch und Lehmann 2001, S. 233–249.

Lengen, Hajo van 1995: Bauernfreiheit und Häuptlingsherrlichkeit im Mittelalter. In: Behre und van Lengen 1995, S. 113–134.

Lengen, Hajo van 2003: Tota Frisia: Sieben Seelande und mehr. Die territoriale Gliederung des freien Frieslands im Mittelalter: ein Überblick mit einer Karte. In: Hajo van Lengen 2003, S. 56–89.

Lengen, Hajo van (Hg.) 2003: Die Friesische Freiheit des Mittelalters – Leben und Legende. Begleitband zur Sonderausstellung der Ostfriesischen Landschaft in Emden und Aurich, 16.06.–14.09.2003. Aurich: Ostfriesische Landschaftliche Verlags- und Vertriebsgesellschaft.

Lindner, Rolf 1981: Die Angst des Forschers vor dem Feld. Überlegungen zur teilnehmenden Beobachtung als Interaktionsprozess. In: Zeitschrift für Volkskunde, 77. Jg., S. 51–66.

Lindner, Rolf (Hg.) 1994: Die Wiederkehr des Regionalen. Über neue Formen kultureller Identität. Frankfurt am Main, New York: Campus.

Lozán, José L. u.a. (Hg.) 2003: Warnsignale aus Nordsee und Wattenmeer. Eine aktuelle Umweltbilanz. Hamburg: Wissenschaftliche Auswertungen.

Lück, Helmut E. 2002: Geschichte der Psychologie. Strömungen, Schulen, Entwicklungen. 3. Aufl. Stuttgart: Kohlhammer.

Lüthi, Max 1981: Dümmling, Dummling. In: EM, Bd. 3, Sp. 937–946.

Lüthi, Max 1990: Das Volksmärchen als Dichtung. Ästhetik und Anthropologie. 2. Aufl. Göttingen: Vandenhoeck und Ruprecht.

Lüthi, Max 1992: Das europäische Volksmärchen. Form und Wesen. 9. Aufl. Tübingen: Francke.

Lüthi, Max 1998: Es war einmal...: vom Wesen des Volksmärchens. 8. Aufl. Göttingen: Vandenhoeck und Ruprecht.

Lussi, Kurt 2002: Im Reich der Geister und tanzenden Hexen. Jenseitsvorstellungen, Dämonen und Zauberglaube. Aarau (CH): AT Verlag.

Machamer, Peter 2001: Die philosophische und wissenschaftliche Revolution und das Zeitalter des Barock. In: Burgard 2001a, S. 189–202.

Mandl, Franz 2000: Das Erbe der Ahnen. Ernst Burgstaller, Herman Wirth und die österreichische Felsbildforschung. In: Alpen, Archäologie, Felsbildforschung. Mitteilungen der ANISA (Verein für alpine Felsbild- und Siedlungsforschung), 21. Jg., Heft 1/2.

Matt, Peter von 1972: Literaturwissenschaft und Psychoanalyse. Eine Einführung. Freiburg: Rombach.

Mayer, Helmut 1989: Gott und Mechanik. Anmerkung zur Geschichte des Naturbegriffs im 17. Jahrhundert. In: Bundesministerium für Finanzen, Kunstforum Länderbank (Hg.): Barocke Natur. Naturverständnis zwischen Spätbarock und Aufklärung (Katalog zur gleichnamigen Ausstellung im Winterpalais des Prinzen Eugen, Wien, 19.05.–19.06.1989). Korneuburg: Ueberreuter.

Meadows, Dennis u.a. 1973: Die Grenzen des Wachstums. Bericht des Club of Rome zur Lage der Menschheit. Reinbek bei Hamburg: Rowohlt.

Meetz, Karen Sabine 2003: »Tempora triumphant«. Ikonographische Studien zur Rezeption des antiken Themas der Jahreszeitenprozession im 16. und 17. Jahrhundert und zu seinen naturphilosophischen, astronomischen und bildlichen Voraussetzungen. Diss. Bonn. *Internet*: <http://hss.ulb.uni-bonn.de/ulb_bonn/diss_online/phil_fak/2003/meetz _karen_sabine/teil_1.pdf> (20.11.2003).

Meier, Dirk 2000: Landschaftsgeschichte, Siedlungs- und Wirtschaftsweise der Marsch. In: Verein für Dithmarscher Landeskunde e.V. 2000, S. 71–92.

Meier, Dirk 2003a: Sturmfluten und ihre Auswirkungen auf die Nordseeküste. In: Lozán u.a. 2003, S. 29–33.

Meier, Dirk 2003b: Landschaftsentwicklung und historische Nutzung der Nordseeküste. In: Lozán u.a. 2003, S. 97–101.

Meiners, Uwe (Hg.) 2002: Suche nach Geborgenheit. Heimatbewegung in Stadt und Land Oldenburg (Begleitband zur Gemeinschaftsausstellung Suche nach Geborgenheit... im Stadtmuseum Oldenburg... vom 10.02.–12.05.2002). Oldenburg: Isensee.

Miller, Rudolf 1998: Umweltpsychologie. Eine Einführung. Stuttgart, Berlin, Köln: Kohlhammer.

Mißfeldt, Jörg 2000: Die Republik Dithmarschen. In: Verein für Dithmarscher Landeskunde e.V. 2000, S. 121–166.

Möhn, Dieter 1983: Geschichte der niederdeutschen Mundarten. In: Cordes und Möhn 1983, S. 154–181.

Mohrmann, Ruth-E. 1987: Regionale Kultur und Alltagsgeschichte. Möglichkeiten, Grenzen und Aufgaben der Volkskunde. In: Konrad Köstlin 1987, S. 53–76.

Mol, Johannes A. 1992: Mittelalterliche Klöster und Deichbau im westerlauwersschen Friesland. In: Thomas Steensen 1992, S. 46–59.

Mol, Johannes A. 2001: Bemiddelaars voor het hiernamaals. Kloosterlingen in middeleeuws Frisia. In: Knol, Hermans und Driebergen 2001, S. 152–164.

Monod, Jacques 1971: Zufall und Notwendigkeit. Philosophische Fragen der modernen Biologie. München: Piper.

Montada, Leo 1982: Die geistige Entwicklung aus der Sicht Jean Piagets. In: Rolf Oerter und Leo Montada (Hg.) 1982: Entwicklungspsychologie. Ein Lehrbuch. München, Wien, Baltimore: Urban und Schwarzenberg, S. 375–424.

Moolenbroek, J.J. van 1985: Caesarius van Heisterbach op reis in Friesland en Groningen. De Dialogus miraculorum (1219–1223) als historische bron. In: Tijdschrift voor geschiedenis, 98. Jg., S. 513–539.

Mose, Ingo 1999: Landesnatur – Naturräumliche und landschaftliche Ausstattung. In: Niedersächsische Landeszentrale für politische Bildung (Hg.): Niedersachsen. Ein Porträt. Braunschweig: Meyer, S. 11–30.

Moser, Dietz-Rüdiger 1979: Brot. In: EM, Bd. 2, Sp. 805–813.

Moser, Dietz-Rüdiger (Hg.) 1992: Glaube im Abseits. Beiträge zur Erforschung des Aberglaubens. Darmstadt: Wissenschaftliche Buchgesellschaft.

Müller, Ingo Wilhelm 1993: Humoralmedizin. Physiologische, pathologische und therapeutische Grundlagen der galenistischen Heilkunst. Heidelberg: Haug.

Müller, Klaus E. 1987: Das magische Universum der Identität. Elementarformen sozialen Verhaltens. Ein ethnologischer Grundriss. Frankfurt am Main, New York: Campus.

Munske, Horst Haider (Hg.) 2001: Handbuch des Friesischen. Tübingen: Niemeyer.

National Snow and Ice Data Center 2002: Antarctic Ice Shelf Collapses. *Internet*: <http://nsidc.org/iceshelves/larsenb2002/> (19.06.2004).

Nationalpark Niedersächsisches Wattenmeer; Umweltbundesamt (Hg.) 1999: Umweltatlas Wattenmeer, Bd. 2: Wattenmeer zwischen Elb- und Emsmündung. Stuttgart: Ulmer.

Nationalpark Niedersächsisches Wattenmeer 2004a: Die Insel Minsener Oog. *Internet*: <http://www.wangerooge-online.com/np_minseneroog.htm> (20.02.2004).

Nationalpark Niedersächsisches Wattenmeer 2004b: Die Insel Mellum. *Internet*: <http://www.wangerooge-online.com/np_mellum.htm> (20.02.2004).

Nationalpark Schleswig-Holsteinisches Wattenmeer; Umweltbundesamt (Hg.) 1999: Umweltatlas Wattenmeer, Bd. 1: Nordfriesisches und Dithmarscher Wattenmeer. Stuttgart: Ulmer.

Nationalparkverwaltung Hamburgisches Wattenmeer (Hg.) 2001: Nationalparkatlas Hamburgisches Wattenmeer. Hamburg: Umweltbehörde Hamburg.

Naudiet, Rainer 1976: Sturmflut 1976. Münsterdorf: Hansen und Hansen.

Negendank, Jörg. F.W., Cathrin Brüchmann, Ulrike Kienel 2001: Die »Kleine Eiszeit« und ihre Abbildung im Klimaarchiv Binnensee. In: Gemäldegalerie, Staatliche Museen zu Berlin 2001, S. 55–62.

Nickelsen, Hans Chr. 1965: Wissenschaft und friesischer Patriotismus bei den nordfriesischen Chronisten und nichtfachgelehrten Sprachforschern des 17. und 19. Jahrhunderts. In: Nordfriesisches Jahrbuch 1965, S. 36–43. *Internet*: <http://www.lebenshilfe-bredstedt.de/Zeit seiten/Nordfriisk_Instituut/Jahrbucher/Die_60er/J1965_36.pdf>.

Niehues-Pröbsting, Heinrich 1994: Hippokrates und Galenos. Zum Verhältnis von Philosophie und Medizin in der Antike (Herner Vorträge zur Gesundheitsförderung, hg. vom Gesundheitsamt der Stadt Herne). *Internet*: <http://www.gesunde-stadt-herne.de/lit/hippokrates_u_galenos.pdf> (27.11.2003).

Niebaum, Hermann 2001: Der Niedergang des Friesischen zwischen Lauwers und Weser. In: Horst Haider Munske 2001, S. 430–442.

Niem, Christine 1998: Lily Weiser-Aall (1898–1987). Ein Beitrag zur Wissenschaftsgeschichte der Volkskunde. In: Zeitschrift für Volkskunde, 94. Jg., S. 25–52.

Niemeyer, Hanz-Dieter, Ralf Kaiser 1999: Meeresspiegelanstieg. In: Nationalpark Niedersächsisches Wattenmeer 1999, S. 34f.

Niermeyer, Jan Frederik, Co van de Kieft 2002: Mediae latinitatis lexicon minus. Lexique latin médiéval – Medieval Latin Dictionary – Mittellateinisches Wörterbuch, 2 Bde. Überarbeitet von J.W.J. Burges. 2. Aufl. Leiden: Koninklijke Brill / Darmstadt: Wissenschaftliche Buchgesellschaft.

Nietzsche, Friedrich 1983: Also sprach Zarathustra. In: Werke in vier Bänden, Bd. 1. Salzburg: Cäsar, S. 279–576.

Nissen, Nis R. 2000: Am Anfang war das Dorf. Raumordnung im Mittelalter. In: Verein für Dithmarscher Landeskunde e.V. 2000, S. 93–120.

Nordfriisk Instituut (Hg.) 1995: Geschichte Nordfrieslands. Heide: Boyens.

North, Michael 1997: Geschichte der Niederlande. München: Beck (Beck'sche Reihe, Bd. 2078).

Olbrich, Karl 1927: Gold (aurum, Sol, rex metallorum), golden. In: HDA, Bd. 3, Sp. 918–922.

Olbrich, Karl 1936: Salz. In: HDA, Bd. 7, Sp. 897–916.

Opitz, Eckardt 2000: Dithmarschen 1773–1867. Zwischen Beharren auf alten Privilegien und Bekundungen zur Modernität. In: Verein für Dithmarscher Landeskunde e.V. 2000, S. 217–254.

Ossing, Franz 2001: Der unvollständige Himmel. Zur Wolkendarstellung der holländischen Meister des 17. Jahrhunderts. In: Gemäldegalerie, Staatliche Museen zu Berlin 2001, S. 41–54.

Ossing, Franz, Jörg F.W. Negendank, Rolf Emmermann 2001: Wie entsteht Landschaft? In: Gemäldegalerie, Staatliche Museen zu Berlin 2001, S. 26–40.

Page, Melvin E. 1996: A Brief Citation Guide for Internet Sources in History and the Humanities (Version 2.1). <http://www2.h-net.msu.edu/~africa/citation.html> (17.08.2003).

Page, R.I. 2001: Frisian Runic Inscriptions. In: Horst Haider Munske 2001, S. 523–530.

Pajonk, Andreas-Michael 2003: Die Harlebucht. Alte und neue Siele und Sielorte in der ehemaligen Harlebucht. Geschichte und Geschichten einer faszinierenden Region. Oldenburg: Isensee.

Palstra 2004: Stavoren. *Internet*: <http://home.planet.nl/~palst004/vanderAA/Stavoren. html> (16.02.2004).

Panten, Albert 1980: Einleitung. In: Jörn Hagemeister 1980, S. 7ff.

Panten, Albert 1991: Das Leben in Nordfriesland um 1600 am Beispiel Nordstrands. In: Hinrichs, Panten und Riecken 1991, S. 65–80.

Panten, Albert 1992: Deiche und Sturmfluten in der geschichtlichen Darstellung Nordfrieslands. In: Thomas Steensen 1992, S. 13–19.

Panten, Albert 1995a: 1000 Jahre Deichbau in Nordfriesland? In: Kühn und Panten 1995, S. 63–124.

Panten, Albert 1995b: Die Nordfriesen im Mittelalter. In: Nordfriisk Instituut 1995, S. 59–102.

Panten, Albert 2001: Geschichte der Friesen im Mittelalter: Nordfriesland. In: Horst Haider Munske 2001, S. 550–555.

Panzer, Friedrich 1941: Wassergeister. In: HDA, Bd. 9, Sp. 127–191.

Parisius, Bernhard 2003: Annäherung an einen Mythos. Zur Wirkungsgeschichte von Friesischer Freiheit und Upstalsboom in der ersten Hälfte des 20. Jahrhunderts. In: Hajo van Lengen 2003, S. 462–493.

Patschovsky, Alexander 1982: Chiliasmus und Reformation im ausgehenden Mittelalter. In: Max Kerner (Hg.): Ideologie und Herrschaft im Mittelalter. Darmstadt: Wissenschaftliche Buchgesellschaft (Wege der Forschung, Bd. 530), S. 475–496. *Internet*: <http://www.uni-konstanz.de/FuF/Philo/Geschichte/Patschovsky/aufsaetze/Inhalt/vi/vi. html> (16.04.2004).

Paulsen, Ingwert 1979: Nachwort. In: Theodor Storm 1979°, S. 104–108.

Peters, Klaus-Heinrich 1999: Der Küstenschutz in Niedersachsen heute. In: Nationalpark Niedersächsisches Wattenmeer 1999, S. 124f.

Petersen, Adeline 1992: »Jedermanns Freund ist jedermanns Narr – jedermanns Braut ist eine Hure«. Zum Bild von Frau und Mann in der friesischen Lexikographie. In: Volkert F. Faltings, Alastair G.H. Walker, Ommo Wilts (Hg.): Friesische Studien I. Beiträge des Föhrer Symposions zur Friesischen Philologie vom 10.–11. Oktober 1991. Odense: Odense University Press (North-Western European Language Evolution, Supplement, Bd. 8), S. 171–203.

Petersen, Marcus, Hans Rohde 1991: Sturmflut. Die großen Fluten an den Küsten Schleswig-Holsteins und in der Elbe. 3. Aufl. Neumünster: Wachholtz.

Petzold, Hilarion G. 1999: Lebensgeschichten verstehen heißt, sich selbst und andere verstehen lernen. Über Biographiearbeit, traumatische Belastungen und Neuorientierung. In: Behinderte in Familie, Schule und Gesellschaft, Nr. 6. *Internet*: <http://bidok.uibk. ac.at/texte/beh6-99-verstehen.html> (17.08.2003).

Petzoldt, Leander 1990: Kleines Lexikon der Dämonen und Elementargeister. München: Beck (Beck'sche Reihe, Bd. 427).

Petzoldt, Leander 1999a: Petzoldt: Magie. In: EM, Bd. 9, Sp. 2–13.

Petzoldt, Leander 1999b: Magisches Weltbild. In: EM, Bd. 9, Sp. 19–24.

Petzoldt, Leander 1999c: Einführung in die Sagenforschung. Konstanz: Universitätsverlag Konstanz.

Petzoldt, Leander 2000–2002: Sagen, Märchen und Schwänke aus Südtirol. Gesammelt von Willi Mai, 2 Bde. (Bd. 1: Wipptal, Pustertal, Gadertal; Bd. 2: Bozen, Vinschgau und Etschtal). Innsbruck, Wien: Tyrolia.

Pfeil, Ulrich 2000: Dithmarschen in der Weimarer Republik 1918–1933. In: Verein für Dithmarscher Landeskunde e.V. 2000, S. 299–326.

Pfister, Christian 1999: Wetternachhersage. 500 Jahre Klimavariationen und Naturkatastrophen (1496–1995). Bern, Stuttgart, Wien: Haupt.

Pfister, Christian 2000: 500 Jahre Klimawandel. Ein historischer Überblick. <http://www.gdv.de/presseservice/13458.htm> (17.08.2003).

Pfister, Christian 2001: Klimawandel in der Geschichte Europas. Zur Entwicklung und zum Potential der Historischen Klimatologie. In: Österreichische Zeitschrift für Geschichtswissenschaften, 12. Jg., Heft 2, S. 7–43.

Pfister, Christian (Hg.) 2002a: Am Tag danach. Zur Bewältigung von Naturkatastrophen in der Schweiz 1500 bis 2000. Bern, Stuttgart, Wien: Haupt.

Pfister, Christian 2002b: Naturkatastrophen und Naturgefahren in geschichtlicher Perspektive. In: Christian Pfister 2002a, S. 11–25.

Piaget, Jean 1973: Das moralische Urteil beim Kinde. Frankfurt am Main: Suhrkamp.

Piaget, Jean 1980: Das Weltbild des Kindes. Frankfurt am Main, Berlin, Wien: Ullstein.

Piaget, Jean, Bärbel Inhelder u.a. 1999: Die Entwicklung des räumlichen Denkens beim Kinde. Gesammelte Werke / Jean Piaget, Studienausgabe, Bd. 6. 3. Aufl. Stuttgart: Klett-Cotta.

Pott, Richard 1995: Farbatlas Nordseeküste und Nordseeinseln. Ausgewählte Beispiele aus der südlichen Nordsee in geobotanischer Sicht. Stuttgart: Ulmer.

Pott, Richard 2003: Die Nordsee. Eine Natur- und Kulturgeschichte. München: Beck.

Probst, Bernd 1998: Generalplan Küstenschutz. In: Nationalpark Schleswig-Holsteinisches Wattenmeer 1998, S. 154f.

Prümm, Karl 2001: Ein kleines Wunder. In: epd medien, Nr. 70, 05.09.2001. *Internet*: <http://www.epd.de/medien/2001/70kritik.htm> (16.06.2004).

Prümm, Karl 2002: Ein weißer Wal im trüben Strom. Erkenntnispotentiale digitaler Bildbearbeitung. *Internet*: <http://www.ub.uni-konstanz.de/kops/volltexte/2002/836/html/zdb/beitrag/Pruemm.htm> (16.06.2004).

Quedens, Georg 1978: Nordsee – Mordsee. Breklum: Breklumer Verlag.

Rahn, Ewald, Angela Mahnkopf 1999: Lehrbuch Psychiatrie für Studium und Beruf. Bonn: Psychiatrie-Verlag.

Rast, Friedemann 1993: Ostfriesland. 2. Auflage Frankfurt am Main, Berlin: Ullstein (Ullstein Reiseführer).

Rast, Friedemann 1996: Landgang. Kulturlandschaft Ost-Friesland. Zur Gestalt und Geschichte. Hg. vom Niedersächsischen Ministerium für Wissenschaft und Kultur, Referat Presse- und Öffentlichkeitsarbeit. Leer: Rautenberg.

Rattner, Josef 1978: Hans Vaihinger und Alfred Adler. Zur Erkenntnistheorie des normalen und neurotischen Denkens. In: Zeitschrift für Individualpsychologie, 3. Jg., S. 40–47.

Raubold, Susanne 1995: Ein Friese von Gottes Gnaden. Der Amerikaner Marren C. Fort kämpft gegen den Untergang von Europas kleinster Sprachinsel: das Saterfriesisch. In: taz Bremen, 17.07.1995, S. 23.

Raveling, Wiard 1993: Die Geschichte der Ostfriesenwitze. Leer: Schuster.

Redaktion der Husumer Nachrichten 1982: Die großen Sturmfluten seit 1962 an der schleswig-holsteinischen Westküste. Überarb. Neuausgabe. Husum: Husum Druck- und Verlagsgesellschaft.

Regin, Silke 2001: Johann Georg Kohl. Ethnographische Sprachreflexion im 19. Jahrhundert. Siegen: Carl Böschen (Kasseler Studien – Literatur, Kultur, Medien, Bd. 7).

Reichmayr, Johannes 1995: Einführung in die Ethnopsychoanalyse. Geschichte, Theorien und Methoden. Frankfurt am Main: Fischer.

Reinders-Düselder, Christoph 1997: Bardenfleth und seine Bevölkerung. In: Moorriem: Geschichte, Bilder, Geschichten (Moorriemer Chronik e.V.). Elsfleth: Moorriemer Chronik. *Internet*: <http://www.moorriemer-chronik.de/> → Bardenfleth und seine Bevölkerung; als Ausdruck 12 Seiten (12.05.2004).

Reise, Karsten 1998a: Einstige Austernbänke. In: Nationalpark Schleswig-Holsteinisches Wattenmeer 1998, S. 168f.

Reise, Karsten 1998b: Fremde im Wattenmeer. In: Nationalpark Schleswig-Holsteinisches Wattenmeer 1998, S. 172f.

Renner, Eduard 1991: Goldener Ring über Uri. Ein Buch vom Erleben und Denken unserer Bergler, von Magie und Geistern und von den ersten und letzten Dingen. Zürich: Ammann.

Rheinheimer, Martin 2003: Mythos Sturmflut. Der Kampf gegen das Meer und die Suche nach Identität. In: Demokratische Geschichte. Jahrbuch für Schleswig-Holstein, 15. Jg., S. 9–58.

Rickmers, H.P. (Hg.) 1987: Helgoland. Naturdenkmal der Nordsee – Deutsche Schicksalsinsel. Hamburg: Dingwort.

Riecken, Guntram 1991: Die Flutkatastrophe am 11. Oktober 1634. Ursachen, Schäden und Auswirkungen auf die Küstengestalt Nordfrieslands. In: Hinrichs, Panten und Riecken 1991, S. 11–63.

Rieken, Bernd 1996: »Fiktion« bei Vaihinger und Adler. Plädoyer für ein wenig beachtetes Konzept. In: Zeitschrift für Individualpsychologie, 21. Jg., Heft 4, S. 280–291.

Rieken, Bernd 1999: Besuch aus dem Jenseits. Volksglaube im biographischen Kontext. In: Bios. Zeitschrift für Biographieforschung und Oral History, 12. Jg., S. 221–235.

Rieken, Bernd 2000: Wie die Schwaben nach Szulok kamen. Erzählforschung in einem ungarndeutschen Dorf. Frankfurt am Main, New York: Campus (Campus Forschung, Bd. 808).

Rieken, Bernd 2003a: Arachne und ihre Schwestern. Eine Motivgeschichte der Spinne von den »Naturvölkermärchen« bis zu den »Urban Legends«. Münster u.a.O.: Waxmann (Internationale Hochschulschriften, Bd. 403).

Rieken, Bernd 2003b: Kompensation und Überkompensation in der Volkserzählung. In: Zeitschrift für Individualpsychologie, 28. Jg., Heft 2, S. 62–79.

Rieken, Bernd 2003c: Gegenübertragungsprobleme, Beziehungsanalyse und Selbstenthüllung im Schatten der Therapieausbildung. Fallbeispiele und Überlegungen aus individualpsychologischer Sicht. In: Zeitschrift für Individualpsychologie, 28. Jg., Heft 4, S. 332–353.

Rieken, Bernd 2004a: Die Individualpsychologie Alfred Adlers und ihre Bedeutung für die Erzählforschung. In: Fabula, 45. Jg., S. 1–32.

Rieken, Bernd 2004b: »Gegenübertragung« als Problem der Feldforschung. Beispiele aus Psychoanalyse und Ethnologie. In: Rainer Alsheimer, Michael Simon (Hg.): Körperlichkeit und Kultur 2003. Körperbilder. Dokumentation des 6. Arbeitstreffens des

»Netzwerk Gesundheit und Kultur in der volkskundlichen Forschung«, Würzburg, 26.03.–28.03.2003. Bremen: Universität Bremen (Volkskunde und historische Anthropologie, Bd. 9), S. 57–69.

Rieken, Bernd 2005a: Die Verwendung von Spinnenseide in der traditionellen Volksmedizin und modernen Hightech-Medizin. In: Rainer Alsheimer, Roland Weibezahn (Hg.): Körperlichkeit und Kultur 2004. Interdisziplinäre Medikalkulturforschung. Dokumentation des 7. Arbeitstreffens des »Netzwerk Gesundheit und Kultur in der volkskundlichen Forschung, Würzburg, 31.03.–02.04.2004. Bremen: Universität Bremen (Volkskunde und historische Anthropologie, Bd. 10), S. 15–28.

Rieken, Bernd 2005b: Der subjektive Sinn von Desastern. Was der Tsunami vom 26. Dezember 2004 mit den großen Sturmflutkatastrophen an der Nordseeküste zu tun hat. Ein Essay. In: Ostfriesland Magazin, Heft 4, S. 34–41.

Rieken, Bernd i.D.a: Das Meer als Bedrohung. Die Nordsee in der populären Überlieferung. In: Leander Petzoldt (Hg.): 15. interdisziplinäres Symposion zur Volkserzählung auf der Brunnenburg, Dorf Tirol / Südtirol, 17.10–21.10.2001. Bern u.a.O.: Lang.

Rieken, Bernd i.D.b: »Eine Erkenntnis des Volksgeistes zu erstreben...«. Mentalitätsgeschichtliche Aspekte der Friesischen Freiheit. In: Leander Petzoldt (Hg.): 17. interdisziplinäres Symposion zur Volkserzählung Brunnenburg, Dorf Tirol / Südtirol, 22.10–26.10.2003.

Rieken, Bernd i.V.: Emo von Wittewierum. In: Biographisch-Bibliographisches Kirchenlexikon (= BBKL). Hg. von Friedrich-Wilhelm Bautz, fortgeführt von Traugott Bautz. Nordhausen: Bautz.

Rinzema, Anton J. 1992: Van Emo to Ubbo: Groninger en Oostfriese geschiedschrijvers tot 1600. In: Otto Samuel Knottnerus u.a. 1992a, S. 141–168.

Rodbach de Olmos, Lioba 2003: Das traditionelle Wissen, die Biodiversität und der Blickwinkel der Völkerkunde. In: Missio, Message und Museum: Festschrift für Josef Franz Thiel zum 70. Geburtstag. Frankfurt am Main: Otto Lembeck, S. 249–266.

Roding, Juliette, Lex Heerma van Voss (Hg.) 1996: The North Sea and Culture (1550–1800). Proceedings of the International Conference held at Leiden, 21.04.–22.04.1995. Hilversum: Verloren.

Röhrich, Lutz 1987: Geographisch-historische Methode. In: EM, Bd. 5, Sp. 1012–1030.

Röhrich, Lutz 1994: Lexikon der sprichwörtlichen Redensarten, 5 Bde. Freiburg, Basel, Wien: Herder.

Röhrich, Lutz 2002: »Und weil sie nicht gestorben sind...«. Anthropologie, Kulturgeschichte und Deutung von Märchen. Köln, Weimar, Wien: Böhlau.

Röhrich, Lutz, Hans-Jörg Uther, Rolf Wilhelm Brednich i.D.: Sage. In: EM, Bd. 11.

Rogl, Hans Wolfgang 1995: Die Nordsee-Inselbahnen. 5. Aufl. Düsseldorf: Alba.

Rolshoven, Johanna 1993: Der Blick aufs Meer. Facetten und Spiegelungen volkskundlicher Affekte. In: Zeitschrift für Volkskunde, 89. Jg., S. 191–212.

Rolshoven, Johanna 2003: Von der Kulturraum- zur Raumkulturforschung. Theoretische Herausforderungen an eine Kultur- und Sozialwissenschaft des Alltags. In: Zeitschrift für Volkskunde, 99. Jg., S. 189–213.

Roo, Robert de 2003: Amateur-historicus: Grond in het Noorden schudt al eeuwen. In: Dagblad van het Noorden, 07.11.2003. *Internet*: <http://www.dvhn.nl/Pagina/0,7109, 26-12039--1674594-1387--,00.html> (11.11.2003).

Rothschuh, Karl E. 1978: Konzepte der Medizin in Vergangenheit und Gegenwart. Stuttgart: Hippokrates.

Sagert, Gerhard o.J.: Urgewalten vor Cuxhavens Küste. Sturmflut 1962, Eiswinter 1963, Niedrigwasser 1964, Sturmflut 1976. Hannover: Selbstverlag Sagert.

Saigh, Philip A. (Hg.) 1995: Posttraumatische Belastungsstörung. Diagnose und Behandlung psychischer Störungen bei Opfern von Gewalttaten und Katastrophen. Bern: Huber. .

Salomon, Almuth 1965: Geschichte des Harlingerlandes bis 1600 (Abhandlungen und Vorträge zur Geschichte Ostfrieslands, Bd. 41). Aurich: Verlag Ostfriesische Landschaft (zugleich Diss. Göttingen 1964).

Salomon, Almuth 2000: Friesische Geschichtsbilder. Historische Ereignisse und kollektives Gedächtnis im mittelalterlichen Friesland (Abhandlungen und Vorträge zur Geschichte Ostfrieslands, Bd. 78). Aurich: Ostfriesische Landschaftliche Verlags- und Vertriebsgesellschaft.

Sander, Antje 2002: Friesenstolz und Heimatsinn. Der jeverländische Altertums- und Heimatverein und die Heimatbewegung im Oldenburger Land um 1920. In: Uwe Meiners 2002, S. 308–331.

Sanders, Willy 1982: Sachsensprache, Hansesprache, Plattdeutsch. Sprachgeschichtliche Grundzüge des Niederdeutschen. Göttingen: Vandenhoeck und Ruprecht.

Sartori, Paul 1935: Petrus, hl. In: HDA, Bd. 6, Sp. 1536–1540.

Scagnet, Ernst 2003: Sicher wie Sand. Vom Umgang der Holländer mit der Angst, mit dem steigenden Meeresspiegel und mit der Erinnerung an die große Flut von 1953. In: Neue Zürcher Zeitung, 11.01.2003 (NZZ Online, Archiv).

Schaaf, Sjoerd van der 1977: Skiednis fan de Fryske beweging. Leeuwarden / Ljouwert: De Tille (Fryske Akademy, Nr. 520).

Schaïk, Remi W.M. van 2001: Hel en Hemel. Aspecten van middeleeuws geloofsleven in de Friese landen. In: Knol, Hermans und Driebergen 2001, S. 166–177.

Schama, Simon 1988: Überfluss und schöner Schein. Zur Kultur der Niederlande im Goldenen Zeitalter. München: Kindler.

Scharfe, Martin 1995: Bagatellen. Zu einer Pathognomik der Kultur. In: Zeitschrift für Volkskunde, 91. Jg., S. 1–26.

Schellnhuber, Hans-Joachin, Horst Sterr (Hg.) 1993: Klimaänderung und Küste. Einblick ins Treibhaus. Berlin, Heidelberg, New York: Springer.

Schenda, Rudolf 1983: Mären von Deutschen Sagen. Bemerkungen zur Produktion von »Volkserzählungen« zwischen 1850 und 1870. In: Geschichte und Gesellschaft, 9. Jg., Heft 1, S. 26–48.

Schenda, Rudolf (Hg.) 1988: Sagenerzähler und Sagensammler der Schweiz. Studien zur Produktion volkstümlicher Geschichte und Geschichten vom 16. bis zum frühen 20. Jahrhundert. Bern, Stuttgart: Haupt.

Schenda, Rudolf 1993: Von Mund zu Ohr. Bausteine zu einer Kulturgeschichte volkstümlichen Erzählens in Europa. Göttingen: Vandenhoeck und Ruprecht.

Schenda, Rudolf 1995: Das ABC der Tiere. Märchen, Mythen und Geschichten. München: Beck.

Schenda, Rudolf 1996: Kuriositätenliteratur. In: EM, Bd. 8, Sp. 647–660.

Scheuermann, Ulrich 2001: Friesische Relikte im ostfriesischen Niederdeutsch. In: Horst Haider Munske 2001, S. 443–448.

Scheurle, Carolyn i.V.: Die Nordsee unter dem Einfluss natürlicher Klimaveränderungen im Verlauf des Spätholozän. Diss. Bremen.

Schiemann, Gregor 1998: Ohne Telos und Verstand. Grenzen des naturwissenschaftlichen Kausalitätsverständnisses. Vortrag am 20. Weltkongress für Philosophie, Boston (Massachusetts), 10.08.–15.08.1998. <http://www.bu.edu/wcp/Papers/Scie/ScieSchi.htm> (17.08.2003).

Schifferle, Hans 2004: *The Day After Tomorrow*. Roland Emmerichs kritischer Katastrophenfilm. In: epd Film, Heft 6, S. 36f.

Schiller, Friedrich 1981: Über den Grund des Vergnügens an tragischen Gegenständen. In: Werke in drei Bänden, Bd. 2. München: Hanser, S. 341–351.

Schindler, Norbert 1992: Widerspenstige Leute. Studien zur Volkskultur in der frühen Neuzeit. Frankfurt am Main: Fischer.

Schmëing, Karl 1937: Das Zweite Gesicht in Niederdeutschland. Wesen und Wahrheitsgehalt. Leipzig: Johann Ambrosius Barth.

Schmëing, Karl 1943: Zur Geschichte des Zweiten Gesichts. Eidetische Grundlagen (Schriften des Niedersächsischen Heimatbundes e.V., Neue Folge, Bd. 13). Oldenburg i.O.: Stalling.

Schmëing, Karl 1954: Seher und Seherglaube. Soziologie und Psychologie des »Zweiten Gesichts«. Darmstadt-Eberstadt: Themis.

Schmid, Peter, 2001a: Archäologische Zeugnisse der Friesen in Ostfriesland. In: Horst Haider Munske 2001, S. 493–499.

Schmid, Peter 2001b: Die ersten Ost-Friesen. Neue Erkenntnisse der Archäologie zur Besiedlung des Küstenraumes. In: Interfriesischer Rat 2001, S. 50–58.

Schmidbauer, Wolfgang 1996: Das Leiden an der Ungeborgenheit und das Bedürfnis nach Illusionen. Psychoanalytische Überlegungen zum Heimatbegriff. In: Österreichische Zeitschrift für Volkskunde, 99. Jg., S. 305–320.

Schmidt, Andreas 1999: »Wolken krachen, Berge zittern, und die ganze Erde weint...«. Zur kulturellen Vermittlung von Naturkatastrophen in Deutschland 1755–1855. Münster u.a.O.: Waxmann.

Schmidt, Heinrich 2001: Konstanz und Wandel regionaler Identitäten an der südlichen Nordseeküste während des Mittelalters und der Frühen Neuzeit. In: Niedersächsisches Jahrbuch für Landesgeschichte, Bd. 73, S. 71–100 (Geschichte am Meer. Vorträge auf der Tagung der Historischen Kommission für Niedersachsen und Bremen vom 1. bis 3. Juni 2000 in Emden).

Schmidt, Heinrich 2003a: Zur »Ideologie« der Friesischen Freiheit im Mittelalter. In: Hajo van Lengen 2003, S. 318–345.

Schmidt, Heinrich 2003b: Häuptlingsmacht, Freiheitsideologie und bäuerliche Sozialstruktur im spätmittelalterlichen Friesland. In: Hajo van Lengen 2003, S. 346–377.

Schmidt, Rainer 1995: Männlicher Protest. In: Brunner und Titze 1995, S. 312–315.

Schmidt-Lauber, Brigitte 2001: Das qualitative Interview oder: Die Kunst des Reden-Lassens. In: Göttsch und Lehmann 2001, S. 165–186.

Schmitt, Uwe 2004: Wenn Gott seinen Kühlschrank öffnet. Wie »The Day After Tomorrow« Amerika bewegt. In: Die Welt, 29.05.2004.

Schneider, Wilhelm 1976: Arbeiten zur alamannischen Frühgeschichte, Heft III/IV: Arbeiten zur allgemeinen Geschichte. Tübingen: Selbstverlag Schneider.

Schöner, Erich 1964: Das Viererschema in der antiken Humoralpathologie. Wiesbaden: Steiner (Sudhoffs Archiv für Geschichte der Medizin und der Naturwissenschaften, Beihefte, Heft 4).

Schönfeld, Günther, Heiko Tornow 1997: Angst hinterm Deich. Sturmfluten 1962–1976. 5. Aufl. Stade, Buxtehude: Krause.

Schönwiese, Christian D., Tim Staeger, Silke Trömel, M. Jonas 2004: Statistisch-klimatologische Analyse des Hitzesommers 2003 in Deutschland. In: Deutscher Wetterdienst (Hg.): Klimastatusbericht für das Jahr 2003. Offenbach: Deutscher Wetterdienst. *Internet*: <http://www.dwd.de/de/FundE/Klima/KLIS/prod/KSB/ksb03/14_statistisch.pdf> (13.06.2004).

Schoo, J. 1934: Over gelijkluidende kerkbouwsagen uit Friesland, Sleeswijk-Holstein en het Berner Oberland. In: De Vrije Fries, Bd. 32, S. 1–56.

Schöttler, Peter 1985: Von den »Annales« zum »Forum Histoire«. Hinweise zur neuen Geschichte in Frankreich. In: Hannes Heer, Volker Ulrich (Hg.): Geschichte entdecken. Erfahrungen und Projekte der neuen Geschichtsbewegung. Reinbek bei Hamburg: Rowohlt, S. 58–71.

Scholl-Latour, Peter 2001: Vom Umgang mit Katastrophen, Kriegen und Krisen in den Medien. In: Becker, Domres und von Finck 2001, S. 219–233.

Scholten, Herman o.J.: Holland, Land des Wassers, der Deiche und Polder. Almere: Bears Publishing.

Schröder, Peter 1995: Einführung: Lokales Wissen als konstruktives und kritisches Potential für die Entwicklungszusammenarbeit. In: Schröder, Peter, Susan Honerla (Hg.): Lokales Wissen und Entwicklung. Saarbrücken: Verlag für Entwicklungspolitik, S. 1–15.

Schroor, Meindert 1993: De wereld van het Friese landschap. Groningen: Wolters-Noordhoff.

Schubert, Ernst 2001: Die friesische Freiheit im europäischen Vergleich: Island, Schweiz, Siebenbürgen und Schottland. In: Interfriesischer Rat 2001, S. 59–89 (auch in: Hajo van Lengen 2003, S. 294–317).

Schubert, Ernst 2002: Alltag im Mittelalter. Natürliches Lebensumfeld und menschliches Miteinander. Darmstadt: Wissenschaftliche Buchgesellschaft.

Schütz, Astrid 2001: Positives Denken und Illusionen – Nützlich oder schädlich? In: Silbereisen, Rainer K., Matthias Reitzle (Hg.): Bericht über den 42. Kongress der Deutschen Gesellschaft für Psychologie in Jena 2000: »Psychologie 2000«. Lengerich: Pabst Science Publishers, S. 468–479.

Schulze, Gerhard 1996: Die Erlebnisgesellschaft. Kultursoziologie der Gegenwart. 6. Aufl. Frankfurt am Main, New York: Campus.

Schuster, Theo 2001: Bösselkatrien heet mien Swien. Das Tier in der ostfriesischen Kulturgeschichte und Sprache. Leer: Schuster.

Schwartz, Peter, Doug Randall 2003: An Abrupt Climate Change Scenario and Its Implications for United States National Security. *Internet*: <http://www.stopesso.com/campaign/Pentagon.doc> (20.06.2004).

Schwarz, Wolfgang 1995a: Die Urgeschichte in Ostfriesland. Leer: Schuster.

Schwarz, Wolfgang 1995b: Ur- und Frühgeschichte. In: Behre und van Lengen 1995, 39–74.

Schwarz, Wolfgang 1995c: Archäologische Quellen zur Besiedlung Ostfrieslands im frühen und hohen Mittelalter. In: Behre und van Lengen 1995, S. 75–92.

Schwarz, Wolfgang 2003: Die Stätte des Upstalsbooms. Die archäologische Wahrnehmung des Upstalsbooms. In: Hajo van Lengen 2003, S. 404–421.

Schwibbe, Gudrun 2004: Psychologie. In: EM, Bd. 11, Sp. 23–35.

Scribner, Bob 1987: Reformation, Karneval und die »verkehrte Welt«. In: Richard van Dülmen, Norbert Schindler (Hg.) 1987: Volkskultur. Zur Wiederentdeckung des vergessenen Alltags (16.–20. Jahrhundert). Frankfurt am Main: Fischer.

Sea-rescue.de 2004: Sie gaben ihr Leben für andere. Das Unglück der Adolph Bermpohl. *Internet*: <http://www.sea-recue.de>deutsch/organisationen_laender/deutschland/seeno trettung/dgzrs/presse_veroeffentlichungen/> → <http://www.mscb.ch/infos/dgzrs/berm pohl/berm pohl.htm> (12.06.2004).

Seebold, Elmar 1995: Wer waren die Friesen – sprachlich gesehen?. In: Volkert F. Faltings, Alastair G.H. Walker, Ommo Wilts (Hg.): Friesische Studien II. Beiträge des Föhrer Symposions zur Friesischen Philologie vom 07.–08. April 1994. Odense: Odense University Press (North-Western European Language Evolution, Supplement, Bd. 12), S. 1–17.

Seebold, Elmar 2001: Die Friesen im Zeugnis antiker und spätantiker Autoren. In: Horst Haider Munske 2001, S. 479–487.

Seidenspinner, Wolfgang 1991: Sagen als Gedächtnis des Volkes? Archäologisches Denkmal, ätiologische Sage, kommunikatives Erinnern. In: Bönisch-Brednich, R.W. Brednich, Gerndt, S. 525–534.

Sethe, Helmut 1982: Was von 1962 bis 1982 geschah. In: Redaktion der Husumer Nachrichten 1982, S. 39–64.

Sievers, Kai Detlev 1981: Aberglaube in der Sicht der protestantischen Orthodoxie und der Aufklärung. Entwicklungsgeschichtliche Betrachtungen. In: Kieler Blätter zur Volkskunde, 13. Jg., S. 27–54.

Sievers, Kai Detlev 2001: Volkskundliche Fragestellungen im 19. Jahrhundert. In Rolf Wilhelm Brednich 2001, S. 31–51.

Simon, Michael 2003: »Volksmedizin« im frühen 20. Jahrhundert. Zum Quellenwert des Atlas der deutschen Volkskunde. Mainz: Gesellschaft für Volkskunde in Rheinland-Pfalz (Studien zur Volkskultur, Bd. 28).

Sönnichsen, Uwe, Jochen Moseberg 1994: Wenn die Deiche brechen. Sturmfluten und Küstenschutz an der schleswig-holsteinischen Westküste und in Hamburg. Husum: Husum Drucks- und Verlagsgesellschaft.

Sontheimer, Kurt 1992: Antidemokratisches Denken in der Weimarer Republik. Die Ideen des deutschen Nationalismus zwischen 1918 und 1933. 3. Aufl. München: dtv.

Spaemann, Robert, Reinhard Löw 1985: Die Frage Wozu? Geschichte und Wiederentdeckung des teleologischen Denkens. 2. Aufl. München, Zürich: Piper (Serie Piper, Bd. 420).

Spamer, Adolf 1935: Die Volkskunde als Gegenwartswissenschaft. Ein Vortrag. In: Riehl, Wilhelm Heinrich, Adolf Spamer: Die Volkskunde als Wissenschaft. Berlin, Leipzig: Stubenrauch, S. 75–85.

Speck, Bernhard, Erik Wilkens, Joachim Wergin 1976: Die Januarflut 1976. Erlebt auf den Halligen Hooge, Langeneß, Oland. Breklum: Breklumer Verlag.

Spenter, Arne 1983: Niederdeutsch-friesische Interferenzen. In: Cordes und Möhn 1983, S. 762–782.

Der Spiegel 2002: Streitgespräch mit den Klimaforschern Mojib Latif und Heinz Miller über die Zunahme extremer Wetterlagen, 19.08.2002. *Internet*: <http://www.spiegel.de /spiegel/0,1518,209915,00.html> (19.06.2004).

Spiegel Online 2002: Interview mit dem Klimaforscher Latif: »Wir zinken unser Klima«, 09.08.2002. *Internet*: <http://www.spiegel.de/panorama/0,1518,208767,00.html> (14.09.2002).

Staiger, Emil 1963: Die Kunst der Interpretation. Studien zur deutschen Literaturgeschichte. 4. Aufl. Zürich: Atlantis.

Steensen, Thomas 1986: Die friesische Bewegung in Nordfriesland im 19. und 20. Jahrhundert (1879–1945), 2 Bde (Bd. 2: Dokumente). Neumünster: Wachholtz (Quellen und Forschungen zur Geschichte Schleswig-Holsteins, Bd. 89 und 90).

Steensen, Thomas (Hg.) 1992: Deichbau und Sturmfluten in den Frieslanden. Beiträge vom 2. Historiker-Treffen des Nordfriisk Instituut. Braist / Bredstedt: Nordfriisk Instituut (Nordfriisk Instituut, Nr. 108).

Steensen, Thomas 1995: Nordfriesland im 19. und 20. Jahrhundert. In: Nordfriisk Instituut 1995, S. 207–435.

Steensen, Thomas 1996: Friesische Sprache und friesische Bewegung. 3. Aufl. Husum: Husum Druck- und Verlagsgesellschaft (Schriften des Kreisarchivs Nordfriesland, 11).

Steensen, Thomas 1997: Vorwort. In: Ludwig Fischer 1997a, S. 7f.

Steensen, Thomas 2001: Wer sind die Friesen? 27 Fragen und Antworten zur nordfriesischen Geschichte, Sprache und Kultur. 2. Aufl. Braist / Bredstedt: Nordfriisk Instituut (Nordfriisk Instituut, Nr. 128).

Stegemann, Victor 1927: Finsternisse (Sonnenfinsternis, Mondfinsternis). In: HDA, Bd. 2, Sp. 1509–1526.

Stegemann, Victor 1933: Komet. In: HDA, Bd. 5, Sp. 89–170.

Stehr, Johannes 1998: Sagenhafter Alltag. Über die private Aneignung herrschender Moral. Frankfurt am Main, New York: Campus.

Stehr, Nico, Hans von Storch 1999: Klima, Wetter, Mensch. München: Beck (Beck'sche Reihe, Bd. 2113).

Stehr, Nico, Hans von Storch 2002: Das Klima in den Köpfen der Menschen. In: Walter Hauser 2002, S. 280–291.

Stephan, Inge 2000: Wasser und Weiblichkeit. Von den Gefahren des Ertrinkens und der Lust am Untergang. In: Kunst- und Ausstellungshalle der BRD 2000, S. 177–193.

Sterr, Horst 2003: Geographische Charakterisierung der Nordseeregion. In: Lozán u.a. 2003, S. 40–46.

Sterr, Horst, Christoph Preu (Hg.) 1996: Beiträge zur aktuellen Küstenforschung. Aspekte – Methoden – Perspektiven. Vechta: Vechtaer Druckerei und Verlag (Vechtaer Studien zur Angewandten Geographie und Regionalwissenschaft, Bd. 18).

Straberger-Schusser, Marianne 1933: Kreis. In: HDA, Bd. 5, Sp. 462–478.

Streif, Hansjörg 1993: Geologische Aspekte der Klimawirkungsforschung im Küstenraum der südlichen Nordsee. In: Schellnhuber und Sterr 1993, S. 77–93.

Streif, Hansjörg 1999: Geologische Küstenentwicklung. In: Nationalpark Niedersächsisches Wattenmeer 1999, S. 12f.

Streif, Hansjörg 2002: Nordsee und Küstenlandschaft. Beispiel einer dynamischen Landschaftsentwicklung. In: Akademie der Geowissenschaften zu Hannover, Heft 20, S. 134–149.

Streif, Hansjörg 2003: Die Nordsee im Wandel – vom Eiszeitalter bis zur Neuzeit. In: Lozán u.a. 2003, S. 19–28.

Stürenburg, Cirk Heinrich 1857: Ostfriesisches Wörterbuch. Aurich: Seyde (Nachdruck Leer: Schuster 1996).

Terheyden, Klaus 2001: Das Saterland. Eine historische Reise zu friesischen Wurzeln. Rhauderfehn: General-Anzeiger. *Internet*: <http://www.ga-online.de/pages/friesische_blaetter/friesische_blaetter.pdf> (16.08. 2003).

Tetsuro, Watsuji 1997: Fudo – Wind und Erde. Der Zusammenhang von Klima und Kultur. 2. Aufl. Darmstadt: Wissenschaftliche Buchgesellschaft.

Teuber, Werner 1995: Jüdische Viehhändler in Ostfriesland und im nördlichen Emsland. Eine vergleichende Studie zu einer jüdischen Berufsgruppe in zwei wirtschaftlich und konfessionell unterschiedlichen Regionen. Cloppenburg: Runge (Schriften des Instituts für Geschichte und Historische Landesforschung – Vechta, Bd. 4)

Thaller, Manfred 2003: Die Handschriftenbibliothek des Kölner Doms im Internet. *Internet*: <http://webdoc.gwdg.de/edoc/p/fundus/1/thaller2.pdf> (15.11.2003).

Theweleit, Klaus 2002: Männerphantasien 1 + 2. Bd. 1: Frauen, Fluten, Körper, Geschichte. Bd. 2: Männerkörper – zur Psychoanalyse des weißen Terrors. 2. Aufl. München, Zürich: Piper.

Thiede, J., K. Ahrendt 2000: Klimaänderung und Küste – Fallstudie Sylt. Teilprojekt: Klimabedingte Veränderung der Gestalt der Insel Sylt. Geomar, Forschungszentrum für marine Geowissenschaften der Christian-Albrechts-Universität zu Kiel Paläo-Ozeanologie. *Internet*: <http://www.iczm.de/geomarab.pdf> (17.08.2003).

Tholund, Jakob 2001: Friesland und die Friesen in der deutschen Literatur. In: Horst Haider Munske 2001, S. 473–478.

Thomas von Aquin 2001a: Sententia libri Metaphysicae. In: Corpus Thomisticum S. Thomae de Aquino Opera Omnia. Recognovit ac instruxit Enrique Alarcón electronico Pampilonae ad Universitatis Studiorum Navarrensis aedes A.D. MMI. *Internet*: <http://unav. es/filosofia/alarcon/amicis/cmp0104.htm> (11.10.2003) und <http://unav. es/filosofia/alarcon/amicis/cmp05.html#82328> (11.10.2003).

Thomas von Aquin 2001b: Summa Theologiae. In: Corpus Thomisticum S. Thomae de Aquino Opera Omnia. Recognovit ac instruxit Enrique Alarcón electronico Pampilonae ad Universitatis Studiorum Navarrensis aedes A.D. MMI. *Internet*: <http://unav. es/filosofia/alarcon/amicis/sth2001.html#33418> (17.08.2003) (Buchausgabe: Thomas von Aquino: Summe der Theologie, Bd. 2: Die sittliche Weltordnung. Hg. von Joseph Bernhart. Stuttgart: Kröner 1985).

Thompson, Stith 1955–1958: Motif-Index of Folk-Literature. A Classification of Narrative Elements in Folktales, Ballads, Myths, Fables, Mediaeval Romances, Exempla, Fabliaux, Jest-Books and Local Legends, 6 Bde. Copenhagen: Rosenkilde and Bagger.

Tielke, Martin 2003: Der Upstalsboom als Gedächtnisort. In: Hajo van Lengen 2003, S. 436–461.

Tillich, Paul 1932: Das Wasser. In: Taschenbuch zum Gottesjahr, 3. Jg. Kassel: Bärenreiter, S. 65–67. *Internet*: <http://www.gottesjahr.de/gj32/3209z.htm> (29.11.2003).

Titze, Michael 1995a: Alles-oder-Nichts-Prinzip. In: Brunner und Titze 1995, S. 24.

Titze, Michael 1995b: Logik, private. In: Brunner und Titze 1995, S. 306f.

Tölle, Rainer 1994: Psychiatrie: einschließlich Psychotherapie. 10. Aufl.: Berlin, Heidelberg, New York: Springer.

Töteberg, Michael 1983: Sprichwort, Rätsel, Sage und Märchen. In: Cordes und Möhn 1983, S. 487–507.

Trilling, Lionel 1980: Das Ende der Aufrichtigkeit. München, Wien: Hanser.

Ueding, Gert 2001: Katastrophenliteratur oder Die Lust am Untergang – auf dem Papier. In: Becker, Domres und von Finck 2001, S. 163–181.

Uffelen, Herbert van, Matthias Hüning, Ulrike Vogl (Hg.) 1998: Ljouwert – Celovec und zurück. Minderheitensprachen Friesisch (Friesland, Niederlande) und Slowenisch (Kärnten, Österreich) im Vergleich. Wien: Institut für Germanistik / Nederlandistik. *Internet*: <http://www.ned.univie.ac.at/publicaties/broschueren/fries/index.htm> (17.08.2003).

Uphoff, Rolf 1995: Die Deicher. Oldenburg: Isensee (zugleich Diss. Hannover).

Uphoff, Rolf 2001: Die Deicharbeit des 17. und 18. Jahrhunderts als Form vorindustrieller Massenarbeit. In: Niedersächsisches Jahrbuch für Landesgeschichte, Bd. 73, S. 101–118 (Geschichte am Meer. Vorträge auf der Tagung der Historischen Kommission für Niedersachsen und Bremen vom 1. bis 3. Juni 2000 in Emden).

Vahlendieck, August Wilhelm 1992: Das Witte Kliff von Helgoland. Zur Geschichte seiner Zerstörung durch Steinbruchbetrieb und die helgoländische Geschichte des 11. bis 18. Jahrhunderts eingebunden in die Geschichte der Nordsee-Küstenländer. Bräist / Bredstedt: Nordfriisk Instituut (Nordfriisk Instituut, Nr. 110).

Vaihinger, Hans 1911: Die Philosophie des Als Ob. System der theoretischen, praktischen und religiösen Fiktionen der Menschheit auf Grund eines idealistischen Positivismus. Berlin: Reuther und Reichard.

Veen, Klaas F. van der 2001: West Frisian Dialectology and Dialects. In: Horst Haider Munske 2001, S. 98–116.

Verein für Dithmarscher Landeskunde e.V. (Hg.) 2000: Geschichte Dithmarschens. Heide: Boyens.

Versloot, Arjen P. 1996: Ynlieding / Einleitung. In: Heinrich Georg Ehrentraut 1996°, S. IX–L / LI–XCVI.

Versloot, Arjen P. 2001a: Das Wangeroogische. In: Horst Haider Munske 2001, S. 423–429.

Versloot, Arjen P. 2001b: Grundzüge ostfriesischer Sprachgeschichte. Horst Haider Munske 2001, S. 734–740.

Versloot, Arjen P. 2001c: Ältere ostfriesische Sprache und Literatur. In: Horst Haider Munske 2001, S. 741–744.

Villari, Rosario (Hg.) 1997a: Der Mensch des Barock. Frankfurt, New York: Weimar.

Villari, Rosario 1997b: Einführung: Der Mensch des Barock. In Villario 1997a, S. 7–15.

Vitaliano, Dorothy B. 1975: Legends of the Earth. Their Geological Origins. 2. Aufl. Bloomington, London: Indiana University Press.

Vollmer, Manfred u.a. (Hg.) 2001: Landscape and Cultural Heritage in the Wadden Sea Region – Project Report. Wilhelmshaven: Common Wadden Sea Secretariat (Wadden Sea Ecosystem, Nr. 12).

Vries, K. de, J.P. Winsemius (Hg.) 1970: De Allerheiligenvloed van 1570. Leeuwarden: Miedema (Fryske Akademy, Nr. 385).

Vries, Oebele 2001a: Geschichte der Friesen im Mittelalter: West- und Ostfriesland. In: Horst Haider Munske 2001, S. 538–550.

Vries, Oebele 2001b: Geschichte Westfrieslands in der Neuzeit. In: Horst Haider Munske 2001, S. 671–676.

Vyse, Stuart A. 1999: Die Psychologie des Aberglaubens. Schwarze Kater und Maskottchen. Basel, Boston, Berlin: Birkhäuser.

Wagner, Fritz 1979: Caesarius von Heisterbach. In: EM, Bd. 2, Sp. 1131–1143.

Wagner-Egelhaaf, Martina 2000: Autobiographie. Stuttgart, Weimar: Metzler (Sammlung Metzler, Bd. 323).

Walker, Alastair G.H. 2001: Extent and Position of North Frisian. In: Horst Haider Munske 2001, S. 263–284.

Walker, Alastair G.H., Ommo Wilts 2001: Die nordfriesischen Mundarten. In: Horst Haider Munske 2001, S. 284–304.

Watzlawick, Paul 1984: Wie wirklich ist die Wirklichkeit? Wahn – Täuschung – Verstehen. 12. Aufl. München, Zürich: Piper.

Watzlawick, Paul, Janet H. Beavin, Don D. Jackson 1985: Menschliche Kommunikation. Formen, Störungen, Paradoxien. 7. Aufl. Bern, Stuttgart, Wien: Huber.

WDR-dok 2004: Der weiße Wal. Moby Dicks Abenteuer im Rhein 1966. *Internet*: <http://www.wdr.de/tv/wdr-dok/archiv/2004/040213_01.phtml> (16.06.2004).

WDR Online 2001: Deutschland im Wal-Wahn. *Internet*: <http://online.wdr.de/online/news/wal_rhein/> (09.10.2001).

Weber, Max 1984: Die protestantische Ethik I. Eine Aufsatzsammlung. 7. Aufl. Gütersloh: Gütersloher Verlagshaus Mohn (Gütersloher Taschenbücher Siebenstern, Bd. 53).

Weinstein, N.D. 1984: Why it won't happen to me. In: Health Psychology, 3. Jg, S. 431–457.

Weiser-Aall, Lily 1937: Volkskunde und Psychologie. Eine Einführung. Berlin, Leipzig: de Gruyter.

Weiss, Richard 1946: Volkskunde der Schweiz. Grundriss. Erlenbach-Zürich: Eugen Rentsch.

Werlen, Benno 2000: Sozialgeographie. Eine Einführung. Bern, Stuttgart, Wien: Haupt (UTB, Bd. 1911).

Wiegelmann, Günter, Matthias Zender, Gerhard Heilfurth 1977: Volkskunde. Eine Einführung. Berlin: Erich Schmidt (Grundlagen der Germanistik, Bd. 12).

Wiegelmann, Günter, Michael Simon 2001: Die Untersuchung regionaler Unterschiede. In: Göttsch und Lehmann 2001, S. 99–121.

Wienker-Piepho, Sabine 2000: »Je gelehrter, desto verkehrter«. Volkskundlich-Kulturgeschichtliches zur Schriftbeherrschung. Münster u.a.O.: Waxmann.

Wienker-Piepho, Sabine 2002: Orale Tradition. In: EM, Bd. 10, Sp. 331–346.

Wimmer, Erich 2002: Petrus, Hl. In: EM, Bd. 10, Sp. 802–810.

Winkler, Johan 1874: Algemeen nederduitsch en friesch dialecticon. 's Gravenhage: Nijhoff. *Internet*: <http://www.dbnl.org/tekst/wink007alge00> (17.08.2003).

Wissowa, Georg (Hg.) 1893: Paulys Realencyclopädie der classischen Altertumswissenschaft, 1. Halbband. Stuttgart: Druckenmüller.

Witt, Reimer 2000: Dithmarschen unter der Fürstenherrschaft (1559–1773). In: Verein für Dithmarscher Landeskunde e.V. 2000, S. 179–216.

Woebcken, Carl 1924: Deiche und Sturmfluten an der deutschen Nordseeküste. Bremen, Wilhelmshaven: Friesen-Verlag.

Woebcken, Carl 1928: Die Entstehung des Dollart. Abhandlungen und Vorträge zur Geschichte Ostfrieslands, Bd. 24, S. 1–55.

Woebcken, Carl 1932: Das Land der Friesen und seine Geschichte. Oldenburg: Rudolf Schwartz (Nachdruck Vaduz: Sändig 1987).

Woebcken, Carl 1934: Die Entstehung des Jadebusens. Aurich: Friemann (Niedersächsischer Ausschuss für Heimatschutz, Heft 7).

Woebcken, Carl 1949: Kurze Geschichte Ostfrieslands. Jever: Mettcker.

Wright, John Kirtland 1925: The Geographical Lore of the Time of the Crusades. A Study in the History of Medieval Science and Tradition in Western Europe. (American Geographical Society, Research Series, Nr. 15). New York: American Geographical Society.

Zender, Matthias 1977: Zeiträumliche Betrachtung. Ergebnisse der Kulturraumforschung. In: Wiegelmann, Zender, Heilfurth, S. 198–216.

Zimmermann, Harm-Peer 2001: Ästhetische Aufklärung. Zur Revision der Romantik in volkskundlicher Absicht. Würzburg: Königshausen und Neumann.

Zondergeld, Gjalt Reinder 1978: De friese beweging in het tijdvak der beide wereldoorlogen. Leeuwarden: De Tille [zugleich Diss. Groningen 1978].

Abbildungsverzeichnis

Ortsregister

Namensregister

Waxmann Verlag GmbH
Postfach 8603 · D–48046 Münster
Fon 0251/26504-0 · Fax 0251/26504-26
E-Mail: info@waxmann.com
www.waxmann.com

Waxmann Verlag

MÜNSTER · NEW YORK · MÜNCHEN · BERLIN

Der Bogen der Arbeit ist weit gespannt: Er reicht von den »Naturvölkermärchen« über die traditionelle europäische Volkskultur bis in die Gegenwart. Dazu zählen etwa der Sciencefictionfilm, »Urban Legends« im Internet, aber auch Werbung oder politische Kultur. Die Texte und Quellen werden volkskundlich-kulturgeschichtlich und tiefenpsychologisch interpretiert. Dadurch ist es möglich, die Spinne im Zusammenhang mit Ängsten zu sehen, die viel über die heimliche Macht der Frau in traditionellen und modernen Gesellschaften aussagen.

*Eine kulturgeschichtliche Studie über die weltweit verbreitete Spinnenphobie hätte denn wohl aus Sicht der volkskundlichen Erzählforschung auch gar nicht anders, nicht besser geschrieben werden können. [...] Das Buch beeindruckt durch seine Belesenheit und nicht zuletzt auch durch die unglaubliche Materialfülle, mit der Rieken aufwarten kann. [...] Riekens Mo*tivgeschichte *ist ein überaus lesenswertes, lehrreiches, ja streckenweise sogar amüsantes Werk, das der Disziplin mit präziser Terminologie und scharfsinnigen Argumenten aus psychoanalytischer wie aber auch aus ethnologischer Sicht zuarbeitet.*
Rheinisch-westfälische Zeitschrift für Volkskunde, Band XLVIII/ 2003.

■ Bernd Rieken
Arachne und ihre Schwestern
Eine Motivgeschichte der Spinne von den »Naturvölkermärchen« bis zu den »Urban Legends«

2003, Internationale Hochschulschriften, Bd. 403, 288 S., br., 25,50 €, ISBN 3-8309-1234-X